潘懋元肖像油画（魏楚予画）

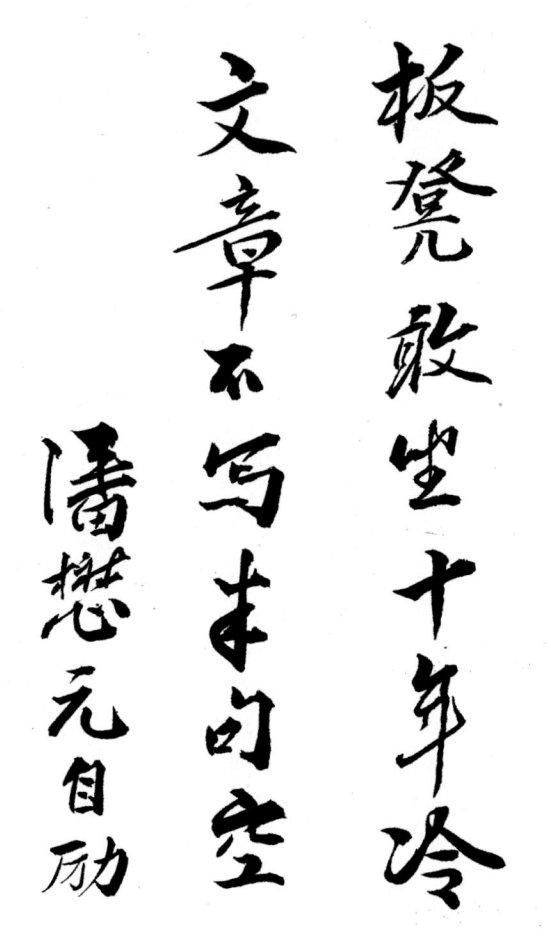

2006 年题铭自励

潘懋元 著

潘懋元文集

卷三·问题研究（下）

广东高等教育出版社
Guangdong Higher Education Press
·广州·

图书在版编目(CIP)数据

潘懋元文集. 卷三, 问题研究(下)/潘懋元著. —2版. —广州: 广东高等教育出版社, 2020.6
ISBN 978-7-5361-6743-8

Ⅰ.①潘… Ⅱ.①潘… Ⅲ.①潘懋元—文集②高等教育—中国—文集 Ⅳ.①C53②G649.2-53

中国版本图书馆 CIP 数据核字（2020）第 060399 号

PANMAOYUAN WENJI JUANSAN WENTI YANJIU（XIA）

出版发行	广东高等教育出版社
	地址：广州市天河区林和西横路/510500
	营销电话：（020）87554153
	http://www.gdgjs.com.cn
印　刷	佛山市浩文彩色印刷有限公司
开　本	787 毫米×1092 毫米　1/16
插　页	2
印　张	37
字　数	586 千
版　次	2010 年 9 月第 1 版　2020 年 6 月第 2 版
印　次	2020 年 6 月第 2 次印刷
定　价	148.00 元（全套定价：1388.00 元）

（版权所有，翻印必究）

《潘懋元文集》编辑委员会

编委会主任：吴　岩

编委会委员（按姓氏笔画排序）：

　　　　　王伟廉　王洪才　卢晓中　叶之红　邬大光
　　　　　刘振天　汤贞敏　李　均　杨德广　肖海涛
　　　　　别敦荣　张应强　张德祥　范跃进　林蕙青
　　　　　周　川　郑冰冰　胡建华　钟凌翱　高宝立
　　　　　黄红丽　韩延明　覃红霞　谢作栩　潘世墨

主　　编：肖海涛

分卷主编：肖海涛　卷一·高等教育学讲座
　　　　　肖海涛　卷二·理论研究（上、下）
　　　　　李　均　卷三·问题研究（上、下）
　　　　　肖海涛　卷四·历史与比较研究
　　　　　刘志文　卷五·序文
　　　　　朱乐平　卷六·讲课录
　　　　　向　春　卷七·昔年作品及其他
　　　　　韩延明　卷八·潘懋元教授纪事年表
　　　　　肖海涛　卷九·潘懋元教育口述史

谨以本书庆贺潘懋元先生百岁华诞暨从教八十五周年

编 辑 说 明

潘懋元，1920年出生于广东汕头，厦门大学文科资深教授。现任厦门大学教育研究院名誉院长，教育部人文社会科学重点研究基地厦门大学高等教育发展研究中心名誉主任；中国高等教育学会顾问、高等教育学专业委员会终身名誉理事长。兼任教育部教育发展研究中心、国家教育行政学院、南京大学、华中科技大学、华南师范大学、华中师范大学、广西大学、深圳大学等十多所研究机构和大学的客座或兼职教授。曾任厦门大学副校长、顾问、教务处处长、高等教育科学研究所所长、海外教育学院院长，国务院学位委员会教育学科评议组召集人，中国高等教育学会副会长，高等教育学专业委员会理事长，等等。

潘懋元先生是中国高等教育学科的奠基者和创始人。作为著名的教育理论家，潘懋元先生教育理论研究硕果累累，为创建我国高等教育学科，丰富和发展我国乃至世界高等教育理论体系做出了重要贡献。作为杰出的教师，他培养了大批高层次教育学人才，桃李满天下，为建设我国高等教育学科骨干教师队伍和研究队伍做出了重要贡献；作为一位优秀的教育活动家，他对我国若干重要教育改革决策提出了许多宝贵的意见和建议，为我国高等教育宏观决策科学化做出了重要贡献。

潘懋元先生从1935年15岁开始从事教育工作，在15岁之前就已经进行创作和发表。涉及范围从最初的文学创作，到后来从事教育史研究、教育学研究，开创高等教育学科以及长期从事高等教育研究等，时间跨度长达80多年，内容精彩，成果丰硕，卓有建树，其中尤以高等教育研究成果为最。

这套《潘懋元文集》收录了潘懋元先生的绝大多数成果，约550万字。根据潘懋元先生创作及研究成果的特点，我们进行了分类整理，一共有9卷11册。各卷名如下：

卷一·高等教育学讲座
卷二·理论研究（上、下）
卷三·问题研究（上、下）
卷四·历史与比较研究
卷五·序文
卷六·讲课录
卷七·昔年作品及其他
卷八·潘懋元教授纪事年表
卷九·潘懋元教育口述史

  上述9卷基本上反映了潘懋元先生学术人生的全貌。其中，卷一是潘先生作为高等教育学科奠基人的奠基之作，1983年5月在人民教育出版社出版第一版，1985年、1992年分别出版第二版、第三版。2010年广东高等教育出版社出版《潘懋元文集》时，将此书收入作为卷一。本书虽然个别地方的表述与现在说法稍有出入，但为了尊重历史和潘先生奠基性的贡献，力求保持原貌。卷二至卷四集中反映了潘先生对教育特别是高等教育方方面面的研究成果，包括理论研究和问题研究。卷五是潘先生为学者们的教育研究专著所作的序言，话题宽泛。卷六是最新版讲课内容，是潘先生给2019级博士生讲授"高等教育学专题研究"课程内容的实录。卷七包括潘先生早年的学士学位论文和文学作品、散论等，最早的作品作于16岁。卷八包括各个时期个人生活、学术活动等内容的照片和教学、科研及学术活动纪事。卷九以教育口述史的形式，以时间为主线，以思想为专题，生动地反映了潘懋元先生的教育人生。该卷由北京师范大学出版社于2007年出版，这次收入文集时略有修订。

  在对书稿进行编辑加工的过程中，我们对一些时间概念、专有名词、数据、注释等做了规范处理。为方便选择和阅读，每卷每册开头都编排了编辑说明、代序，末尾编排了潘先生的百岁感言和编者的后记，特此向读者说明。

编　者
2019年10月28日

代 序

潘懋元：中国高等教育研究的奠基人[①]

［加拿大］许美德（Ruth Hayhoe）

潘懋元教授，1920年出生于粤东沿海的汕头市，家境贫寒。在这样的家庭中，能获得基础教育就相当不容易了。但他对教育的热爱却使得他在1941年抗战时期考入当时迁于福建长汀的厦门大学，随后他的教育生涯就与厦门大学的历史结下了不解之缘。厦门大学位于福建省东南沿海的厦门（厦门旧称Amoy，与台湾隔海相望），有着独特的发展历史。

在我涉足中国高等教育之初，了解到潘懋元教授很早就在该领域从事重要的工作。1988年秋，我在南京大学召开的高等教育改革会议上首次聆听他的报告。第二年我移居北京，做加拿大驻中国大使馆的文化参赞。其间，我荣幸地接受了潘懋元教授的邀请访问厦门大学，了解到厦门大学在高等教育研究领域所做的工作。我为这滨海校园之美所打动，它的建筑风格成功地糅合了中西方的特点。

[①] 许美德. 思想肖像：中国知名教育家的故事［M］. 周勇，等译. 北京：教育科学出版社，2008. 许美德教授是国际著名的比较教育专家，多年来她对我国高等教育研究投入了大量的精力，成果丰硕。她对潘懋元教授的地位和贡献给予了高度的评价。本次出版《潘懋元文集》，我们征得许美德教授本人同意，将此文章作为文集的代序（少数地方根据现在的出版或文字规范稍有删改）。

更为重要的是，我获知了很多厦门大学高等教育科学研究所（以下简称"高教所"）的工作，它是潘懋元教授于1978年创办的，源头则要追溯到潘教授自20世纪50年代在厦门大学所做的工作。

1997年11月，我再次有机会访问厦门大学高教所，拜访潘懋元教授，并邀请他讲述自己的人生故事。此前我已定居香港，时任香港教育学院院长。本文的主要资料就来源于那一年的两次长谈。①我也有幸看见他每周六晚在自己家里为研究生们举办的学术沙龙，由此领略了他的教学风格。

潘懋元教授住的是一栋两层楼的房子，位于厦门大学校园内的一座小山上。二楼是宽敞的斯巴达式的书房，里面整齐地排放着书架，桌子和沙发点缀其间，还准备了许多客人来访坐的小凳子。当晚来了12名研究生，我能感受到他们对于沙龙的热情和期待。潘教授寥寥数语先起了个头，介绍了晚上所要讨论的主题。当晚的主题是一位研究生的论文涉及的论题，她在此之前曾写过一篇论文，与南京的一位著名学者提出的教育社会观进行商榷。这位研究生认为，南京学者的那篇文章的理论前提完全忽视了高等教育作为独特领域而发挥的功能。南京学者于是又发表了一篇文章与她反商榷，这位研究生正在准备她的再次应答。于是学生们围绕着这个问题给她提供各自的意见，他们分成两派，充当论辩中的不同角色。在热情生动的争论中，几个小时不知不觉过去了，学生们在争论之中探讨了高等教育方方面面的社会功能。潘教授不时插入几句简短的评论，以免出现跑题的现象，但辩论主要由学生自主进行。我入迷地观察着整晚的沙龙，亲眼见识到了潘教授的教学风格和对学生和蔼

---

① 对潘懋元教授的访谈时间是在1997年12月6日和8日。

可亲的态度，而这是此前在相对正式一点的场合中我所从未见过的他。

本文中我所描绘的潘懋元形象主要基于他的那次自述，还有自己所拜读的他在高等教育领域的部分研究成果。我从厦门大学开始讲起，自1939年直至现在，这是他为生、为师以及成为学校管理者和教授的地方。

1920—1949年在中国东南地区的成长

1920年，潘懋元出生于广东东部沿海毗邻福建厦门的汕头市。由于贫困，家里无法供他上学，所以他的早期教育是不正规和断断续续的，由兄长和父亲在家教他认字。8岁时，他被送到当地的小学插班读三年级。他记得所学课程的主要内容都是传统经典。启蒙教育的内容是《三字经》，接下来是儒家经书和古代历史书籍。虽然1919年爆发了五四运动，新文化运动提倡采用接近口语的白话文，但潘懋元接受的仍然是传统教育，学的是文言文，直到后来才接触现代汉语。

小学毕业后，由于家庭无力支持，少年潘懋元无法继续上学。他的父亲希望他留在家中帮助碾米做一些发糕来卖。非常幸运的是，小学校长杨雪立在阅读毕业试卷时发现了潘懋元的中文写作才能。得知他待在家中，不能继续上学，杨校长帮助其减免一半的学费，使他得以上初中学习。就读的那所中学是一所非常传统的中学，称为时中中学。在那里他主要学习了3年的中文。潘懋元的很多老师参加过封建时期的科举考试，有的甚至考中举人。后来，他感觉到传统经典的学习给他的一生奠定了一个很有价值的基础。他回顾说，最为重要的是他学会了如何做人。

潘懋元15岁时，知道家里不可能再资助他上学了。但他得到一个到小学当教师的机会，他满腔热情地投入到工作中，但很快发现，教小学生并不是想象中那么容易。他每上一堂课要备课数个小时。初次讲课，备好的课讲不到半小时便无话可说，站在讲台上，面对乱哄哄的课堂不知所措。不甘失败的他决定想办法到师范学校学习，学习如何当老师，同时也找一些教育书籍来读。

他首先找到的是浙江大学庄泽宣教授的《教育通论》，这成了他的启蒙书。潘懋元发现这本书理论复杂，学问深入，他读不太懂，这更加坚定了他要找机会去师范学校读书的决心。1936年，终于有机会到海滨中学高中师范科做旁听生，学习了教育心理学、小学教材教法和教育行政等几门课程。当时，他已能通过教夜校和赚稿费维持生活。在海滨中学学习期间，他写过几篇短篇小说和许多散文，有一些已发表。

1937—1939年，潘懋元在农村小学教书。那时正是日本侵华战争时期，战争使得民不聊生。潘懋元热爱教书，但他越来越多地投身于抗日的洪流中，参加抗日宣传活动，组织民众起来抗日。他加入了汕头地下党组织的青年抗敌同志会，揭发敌人的罪恶行径，鼓舞民众的抗日激情。1939年6月，日军侵占了汕头，在其后的几个月里，潘懋元不得不辞去热爱的教学工作，参加抗日军队，全身心地投入到抗日运动中。

出于多种缘故，1940年，潘懋元决定离开家乡。离家的一个原因就是去接受进一步的教育，以便能做一个称职的老师。那一年他19岁，战争的局势日渐恶化。他翻山越岭，艰苦跋涉，一个星期之后，终于来到福建长汀，厦门大学于1937年迁移至此。他参加了厦门大学的入学考试，虽然他的中文很优秀，但由于事先未做充分准备，英语和数学未合格，结果名落孙山。为了读师范，他考入一所中等师资养成所学习了一年。次年，他终于考入厦门大学教育系。

潘懋元回顾说，1941—1945年在厦门大学的学习生活对他是很大的锻炼。当时在厦门大学担任教授的多是留美学者，其中教育系主任李培囿是杜威的学生，翻译了杜威的一些著作。另一名在教育系工作的知名学者陈景磐教授，于20世纪30年代在多伦多大学获得博士学位，其博士论文是关于孔子生活的背景和为师之道。① 通过这些年的学习，潘懋元成为杜威著作的敬慕者，并对陶行知把杜威的理论运用到中国教育实践特别欣赏。陶行知的教育实验在中国有很大的影响，虽然杜威1921年来华时仅在福建有过短暂访问（Keenan，1977），陶行知的实验工作也主要是在南京和上海，但他的思想在福建却备受推崇。②

为了糊口，在厦门大学读书期间，潘懋元先在一所小学担任兼职教师，接着又在一所中学做兼职教师。大学四年级时，他还担任了一所县立中学的教务主任，从而可以将自己所学的知识用于实际的教学当中。1945年大学毕业后，潘懋元在江西省的两所中学任教一段时间。与此同时，厦门大学也迁回厦门市。1946年，他收到厦门大学校长和教育系主任的邀请，要他担任厦门大学附属小学的校长，并在厦门大学教育系兼做助教。这期间，他发现陶行知的理论对他主持校长工作的帮助很大，虽然他很遗憾没有机会与陶行知会面。在这一点上，潘懋元与李秉德的认识是一致的，后者也认为陶行知的理论最符合中国教育的实际需要。

---

① CHEN J P. Confucius as a teacher: philosophy of Confucius with special reference to its educational implications [M]. Beijing: Foreign Languages Press, 1990.

② 刘海峰，庄明水. 福建教育史 [M]. 福州：福建教育出版社，1996：422-438.

新方向与新事业：社会主义时期

对潘懋元来说，1949年的革命胜利意味着新教育生涯的开始。中华人民共和国成立后，他继续留在厦门大学当讲师。1951年秋季，他被派到中国人民大学进修研究生课程，学习教育。一年后，李秉德也在此学习。潘懋元发现，在众多学友中，一些是和他一样的研究生；另外还有一些年长的教授，他们在此学习马列主义的理论知识，目的是为了更好地胜任未来的教育领导岗位。在潘懋元学习的班上，有好几位学者后来都成了北京师范大学的知名教授，包括教育哲学家黄济、教育学家王策三和王天一、心理学家章志光。1952年初，因为院系调整，这项进修计划从中国人民大学转到了北京师范大学。

潘懋元对在中国人民大学的学习至今记忆犹新，他记得有4位苏联教授给他们上马列主义的课程，还有苏联教育理论，他甚至还记得4位教授的名字，但是，对所学的那点儿俄语则记得甚少。当时的教学是有翻译协助的。学习给他留下了深刻的印象，他当时感受到苏联的课程组织的方式和教学计划的制订都非常严谨，能够达到有效的控制。

在北京学习一年之后，1952年夏，潘懋元便被厦门大学校长王亚南召回，协助厦门大学的教学和课程改革。他被任命为教学改革办公室的负责人，负责指导大学的各专业制订新的教学计划。他曾经非常推崇杜威的教育思想和美国的其他教育理念，感觉富有活力而且极具灵活性，但在控制严格的民国时期（指1912年1月1日至1949年9月30日，下同），实践这些理念是十分困难的。两者相比，他感到苏联的教育计划能够较好地使学生获得系统的知识，打好扎实的基础。特别是在诸如工程和自然科学等领域，这些对于社会主义建设是十分重要的。

潘懋元感到，事实上苏联的高等教育模式根植于欧洲大陆模式，特别是法国模式，与英美模式区别很大。他觉得苏联模式和中国自己的知识传统相对应，强调知识基础厚，存在一种中心化、系统化的知识方法。潘懋元特意提到著名的北京大学校长蔡元培，认为他是民国时期最杰出的大学校长。蔡元培在自己的高等教育思想中融合了德国、法国、中国的理念，他采用德国学问之道，特别是在研究和教学上，这得益于他在柏林大学和莱比锡大学的经历。蔡元培极力效仿法国模式的高等教育体系，因为其管理结构十分理性，并按地理区域均匀分布。在教育哲学方面，蔡元培陶醉于中国传统的自学之路，特别是对书院情有独钟，学生可以自主掌握学习进程。蔡元培极力提倡将学校分为从事理论知识研究的综合性大学和担负为国民经济各部门训练高级人力资源的专门学院。潘懋元认为 20 世纪 50 年代早期的改革，出现了大量的专门学院，同时只保留了数量相对较少的综合性大学，是较符合当时国情的，适应了中国发展的需要。①

但对于 20 世纪 50 年代初的院系调整，将一些民国时期优秀的综合性大学的系科进行削减，形成像苏联模式那样的综合性大学，潘懋元持保留意见，他觉得这些是完全可以避免的。他对按高等教育区域进行院系调整发表了看法，以自己所从事的教育领域为例，他认为，中心区按地理分布强调更多的是政治因素而非教育因素，这就导致了反常现象的出现。在南部的中心区里，位于广州市的中

---

① 潘懋元. 潘懋元论高等教育［M］. 福州：福建教育出版社，2000：521-560.

山大学，其师范学院实力雄厚，1953年与其他教育系合并组建了华南师范学院。然而，华南师范学院当时只是不受重视的省级院校，经费和师资都受到限制，以致影响教育学科的进一步发展。

总的来说，潘懋元认为受苏联模式影响的院系调整在当时是起了积极作用的，为中国20世纪50年代国民经济建设培养了一批人才。在1956年中国共产党第八次全国代表大会上，周恩来强调了要尊重知识分子。① 如果一直贯彻这一项政策的话，潘懋元相信中国也许能够同日本和东亚其他地区一样经济快速发展。

苏联模式的高等教育有很多薄弱环节，但他感到，完全能够用一种平衡、理性的方法来解决。问题之一是对学生在不同领域能力的认识和实践强调得不够，常常希望学生通过刻苦专注的学习来达到课程所规定的较高的学术标准，而不是将更多的注意力放在教和学过程的研究上。另一个问题是过于迷信翻译过来的苏联资料，其实并不是所有的材料都适合中国国情。

1954年对潘懋元来说是十分重要的一年。他得知厦门大学教育系被并入福建师范学院，他很想前往，专心于教育史的研究和教学。然而，王亚南校长却舍不得他走，决定把他留在教务处，继续管理厦门大学的教学工作。他决心留下来，此举为一门新学科的诞生创造了条件，也由此改变了他日后的工作和生活的方向。

潘懋元感觉到在教育研究、学校教学和担任学校领导的生涯中，他所学的教育知识与高等教育领域的联系很少。大学层次的学生需要一个全新的教育理论，以及高等教育课程发展和教学制度。

---

① ZHOU E L. On the question of intellectuals [M]//BOWIE R R, FAIRBANK J K. Communist China 1955—1959: policy documents with analysis. Cambridge, Mass.: Harvard University Press, 1962: 128-144.

总体来说，高等教育是一个一直被教育理论者所忽视的知识和研究领域。到那时为止，不只是中国，苏联和西方国家也是这样。他曾为捷克一位教授在教育科学会议上所做的讲演所感，这个讲演认为教育理论仅仅关注普通学校，很少关注高等专业院校。潘懋元随后写了一篇题为《高等专业教育问题在教育学上的重要地位》的文章，发表在1957年厦门大学《学术论坛》上。同年，他与几位同事合作写出《高等学校教育学讲义》。这本书随即在中国的综合性大学和师范大学内广泛流传，作为课程改革和教学计划发展的资源。① 尽管这本书从未正式出版，但它却是中国高等教育研究领域内最早的学术书籍。

潘懋元着力将此发展为一个新的研究领域，并兴奋地发现，这能为高等教育系统、课程发展和教学计划的制订提供重要的学术基础。然而，1957年是一系列政治运动的开端，他所希望的研究和发展几乎是不可能的。因出身贫寒，他并未受到1957年"反右"运动的影响，但他悲伤地看到，厦门大学的一些老教授虽然做出了杰出的学术贡献却被打成右派，从学术研究工作中被隔离出来。随后的1958年"大跃进"，同样侵扰着潘懋元。当时大量的教材都是从苏联翻译过来的，他认为这样的教材更加应该中国化。他同时感觉到，建立中国传统中医学院意义重大，因为中国传统医学把人体看成一个整体，发展起了不同于西方医学的中医方法，它是一笔巨大的遗产，不应该丢失。

就总体而言，潘懋元认为1958年的教育革命是个误导。1958年前，他在厦门大学教务处，参与了当时所有的课程变革。他感到

---

① 忻福良. 当代中国高等教育家 [M]. 上海：上海交通大学出版社，1995：199.

很多想法都未经过细致思考，不过是一种政治运动口号罢了，对教育缺乏真正的理解。在潘懋元看来，让学生代替教师编写教学大纲和教材，这样做显然超过了学生的能力范围，因为他们大多数并没有足够的学科知识来做这些工作。改革强调增加学生参加生产活动实践的机会，然而这大都是出于政治目的，并没有多少教育价值。总之，过多的政治活动以及体力劳动引起很大的混乱。他记得，学生真正听学术课程的时间，一年之中只有70天。潘懋元认为，所谓"开门办学"的思想在某些方面固然有一定的可取之处，但是它无法替代对科学知识的系统教学，而中国的发展又需要这些科学知识来培养各行各业的专门人才。

潘懋元对高等教育作为一个研究领域逐渐有了兴趣，同时对中国高等教育系统在更大范围内发生的变化也给予了密切关注。社会上的学习机会一下子增加了许多，大量的所谓的"红专大学"的开设，给很多个人背景条件稍差的青年人提供了学习机会，但是这些学校根本没有足够的资源用于真正开展高等教育工作，大多数在几年内就关闭了。如江西新建的许多共产主义劳动大学，没有合格的师资，根本无法生存。然而另外有些新成立的院校，比如福州大学，是省内唯一的一所工科院校，被认为对本省经济发展起着至关重要的作用，因此得到省政府支持。

1961年的"困难时期"过后，20世纪50年代初期的那种学术氛围开始恢复，学术质量受到特别的重视。潘懋元再次希望能有机会发展高等教育这一研究领域。然而，1966年开始的"文化大革命"又使他的希望落空了。

代　序

建立一门新学科

　　1977年,邓小平复出。潘懋元准备开始他事业的一个全新阶段,他过去当过厦门大学的教务处处长,现在他致力于建立一门新学科——高等教育学,先是在厦门大学,再推广至全国。我们知道,在20世纪50年代中期他已经开始此项研究,并于1957年发表了一篇题为《高等专业教育问题在教育学上的重要地位》的论文。随后到来的政治运动和混乱年代让他更深刻地体会到研究这一领域理论的重要性,他认为这项研究将使人们对高等教育与社会、经济、政治、文化发展的关系有更深刻的理解。20世纪50年代至70年代后期,高等教育发展中最严重的问题是缺少能给高等教育的政策制定提供理论支持的系统理论研究。随着邓小平时代的到来,全国积极响应邓小平提出的"教育要面向现代化,面向世界,面向未来"的号召,潘懋元最终找到了追求自己理想的舞台和时机。

　　1978年,潘懋元在厦门大学建立了高等学校教育研究室,很快发展成为一个全国高等教育研究的中心。1983年,高等教育学被教育部认定为教育学的二级学科,有资格建立硕士点和博士点。厦门大学高等教育科学研究所招收全国第一批高等教育专业的硕士和博士。到1998年庆祝高教所成立20周年时,已经有20个博士生和75个硕士生毕业于此[1],他们已在全国各地的大学工作,为这一领域的进一步发展贡献着力量。高教所承担了高等教育各个领域的主要研究课题,举办了十多次全国和国际学术会议。

　　虽然北京大学、华中科技大学、华东师范大学等其他大学都有

---

[1] 刘海峰. 厦门大学高等教育科学研究所建所二十周年工作报告[C]//建所二十周年纪念活动专集. 1998:33-35.

高等教育学的研究及相应的研究生培养，但是厦门大学高教所于 2000 年 9 月被评为该领域全国唯一一所国家级研究中心，被评为文科重点研究基地，国家提供数量相当的发展基金。这是政府支持人文社会科学研究项目的一部分，其目的是要使一些研究中心能够达到世界同等水平，使其能积极开展国际研究交流活动。厦门大学能排除地理上的相对劣势获得国家的认可，是非比寻常的。当然，这与潘懋元先生用毕生的精力致力于建立高等教育学这门新学科所做的贡献是分不开的。同时也表明，尽管在 1949 年中华人民共和国成立后的 30 年，中国政策和社会环境有许多束缚，但一个忠诚的教育家还是能有所作为的。

1978 年以后，潘懋元又把工作重心放在学术研究上，他在厦门大学进行教学和研究工作。每周六晚上，他在家里开沙龙，与研究生们聊学习、聊生活，是一个和蔼可亲的长者。然而，他还想推动这门学科在全国范围内发展，希望中国高等教育学作为一门学科能够对国际学术发展做出贡献。1979 年，他和上海市高教局及其他 7 所大学的学者召开了第一次全国高等教育研究会议。1981 年，他组织编写了第一部高等教育学著作《高等教育学》，并于 1984 年出版。[①] 这是 1983 年教育部确立这门学科后的第一本高等教育学著作。在随后的这些年里，潘懋元仍然是这一领域中富有远见的领导者，他启发新思想、新的研究方法，鼓励其他人做研究，写作和发表论文，他自己也在这一领域中发表了大量文章，出版了大量著作。

潘懋元工作的中心是想通过建立坚实的理论基础、清晰的概

---

① 潘懋元. 潘懋元论高等教育 [M]. 福州：福建教育出版社，2000：96.

念，以及研究方法来确保这门新兴学科的发展。1983年，中国高等教育学会成立时，潘懋元感到高等教育学被认为只是一个研究领域，而不是一门学科。于是，1992年，他在厦门大学组织了一次学术会议，提出要把高等教育学作为一门学科来研究。次年，在上海召开的高等教育学会议上，成立了一个新的组织——高等教育学研究会，它把高等教育学作为一门学科来研究，挂靠在中国高等教育学会之下。此后，会议定期召开。潘懋元在一篇回顾该学会前三次会议进程的文章中，列出了这一新学会的目标、工作范围，并鼓励进行理论争鸣与探讨。

高等教育学研究会的主要任务是要为理解中国的高等教育建立一个系统性的理论基础。工作范围主要有以下5个领域：理论、历史、高等教育的当代实践、未来发展以及研究方法。[①] 潘懋元对一些理论的观点和看法，使得这些会议开得活跃而有趣，对中国高等教育给予了深刻的关注和洞察。其中一个关键的理论问题是高等教育的功能问题，对其与社会、经济与政治体制的关系展开讨论。与此相关的是高等教育的目的，国内的研究者普遍认同以下3点，即培养人才，发展知识，为社会服务。然而，第三个目的在近年来受到了强烈的质疑，主要是由于许多大学通过各种形式的咨询服务或与企业的直接关系进行着大量的"创收"活动。有人认为，这些活动将会使大学远离学术追求。由此，一些中国学者们建议，高等教育应有以下6个目的：教学、继承知识、传播知识、发展知识、社会批判、对社会实施监督。[②] 这将激起高校对社会的特殊使命；大学将与社会经济和政治力量建立互动关系，而不只是对社会的发展

---

① 潘懋元. 潘懋元论高等教育 [M]. 福州：福建教育出版社，2000：86.
② 潘懋元. 潘懋元论高等教育 [M]. 福州：福建教育出版社，2000：87.

做消极的应对。

另外一个生动的议题是潘懋元在第二篇论述该学科发展的文章中提到高等教育的个体功能和社会功能问题。一派学者认为，人是教育的主体，教育的基本功能在于促进人的自我发展，达到个性的全面发展；与此相对立的观点是，教育是一种社会活动，按社会发展的需要塑造人，教育的基本功能在于满足社会的需要，促进社会的发展。① 如此公开著文承认个体发展的重要性及对自我价值的追求是十分有意义的，它使我们思考新儒学教育观"为自我而学习"，以及儒家哲学中所说的个人价值发展的重要性。尽管在20世纪50年代初期计划经济体制下，个人选择的自由受到很大的限制，五六十年代的政治运动给很多人造成了巨大的伤痛，但中国传统教育的价值观仍然保留着它的生机和活力。

在对高等教育学作为一门学科做全面综合研究时，潘懋元看到了两个理论挑战：第一，必须界定高等教育与政治、社会、经济、文化系统的关系，探索这些系统与高等教育系统的相互关系；第二，对高等教育内部各系统之间的关系——如学术与职业、通才教育与专才教育、教学与科研的关系等进行研究。

在发展这门学科的过程中，潘懋元感到既具挑战性又令人兴奋的重要原因在于它的开拓性。与学术体系和学习过程有关的教育学理论有着一百多年的历史，而高等教育学不仅在中国而且在全世界都是一门比较新的学科。在中国，基础教育和学校教育的理论建构受到欧美西方思想和苏联的重大影响，这一点潘懋元在早年的教育研究中就已经意识到了。然而，高等教育学作为一门学科就不再如

---

① 潘懋元. 潘懋元论高等教育［M］. 福州：福建教育出版社，2000：101.

此。回顾在中国建立这一学科的这些年，潘懋元强烈地感到中国所做的独特贡献，同时又感到很骄傲，因为在中国发展起来的这些思想和观点不是别人的派生产物，而是稳稳地扎根于中国自己的知识社会和文化土壤，近几年才开始对国外高等教育的理论有所引进。

潘懋元鼓励他的同事们为世界高等教育研究的发展做贡献，并指出中国学者在发展这个领域承担重要角色的4个原因。其一，中国有着在亚洲历史上颇具影响的古老的学术文化。其二，中国是全世界最大的高等教育体系之一，其规模超过俄罗斯，接近美国。它不仅是一个非常庞大的系统，而且近年来随着社会主义市场经济的成功发展，它经历了快速而且巨大的变化，在这个过程中出现了许多有意义的问题，对高等教育提出了挑战。其三，中国有着一支庞大的高等教育研究队伍，从事这一领域研究的学者可能比其他任何国家都多。其四，中国高等教育发展成为一门学科，靠的是学者个人和地方院校的创造和努力，因此它更具灵活性和自主性。这与中国的其他大部分学科不同，它们多是由自上而下的行政决定建立起来的。中国的高等教育理论可以说是"本土理论"，因为这些理论来自对中国近年来正在进行的高等教育改革中出现的实践问题的研究。①

潘懋元非常重视中国的传统文化，他的一篇文章对中国传统文化的特点以及文化对中国现代化进程的贡献进行了比较深入的探讨。潘懋元指出，现代化不能等同于工业化或西方化，它影响社会各个方面发展的过程。不同的文化背景塑造不同的现代化。文化的传承和创新是高等教育的功能，它塑造发生在不同社会中的现代化

---

① 潘懋元. 潘懋元论高等教育［M］. 福州：福建教育出版社，2000：107-110.

的不同特征。潘懋元否定那种认为西方社会已经进入"后现代时期"并建立了一套后现代的标准。他建议要对现代化概念本身做全面的理解，必须首先考虑中国现代化发展的轨迹。他还认为这一论点同样适用于正在经历现代化进程的其他非西方国家。[①]

潘懋元对现代化进程的定义是把"文化价值"放在核心地位，他认为现代化应该是人类共同追求的一个价值，其终极目标是实现"人"的价值，包括个人、集体和社会价值。这个共同追求会导致产生整个人类共同文化遗产，这是一种吸收了不同文明的多样化的遗产。[②] 中国传统教育的许多因素对中国的快速发展做出过积极的贡献，也应该是这一共同文化遗产的重要组成部分。这些思想使我们联想到联合国致力于文化之间对话的观点："把重点放在人类文化、精神层面，放在人类的相互依存和人类的多样性上。"

结语：集多种传统之大成

当被问到什么因素对他的教育事业影响最大时，潘懋元开玩笑地回答道：受益最大的是"文化大革命"中批判的三种意识形态"封""资""修"。他早年学习中国古典文学，从中获得了受益终身的良好道德基础，一生的教育经验使他感到儒学的确是适应任何时期的一种哲学。他在大学时代学习过美国的教育思想，特别是杜威的理论，他从中得到了对改善学校、获得生动的教学方法以及课程设置的很多有用的思想。20世纪50年代，他曾广泛接触苏联的教育理论和模式，慢慢理解并重视苏联模式中全国统一的学术标准，结构严密的教材和教学工作中精细备课的价值。在思考影响了

---

① 潘懋元. 潘懋元论高等教育[M]. 福州：福建教育出版社，2000：229-241.
② 潘懋元. 潘懋元论高等教育[M]. 福州：福建教育出版社，2000：231.

他思想的两种国外传统时,他感到,基于欧洲理性主义的苏联教材和教育方法,比美国的更加适应中国的环境,因为中国有着集中知识模式的传统,也因为苏联模式更符合当时中国发展的现实需要。

1997年,我曾两次有幸与潘教授进行深入交谈。当我问到他对中国高等教育未来的看法时,他说他感到当前面临最大的挑战就是要进行教学改革,必须要考虑学生的多样性,最大限度地发掘他们的才能。这反过来又强调了高等教育对优秀师资的迫切需要。总的来说,他对过去15年研究生教育所取得的进步感到高兴和满意。很多素质高的年轻人进入大学教师队伍,但他强调这些教师应该得到足够的支持。他感到高等教育改革应该把重点放在教学和研究的质量上,而不是放在管理结构的改革上,因为后者牵涉到政治改革的重大问题。

对于中国的高等教育体系,潘懋元觉得它将更适应未来世界发展的趋势,强调知识的广度和适应性,注重毕业生总体的德育和智育质量。他认为,终身学习是一种趋势,因为中国人会慢慢发现,为了跟上社会的快速发展,必须经常更新他们的知识。潘懋元相信,在中国快速走向高等教育大众化的时代,为了满足社会发展的需要,私立高校将会起到越来越重要的作用。

2000年,在庆祝潘懋元教授八十寿辰时,他的同事和学生们在厦门大学举行了一系列特殊的庆祝活动。其中之一是收集出版了他有关高等教育学的最重要的理论著作。[①] 然而,这并不是一个退休告别会,潘懋元仍然是一个积极的学者、教师,继续活跃在进一步发展高等教育学的工作中。他在2001年出版的新著《多学科观点

---

① 潘懋元. 潘懋元论高等教育[M]. 福州:福建教育出版社,2000:727.

的高等教育研究》就是企图以新的方法论来推进高等教育学的理论建设。是什么使这位来自贫苦家庭的谦谦君子，保持着发展一门新学科的热忱和忠诚，50年来从不言悔？潘教授谈到早年所受的中国传统教育时说的一番话也许能给我们答案。他可能从没掌握过一门外语，在数学和自然科学中也并没有很高的造诣，但在他早期所接受的教育中，首先学会了怎样做人，同时也学会了用汉语表达自己的思想，他把对文学的热爱转化成了从事教育工作的关键财富。最后，他学会了把从各处学来的有用知识融入他学生时代形成的知识框架中。

目录 CONTENTS

高等教育学制改革

继续教育在经济发展中所扮演的角色
  ——理论探讨与未来展望 /3
中国继续教育的现况 /7
高等学校分类与定位问题 /12
分类、定位、特点、质量
  ——当前中国高等教育发展中的若干问题 /22
中国高等教育的定位、特色和质量 /33
论新建本科院校的定位问题 /42
论我国高等教育学制改革
  ——基于专升本的视角 /51
规模速度、分类定位、办学特色
  ——中国当前高等教育发展中的若干问题 /58
高等教育分类的方法论问题 /69
对吉首大学的点评 /79
我看应用型本科院校定位问题 /83
新建本科院校的办学定位与特色发展 /89
特色型大学在高等教育中的地位与作用 /97
再论新建本科院校的定位、特色与发展 /103
关于高等学校分类、定位、特色发展的探讨 /112
做强地方本科院校　建设高等教育强国 /123
什么是应用型本科？ /127

从高等教育分类看我国特色型大学发展　/131
高校办学应避免同质化　/139
对《应用型高等教育研究》的期望　/141

民办高等教育

关于民办高等教育体制的探讨　/145
立法：私立高等教育发展的保障　/154
对发展民办高等教育若干问题的认识　/159
关于发展我国民办大学的理性思考　/166
关于民办教育立法的三个问题　/176
抓住有利时机，实现民办高教可持续发展　/181
民办高校产权制度改革的若干问题　/186
浙江万里学院
　　——一种第三部门高等学校的范例　/194
人文万里　以生为本
　　——试析浙江万里学院的办学理念　/206
关于《民办教育促进法》及其实施　/213
对接资本市场
　　——在民办高等教育与资本市场高级论坛上的发言　/221
独立学院的兴起及前景探析　/225
关于民办高等教育发展的问题：资本市场、质量评估与就业现状　/230
中国民办高等教育基本情况与发展中的若干问题　/239
我国高校产权制度改革的若干问题
　　——兼论公、民办高校产权问题　/246
民办高等教育发展面临新台阶　/256
2020：中国民办高等教育的前瞻　/259

民办高等教育发展的困境与前瞻 /262
民办高等教育持续发展问题 /271
民力民智推进高等教育事业大发展 /280
关于民办高校评估的思考及建议 /288
在中国民办教育发展大会闭幕式上的讲话 /291
《规划纲要》：民办教育发展的新机遇 /294
合理分类　正确定位　科学发展　办出特色 /296
我国民办高等教育发展的第三条道路 /302
论民办高校的公益性与营利性 /317
民办高校机制优势研究 /333
独立学院的转型定位和发展 /347
中国民办高教的优势、困境与新思路 /359

高等职业教育

当前高等职业教育发展的几个主要问题 /365
建立高等职业教育独立体系刍议 /371
船政学堂办学模式的现实意义
　　——在船政教育模式研讨会上的发言 /378

高等教育大众化

中国高等教育大众化之路 /387
21世纪：可持续发展的中国高等教育
　　——兼论中国高等教育大众化问题 /393
自学考试应通向农村 /406
高等教育大众化的教育质量观 /409
试论从精英到大众高等教育的"过渡阶段" /417

走向大众化时代的高等教育质量
　　——在全国高等教育学研究会第六届学术年会开幕式上的发言　/429
中国高等教育大众化的理论与政策　/433
精英教育与大众教育　/442
大众化阶段的精英教育　/445
中国高等教育大众化结构与体系变革　/455
高等教育大众化的贡献、困惑及建议　/466

教师教育与教师发展

关于大学教师待遇问题的思考　/479
从师范教育到教师教育　/488
职称回归学衔　提高学术权力　/498
大学教师发展与教育质量提升
　　——在第四届高等教育质量国际学术研讨会上的发言　/501
大学校长最好不要脱离学术工作　/507
大学教授要做学术文化传承和创新的引领者　/509
高等教育质量与大学教师发展　/515
大学教师发展论纲
　　——理念、内涵、方式、组织、动力　/517
教师发展与教师教育
　　——访潘懋元先生　/524

其　　他

一流大学与排行榜　/531
繁荣大学哲学社会科学　/534
一流大学不能跟着"排名榜"转　/538

金融危机应引起对人文素质教育的反思 /541
特色是高校形象的重要标志 /544
打好舆论引导主动仗 /546
对高等教育若干问题的思考
　　——潘懋元先生访谈 /548

百岁感言 /555

编后记 /557

高等教育学制改革

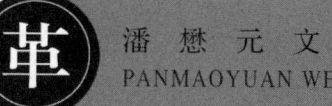
潘懋元文集
PANMAOYUAN WENJI

就《高等教育学》在华中工学院听取意见并答辩（1983年）

继续教育在经济发展中所扮演的角色[①]
——理论探讨与未来展望

一、理论探讨

社会经济的发展,最终取决于生产力水平与经营管理效率的不断提高。而现代社会生产力的提高取决于科学的进步与技术的有效应用,经营管理效率的提高取决于管理的科学化。据此,中国在以经济发展为中心的社会主义现代化建设中,提出一系列符合于上述原理的口号。例如,"科学技术是第一生产力""管理是科学""科技是关键,教育是基础"等,并把教育的发展作为现代化建设的三大战略重点之一。

教育具有经济、政治、文化的社会功能。教育的经济功能体现于如下三个方面:

（1）通过提高全民族的文化素质以提高广大劳动者的一般劳动能力。

（2）通过专门知识与技能的培训以提高各行各业劳动者的特殊劳动能力。

（3）推动科学技术的发展,并有效地应用于生产与管理中,以促进经济总量的增长与经济结构的完善。

这三个方面的经济功能,一般来说,分别依托不同类型的教育:第一个方面主要依托义务教育;第二个方面主要依托职业技术教育,包括大专、中

[①] 原载《高教探索》,1994 年第 2 期。作者:潘懋元,方晓,邓耀彩。

专和继续教育；第三个方面则主要依托高等教育的本科和研究生教育（当然，这只是相对而言，三种类型教育对三个方面的功能所起的作用是交叉的）。三种类型的教育从不同方面、不同层次来促进经济的发展，缺一不可。其中职业技术教育对生产力的提高起直接的作用，其经济效益是很明显的。以职业技术为教育内容，以在职人员为教育对象的继续教育，在发挥经济功能上，它的作用就更为直接、明显了。这是由于：

——继续教育的教育对象是现实的生产力。在职人员学习知识技能，在条件许可下，可以直接进入生产过程，直接转化为生产力，立即获得经济效益。

——接受继续教育的在职人员，大多已有一定的生产、管理经验，他们往往带着实际问题来学习理论与技术，将理论与技术同生产、管理实际联系起来。这就促使继续教育必须在教学内容、教学方式与方法上，紧密联系实际，以满足受教育者的需要。

——继续教育是科技转化为产品或社会实践的最有效的中间环节。一项科技成果，要转化为产品或社会实践，必须通过一系列的中间环节。例如，基础研究—应用技术研究—产品开发—中间生产（中试）—批量生产。高等学校的科学研究进入生产过程，往往要从第一个或第二个环节介入，要通过全过程才能转化为产品，而继续教育传授的科技知识与技能，只是在整个过程的末端才参加进去，不需要历经全过程。也就是说，当一项科技成果已经进入中间生产或批量生产时，它才开始介入，根据生产的需要来培训人才。

——继续教育与市场经济直接接轨，从而能够及时地反馈市场信息，进行调节。基础教育与市场经济的关系是间接的，中小学就其性质来说，它的毕业生一般并不直接进入人才市场；高等或中等专业学校的毕业生虽然可以直接进入人才市场，但其培养周期长，难于根据市场信息及时调整。继续教育则与市场经济直接接轨，快速产生经济效益。

正是由于继续教育具有直接、明显的经济功能，所以世界各国，不论发达国家或发展中国家，对它越来越重视。回顾 20 世纪 60 年代，人力资本理论（human capital theory）在西方流行时，许多国家受其影响，大量投资发展高等教育。但大规模的投入并未能产生预期的经济效益。有的国家，主要是发展中国家，由于高等教育规模膨胀过快，一方面国家财力不胜负担，另一方面社会经济的发展水平尚不能提供足够的就业岗位，大学毕业生失业问题严重。到了70年代，人力资本理论受到人们的怀疑。其实，人力资本理论的基本观点在经济发展中还是正确的，只是在运用这一理论时不能简单化，必须具体分析各种类型的教育不同的经济功能，并且掌握发展规模速度的临界点。在适度发展高等教育的同时，要重视发展继续教育。现在世界大多数国家对此已有所认识，所以70年代，尤其是80年代以来，多形式、多规格地发展继续教育，逐渐取代了60年代盲目地发展高等教育的趋势。

二、未来展望

发展继续教育，现在已成为一种世界性的趋势。对于发展中国家，发展继续教育更具有特殊的意义。

发展中国家都面临着从传统经济结构向现代经济结构转化的问题。首先是第三产业崛起，第一、二、三产业的结构比例要变化，第一产业的劳动力要逐步转到第二、三产业来，这就需要有计划地进行转业培训；其次是劳动密集型产业，要逐步转到资本密集型和技术密集型产业，更需要进行转业培训；再次是各行各业都面临着新技术革命的挑战，在职的技术人员、管理人员、技术工人都要不断地学习新的知识与技术，不断地提高自己的业务水平与工作能力，以适应职业需要而免遭淘汰。总之，经济结构的快速变化，使得劳动者经常要从一个部门转移到另一个部门，技术人员要经常提高自己的水平与能力。一次性的青少年学历教育已不能满足人们的需要，这就使得根据市场信息，灵活机动地适应市场需求的继续教育在发展中国家大受青睐。

中国是发展中国家，除了面临一切国家所面临的共同问题和发展中国家所面临的特殊问题之外，还面临转换经济体制以及20世纪80年代以来经济持续快速增长的问题。这些问题是挑战，也是机遇。如何抓住这个机遇，一个举足轻重的对策就是发展继续教育。可以断言，在今后若干年内，中国的继续教育，将有更大的发展，包括数量的增加和办学形式的多样化。对未来的展望分别简述如下。

（1）中国的经济结构，同世界各国尤其是发展中国家一样，在不断变化中。而且从单一的计划经济体制向复杂多样的市场经济发展，经济结构的变化会比其他国家更快。加以人事制度的改革，允许人才从一个部门比较自由地流向另一个部门，许多人需要接受上岗前的培训。这是继续教育必将更快发展的客观条件。

（2）改革开放使企业和其他用人部门有了较多的自主权，举办继续教育将是根据本单位自身发展的需要，而不是为了完成上级主管部门所下达的任务；个人接受继续教育也是为了自我充实提高的需要，而不是为了完成组织所交给的学习任务。单位与个人，举办者与接受教育者，都是出于自觉自愿，动机强烈，积极性高，这样就有利于继续教育质量的提高，避免过去的业余教育或"双补"运动所出现的形式主义走过场的弊病。

（3）在市场竞争中更讲效率，讲效益。继续教育的教学内容、教学方式与方法、办学形式，将根据实际情况多元发展。效率效益高的取胜，差的被淘汰。除了政府举办的进修学院、职工大学、函授学院、广播电视大学之外，将会出现更多的形式，如培训班、研修班、文化科学中心、讲座等，还可能创建更多的新形式。例如高等教育自学考试，就是中国自己所创建的教育形式，十多年来，已经培养出相当于大专学历的毕业生80多万人。

（4）为了满足各行业、各层次培养人才的需要，中国的继续教育，必将不再限于对已获得中专以上学历或初级以上技术职称的在职人员的培训，它的外延将扩大，它的内涵也将更加丰富，从狭义的专业继续教育拓宽为联合国教科文组织所界定的广义的继续教育，并将同正规的学历教育一起，构成终身教育（life-long education）完整的体系。

（5）随着中国外向型经济的发展和国际交流日益频繁，尤其是即将恢复关贸总协定的地位之后，进一步向世界开放市场，急需更多的国际金融与贸易，懂得国际经济法的复合型人才。这就要求未来中国继续教育，在某些方面要与国际经济接轨。香港在未来中国外向型经济人才的培养上，将有其特殊的地位并将发挥特殊的作用。

中国继续教育的现况[①]

一、中国继续教育的含义

继续教育（continuing education）一词，各国在使用上含义各不相同，在简介中国继续教育现况之前，有必要对这一名词做简略的比较。

（一）国外对继续教育的界定

（1）联合国教科文组织出版的《职业技术教育术语》称："广义的继续教育，是指那些已脱离正规教育，已参加工作和负有成人责任的人所受的各种各样的教育。"它可能是接受某个阶段的正规教育，在一个新领域内探求知识和技术、在某个特殊领域内更新或补充知识，也可能是为提高其职业能力而努力。可见广义的继续教育泛指在一定正规教育之后，在职成人的各种各样的教育，包括高一级的正规教育和自学。

（2）英国教育科学部对继续教育的界定是："继续教育包含继初始教育（initial education）之后的任何教育。"可见英国对"继续教育"一词比联合国教科文组织广义的界定更为广泛，不限于在职人员，常与成人教育（adult education）混用。如果专指对各种专业技术人员进行的知识的补充、拓宽、提高，则另用"专业继续教育"（professional continuing education）一词。

（3）其他国家对继续教育一词的应用。美国："在正规教育以后进行的一

[①] 原载《高教探索》，1994年第2期。作者：潘懋元，方晓。

种范围很广泛的教育,使成人不断获得个人职业需要的新知识、新技能,同时加深对邻近职业的了解。"德国:"幼儿教育、义务教育、大学教育之后的人生第四个教育期。"① 可见美国继续教育一词的含义也是广泛的,而德国则仅限于大学后教育。

(二) 中国对继续教育的规定

1987年国家教委《关于改革和发展成人教育的决定》中指出:"适应社会的迅速发展和科学技术日新月异的进步,对受过高等教育的人进行继续教育。"

据此,同年12月国家教委、国家科委等六个部委联合发布了《关于开展大学后继续教育的暂行规定》,指出:"大学后继续教育的对象是具有大学专科以上学历或中级以上技术职务的在职专业技术人员和管理人员,重点是中青年骨干,任务是使受教育者的知识和能力得到扩展、加深和提高,以便更好地满足岗位职务的需要。"

其后,1987年国家经委等部委联合发布的《企业科技人员继续教育暂行规定》、1989年农业部办公厅发布的《农业专业技术人员继续教育暂行规定》等文件,均将教育对象放宽为具有中专以上文化程度或初级以上专业技术职务的在职人员。

由此可见,中国对继续教育一词的解释是:对已获得中专或大专以上学历和初级或中级以上专业技术职称的在职专业技术人员和管理人员,进行追加教育。其含义比国外广义的继续教育窄,比美国的"继续工程教育"(continuing engineering education) 宽,接近于英国的"专业继续教育"。它是成人教育的主要组成部分。

二、中国继续教育的发展

中华人民共和国成立初期,在经济、科技发展中,就广泛开展各种职工

---

① 教育大辞典编纂委员会. 教育大辞典:第三卷 [M]. 上海:上海教育出版社,1991:379.

技术教育和对科技人员、管理人员的培训，如夜大学、函授教育、培训班等，已含有某些继续教育的因素。但有目的、有计划地开展继续教育活动，并进行国际交流，则是近十余年的事。

中国的社会主义现代化建设，以经济建设为中心，坚持四项基本原则，实行改革开放，随着经济的发展、科技的发展，对继续教育有了迫切的要求，提供了发展继续教育的良机。

十余年来继续教育的发展，大体可以分为两个阶段：

（一）初期起步阶段（1979—1983）

1979 年，中国派出代表赴墨西哥城参加第一次世界继续工程教育大会，正式把继续教育一词引进国内。教育界和科技界开始认识到继续教育在中国科技发展中的重要性，把继续工程教育作为科技干部培养的途径，由国务院科技干部局主管继续教育工作。1981 年，该局公布了《科技干部管理工作试行条例》，规定科技干部每 3 年应有 3～6 个月脱产接受继续教育的时间；1983 年召开了第一次全国继续教育座谈会，对全国继续教育的发展起了推动作用。在这一个阶段，继续教育开始被广大群众认为是教育体制中的重要组成部分。

（二）推进发展阶段（1984 年至今）

1984 年 11 月，中国继续工程协会在国家科委指导下成立，随后各地纷纷成立继续工程教育协会，标志着中国继续教育进入有组织的发展阶段。1987 年 6 月，国务院批转国家教委《关于改革和发展成人教育的决定》，标志着国家正式认可继续教育在中国教育体制中的地位。

在这个阶段，继续教育的发展可以从两个方面加以说明：一方面是有计划地发展。据 1989 年统计，中国有 18 个部委、16 个省市制定了继续教育规划，各省市的科协、科委和许多高等院校纷纷举办科技进修学院或培训班。另一方面是开始向规范化、制度化方向发展。除前述国家教委、科委、经委、农业部等出台了几个规定外，还有纺织工业部、气象部门出台了科技人员继续教育暂行办法。一些省市也先后制定了各自的科技人员继续教育办法。1989 年，天津市人民代表大会常委会讨论通过了国内第一部地方继续教育法规，这些都表明继续教育作为一种正式的教育制度已在中国确立并有法规的保证。

现在全国已有半数以上的地方和部门开始实施继续教育登记制度，将专业技术人员接受继续教育的情况记录在册，作为考核、使用和晋升科技人员的一项依据。

目前，全国继续教育正在广泛开展的基础上向纵深发展。继续教育的对象，已不限于工程技术人员，涵盖了各行各业、各类科技人员和管理人员。据统计，中国约 1 000 万的科技人员中，已有 40% 以上接受过各种形式的继续教育。在市场经济中崛起的企业家、经理、厂长等，也通过各种进修学院或培训班接受企业管理方面的培训。

三、中国继续教育的现状

（一）中国继续教育的主要类型

中国的继续教育，如上所述，是对已经获得一定学历教育（即初始教育）和专业技术职称的在职人员所进行的追加教育。因而，既包含非学历教育，也包含高一层次的学历教育，但主要是非学历教育。就非学历教育而言，主要有两类：一是按一定岗位的培训，二是为扩展知识、提高业务水平的进修。

岗位培训主要有两类：

（1）适应型。主要对刚从大学或中专毕业的学生，进行上岗前的培训。他们虽已具有一定的基础理论和专业知识，但缺乏实际工作能力。根据岗位的需要，对他们进行短期的培训，使之能较快地适应岗位工作。

（2）变换型。包括在职科技人员晋升前的培训和转岗、改行前后的培训，有利于人才的流动。

进修提高主要有三类：

（1）扩充型。这是对各类专业技术人员补充必要的知识，其目的为扩充知识面，改善知识结构，如补习外语、计算机使用、管理知识等。

（2）更新型。这是对那些在岗时间较长的专业技术人员所提供的新的专业知识培训，使他们能及时了解和掌握科技前沿知识，以适应科技的不断发展。这对医疗、工程技术人员特别重要。

（3）研讨型。这是具有中国特色的继续教育形式，由同一专业并具有一定学术水平、工作经验的科学技术人员，针对科研、试验、管理的某些问题，一起研讨，共同进行学术性、技术性的探讨切磋，拓宽思路，达成共识，共同提高。有时是为某一科研课题的攻关而组织的。1986—1992年，据不完全统计，已举行全国性的高级研修班107期，内容涉及诸多学科领域，有3 000多名高级专业技术人员参加。如果把地方和部门所组织的研修班合并计算，则参加者已有2万多人。此外，各地还举办了许多中级的研修班。

（二）中国继续教育的主要办学方式

1. 政府部门举办的继续教育

政府部门举办的继续教育，如科技进修学院、管理干部学院、教育学院与教师进修学校、职工大学、电视广播大学、函授学院等。这类继续教育院校的特点是计划性强，资金有保证，但往往不能灵活地适应社会需要。

2. 高等院校和科研机构举办的继续教育

附属于普通高等学校、成人教育学院的继续教育，大多是根据市场需要或受用人单位委托举办非学历的继续教育，也有学历教育的。这类继续教育的特点是师资实力雄厚，学术水平较高，设备条件较好，所以教学质量较高。由于这类继续教育是收费的，高等学校为了增加经费，近年来纷纷举办，大量招生，影响了其他成人高等学校的生源。

3. 企业举办的继续教育

大中型企业多以所属的职工大学或技术学校为基地，结合本企业的需要，举办各种继续教育。一般为非学历的岗位培训或进修提高。它的特点是紧密联系实际，直接有效地为发展生产服务。

4. 学术团体举办的继续教育

各种学术团体是一支活跃的继续教育办学力量。虽往往无固定场所与充足资金，却可以跨部门、跨行业组织各种类型的短期学习班或讲座，开展各种信息交流活动，可以被看作是一种灵活机动的补充性的继续教育。

5. 联合举办的继续教育

以上各种力量联合举办的继续教育，可以发挥各自的优势，获得较好的教育效果。最常见的是厂校联办，既可结合企业的生产实际，又能发挥高等学校的师资力量，一般经费也较充足，是较为理想的继续教育办学形式。

高等学校分类与定位问题[①]

一

在高等教育结构与体系研究中，如何划分高等学校类型，是一个世界性的难题，又是一个高等学校定位与发展不能不解决的问题。其所以困难是面对复杂交错的多样化高等学校模式，要按照一定的划分标准分别归类，使所有高校能够各就各位，明确各自的发展方向，朝着正确的发展目标，制订合理的发展规划。作为类型划分，必须符合划分的逻辑规则；作为事业规划，必须具有可行性并为人们所认同。其所以不能不解决，是由于如果分类不清，势必导致各高校定位不明，发展目标错位，发展规划不合理并难于实现。在中国当前高等教育大众化进程中，所谓分类发展、分类指导，都将因缺乏科学的依据而难于理顺。

18世纪以前，高等教育机构基本上只有大学一种组织形式[②]，高等学校就是大学。至今人们还习惯于把所有接受高等教育的学生都称为"大学生"，把从事高等教育工作的教师都称为"大学教师"。但从19世纪以来，欧洲高等教育机构从单一的大学组织形式大量分化出单科学院和应用性高等专科学校。[③]中华人民共和国成立前沿袭这种结构体系，高等学校分为大学、学院和

[①] 原载《复旦教育论坛》，2003年第3期。作者：潘懋元，吴玫。

[②] 黄福涛. 欧洲高等教育的近代化：法、英、德近代高等教育制度的形成[M]. 厦门：厦门大学出版社，1998：178.

[③] 分化实际上已从16—17世纪开始，但主要组织形式是大学。

专科学校三种类型。大学必须拥有三个以上学院并且其中必须有文、理两院或至少有其一。也就是说，大学与学院的区别不仅在于学科的多少，而且必须有基础理论学科，才能"研究高深学问"。中华人民共和国成立后院系调整，大量增设独立的单科学院，但基本上仍沿袭这三种类型，分为综合大学（文、理两科）与多科性大学（主要是多科性工科大学）、单科性独立学院、应用性专科学校。大学培养学术性研究型人才，单科学院培养各行各业高级专门人才，专科学校培养应用技术与管理的专门人才。类型划分虽然清楚，但多科性大学与单科性学院专业口径过窄，专科学校定位不明（即所谓"专科向本科看齐"），不能适应经济与社会发展的需要。

在经济与社会转型时期，高等教育也面临着结构改革与调整的任务。但是由于种种原因（主要是传统的"重学轻术""重理论轻应用"的思想和政策导向不明），原来的单科性学院从20世纪80年代以来，纷纷改为"学科齐全"的多科性高等学校，并且追求成为学术性研究型大学。许多专科学校以及其后新办的高等职业学校，则以专升本为努力目标。一经被批准升为学院，也就沿着前者的思路，追求成为学科齐全的学术性研究型大学。对于一所高校来说，囿于传统思想与社会压力，力求"上进"，这种"雄心壮志"，其志可嘉。但不顾主客观条件，互相攀比，定位不当，缺乏特色，发展方向似乎明确而实际上模糊。人才市场需要的是多层次、多规格的专门人才，而众多高等学校追求的是单一化的发展目标。同时，高等教育大众化的前提是高等教育的多样化，没有多样化的高等教育就不可能实现大众化。多样化的社会需求与单一化的发展目标的矛盾，成为当前高等教育事业发展中突出的问题。

二

高等学校类型如何划分？有几个方案可供参考：

其一，美国卡内基教育促进基金会的分类（以下简称美国卡内基的分类）。

美国卡内基教育促进基金会（Carnegie Foundation for Advancement of Teaching）将全美高等教育机构划分为6个层次；有的层次又细分为若干级别，是目前美国高等教育界最为广泛使用的划分方法，对其他国家也有广泛的影响。卡内基分类标准根据美国高等教育发展的实际情况，不断进行调整。表1、表2分别介绍1994年和2000年两种版本的分类及其分布。

表1 1994年美国高等教育机构类别及其分布

机构类别	总数/个	占机构总数/%
总数	3 595	100
博士学位颁授机构	236	6.6
研究型大学Ⅰ	88	2.4
研究型大学Ⅱ	37	1.0
博士级大学Ⅰ	51	1.4
博士级大学Ⅱ	60	1.7
硕士级学院及大学	529	14.7
硕士级学院及大学Ⅰ	435	12.1
硕士级学院及大学Ⅱ	94	2.6
学士级学院	637	17.7
学士级学院Ⅰ	166	4.6
学士级学院Ⅱ	471	13.1
副学士级学院	1 471	40.9
专门机构	693	19.3
族群学院及大学	29	0.8

资料来源：The Carnegie Foundation for the Advancement of Teaching，1994：XIV.

表2 2000年美国高等教育机构类别及其分布

机构类别	总数/个	占机构总数/%
总数	3 942	100
博士学位授予机构	261	6.6
博士级/研究型大学（Ex）	151	3.8
博士级/研究型大学（In）	110	2.8
硕士级学院及大学	610	15.5
硕士级学院及大学Ⅰ	496	12.6
硕士级学院及大学Ⅱ	114	2.9
学士级学院	550	13.9
学士级学院Ⅰ	226	5.7
学士级学院Ⅱ	324	8.2

续上表

机构类别	总数/个	占机构总数/%
副学士级学院	1 726	43.8
专门机构	767	19.5
族群学院及大学	28	0.7

资料来源：The Chronicle Carnegie Foundation's Classification，2000.

注：①专门机构（specialized institutions）：颁授的学位涵盖学士到博士，最大的特色在于其所颁授的学位超过一半集中在单一领域。这一类别的机构包括：宗教学院、医学院、工程及技术学院、工商管理学院、艺术学院、音乐学院、法学院、师范学院及其他（如军事学院）。族群学院及大学（Tribal Colleges and Universities）：是指专为美国原住民提供高等教育及社区服务的机构。

②表2的副学士级学院中，有57所可授予学士学位。

从表1、表2可以看到，无论是1994年版还是2000年版，博士级研究型大学居于最高层次而数量只占6.6%。说明即使是高等教育很发达的美国，学术性研究型的大学仍是少数的。数量最多的是低层次的副学士级学院（相当于中国的高职高专），达40%以上，而且有继续增长的趋势（40.9%→43.8%）。处于两端之间的硕士级与学士级学院及大学，培养各行各业高级专门人才，占30%左右，而且多数学校规模较大，对美国高等教育的整体水平有特殊的重要性。全国的学士、硕士学位获得者主要来自这两个中间层次的高校；同时，还为研究型大学提供优秀而稳定的博士生源。其中硕士级学院及大学的水平，虽已接近于研究型大学，但除个别外，并不执着于升格为研究型大学。

美国卡内基的分类，对中国学者研究高等教育结构有一定的影响。许多论述高等教育层次体系的文章，经常提及研究型、研究教学型、教学研究型以及教学型等分类，大致以美国卡内基的分类为依据，结合中国国情，有所修改补充。

其二，广东管理科学研究院的分类。

广东管理科学研究院武书连研究员最近提出了一种大学分类标准。将高等学校的类型由类和型两部分组成。类反映大学的学科特点，参照教育部对学科门类的划分①，结合各学科门类的比例，分为综合类、文理类、理科类、文科类、理学类、工学类、农学类、医学类、法学类、文学类、管理类、体育类、艺术类等13类。型表现大学的科研规模，按科研规模的大小，将现有高校分为研究型、研究教学型、教学研究型、教学型等4型。每所高校的类型由上述类与型两部分组成，类在前型在后。②

如果说，美国卡内基的分类只以学位高低分层次，那么，广东管理科学研究院分类则先按学科门类分类，再以科研规模大小代替学位高低分层次。两种分类，都有一定的参考价值，但都不能作为一所高校定位的依据。高校定位不只是高低层次的定位，也不只是学科门类的定位。"门类齐全"的多科性高等学校如何定位？定位的主要依据应当是高等学校培养人才的职能——培养学术性研究人才、专业性高科技人才、实用性职业技术人才。如果只以学位高低或科研规模大小划分高校层次高低，必将鼓励所有高等学校以最终成为学术性研究型大学为发展目标。

其三，国际教育标准分类法的分类。

联合国教科文组织批准的"国际教育标准分类法"（1997年修订稿）③ 将第三级教育（高等教育）分为两个阶段。第一阶段（序数5）相当于专科、本科和硕士生教育，第二阶段（序数6）相当于博士生阶段。第一阶段分为5A、5B两类；5A类是理论型的，5B类是实用技术型的。5A类又分为5A1与5A2；5A1一般是为研究做准备的，5A2一般是从事高科技要求的专业教育。5A类学习年限较长，一般为4年以上，并可获得第二学位（硕士学位）证书。"目的是使学生进入高级研究项目或从事高技术要求的专业。" 5B类学习年限较短，一般为2~3年，也可以延长至4年或更长。学习内容是面向实际，适应具体职业内容的。"主要目的让学生获得从事某个职业或行业，或某类职业或行业所需的实际技能和知识。" 也就是"劳务市场所需要的能力与资

---

① 原国家教委1997年学科划分，分设哲学、经济学、法学、教育学、文学、历史学、理学、工学、农学、医学等10个门类。
② 武书连. 再探大学分类 [J]. 中国高等教育评估，2002（4）：51-56.
③ 教育部教育管理信息中心. 国际教育标准分类法 [Z]. 教育参考资料，1998（18）.

格"。至于第二阶段（序数6）则是"专指可获得高级研究文凭（博士学位）的"，"旨在进行高级研究和有创新意义的研究"（见图1）。

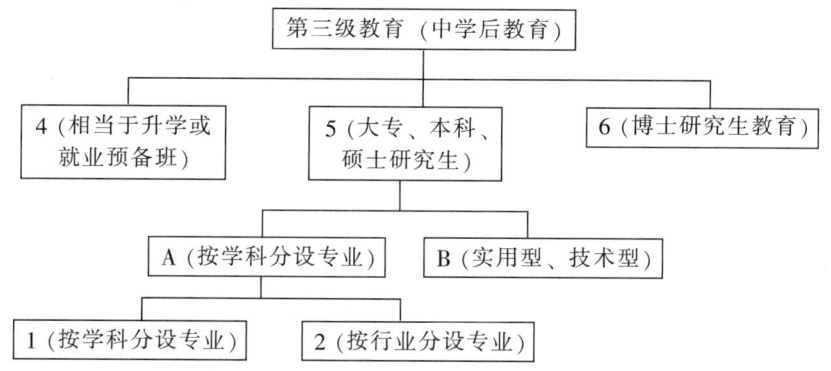

图1　第三级教育（中学后教育）示意图

国际教育标准分类法关于高等教育类型的划分，更值得我们重视。因为联合国教科文组织所考虑的不只是某一个国家的高等教育现状，它必须全面概括发达国家与发展中国家的基本情况，因而大体上能适用于不同国家的高等教育分类。20世纪70年代公布第一个分类标准之后，经过20年的使用，根据教育，特别是高等教育的"新情况、变化和预测世界各地区的趋势"（包括"各种各样职业教育与职业培训的出现及其发展""教育提供者日益多样化"及"对远程教育资源日益增多和基于新技术教育形式的出现"等），于90年代经过反复征求意见与论证，提出新的标准分类法修订文本，作为各国教育分类的指导与教育统计的依据，因而它具有更为广泛的普适性。也就是说，它可更好地作为我国高等教育类型划分的参照。更为重要的是：它所依据的主要标准是专门人才的类型而不只是层次的高低与科研规模的大小。例如：5A与5B所着重的是培养人才类型不同；5A1与5A2也并无层次高低之分。如果以此对中国高等学校归类，5B类相当于中国的高职高专，学习期限可以延长至4年以上，即所谓专升本；升"本"之后，一般仍应定位于培养职业技术型人才；5A1相当于中国的学术性研究型大学的本科与硕士生教育，侧重于基本理论学科，可以为进入第二阶段（博士级）做准备；5A2相当于中国的工、农、医、师等本科以及硕士生教育，培养各行各业的高级专门人才。每种类型，各有其培养目标、发展方向，都可以办出特色，争创一流。

高校可以分类发展，教育领导部门可以分类指导，从而避免"千校一面"，争奔学术性研究型大学这一狭窄的独木桥。

三

21世纪之初，中国高等教育进入大众化阶段。在大众化阶段，精英教育仍将进一步发展提高。因而，作为精英教育的学术性研究型大学和作为大众化主力的实用性职业技术型的高职高专，各自向不同方向发展。如果分类指导明确，政策措施得宜（如制订不同的评估体系，给予公平的对待），两类高校较易定位，至少在理论上不难说清楚。但在研究型大学与高职高专之间，还存在大量的专业性高等教育机构，即工、农、医、师等本科与硕士生层次。它们的发展方向是什么？它们既不能走学术性研究型的独木桥，也不应都办成职业技术型的高职高专。这里所指的是非重点的普通高等学校，尤其是地方普通高等学校，以及某些条件较好的专升本院校。这些中间类型的高等学校，以前多是单科性学院，20世纪80年代以来，经过不断地扩充、重组、合并，大多数已成为多科性高等学校。由于缺乏明确的发展方向，在现实发展中，这类高校莫不将自己的发展目标定位于学术性研究型大学，纷纷以硕士点、博士点作为学科建设的目标。

中间类型高校，情况很复杂。既有历史悠久、教育资源（经费、设备、师资）充足，水平很高的；也有刚从专科学校升格、教育资源不甚充足，水平较低的。在校名上，既有仍以师范、农林命名而大办非师非农专业的，也有改称理工大学、科技大学或干脆以地方命名的。尽管复杂，还是存在一些共同点：①除师范类外，主要是按行业而不是按学科设置专业；②能承担一定的应用性科研任务，但总体上是以教学为主而不是以科研为主或教学与研究并重；③以本科为主，有的也可培养应用型的专业研究生，如MBA、临床医生、工程硕士、教育专业硕士等，个别专业已获得博士授予权；④大多数为地方高等学校。

中间类型高校，数量最多，情况复杂，如果都定位于多科性综合大学，以学术性研究型为发展方向，不符合社会主义现代化建设对高级专门人才多样化的需求，违反教育的外部关系规律。一方面是过度教育，另一方面是学非所用，都将造成人才的极大浪费。它的直接后果是用人部门难于获得适用人才，而每年数以百万计的大学毕业生难于找到能施展才能的工作。

因此，对于中间类型高校的定位以确定其发展方向，是高等教育发展战略的重大问题。

参照国际教育标准分类法，结合中国中间类型高校的现实，我们认为，这一类型的高校相当于5A2类型，应当面向行业设置专业，主要为地方培养各行各业的应用性高级专门人才。它们中的大多数应当定位于教学型，有的也可定位于教学研究型。按照国际教育标准分类，5A1与5A2都属于理论型，但5A2不是为研究做准备，而是应用科学理论从事高技术要求的专业工作。它可以培养专业硕士研究生，但以培养本科生为主；它可以进行科学研究，但以应用理论研究和开发研究为主。同时，它虽面向行业，但与面向具体职业的高职高专不同。后者相当于5B类型，培养在生产、管理、服务第一线的实用性技术型专门人才，要求在较短时间学会"一技之长"，专业口径与职业岗位或职业群对口，一般较窄，着重实践能力的培训，理论只求够用，技能力求熟练。中间类型所面向的不是具体职业而是某类行业，培养的是行业的高级专门人才，专业口径较宽，适应面较广。不但要求有一定的理论水平，而且应当加强通识教育。对于一般生产流程、多种工艺，都要有所了解和掌握，但不可能都很熟练。总之，这一类型的高校处于研究型大学、高职高专两者之间的中间类型，有其专门的社会适用面。社会分工，是高等学校类型划分、定位的最终依据。高等学校的定位与发展，都必须遵循教育与社会发展关系规律。

如何引导全国高校分类发展，是当前急需解决的难题。难，但不是不可能。治本之法，一是转变观念，二是推向市场；治标之法，一是分类评估，二是政府协调。

（1）转变观念。长期以来，传统的"重学轻术"思想，由于某些政策导向，不是有所淡化，而是不断强化。例如，重点大学，都是学术性研究型的综合大学或多科性大学；根据学术性研究型大学的标准制订评估方案，作为高等学校排名榜的依据；高等教育资源的分配，研究型大学远高于一般高等学校，如此等等，不断强化了"重学轻术"的传统思想。培养拔尖创新的研究型人才是重要的，但培养各行各业的高技术专门人才更有其现实的重要性。在许多发达国家中，高技术专门人才的社会地位、工资待遇、就业机会，往往比传统大学的博士学位获得者更具优势。例如，法国的大学校（grand école，也译为高等专业学校），它的生源、水平、就业机会均优于综合大学，它的工程师证书和其他专业证书比博士学位证书更受重视。即使在美国，中学毕业生进大学的首选更多是应用性技术专业而不是基础理论专业。从中国发展趋势看，传统的"重学轻术"观念，在市场经济冲击下，必将有所转变。与其争奔学术性研究型大学的独木桥，不如根据社会需要、自身优势，办出特色，在同类型中争创一流。

（2）推向市场。21世纪中国的社会主义市场经济，必将逐步发育成熟。成熟的市场竞争，是公平与务实的。它将排除各种非市场因素的干扰，包括某些传统观念。人才市场是市场经济的重要组成部分，加入WTO之后，教育服务贸易不只是面向国内市场，而且要面向全球市场，竞争将更加激烈。在人才市场竞争中，高学历的学术性研究型人才，不一定比专业性技术型人才具有优势。如果说，20世纪末人才市场刚刚开放之初，用人单位往往以拥有更多的高学历人才为荣，进入21世纪，已经出现一些用人单位，特别是私营企业，招聘人员时淡化学历而重视素质、能力与经历的情形。而这仅仅是一个值得注意的苗头，预期10~20年之后，情况将会发生很大变化。选择发展方向，制定发展战略，应当具有前瞻性，在提高教育质量，加强竞争能力上下功夫，以适应即将到来的人才市场的变化。

（3）分类评估。评估指标是现实的指挥棒。现行评估指标是根据学术性研究型大学的标准制订的，最为突出的是以科研规模的大小、论文与专著的数量以及被SCI、EI等收录数与CSSCI引文数、博士点与硕士点的多少，作为评分与排名的主要依据，驱使所有高等学校都挤在一条道上。以单一的指标评估非学术性研究型大学显然是不公平的，它无助于激励竞争而且起着消极误导的作用。应当按不同类型高校制订不同的评估指标，至少应按三大类型制订三种或更多的分类评估指标，使各类高校各安其位，开展公平的竞争。

（4）政府协调。教育是公益性产业，不能完全听任市场这只无形之手操纵。政府还应当通过拨款、立法、协商等方式，进行适当的协调。在当前市场发育不成熟、市场机制不健全的情况下，政府适当的协调尤为必要。例如，各类型高校评估结果，应当体现在财政拨款上；有些高校，为了追求所谓"学科齐全"，勉强办起市场需求不旺、自身条件不足的专业以凑数，就应当根据评估结果减少或不给拨款，使其知难而退。这是英国"大学基金委员会"（Universities Funding Council）行之有效的方法。又如，政府对民办高校、高职高专这些当前在市场竞争中暂时处于弱势的高校，要通过评估，对其中办得好的采取拨款资助或其他政策措施加以扶持、鼓励，使它们安于其位，按自己的方向发展，而不至于一心想"民转公"、专升本，摘掉"职业"帽子。其实即使在市场发育成熟的国家，政府的协调仍起作用。例如，美国加州，通过州政府的规划将加州大学、加州州立大学、社区学院分为三个层次，规范各所高校的办学层次、目标方向、学位招生等，从而避免因盲目竞争而造成的功能重叠，资源浪费。

引导全国高校分类发展，这是一项复杂而困难的工作，有许多工作要做，上面只是提出若干思路而已。同时，类型划分，仅仅是一般定位及确定发展方向的前提，具体到一所高校，如何定位、如何确定发展方向，还必须根据其所处环境、自身条件，扬长避短，充分论证。这应是另一篇文章所要讨论的内容。

分类、定位、特点、质量[①]
——当前中国高等教育发展中的若干问题

进入 21 世纪，中国高等教育发展形势大好，主要表现在：

其一，量的增长。大学生人数从 1998 年的 643 万到 2003 年的 1 900 万，5 年间增长了近 2 倍。中国成为世界大学生人数最多的高等教育大国，先后超过了印度和美国，高等教育毛入学率 2002 年就达到 15%，2003 年已达 17%，我国已进入高等教育大众化阶段。

其二，办学形式多样化。除了量的增长外，一个国家的高等教育发展形势还要体现办学形式的多样化。目前，我国高等教育出现了大学、学院（我所指的是独立学院）、高职高专，全日制普通高校与各种形式成人高校，自学考试与网络学院，以及多种形式的民办高等学校并存的局面，学习型社会正在形成中。

其三，某些方面质量有所提高。大学生的外语与计算机技术水平，人文素质与创新、实践能力等方面的水平有所提高；研究生教育发展迅速，学科建设、精品课程、"211 工程"建设取得初步成效；许多示范性高职院校培养了大批适应人才市场需求的职业性技能型人才。

其四，教育经费较快增长。从 1997 年的 2 532 亿元到 2002 年的 4 638 亿元，5 年间增长了 83%；由于这几年没有出现通货膨胀，教育经费实现了实质性的大幅度增长。尤其是非政府财政性资金从 669 亿元到 1 581 亿元，5 年

[①] 原载《福建工程学院学报》，2005 年第 2 期。

间增长了136%，占总经费的35%，多渠道集资的投资体制改革已形成。同时，在财政性拨款中，2003年高等学校经费约占教育总经费的24%，比过去增加了5~6个百分点。

我国高等教育发展在大好形势下，也出现了诸多有待研究、解决的问题。

最引起国内外关注的问题首先是高等教育发展的规模和速度问题。在1997年以前，我国高等教育发展速度很慢，1999年以后发展速度又太快了。发展太快太慢都是问题，都应该引起重视。其次是管理体制改革问题。再就是高等教育的分类定位与发展方向问题、高等教育质量问题、高考改革问题、毕业生就业问题，还有各种类型成人高等教育和民办高等教育发展问题，问题不止这些，我只是举例来说。问题多，正是形势好的反映！有人认为没有问题就是形势好，恰恰相反，一潭死水，是不会有问题的。要改革，要发展，必然会出现问题，所以说问题多是形势好的反映。下面只重点谈高等教育的分类、定位、特点、质量等当前人们所关心的几个问题。

一、高等教育的分类与定位问题

中国社会主义现代化建设，既需要相当数量的研究型专家和高层次专门人才，也需要数以千万计的各级各类、各行各业的生产、管理、服务等职业性、技能型专门人才。党的十六大报告指出，中国要"造就数以亿计的高素质劳动者，数以千万计的专门人才和一大批拔尖创新人才"。因此，进入高等教育大众化阶段，我们要在两个方向同时发展：一个是精英教育，一个是大众化教育。

有人以为，进入大众化阶段，只需要发展大众高等教育。那是不对的。从发展过程说，精英教育是一个阶段，大众化教育也是一个阶段，精英教育阶段已存在大众教育，进入大众化阶段，精英教育仍然存在，而且仍然要发展，所以大众化阶段，精英教育与大众教育是两个必然的发展方向。两个发展方向是殊途同归的。精英教育通过培养高科技拔尖创新人才，提高科技水平、生产力水平（包括管理水平），以达到促进经济与社会发展；而大众化高等教育则是通过培养数以千万计的各级各类专门人才，将高新科技转化为生产力（包括管理能力、服务能力），也是为了达到促进经济与社会的发展。重点大学需要发展，高职教育也需要发展，不能说重点大学是高等的，而高职院校是低等的。重点大学不能代替高职院校去培养生产第一线的、把高新科技转化成生产力的人才。因此，精英教育和大众教育各具功能，不可替代；如鸟之双翼，缺一不可。

但是，现在出现的情况却是：①类型定位重学轻术。人们认为技能型、职业型的院校都是次等的。20世纪80年代我国曾兴办128所职业大学，现在这128所职业大学无一例外，都把"职业"二字拿掉，通通变成学院或大学。重学轻术恐怕是中国的传统。在前工业化时期，生产不发达，重学轻术还可以；而在工业化时期，重学轻术就不行的；到知识经济时代恐怕更不能重学轻术。②层次定位层层攀高，规模定位越大越好。现中国的大学越办越大。最大的吉林大学，2002年本专科、成人教育合在一起，是9.8万多名学生，现在肯定超过10万人。③学科定位综合求全。你无论参观访问哪一所高校，他们的介绍总是"我们是一所综合性、多科性、学科齐全的高校"。④目标定位向北大、清华、哈佛、牛津、剑桥看齐。谦虚点的学校定位为省内一流，全国有影响；更多的是国内一流，世界有影响；等等。对一所学校来说，应该是"其志可嘉"，但是从全国来说，大家都朝同一个目标发展是不行的。

现在存在的问题是经济与社会发展对人才的需求多层次、多类型，而高等学校对人才的培养单一化，甚至是盲目无序。单一化的发展方向与多样化的人才需求的矛盾，从全国来说是当前高等教育发展的主要矛盾。精英教育的发展方向与大众化教育的发展方向混杂不清，其结果必将是：精英教育受大众化教育的冲击，办学力量、教育资源分散，导致教育质量下降。大众化发展过程中受冲击最厉害的是精英教育，而不是大众化教育，具体地说就是原来的传统大学。为什么呢？传统大学承担了很重的大众化教育任务——办高职、办成人教育、办网络教育、办自学考试助学班等，办学力量、教育资源分散，导致教育质量下降。至于大众化高等教育则是培养目标错位，不符合人才市场需求，导致毕业生大量结构性失业。所以教育部现在提出要以就业为导向。对于高职高专来说，以就业为导向有积极意义。培养职业技术人才，以就业为导向是顺理成章的。但是对于研究型人才来说，似乎就不宜这么提。所以现在提出以就业为导向是针对高职高专的。否则，人才市场就不能获得其所需要的人才。

所以当务之急，应当做好分类指导工作，使高等学校定位明确，各就各位，制定发展方向。分类指导的前提是科学、恰当的分类。但是高等学校的分类是一个世界性的难题。我所指的，不是特定制度上的分类，如公立（国立）与私立、全日制与部分时间制、正规与非正规等，而是培养目标与类型的综合性的体制上的分类。现在世界上高教界很多人都探讨分类，还没有找到一个满意的分类标准，中国常引述的是美国卡内基对高等教育机构的分类（见表1）。

表1 2000年美国卡内基高等教育机构类别及其分布

机构类别	总数/个	占机构总数/%
总数	3 942	100
博士学位授予机构	261	6.6
博士级研究型大学 Ex	151	3.8
博士级研究型大学 In	110	2.8
硕士级学院及大学	610	15.5
硕士级学院及大学 I	496	12.6
硕士级学院及大学 II	114	2.9
学士级学院	550	13.9
学士级学院 I	226	5.7
学士级学院 II	324	8.2
副学士级学院	1 726	43.8
专门机构	767	19.5
族群学院及大学	28	0.7

卡内基基金会根据美国"国家教育统计中心"的"高等教育资料整合系统"（IPEDS）的资料，于2000年将全国3 942所学校（实际上全美已有4 000多所高校）进行分类，分成以上各类大学、学院及专门机构。博士学位授予机构占总数的6.6%，其中第一类占3.8%，第二类占2.8%；硕士级的占15.5%，学士级的占13.9%，两者合起来占29.4%；副学士级（在美国通常是社区学院）占43.8%；其他还有20.2%，其中主要是专门机构（独立设置的专门学院或学校）占19.5%。因此，可以看出，就美国这样一个科技水平、生产力水平比较高的国家，形成的高等学校也只是一个金字塔形。塔的

顶端是 6.6% 的博士学位，塔的中间是 29.4% 的硕士级与学士级，塔的底层是 43.8% 的副学士级，形成这么一个金字塔的构造。而我们呢？我们现在说不清楚。究竟我们的塔尖是多少，有人说我们的塔尖是 7 所，有人说是二十几所，有人认为把"211 工程"学校都摆进去有 95 所。但是现在大家都往这个方向走，将来如果大家都走成功，就会变成倒三角形。而我们中国目前生产力水平、科技水平还不如美国，我们是否能容纳那么多的高科技人才？

我们中国很多人引用的是美国卡内基的材料，把高等学校分成研究型、研究教学型、教学研究型、教学型等。好像研究型是高级的，教学型是低级的，以致误导大家重科研轻教学，实不可取。所以，卡内基以学位分层次可以参考，但不能作为我们分类的主要依据。因为卡内基分类基本上是按学位高低和多少来划分层次的，而我们中国的矛盾正是层层攀高的问题，若把卡内基分类作为我们的分类标准就是鼓励大家层层攀高。相对来说，联合国教科文组织的分类标准可能比较合适一些。联合国教科文为了统计全世界的高等教育，它的统计要制定一个分类标准。这个分类标准虽然也是经常改变，但其考虑面较完整，既考虑发达国家也考虑发展中国家，而美国只是考虑本国的情况。因此参考联合国教科文的分类标准对我们国家来说比较靠近些。因为它主要以培养人才职能来分类，并兼顾年限长短与学位高低。以下是联合国教科文组织第三级教育分类示意图（见图1）。

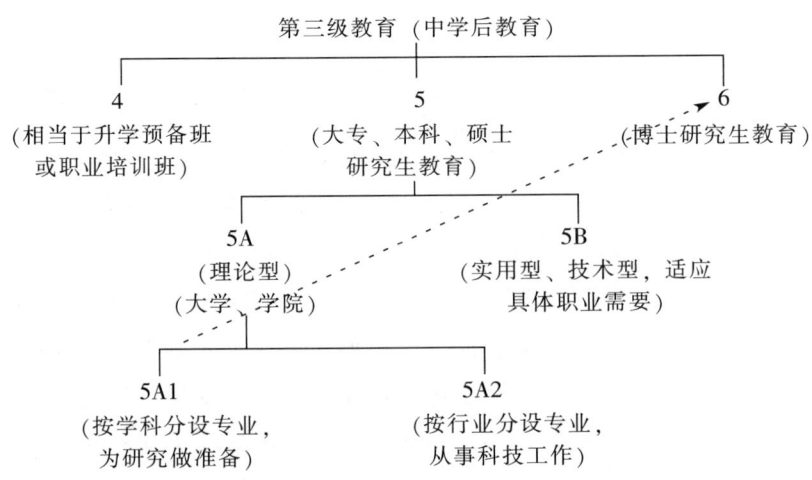

图 1　联合国教科文组织第三级教育分类示意图

联合国教科文组织国际教育标准分类：第一级教育是小学，第二级教育是中学，第三级教育是中学后教育。中学后教育不等同于高等教育，因为还有一个中学之后但还没有进入高等教育，相当于升学预备班或职业培训班的教育。联合国教科文给每一级（类）教育一个代码，0字头是幼儿教育、学前教育；1字头是小学教育；2字头是初中教育；3字头是高中教育；4字头原来准备作为师范教育，但师范教育也有高低之分，后来把4字头作为升学预备班教育或不升学准备就业的教育；5字头是我们所说的高等教育；6字头原来是作为研究生教育，现在只作为博士生教育，把硕士生教育下放到5字头，因而5字头包括了大专、本科、硕士研究生教育。这也是我们中国国际化要考虑的。我们现在仍按照世界过去的做法把硕士、博士放在一起，而现在世界通行的是把博士生和硕士生分开来了，博士生当成一级，硕士生和本科生摆在一起。因为现在世界的趋向是把硕士生作为本科的高年级，有的国家根本就不设硕士学位，有的国家设硕士也就是比本科高一些，所以根据此情况，联合国教科文组织分类把专、本、硕放在一起，着重于教学；而6字头只作为博士研究生教育，着重于研究。3、4、5字头都分A、B两类，其中3字头还有C类。现在我们只谈5字头的A、B；A类是理论型的，B类是实用型、技术型或叫技能型。5B相当于我们的高职高专，是实用型的、职业型的、技术型的、技能型的，着重是动手的；而A类是理论型的，理论型里没有很明确的分类，但有两种指向：一种是按学科分设专业（5A1），主要是基础学科，比如说哲学、历史学、经济学、社会学、物理学、化学等是按学科来分类；另一种是按行业分设专业（5A2），如工科、农、林、医等。5A1是准备进入博士研究生教育的，5A2是准备培养各行各业的高级专门人才的。

根据国际的教育标准分类和我国的实际情况，我们可以把中国高等学校划分为三种基本类型：①综合性研究型大学（相当于5A1），遵循"本科（学士学位）→硕士（学位）→博士（学位）"的顺序提升学习层次；②多科性或单科性专业型（应用性）大学或学院（相当于5A2），依循"本科（学士学位或文凭）→专业硕士（学位或文凭）→专业博士（学位或文凭）或进入研究型博士"的学习阶梯；③多科性或单科性职业技术型（或技能型）高校（相当于5B），走"专科（副学士学位或文凭）→职业本科（学士学位或文凭）→进入专业硕士"的培养阶梯。每一种类型都有重点高校，都可以办出自己的特色而成为国内（省内）知名、国际（国内）有影响的高校。这样，高等教育的发展就可以各就各位，避免大家都追随研究型大学的办学路子。

由此可见，我们所说的研究型大学相当于联合国教科文组织的5A1或6，或相当于卡内基的那个占6.6%的博士等级；第二类型，多科性或单科性专业型大学或学院相当于5A2，是培养各级各类专门人才的，或相当于卡内基的硕士与学士合起来的29.4%的那一级；第三类型，多科性或单科性职业技术型（或技能型）相当于5B，或卡内基占43.8%的副学士学位。我们培养应用型人才的本科院校应该是属于第二类——多科性或单科性专业型大学或学院，它可以扎扎实实地培养应用型人才，也可以进入专业硕士、专业博士或研究型博士培养研究型人才，所以它是属于中间型的，是比较灵活多样的。

二、高等学校的特点与发展方向

每一类型都应有重点高校，都可以成为国内（省内）知名、国际（国内）有影响的名校。中华人民共和国成立前没有一流大学，但有著名大学，如清华、北大是当时的一流大学，中央大学、中山大学都是一流大学；私立的有燕京大学、辅仁大学、圣约翰大学，当时都是一流大学。还有如上海商专、杭州艺专、东亚体专；即使是私立的立信会计专科学校，也中外闻名。当时中国的高级会计人才很多都是出于立信，但它从没有要升格为本科或研究型大学。现在，有的民办高校虽然只是高职高专，但开始崭露头角，已成为国内甚至国际知名的大学了。

因此，每所高校，在制定发展战略时，都必须实事求是地根据学校所处的客观环境、社会需要状况和自己的特点和优势，在各自的层次和类型中争创一流。

首先要考虑客观环境——经济、文化、高教、生源等。为什么提客观环境中的"高教"？举例说，美国的斯坦福大学，曾酝酿要创办建筑工程学院，但经过论证后没办这个学院，因为考虑到斯坦福没有办建筑工程的底子，人才资源不足，且投资过大，得不偿失，宁可扶助别的发展好的专业。同时，离它不远的加州大学伯克利分校已有一个很有名的建筑学院，无法超过它，所以最终未办建筑工程学院。因此要考虑环境中教育的布局问题。

其次要考虑社会需要——类型、层次、专业等。如宁波原先高等学校是比较落后的，20世纪80年代才办了一所宁波大学，但这几年发展了12所高等学校，差不多都是高职。宁波大企业、大公司不多，大都是中小企业，急需职业人才，因此适合办职业学校，尤其办高职学校。而每所高职学校都要有它的针对性。如宁波高职是办在北仑港。现在外商来办厂必问以下几个条件：交通、水电供应，更重要的是能否提供科技人才。因此，当地政府赶紧投资办高职，并与工厂联合培养。如宁波高职的机械系系主任就是北仑港一个工厂的总工程师，工厂也就成为它的实习基地。还有大红鹰集团办的一所高职学院等，都是根据社会需要创办的学院。因此要充分考虑社会需要来选择办学类型、层次、专业等。

再次要考虑自己的特点和优势——文化积淀与社会声誉、师资力量与特长等。如湖南有一所湘西人引以为自豪的吉首大学。湘西自治州有70%多的初中教师，50%多的高中教师，40%多的县级干部，30%多的自治州干部都是该大学培养的毕业生。湘西的艺术、体育、语言人才大多出自该校。我两个月前到湘西走了一遭，遇见许多老百姓，他们把吉首大学称为"我们的大学"。在考虑其办学方向时，我建议该大学应重点办好少数民族专业（民族学和少数民族经济、体育、艺术等），为自治州的建设服务，也能成为全国著名、世界知名的大学。

再举一个反面例子：有一所原来很有特色的学院，一心想与同类型大学比高低，放弃原有的特色专业，要求教师去搞"高深的"理论研究，以便于填平补缺，以自己所短去比别人的所长，把特色丢掉，结果很多以前能胜任的重大课题无法再研究下去了。所以要在各自层次和类型中争创一流，切忌随大流与急功近利。

应用型高校在进行战略规划时应考虑：

①定位于第一类型？第二类型？第三类型？

②面向全国？面向省际？面向地区（省、市、区）？

③"全面发展"？"非均衡发展"？

④扬长避短？填平补齐？

……

三、高等教育质量问题

1999年扩招以来，质量问题越来越成为人们关注的焦点。许多人认为扩招导致高等教育质量严重下降。我认为，既有真实下降，也有虚假下降，应当具体分析，分别对待。

（一）真实下降的原因与对策

下降原因：数量与质量的矛盾。在条件（资源）不足的情况下，数量增加，势必导致质量下降。扩招以来，学生数量剧增与教育资源增长不平衡，导致高等教育总体质量下降。其中最重要的教育资源是教师的数量不足与质量不高。大家都知道高等学校扩招以后，教育资源包括生均土地、生均校舍、生均仪器设备等问题都不是很大，生均教育经费年年下降问题较大，而生均教师比例下降最严重。我们知道质量是由种种教育资源来保证的，其中最重要的是师资。以下是全日制普通高校师生增长率（见表2）：

表2　全日制普通高校师生增长率

年份	在校生数/％	教师数/％
1998	100	100
2003	325	178

以1998年为100％，2003年在校生数增长率为325％，增长了225％，教师数增长率为178％，也就是增长了78％。5年里，在校生数增长了225％，教师数增长了78％，可见教师数严重不足。其实我不用数字论证大家也知道，特别是在精英教育机构，以及众多原来的本科院校，承担过多过重的扩招任务，教师负担过重，管理力量分散，本科生、研究生的教育、教学质量必然有所下降。

因此，扩充与改善教育资源是解决问题的燃眉之急：

其一，加大新教师培养力度，引进海外与社会人才，延缓老教师退休，加快师资队伍建设。现在的老教师退休年限，是历史上对体力劳动者的保护措施，对于今天医疗卫生条件大大改善的脑力劳动者已不适宜。我们不能一方面师资数量质量不足,另一方面强制身体健康、水平与经验好的老教师退休。至于高校之间互相挖人虽可以提高人才的市场价值,增强教师行业的荣誉感和吸引力,但不能从全局上解决教育资源不足的问题。

其二,要保证教育发展所需要的经费。政府要切实履行财政性经费增长的承诺——承诺教育经费要占 GDP 的 4%。全国教育经费占 GDP 比例,2002 年达到最高,占 3.4%,但 2003 年似有所下降了,数字没公布,不太好说。现在全世界的教育经费平均数在 4% 以上,我们是科教兴国的大国,但仅占百分之三点几。另外,要采取有效措施,鼓励社会力量教育投资。现在我们民办教育小投资有,大投资没有。因为我们的教育产权不明晰。教育产权不明晰,投资者会有所顾虑,因此无法向社会广泛集资。还有,进入 WTO 后,我们应该开放海外市场,进行招商引资。但重要的还是要弄清楚教育产权,教育产权不明晰就会增加引资困难。

其三,积极发展民办教育。我们现在已经有不少办得好的民办高校,我们要进一步放宽民办高校的审批,立足于促进、支持、引导、规范,而不是消极的限制、取消;对于公办大学的民办二级学院或分校,要认真审核,并促使其成为真正的民营独立院校,而不是办假的独立学院。否则不利于民办高等教育的可持续发展。

其四,保护精英高等教育。要减免精英教育机构所承担的高等教育大众化的任务,重点大学不能盲目扩招,不能为了短期利益把品牌搞坏。值得欣慰的是,许多重点大学已经开始自我保护了。

(二)虚假下降的原因与对策

"下降"原因:以精英教育的质量观对待大众化高等教育的质量,以精英教育单一的质量标准评估大众化高等教育多样化的质量水平。何谓"教育质量"?"能够充分发展个人的才能以适应社会的需要,对社会能充分发挥作用,使学生能在原有基础上有明显提高,这就是教育质量。"[①] 不能选一个抽象的质量来比,更不能以研究型大学的质量标准来评估。研究型大学的质量体现于"研究高深学问",应用型大学,尤其是高职高专的质量标准是"适销对

---

① 潘懋元. 潘懋元论高等教育 [M]. 福州:福建教育出版社,2000:355.

路"。社会上总以精英教育的质量观来看待大众化高等教育的质量,所以看什么都不顺眼。培养目标、类型、规格不一样,不能用同样的标准来衡量,更不宜以精英教育的质量观对待大众化高等教育的质量,以精英教育单一的质量标准评估大众化高等教育多样化的质量水平。这种质量评估的结论,所谓质量下降,是虚假的。甚至会导致大众化高等教育走偏方向。针对虚假的质量下降的对策如下:

(1) 转变教育质量观。转变传统的唯知识质量观、西方流行的唯能力质量观为包括知识、能力在内的素质质量观。不能以书本知识的多少来衡量质量,有些能力是无法以书本知识的多少来衡量的,要有全面的质量观。

(2) 转变精英教育阶段单一化的质量观为大众化阶段多样化的质量观。根据各种类型的高等学校及其学科专业,采取不同的考试命题与考试方式,改变一张考卷从清华、北大考到高职高专的统一高考,要为高职高专选择合适的生源而不是人为地降低它们的地位。

(3) 根据社会对各层次、各类型专门人才的需求,采取不同的标准,评价各级各类高等教育的教育与教学质量。

总之,教育质量真实的下降,是客观的现实,必须通过改变政策性原则和采取政策性措施来解决。教育质量虚假的下降,是主观的认识,必须改变教育质量观,并以新的质量观指导高等教育实践。对于真假质量下降的原因及其对策,我在《新时期中国高等教育的质量战略》有较详细的分析研究,请参考。①

---

① 潘懋元. 新时期中国高等教育的质量战略 [J]. 中国大学教学, 2004 (1): 4-8.

中国高等教育的定位、特色和质量[①]

分类不清、定位不明是当前中国整个高等教育发展中的一个令人困惑的问题。精英学校拼命搞大众化的教育，大众化高等教育机构拼命往研究型、综合性的路上挤，所以变成千军万马过一条综合化、研究型的独木桥，这与社会、国家的需要是不一致的。党的十六大很明确地告诉我们，中国要实现小康社会不但需要众多的高级人才，更需要数以万计的应用型人才和数以亿计的高素质劳动者。现在大家都奔一条道，都想往综合性研究型的大学去挤，放弃了自己应有的培养目标。几千万大学生培养出来都是一个模式，行吗？像高职高专这种学校放弃了它应该走的道路而一心想专升本，升了本以后就搞理论型的，搞了理论型的就参加评估，通过评估以后就招硕士生、博士生，然后说我要成为清华、北大。如果全中国的大学都成为清华、北大的话，中国就完了，连饭也没有吃的了，因为你不能叫清华、北大的毕业生都去种粮食。另外，研究型大学为了创收拼命搞大众化教育，培训班也办，成教也办，二级学院也办，冲击了精英教育。现在全国的高等教育质量下降，精英教育受冲击最厉害。因此，前不久我提出一个口号叫"保护精英教育，发展大众化教育"，在发展过程中要保护精英教育。

因此，中国现在急需解决的问题就是定位问题。要定位就要先分类，分类在世界上也是个难题。在江苏高教学会的年会上四川大学老校长卢铁城介绍了卡内基分类法。卡内基分类法就是一层层分下来，事实上是鼓励大家往

[①] 原载《中国大学教学》，2005 年第 12 期。

高处爬。我们现在应该根据联合国教科文组织的国际教育分类标准来考虑我们的高等教育分类，然后在高等教育分类中考虑我们的定位。联合国教科文组织的国际教育分类标准对世界所有的国家，包括发达国家、发展中国家都是适用的。而卡内基分类法只针对美国，不一定对我们很适用。联合国教科文组织的分类既考虑到美国等发达国家，也考虑到发展中国家，所以它提出一个比较普遍适用的分类。我想简单地介绍一下国际教育分类标准。在层次上，一般分为幼儿园、小学、中学、高等教育、博士生教育几个层次。编号0是学前教育、幼儿教育，1是小学教育，2是初中教育，3是高中教育，4是过渡阶段，如升大学的预备班，或高中后学点专业知识、技能，5是高等教育，6是博士生教育，这是纵向分。5字头分为5A和5B两类。5A是理论型的（包括应用型的理论），5B是职业型的、技能型的。5A又可细分为两小类。一类是为准备搞研究工作而设置的，如4年后上博士，但是大量的是第二类，它培养的不是搞研究而是培养各种专业的应用人才，即培养高级工程师、律师、医师、教师等应用型人才。5B相当于职业技术型的高职高专。我认为中国的高等教育阶段应该分为三大类：第一大类是研究型的综合性的，这一大类大体上是现在我们的重点综合大学（有的名字是工程类，实际上也是综合类的）。第二大类是应用型的专业性的，培养各行各业各种专业的应用性的高级专门人才，包括一般的高等学校，尤其是地方高等学校。第三大类是职业性的技术技能型的。前几天我向教育部的有关部门提出建议，中国应该赶紧搞中国的学制。中国从1954年颁布新学制之后几十年来还没有正式颁布过新的学制。学制最困难的部分是高等教育这个层次的学制。假如颁布学制的话，应该是这三种类型。然后每所学校在它自己的类型里面找到自己的位置。高职并不是一定是二年制、三年制，高职是一个系统，是一个以职业岗位为主的系统。从专科层次的高职到本科层次的高职叫作技术学院，硕士阶段的高职叫作科技大学，当然我们这里的科技大学是研究型的。在我国台湾地区，科技大学是职业型的，是最高层次的职业型的。

定位所指的是从总体来说，作为办学的一个主要的努力方向，而不要像有些高职，还在高职阶段就想着要办成东方的哈佛大学，这不利于它认认真真地把职业技术教育搞好。现在很糟糕的一个事情就是职业技术教育本来应该是以能力，尤其是动手能力作为它最主要的培养任务，但是大家都在追求专升本，学校在追求专升本，学生也很想专升本，一升本后就变成理论型的，就从5B变成5A，把动手能力撇开，着重提高理论水平。很多高职生不安心学好一门职业技能，一心想学本科生学的理论，以便专升本。那么高职怎么办？高职定位于应用型、专业性，不是一天到晚比着发表论文的多少，而要考虑怎样把学生培养成为各行各业的高级的工程技术人才。

定位后再进一步就是特色。每所学校能够生存、能够发展、能够出名，依靠的主要是特色，而不是大，因为大不等于强。"山不在高，有仙则名；水不在深，有龙则灵。"一大批质量很低的学校不一定"名"，不一定"灵"，要成名，就要有特色。特色是很灵的，如果不这样，求大求全，往往很难做出特色。我们现在可以看到许多有名的学校不一定大，中华人民共和国成立前很多有名的大学事实上是专科学校。杭州艺专，在当时的中国是水平最高的艺术院校。上海的商专、东亚体专，还有立信会计专科学校，始终是专科学校。中国的会计制度和人才基本上都是它们培养出来的。再谈现在的。我到湖南的吉首大学去，该校领导在介绍历史的时候说，朱镕基总理视察学校之后，讲了一句话，叫作"吉首大学是湖南的骄傲"。这句话是怎么来的呢？湖南水平最高的大学肯定不是吉首大学。后来我带着这个问题慢慢了解，我离开吉首大学到湘西游览了一番，回来后我慢慢理解为什么朱镕基讲这句话了。湘西是少数民族地区，我所到之处到处碰到吉首大学的毕业生。县级官员50%以上是吉首大学的毕业生，地级官员40%是吉首大学的毕业生，中学教师、小学教师基本上是吉首大学的毕业生，连唱歌、跳舞的也是吉首大学的毕业生。等到我们回去的时候，我说你没有把好东西介绍给我，你老说数学怎么搞上去，物理怎么搞上去，搞了一个什么工厂赚了很多钱，朱镕基说"湖南的骄傲"是指你们有特色。你的特色是少数民族，少数民族有少数民族的体育专业、艺术专业、语言专业，其他围绕为少数民族培养师资、培养干部，你为什么不给我介绍这些呢？介绍这个学科怎样，今后发展多少，你再搞20年也没有办法跟湖南大学去比，跟中南大学去比，但是你们在朱镕基所说的特色方面去发展，一切围绕少数民族的特色，你们将来发展不仅在中国著名，而且会在世界著名。他说对呀对呀，现在经常有国外的学者跑到我们这里来跟我们合作，搞些少数民族艺术、音乐、美术什么的。要著名还不容易？要走一条道，不要大家都走的道。中国人很多跟在人家屁股后面叫作随大流，随大流搞不出特色，要创新、要冒尖很难。你前进了，人家比你前进得更快。老是拿自己的10年之后跟人家现在比，以人家现在的标准来考虑我10年后的东西，等到你10年后跑到了，人家又跑10年过去了。所以我的意思是一定要搞出特色。

四川有一个学校，开始很长时间没有名，现在有名了。5年前我就去了。我不是在中国知道它的名气，而是从国外知道它的名气，它名声在外。学校是规模很小的民办学校，但开了一次18个国家参加的国际会议，这个学校叫作四川标榜学院。标榜学院是做发型的，在世界有名，是因为它有特色。5月份我们的研究生到北京转了一下，有两所学校给我们的印象很深。一所是现代音乐学院，还有一所也是民办的，专招高等秘书专业，规模也不大，它们都很有特色。特色是什么呢？中央音乐学院不设的专业我来设，不培养的人才我来培养。你搞高雅音乐，我搞流行音乐。你搞很庞大的高级秘书，我专搞高级秘书、多功能的秘书。所以它们提出的口号是：避开竞争就是最好的竞争。我是弱势群体，比不过你，我在别的方面冒起来，你也没办法比得过我。

这里要谈一下一所大学的特色是怎么形成的。有的学校领导曾经问过我，说我们学校应该定什么东西叫特色。我第一句话跟他说，特色不是上面封的，不是专家定的，特色只能是你们自己搞出来的，从认识到行动自己搞出来的。特色必须是自己内在生发出来的，外在的不能代替你定特色。特色是怎样搞出来的呢？第一，看历史；第二，看客观环境；第三，看主观条件。特色不是主观设想出来的，如果没有历史、没有客观环境、没有主观条件，只是领导说要这个特色，那个特色，你的特色搞不起来。一所大学要成为有特色的学校，要有文化的积淀。北大那种特色，那种相对的学术自由，这个特色是文化积淀出来的。没有文化积淀，只能根据客观环境和主观条件往这个方面努力。客观环境就是客观是不是对你这个特色有需要,还有别人是不是没有占有你这个特色。如果你只看到别人干得很好我也干,那你就没有特色了。我举个例子。斯坦福大学曾经认为土木工程非常重要,斯坦福大学应该搞一个土木工程学院。土木工程学院投资是很大的,钱也投了,最后放弃。为什么?斯坦福大学认为自己要办土木工程学院,就必须办成一流的土木工程学院,他现在虽然可以邀请一些人来,但他请来的这些人水平没法超过伯克利的土木工程。伯克利的土木工程是全美国第一流的,而且离他那里也不远。既然搞不过他,何必把钱放在这里,求全求大呢?最后就不搞了。这个抉择是正确的。我到宁波去看,宁波就有这点好处。原来宁波只有一所宁波大学,也是中华人民共和国成立后才办起来的。从高等教育来说,历史很浅,它现在居然办了十二三所高等学校。而且这十二三所高等学校基本上不重复。每个都有每个的特色,围绕着宁波这个环境的特色。当然,特色还在形成之中。宁波没有重工业,中小企业很多,产值很高。大企业无非是三个大服装公司,2 000个中小服装公司,还有很多的家电企业,产值都很高,都是小规模的企业。因此它要针对小规模的企业来培养人才,才能显出特色。比如大红鹰高职,培养的是多面手的秘书。中小企业请不起专门的外事秘书、财务秘书,秘书去了中小企业要什么事情都能管,什么事情都能做,不需要太高深、太专的。它的秘书主要定位在这里。其他的也有特色,比如北仑港高职。北仑港高职定位在北仑港的工厂,替它培养高级技工人才。大学特色要看客观环境,当然主观条件也很重要。主观条件里最主要的是师资,有没有这方面的有特色的教师。当然主观条件自己可以培植,但需要注意的是,不是一个人而是一批人在这方面形成特色。

  第三个问题谈一下质量。质量问题是高等教育的热门话题。报纸天天都在讲,一谈到高等教育就谈到质量问题,也是大家很担心的事情。现在大家都认为质量下降,质量是否真的下降有两种判断,两种质量观。两种判断,一种判断认为质量下降是真的(质量下降是真命题)。我在中央教育行政学院专讲质量战略,讲到中国高等教育的质量时就提出这个问题。质量下降如果作为一个命题的话,还包含着一个假命题:质量并没有下降。质量为什么真正下降呢？根本原因是我们没有很好地处理好数量与质量的矛盾。具体说就是招生大量地扩充，但教育资源跟不上招生扩大的速度。教育资源最重要的第一是经费，第二是师资，还有其他的教育资源如校舍、设备等。但是最重要的第一要有钱，第二要有人，有了钱有了人，物就好说了。扩招以来应该说教育投资年年增加，尤其前几年人民币稳定的时候，我们增加的速度还是很快的。但我说质量下降是真下降了，因为我们的投资总体上赶不上。说我们今年又增加了多少钱，没错，高校经费年年上涨，但生均经费年年下降。现在国家投资的生均经费占1998年（扩招前）的70%多一点。我们扩招了3倍，经费增加了多少？经费下降会不会影响质量呢？重要的是教师。教师原来1998年以前是1比8点几，现在是1比18点几，有些学校1比20几。质量真的下降是一个严重的问题。

那么质量并没有下降这个假命题所说的又是什么呢？说的是两种质量观。用传统的质量观来衡量的话，质量肯定下降了。但是如果不用传统的教育质量观，而用大众化的教育质量观看问题，就不一定下降。大众化的质量观是什么？大众化的前提是多样化，中国高等教育大众化的前提必须是多样化。靠过去传统的大学，中国的大众化实现不了。大众化是由普通高等学校、普通高等学校里的高等职业技术教育、成人高等教育、网络学院、自学考试来完成的。现在全国大学生数已达到2 000多万，所指的不都是普通高等学校。普通高等学校到去年为止是1 333万，今年达到1 400多万。其他的是成人教育、网络学院、自学考试。既然高等教育多样化，培养目标肯定多样化。培养目标多样化，那么教学计划、课程教材、教学方法等，也必须多样化。目标不同、课程不同、方法不同，用一个统一的标准来衡量所有的高等学校，得出来的结论肯定不科学。问题是质量下降这个思想可能出现在评估体系上，用一个评估指标评估所有的学校。同样的思想也存在在社会、在大家的脑袋里，在我们自己的脑袋里。我们的大学教授看不起高职，因为他们用传统的普通大学的标准来衡量高职。他们没想到高职重点不在理论，重点在能不能动手，能不能上岗，能不能适应人才市场发展的需要。所以质量标准不同，往往得出一个错误的结论。质量下降这个结论往往误导了高职，误导了大众化教育。我们对那种一个标准的评估很有意见，这样得出质量下降的判断是错误的判断、虚假的判断。

当我说多样化应该有多样化的质量的时候，有些校长说不行，你不能这么说，你是替质量低打掩护，替不讲究质量、粗制滥造、乱七八糟的学校打掩护。虽然可以有多标准，但不能无质量标准。质量标准按照《教育大辞典》的分类有两层标准。第一层标准是教育目的的质量标准。我们的教育目的是什么？全面发展，全面的素质教育。这个标准是共性。但是《教育大辞典》里还有第二个标准，是高等教育目标的标准。高等教育的目标是培养各种各样的专门人才。第二个标准是培养符合这个专业的人才，那么这个专门人才是不是等于没标准呢？也仍然有标准，只是标准不同。研究型大学的标准是高深学问，这是蔡元培提出来的，现在我们仍然坚持。高职的标准呢？高职并不以培养高深学问作为价值追求，培养高职人才要求适销对路、适合人才市场需要。你说自己的水平很高，但我对你这个人才没兴趣，你到别的地方去，我这里不需要你。不能用高深学问来衡量它的标准高不高。应该看它是不是适销对路，是不是符合社会的人才需要。夹在中间的这些学校呢？我们根据哪一个呢？我们还是要根据一定的理论基础、一定的应用能力，既要能尽快适应岗位工作的需要，又要有一定的发展后劲。我们四年制大学培养出来的学生要尽可能地适应岗位工作的需要，但是又有发展后劲。所以质量有两重性，我们要用不同的标准来衡量不同的高等教育，不能一概而论，说质量下降了。从现在来看，很多高职的质量不低。如果很多高职质量不低，大家看不起高职，再过几年你看看吧，搞得好的高职将来毕业生就业率比本科生都要高。尤其是工程技术类的，现在工程技术类的高职奇缺。所以有的地方有的学生不一定上本科，很想上高职。这个前景可以预见到。教育部只批给深圳高职院几个高专，现在它要自己搞本科了。深圳职业技术学院的就业率远远高于深圳大学，这是社会需要。深圳职业技术学院的校长俞仲文在上届全国优秀教学成果奖上，得到高职方面唯一一个成果奖。刚刚颁布的这届，他也得了奖。深圳职业技术学院的学生质量好，就业率高，办得好。

第四，讲一下质量保障。现在一提起质量保障，往往谈到评估，教学工作评估。教学工作评估是质量保障的一种方式。但这是外面的保障，不是内在的保障。如果我们只是追求通过教学质量评估而忽视了自身内在的保障的话，就是舍本逐末。不是反对用外力来逼迫你保障质量，它有作用，也有毛病。质量保障最基本的保障是师资队伍的建设。我现在想谈一点如何建设师资队伍。现在一讲师资队伍，好像最重要的任务是引进人才。引进人才是师资队伍建设的重要方面，尤其是一些地位还不很高的大学，需要引进一些人才，但人才的引进只是外因。我个人认为，作为师资队伍建设，不能把它摆在第一位，不能都寄托在引进现成的师资队伍。第一位应该立足于自己培养。总体来说，我们的师资水平还不是很高，但只要观念正确，思路对头，大家有积极性，学校有一定的制度，自己也能逐步培养出人才。当然不像引进人才那么快，但从长远考虑，这是最基本的。自己培养的人才认同感比较高，能在这里扎根。引进的人才能扎根固然好，但引进人才风险性较大。我们常感觉到引进的人才还不如自己培养的人才。引进的人才是"外来的和尚好念经"，但真正要起作用，还是要自己培养人才。我们是不是先让自己庙里的和尚念好经呢？而且如果太多依靠引进人才的话，就会挫伤自己的和尚的积极性。两者应该并举，但应该立足于自己。如果是真正的人才，他所追求的是什么呢？他追求的首先是在这里能不能发挥作用，实现自我价值；其次才是待遇问题。如果只靠待遇，很容易引进人才，也很容易再流失。因此，我认为要保障质量应该从师资培养做起，而师资培养要有长期的观点。有些学校只是热心引进人才，在一定时期起了作用，但这种急功近利不是什么时候都可以的。

　　质量保障的第二方面是生源问题。要选择好的生源，这个问题比较困难，不由自己决定。因为生源问题是上面规定好的，是一本、二本还是三本，自己不能做主。但是培养应用型人才不一定要一本的状元，我要求这些学生将来有所作为，能够在事业上有所成功，不一定每个人都是会读书的。我们自己也有这个经验，成功者不一定是读书时成绩最好的。有句话叫"第十名现象"。成功的不是在学校排第一、二、三名的，成功者成绩在第十名左右。中间偏上的学生将来大有作为，为什么呢？如果是第一名，肯定很会读书，往往是个书呆子。成功不只靠会读书,成功还有其他因素。第十名前后,他书读得不错,同时有余力搞一些社会活动,搞些别的,这些人将来会是成功的人才。我们现在可以回顾一下,我们的同学也好,过去的同事也好,我的学生也好,当时读书最好的那些,很少是成功的。大体上中间偏上的学生有能力。一个成功者需要第一是知识,第二是运用知识的能力,第三是素质,第四是创新精神、创新能力,第五是公关能力、社交能力、处理人际关系的能力。所以一个成功者不完全靠知识。

论新建本科院校的定位问题[①]

一、新建本科院校专升本之后面临着重新定位的问题

新建本科院校由专科升格为本科后就上了一个新的台阶，意味着将要面临新形势、新挑战、新机遇和新任务，而这些"新"与我国 21 世纪初开始进入的高等教育大众化有关。在 20 世纪 90 年代时，大众化一词还不为有些部门承认，不能见之于正式文件，但是在高等教育理论界的推动下，到 21 世纪初，教育主管部门逐渐认同大众化这个词。大众化是由国外引入的概念。中国引用大众化这个概念的背景在于：20 世纪 90 年代，中国大学生数量已经相当多了，仅次于美国、印度，超过俄罗斯。在大学生数量已经够多的情境下，为什么教育理论界还要提高等教育大众化？原因在于 20 世纪 90 年代中期，尽管中国高等教育的总体规模在全世界占第三位，但从相对数上看，大学生的比例还是可怜得很，不但无法与发达国家比，甚至比发展中国家的平均数还要低。当时全世界适龄人口的高等教育毛入学率是 18%，发展中国家的毛入学率是 14% 左右，而中国高等教育毛入学率仅为 6%~7%。这样的高等教育毛入学率，与中国力争成为世界大国、强国的目标是不太适应的，因此，到 20 世纪末，我国开始提出要增加大学生数量。在教育主管部门的文件中最早开始出现大众化一词，是在 21 世纪初，具体说，2001 年前后开始使用大众

---

① 原载《上海电机学院学报》，2006 年第 1 期。

化一词，大众化开始被国家承认。

既然提倡高等教育要大众化，就要增加大学生的数量。但究竟应增加哪些大学生呢？是增加传统的大学生还是职业技术教育的大学生？当时倾向于增加传统的大学生，但是传统的大学生主要是搞理论的，人们开始考虑是不是要发展那些不是专门搞理论的，而是培养在生产、服务和管理第一线的技能型人才的学校。最初意见是不统一的。这样，在大众化的初始阶段，一方面，要增加传统大学的学生数，包括清华、北大的招生都要增加；另一方面，大家都意识到单纯增加这些传统学校的招生数量还不够，就开始注意发展大专，特别是高职类型的大专了。

随着时代的发展，情况不同了，现在大家逐步认识到了发展高等职业技术教育的重要性。其实，对职业教育重要性的认识在20世纪90年代就已经开始了，但是当时人们只认识到中等职业教育的重要性。在1995年召开的第一次职业教育工作会议的文件里，谈的基本上都是中等职业教育。直到1999年，"大扩招"给全日制普通大学带来了很大的压力，才开始考虑应当发展与大专并行的高等职业技术教育，在全日制普通高校中增办高职班。当时国家办高职班的原则是只给政策不给钱，允许其收费较高，一般大学生的收费是每年3 000～4 000元，而高职生可以收到每年6 000元，但是高收费也解决不了办高职面对的经济困难。后来国家曾提出给每所办高职的院校100万元的资助。

从世界范围内职业教育发展历程看，以美国的社区学院为例，"二战"前，社区学院一般称为初级学院，学生在完成本科前两年的学业后，到三年级时可以插入文理学院学习；"二战"后，由于急需技能型人才，社区学院的学生就有80%被培养成职业技术人才，只有20%左右为大学一、二年级的学生。中国是在1999年开始认识到职业教育不能仅限于中职，也要发展比中职更高的高职教育。2005年底，在职业教育工作会议上，温家宝总理提出要大力发展中职教育的同时，也要大力发展高职教育，到2010年，高职学生要占大学生数的一半以上，5年里要培养1 100万名高职生。高职教育经历了从不重视到重视这样的一个发展过程。应该看到，教育决策部门逐渐重视的高职是2～3年的高职教育，还没有看到发展4年，甚至是5～6年职业教育的重要性。

那么，我们现有的100多所新建的专升本院校在升本之后应该怎么做，面临着重新定位的问题。这里有三条路可走：

第一，升本之后把学校办成高层次、高水平的职业技术教育，培养高技能的应用型人才，即培养适应生产、管理、服务第一线的高水平技能型人才。

第二，培养专业性的应用型人才，以行业为对象，着重应用，即培养理论水平较高的、专业适应面较广的工程应用型人才或其他应用型人才（如律师、公务人员和教师）。理论水平比高职人才高，操作能力要求比技能型人才低。现在许多多科性或单科性大学要走的就是这种应用理论型大学之路。

第三，朝着学术性研究型大学的方向发展，培养理论研究人才，以研究高深学问为目标任务，当然也只是培养初步的理论研究人才。

如果比较具体地说，这三类教育分别是培养高级技能人才、一般工程技术人才和未来科学家的教育。在中国及与其同类的受亚洲文化影响较强的国家里，历来重视高深学问，认为研究高深学问为最高阶层，第二类是工商从业者，第三类是从事生产技术的。但法国和德国的情况就不大一样，如法国的大学校就是培养应用型人才的高等专门学校，其生源和就业比巴黎大学还要好，毕业生的地位甚至超过其他院校的研究生，在这一点上，和中国的情况不一样。

二、正确定位对高等学校发展的重要意义

定位是新建本科院校专升本之后面临的必须要明确的问题。定位明确之后才能明确对培养对象的培养目标和规格，决定设置什么专业和课程，采用什么样的教学方式，以及购置什么教学仪器设备等。

培养研究型人才的院校，专业主要按学科设置；课程设置侧重于基本理论，兼及应用性理论；教学方法注重理论学习，重视实验，不太需要也不重视实训。因此，学校的设备主要是图书设备和实验设备。

培养专业性应用型人才的院校，专业设置主要是对照整个大行业，基本上在教育部规定的249种专业目录之列；课程设置注重理论，但注重的是应用性理论，不是纯理论，也会搞一些基本理论；教学方法相对重视实验，也

适当重视实训。从一些用人单位的反馈情况看，实验和实训二者应该并重。

培养职业技能型人才的院校，一般是按照某一职业或某一职业群的需求来设置专业。由于所设专业主要按照人才市场的需求而定，往往不在教育部规定的249种专业目录之内，所以，有人对此持反对意见，认为会导致专业设置乱糟糟的后果，殊不知，这乱糟糟也正是其特色或者说是其好处。如物业管理专业，不在249个专业之列，但现在已成为人才奇缺的行业，即使有相应的培训，但很不规范。再比如，室内装修专业目前也多半是半路出家的人在搞，没有相应的教育机构对此负责。当前我们恰恰需要的是市场需要什么学校就开设相应的专业及课程。针对乱糟糟的情况对其进行规范是必要的，但因为其特色就是适应人才市场需求，比较灵活、比较自由，所以也不宜限得太死。有人认为对职业技术教育也应搞个专业目录，可以搞个参考性的基本目录，但只是作为办学者的参考而已。

培养职业技能型人才的学校专升本之后，也要适当加强应用性理论。但仍应强调实训，我认为要有一半课程或者至少有3/10的课程要在实训基地内进行，要加强"双师型"教师的培养。

三、新建本科院校应该如何定位

从前一阶段来看，一般的专升本新建本科院校大多数在朝第一类型学校走，典型的是专升本之后即要通过学位评估，学位评估之后就要搞优秀评估，然后就申请硕士学位授予权，硕士学位授予权拿到之后又要争取博士学位授予权，博士学位授予权拿到之后就要争取成为一流的综合大学，目标都是朝向清华、北大等研究型大学。所以，很多院校说它们的目标就是清华、北大，尽管它现在明明还是高职高专，但已经提出要争取世界一流，要成为"东方哈佛"。这些院校"其志可嘉"，但如果全国1 700多所高等学校全都朝向一个目标前进，千军万马过这道独木桥，全国的大学都培养科学家，这样行不行？我认为，如果这样，到了高等教育普及化阶段，我们就会没有饭吃，因为无人种地、无人做工，如果所有受教育的人都朝向科学家了，全部高等教育都搞成一种类型了，那我们的生产力如何提高？我们的生活水平如何提高？

最近，尤其是近两三年来，这种争当一流的状况已经有所改变，很多由原来的大专、高职、师范高等专科学校升格的本科院校大多数都不再讲要建成清华、北大之类院校的大话了，而是说要成为培养多科性、应用型专门人才的院校。建多科性的应用型本科院校总比原来大家纷纷争夺一条路好些，但如果我们1 700多所高等学校，每年数以百万计的毕业生都是这种理论性的、多科性的应用型人才（也就是工程师类型的人才）好不好？这也有问题。升本后大批院校强调说自己是应用型本科院校。但也有一些学校升本后还是坚持搞高职，强调还是培养技能型人才，但这种技能型人才水平比较高；还是要培养学生的动手能力，但这种具备动手能力的人却懂得更多的道理（即理论）。持这种说法的学校无论是过去还是现在，都不多。不多的原因在于走这条路需要顶住内外各种压力，包括来自自己传统思想深处的压力。传统思想坚持大学是研究高深学问的地方，如果大学培养应用型人才的话地位就有些低了，有些大学还要培养技能型本科，怎么能行？社会将怎么看？我们好不容易升到了本科，何不趁此赶紧跳出高职这条路呢？现在升本后提出要成为清华、北大的院校少了，但是要成为全国或全省知名的应用型大学的院校还是较多的，坚持说还要搞高职的据我所知也只有深圳高等职业技术学院等不多的院校，其他院校的说法都比较含含糊糊。大家想，如果深圳高等职业技术学院（以下简称深职院）坚持走深圳大学的路子，那谁还会认识深职院的俞仲文院长？深职院连续两年得到了全国高等教育优秀教学成果奖就说明深圳高等职业技术学院的高职办出了水平，它的高职毕业生比许多地方大学毕业生还受社会欢迎就是明证。

我个人的态度就是专升本之后的新建本科院校大多数（不是所有）都仍然应该坚持走本科高职院校之路，培养高水平的职业技能型人才。理由有两条：

（1）国家需要。中国现在面临两个并行的任务，一是实现中国工业化，因为中国的工业化过程尚未完成；二是实现现代信息化。中国工业化不是按过去资本主义国家工业化的过程走，可以而且必须要把一些高科技引进到工业化过程中来。这样，中等职业教育培养的人才就不够用，甚至专科层次院校培养的人才也不完全够用，至少需要相当一部分本科以上层次的高职人才。

所以，2005年国务院《关于大力发展职业教育的决定》中指出，落实科学发展观，把发展职业教育作为经济社会发展的重要基础和教育工作的战略重点。"十一五"期间，高等职业教育招生规模要占高等教育招生规模的一半以上，要为社会输送1 100多万名高等职业院校毕业生。职业教育要为我国走新型工业化道路，要为调整经济结构和转变经济增长方式服务。实施国家技能型人才培养培训工程，就是要加快生产、服务一线急需的技能型人才的培养，特别是针对现代制造业、现代服务业紧缺的高素质、高技能专门人才的培养。如果专升本之后，大家都不搞高职了，而去搞其他类型的高等教育，那么国家这种高技能专门人才的培养计划就会落空，现代制造业、现代服务业发展所需的这种现代领头人才也会落空。

（2）学院自身发展需要。对于一个学校发展本身来说，从2～3年高职升格至现在的4年高职，乃至5～6年的高职，应扬长避短，应该在原有的软、硬件基础上发展、提高。比如说，原来的经验是培养技能型人才而不是科学家，原来设备的重点是实训基地（当然应该补充实验室，但重点还应是实训）。我问许多学校（包括我看到的一些专升本之后的学校）当务之急是什么，他们说第一是盖房子，因为本科与专科不一样了，本科院校当然要堂皇一点、漂亮一点，但实际上，世界上最有名大学的建筑都不那么富丽堂皇。这些新建本科院校还说要花钱搞实验室，我问他们原有的实训基地怎么办？他们说要逐渐收缩，因为升本后所要培养的不再是技能型人才，而是应用理论型人才了。再有就是升本后的师资结构怎么样？据我所知，上海电机学院有50％以上的教师是"双师型"，这样的师资结构非常宝贵，可以适当提高他们的应用理论水平，但千万不能忽视实际技能的提高。

所以，这里存在的问题是：究竟是"填平补齐"好，还是"扬长避短"好？现在有的学校说升本后要建成多科性的院校，然后针对学校现状，缺什么补什么，即填平补齐。这里，填平补齐实际上是扬短避长。我非常欣赏上海电机学院夏建国书记报告中曾提到的一句话："有所为，有所不为，不要万事皆第一。"自己要明白自己的长处和短处，在发展中要扬长避短。如果你要另搞一套，往往会失去自己的优势。我对上海电机学院的情况不是很清楚，但我知道上海电机学院曾是全国重点高职高专院校，这里叫"重点"肯定有其优势,现在又专升本了,更说明上海电机学院曾是专科里面水平高的院校,所以,继续朝着高职这个方向发展的话,就很可能成为全国半边天的高职里面示范性的、起带头作用的、成功经验可以起辐射作用的高职院校。如果向第二类型转变,则最多只能成为一般地方普通本科院校,就会没有优势。原有许多好的经验、办学特点可能就会变得无足轻重,甚至没什么作用了。比如原有50%以上的"双师型"教师不但不能发挥作用,甚至会成为弱势;原有的实训基地、原有的与企业建立起来的良好关系等优势也都不会起作用了。虽然升本后都要搞实验室,但坚持走高职道路还要加强实训基地的建设。如果培养理论型人才,则现在95%以上的一次性就业率是否会持续也就很难说了。因此,我认为必须建立独立的高职教育体系。

四、高职应该建成独立的高等教育体系

新建本科院校专升本后仍办高职,确实存在困难,主要表现在两个方面:

(1)认识上的困难。即来自社会、学校师生以及自身的压力,这种压力产生的深层原因在于传统思想中理论高于实践的观念。上面已经谈了,不再赘述。

(2)制度上的困难。我国现有的职业教育体系中最高层次仅是专科层次的高职,升入本科后继续走职业道路在体制上走不通。现在我们理论界就是要解决这个问题,通过研究来影响决策者,使之改变职业教育制度上的这种状况。因此,我在多种场合下都提出要改变这种不符合当前生产技术发展需要、不适应当前生产方式从粗放型向精密型方向发展对人才需要的职业教育体系。

应该建立独立的高职教育体系,即包括中专、大专、本科及硕士以上层次的与普通高等教育系统相平行的高职教育体系。这样平行的两个系统正如我国台湾地区高等技职教育体系发展那样,台湾地区的技职教育制度带来了高等技职教育的发展与提高,技术学院主要以本科为主,也可以招收一部分硕士;再往上是科技大学,我们大陆的中国科技大学培养的是理论型人才,台湾地区的科技大学培养的是技职人才,培养本科生、硕士生,还有少量的

博士生班，博士生也强调其动手能力的培养。实际上，不止中国台湾地区，世界上很多国家，比如德国就建立了完善的职业技术教育体系。

如果这样说服力还不够的话，再以联合国教科文组织1997年修改公布的教育标准分类为依据来说明建立独立高职教育体系的必要性这一问题。该标准分类将高等教育（序数5）分为A、B两类，5A类是理论型的，5B类是实用技术型的。5A又分为5A1与5A2，5A1一般是为研究做准备的，5A2一般是从事高科技要求的专业教育，是应用理论型的教育。5B类相当于我国的高职高专，学习内容面向实际，适应具体职业岗位或职业群，"主要目的是让学生获得从事某个职业或行业，或某类职业或行业所需的实际技能和知识，也就是劳务市场所需要的能力与资格"。5B类学习期限一般为2～3年，也可以延长至4年以上，2～3年即专科，4年即本科，5～6年为硕士，博士生年限更长，因而中国台湾地区技职教育博士生班的年限经常都突破5～6年。所有5B类教育都应定位于培养职业技术型人才。联合国教科文组织对教育的这种分类标准也是我所倡导要建立独立的高职教育体系的重要依据。我所倡导的这种观点以论文形式发表之后，引起了很多人的关注，在2005年上海举办的海峡两岸会议上曾引起了很多人的关注，有人认为应该建立独立的高职体系，但也有人持反对意见，认为并不是所有的国家都有两类不同的教育体系，如美国。这里存在的问题就是有些同志看问题只知其一不知其二，美国高等教育的课程是多样性的，同一学校既有专门研究高深学问的课程，但更多的是比我们职业教育更直接的实用性课程，更有其灵活的选课制，学生在本科院校中选修大量的实用性课程。而中国却没有这样的学校，没有适合这种教育的土壤。针对中国的现实，应该有两类不同的教育体系。

当然，应用理论型学校与高职学校在底层是分得很清楚的，但到了硕士及以上层次就有了靠拢的趋势，因为到了高层次以后，学东西不仅要知其然，还要知其所以然，靠拢也是可以的，现在不是有应用型硕士和应用型博士吗？我们有医学博士也有临床医学博士，有工科博士也有工程博士，有教育学硕士也有教育硕士，都是两种类型的人才，他们到了上层都有靠拢的趋势。这个问题是今后要研究的课题。

五、两点补充意见

第一，如果我们搞高职本科，我们的社会地位是否就不会提高？没错，我承认到现在为止，传统习惯还在朝着搞理论研究的社会地位高的方向走，搞应用的好像社会地位就相应低。但是随着社会的发展，这种思想是会逐渐改变的，人们越来越重视实际了。一所学校地位高低不是决定于搞理论还是搞实践，如果搞理论培养的学生就业很难，而搞实际应用培养的人才就业容易且工资高，你还会坚持去搞理论吗？社会地位高低不在于你是哪一类型的教育，而在于学校办学的质量与特色。我们过去没有高职这样的大学，社会公认的质量高的是一些研究型大学，如北京大学、清华大学、中山大学，还有武汉大学、天津大学等。但是也有一些专科院校，由于其办学质量高，所以其名气也不小，如杭州艺专、立信会计专科等，所有这些学校都有自己的办学特色。

学校发展的关键问题是能否找准自己的优势，办出特色，确定自己的发展方向，制定自己院校自身特色的发展规划。无论是一所高等学校还是某个人，随大流的往往只能跟在别人后面跑，跟得不好就会越拉越远。办学需要创新，创新就要"敢为天下先"。当然，"敢为天下先"这种思想的前提是要敢于失败。敢于失败，还需甘于坐冷板凳。办本科高职需要"板凳敢坐10年冷"，在成功之后还需要敢于持之以恒的精神。

第二，一所高等学校的定位是指整体情况，但实际上每所高等学校都有各种不同的情况，如各种学科的不同等，有些学科可以选择不同的定位，不能一哄而上，应区别对待。

我今天是从全国高等教育总体情况而谈的，各校还有各自具体的情况，所谈内容仅供大家参考。谢谢！

论我国高等教育学制改革[①]
——基于专升本的视角

近年来专升本持续升温，大有愈演愈烈之势。针对这一专升本热潮，教育部为了规范管理和保障教育质量，于2006年2月中旬出台了一项政策并以通知形式下达各省市。该通知规定：从2006年起，各地普通专升本教育的招生规模要严格控制在当年省属高校高职（专科）应届毕业生的5%以内，并纳入国家下达的普通本科总规模内。[②] 这就将普通专升本招生计划由近几年占应届毕业生的10%以上，下降到2006年后的5%。对此，社会反响强烈，见仁见智。

所谓专升本，是指专科升本科，它包括两层含义：一是专科生升学为本科生；二是专科院校升格为本科院校。专科生升为本科生主要有三种途径：一是普通专升本教育；二是成人高考；三是自学考试。普通专升本教育，是指专科学生在取得专科学历后，通过专升本考试继续本科学业，此途径主要适用于专科在校生或应届毕业生。上述教育部的通知主要针对这种普通专升本教育，这也是本文讨论的重点，本文试图从高等教育学制改革的角度进行讨论。

---

① 基金项目：厦门大学"985工程"二期创新基地研究课题（A20052001）；原载《高等教育研究》，2006年第7期。作者：潘懋元，肖海涛。

② 教育部. 关于编报2006年普通高等教育分学校分专业招生计划的通知 [N]. 京华日报，2006-02-16.

一、专升本热潮原因探析

专升本热潮形成的原因复杂,这里试从学生(包括家庭)和学校等方面加以分析。

第一,专升本对学生来说,乃命运之所系。一是能圆大学之梦。上大学几乎是莘莘学子求学之梦,而本科无疑是他们的首选。但是我国现行的高考制度仍是"一试定终身",高考中的失误在所难免,也注定一些人不满足于这定终身之一试,包括不少已考上本科的学生,专科生就更希望有各种机会进一步深造。专升本无疑给了专科生又一次机会,鼓舞着他们继续升学的热情。二是相对更容易就业。目前专科中除了有些热门专业就业率比较高以外,总体来说就业率低于本科。例如,2003年全国高校毕业生就业率约为70%,其中本科就业率约为83%,专科就业率约为55%。[①] 2004年全国高校毕业生的就业率约为73%,其中本科就业率约为84%,专科就业率约为61%。[②] 一些无法或者不想马上就业的专科生,或为缓解就业压力,或求变通之途,希望进一步攻读本科。三是专升本后相对更容易获得较高收入回报。本科毕业生的收入一般要高于专科毕业生。专科生选择进一步上本科,以期毕业之后能拿到更高的薪水,此乃人之常情。同时,这也符合大多数学生家长的愿望,符合中国传统的社会文化心理。

第二,对于本科学校来说,有利可图。近年来,许多高校将扩大招生当成一项财源,而专升本更因其高收费而成为重要财源。由于现行教育制度中专升本没有放开,其指标因此成为紧缺资源,高收费自然成为调节手段之一,并大有市场。通常,专升本收费比正常的本科收费高得多。一些有权授予本科学历的普通本科院校(包括重点院校)、成人高校、网络高校以及自学考试等高等教育机构办专科起点本科班,通过专升本创收,视其为生财之术。

---

① 王瑜琨. 2003年高校毕业生总就业率达70% [N]. 中国教育报,2003-11-12.
② 沈杰. 中国大学毕业生就业:现状、问题与前景 [C]. 全国青年就业问题与对策研讨会暨中国青少年研究会2004年学术年会论文集. 成都:全国青年就业问题与对策研讨会暨中国青少年研究会:185-193.

学校教育的结构及其相互关系，规定各级各类学校的性质、任务、入学条件、修业年限及它们之间的衔接、转换，等等。我国目前的学制在一定程度上是封闭性的单轨制，在衔接与转换中有很多不畅的地方，甚至节节有关卡，处处有红灯。如高等教育中，职业技术教育基本上只到专科层次，而且往往将"高职"与"高专"联系在一起，这就给人一个错觉，似乎"高职等同于高专"；本科层次，基本上只有理论型本科而缺乏职业教育本科。若要专升本，只能舍弃职业技术教育，然后才能进入普通理论型本科，然后再是硕士生、博士生教育。

在此种学制系统中，不仅专升本形成热潮，许多本科院校都想竞争成为综合性研究型大学，拼命地上硕士点、博士点，似乎越综合性越好，越研究型越好。反之，若不如此就被视为低人一等。大家都往一条"综合性研究型"的"独木桥"上挤，沿着一条传统古道，朝着一个共同目标奋进，真可谓"古道，西风，千军万马"！道路狭窄，人头拥挤，可想而知。弊端也由此而生！"这种单一化的本科学制，既不利于培养现代化建设所需要的千百万职业技术人才，又冲击了精英教育机构，使其师资设备不堪重负，导致教育质量不同程度地下降。"① 此种情形，显然不利于国家创新体系的建设。

由此看来，困扰当前的专升本教育的问题症结在学制，学制的症结在结构不合理、衔接不顺和渠道不畅。当前迫切需要的，是改革现行学制，特别是要在本科层次上引导分流，构建多样化的本科教育系统，包括发展职业技术教育本科。

三、发展职业技术教育本科

1. 转变专升本之后这些本科的定位取向，应仍定位于职业技术教育

联合国教科文组织为了统一世界各国教育的统计口径，制定了"国际教育标准分类法"（ISCED，1976）。国际教育标准分类法自1976年公布以来，由于有助于明确各级各类教育在整个教育体系中的定位和各自特征，有助于

---

① 潘懋元. 构建多样化的本科教育系统 [N]. 中国教育报，2005-04-01.

国际比较和交流，因此已得到了许多国家的认可。随着高新技术的迅猛发展以及各级各类教育形式和数量的成倍增长，联合国教科文组织从 1992 年开始专门组织人力对 ISCED 做了全面修订，于 1997 年 3 月提出了新的教育分类方案——国际教育标准分类法（ISCED，1997）。原版 ISCED 对整个教育体系仅有层次上的纵向划分，1997 年新版 ISCED 则增加了类型上的横向划分，主要依据是各自不同的课程计划，强调类型特征。其中将第三级教育中的第一层次（相当于我国高等教育中的专科、本科和硕士研究生教育）分为 5A 和 5B 两类。5A 是理论型的，又分为 5A1 和 5A2 两种：5A1 按学科分设专业，是为研究做准备的；5A2 按行业分设专业，从事科技工作。5B 为实用型和技术型的，"主要目的是让学生获得从事某个职业或行业，或某类职业或行业所需的实际技能和知识"，也就是"劳务市场所需要的能力与资格"。5A 类学习年限较长，一般为 4 年以上，并可获得第二学位（硕士学位）；5B 类年限较短，一般为 2~3 年，也可延长至 4 年以至 5~6 年（相当于本科至硕士生层次）。

如果将联合国教科文组织的上述标准与中国的高等学校体系进行对应比较，5A1 大致相当于中国学术性研究型大学的本科与硕士生，侧重于基本理论学科；5A2 则相当于中国的工、农、医、师等类本科与硕士生，培养各种专业性的高级专门人才。5B 相当于我国的高等职业教育，但我国目前的主要构成是高职高专，表明我们与国际的差距。

因此，我们需要大力发展职业技术教育，并延长职业技术教育的学习年限。专升本热潮，也从一定程度上反映出社会对延长学习年限的合理需求。对其进行合理引导，需要转变专升本之后这些本科的定位取向，即不是定位于普通理论型本科，而是仍定位于职业技术教育。这需要确立如下观念：其一，本科教育需要多样化，既应有普通理论型本科，也应有职业技术型本科；其二，合理的专升本应该得到鼓励，专科生可以通过"升学"向上流动；其三，专升本之后，原则上仍旧定位于职业技术教育，而不是升向普通理论型本科。

2. 发展职业技术教育本科

现代社会随着高科技的迅猛发展，职业技术教育办学层次不断上移。职业技术教育如果仅仅停留在专科层次，不符合社会需要。发达国家或地区早就设立了职业教育本科,在有些国家或地区,职业技术教育甚至成为与普通高等教育体系相互贯通的独立体系。例如,我国台湾地区在1974年成立台湾工业技术学院,出现第一所职业教育本科。随着社会经济的发展,以后又出现了更高层的职业研究生教育。在学校数目方面,职业教育本科院校数多于专科院校数,高等职业教育的主体是技术学院。至2005年,有科技大学29所、技术学院46所、专科学校17所。① 现在台湾地区有1/3以上的专科毕业生进入技术学院或科技大学继续接受本科以上层次的教育。

依据我国国情,我们需要大量专科层次的实用型、技术型人才,这一点毫无疑问。但是仅仅靠高职高专教育,不能完全胜任大量中高级应用型、技术型人才的培养任务,需要有本科院校的参与。也就是说,我们需要发展职业技术教育本科。这种职业技术教育本科院校,不应再单纯追求学术性,而应在一定理论性基础之上注重实用性和技术性教育,体现明确的职业性特征。

如何发展职业技术教育本科呢?一方面,少量办学条件优秀的高职高专可以升格,发展为本科教育的职业技术院校。更为主要的,一些新建地方本科院校可发展为职业技术教育本科。因为近年来新建地方本科院校多数是由原来的专科升格或合并而成的,片面追求理论性和学术性,不切实际。如果能转向职业技术教育,将会更容易发挥优势,并使所培养的人才更符合社会实际需要。目前已经有一些新建地方性本科院校在职业技术教育方向上积极探索,取得了一定的成绩,这是很好的势头。这样,职业技术教育本科发展起来了,专升本就可"自然"向上延伸,找到出路,并促进职业教育与学历教育有机结合。

总之,专升本热潮折射出我国高等教育学制渠道不畅的弊端,可针对社会需要进行合理引导。改革现行学制,转变专升本之后的定位,发展职业技术教育本科,有助于拓展升学渠道,更有助于为建立一个类型多样、层次分明、环环相扣、相互贯通的高等教育学制系统开辟道路。

---

① 杨朝祥. 台湾技职教育变革与经济发展 [EB/OL]. http://202.121.15.143:81/document/2005 - b/gj051104.htm.

规模速度、分类定位、办学特色
——中国当前高等教育发展中的若干问题

跨入21世纪，中国高等教育呈现一派生机勃勃的景象，形势大好，我们欣喜地看到：

（1）学生数量的增长。大学生数从1998年的643万到2004年的2 134万，6年间增长了2倍多，先后超过了俄罗斯、印度和美国。中国已成为世界上大学生数最多的高等教育大国，高等教育毛入学率已达19%。2005年，非正式公布的大学生数为2 300万以上，那么毛入学率已达21%，平均每万人口中大学生达到142人，这标志着中国已进入高等教育大众化阶段，并且超过了世界平均数（世界平均数是18%）。

（2）办学形式多样化。在我国高等教育领域内有大学、学院、高职高专；有全日制普通高校与各种形式的成人高校；有自学考试与网络学院；特别是还有研究生教育、高等职业教育；地市办高等教育、民办高等教育、中外合作办学以及各种形式的非学历证书教育，发展迅速，生机勃勃。在中国，学习型社会正在形成之中。如果我们回过头去，与20世纪七八十年代比较一下，会发现很不相同。过去，大家感觉大学就是破破烂烂的地方，而现在则是一座座高楼，绿树成荫，花香鸟语。80年代我到深圳大学、汕头大学觉得"她们"很漂亮，现在来到龙岩学院觉得"她"也很漂亮，朝气蓬勃，生机盎然。而这些正体现了高等教育的兴旺发达。

---

① 原载《龙岩学院学报》，2006年第2期。

（3）教育质量在某些方面有所提高。例如外语水平与计算机技术水平，20世纪80年代的大学生外语从ABC学起，那时我请外国专家做报告，找翻译都很难，而现在随便找个研究生都能流利地翻译。外语报告有2/3的研究生都能听懂，而且还有1/3的研究生能用外语当场提问。人文素养与实践、创新能力也有了很大提高，特别是实践能力，经过兴办实训基地，加强了对学生的实践能力的培养。许多示范性高职院校培养了大批适应人才市场需求的职业技能型人才。

（4）学科建设、重点学科、"211工程"、"985工程"、精品课程、名师工程等已初见成效。

（5）高等教育经费快速增加。从2000年的913亿元到2003年的1 754亿元，4年间增长92%。其中财政预算内拨款投资增长60%，仅占高教总经费的46%；非财政预算内投资增长132%，已达总经费的54%。多渠道集资的投资体制已经开始形成。

高等教育发展的形势一派大好，但也出现了诸多有待研究、解决的问题，例如，高等教育发展的规模速度问题、分类定位与发展方向问题、教育质量及其保障问题、高招高考改革问题、高等职业教育与民办高等教育发展问题等。有一些人就此认为高等教育形势严峻，问题成堆，甚至为此而担心不已。实际上这些问题都是伴随着高等教育的迅速发展必然会带来的，如果是一潭死水，当然也就没有问题了。问题多正是形势好的反映，我们应当以满腔热情和实事求是的科学态度，审时度势，客观冷静地分析这些问题，并找出解决问题的策略与方法。下面我就高等教育发展的规模速度、分类定位和新建本科院校的办学特色等问题谈谈个人看法。

一、高等教育发展的规模速度问题

1. 高等教育的资源赶不上扩招的需求

首先，我们来看一下在校大学生迅猛增长的情况（见表1）。

表1 历年全国高等学校在校学生数增长表

学年	在校学生总数/万人	增长率/%	研究生/万人	增长率/%	本专科生/万人	增长率/%	成人高教/万人	增长率/%
1998	642.99		19.89		340.88		282.22	
1999	742.27	15.44	23.36	17.45	413.42	21.28	305.49	8.25
2000	939.85	26.62	30.12	28.94	556.09	34.50	353.64	15.76
2001	1 214.47	29.22	39.32	30.94	719.07	29.31	455.98	28.93
2002	1 512.52	24.54	50.10	27.42	903.36	25.63	559.16	22.63
2003	1 847.27	22.13	65.13	30.00	1 108.56	22.72		
2004	2 133.56	15.50	81.99	25.89	1 333.50	20.29	419.80	
1998—2004		331.82		412.22		391.19		148.75

　　如果以1998年为基数，到2004年在校学生增长331.82%。其中研究生的增长率最高，达到了412.22%，本专科391.19%，成人教育是148.75%。2005年非正式公布的大学生数是2 300多万，增长率达到358%。可见这几年增长的速度是世界上所没有的。印度这几年发展也很快，但其增长速度还是低于我国，很可能居世界第二位。虽然大规模的发展是好事，但正是由于近几年增长的速度急剧加快，出现了高等教育资源赶不上扩招需求的状况，从而导致教育资源全面紧张。这里的教育资源包括：人、财、物。人即师资，财即经费，物则是仪器设备和校园校舍。相对来说，这几年校园面积和校舍不是那么紧张。因为地方政府热心的是拨土地、盖房子，但是办学所必需的仪器设备却很紧张，所以可以说人、财、物全面紧张。从经费来说，高等教育经费总量增长很快，经费比例增长也很快。过去高等教育占教育经费比例是18%，现在增长到28%左右。虽然高等教育经费逐年上升、比例也在增长，但是大学生生均经费却在逐年下降（见表2）。

表2　全国普通高校生均预算内事业费支出与生均预算内公用经费支出情况

单位：元

年份	2000	2001	2002	2003	2004
全国普通高校生均预算内事业费支出	7 309.58	6 816.23	6 177.96	5 772.58	5 552.50
全国普通高校生均预算内公用经费支出	2 921.23	2 613.56	2 453.47	2 352.36	2 298.41
合计	10 230.81	9 429.79	8 671.43	8 124.94	7 850.91
部属高校生均		14 727.92	15 803.42	15 639.84	15 458.58
厦门大学生均		17 268.35	16 155.11	14 398.59	16 993.57

2000年全国大学生生均经费是10 230.81元，到2001年剩下9 429.79元，2002年剩下8 671.43元，2003年剩下8 124.94元，2004年剩下7 850.91元。2004年是2000年的77%，下降了23%，而且还没计算通货膨胀，如果计算进去估计是60%左右。其中部属高等学校比较好，厦门大学基本都在部属高校平均线上多一点，当然与清华、北大有很大差距。今后，财政拨款的教育经费在总量的绝对值上可能逐年仍有所增加，但增量部分主要用于农村的义务教育和西部地区的扶贫，一般高等学校很难希望财政经费大量增加。同时，学生收费目前已经达到"天花板"，政府会严格控制，不允许再加大收费。重点大学、"211工程"大学、"985工程"大学，在科研经费拨款与科研事业收入上，可能有所增加，但比例不高（全国约1/5，厦门大学约1/7），而且不可能以科研经费补教育经费的不足。

其次，我们看一看高校的师资状况。高校教师总量，也逐年有所增加，但教师的增长率远低于大学生的增长率，生师比不断增高（见表3）。

表3　全国普通高校历年教师增长数

年份	1998	1999	2000	2001	2002	2003	2004
专任教师/万人	40.73	42.57	46.28	53.19	61.85	72.47	85.84
生师比	9.73∶1						17.41∶1

高校中许多教师还担任成人高等教育和各种非学历教育的教学工作以及

行政工作，实际负担还更重。同时我们还应该清醒地看到，新增教师在总人数上占到了2/3，而新增的教师大多缺乏育人的意识、理念与教学的经验。由此可知高校师资的数量和质量问题都比较突出。通过这样冷静地审视和客观地分析，看得出当前高等教育人、财、物三方面都很紧张。教育资源不足，必然影响教育质量。

2. 高等教育"十一五"发展战略的思考

作为高等教育的决策者和各高校的领导者、管理者，应该是清醒的、敏锐的观察家，应该能够准确地洞察社会的需要和高等教育的发展趋势，以实事求是的科学精神和态度进行全局性的思考。高等教育"十一五"发展战略应该思考的是：树立科学发展观，改变"十五"期间的快速增长为"适度超前发展"，力求教育资源与学生增量均衡发展；合理配置与优化教育资源，着重提高教育质量。

"十一五"发展战略和"十五"发展战略的指导思想不同，"十五"着重考虑量的增长，"十一五"则要着重质的提高。我们都知道经济发展不能只看GDP，而应该看能耗消费与环境情况如何，不能用大能耗的消费和环境的破坏换取高速增长；同样，教育"十五"规划重视的是扩招再扩招，数量增加了而质量却有所下降了。2003年，国家考虑招生数增长5%，但是增长了20%多；2004年考虑增长8%，但是增长了百分之十几；2005年三令五申不能再增长，但最终还是增长了12.77%。这反映出一种失控状态，其中有急功近利的浮躁心态在作怪。现在一定要着重提高质量，要下决心把快速增长变为适度超前增长。这里面其实存在着普及与提高的辩证关系，以前的扩招，可谓是普及，为现在的提高奠定了基础，现在应该在普及的基础上强调提高，再过几年又应在提高的指导下进一步普及。思考一下龙岩学院要怎样呢？学院学生数目前已经7 000多人，现在有个口号叫"做大、做强"，全国所有2 000所院校的平均学生数为8 000多人，龙岩学院则低于平均线，如果是专科学校那还差不多，但现在是本科学校了，全国本科院校的平均学生数是14 000人左右，这么看来龙岩学院还比较小。如果按照习惯性的思维就是要"做大、做强"，先做大后做强，先发展到14 000人再说，这是一种思路。但是，另外一种思路是根据现有的条件和实力考虑自身的发展，现在文件中提到的是"做强、做大",先"做强"再"做大","做大"是可能的,但是大不一定强,"做大"可能"做强",但也可能"做弱"。我们现在有些本科院校就是因为贪大求全,言必称大规模、大课题、大成果,盲目争上硕士、博士点,头脑不够冷静,心态浮躁,顾此失彼,以致做得太大了,教育质量下降了。因此,要把快速增长改变为适度超前增长。什么叫适度超前增长?关键在于适度这个"度"。"度"的确是很复杂的,要考虑经济、政治、高校布局、社会需要和自身条件等因素,所以我们要审时度势,细致缜密地分析考虑。教育与经济关系最密切,经济用GDP来衡量,假如我们也用GDP作为参考的话,GDP增长是8%,那么我们教育的增长也应该是8%。但是要考虑高等教育人才培养的滞后性,因为培养人才有个过程,有个时间量,可能是2年、3年、4年,也可能是6年,所以要适度超前,就是要比经济等方面的发展适当超前一些。

二、高等教育的分类定位与发展方向问题

分类不清、定位不明是当前中国整个高等教育发展中一个普遍存在的问题。精英大学拼命搞大众化教育,大众化高等教育机构拼命往综合性、研究型的路上挤,所以变成千军万马过一条综合性研究型的独木桥,这与社会、国家的需要是不一致的。

中国社会主义现代化建设,既需要相当数量的高层次专门人才,也需要数以千万计的各级各类、各行各业的生产、管理、服务的职业性、技能型的专门人才。进入高等教育大众化阶段,精英教育与大众化教育是两个必然的发展方向。有人望文生义地说:"我们中国已经进入高等教育大众化阶段,是不是还存在精英教育?"这种疑问反映了认识上的模糊。大众化是指整个阶段,大众化阶段里面包含了精英教育,也包含了大众化教育。最早提出高等教育发展阶段论的马丁·特罗说过,大众化教育阶段,精英教育仍然存在,而且要发展繁荣。可见大众化教育要发展,精英教育也要发展。党的十六大报告中提到"造就数以亿计的高素质劳动者,数以千万计的专门人才和一大批拔尖创新人才",这就要求高等教育结构应该与人才培养结构相符合。如果我

们进行深入一步的探讨，就会找出其中的规律来。

精英教育的目标是培养高科技拔尖创新人才，作用是提高科技水平，提高生产力水平（包括管理水平），最终的目的是促进经济与社会发展；而大众化高等教育是培养数以千万计的各级各类专门人才，作用是将高新科技转化为生产力（包括管理能力、服务能力），目的是促进经济与社会的发展。所以，它们各具功能，殊途同归，应当协调发展，但不能合二而一或相互替代。

根据教育的外部关系规律，高等教育结构必须适应社会的人才结构。经济与社会发展对人才的需求是多层次、多类型的，而目前高等学校都想往综合性研究型大学这条道上挤，致使人才的培养单一化，甚至盲目无序。单一化的发展方向与多样化的人才需求的矛盾，精英教育的发展方向与大众化教育的发展方向混淆不清，其结果必将是：

一方面，精英教育受大众化教育的冲击，办学力量、教育资源分散，导致教育质量下降。例如这几年许多大学大办高职、成人教育、网络学院、自考班、独立学院。特别是独立学院发展超常之快，全国批准的独立学院有295所，学生100多万人，这些独立学院大都附设于大学里面。就以教育部所属的72所大学为例，它们拿出1/3的力量用于举办专科、成人教育、独立学院、短期培训班，而只用2/3的力量承担研究生、本科生、留学生的培养，很显然精英教育受到严重冲击。可是，继续教育还是在办，独立学院也继续在办，因为它好赚钱，它的学费大大高于公立学校和民办学校。但是，即使学员家庭承担得了，办多了也不行，这会对精英教育带来很大的冲击。2006年3月5日温家宝总理在十届四次人大会议政府工作报告中强调指出："高等教育要创新教育教学模式和方法，着力提高教育质量，推进高水平大学和重点学科建设。"这是从国家发展前途的高度对高等教育特别是精英教育提出了明确的要求。

另一方面，大众化高等教育培养目标错位，导致毕业生大量结构性失业。为什么近几年大专生就业情况不好？原因就在于大专生按照本科生培养，所以不符合人才市场对技能型人才的需要。现在，工科方面的中专生就业情况很好，因为他能干，比本科生好用。可见培养目标错位，不符合人才市场需求，必然导致毕业生大量结构性失业。有鉴于此，当务之急要使高等学校定位明确，确定各自的发展方向，然后各就各位。

要定位就要先分类，分类是定位的前提和必要条件。然而分类问题在世界上也是个难题。我认为中国的高等教育应该分为三类。

第一大类，综合性研究型大学，以基础学科和应用学科（专业）的基本理论为主，研究高深学问，培养拔尖人才。

第二大类，多科性或单科性专业性应用型大学或学院，以各行各业的专门知识为主，培养应用性高级专门人才，将高新科技转化为生产力（包括管理能力、服务能力）。

第三大类，多科性或单科性的职业性技能型院校（高职高专），以各行各业实用性职业技术为主，培养生产、管理、服务等第一线专门人才。

作为处于不同条件、不同水平和办学能力的各个高校，必须找到自己所属类型，并在自己的类型范围内心情坦然地担负起自己的历史使命。

三、新建本科院校的定位与办学特色问题

新建本科院校情况复杂，类型多样：有多科性的，有单科性的，大多数为多科性的；有地市办的，有非地市办的，大多数为地市办的；有公立的，有民办的，大多数为公立的，民办占相当比例；有历史长的，有历史短的，但都是21世纪才专升本的；升本之前，大多数是师专、财专、工专，升本之后，不论是否以原来科类命名，大多数成为多科性院校，很多更名为理工学院、科技学院、城市学院。这里我针对新建院校谈谈办学定位与特色问题。

每所高校在制定发展战略时，必须实事求是地研究客观环境——经济、文化、高校布局、生源等诸多方面的情况。就拿文化方面的情况来说，我到湖南吉首大学，学校的人向我介绍情况，他们说朱镕基总理曾给学校题词为"吉首大学是湖南的骄傲"。我听了之后觉得这个评价太高了，我想吉首大学怎么能成为湖南的骄傲呢？中南大学、湖南大学乃至国防科技大学都在湖南，这些学校才称得起是湖南的骄傲，我听了纳闷。后来我到湘西转了一下，回来后我理解了。吉首大学的专业设置有少数民族语言、少数民族文艺、少数民族文学等专业，而且都办得很有特色，还有以湘西动植物为主要研究方向

的生命科学专业也有自己的特点。我看到湘西自治州和比邻的贵州省、湖北省很多学生都在吉首大学读书。湘西自治州的干部有50%是吉首大学毕业的,小学教师、中学教师大部分也是那里毕业的,很多艺术团的中坚、骨干也多数来自那所大学。所以,当地人都不叫她吉首大学,而叫"我们的大学",所以我由衷地钦佩、服膺,她的确是湖南的骄傲。这正合乎那句名言:"山不在高,有仙则名;水不在深,有龙则灵。"参观考察之后,我跟他们说:"你们要发展,化学、数学是有必要的,但是,如果把少数民族学科、湘西的动植物生命科学研究搞好,就不单是湖南的第一,而且是全国第一,甚至会有世界影响。"所以,新建高校在考虑定位和制定发展战略时,必须从现有的条件和实力开始,要和客观环境、当地的文化相适应,这是一所高校生存发展不可逾越的规律。

要注重适应社会需要来确定办学类型、层次和专业。比如,龙岩学院设在著名革命老区、侨区龙岩,这里山清水秀,自然资源极为丰富。龙岩学院是一所多科性的学院,学院要办得有特色,就要与地方经济需要相适应。龙岩学院就有很特别的专业——矿业(采矿工程,煤炭安全培训班)。大家知道,现在我国许多地方矿业事故不断,原因多种,但其中很重要的一条是缺乏专业技术人才。所以,龙岩学院这个专业是适应社会需求的,很有特色,大有前途。

还要有自己的特点和优势。这要从文化积淀与社会声誉、师资力量与特长等方面来探讨。这个月初,我到广东顺德高职,该校一直想升本,可现在暂时升不上。我对该校的人说:"你们办得好自然有机会升,但是升本之后你们的特点是什么?"他们说:"我校的特点就是坚持高职。"我说:"你们升本之后还是高职,这是定位问题不是特色问题。定位问题之后有特色问题,你们的特色有两个:一是非常重视人文素质教育,全国高职学校很多不重视人文素质培养,而这方面是你们的特色。但是你们不能让人文教育冲垮了技能教育,因为学生职业技能水平要符合人才市场需求,你们要在坚持技能培养的同时加深加厚人文素养,特别是职业道德、诚信教育。二是办好家电、家具专业。顺德有'两家':家电、家具。四大家电企业在那里,工人数以万计。现在有个专业叫智能家电,如果你们攻下这个专业,你们学校将提高一个台阶。另外，顺德是中国最大、最有名的家具城，你们把家具专业搞好，这也是你们的特色。"所以，要抓住文化积淀、社会环境等特点；要下大气力在各自层次和类型中争创一流，切忌随大流与急功近利。

新建本科院校，不论从全国布局还是高校自身，一般地说，大多数应定位于：①立足地市，为地方服务，例如广西大学原来是地方性大学，她的理念是为广西服务，为地方服务。广西大学得到过两次全国高等学校优秀教学成果一、二等奖，因为她面向地方办学，致力于组织培养师资。②职业本科或应用性专业本科。③有所侧重的多科性或单科性。④教学型或教学为主的教学研究型，搞研究也应是开发性研究。现在的大学排名榜，前10名都是理工和综合性大学，前20名除了人民大学，都是理工和综合性大学，前30名才有三个非综合性和理工大学。我的观点是，每一类型都应有重点学校，都可以成为国内（省内）知名、国际（国内）有影响的名校。国内知名、国际有影响就一定是清华、北大？也不一定。中华人民共和国成立前，有许多专科学院不光是国内有名，而且有世界影响。例如，杭州艺专培养了多少知名艺术家？还有立信会计专科学校在全中国有名，全中国的高级会计人才以及会计制度都出自这个学校，因为是私立的，中华人民共和国成立后就不存在了。现在大家觉得立信是很有名的，把她恢复吧，她那么有名怎么说也应该是本科吧，因此现在成立了立信会计学院，办在松江。我认为不在于办在松江就出名，而关键问题是要名副其实——真正"立信"，学校才能有名。四川有个民办的"标榜"学院，在这个学院召开了一次世界性的学术会议，来了18个国家的专家、学者。这个学校是做头饰和服装的，头饰有古典的、时尚的、少数民族的、各个时代的，各种各样的；服装有中国的、外国的、少数民族的，等等。很多电影电视拍摄之前都要先到那里去做服装、头饰，因此世界各国来这里学习的人很多，现在已经有上万名学生。所以，问题在于学校能否找准自己的优势，办出自己的特色，确定自己的发展方向，制定具有本校特色的发展战略。

我们还应认识到，一所新建本科高校的定位，从学校的总体来说，并不排除个别学科专业面向全省、全国；学校在总体上是大众化高等教育，但不排除个别学科领域在全国领先，甚至在国际上有一定影响。国家、省市对个别学科专业给予特殊的支持、扶植，其他学校或学科专业不应互相攀比，一哄而上。

总体来说，办学特色必须从学校内涵上生发出来，外在因素不能代替学校确定特色。特色也不是主观想象出来的，如果没有历史的积淀、相宜的客观环境、主体自身的条件和实力，只是领导说要立这个特色，立那个特色，结果等于望风捕影。北大那种特色、那种兼容并包和相对的学术自由，是百年来文化积淀的结果。一些新建本科院校如果没有这种深厚的积淀，那么只有依据自身条件、实力和客观环境，朝着一个既定的方向去努力。高等学校绝不要追求不适合自身特点的类型，其结果必然是办学水平下降，而应以实事求是的科学精神和态度，明确并牢记自己的使命，并为自己的类型、身份而自豪，将主要精力、资金集中到一两个重点上，十几年、几十年如一日孜孜以求、百折不挠，那么这个重点很可能就是学校的特色，学校也很可能因此特色而成为所属类型院校中的佼佼者。

高等教育分类的方法论问题[①]

高等教育分类问题是一个世界性难题，又是我国当前学术界和决策者共同关注的热点问题。尽管有关高等学校分类的研究取得了一定程度的进展，也取得了一些研究成果。但是，无论是理论工作者还是实际工作者对此并未达成共识，各方观点存在明显分歧，似乎短期内很难达成共识。之所以如此，一是因为高等教育分类及高等学校分类的重要性与急迫性是在高等教育进入大众化、普及化阶段后才凸显出来的理论和实践问题，有关研究在国际上始于20世纪70年代，至今不过30多年时间，在我国还是世纪之交的事情，短期内理论上难于达成共识。二是因为高等教育已经成为一个十分复杂而庞大的系统，在宏观上抽象出一个科学可行的分类框架确实难以把握。三是因为高等教育分类既是一个"价值有涉"的理论问题，又是一个必须能够用于实际的技术问题。总之，这是一个难于解决而又不能不及时予以解决的难题。因此，首先从高等教育分类的方法论上达成共识十分必要。本文试就此进行初步探究。

一

高等教育分类研究必须首先明确界定"高等教育分类"，否则讨论和研究就可能陷入无谓的争论。因此，什么是高等教育分类？其内涵和外延如何界

[①] 原载《高等教育研究》，2007年第3期。作者：潘懋元，陈厚丰。

定？这是我们研究高等教育分类时首先应弄清楚的问题。

在社会学创始人涂尔干和莫斯看来，"所谓分类，是指人们把事物、事件以及有关世界的事实划分成类和种，使之各有归属，并确定它们的包含关系或排斥关系的过程"①。据此，"分类"这个概念在内涵上有以下几个方面的含义：第一，分类的对象是事物、事件和事实。第二，分类的任务是确定事物、事件和事实之间的相互关系，如包含关系、交叉关系或排斥关系。第三，分类的目的是使划分的对象各有归属，以便人们更好地认识、理解和把握事物、事件和事实；同时，分类是一个连续不断的过程，不能企求一劳永逸，毕其功于一役。

涂尔干和莫斯还从社会人类学的角度，认为分类的外延包括"符号分类"和"技术分类"。根据他们的论述，可以对这两个方面的分类做如下区别："符号分类"是人们对事物、事件和事实在观念上进行的划分，具有道德或宗教意蕴，实际上是一种逻辑分类（概念分类），它受人们价值观的制约和影响，是一种"价值有涉"的分类，所反映的是人们对事物、事件、事实的认识水平与价值期望，可以理解为"形而上"的划分；而"技术分类"是一种实用图式，实际上是一种"操作分类"，它希望的是尽可能地减少人们价值观的制约和影响，是一种力求"价值无涉"的分类，通过建立起能够实际操作的分类指标体系，揭示人们对事物、事件、事实的把握程度，可理解为一种"形而下"的划分。因此，前者是人们根据"心理积习的汇总"和一定目的，对事物、事件、事实因自身发展而导致其结构缓慢分化而呈现在人们面前的实际图式或样式，在一定的价值观引导下通过分析归纳，从逻辑上建构起并列、等级或并列与等级相互结合的分类模式或分类框架，并给予事物、事件和事实以相应的分类符号（分类名称），以帮助人们更好地认识、思考和理解事物；后者是根据"符号分类"提供的分类模式或分类框架，通过建立相应的分类标准及指标体系，或对事物、事件和事实进行横向归类和纵向分层，以便于人们确定事物、事件、事实之间的相互关系（如属种关系、对立关系、矛盾关系等）。

---

① 涂尔干，莫斯. 原始分类 [M]. 上海：上海人民出版社，2005：2.

我们认为，涂尔干和莫斯关于"分类"的界定，是基本正确的，它至少给我们三点启示：一是从分类的层面看，分类可划分为逻辑分类和操作分类，用涂尔干和莫斯的说法就是"符号分类"和"技术分类"。前者属于理论层面，后者属于实践层面。二是从分类的向度看，分类可分为横向分类和纵向分层，前者指横向上将事物、事件、事实划分成不同的类别，后者指纵向上将事物、事件、事实划分为不同的层次或等级。进行分类研究时首先必须区分分类的层面和向度，不做区分就容易导致范畴或概念混乱。三是分类是一个连续不断和逐步完善的过程。尽管分类在一定时期、地点和条件内具有相对稳定性，但这并不是说分类就永远固定不变，恰恰相反，分类应该随着分类对象本身和外部环境的发展变化而适时进行调整，应该随着人们对分类对象认识的深化而不断完善，否则就有可能导致人们认识上的落后、理解上的偏差、行动上的盲目，并最终导致发展策略上的失误。因此，研究高等教育分类，首先要对"高等教育分类"这个概念的内涵和外延进行明确界定，否则就很难在研究和讨论时达成共识。

界定"高等教育分类"范畴，首先要界定"高等教育"，然后才能界定"高等教育分类"。众所周知，从性质和任务看，"高等教育是建立在普通教育（或基础教育）基础上的专业性教育，以培养各种专门人才为目标"[①]。而分类如上所述，是指人们根据一定的标准将事物、事件和事实划分成类型和层次，从而确定它们之间相互关系的过程。因此，"高等教育分类"是指人们为了更好地认识、研究和引导高等教育发展而将高等教育系统划分成不同的类型和层次，从而确定高等教育系统中各子系统及各要素之间的相互关系（种属关系、并列关系、层次关系）的过程。

这一概念的内涵包括五个方面：第一，高等教育分类的目的是为了更好地认识、研究和引导高等教育发展。例如，普通民众（包括学生及其家长）在接受高等教育前需要对高等学校进行选择，这就需要借助高等教育分类来帮助其认识、判断高等教育及其机构的各自特点。有关学者、专家在对高等教育的某个问题进行研究时，也需要借助高等教育分类方法作为分析工具来

---

① 潘懋元. 新编高等教育学 [M]. 北京：北京师范大学出版社，1996：5.

帮助其进行理论抽象和实证分析。决策者和政策制定者在选择、设计高等教育改革发展的政策方案及评估高等教育政策效应时，更需要借助高等教育分类作为决策或政策分析的工具。第二，高等教育分类的对象是高等教育系统，这个系统至少应该包括高等教育及其实施机构——高等学校，如果没有对高等教育进行分类就直接对高等学校进行分类，那么后者的分类就可能出现随意性，导致高等学校定位的混乱。第三，高等教育分类的内容是将高等教育作为一个统一的开放系统进行类型和层次的划分，这种划分不仅包括横向上的分类，也包括纵向上的分层；不仅包括分类框架、分类标准和分类指标体系，也包括高等教育与中等教育之间、高等学校之间相互沟通和衔接关系的设计。第四，高等教育分类的任务是确定高等教育系统中各子系统及各要素之间的相互关系。也就是说，首先要分析各子系统之间纵横向上存在什么样的关系，如包含关系、排斥关系，或者同类关系、同层关系，等等；然后才能根据它们之间的关系确定其在整个高等教育系统中的位置，也就是我们通常所说的"定位"。第五，高等教育分类是一个不断改进和完善的过程，要适时根据高等教育系统内外部环境的变化和高等教育系统自身的发展进行修改和完善，从而使高等教育以合理的结构最大限度地发挥自己的功能。

与此相应，高等教育分类的外延也可以从两个维度去划分：从分类的层面看，可分为高等教育逻辑分类和高等教育操作分类；从分类的向度看，可分为高等教育横向分类和高等教育纵向分层。

二

人们之所以对已有的高等学校分类法及分类标准难以达成共识，除了文化传统的因素以外，就分类方法和定位政策本身而言，主要分歧集中于分类依据、分类指标和定位政策的导向。换言之，由于分类依据的不同、分类时所遵循的原则不同、分类的思维向度不同和定位的政策导向不同，高等教育分类框架和定位政策的效应存在差异。因此，我们认为，对高等教育进行分类时，要注意如下方法论问题。

第一，要尽可能减少分类者自身价值观的制约和影响。如前所述，无论是高等教育逻辑分类还是高等教育操作分类，都是一种直接或间接的"价值有涉"的有关高等教育结构的认识和实践活动，分类者的高等教育价值观在很大程度上决定着分类原则、分类依据、分类指标的确定。例如，"中国大学评价"课题组负责人武书连认为，评价一所大学的地位主要是看其对社会所做贡献的大小，而贡献大小主要看其培养人才的数量和科学研究的规模，因此他的"大学分类"主要依据之一是大学的科研规模。美国卡内基教学促进基金会（CEFT）认为，高等院校的行为决定其任务，必须最大限度地用任务来区分高等院校，因而根据每年授予学位的等级与数量将美国院校进行分类。

第二，要科学确定分类的依据。分类依据的科学性决定着分类框架的优劣。例如，英国高等教育"双重制"主要依据高等院校的自治权进行纵向分层，具有学术自治权的大学（"自治部门"）处于上层，没有学术自治权的多科技术学院、教育学院等（"公共部门"）处于下层。又如，联合国教科文组织的国际教育标准分类法所依据的基本分类单位是教学计划，按照教育级别和学科类型对教学计划进行交叉分类。显然，前者分类的依据是高等学校的自治权，由于不是按照性质、任务、职能而是按照权力分层，因而这一政策实施的结果与其政策预期（促进英国高等职业技术教育发展）相距甚远；后者的分类依据是教学计划，抓住了高等学校最基本的人才培养职能和教学工作，因而是比较科学的分类方法，为世界各国所认同。我们认为，应当依据所承担的主要任务对高等教育进行横向分类，依据人才培养的类型及专业设置的面向对高等学校进行横向分类，依据履行社会职能的能级对高等院校进行纵向分层。

第三，要遵循高等教育发展的内在逻辑。高等教育发展史表明，高等教育经历了从简单到复杂、从单一到多元的演进历程，因此高等教育分类应该遵循如下顺序：高等教育类型分类→高等教育层次分类→高等学校类型分类→高等学校层次分类……对高等教育来说，横向类别划分是纵向层次划分的前提，任何单一的纵向分层都可能导致高等教育单一化、高等学校趋同化，科学合理的高等教育分类模式和框架应该是在横向分类的前提下，做到横向分类与纵向分层两个维度相互结合，从而促进高等教育的多样化。

第四，应当区分高等教育逻辑分类与操作分类的思维路径。高等教育逻辑分类建立在对高等教育分化与重组状况进行描述与归纳的基础上，高等教育操作分类是根据高等教育逻辑分类的框架设计出具体可行的分类标准及分类指标体系，而且这些标准及指标体系应该是建立在一定数量高等教育及机构的样本进行统计分析的基础上。直言之，在研究方法上，高等教育逻辑分类应该遵循归纳推理的思维路径，侧重于高等教育特征方面的定性分析；高等教育操作分类应该遵循演绎推理的思维路径，侧重于高等教育及机构按分类标准和指标的数量统计、遴选及验证。

第五，要结合高等教育结构的现状，更要引领高等教育结构分化与重组的方向。高等教育分类的主要目的是促进高等教育系统整体的多样化发展，维护高等教育系统的正常秩序，引导未来高等教育结构的合理分化与理性重组。因此，高等教育分类框架是从高等教育结构的现实出发，对高等教育分化与重组的历史线索和现实状况进行描述和归纳而建立的，不是从理论出发，凭空设想出一个理想化的分类框架、分类标准和分类指标体系，然后凭借这些框架、标准和指标去规范高等教育结构分化和高等学校分类办学。换言之，只能通过高等教育分类引导高等教育结构的优化，而不应企图通过高等教育分类去限制高等教育的多样化发展。

第六，既要适时优化又要在一定时期内保持稳定。作为一个开放系统，高等教育系统与其外部的政治、经济、文化系统不断进行着信息的动态交流，同时其自身内部诸要素因相互影响、相互作用而不断分化与重组，从无序趋向有序，从不稳定趋向稳定。从这个意义上说，高等教育系统的变化是绝对的，因此高等教育分类是一个持续不断的优化、完善过程，企望一蹴而就、一劳永逸既不现实也不可能。分类框架特别是定位政策要根据高等教育外部环境的变化和高等教育系统分化与重组的状况进行及时的调整。例如，美国卡内基高等院校分类自1973年首次公开发表以来，先后已修订发表过五个版本，不久将发表第六个版本。20世纪70年代联合国教科文组织首次提出"国际教育标准分类法"以来，至今也有两个版本。同时，高等教育系统又会在一定时期内保持其结构的稳定性，并在一定时期内呈现出比较稳定的特征。从这个意义上说，高等教育系统又相对稳定，因而高等教育分类框架及其定位政策也要保持相对稳定，不可朝令夕改。我国高等教育自20世纪50年代后期以来，由于缺乏一个相对稳定的学制系统，高等教育体制经常按某一

"决定""指示"而变化，甚至随着教育管理部门内部的管理职权分工而变换，导致长期处于混乱状态，给高等学校的定位与发展带来困惑与困难。高等教育具有滞后性、周期长等特点，实际工作中政府重视高等教育及其机构分类，往往是为了解决高等教育系统面临的现实问题，很难兼顾高等教育未来的持续发展，所以在设计高等教育分类框架和定位政策时，既要立足于解决高等教育结构优化中的现实问题，也要引导未来高等教育结构的分化，设计者不能只使用"显微镜"，还必须戴上"望远镜"。

第七，要正确认识分类框架与定位政策的辩证关系。必须看到，高等教育分类框架与定位政策是两个相互联系、相互区别的概念。从二者的联系看，高等教育分类框架是制定定位政策的前提，而定位政策又是落实分类框架的重要保证；从二者的区别看，高等教育分类框架解决的是高等教育及其机构的任务、职责和能级区分问题，不是解决高等学校的社会地位高低问题。而高等教育定位政策是根据高等教育分类框架建立起相应的激励和约束机制，通过规划方式明确高等学校各自的职责和分工，通过评估方式判断高等学校的办学质量和水平，并将其与资源配置特别是经费拨款联系起来，引导高等学校合理分工、科学定位、明确方向，不断提高质量和水平。

三

一般而言，根据不同的标准，高等教育及机构类型和层次的划分结果各不相同，从而适用于不同的目的。目前我国对高等学校层次和类型的划分多种多样。例如，以隶属关系为标准，从纵向上将我国高等学校划分为部委属、省（区、市）属、地（市）属三个层次；以举办主体为标准，从横向上将我国高等学校划分为公立高校和民办高校；以是否列入各级政府重点建设行列为标准，从纵向上将我国高等学校划分为"985 工程"建设大学、"211 工程"建设大学、全国重点大学、省（区、市）重点大学等；以行政级别高低为标准，从纵向上将我国高等学校划分为省部级高校、正厅级高校、副厅级高校等层次；以授课形式为标准，从横向上将我国高等学校划分为全日制大学、函授大学、广播电视大学、网络大学、夜大学等。

值得注意的是，在高等教育及机构分类方面，至今人们往往习惯于用社会等级观念，首先关注高等学校的层次划分，而对于作为层次划分之前提的类别划分却没有予以足够的重视。这一现象并非中国所独有，它导致高等学校之间的竞争异化为围绕地位、层次、身份展开竞争，而对质量、水平、效益不够关心；人们评价高等学校也异化成对办学地位、层次、身份的判断，而淹没了对教育服务质量、学术水平应有的关注。这也许正是导致世界大多数国家职业型高校竞相向学术型大学"趋同"和"攀高"的根本原因。

为了防止以往单一层次分类框架的弊端，我们认为，高等教育及机构分类应该运用系统论和分类学的原理，将不同类型的高等教育及机构整合为统一、开放的高等教育系统。具体而言，高等教育类型和层次可按如下步骤进行划分。

第一，在统一的高等教育体系下，依据所承担的任务，从横向上将高等教育系统划分为高等普通教育和高等职业教育两个子系统（相当于"国际教育标准分类法"中的5A和5B）。

第二，依据人才培养的类型和学科专业设置的面向，将从事普通高等教育的高等学校从横向上划分为学科型、专业型两种，即根据学科来设置专业的高等学校称之为学科型高校（相当于"国际教育标准分类法"中的5A1①），面向社会各行业领域设置专业的高等学校称之为专业型高校（相当于"国际教育标准分类法"中的5A2②）；将从事高等职业教育、根据岗位和岗位群设置专业的高等学校称之为职业型高校（相当于"国际教育标准分类法"中的5B），从而将高等学校划分为学科型、专业型、职业型三种类型（见图1）。

第三，根据高校所设学科（专业）的内在关系与覆盖面，在横向上将高等学校划分为综合性、多科性和单科性三类。

第四，根据履行社会职能的能级，将普通高等教育子系统中的学科型、专业型两种类型的高校在纵向上划分为研究型、教学科研型、教学型三个层次，将职业型高等教育子系统中的高校在纵向上划分为教学科研型和教学型两个层次（见图2）。

---

①② 潘懋元，吴玫. 高等学校分类与定位问题[J]. 复旦教育论坛，2003，1（3）：5-9.

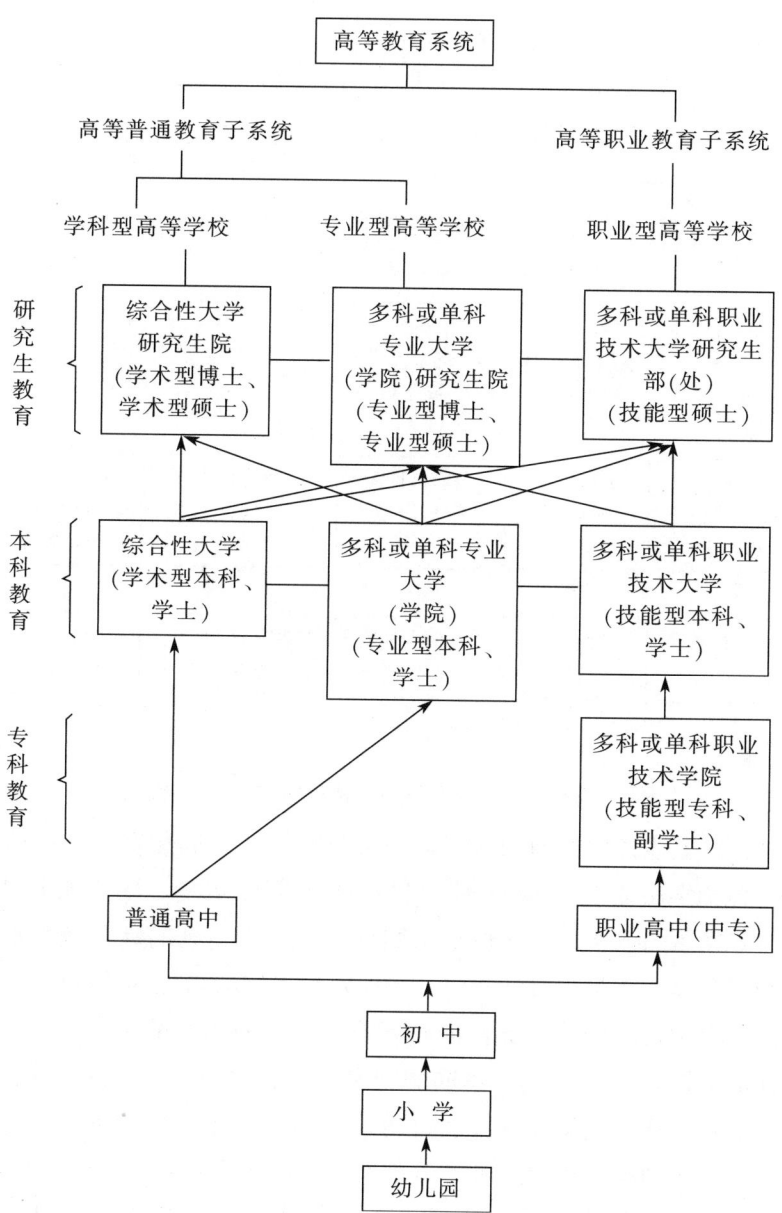

图1 高等教育系统分类示意图（人才培养类型和层次）

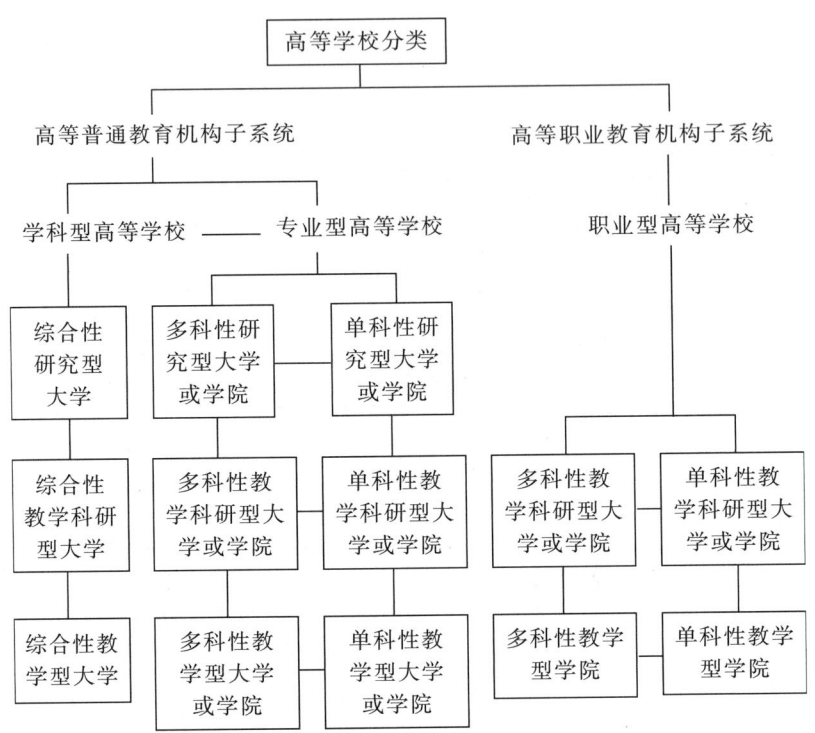

图 2　高等学校分类示意图（高等学校类型和层次）

同时，在上述各种类型和层次的高等学校间建立起相互沟通和衔接的证书体系（包括学历证书、学位证书、资格证书等）。其中，学历证书只标示接受高等教育经历的证明，而学位证书则标示持证者达到的高等教育水准的证明（学位不只是以往标示其学术水平的证明）。这样，我们就可以在不同类型和层次的高等学校之间建立起横向相互沟通、纵向相互衔接的证书体系。这种开放性证书体系不仅解决了不同类型和层次高等教育及机构的任务分工、能级区分及相互比较问题，从而为高等教育学制改革提供依据，而且解决了不同类型和层次的高等教育及机构毕业生在就业、晋升方面的横向比较问题，也为政府和用人单位分别制定不同类型和层次人才的薪酬标准、聘任条件、失业保险政策等方面提供可以进行比较的尺度。

对吉首大学的点评[①]

作为一所大学,最重要的事情就是它的定位与发展方向,现在全国大学除了一些老牌大学以外,很多大学尤其是新办大学,都是定位不清、发展方向不明。吉首大学的定位很清楚,发展方向很明确。大家有没有注意到录像没开始的时候,有一句话很重要,说的是要读懂吉首大学,首先要读懂湘西。这句话的意思是吉首大学已经成为湘西贫困的少数民族自治州的一个组成部分;也就是说,吉首大学的位置仅仅定在立足湘西,为湘西的老百姓服务,为了湘西的脱贫致富,始终位置定得很清楚,这是第一点。

第二,现在我们很多高等学校,都很想把学校办成一流大学。什么叫一流大学,是不是一流大学就只有清华、北大,这些大学才是大学吗?不,一流大学并非就是著名大学、名牌大学。什么学校都可以成为一流大学,什么学校都可以成为名牌大学。所以现在国家已经注意到这个问题,在研究型大学搞了"211工程""985工程"。关于高等教育,现在我们国家也注意了,要搞100所示范性的高校,就是在高校里面树立另外一个"211"。而吉首大学,就是用它的特色在一个山沟里面成为湖南的骄傲,它的特色最主要的有两个。当时我去吉首大学看了以后,吉首大学的人跟我介绍了他们的理科、文科、外语也不错,但是我说,这些还不能够成为特色,这些东西搞得再好,在湖南也没有办法跟中南大学比,没有办法跟湖南大学比,在全国更加不用说,但是有两个特色,是全国别的地方不可替代的。

---

① 原载《高教公关》,2007年第1期。

第一个特色，湘西少数民族土家族、苗族，还有傣族，很特别，既与广西的壮族不同，也跟西藏的藏族不同。有少数民族语言，有少数民族的音乐、艺术，这是少数民族地区能歌善舞的那些少数民族的艺术特色，别的地方没有，更不要说还有少数民族的体育。所以现在全省体育运动、少数民族体育运动会是在那边开的，国家体育总局民族体育重点研究基地设在吉首大学。这些少数民族的语言、文字、体育、音乐、艺术等，如果搞得好的话，不光在全国有影响，恐怕世界上要研究少数民族问题的，也得到这里来。最近加拿大、美国都有研究世界少数民族的课题，曾经找我谈过这个问题，我说，你们要研究少数民族的话，离不开中国的少数民族，要研究中国的少数民族，必须研究中国的苗族、土家族特色，这是吉首大学的优势和特色。

第二个特色，湘西的动物、植物有许多是别的地方没有的，所以吉首大学的生命科学院是很有特色的。它的特色是如何更好地研究湘西的动物、植物，现在植物研究方面推出的猕猴桃，产值将近1亿元，而更重要的是解决了湘西贫困地区的10万果农的致富问题，这是很具体的为湘西服务。

所以两个特点，都是立足于湘西的少数民族、立足于湘西的动植物自然资源。那么这个片子，还突出一个亮点，就是朱镕基的一句话，"吉首大学是湖南的骄傲"，录像片一开始提出这个问题。这个话我当时就是在吉首大学跟他们谈的，我到吉首大学去的时候，他们给我介绍了老半天，我还是存在一个问题，就是朱镕基不太容易赞扬一个人或者一个事情，既然跑到吉首大学去说湖南的骄傲，吉首大学凭什么被称为湖南的骄傲，我相信朱镕基的话，但当时不理解。后来我下去了，转了一圈，还没有转得很远，仅仅是到凤凰城，还有到刘晓庆的店去，接触到许多干部、教师，还接触到许多民间的艺人，当然也免不了去沈从文的老家看看，黄永裕的老家看看，等等。回来，我跟他们说，我现在理解了，懂得了为什么是湖南的骄傲。这个作为品牌形象的录像，就是从头到尾围绕着吉首大学为什么成为湖南的骄傲来展开的。最开始提出问题，最后的一个镜头，是朱镕基的一句话，"吉首大学是湖南的骄傲"，那个镜头晃动不太清楚，实际上那个镜头是非常感动人的。所以我说，它定位清楚、特色鲜明、亮点突出。当然后来的整个片子的制作设计也好，拍的景也非常好，给人一个美丽、和谐的感觉。美丽的湘西的山山水水，大家看到，景色相当美，看了这个以后，恐怕很多没有去过湘西的人，不管怎么样，总得到湘西那里看一看，看看那美景是如何的美，更重要的是和谐，既有美的山水，也有古老的凤凰城。如何把山水、凤凰城、沈从文、黄永裕、宋祖英等跟吉首大学和谐起来，这是比较高级的一个定位。当然，我并不是说，所有的都做得很好，假如要重新制作的话，我觉得里面有一些地方还可以斟酌，或者在艺术上还可以斟酌，比如有一些镜头重复得太厉害，有的镜头拍得不太好。事实上，假如我来设计的话，到了朱镕基讲那句话之后，那段完了，就够了，下面就不必再提了，这个都是另外画面。

刚才我说这次评估专家到那边看了以后，很受感动，不错。我们开始没有想到这么好，但就凭这么一个录像，就给它评18个优，那就太不清楚，还得考察。假如是看了这个以后，觉得不错，然后考察结果要是跟这个录像不合，依我看，不但是优拿不到，良也拿不到，拿几个优都很困难；如果是弄虚作假、夸大的话，对不起，只能给不及格。但是经过一个星期的考察之后，大家感觉到果然如此，从此我们也就印证了从这个路线，也就说这个形象的树立，我觉得我看了以后，受到这么一个启发。我们为了事业，我们为了办好学校的品牌，我们必须树立形象，也就是说，学校一个很重要的事情，是要学会宣传自己。所以形象宣传，是要的，但是形象的宣传，归根到底要根据自己的实力，要能够表里一致，要诚信。有一个写了一本大学形象的书的英国作者马布朗，曾经说过这么一句话，他说："只是投入大量的金钱，用于提高声誉，塑造品牌，而没有实际的优势，不能名副其实，这样的品牌宣传，从长远来看，是无效的，也会引起怀疑和降低群众的信心。"

所以从长远来看，外包装的形象必须跟内在的、真正的、核心的东西价值一致。因此，在形象的建设上，我觉得一定要名副其实，恰如其分。第一不宜夸大，譬如现在我们有些学校，在宣传自己的时候，用了一些过分夸大的词语是不好的，比如老在到处说，我校毕业生的就业率是100%。这所学校，连学历、文凭的授予权都没有，就说学校学生就业率100%，稍微有一点常识的人都会知道，现在一所学校的毕业生就业率要达到100%是不可能的事情。话讲得太满了，人家对你的诚信就打了一个问号。

最近我接待了一个外宾，我一看他的履历，在日本拿到博士，一个是教育博士，一个是医学博士，一个是药学博士，一个是信息工程博士。拿一个博士我还可以相信你，拿两个博士我就要打一个问号，在日本拿四个博士，在日本待了多少年？前后不到10年。你我都知道，日本的博士不好拿，你几年拿了四个博士，什么样的博士，当然，我查出来，这里面就有弄虚作假的问题。所以过分夸大，它的效果适得其反，这点我们可以得出结论。还有宣传最好要用比较朴素的语言，不要空喊口号，像我们许多宣传，都是喊口号，都是千篇一律。现在我们看录像，一到一个学校参观，人家总是放录像，总是那一套东西，口号一大堆，数字一大堆，差不多有多少博士、硕士，多少奖励。拿我们这个录像来说，也还有这个问题，但是压缩了，尽量简化，里面也有喊口号，但只是在后面说，"我要办成平民大学"。现在已经很少有人提出平民大学或办一个平民大学出来。

这里面有一个问题要考虑，就是品牌形象的树立，最早或者最热的都是给商品做广告。商品的形象树立，跟大学的形象树立，恐怕有所不同。商品的形象树立，我觉得比较简单，无非是：第一，这个包装要精美、安全；第二，质量好；第三，售后的服务好。三个足矣。文化的形象树立可不是那么容易的事情。文化形象的树立，是多方面的、复杂的、面很宽的，产品无非是质量、服务，大学形象的树立要同大学的理念、精神、培养人才的质量、科学研究的水平、校园文化的建立、学生的就业，尤其毕业生的文化品位联系起来，所以说是复杂的。企业追求的，只是利润，利润高，股东高兴，就可以了；大学追求的不仅仅是资金充足，而且要求文化品位高，社会声誉高，因此，大学形象的树立，复杂得多，但是最重要的核心的东西，就是质量是不是高，是不是诚信，这是最重要的。以上是我看了这个录像，听了游俊校长的报告以后，发表的一点感想，也是我学习的一点体会，说错了，请大家批评，谢谢！

我看应用型本科院校定位问题[①]

一

20世纪90年代以来,中国高等教育往大众化方向迅速发展。如果以1998年为参照,2007年高等教育学生数差不多增长了500%。大学数量也迅速增加。2007年全国有本科高等学校742所,高职高专1 109所,两者合计1 851所,还不包括317所技师学校和118所分校,从总数来说全国高校已经达到2 200所。在这个发展过程中,也出现了新情况、新问题,那就是许多高等学校定位不明,发展方向不清。中国高等教育在大众化进程中,如果都是一个模式,一个方向,一种目标,能不能适应社会发展的需要?

现在这种现象正在悄悄地发生变化。许多高等学校定位不明、发展方向不清的问题发生了变化,以前当你去访问一所学校,或者上网检索这所学校的概况,很多学校在介绍时自称是综合性研究型的大学,或者说要办成综合性学术型的一流大学,要成为全国知名、世界有一定影响的高等学校。不仅老牌大学这么介绍,而且新办大学也这么介绍,甚至刚刚批准成立高职的学校也宣称要办成亚洲或者东亚有影响的大学。如果全国的高校办学方向都是这样,都挤上同一条道路,都奔清华、北大的方向发展,这显然是错误的。现在越来越多的高校,将原来定位于综合性、研究型(学术型)大学改变为多科性、应用型、

[①] 原载《教育发展研究》,2007年第7~8期。

职业性或技能型院校。这符合教育外部关系规律：教育必须与社会发展相适应；高等教育结构，必须主动适应现代经济与社会发展的人才结构。

教育的发展必须与社会政治、经济、文化相适应。这个适应是多方面的，包括高等教育结构、现代化发展的结构、现代经济与社会发展的人才结构。高等教育的目的是培养人才，培养人才的结构必须和社会发展对人才需求的结构相同。为什么必须相同？因为经济社会发展对人才的需求是多层次、多类型的。只有这样，高等教育才能更好地发展。

党的十六大报告指出："造就数以亿计的高素质劳动者，数以千万计的专门人才和一大批拔尖创新人才。"假如高等教育的目标定位在拔尖创新人才培养，那数以千万计的专门人才谁来培养？精英高等教育阶段，传统大学对人才培养是单一化的，都是培养拔尖创新人才，以追求高深理论作为它的培养方向。进入大众化高等教育阶段，除少数精英型高校之外，大量高等学校，应当面向人才市场，培养应用型或技能型的专门人才。因此每所高等学校，都应在高等教育分类体系中确定自己的位置，明确自己的发展方向，制定自己的发展战略。只有这样才能避免"千校一面"，拥挤在一条通道上。

二

教育管理部门，对高等学校要做分类指导工作。分类指导必须是科学的指导、恰当的指导。因此，分类指导的前提是科学、恰当的分类。可是我们在这方面还没有很好地进行分类。不但没有很好地进行分类，而且许多措施本身类别不清。分类是好事情，应该鼓励。招生制度改革到现在也还是统一高考。分数高的是一本，然后是二本、三本，接下来的是一专、二专，剩下的只能选择民办。这个是不是分类？我们的评估标准从清华、北大套用到高职高专。742所本科院校，除了新办的还没有评估以外，有500多所院校的评估标准都是相同的，这不太合理。分类与评估应该是一个发展方向。因此，应该分类。怎么分类好呢？我们现在实施的是美国分类标准，美国主要是实施卡内基的大学分类标准，它是模块式的。我国的高等教育不仅有层次的区分，还有不同的性质，有的侧重培养研究型人才，有的侧重培养应用型人才。

我认为，相对而言，联合国教科文组织的国际教育分类标准比较符合中国的国情。联合国教科文组织的国际教育分类标准是在统计世界 100 多个国家的教育制度基础上进行的归类，它考虑到各个国家的特点，所以较为符合各国的国情，也比较适合中国的情况。这个标准主要按培养人才的职能分类型，兼顾年限长短与学位高低。我们可以把联合国教科文组织的国际教育分类标准简化成一个示意图（见图 1）。

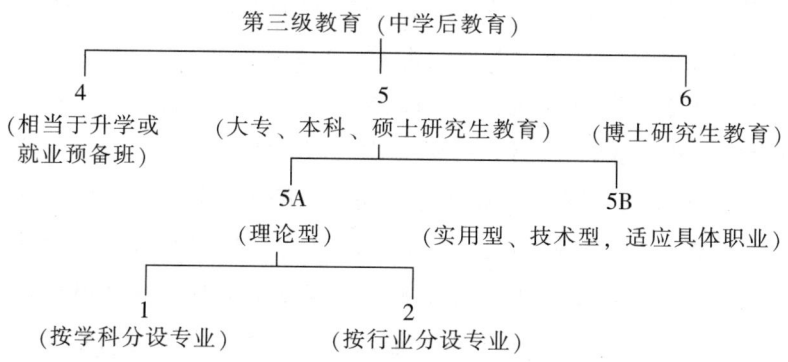

图 1　联合国教科文组织第三级教育分类示意图

从示意图中可以看出，联合国教科文组织的第三级教育的分类（中学后教育），相当于高等教育。幼儿是 0，小学是 1，初中是 2，高中是 3，4 相当于升学或就业预备班，主要部分是 5，包括大专、本科、硕士。5 分为 A、B。5A 是理论型，5B 是实用性、技能型，适用于具体职业。5A 相当于我们的大学本科教育，如同高等学校；5B 相当于我们的高职高专教育。5A 中还有一类，它没有明确的规定，但是专业可以分为两类：一种按学科分类，为研究做准备；一种是按行业分类，从事科技工作。5A1 培养的是从事理论研究的，5A2 培养的是民法律师、教师、工程师等。5B 培养的是技术人才。

参考联合国教科文组织的分类，结合中国高等教育机构实际，全日制普通高等学校可分为三种基本类型：第一种类型是综合性研究型大学，主要以基础学科和应用学科（专业）的基本理论为主，研究高深学问，培养拔尖创新人才。这一类型是从本科（学士学位）→硕士（硕士学位）→博士（博士学位）。第二种类型是多科性或单科性专业型大学或学院，它可以是多科性的，也可以是单科性的。它主要以各行各业的专门知识为主，培养应用性高级专门人才，将高新科技转化为生产力（包括管理能力、服务能力）。这一类型从本科（学士学位或专业证书）→硕士（专业硕士学位或高级专业证书）→博士（专业博士学位或高级专业证书），也可进入研究型博士。现在实行双证制度，即学位证书和专业证书。有的国家专业证书比学位证书更加重要。因为人家就业承认的是专业证书。第三种类型是多科性或单科性职业技术型院校（高职高专），以各行各业实用性职业技术为主，培养生产、管理、服务第一线专门人才。它从专科（毕业证书或岗位证书）→职业性本科（学士学位或岗位证书）→硕士（专业硕士学位或高级专业证书）。联合国教科文分类中的5B相当于我国的高职，它可以是2~3年，也可以是3~4年，甚至6年。世界各地职业性的时效仍然存在，比如我国台湾地区。一种是普通高等学校（如教学本科）；还有一种是职业学校，它的起点是高中毕业，从高等教育来讲它是技职专科，我们称之为职业技术教育。技职专科上一级是技职学院，技职上去可以到硕士，叫作科技大学。现在这个制度大陆没有。大陆的职业技术教育只能2~3年。两三年后怎么办？现代化水平越来越高，职业教育2年不够，3年也不够。某些职业技术教育甚至要高于3年，比如IT行业、职业技术师。所以现在很多学校都要求专升本。专升本是一股潮流。这种做法对职业技术教育的发展很不利。原来你是职业技术型，一升本，就变成理论型。很多职业技术教育学校由于专升本，到了第二年、第三年的时候没有精力传授职业技术技能，赶紧去补一些理论课以便学生考进这所学校。学校也希望专升本，因为升本后学校的级别可以上去。现在国家确定要办100所示范性高职，因此，对高职院校来说，选择的道路一条是争取成为示范型高职，一条是专升本成为本科学校。但只有个别学校坚持走高职道路。

我国全日制普通高等学校三种类型中，第一类型以传统大学模式为主，不过需要进行现代化改造。现在很高兴地听到一些"211工程"大学，甚至是"985工程"大学都说要根据市场需求来培养人才。它也需要进行现代化改造，从而争取成为世界一流大学，这是第二类型。第三类型的定位，理论上已较为明确，重点说得也很清楚。比如教师要是"双师型"，要着重发展实训基地等。但是实践上尚需解决办学者的认识，使之能更好地面向市场经济。这一类型学校培养人才的标准不是高深适度，而是"适销对路"。

第二类型高等学校的定位问题情况复杂，门类繁多，历史或长或短，水平高低不一：既有数十年的老校，又有新建的本科院校；既有全国性、行业性高校，更多的是地方院校；少数保留单科性，多数改为多科性。这类学校长期受第一类型的影响，重理论轻应用；新建校也受到一定的影响，很多学校刚建立不久，就想往学术型方向发展，轻视应用，定位不合理。

第二类型的学校（应用型的本科院校、应用型高等学校）正是我们需要研究的。这种类型高等学校具有这样的共同特点：第一，以培养应用型人才为主；第二，以培养本科生为主，某些学科可培养专业研究生；第三，以教学为主，同时开展应用性、开发性研究。此外，还有以面向地方办学为主，某些专业可面向地区和全国等特点。

新建本科院校，不论从全国布局还是从高校自身来说，大多数应该定位于：立足地市，为地方服务。如广西大学曾获得全国性教学成果一等奖，后来又获得一个二等奖，都是为广西区域创新创业服务的结果。这些学校还要定位于职业本科（5B）或应用型本科（5A2），有所侧重的多科性或单科性。同时应该是教学型或教学为主的教学研究型。因此，我认为每所高校在制定发展战略时，必须实事求是地研究：客观环境，比如经济、文化、高教、生源等因素；社会需要，比如类型、层次、专业等；还有自己的特色和优势，尤其是自己的文化积淀与社会声誉，特别是师资力量与特长。南京有两所财经院校，它们都是从原来的部属院校下放到江苏地方的。一所是南京财经学院，当时下放以后，粮食生产不太景气，粮食管理的人才比较少，因此，学校侧重这方面的人才培养，现在学校的学科发展比较平均，发展的目标是向上海财经大学看齐。另外一所是南京审计学院，学校着重培养审计人才，着重审计研究，现在也办得很有特色。因此，高校要在各自层次和类型中争创一流，切忌随大流与急功近利。每一类型都应有重点高校，都可以成为国内（省内）知名、国际（国内）有影响的名校。中华人民共和国成立前，大家都知道清华、北大，还有中央大学、中山大学等研究型大学，但是同样还有一所专科学校——杭州技术专科学校，全国知名，出了大量的艺术人才。虽然它只是专科，但并没有因为觉得层次太低而想方设法申请为本科。因此，每所学校能否办成功，在于找准自己的优势、办出自己的特色、确定自己的发展方向。清华、北大、交大、复旦是有名气的大学，但是深圳有所地方性院校——深圳职业技术学院，名气也相当大，连续两次取得全国优秀教学成果奖。举个例子，湘西土家族苗族自治州是文化落后、经济困难的山区，但是朱镕基总理来到这里的吉首大学参观以后，称它是"湖南的骄傲"。在湘西地区，许多中小学教师、医生、艺人都是吉首大学毕业的，他们把吉首大学称为"我们的大学"。一所大学能被称为"我们的大学"，可见它的地位。吉首大学在成立初，没有和湖南大学攀比，而是定位准确，它的生命科学系利用当地优势研究开发项目，一年的产值达到1亿元，惠及10多万果农。吉首大学的特点是与湘西少数民族特点贴得很近。前年评估的时候，评审组在考察一个星期后投票，吉首大学得到18个优、1个良。这对地处经济较为落后的地方性高等院校而言非常了不起。所以我认为校本特色的发展，问题在于：能否找准自己的优势，办出自己的特色，确定自己的发展方向，制订具有校本特色的发展战略。

三

新建本科院校，是普通本科高等教育发展与改革中一支正在成长的生力军。新建本科院校，不论公办或民办，都是由水平较高、条件较好、规模较大、业绩较佳的专科层次院校提升的，拥有相对优质的教育资源和文化积淀，可以增强本科教育力量。一所高校的定位，是从学校的总体来说，并不排除个别学科专业面向全省、全国。学校的总体是大众高等教育，但不排除个别学科领域在全国领先，甚至在国际上有一定影响。对个别学科专业、个别学科领域，可以给予特殊的支持、扶植，但不应互相攀比，一哄而上。

新建本科院校的办学定位与特色发展[①]

新建本科院校是在我国高等教育迅速发展,由精英教育向大众教育阶段过渡的背景下产生的,其历史长短不一样,来源既单一也复杂。以单一来说,除了个别学校以外,大多是从高职或者是从高专转过来的;说它复杂,新建本科院校,有公立的,有民办的;有单科性的,有多科性的;有地市办的,有非地市办的;有历史长的,有历史短的。我今年元旦到广西去,广西新建本科院校2000年之后有8所,大体上说在2001年以前,基本上是师专升师院;2002年之后,大量的就是工科专科和财经专科学校升格。现在师范已升得差不多了,除了西部,中部、东部的师专已经很少了。由于专升本成风,难免没有拔苗助长的,教育领导部门也觉得这个不太合理,所以就在2004年9月下发《关于进一步加强职业教育工作的若干意见》(教职成〔2004〕12号),专科层次的职业院校不再升格为本科院校。到了2005年以后,为了解决历史遗留问题,破例批准16所民办院校升本;去年又有42所高职高专升为普通本科院校,包括荆楚理工学院。总之,不论来源如何,新建本科院校都有一个共同点,大多是1999年高校扩招这几年专升本过来的。事实上,新建本科院校没有一所真正新建的,基本都是高职高专转过来的。这个和国外不同,新建的高职就是高职,新建的高专就是高专。

那么,升本以后怎么办?有许多学校,升本之后,就很想摆脱、甩掉原来专科的特点,认为我现在升本了,就要走研究型、学术型的道路,成为综

[①] 原载《荆门职业技术学院学报》,2007年第7期。

合性研究型的大学。所以,有些学校升本以后就来找我,说:"您在厦门大学当过教务处长,也当过副校长,管过教学,也管过学生,您看我们现在升本了,现在还带着专科的习惯,还是用专科的办法。"要学厦门大学怎么搞。我说:"你升本之后,如果想学厦门大学那就糟糕了。你升本之后就想把原来专科的那些优势、特点、文化积淀甩掉,想按厦门大学这种学术性研究型的'985工程'院校来办,恐怕不行。"但是大多数学校思路就是这样的,专升本之后就想走研究型、学术型的道路,想成为综合性研究型的大学。差不多在20世纪90年代末,到21世纪初,你去看看很多学校介绍自己,一开始都是说要成为综合性研究型的大学,要立足于本省,对全国有影响,或者立足于中国,对世界有影响。升本之后,就想通过评估,有资格申请硕士点,硕士点申请到了以后,就申请博士点,博士点申请到了以后呢,就走以清华、北大为首的路子,就千军万马挤向这座独木桥。在这里,我看你们定位应用型本科,就很清醒。最近,我在上海一所有着几十年的文化历史积淀的新建本科院校做报告的时候,第一句话就说,现在中国的高等教育静悄悄地出现了一个可喜的现象,就是:许多学校介绍自己的时候不再说是综合性研究型的高校或者大学,而是说是应用型大学;也就是说它们已经认识到走这座独木桥是不行的。

应该看到,中国现在还处在工业化进程中,大量需要的是应用型的人才。这个应用型的人才应从广义来理解,其中包含了工程型人才、技术型人才和职业型人才。你们提的一个问题很好,有人说新建本科院校应属于技术型本科教育,这个跟应用型本科教育的提法有什么区别?我的理解,"应用型教育"这个概念比较宽泛,所有培养应用型人才的这类教育都应归为应用型教育,这一类型不是以认识世界为主要目的,而是以改造世界为主要目的。这里面包含了技术型人才,包含了工程师,也包含了职业型的人才,或者技能型的人才。升本以后主要培养技术型和工程型人才,也可培养职业型的人才。培养职业型的人才也要有本科,应该有职业型本科,但目前学制还不具备。不过最近的文件已经提出来,应该要有一些职业型本科的试点。所以,这个问题从理论研究到实践探索,已经引起决策者的注意,认识到职业型学校升本之后,一定要变成非职业型学校,变成培养学术型人才,不太合理。所以,决策者已经开始考虑这个问题，这是值得高兴的事。

你们提到，新建本科院校在办学定位上与其他类型学校有何不同？如何与其他类型学校错位发展？现在新建本科院校已经从职业教育转为普通高等教育，急需解决的问题就是重新定位的问题。要使学校定位明确，各就各位，各定发展方向，就应当做好分类工作。但是高等学校的分类，是一个世界性的难题，又是一个高等学校定位与发展不能不解决的问题。我所指的分类，不是特定制度上的分类，如公立（国立）与私立、全日制与部分时间制、正规与非正规等，而是培养目标与类型的综合性的体制上的分类。现在很多人引用的是美国"卡内基高等教育机构分类表"，把高等学校分成研究型的、研究教学型的、教学研究型的、教学型的等。好像研究型的是高级的，教学型的是低级的，以致误导大家重学轻术，层层攀高，实不可取。所以，卡内基以学位分层次可以参考，但不能作为我们分类的主要依据。因为卡内基的分类基本上是按学位高低和多少来划分层次的，而我们中国的矛盾正是层层攀高的问题。相对来说，联合国教科文组织的分类标准可能比较合适一些。因为它的分类既考虑到美国等发达国家，也考虑到发展中国家，主要以培养人才职能来分类，并兼顾年限长短与学位高低，所以它提出的分类比较普遍适用。①

联合国教科文组织批准的"国际教育标准分类法"（1997年修订稿），将第三级教育（相当于高等教育）分为两个阶段：第一阶段（序数5）相当于专科、本科和硕士生教育；第二阶段（序数6）相当于博士生阶段。第一阶段分为5A、5B两类：5A类是理论型的，学习年限较长，一般为4年以上，并可获得硕士学位证书，"目的是使学生进入高级研究项目或从事高技术要求的专业"；5B类是实用技术型的，学习年限较短，一般为2~3年，也可以延长至4年或更长，学习内容是面向实际，适应具体职业内容的，"主要目的让学生获得从事某个职业或行业，或某类职业或行业所需的实际技能和知识"。5A类又可分为5A1与5A2。5A1是按学科分类，一般是为研究做准备的；

---

① 潘懋元. 中国高等教育的定位、特色和质量［J］. 中国大学教学，2005（12）：4-6.

5A2 主要按行业分类，一般是从事高科技要求的专业教育。

那么，我们应当如何认识这个分类，我们应该定位在哪一个位置上？首先要解决的是思想认识问题。每一类型都应该有重点的高等学校，都可以成为国内省内知名的、国际国内有影响的学校。问题在于能不能找准自己的优势，办出自己的特色，确定自己的发展方向。现在，大家都在攀比，你可以招硕士生，我也可以；你可以招博士生，我也可以；你是多种学科的，我也是多种学科的。每种类型都可以有自己的重点高等学校，不能说研究型的就高人一等，应用型的就低人一等，职业型的就更低。关键要能够找准自己的优势，办出自己的特色，确定具有校本特色的发展战略。① 其次是要认清自己的位置。新建本科院校不论从全国布局还是高校自身来说，其共同特点在于：第一，它是培养应用型人才的，我们不排除个别的也去培养学术型人才，但基本上是培养应用型人才；第二，新建本科院校主要应该立足地方，为地方服务。这两条应该是新建本科院校的共同特点。这些学校除师范类外，主要是按行业而不是按学科设置专业，为地方培养各行各业的应用型高级专门人才；它们中的大多数应当定位于教学型，有的也可定位于教学研究型，能够承担一定的应用性科研任务，但总体上是以教学为主，而不是以科研为主或教学与研究并重；它可以培养专业硕士研究生，但以培养本科生为主；同时，它虽面向行业，但培养的是行业的"师"字号高级专门人才，专业口径较宽，适应面较广，理论水平较强，实践能力更强，从而与面向具体职业的高职高专相区别；后者相当于5B类型，培养在生产、管理、服务第一线的实用性技能型人才。总之，我们的定位在哪里？恐怕主要定位为5A2类型，也就是介于研究型大学（5A1）和职业型院校（5B）之间的第二类型的应用型大学。如果抛开了这一定位，以学术性研究型为发展方向，办成多科性综合大学，就不符合社会对高级专门人才多样化的需求，也违反了教育的外部关系规律；就会一方面形成"过度教育"，另一方面导致"学非所用"，势必造成人才的极大浪费，它的直接后果是用人部门难以获得适用人才，毕业生也难以找到适合的工作。②

---

① 潘懋元. 规模、速度、质量、特色：中国当前高等教育发展中的若干问题［J］. 河北师范大学学报（教育科学版），2007（1）：5-12.

② 潘懋元，吴玫. 高等学校分类与定位问题［J］. 复旦教育论坛，2003，1(3)：5-9.

有人说，现在新建的地方本科院校，应办成地方的清华大学，就像中国一样，没有清华大学，中国的科技水平可能就会下降一个层次。因此，地方高校应达到一个比较理想的发展状态，充分满足地方人才需求，为提升地方竞争力提供完全支撑。我以为，这种观点似是而非。对于这一问题，要通盘考虑。广州当初想把广州大学城办成能解决广州所有事情的大学，可能吗？顺德后来想清楚了，顺德再办 20 年，也赶不上中山大学，后来就集中精力办好顺德高职。把地市与中国相比，背景不一样，没有可比性；地市并非完全独立自主的，市里不可能也不需要"万事皆备于我"，自成独立系统，那是封闭的农业社会。因此，要根据自身特点来规划特色发展战略。想把方方面面的人才都由自己来培养，就没有特色了。所以，荆门的大学大可不必"万事皆备于我"。荆门工业基础底子厚，境内已查明的能源矿产、金属与非金属矿产、地热矿产等 50 余种，拥有中部最大的石化企业、特种水泥生产基地和石膏制品等建材生产基地，所以，荆楚理工学院的发展基础特别好，我赞成学校根据自身优势和社会需要来确定办学类型、办学层次和专业，尤其加强工科教育，走特色发展的路子。

新建本科院校如何办出自己的特色？有的学校领导曾经问我，说我们学校应该定什么特色。我第一句话跟他说，特色不是上面封的，不是专家设计的，特色必须是由内涵生发出来的，是根据自身特点和优势逐渐形成的，外在因素不能代替你确定特色。新建本科院校在考虑特色定位和制定发展战略时，必须从现有的条件和实力开始，要和客观环境、社会需要、当地的文化相适应，这是一所高校生存发展不可逾越的规律。[①] 北大那种特色，那种兼容并包和相对的学术自由，是百年来文化积淀的结果。一些新建本科院校如果没有这种深厚的积淀，那么只有依据自身条件、实力和客观环境，朝着一个既定的方向去努力。

许多有名的学校不一定大，中华人民共和国成立前很多有名的大学事实上是专科学校。杭州艺专，在当时的中国是水平最高的艺术院校。上海的商

---

① 潘懋元. 规模速度、分类定位、办学特色：中国当前高等教育发展中的若干问题[J]. 龙岩学院学报，2006（2）：1-4.

专、东亚体专，还有立信会计专科学校，始终是专科学校，中国的会计制度和人才基本上都是它培育出来的。再谈现在的。湖南有一所大学，叫作吉首大学。吉首市是湘西土家族苗族自治州的首府，吉首大学就在这个地方，这是一个很不起眼的地方大学。但是，朱镕基总理来这里视察时说："吉首大学是湖南的骄傲！"我听了这句话就很难理解，吉首大学这样一所地方大学的理科、工科、农科、财经科，哪里能说是湖南的骄傲？它比中南大学、湖南大学差得远呢！但是朱镕基总理很少表扬人，说这句话一定有道理。所以我就带着问题到湘西去走了走。转了一圈回来，我懂了，理解了朱镕基总理讲的这句话了。到湘西去，我接触到了很多干部、教师、艺术家。整个湘西土家族苗族自治州70%~80%的中学教师是吉首大学的学生，50%以上的州干部是吉首大学的学生，在湘西搞民族艺术和民族体育的大都是吉首大学的学生。这些学生和当地的老百姓一谈起这所大学，不说吉首大学，而是说"我们的大学"，恐怕这是最高的荣誉。那么吉首大学的骄傲在什么地方呢？就是它的特色。第一，它面对湘西地方，完全根据湘西的需要来培养人才；第二，它有许多民族特色的专业，它专门研究湘西的民族语言、民族艺术，有专门培养民族体育人才的系科。湘西的少数民族很多，是中国少数民族的重要组成部分，所以它把这个搞好，世界要研究少数民族就必须到吉首大学去。全国的少数民族体育运动，吉首大学有显赫的地位，这就是它的特色。在天津开"创新型国家与高等教育"这个国际会议的时候，吉首大学就做了报告。他们的报告是全体报告中最好的一个！最后，大会主席在做总结的时候专门讲了吉首大学给我们的启发：它的校舍不如你们，水平不如你们，但是它的特色成为全国一大亮点！它的生命科学就研究湘西独有的、宝贵的植物，研制的猕猴桃又大又好，年产值1.2亿元，可使数十万湘民脱贫致富。我们就是要找准自己的优势，办出自己的特色。要下大气力在各自层次和类型中争创一流，切忌随大流与急功近利。

当然，特色发展还有一个体制保障问题。你们提到：新建本科院校管理体制多是省市共建、以市为主，事实上，"省市共建"在投资渠道上难以保证，经费划拨上多无具体体现。应该看到，中国高等教育的改革与发展大都集中在管理体制领域，中国高等教育的投资渠道不畅，仍然是高等教育大众化可持续发展的瓶颈。教育的公益性虽然使政府有责任承担发展教育的财政投入，但政府财力已经有限，甚至无法实现原定教育投入达到4%的目标。经费短缺给各种类型的高等教育发展带来了不同程度的影响，在那些政府办学占主导地位的学校中，经费的短缺不仅限制了这些学校的发展规模，而且限制了学校在教学质量、科学研究水平等方面的发展。[①] 我曾经说过，高等教育大众化不一定就是低投入，低投入、高收费是阶段性的产物，到了一定阶段应做出调整。新建本科院校大多建在地市，划归地方管理，目前三级办学、二级管理的格局普遍存在，的确制约了地方高校的发展。地级市政府作为地方高校的投资主体，主要承担财政投入义务，却又不作为一级管理层次，不具备完全管理权力，使学校面临一系列办学困难。因此，有必要从二级管理向三级管理体制过渡，使地方高校享有在相应起点上同等发展的权利。

新建本科院校的特色发展最终落实在人才培养质量这一根本问题上。你们提出要针对应用型本科教育特点，提高课程建构水平、创新人才培养模式，我认为问题提得很好。应用型本科教育解决一线问题的能力要比高职强，但不需要也没法在工艺课上超过高职。很多新建本科院校，一成为本科之后，就匆匆忙忙甩掉原来高职的特色。比如说，我看了有些学校，原来有实训基地，而且实训工作搞得还不错，但是成为本科之后呢，不再提实训，还要把原来实训基地改为实习基地，认为叫实训基地就是低级的。还有呢，就是弱化实训，加强实验。加强实验是对的，弱化实训是错的。实训本来就是你的强项，你现在把这个都甩掉，那么就脱离自己的优势了。当然，也不等于升本之后还照原来的模样走。升本之前培养的是技术型人才，现在升本之后培养的是工程师、医师、教师……"师"字号的，理论要适当加强，但是实践不能削弱，不能完全跑到另外一头去。同时，要重视素质教育，是比较全面的人文素质，更多的是职业道德。应用型高校到底是强化通识教育还是人文素质教育？通识教育流行于西方，也为中国香港、中国台湾地区所提倡，主要通过完善通识课程来矫正和弥补专业教育的偏失和不足。近几年我国内地

---

① 潘懋元，谢作栩．世纪之交中国高等教育办学模式的变化与走向［J］．教育研究，2001（3）：3-7．

(大陆)高教界广泛探讨并付诸实践的是人文素质教育,它同欧美的通识教育既有相通之处,又有所不同。我国内地(大陆)高校提倡人文素质教育,主要是针对高等教育中重专业轻基础、重知识轻实践、重做事轻做人、重科学轻人文的弊端。人文教育薄弱会严重影响人才培养质量,已引起高教界的深度忧虑。但开设若干通识教育课是失败的,人文知识不等于就是人文素质,还必须内化为学生稳定的素质和自觉的行为,所以要在内化上下功夫。我更偏爱中国的人文素质教育,但也不排斥通识教育,更主张将素质教育贯穿到专业课教学中,并通过开展社会调查和实践活动来实施人文素质教育,重视校园文化对学生素质形成的潜移默化的作用。需要进一步说明的是,素质教育是一种教育思想、教育观念,而不是一套具体的教育方案。一方面,应用型高校培养的是全面发展的专门人才,因此,也应当对他们进行人文素质教育,但显然不能按照普通本科院校的素质教育的要求与做法,除了素质教育的基本要求之外,应当着重于职业人文教育,培养学生的诚信、合作、责任、敬业、创业等职业精神、职业道德、职业态度。此外,应用型高校实训任务较重,不能像学术型本科那样开设大量的素质教育或通识教育课程,只能将职业人文素质教育渗透于课程教学或技能培训中,通过学习和活动,以及通过校园文化、企业文化的环境,使学生受到人文素质的熏陶,养成职业道德。也就是说,把职业人文素质教育融合、渗透于应用型教育的全过程和全方位中。①

---

① 肖海涛,殷小平. 潘懋元教育口述史[M]. 北京:北京师范大学出版社,2007.

特色型大学在高等教育中的地位与作用[①]

社会对专门人才的需求是多样化的，在知识经济时代，既需要高、新、尖的专家型人才，也需要大批的应用型人才。故此，我们就应当举办多样化的高等教育，来满足培养多样化人才的需求。每所学校应根据自己的传统、特色、优势以及经济社会发展的需求，进行科学定位，实施特色办学，在各自的学科领域和人才培养领域，追求卓越，争创一流，而不应贪大求全。

一、什么是特色型大学

所谓特色型大学，是指以行业为依托，围绕行业需求，针对行业特点，为特定行业培养高素质专门人才的大学或学院。特色型大学是与市场、产业、行业和岗位群密切联系的大学，依据普通院校本科办学的基本规律，围绕学科建设，针对行业、岗位与技能需要设置专业，以培养专业性高级人才。

特色型大学的基本特征主要表现在其富有特色的学科专业设置、理论密切联系实际的教学、学生有明确的就业去向、教师的知识结构与行业对应、相对稳定的科研领域以及善于经营的学校管理等方面。特色型大学面向国民经济发展的需要，根据行业特点设置应用性学科专业。以就业为导向，构建学术、技术和职业相结合的人才培养模式，因材施教，强化实践实训教学，提高学生的应用能力；重视应用研究，依托行业实现产、学、研的结合，培

[①] 原载《大学教育科学》，2008 年第 2 期。作者：潘懋元，车如山。

养具有适应生产、建设、管理及服务需要的应用性人才。建设特色型大学，必须突出行业性特点，培养高素质应用型人才，打造应用性学科专业，开发应用性课程，建设应用型师资队伍，重视应用性研究。

二、建设特色型大学的几个问题

1. 培养目标与定位问题

定位不明，是当前中国整个高等教育发展中的一个令人困惑的问题。办好特色型大学，要明确其目标与定位。只有明确了目标、找准了定位，才有发展方向。特色型大学要有适合学校自身实际和发展需要的科学定位，要有科学的、先进的教育理念，要建立有利于特色形成的制度和机制。

在我国的高等教育体系中，特色型大学还没有具体的评估指标体系，也没有形成相对明确的建设目标。定位缺失，特色不明，使得特色型大学的教育理念模糊。我们认为，"特色型大学"的定位应该体现在五个方面：目标定位——为特定行业培养全面发展的应用型高级专门人才（人才培养目标），办成行业性的多科性或单科性院校；类型定位——办成应用型、专业型院校；层次定位——以培养本科生为主，有些学科专业，特别是作为特色核心的专业培养专业研究生；学科专业定位——始终坚持学科专业的行业特色，围绕其主干学科设置相关专业；服务面向定位——为行业的生产、建设、管理、服务等提供直接的和间接的服务。

2. 人才培养的特色问题

作为一所以本科教育为主的特色型大学，既不能像综合性重点大学那样，完全按照传统大学的模式培养理论型人才；也不能像职业技术学校那样，一味突出职业技能，培养纯粹的实务的操作型人才。而应当结合精英教育和大众化教育两方面的特点，走特色发展的道路，使学生的基础知识宽于高职院校，实践能力强于传统大学，努力培养具有适应社会主义市场经济要求的竞争能力、创新精神和实践能力的应用型人才。鼓励学生按照自己的特长、志趣和爱好，结合社会对人才的实际需求，自主设计自身的发展方向和目标。此举能充分体现人才培养的多样化，不断扩大学生的选择空间。学校应积极鼓励学生的个性发展，充分满足学生的成才要求，尽可能为各类学生的成才提供机会，创造条件。

（1）通才与专才之间的关系。特色型大学应在重视搭建通识课（公共课、专业基础课）教学平台的基础上，强调应用型人才的培养。一方面，按照"强调基础、注重融合、拓展视野、开阔胸襟"的要求设置通识教育课程，保证课程结构合理，层次规范，基础平台得到进一步拓宽，使学生的知识转换与迁移能力得到进一步加强，为学生的后续发展夯实基础；另一方面，从应用型人才培养的实际要求出发，增加复合类、应用类课程的比重，设计不同的课程模块，通过分流不断增强学生的适应性，逐步提高应用型人才的培养质量。

特色型大学应按照培养目标多样化的要求，对学生进行分类指导，分层培养，正确处理学术型、应用型、技能型人才培养之间的关系，把有学术潜力的学生培养成为学术型人才，把动手能力强的学生培养成技能型人才，把其余学生培养成具有较宽厚基础、良好素质和较高能力的应用型人才。

（2）学生的全面发展与社会需要之间的关系。特色型大学应将人的知识、能力、素质结构优化与明确的就业导向有机结合起来，把就业教育、创新创业教育、职业技能教育等渗透到教育的全过程，注重培养提高学生自主创业、灵活就业的素质和能力，不断增强应用型人才的就业市场竞争力，使学生通过有效学习，主动适应社会主义市场经济的发展需要。

3. 学科建设与专业设置的特色问题

办好特色型大学，首先要建设好行业的核心学科专业，其他学科专业要尽可能围绕核心学科专业设立，形成一个有机的整体。特色型大学应根据自己的独特优势发展某些重点学科，使之成为优势学科，并率先在自己的优势学科上培养一批有特色、高素质的复合型应用人才，产生一批国家和社会需要的科技成果，从而加强自己的特色。特色优势学科的建设是特色型大学形成自己特色的基本点。

4. 课程设置问题

特色型大学的主要任务是培养应用型人才，因此，其课程建设要着重加强学生的实践能力，在提高学生一定的理论修养的同时，强化学生的知识应用，提高学生的综合素质。课程设置要突出应用性，注重理论与实践相结合。教学内容要根据市场需要，反映本学科应用领域的最新成果和前沿要求。

高职院校的某些教学要求，如强化实训、培养"双师"，对特色型大学有借鉴意义，但不是要求特色型大学办成高职模式，应以应用能力为基础进行课程设置。

5. 师资队伍建设问题

特色型大学师资队伍的特色与特色型大学的办学特色是相一致的。特色型大学要重视师资建设。办好特色型大学，需要一批熟悉技术业务和专业知识的"双师型"教师，要求不仅能够传授本学科的基本知识，还要熟悉岗位操作，并通过恰当的教学方法培养合格人才。要求教师要具备教育与知识的基本素质，同时也应具有较丰富的实际工作经验，并应当热爱本职工作和本行业。特色型大学的教师，特别是专业教师，既要有较深厚的理论基础，又具有较强实践能力和特长。因其他类型大学的师资不能胜任特色型大学的教学和科研工作，需要大力培养特色型大学的师资队伍。

6. 科学研究取向问题

特色型大学的科学研究注重应用研究，包括应用理论研究和开发研究，要解决的是科技成果怎样转化为现实生产力的问题，是面向经济建设服务的。它立足市场、职业，关注产业和企业。在提升基础理论研究的同时，要考虑如何把基础研究的成果转化为生产力。通过和企业合作、行业合作，促进科研成果的转化。因此，特色型大学要注意发挥科学研究职能在学校发展中的推动作用，通过加强科学研究来提高教学质量。

特色型大学的科学研究关键在于能否形成应用研究的特色和优势，并利用科研成果和发明专利积极为经济建设服务，从而提升办学层次，提高办学水平。

三、特色型大学的地位与作用

中华人民共和国成立初期，伴随着社会主义现代化建设的展开，在借鉴苏联的高等教育模式的基础上，国家组建了一批特色型（单科性或多科性的工学院、农学院、师范学院等）的大学，为我国的社会主义建设培养了大批急需的高级专门人才。改革开放以来，为适应国民经济发展的需要和产业结构的调整，特色型大学又为社会主义现代化建设培养了大量高级人才。可以预见，今后随着社会经济的进一步发展和社会分工的深化，各类应用型高级专门人才的需求将继续增长，这就为特色型大学的发展提供了良好的发展前景。需要特别指出的是，发展特色型大学，不是简单回到20世纪50年代的苏联模式，而是在综合基础上的提高和深化，在综合基础上凸显行业特色。

1. 特色型大学是高等教育类型多样化的需要

特色型大学在人才培养、专业设置、科学研究等方面能够满足不同行业的特殊需要，为我国高等教育专门人才的培养做出其特有的贡献。如果我们保留其特色，扬长避短，有利于我国高等教育结构体系的建立与完善，有利于满足广大人民群众不断增长的对高等教育的需求。因此，应使其成为我国高等教育体系不断完善，走向专业化、多样化的重要组成部分。

现代社会对人们的职业素质提出了越来越高的要求，新的职业不断诞生，新的要求不断增加。这不仅需要高层次的研究型人才，还需要大量能将成熟技术转化为生产力的应用型人才、技术专家和管理专家。从我国的实际情况看，特色型大学的毕业生大多在生产一线从事技术开发、技术应用和生产管理工作，他们为经济建设发展做出了重要的贡献。这说明特色型大学更有利于应用型人才的培养，其人才培养目标以就业为导向，以本科、专科学生为主体，以能力为重点，以行业为依托，以理论联系实际为着力点。

2. 特色型大学有利于教、学、研相结合

特色型大学教学的突出特征就是强化对学生实践能力的培养，强调理论教学与实践教学紧密联系，把实践教学过程当作消化理论、强化应用、拓展知识、锤炼技能的过程。通过教学计划的安排，有组织地进行实践教学，加强对学生实践能力的培养，这是特色型大学办学的一个主要特色。

相对而言，特色型大学更有条件实施实践教学。它们通过以实验、实训为主要教学形式的课程设置与教学环节，可以更好地将理论与实践相结合，在实验、实训中，锻炼学生的动手能力。实验、实训与教师的科研开发工作相结合，在实验、实训的基础上，成立相应的研究机构，既可为教师的科学研究工作服务，也可为学生提供实际锻炼的机会，从而有效地提高特色型大学人才培养质量和规格，并能进一步提升教师的专业水平。在实训项目的选择上，应考虑不同学校的特点，因地制宜。不能将所有的实践教学环节都放在实训基地，应根据实际情况，采取校内实训与校外实训相结合的方法，加强与行业的多种形式的、灵活的全方位的立体式合作，既吸收、利用企业先进的技术、设备，也要考虑为企业创造相应的环境。进行教、学、研的合作教育，可将学生创新能力的培养渗透到基本教学环节中去。

特色型大学也可以通过有计划地安排教师到对口行业或单位进行专业实践和实地考察，支持教师把教、学、研结合起来，帮助教师提高专业实践能力，提高教师自身的技能水平，从而提升教师队伍的素质。同时广泛吸引企事业单位兼具工作实践经验和较扎实理论基础的高级技术人员、管理人员和有特殊技能的人员，到学校担任专、兼职教师，以提高具有相关专业技术职务资格的教师比例，充实"双师型"教师队伍。

3. 特色型大学有利于学生就业

高等教育大众化以来，大学生就业问题日益凸显。其原因有多方面，其中不可忽视的因素之一是结构性失业：学生所学理论知识与实践距离遥远，甚至所学非所用，造成学生自身就业取向模糊，就业过程中困难重重。而特色型大学由于其办学面向特定行业，人才培养过程注重与行业的实际发展相结合，学生在入学时就基本上有较为明确的职业定向。因此，学生就业时，依靠其专门的行业知识和实践，较容易实现社会需求和个人愿望的最佳结合。从用人单位的情况反馈来看，特色型大学培养的人才也是较受欢迎的。

特色型大学在学科专业设置上的灵活性、人才培养上的独特性、科学研究上的应用性，都充分显示了其在高等教育中的不可替代性，这证明特色型大学已经成为我国高等教育的重要组成部分。因此，应认真研究特色型大学的定位问题，进一步探讨特色型大学在建设和发展中的问题，认清特色型大学在我国高等教育发展中的地位与作用，探寻特色型大学的规律，为特色型大学的改革与发展提供理论支持。

再论新建本科院校的定位、特色与发展①

一、新建本科院校的产生背景

新建本科院校是在什么情况下产生的呢？

首先，新建本科院校是经济社会发展的产物。为什么这么说呢？这是因为一定经济社会的发展对高等教育的需求量增加了，中国的高等教育也同发达国家一样走上了大众化阶段。其次，还有一个特殊情况，就是中小学教师的学历高移。原来的小学教师，只要师范学校培养就可以了，初中教师要师专，高中教师才要本科。但是世界各国对教师的水平要求是比较高的，不能因为他是教小学的，认为只有高中程度的师范教育就够了。因此，从20世纪90年代开始，中国也开始要求提高教师的学历水平。随着经济社会的发展，在高等教育大众化和中小学教师学历高移的驱动下，21世纪以来，中国增加了200多所新建本科院校。这是一个什么样的数字呢？2007年底，中国普通本科院校有740所，其中有200多所新建本科院校，达到当年740所普通本科院校的1/3左右。这些新建本科院校都是由专科层次的高校专升本的。这里没有算独立学院，独立学院不是从专科升上来的。现在的这些非独立学院的新建本科院校都是专升本来的。在这些专升本学校里面，2001年以前，基本上是师专升师院；2002年以后，大多数是高职升学院；2003—2004年，出现

---

① 原载《荆门职业技术学院学报》，2008年第7期。

了一批由高职高专升格的理工、科技、工程学院；2005年，基本上是民办高职升本科，因为以前民办高职升得很少；2006年，大多是高职、师专升本科，因为以前升得很少，如2006年就广西一个省有4个师专升为本科。

按其原来的专科层次基础，这些新升的本科院校可以分为三类：①在升本以前，大多数是师专（多数已设非师专业或与非师学校合并）；②一部分是高职（以财经、工科为主）；③少量是成人高校转制。不论原来的基础是师专、高职或成人高校，大多数已是多科性的地方高校。这些新建本科院校已经占了1/3，是普通本科高等教育发展与改革的一支正在成长中的生力军。

这个"生力军"的意思是什么呢？一是数量多，另一个是相对于原来传统的老大学，包袱比较小，它是一支正在成长的生力军。

第一，新建本科院校，不论公办或民办，都是由水平较高、条件较好、规模较大、业绩较佳的专科层次院校提升的。这200多所专科院校升上来的都是原来专科层次高校里的佼佼者，应该说都拥有相对优质的教育资源和文化积淀。因为拥有相对优质的教育资源和文化积淀，所以可以增强本科教育力量。

第二，尤其要注意的是，多数新建本科院校已有一定的大众化办学理念和办学经验。因为它都是高职或者师专，是大众化的。它有大众化的理念，不像老牌大学都是精英教育，没有大众化的理念。同时它有大众化的办学经验，面向生产一线，面向地方办学。例如，立足地方，重视地方实际需要；重视培养学生的实践能力和操作技能；具有产学合作的经验与条件；勤俭办学、讲究效益等。这些都是它的优点，这些优点有利于探索一条不同于传统大学的办学道路，有利于探索一条在大众化时期怎样把高等学校办成与传统学校不同的途径。

第三，新建本科院校大多设在地级市，既是当前地区经济社会发展的需要，更成为国家经济社会持续发展、全面进入小康社会的支撑力量。

当前地区经济发展的需要是因为它设在地区，有利于促进地区经济和社会的发展，同时也有利于国家经济与社会的持续发展。国家的经济发展在转制之后，在面向市场、改革开放之后，已经不是完全靠国有企业，而是需要发展地区的经济和文化。所以设在地级市的新建本科院校能够支撑地区的经济和社会发展，有利于我们国家全面进入小康社会。大家知道，有些地方已经进入小康社会，但是要全面进入小康社会，新建本科院校办在地区就会成为重要的支撑力量。但是，要成长为一支本科教育的生力军，还有一个适应、改造、创新的过程。因为，虽然新建本科院校有优质教育资源和文化积淀，但是毕竟在本科教育经验、本科教育资源以及社会声望上，同老的本科院校还存在较大差距。这个我们应该清醒地认识到，我们作为生力军来说，还是有不同，还是有差距的。那么怎么解决呢？我们要认识到：新建本科院校，既不是原来师专、高职、成人高考的简单拓展，又不能照搬传统大学的模式，需要不断探索新的发展道路、新的办学模式。曾经有一些新建本科学校领导跑来找我，要我去做报告，原因是现在升本了，不知道怎么办本科，要我把厦门大学的办学经验讲给他们听。我说，假如你是要探索怎样发展新建本科院校的道路，我很高兴；但如果要谈过去厦门大学的办学经验，对不起，我不来。因为我不希望大家走同一条老路，照搬传统，而是要不断探索新的发展道路。因此，新建本科院校，在争取增加经费、引进与培养师资、进行学科专业建设、充实实验实训基地、改革管理体制的同时，应当冷静思考制订新的发展战略。制订新办本科院校发展战略，就要解决两个相互联系的战略性问题：学校的定位与办学的特色。

二、新建本科院校如何科学定位

定位问题是一所高校面临的首要问题。定位是确定培养目标与培养规格的前提。要搞战略肯定要制定人才培养目标。如何制定，要根据学校在高校系统中所处的位置。如果定位在学术性大学，你的培养目标与培养规格是一种；如果定位在应用型大学，培养目标与培养规格又是另外一种。所以定位首先是确定培养目标、培养规格的前提。其次，培养目标与培养规格的确定是课程设置、教学设备与教学方法的规范、教学管理等等的前提。再次，定位正确，发展方向才能明确。

从专科升本科，新建本科院校面临重新定位问题。定什么位，可有三种选择：
1. **办高水平的职业技术教育**
也就是说原来是高职，现在仍然办高职，不过是高水平的高职。比如我国的台湾地区就是这样做的。台湾地区的高职跟普通的高等学校是两个并立的系统，它和我们的高等职业技术学院不同，它叫高等技术职业学校。技术职业学校从中等技术职业学校，到高等技术职业专科学校，再上升到技职学院，最后可达到科技大学。

2. 朝专业性应用型的高等教育发展

就是到本科时成为应用型的专业性的，培养本科层次各个专业的应用型人才。

3. 朝学术性研究型的高等教育发展

就是朝"211工程"大学、"985工程"大学发展，最后是朝北大、清华这类学术性研究型大学发展。大多数高职院校升本后所思考的道路就是最后这条。也就是专升本后，通过评估就申请硕士点，经过几年努力后再申请博士点，再成为"211工程""985工程"大学等。可以说，在2004年之前升本的绝大多数新建本科院校都是这样设计的，到现在不少学校仍然是这样，一心想走以清华、北大为首的路子，千军万马挤向学术性研究型大学这座独木桥。

从理论上说，三种选择都可行。但从现实说，第一种选择在现行制度上还未建立，第三种选择只能是极个别高校。

新建本科院校究竟应如何定位？不论从全国或全省布局，还是从高校自身来看，大多数应定位于：①立足地市，为地方服务。荆楚理工学院就要立足荆门，为荆门服务。②成为职业性技术型本科（5B）或专业性应用型本科（5A2）。③单科性或有所侧重的多科性院校。④教学型或教学为主的教学研究型大学。

这里的5B、5A2是根据联合国教科文组织批准的《国际教育分类标准法》（1997年修订稿）关于高等教育的分类得来的。这里，5字头的高等教育分为两类：5A类和5B类。5B类是培养实践人才，学习年限较短，一般为2~3年，也可以延长至4~5年或更长，学习内容是面向实际，适应具体职业内容的，"主要目的是让学生获得从事某个职业或行业，或某类职业或行业所需的实际技能和知识"；5A类是培养理论人才，学习年限较长，一般为4年以上，并可获得硕士学位证书，"目的是使学生进入高级研究项目或从事高技术要求的专业"。5A 类又可分为 5A1 与 5A2。5A1 是按学科分类，一般是为研究做准备的，培养专门的学术型人才；5A2 则按行业分类，主要培养各行各业所需要的专业人才。由此看来，新建本科院校大多应定位于 5A2 类，应朝专业性应用型的高等教育发展。

新建本科院校究竟是办成单科性还是多科性？现在大多强调多科性，其实不一定。学校可以是单科性，也可以是有所侧重的多科性。单科性有单科性的作用，多科性有多科性的作用。单科性学校特色很鲜明，现在有很多学校已经在开始考虑加强单科性，以行业为重点，围绕重点，办出特色。北京有 20 多所大学成立协会——特色性大学协会。由邮电大学牵头，主要是以某一学科。如果我们一定要办多科性，那也可以，应该是学科有所侧重的多科性。多科性本科切忌什么东西都讲齐头并进。其实学科太齐全了并不是好事。比如我们荆楚理工学院就是侧重工科的多科性。

新建本科院校应是教学型或教学为主的教学研究型。可以是教学研究型，而且应该是教学研究型，但是应该是教学为主的研究型。教学型院校抓教学也要搞科研，但是不能倒过来，成为研究教学型。像我们现在的传统大学、重点大学，目前出现一个很大的问题，就是变成科研第一位、人才培养第二位，那就不对了。所以呢，新建本科院校应该是教学型或者是教学为主的教学研究型的大学。

那么，根据这些，荆楚理工学院如何定位？如何确定自己的发展方向？这是有待于学校领导跟大家共同思考的问题。我这里只是提供一点可供参考的建议。

第一，立足荆门市，为建设荆楚文化和工业基地做出贡献。荆楚文化，别的地方很难代替我们，这是我们的特色、优势所在。还有，我们有许多工业，如制造工业、石油化工、建材工业等。荆门是我国中部地区重要的原油加工、磷化工业和建材工业基地，我们要立足荆门市，为建设荆楚文化和工业基地做出我们的贡献。

第二，在职业性技术型基础上向专业性应用型发展。我们的职业性技术型已经办得很好了，这是我们的基础，千万不能离开这个基础，只能在这个基础上向专业性应用型方面发展。

第三，侧重于工程技术（制造业、原油加工和建材业）的多科性院校。

要坚持工科为主，也要注意文理兼容；文科方面也要发展，要让已经形成的优势进一步成为强势，尤其是我们原来的师范教育，现在叫作教师教育，也应该是文化建设的一个重要的方面。

第四，从教学型逐步向教学为主的教学研究型发展。

定位是发展方向，定位明确之后，就要采取一些措施来逐步落实。

首先要制定应用型发展规划，其重要战略意义是不言而喻的；其次要确定专业性应用型人才的培养规格，根据我们培养应用型人才的目标，提出人才培养的规格；有了培养目标和规格，接着就要制订应用型的教学计划与课程设置。我们研究的课题重点也是在如何制订教学计划与课程设置方面。因为现在"应用型"是什么，理论上已基本解决（并不是说思想都解决了，不过理论上基本都解决了）。如果不落实到教学计划，不落实到课程，你的"应用型"就是一句空话。现在就存在这个问题，近年来，许多高等学校，尤其是新建本科院校，在战略定位上，已开始把"综合性研究型"悄悄地改为"专业性应用型"，要办成应用型的大学，但是教学计划是老的，课程设置是老的，还有教材是原来的传统的教材，那么你这个"应用型"恐怕就会落空。现在要做的是如何落实的问题，落实就要落实到教材的编写，特别是应用型的教材。还要改革教学方法，应用型人才培养的教学方法不能完全用老的方法。今天上午我观摩了贵校的实训教学，看到了很多教学方法很新也很实用，跟传统大学大不相同。更重要的是，要建立应用型的教师队伍。现在建立应用型的教师队伍在一般大学是有很大困难的。新建本科院校大多数是从高职过来的，已经有高职的教师，也就是"双师型"教师。现在的问题是，要在充实的基础上注重提高，既要提高学术水平，也要提高应用能力。从专科到本科，要提高学术水平，但从职业技能到应用科技，也要提高与拓宽应用能力，不要丢掉"应用"这两个字。

三、新建本科院校如何办出特色

定位之后，就要在自己所处的层次、类型中办出特色。特色使一所高等学校以其优势获得社会的称誉，形成自己的品牌，是一所高等学校可持续发展的有利条件；如果没有特色，随大流，那就很难建设自己的品牌。但是，特色不是上面封的，也不是专家代定的。特色是办学者和师生所共同营造而为社会所认可的。特色可以有意识地引导，但是不能由上面定，上面说搞什么特色，你就搞什么特色；也不是请专家来告诉我们应该办什么特色，那是专家的建议，特色还是要靠自己长期摸索出来。

首先，特色是历史与文化的积淀。比如北京大学有特色，是北京大学经过长期的文化积淀；厦门大学有特色，是通过厦门大学80多年来的文化积淀所形成的。

其次，特色要看客观环境——社会需要与社会认同。要看你的特色是不是社会需要的，是不是社会所认同的。如果社会不需要，社会也不认同，那就是你的主观愿望。因为特色是师生共同营造的，为社会所认同的；如果社会不认同，你自己是创造不出特色的。

再次，尤其重要的是主观条件——主要是办学的理念、师资的力量（尤其是骨干教师的特长）、校风、毕业生的质量与贡献。常常是一两个或三个很强的骨干教师，按照他们的特长，形成某一方面的特色。毕业生在社会的各个方面的表现和贡献，也是显现和检验有无特色、特色鲜明与否的重要条件。

总之，每所高校，都可在各自层次、类型定位中，以其特色争创一流，切忌随大流与急功近利。有一个很不好的现象，好像"一流"就是清华、北大，其他的没有一流。高等学校的每种类型里应该都有它的"一流"。现在为了做到这一点，教育部开展"示范性高职"的创建，这示范性高职就应该是在高职这一类型中的"一流"。不过本科还没有这样明确的东西。大家说本科是不是也要搞一些"一流"？无论"一流"也好，"品牌"也好，各色各类学校都应该有它的特色。

荆楚理工学院如何营造自己的特色和品牌？要集思广益，逐渐形成；要注重取得校内共识，争取社会认同。这里我再讲个典型例子。

湖南有一所大学，叫作吉首大学。吉首市是湘西土家族苗族自治州的首府。朱镕基总理来这里视察时说："吉首大学是湖南的骄傲。"我听了这句话就很难理解，吉首大学这样一所地方大学的理科、工科、农科、财经科，哪里能说是湖南的骄傲？它比中南大学、湖南大学差得远呢！但是朱镕基总理很少表扬人，说这句话一定有道理。所以我就带着问题到湘西去走了走。转了一圈回来，我懂了，理解了朱镕基总理讲的这句话了。到湘西去，我接触到了很多干部、教师、艺术家。整个湘西自治州有70%~80%的中学教师都是吉首大学的学生，有50%以上的州干部是吉首大学的学生，在湘西搞民族艺术和民族体育的大都是吉首大学的学生。这些学生和当地的老百姓一谈起这所大学，不说吉首大学，而是说"我们的大学"。称为"我们的大学"，恐怕这是最高的荣誉。那么吉首大学的骄傲在什么地方呢？就是它的特色。第一，它面对湘西地方，完全根据湘西的需要来培养人才；第二，它有许多民族特色的专业。吉首大学的生命科学就研究湘西独有的、宝贵的植物，研制的猕猴桃又大又好，年产值1.2亿元，使10万湘西农民脱贫致富。不要跟一般大学去比，你比不过人家，但是你在服务地方，为地方老百姓服务，促进地方文化跟经济方面出成果了，甚至人家在研究中国的民族艺术，还有传播民族体育运动，那是可能有世界性的影响。每所高校可以在自己层次、自己位置上，用它的特色来争创一流，不一定要随大流，跟人家去比。

前几天我在北京联合大学，我也谈到这一点。我说：你联合大学有一个应用文理学院，应用文理学院跟人家怎么比，你在北京怎么跟那些"211工程""985工程"大学比？不同的类型，不同的层次，你不好去比，要比就跟自己比。那么，好了，荆楚理工学院要营造自己的特色，如何营造自己的平台，怎么考虑我们自己的历史，怎么考虑客观环境，怎么考虑我们自己的主观条件？应当取得校内的共识，争取社会的认同。

还有，有的人说高校定位比较含糊，应该是专业定位。没错，一所高校的定位，是从学校的总体发展战略来说。立足地方的高校，并不排除个别学科专业面向全省、全国；学校的总体是大众高等教育，但不排除个别学科领域在全国领先，甚至在国际上有一定影响。对个别学科专业、个别学术领域，给予特殊的支持、扶植，不应互相攀比，一哄而上。所以，每一类型都应有重点高校，都可以成为国内（省内）知名、国际（国内）有影响的名校。问题在于：能否找准自己的优势，办出自己的特色，确定自己的发展方向，制定具有校本特色的发展战略。我们要下大气力在自身所处的层次和类型中争创一流，切忌随大流与急功近利。

参考文献

[1] 潘懋元. 中国高等教育的定位、特色和质量[J]. 中国大学教学, 2005 (12): 4-6.
[2] 潘懋元. 新建本科院校的办学定位与特色发展[J]. 荆门职业技术学院学报, 2007 (7): 1-4.
[3] 潘懋元, 吴玫. 高等学校分类与定位问题[J]. 复旦教育论坛, 2003, 1(3): 5-9.
[4] 潘懋元. 规模速度、分类定位、办学特色：中国当前高等教育发展中的若干问题[J]. 龙岩学院学报, 2006 (2): 1-4.

关于高等学校分类、定位、特色发展的探讨[①]

当前，我国正在组织大批专家、学者、校长、家长、学生代表以及社会各界人士讨论《国家中长期教育改革和发展规划纲要（2010—2020年）》（以下简称《规划纲要》）的制定，这一纲要的制定过程已经引起了全社会的广泛关注与参与。它的科学制定将对我国未来教育的发展产生重大影响。《规划纲要》涉及我国教育发展中要解决问题的方方面面，其中有关高等教育改革和发展的一个基本问题是：如何引导高等教育发展与社会主义现代化建设相适应，使高等学校合理分类、科学定位与特色发展。

一、高等学校分类定位问题亟待解决

2007年，全国各类高等教育总规模超过2 700万人，高等教育毛入学率达到23%。全国共有普通高等学校和成人高等学校2 321所，其中，普通高等学校1 908所，成人高等学校413所；还有独立学院318所，其他办学机构425所。在普通高等学校中，本科院校740所，高职（专科）院校1 168所；在本科高校中，有国家"211工程"大学（含38所"985工程"大学）108所。[②] 我国已经是名副其实的世界高等教育的第一大国，但还不是世界高等教育的强国。如要实现世界高等教育强国的目标，我们就必须审时度势，根据

[①] 原载《教育研究》，2009年第2期。作者：潘懋元，董立平。
[②] 教育部发展规划司. 2007年全国教育事业发展统计公报［EB/OL］.（2008-05-05）. http://www.moe.gov.cn/srcsite/A03/S180/moe_633/200805/t20080505_88458.html.

新的时代要求对我国高等学校进行科学的分类,使不同类型的高等学校培养符合我国现代化建设和创新型国家建设所需要的高素质的多样化人才。但是,由于思想准备不足、理论研究滞后、政策引导不到位,全国高等学校目前出现了分类不清、定位不明、发展方向趋同的现象。导致大多数高校还是一个模式、一种发展路径,按照传统的精英教育模式培养学生,造成了"千校一面""千军万马争过独木桥"的局面。

教育是一种社会活动,它有一条外部关系基本规律和一条内部关系基本规律。外部关系规律就是教育的社会关系规律,也就是说,教育必然要与社会发展相适应,不能离开社会的发展定出自己的发展方向,因为高等教育的人才培养结构必须主动与现代经济、社会的人才需求结构相适应。社会需要的人才是多层次、多类型的,因此,每一所高校都应在高等教育的分类中找准自己的位置,明确自己的发展方向和发展战略,突出自己的特色,为社会培养高素质的人才。现在存在的突出问题:经济社会发展对人才的需求是多层次、多类型的,而高等学校对人才的培养却是单一化的甚至是盲目无序的。这种单一化的发展方向与多样化的人才需求的矛盾导致了精英教育的发展方向与大众化教育的发展方向混乱不清的状况。这一问题如果得不到科学、合理的解决,将会直接影响到我国未来高等教育的健康、良性的发展,直接阻碍我国由人力资源大国向人力资源强国迈进。温家宝总理对制定《规划纲要》的指示强调,制定一个让人民群众满意,符合中国国情和时代特点的规划,对我国教育事业的发展乃至整个现代化事业具有重大意义。[①] 因此,如何引导高等学校正确定位,以便分类指导,使之各就各位,科学发展,办出特色,是制定《规划纲要》中亟待解决的问题。

二、高等学校如何合理分类

科学定位的前提是合理的、恰当的分类。从分类的逻辑上说,根据不同的需要,可以用不同的标准分类。例如,从高等学校的设置与管理上说,可

---

① 温家宝. 百年大计 教育为本[N]. 人民日报,2009-01-05.

以分为国立、省（市）立、市立、私立（民办）；从办学的形式上说，可以分为全日制普通高校、广播电视大学、函授大学、网络大学、夜大学等。为了不同的需要，按不同的标准来分类，都是可以的和必要的。但是，高等学校的基本职能是培养高层次专门人才，那我们就应该根据高等学校的这一基本职能来划分才合理。也就是说，高校分类所依据的主要标准应该是人才的培养类型而不只是科研规模的大小、管理体制或办学形式。从社会发展的根本要求来说，社会分工对高等学校培养人才类型的要求是高等学校类型划分、科学定位的最终依据。高等学校的定位与发展，既必须遵循教育内在发展规律的要求，又必须遵循教育与社会发展外部关系规律的要求。对于全日制高等学校来说，合理的分类应当是以经济社会现代化建设和发展的人才结构为依据。温家宝总理指出：制定《规划纲要》要瞄准世界教育发展变革的前沿，借鉴世界先进的教育理念和教育经验，紧密结合我国教育实际，按照教育发展的规律办事。要把教育的改革发展放在我们正在实现工业化、城镇化的背景下和全面建设小康社会的大局中谋划，充分考虑国家现代化总体布局对人力资源开发和人才培养的需要，充分考虑国家未来人口发展和学龄人口的结构变化，使规划更好地服务于经济社会发展和创新型国家建设。① 据此，当前我国高校分类的主要依据应该考虑以下三个方面。

（一）现代化建设的人才结构

中国社会主义现代化建设所需要的专门人才是多层次、多样化的。党的十六大指出，为全面建设小康社会，开创中国特色社会主义事业新局面，要"造就数以亿计的高素质劳动者、数以千万计的专门人才和一大批拔尖创新人才"。因此，高等学校既要培养一大批学术型的科学人才，更要培养数以千万计的应用型的技术人才和更多的生产、管理、服务第一线的实用型的职业技能人才。传统上以理论教育为主的本科院校，难以满足多样化的需求，有必要建立以职业技能教育为主的高等职业教育体系。2005年，《国务院关于大力发展职业教育的决定》中指出，落实科学发展观，把发展职业教育作为经济社会发展的重要基础和教育工作的战略重点。"十一五"期间，高等职业教育

---

① 温家宝. 百年大计　教育为本[N]. 人民日报，2009-01-05.

招生规模要占高等教育招生规模的一半以上,要为社会输送1 100多万名高等职业院校毕业生。职业教育要为我国走新型工业化道路,要为调整经济结构和转变经济增长方式服务。实施国家技能型人才培养培训工程计划,就是要加快生产、管理、服务一线急需的技能型人才的培养,特别是针对现代制造业、现代服务业紧缺的高素质、高技能的劳动者的培养。

(二) 世界高等教育发展趋势

早在20世纪70年代,欧洲教育部部长会议就组织了一个"第三级教育多样化专题调查组",在英国、法国、德国、荷兰、挪威、瑞士、瑞典7国经过6年的调查与试验,提出"第三级教育多样化"的报告(以下简称《报告》),指出:"传统的高等教育制度,既不能满足各方面差别不断增加的学生们的需要,也不能适应这些国家技术上较发达以及民主的欧洲社会中技术和资格极大多样化对教育的需求。要使这些问题得以解决,只有把传统的高等教育改变成范围较广的、具有各种目的的和各种水平的多样化第三级教育体系。"《报告》还提出,不同于传统大学教育另外形式的教学计划,要"更着重于就业需要","专业和职业走向必须以关于劳动力市场发展情况的既有数量又有质量的系统情报为基础"。其后,高等教育多样化成为国际共识,如何建立多元化的高等教育体制成为各国所关注的问题。1998年,联合国教科文组织第一届世界高等教育大会提出的《关于高等教育的变革与发展的政策性文件》中说,几乎世界各地的高等教育都趋向多样化,虽然有些学校,尤其是具有理论传统的大学对变革有一定程度的抵触,但从总体上说,高等教育已经在较短时期内进行了意义深远的改革,许多国家的高等教育制度,出现了二元的但未必是两极的分化现象——大学类型及非大学类型的高等院校……多样化是当今高等教育中值得欢迎的趋势,定当全力支持。"二战"后,德国、英国、法国、美国、日本、韩国、新加坡等为了适应社会经济的发展建立了传统大学系统以外高等职业教育系统(见下表)[①]。

---

① 吕鑫祥. 我国高等职业教育与高等专科教育的比较 [EB/OL]. (2009 - 07 - 11). http://www.tech.net.cn/research/system/policy/1358.shtml.

表 1　当代高等教育类型与高等学校的分工表

国别	高等教育类型		
	学术教育 （理论型）	专业教育 （应用型）	技术教育 （实用型）
	高等学校系统		
美国	综合大学	专门学院	社区学院、 技术学院
英国	传统大学	工业大学、 专门学院	多科技术学院
德国	综合性大学	工业大学	高等专科学校、 职业学院
法国	传统正规大学	大学校	短期技术学院、 高级技术员班
日本	综合性大学	综合性大学	短期大学、 高等专科学院、 技术科学大学
韩国	综合性大学	专科大学	初级职业大学
新加坡	国立大学	理工学院	技术学院

上表的分类，虽不十分准确，但仍可以看出当代世界主要国家的高等教育类型与高等学校的分工的一般情形。它们一般都把自己的高等教育体系分为学术理论型、专业应用型和技术实用型三大教育类型，每种类型都有相应的高等学校系统，使之适应社会经济多元化的人才需求。

（三）世界高等教育的一般结构

联合国教科文组织统计局为了统一世界各国教育的统计口径，制定了"国际教育标准分类法"。联合国教科文组织在 20 世纪 70 年代公布第一个分类标准之后，经过 20 年的使用，根据教育特别是高等教育的"新情况、变化和预测世界各地区的趋势"，包括"各种各样职业教育与职业培训的出现及其发展""教育提供者日益多样化""远距离教育资源日益增多和基本新技术教育形式的出现"等,于 90 年代经过反复征求意见与论证,提出了新的标准分类法修订文本,作为各国教育分类的指导与教育统计的依据。1997 年修订的方案,对第三级教育(中学后教育)有较大的修改。"国际教育标准分类法"关于高等教育类型的划分,值得我们重视。因为联合国教科文组织所考虑的不只是某一个国家的高等教育情况,它必须全面概括发达国家与发展中国家的基本情况,因而大体上能适用于不同国家的高等教育分类,具有广泛的普适性。也就是说,它可更好地作为我国高等教育分类的参考。更为重要的是,它所依据的主要标准是专门人才的类型而不只是层次的高低。(见下图)①

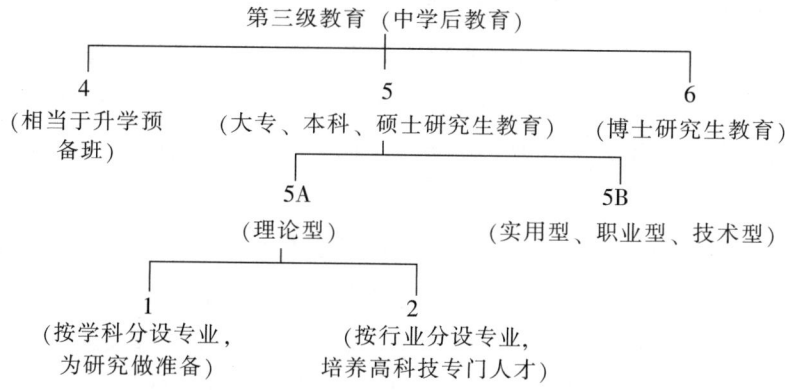

图 1　联合国教科文组织第三级教育分类示意图

从图中可以看出,高等教育结构分为 A、B 两类。A 类为理论型的,相当于我国的普通高校本科;B 类为实用型的,相当于我国的高职。在理论型的 A 类中,又标明有两种不同的培养目标:一是按学科分设专业,为研究做准备,可标为 5A1;二是按行业分设专业,培养从事科学技术工作的人才,可标为 5A2,两者并无层次高低之分。5A 与 5B 所着重的是培养人才类型的不同。如果以之对中国高等学校归类,5B 类相当于中国的高职高专,学习期限可以延长至 4 年以上,即所谓专升本,升本之后,一般仍应定位于职业技术型人才;5A1 相当于中国的学术性研究型大学的本科与硕士生,侧重于基础理论学科,

---

① 潘懋元,吴玫. 高等学校分类与定位问题[J]. 复旦教育论坛,2003,1(3): 5-9.

可以为进入第二阶段（博士级）做准备；5A2相当于中国的工、农、医、师等本科以及硕士生，培养各行各业的高级专门人才。这样，每种类型，各有其培养目标和发展方向，都可以办出特色，争创一流。高等学校可以分类发展，教育领导部门可以分类指导，从而避免"千校一面"，争奔学术性研究型大学这一狭窄的"独木桥"。

参照国际教育标准分类，结合中国高等教育的实际，我们认为我国的高等学校可分为三种基本类型。

第一种类型，学术型大学，也就是传统的综合性大学或所谓的"研究型"大学，其培养层次为：本科（学士学位）→硕士（学位）→博士（学位）。以学习基础学科和应用学科的基本理论为主，研究高深学问，培养学术人才，也就是前人所谓"大学者，研究高深学问之所也"。这类高校数量不宜过多，规模不必太大。在我国主要是以"985工程"大学和部分"211工程"大学为主体。

第二种类型，应用型本科高校，可以是多科性或单科性的院校，多科性可以称作大学，单科性的称作学院。在这里，大学与学院并无层次高低之分，只是多科与单科之别，其培养层次均为：本科（学士学位或专业文凭）→专业硕士（学位或专业文凭）→专业博士（学位或专业文凭）。主要以学习各行各业的专门知识为主，将高新科技转化为生产力（包括管理能力、服务能力），培养不同层次的应用型专门人才，如工程师、医师、律师、教师和管理干部等。这是一个相当庞大而且复杂的院校群，包括一部分"211工程"大学、一般部委属院校、地方高校、民办本科院校以及独立学院。

第三种类型，职业技术高校，也可以是多科性或单科性的院校，其培养层次为：专科（副学士学位或职业技术文凭）→职业技术本科（学士学位或职业技术文凭）→职业技术硕士（学位或职业技术文凭）。主要以学习各行各业职业技能为主，培养不同层次的生产、管理、服务第一线的技能型人才。以工程技术技能人才为例，包括高级技工、技术员以及施工、管理工程师。从经济发展与社会需求来看，这一类型的院校，当前应当以培养专科层次的人才为主，但随着生产集约化程度的提高，将逐渐延伸为本科层次以至培养研究生，也可转入应用型本科继续学习，有如我国台湾的技职学校一样，成为有别于普通高校的独立系统。

三种类型的区别，主要在于人才培养目标不同，并无层次高低之分，更无社会地位之别。各种类型之间，可以架设"立交桥"，也就是第三种类型学校的学生，可以补修若干理论课程而考转第二种类型学校以至第一种类型学校；第二种类型学校以至第一种类型学校的学生，也可以补修若干职业技术课程考转第三种类型学校；第一种类型学校与第二种类型学校之间也是如此。为了方便学生根据自己的性向或就业的需求选择专业，应尽可能让学生自主选择而不必强求划一、过多限制。在当前金融危机导致就业困难的情况下，这种"以生为本"的措施可以起一定的缓解作用。

三、各种类型高等学校的科学定位与特色发展

在上述三种类型中，学术型大学有传统的综合性大学模式可依，有所谓世界"一流大学"的成例可借鉴；职业技术高校，虽然是20世纪初才开始发展，由于一开始国家政策上就有了明确的规范，经过了近10年的理论探讨并在实践中积累了一定的办学经验；如果政策引导到位，以上两种类型的定位，比较容易。应用型本科高校，情况复杂，有历史较长的省属老校，一向按传统的精英教育大学模式办学；也有不久前才专升本的新建本科院校，受单一化的评估体系所制约，也沿着传统的路子办学。如何引导这一类型的高校正确定位，培养应用型专门人才，是当前分类指导的重点和值得进一步研究的难点。

应当强调指出，每一类型都应该有重点高校，都可以培养不同层面的拔尖人才、一流人才，都可以成为国内（省内）知名、国际（国内）有一定影响的"一流大学"。现在，第一种类型有"211工程""985工程"，第三种类型有"示范性高职"，其用意在于鼓励不同类型的高校，争创一流。只是这种评判是自上而下的，高校处于被动地位，缺乏自身的动力；社会置之度外，缺乏支持的力度。同时，对于第二种类型高校，虽有"本科质量工程"的设置，但其导向并非"应用"。而且这些鼓励，很难惠及民办高校。实际上，有的民办高校虽然还只是高职高专或新建本科院校，但由于其办学特色鲜明，

质量较高，受学生和家长的欢迎，为社会所称贺，已经开始崭露头角，成为国内甚至国际知名的大学了。再如，中华人民共和国成立前的立信会专、湘雅医专、无锡国专、上海商船专、杭州艺专、东亚体专等，虽然都只是专科层次的高校，但在国内外都声名卓著。因此，每一种类型的高校都可以成为知名的有影响的高校，问题在于能不能办出特色。每所高校，在制定发展战略时，都必须实事求是地根据学校所处的客观环境、社会需要状况与自己的特点和优势，确定目标，力争在各自的层次和类型中成为一流高校。

温家宝总理对制定《规划纲要》的指示："高等学校改革和发展归根到底是多出拔尖人才、一流人才、创新人才。高校办得好坏，不在规模大小，关键是要办出特色，形成自己的办学理念和风格。"① 为了办出特色，形成自己的办学理念和风格，高校应当研究客观环境（经济、文化、生源），社会需求（类型、层次、专业），自身特点和优势（文化积淀、社会声誉、师资力量与特长以及校风），在各自层次和类型中办出特色。党的十七大对当前高等教育的要求是提高质量。不论定位、特色，都要围绕提高质量这个中心任务，加强以下工作。

（一）加强各种类型高校的学科与专业建设

定位与特色要体现在学科专业的建设上。学科与专业是两个不同的概念，在高等教育里面，这两个概念有着很密切的关系。学科是科学的分类，属于学术的范畴；专业是社会分工，属于生产、生活的范畴。在培养人才上，学科是专业的基础，专业是学科的依存。在高等教育的建设上，学科、专业的构建是密切相关的：要构建学科，就必须构建专业；要构建专业，就必须构建学科。在培养人才方面，我们往往统称为"学科专业"。

当前，我国的学科专业设置存在着一些问题。一是盲目跟风，发展无序。有些学科专业奇缺，有些学科专业太多，形成浪费。如 20 世纪 80 年代以来主要是发展财经、管理、外语、法律以及信息、计算机等专业，而近几年的大学生就业情况表明：这些热门专业的毕业生反而不好就业。与此同时，有些专业人才又奇缺，主要是工业化所需的工程技术人才奇缺。当前，面临着

---

① 温家宝. 百年大计 教育为本 [N]. 人民日报，2009-01-05.

世界性的金融危机，美国等国外高校以及中国香港的高校，均传来金融财经招生不足的问题，正在调整专业的信息。中国也应及时应对这一挑战，适度调整这些以往的热门专业，增设工业现代化所需的专业。

（二）重视产、学、研相结合

产、学、研是不同的知识运行形式，"学"是传授知识，"研"是创新知识，"产"是应用知识。在现代化建设中，产、学、研三者都是围绕知识相互依存的运行形式。"产"，需要掌握知识的人才；"研"，需要科技开发人才；"产"要靠"研"和"学"，才能不断提高生产力、更新产品；"研"也要从生产实践和生活实际提出课题；而"学"则要通过传承科学研究新成就，才能够培养有实际知识、实践能力的人才，三者存在着本质联系。

但产、学、研三者又是不同的社会性活动，各有各的目标，各有各的任务，每种活动都遵守着各自的运行规律，因此，不同的社会活动联在一起必定会产生矛盾。任何事物所产生的矛盾，只有面向矛盾才能化解矛盾。教学任务与生产任务是有矛盾的，教学任务是培养人才，生产任务是生产物质产品，虽然我们说教学也是生产，但教学过程跟生产过程还是有矛盾的，教学过程是由浅入深、循序渐进的，生产过程虽然也要不断更新，但在一定时间内是重复的，因此，不能把一个人的培养固定在一个生产流程上。

近年来，高职院校在产学结合方面，尤其是在实训基地方面，已经积累了一些经验，做出了一定成绩。但许多应用型本科对此却重视不够，有的新办高校，专升本之后，就只强调理论学习而轻视实训，因此，对于应用型大学，要特别强调三结合的重要性。

（三）进一步加强师资队伍建设

一所高等院校的定位和特色要靠教师来实现，一所高等学校的质量最终取决于教师的水平，因此，师资队伍建设是一所高校发展提高的关键所在，也是高校建设的重中之重。在师资队伍建设方面，高校采取了许多措施，如以优厚的待遇从国内外引进人才；制订教师培训计划，组织教师进修；加强教师管理，改革教师评聘制度；等等。这些措施是必要的，都产生了一定效果，但是，从根本上、长远上来说，更重要的是要重视大学教师的自我发展。大学教师发展是一个新的概念，要从大学教师学术职业的特殊性出发，着重教师主体性的发挥，重视教师的自主性、个性化发展，激励教师自我实现，使之达到某种目标。学校要引领教师变被动为主动，自主学习，自我提高。

大学教师发展的内涵包含以下三个方面：一是学科知识与实践能力水平，二是教师职业知识和教学能力，三是师德。首先要发展学术专业水平。大学教师处于学术前沿，要充分掌握学术的新动向，不但要传递科学知识，而且能够创新科学知识。尤其是应用型院校的教师，不光涉及基础理论知识，还在实践技能上有更高的要求。其次是大学教师的职业知识和教学能力。大学教师不只是一位学者、专家，而且是一位教师；不只是研究学问、掌握知识和技术，而且要使其拥有的知识转化为学生所能掌握的知识、技术。因此，大学教师需要掌握教育理论，懂得学生的心理。还有一个是师德。师德就是职业道德。大学教师是一种学术职业，教师自己应当受过良好的人文素质教育，具有良好的学术道德修养、高尚的师德。大学教师要具有三种精神，服务精神、自律精神、创新精神。要以自己的创新精神和创新能力引领大学生成为创新型人才。

做强地方本科院校　建设高等教育强国[①]

把地方本科院校建设成应用型院校，有助于解决我国高等教育应用型创新人才不足的问题，还可以给面向地方服务的本科院校与新建本科院校提供发展模式借鉴，为大批面向行业培养应用型创新人才的本科院校的发展提供实践经验和理论指导。为此，我承担了国家社科基金"十一五"2008年度教育学重点课题暨中国高等教育学会重大研究项目"遵循科学发展，建设高等教育强国"的子课题"做强地方本科院校"。

一、建设高等教育强国，必须做强地方本科院校

中国的全日制普通高等学校，大致由三种类型的高校所组成：学术型与若干特色型大学，一般为教育部直属或有关部委所属大学；应用型高校，一般为地方本科院校；职业型高校，一般为高职高专。

在全国1 092所本科院校中，地方本科院校约占90%，地方本科院校是本科院校的主要组成部分，也可以说是高等教育强国的中坚力量。做强这一部分高校，是建设高等教育强国的主要任务之一。

关于如何做强学术型大学，既有中外传统的精英教育模式可资借鉴，近年来又有众多建设"一流大学"的研究；如何做强高职高专，21世纪以来也创造了不少成功的经验，其定位、目标、规格、课程、教学、师资等方面的

---

① 原载《井冈山大学学报（社会科学版）》，2010年第1期。

要求也比较明确。而如何做强地方本科院校,各地虽有不少值得重视的经验或创新见解,但存在许多基本的、重要的问题有待进行深入、系统的研究。首先,是定位问题。其次,是改革创新问题。

二、地方本科院校的定位问题

本课题研究的任务首先是研究地方本科院校的定位问题。因为这是地方本科院校改革与发展的前提,目标、规格、服务面向、课程、教学以及质量保障都要在定位中求解,才具有针对性、可行性、有效性。

本课题组对地方本科院校及其专业的定位进行了目标定位、服务面向定位、学科专业定位、人才培养定位、教学定位、科研定位等的专题调研。其中最主要的是人才培养定位,即培养什么样的人才,以加强综合国力,提高国家的核心竞争力。我们的初步结论是:除个别院校外,一般地方院校的人才培养应定位于培养应用型人才。但是,当前相当一部分地方院校的人才培养,过分重视学术型人才而轻视应用型人才。虽然不少地方院校在对外介绍上,近年来已将过去所写的要办成"综合性研究型大学"改写为"多科性应用型大学",但在制定发展规划的价值取向上仍然存在重学术、轻应用,重理论、轻实践的倾向。这有客观原因,但更重要的是办学者的理念以及师生的认识尚未到位。我们认为,地方本科院校应走出传统的"精英教育办学理念"和"学术型"培养模式。不宜过分追求理论的深厚,而应着重理论知识与实践能力的结合。根据经济与社会发展的需要,培养数以千万计的具有坚实的理论基础,能够较好地运用专业知识,解决生产和生活中的实际问题,以适应社会多样化的需求,在工作实践中有所创新的应用型创新人才。

三、地方本科院校定位于应用型高校的根据

(1) 高等教育是专业教育,按专业培养专门人才。专业可以是按学科设置的学科型专业,更多的是按生产和社会分工设置的应用型专业。按照联合国教科文的国际教育标准分类,前者是"为研究做准备",后者是"从事高技

术要求"。地方本科院校面向地方的生产与生活，一般应办成应用型院校，设置应用型专业，培养应用型人才。

（2）高等教育的发展史表明，西方中世纪大学就是按行会办学，培养法律、医学以及神职人才。其后，才有按学科"研究高深学问"的大学。中国古代教育，虽然重学轻术，但在教育思想上，贵在"学以致用""知行并重"。近代高等教育的兴起，首先也是设置大量学习"西艺"的实业学堂，然后才有引进"西学"的京师大学堂。

（3）党的十六大提出，"要造就数以亿计的高素质劳动者，数以千万计的专门人才和一大批拔尖创新人才"。假如高等教育的目标定位在拔尖创新人才培养，那数以千万计的专门人才谁来培养？精英高等教育阶段，传统大学对人才培养是单一化的，都是培养拔尖创新人才，以追求高深理论作为它的培养方向。进入大众化高等教育阶段，除少数精英型高校之外，大量高等学校，应当面向人才市场，培养应用型（本科）或技能型（专科）的专门人才。因此每所高等学校，都应在高等教育分类体系中确定自己的位置，明确自己的发展方向，制定自己的发展战略。只有这样才能避免"千校一面"，拥挤在一条通道上。中国需要一大批拔尖创新人才，更需要数以千万计的专门人才。地方本科院校应该紧紧围绕国家发展战略培养应用型创新人才。

四、地方本科院校的若干特征

（1）地方本科院校除个别专业外，一般都应面向地方，为提高当地的生产、生活服务，培养当地人才。地方院校由所在地方政府主管，由地方财政拨款（地方纳税人出钱），生源以当地为主，毕业后多数留在地方就业。必须适应地方的实际需要，不能脱离地方发展的实际与自身的条件，盲目追求高层次、高水平、高指标。

（2）地方应用型本科院校，在人才培养上，一般不追求学术型大学的"高深学问"，但也有别于高职高专。应当具有适度坚实的理论基础，较宽的专业适应面，着重于培养学生将理论知识转化为实践的创新能力。

（3）地方本科院校，一般应以教学为中心，办成教学型或教学研究型高校。地方本科院校，也要开展科学研究。但科研立项主要是面向地方的应用性、开发性研究。因此，地方本科院校应有另一套评估标准：主要评估教学质量，其次评估应用性科研成果和为地方服务的绩效。

（4）地方本科院校应以实践为载体，致力于推进产、学、研结合；致力于培养、吸纳有实践经验的教师，而不过分强调高职称、高学位的教师比例。

五、本课题继续研究的重点

本课题继续研究的工作，除了研究如何将地方本科院校定位的理论，切实地转化为地方教育部门的管理者、本科院校的办学者以及师生的认识和实践之外，着重研究如何在课程、教学、师资队伍建设等工作上，针对存在问题，介绍成功案例，提出可行性建议。

——专业设置问题。针对问题提出专业设置原则。

——课程设计（教学计划）问题。评介若干不同类型、可资参考的课程设计（教学计划）模式。

——教材建设问题，为本课题继续研究的重中之重。继续调研应用型教材的编写问题，评介若干不同学科的应用型精品教材，提出应用型教材编写的指导性原则。

——教学方法的改革问题。评介若干将理论运用于实践的教学方法。

——师资队伍建设问题。借鉴国外（德国）教师聘任制度，研究如何培养、吸纳有实践经验并善于引导学生将理论转化为实践的教师，提出可行性的建议。

——产、学、研结合基地的建设问题。评介若干较好的基地建设案例。

——开展科学研究问题。评介若干切合地方应用型院校科学研究的课题与研究方法。

——地方本科院校评估问题。探索地方本科院校的评估指标体系。

什么是应用型本科?[①]

本来我想谈的问题是"应用型本科的建设",也就是如何通过应用型本科教育来培养应用型人才。后来观看了白云学院的文艺演出,我觉得白云学院已经用它的艺术语言解答了培养应用型人才的问题。因此,在这里我只准备简单地回应一下吴启迪副部长(教育部原副部长)在论坛开幕式上所提的"什么是应用型本科"。

我们现在正承担一个国家的重点课题,就是关于应用型本科怎么办。根据我们初步的研究,应用型本科有这些共同的特点:第一,以培养应用型的人才为主。"为主"不是所有学科专业都只能培养应用型人才。应用型的高校可以培养非应用型人才,但是主要的、大量的任务应该是培养应用型人才。为什么我就不多说了,因为大家已经论证的很多了。第二,以培养本科生为主。某些学科专业可以培养研究生,许多院校已经有研究生了,但当前不应以培养研究生为主。第三,应用型本科应该以教学为主。我所指的以教学为主也不等于不能开展科学研究。应用型的高等学校以教学为主,同时也要开展研究,不过它开展的研究是应用性的、开发性的研究。这是我们去年到北京联合大学学习得到的结论。他们的科学研究开展得很好,但他们是应用型的大学。第四,应用型大学应该以面向地方为主。某些专业也可面向地区,甚至面向全国,但它主要是面向地方,为地方服务。

[①] 原载《高教探索》,2010年第1期。本文系陈志萍根据潘懋元先生2009年11月28日在白云学院"应用型本科院校人才培养模式改革与创新论坛"上的演讲整理,并经作者审阅。

这种应用型高等学校在4年前大家基本上是不提的。4年前，所有的高等学校，甚至高职院校，都是要追求成为综合性、学术性、研究型的大学。这几年来，有一个很可喜的变化。大家查一查网络，各校的自我介绍静悄悄地发生了一些变化。许多高等学校在自我介绍中已经悄悄地把"要成为综合性、研究型的大学"改变为"多科性、应用型的大学"。这说明许多实事求是的办学者已经认识到一味追高是脱离实际的。进入大众化阶段，高等学校数量很多，学生数10年增长了6倍，高等学校不可能都去走传统精英大学之路，应该贴近社会实际。但是，这个变化仅仅是写在书面上的，还不能说已经成为社会人士和师生的共同认识。这与传统的思想影响有关。中国的传统思想和英国相似，都是重理论轻应用，重学术轻职业。英国屡次提出要办适应于地方需要的高校，但第一次新大学运动、第二次新大学运动，以至于20世纪60年代的多科性技术学院，都已经和正在变成重理论、轻应用的传统大学。这些都表明英国传统思想势力相当强。在中国，应用型的高等学校的建设虽然被提出来，但是要成为社会以及全校师生的共识，还相当的难，还需要做相当多的说服工作。我们可以在研讨会上做理论上的说服，但更重要的是要从实证上来说服。实证上怎么说服呢？这次金融危机可能很好地说服大家要走应用型大学之路。举个例子。今年9月公布的2009年大学生就业初步统计：本科生包括传统精英教育的本科生的就业率比去年降低了6个百分点，而高职学生的就业率与去年持平。这说明，在金融危机情况下，人才市场所需的实践性的应用型、技能型人才的就业率更高。当然，到明年3月份，麦可思的统计数据出来以后，我们才能真正明确情况究竟如何，但是现在已经看出这个迹象了。2008年，根据麦可思的调查，全国自主创业的学生占全部毕业生的1.2%，其中，高职生占1.8%，一般本科生占0.8%，而最低的是"211工程"学校毕业生，只占0.6%。也就是说，应用型大学在创业上，体现了它自身的优势。

温家宝总理最近讲了两个"不适应"：第一个不适应是教育还不适应经济社会发展的要求，大家都走精英教育的道路就不能适应经济社会的要求。第二个不适应是教育不适应国家对人才培养的要求。国家现在需求量最大的是各种应用型专门人才，如果我们培养的不是应用型专门人才，那就不适应国家对人才培养的要求。因此，我认为，首先我们要转变观念，不是转变我们写在纸上的观念，而是要实实在在地转变师生尤其是办学者、主管部门的观念。那么转变观念之后就行了吗？还不行，许多具体问题如果不解决的话，应用型高校要培养应用型人才就不能落实。

第一，课程建设。现在我们的课程主要还是按照学科理论来设置的。这是传统的研究型大学的课程建设的道路。现在全国有三种类型的高等学校，它们对待理论的态度是不同的。研究型大学对学生的学科理论要求应该是培养的人才具有深厚的理论基础，因为他将来要从事研究工作。高职院校对于理论的要求是"够用"，以理论"够用"作为标准。应用型本科教育既不能按照研究型大学来要求学生的理论又深又厚，也不能按照职业教育只要"够用"就可以，应该要求什么呢？应该要求理论"坚实"，就是理论的科学性很准确、实在，但是不要求过深。具体来说，一个正确的理论摆出来，把它说清楚，让学生能够掌握这个理论，就可以了。至于这个理论的来龙去脉、构成学派等，就适可而止。应该着重于这个理论如何转化为实践，如何应用到实践中去。

第二，教材建设。现在有许多地方院校，尤其是新办院校，也都明确他们不能够再走研究型大学的道路，而要走应用型的道路，但是却没有相应的应用型教材。最近我们一行人去的皖西学院，该学院的数学学科水平在当地相当不错，它联合了13所新办院校共同来编数学教材。他们曾经很苦恼，想要搞应用型教学，但是找不到教材，尤其是找不到数学教材。他们后来找了同济大学的数学教材，因为同济大学的重点学科是土木工程，土木工程的应用性比较强，但是要把这种数学教材应用到应用型高等学校的工科、财经专业还是不行，因此他们自发地组织编写应用型教材。实施应用型本科教育的高等学校，如果没有相应的应用型教材，让教师自己来编写是相当困难的。据说，安徽省教育厅准备组织一些应用型地方大学共同来编写各种教材。数学教材是最难编成应用型教材的，因为数学是系统性、逻辑性最强的学科，怎么应用呢？我觉得编写的一个原则是体现"理论坚实"，但是重要的是如何让数学教材应用到工科、财经等方面。我们知道，现在全国各地有很多精品教材，当时都是找名牌大学的教授来编写的。他们编的水平很高，但是不一定适合应用型高等学校。因此，我提倡应用型高等学校包括许多新办院校、地方院校尽可能地自编或者合作编写应用型的精品教材，使得我们教师的教学有所依据。

第三，要落实到教学工作，也就是要在产、学、研这方面大力落实。开始我还以为，产、学、研只是在我们中国大陆被积极提倡，最近我了解到台湾对产、学、研的提倡比我们更积极，落实得也比我们好。现在台湾许多高校，已经把原来的那套管理制度打破，设置了研究规划处，专门与企业合作，搞实训，使教学更好地贴近实际。但在大陆，有的高职升本以后，我们去参观时，他们洋洋得意地对我们说："我们把实训基地取消了，现在改为实验室了。"我说："你们升本后，当然应当加强实验室建设，但把实训丢掉了，恐怕不行，还应该重视实训。"

最后还有一个环节，也可能是最重要的环节，就是师资队伍建设。要改变只以学历高低、学位高低来作为评聘教师的要求。既要有高学历、高学位的教师，也要有"双师型"、有实际经验的教师进入应用型大学来。正如德国的这类教师必须是在实际部门干过多少年以后才能被聘任的。因此，高职的某些要求譬如"双师型"、重视实训、建立实训基地等许多经验，我觉得即使专升本之后还不能丢掉，还是可以借鉴的。

我很高兴地知道，有些学校说，虽然我们升本了，但是我们还要像台湾那样把学校办成技职本科学院。台湾不仅有技职本科学院，还有技职研究生。职业技术随着生产力的提高、生活水平的提高而得到发展，许多生产、管理、服务部门，2年、3年的专科所培养的专门人才已经不能够满足其要求，需要本科教育的发展。所以现在有的学校已经开始试验搞职业本科。当前中国的学制，提到本科就必然要变成普通高等教育，而不是高职教育。因此我更希望教育主管部门改革或出台有关应用型本科的政策、条例。比如教师的评聘条例，在评、聘教师时，不再只看学术论文、高学历、高职称，因为有相当多的教师属于有实践经验的教师。我们希望评估制度不再用一个评估标准从北大、清华评到新建本科院校，同时招生制度也应该取消按照分数划线，我们这些新建地方本科院校只能录取二本、三本，甚至民办院校只能录取三本以下，这种人为的划分大可不必。当然，这些都是提出来给大家参考的，不见得正确，请大家批评指正。

从高等教育分类看我国特色型大学发展[①]

特色型大学是我国高等教育的重要组成部分。并对我国的高等教育发展和社会经济建设做出过重大贡献。当前，具有行业背景的特色型大学在发展中存在着定位不明、特色淡化的问题，从高等教育分类的角度研究特色型大学的发展，有助于这类大学从定位中走出困境，实现科学发展。

一、关于高等教育的分类

从不同的视角出发，研究者对高等教育有着不同的分类。联合国教科文组织1997年颁布的《国际教育标准分类法》在纵向上将高等教育分为两个阶段，序号分别为5和6，其中第5阶段相当于我国高等教育的专科、本科和硕士研究生教育阶段，第6阶段相当于我国的博士生教育阶段。在横向上又将第5阶段分为5A和5B两种类型。其中，5A类是理论的，5B类是实用的、技术的、适应具体职业的。5A又可分为5A1和5A2。其中，5A1按学科分设专业，主要是为研究做准备的，以培养学术型专门人才为目标；5A2按行业分设专业，主要为从事高技术要求的专业教育，以培养应用型专门人才为目标。5A的一般学习年限为4年以上，可获得第一级学位（学士学位）、第二级学位（硕士学位）或证书。

参照国际教育标准分类，结合我国高等教育的实际，根据人才培养规格的

---

① 原载《中国高等教育》，2010年第5期。作者：潘懋元，王琪。

不同，我们认为我国的高等学校可分为三种基本类型。第一种类型，学术型大学，也就是传统的综合性大学或所谓的"研究型"大学。此类高校相当于《国际教育标准分类法》中的5A1，以学习基础学科和应用学科的基本理论为主，研究高深学问，培养学术人才。其培养层次为：本科（学士学位）→硕士（学位）→博士（学位）。这类高校数量不宜过多，规模不必太大。在我国主要是以"985工程"大学和部分"211工程"大学为主体。第二种类型，应用型本科高校，可以是多科性或单科性的院校，多科性可以称作大学，单科性的称作学院（大学与学院并无层次高低之分，只是多科与单科之别，单科而已改称"大学"的也不必强求改回"学院"）。此类高校相当于《国际教育标准分类法》中的5A2，主要以学习各行各业的高科技专门知识为主，将高新科技转化为生产力（包括管理能力、服务能力），培养不同层次的应用型专门人才，如工程师、医师、律师、教师和管理干部等。其培养层次均为：本科（学士学位或专业文凭）→专业硕士（学位或专业文凭）→专业博士（学位或专业文凭）。这是一个相当庞大而且复杂的院校群，包括一部分"211工程"大学、一般部委属院校、地方高校，当前民办本科院校以及独立学院也应定位于此种类型。第三种类型，职业技术高校，也可以是多科性或单科性的院校。此类高校相当于《国际教育标准分类法》中的5B，主要以学习各行各业职业技能为主，培养不同层次的生产、管理、服务第一线的技能型人才。其培养层次为：专科（副学士学位或职业技术文凭）→职业技术本科（学士学位或职业技术文凭）→职业技术硕士（学位或职业技术文凭）。从经济发展与社会需求来看，这一类型的院校，当前应当以培养专科层次的人才为主，但随着生产集约化程度的提高，将逐渐延伸为本科层次以至培养研究生，也可转入应用型本科继续学习，如中国台湾的技职学校一样，成为有别于普通高校的独立系统。

二、特色型大学的定位

科学定位对于院校的建设和发展具有重要意义。定位明确之后才能明确人才的培养目标和规格，决定设置什么专业和课程，编写什么教材，采用什么样的教学方式，以及购置什么样的教学仪器设备等。特色型大学只有科学定位，才能以其特色在高等教育系统内部的竞争中健康发展，更好地为现代化社会建设服务。

（一）特色型大学在历史发展中的定位

中国的特色型院校，源远流长，可以追溯到19世纪末年的实业学堂。但一般认为正式定位是在20世纪50年代的院校调整，为了迎接当年经济建设的第一个五年计划做准备。我们分别从人才培养、科学研究和直接服务社会三个方面看特色型大学在历史发展中的定位。

第一，按照各类行业，培养大量的应用型人才。特色型大学主要是面向行业办学，满足了不同行业对不同类型专业人才的需求。在办学过程中，特色型大学依托特定行业，重视产、学、研结合，培养了大量的将科研成果转化为具体生产力、在生产一线从事技术开发、技术应用和生产管理的应用型人才，有力推动了我国生产力的提高，促进了经济和社会发展。中国工程院的一份研究表明，"在培养高层次工程技术人才方面，少数著名综合大学和重点行业性大学做出了主要贡献"[①]。以航天、化工为例，培养高层次人才最多的前5所高校分别如表1所示。

表1 为航天和化工行业培养高层次人才最多的前5所院校

航天		化工	
哈尔滨工业大学	12.63%	中国石油大学	13.84%
北京航空航天大学	9.47%	中国科学院	9.38%
北京大学	6.32%	北京化工大学	6.70%
中国人民解放军军事工程学院	5.26%	石油化工科学研究院	6.70%
西北工业大学	5.26%	浙江大学	4.46%

其中，特色型大学为行业的发展培养了大量的高层次应用型人才，为行业的发展做出了巨大的贡献。

第二，面向行业开展应用研究，促进相关行业技术的提高和升级。借助与行业主管部门、相关企业密切联系的优势，特色型大学承担了大量行业发

---

① 王亚杰. 挑战与出路：特色型大学的发展之路［J］. 高等工程教育研究，2008（1）：1-6.

展、技术革新、新产品开发的应用型研究，其研究成果直接服务于相关行业，促进行业的发展。从1994—1998年各部委所属院校（特色型大学）承担科技课题占全国高校承担科技课题比例（见表2）可以看出，部委院校（特色型大学）承担的科技课题比例高于部委院校（特色型大学）数量占全国高校数量的比例，这一方面是由部委院校（特色型大学）自身的学科特点所决定的，另一方面也说明了部委院校（特色型大学）在我国科技发展中的重要地位。

表2 1994—1998年部委院校承担科技课题占全国高校承担科技课题比例[①]

项目	1994年		1995年		1996年		1997年		1998年	
	高校数量/所	科技课题/项	高校数量/所	科技课题/项	高校数量/所	科技课题/项	高校数量/所	科技课题/项	高校数量/所	科技课题/项
总计	1 080	88 780	1 054	90 842	1 032	93 004	1 020	113 807	1 022	120 390
部委院校	331	39 029	323	40 068	311	40 718	310	50 297	218	37 341
部委院校所占比例/%	30.65	43.96	30.65	44.11	30.14	43.78	30.39	44.19	21.33	31.02

第三，特色型大学直接为相关行业服务，推动相关行业的发展。特色型大学利用自身的科研优势，通过科研合作、技术转让与指导等多种形式为行业服务，直接推动行业的发展。中国矿业大学为我国矿业、煤炭工业的发展做出了突出的贡献。到1999年学校建校90周年之际，共为国家培养了23 760余名毕业生，其中硕士研究生3 000余人、博士研究生500多人，煤炭系统的博士生85%以上都是该校培养的；同时在该校诞生了在国际上有重要影响的一系列矿业等理论体系和方法，其中56项获得国家自然科学奖、国家发明奖

---

① 本表系笔者根据相关年份的《中国教育统计年鉴》《中国科技统计年鉴》整理得出。

和国家科技进步奖。① 可见，从历史的角度看，在半个多世纪的办学过程中，特色型大学在人才培养、科学研究和直接服务社会等方面定位于面向行业，注重应用，走特色发展的道路，取得了突出的成绩。

（二）世界主要国家不同类型高校的定位和分类发展

在美国，多样化是高等教育发展的典型特征。各大学院校根据自己所处社区和地理位置、资源和教学水平、顾客或服务领域的需要等情况，发挥优势，扬长避短，实事求是地明确办学宗旨和任务，办出特色，提高办学效益。即使是在同一个州的不同大学所设的同名专业，也会因专业侧重点不同而形成不同的办学特点和市场。因此，美国既有闻名世界的哈佛、耶鲁，也有深受社区或某一地区、某一行业欢迎的学院。在科学研究方面，不同的大学也采取不同的发展策略，如哈佛大学更强调基础性科学研究，而在美国石油勘探和生产领域有重要影响的科罗拉多矿业学院，更重视有工业开发和商业价值的实用技术的研究开发，使该学院成为美国最富有竞争性的大学之一。② 同样，在法国，既有培养研究型人才的大学，也有以培养高级工程技术人才和高级管理人才为办学宗旨的大学校，后者取得的成就举世瞩目；在德国，既有坚持洪堡思想的柏林大学，也有20世纪六七十年代才出现的专业学院，后者旨在培养能把基础理论转化为实用技术的"桥梁式人才"，同样深受社会和企业的欢迎。倒是英国多科技术学院的发展很值得我们认真思考。多科技术学院在产生之初旨在培养应用技术人才，办得很有特色，但升格为大学之后，培养目标倾向于学术性，特色反而被淡化了。因此，从世界范围看，分层分类发展才是高等教育的健康发展之路。在同一国家的高等教育体系内，不同类型的院校科学定位，并行发展，分别为社会培养不同类型、不同层次的人才。这样，既能满足大众对高等教育的需求，促进社会的发展，也有利于高等教育自身的发展。由此可见，学术型（研究型）、应用型、职业型只是类型的差异，综合性、多科性、单科性也只是学科门类相互沟通与数量多少的差别，并非水平的高低。每一类型都可以培养不同层面的拔尖人才、一流人才，

---

① 乔建永. 面向21世纪的矿业高等教育 [J]. 北京教育：高教，2008（2）：30 - 33.

② 乔玉全. 21世纪美国高等教育 [M]. 北京：高等教育出版社，2000：15 - 16.

都可以成为国内知名、国际有一定影响的"一流大学",没有必要求大求全,相互攀比。

从历史发展的角度看,特色型大学的优势和成功之处在于面向特定行业培养应用型人才、开展应用研究和直接为特定行业服务;从现实看,特色型大学的优势依然是立足于传统特色学科、面向行业的应用型人才培养、科学研究和社会服务;从世界范围看,类型的差异不等于水平的高低,不同类型的高校均可办成"一流大学",立足自身优势,科学定位、分类发展才是高校办学的成功之路。因此,特色型大学一般应定位于面向特定行业的应用型大学。

三、当前我国特色型大学存在的问题及发展思路

(一) 特色型大学发展中存在的问题

第一,定位不明,在竞争中处于劣势。新一轮高校调整之后,特色型大学与原行业主管部门的行政隶属关系已不存在,原行业部门不再为其发展提供资金支持;特色型大学与原行业的联系也变得松散,面向特定行业办学的定位有所动摇。加之缺少相应的特色评估指标,在单一的评估标准影响下,特色型大学纷纷扩大规模,增设专业,办成多科性院校。但长期以来,特色型大学是以为特定行业服务作为主要目的,其办学优势也集中于与特定行业密切联系的学科和专业,与传统的综合性、多科性院校相比,新增设的非行业特色的学科、专业实力相对较弱,在竞争中明显处于劣势。第二,资源整合不利,特色淡化。大量增设学科和专业后,很多院校传统上具有优势的特色学科、专业规模甚至还不到1/3。由于缺少资源的有效整合,导致有限办学资源的分散,影响到优势学科专业的建设和人才的培养质量。再加上原有来自行业部门的优惠政策和毕业生对口就业的渠道不复存在,特色学科、专业的发展面临窘境。

(二) 特色型大学科学发展的思路

第一,明确办学思路,科学定位,分类发展。如前所述,特色型大学属于高等教育系统中的应用型本科高校,其办学要坚持走面向特定行业、有所

为有所不为的发展道路。这是高等教育分类发展的需求，也是由特色型大学本身的特点决定的。从人才培养目标上看，特色型大学既要区别于传统的学术型、综合性大学，避免求大求全；也要区别于高等职业技术院校，对学生基础理论知识仍应有所要求；应着眼于培养适应特定行业需求的应用型人才，重点把学生培养成具有坚实的理论基础知识，宽广的专业知识面，较强的科技运用、推广、转换能力的应用型创新人才。从课程与教学方面看，特色型大学应当将学科基础理论知识的教学与学生实践应用能力、开发研究能力的培养紧密结合起来，走产、学、研结合的道路。从师资队伍建设上看，特色型大学要着力建设一批既掌握高深专业知识又熟悉相关行业生产领域实际操作和管理、具有较强应用能力的高水平"双师型"教师队伍。从科学研究上看，特色型大学要以应用性开发研究为主，以行业市场为导向，为行业建设和社会经济建设服务，注重科研成果的应用和转化。

第二，增强办学的自主性和自觉性，主动与行业及行业相关部门加强联系。与原行业部门脱离行政关系后，特色型大学从原行业部门获得的资源和信息减少，办学定位、办学效益和水平均受到了一定的影响。对此，应当改变观念：特色型大学服务的是行业，而不是某个具体的部门，与原有行业主管部门脱离了行政关系，不等于与相关的行业也脱离了关系。不论这个部门是否存在，不论是否受这个部门的直接行政管理，只要这个行业还存在，特色型大学就必须紧贴甚至引领行业的发展，这一点必须十分明确地体现在办学观念中。

第三，优化学科结构，建成新的、有特色的学科群。如上所述，特色型大学在与原行业主管部门脱离后，大多数已经发展成学科齐全的多科性院校。但很多新增专业是追赶热门，匆忙上马，具有一定的盲目性，市场竞争力较弱，学生就业较难。针对这种情况，特色型大学要围绕自己已有实力较强的特色学科建设新的、有特色的学科群。也就是说，新增的学科和专业要尽量与传统特色学科和专业密切联系起来，培养特殊行业所需的专业人才。对于那些无法与原有特色学科和专业相结合，而又实力较弱，缺乏市场竞争力的专业，该停办的就得停办。

第四，着重提高学生的综合素质。随着社会的发展和学科的分化和综合，专业领域的问题越来越复杂，越来越需要多方面的知识和能力，专业人员的培养仅仅拥有某一领域的专门知识是很难面对未来社会发展的。各国教育也都十分重视对学生进行"多面性"的培养，如法国大学校就对工程技术人员进行多科性的综合技术培养，使他们不仅能适应企业的技术和经济需要，熟练地解决本专业的问题，还可以解决传统上由社会学家所处理的问题。美国国家科学、工程与公共政策委员会于 1995 年发表的《重塑科学家与工程师的研究生教育》报告中指出，"一个人过分集中于某一分支领域，将使其后来的研究成果受到限制，并且影响其职业的选择"，"过分狭窄的教育经历"将会使研究生适应"后来的中途职业改变"非常困难，"特别是对非传统型的工作领域"。因此，"研究生计划应强调多方面才能的（versatility）教育"，应"提供一个更宽的学业选择范围"，"使学生能获得更广泛的学术知识和职业技能"，这一点对我国特色型大学的人才培养具有重要的借鉴价值。特色型大学应在重视搭建通识课（公共课、专业基础课）教学平台的基础上，强调应用型人才的培养。已经办成多科性的院校，要充分发挥新增学科的作用。一方面，按照"强调基础、注重融合、拓展视野、开阔胸襟"的要求，通过学科间的综合设置通识教育课程，保证课程结构合理，层次规范，基础平台得到进一步拓宽，使学生的知识转换与迁移能力得到进一步加强，为学生的后续发展加宽与夯实基础；另一方面，从应用型人才培养的实际要求出发，增加复合类、应用类课程的比重，设计不同的课程模块，通过分流不断增强学生的适应性，逐步提高应用型人才的培养质量。

高等教育要分类发展。科学定位是健康发展的前提。特色型大学应在研究自身优势、劣势以及高等教育发展规律的基础上科学定位，在科学定位的前提下制定学校的发展战略，并进而规划学校人才培养、科学研究和服务社会的取向，在高等学校的竞争中走分类发展、特色发展的道路。

高校办学应避免同质化[①]

评价体系中,最重要的衡量参数是学校规模、层次和学位点数量,由于评价标准单一,高校之间实际上比的是"大",而不是"学",这也导致了高校盲目求大求全。要克服同质化,让高等教育科学发展,任重而道远。

近年来,高校出现了同质化问题。首先表现在高等职业教育与普通高等教育的同质化。许多高职院校想"专升本",升本之后想招硕士,招了硕士又想招博士,最终都想办成研究型名校。这样就造成了"千校一面"的现象,大家都在一条道上走。

同质化更严重的表现是本科高等院校由于扩招和合并,许多院校规模求大,专业设置求全,行业特色型高校的特色专业被"稀释"了。以前的地矿院校专门搞地矿,农林大学专门研究农林,各有特色。但现在很多高校,不管名字是叫政法或者理工,都朝着学科齐全的方向努力,专业设置也差不多。大多数院校都有英语专业、计算机专业、财经与会计专业,全国居然有1 400所高校设有艺术类的专业,占全国高校(包括高职)的60%。原来这些院校也许还能集中力量研究一些特色学科,现在成了什么都有的大学,反倒把原来的优势给"冲淡"了。

同质化办学倾向也带来教材的同质化。笔者曾到安徽的一所地方应用型学院,校长诉苦说,现在的大学教材雷同,差不多都是几所研究型大学的教授编写出来的,很高深,对面向地方、培养应用型人才的本科院校不适用。他

---

① 原载《中国教育报》,2011年7月4日第2版。

们后来自己组织了一批同类大学编了一批教材，比较实用。不同类型的大学应该有不同类型的教材。当前最缺少应用型的毕业生，因此，应用型教材的编写应该是当前的重点之一。

造成同质化的原因很多，现行的高等院校考评模式和评价标准存在问题。评估体系基本上是根据精英教育、研究型大学的标准来设定的。虽有所修改，但仍是着重于学术评价。评价体系中，最重要的衡量参数是学校规模、层次和学位点数量，由于评价标准单一，高校之间实际上比的是"高"与"大"，而不是"学"，这也导致了高校盲目求大求全。另外还有行政管理的问题。高职院校是副厅级，本科是正厅级，如果学校进了"985工程"，可能就是副部级，不仅仅是领导地位提高，整个学校的地位也提高了。

高等教育的同质化导致高校所培养的人才与社会所需求的人才不相适应。社会所需要的人才是多样化、多元化的，而高校所培养的人才是单一化的。社会需要科学家、理论家，但也需要大量的能把理论转化成实践的工程技术人才，还需要更大量的把蓝图转化成产品生产、建设、管理、服务第一线的技能型人才，如果应用型、职业型教育没受到应有的重视，必将影响社会经济的发展。

要克服同质化，让高等教育做到科学发展，任重而道远。应坚持多层次发展。现有的124所"211工程"院校，可以算作是研究型、学术型大学，可将其作为龙头；其他几百所本科院校可以成为应用型大学，培养国家需要的大量应用型人才，作为中坚力量；还有1 000多所高职院校可以培养技能型人才，作为基础。要敢于坚持特色发展。笔者曾赞同南京审计学院坚持自己的审计特色，不要成为财经类多科性学院，因为南京已经有多所很好的财经类院校，如果南京审计学院再改成财经类院校，也可能会失去特色，还不如坚持下去。现在这所学校作为一流的审计院校，也是全国唯一一所审计院校，学生就业情况很好。

对《应用型高等教育研究》的期望[①]

中国高等教育从精英化阶段进入大众化阶段,以综合大学为主的学术型高等教育仍存在并继续发展与提高,但承担大众化高等教育发展任务的主力则是应用型高等教育。然而,在"重学轻术""重学术轻应用"的传统思想影响下,人们对应用型人才培养的重要性认识不足。虽然从 21 世纪初,甚至于 20 世纪 90 年代,就有高教研究者提倡并研究应用型高等教育,但影响甚微。大多数高等学校,包括新建本科院校,甚至不少高职高专,仍以传统的学术型高等教育作为发展目标,以"985 工程"大学作为参照,规划发展战略。千军万马走独木桥,脱离社会的实际需要。高校所培养的人才就业困难,各行各业所需要的人才招聘不易。近年来,为适应产业转型发展的新形势,国家号召新建本科院校向应用科技转型。不少院校,表面上响应,实际上徘徊;即使转型目标明确了,也还存在体制机制的转制、课程教材的转换、教学过程与教学方法的转变,以及"双师型"教师队伍的建设等实际问题。

合肥学院自 21 世纪初建校以来,就确立了"地方性、应用型、国际化"的办学定位,借鉴德国在高等教育大众化阶段新建的科技大学的理念和经验,进行了卓有成效的应用型教育教学改革,培养了一批适应社会需求的应用型人才。在应用型高等教育实践的基础上,合肥学院进行了多年的经验总结与理论研究,已出版了《地方本科院校应用型人才培养的理论与实践探索:以合肥学院为例》等多本专著,《应用型高教探索》内部刊物已经刊发多期,并

[①] 原载《应用型高等教育研究》,2016 年第 1 卷第 1 期。

在《合肥学院学报（自然科学版）》开设了"应用型高等教育研究专栏",从而拥有雄厚的研究力量和德文翻译人才。去年又建立了"中德教育合作示范基地",即将合作编辑出版《应用型高等教育研究》中德双语文本的教育期刊。相信这一期刊的公开发行,必将对大众化以至即将到来的普及化高等教育起推动作用,对于高等教育研究领域也将具有重要的历史意义。

这是我衷心的期望。

民办高等教育
潘懋元文集
PANMAOYUAN WENJI

在西子湖畔（1955年）

关于民办高等教育体制的探讨[①]

民办学校，实质上相当于私立学校。中国的私立高等学校，在中华人民共和国成立初期，经过接收、调整，全部改为公办或合并于公办院校，30多年来，中国不复存在民办高等学校体制。随着经济体制的改革，多种所有制经济成分的发展，民办高等学校的出现与发展不是不可能的，事实上已经出现了。因此，重新探讨民办高等教育的体制问题，在社会主义初级阶段教育体制改革中，是有现实意义的。

一、历史与现实

私立高等教育的历史，在中外高等教育发展史上，是同公立高等学校平行并存的。它的发展，有时比公立高等学校还要快，并且起着相互促进的作用。当今不论发达国家或发展中国家，私立高等学校都为数甚多，如美国为54.4%（1983年）、日本为75.6%（1985年）、菲律宾为72.4%（1980年）、印度尼西亚为92.8%（1985年）。其中不乏学术水平高的大学。1937年，私立大专以上学校47所，占当时全国高等院校的51.6%；抗战后期，由于新设许多省立院校，私立院校虽也增至79所，而比例反而降为38%。中华人民共和国成立初的1950年全国高等院校有227所，其中公立138所，私立89所，私立占全国高等院校的39%。由此可见，无论中外，私立高等教育体制在高

---

① 原载《教育发展研究》，1988年第3期。

等教育中都占有重要的地位，起过一定的作用。

但在高等教育发展过程中，私立高等学校往往不是一开始就被政府认可的。我们暂不谈欧洲中世纪大学和中国宋代私人所设书院，仅以近代高等学校为例来说：日本明治维新之后，就有许多私立高等院校，其中如早稻田大学、庆应大学等，学生数量、学术水平，都不亚于一般公立大学，而政府长期采取不认可、不扶持的态度，直至1903年公布的《专门学校令》，才承认私立专门学校的社会地位，但仍不承认私立大学的地位；"早稻田骚动"之后，1918年公布的《大学令》，才在法律上承认私立大学与公立大学有同等的地位，但仍限制甚多。20世纪70年代，由于经济高速发展的需要，1972年公布的《高等教育促进法》，完全改变了不扶持的态度，规定了政府对私立高等院校有扶持资助的责任。中国清末兴学，私立高等学堂的创建并不迟于公立的，且一度在数量上多于公立大学，而《奏定学堂章程》，并无私立高等学校的地位。光绪三十二年（1906），有的私立大学申请立案，清政府竟以无此规章，着令"毋庸立案"，听之任之，辛亥革命后，1912年的《大学令》，才正式承认私人可办大学，并先后公布了《公立私立专门学校规程》和《私立大学规程》。

1951年，我国根据收回教育权的政策，全部接收了接受外国津贴的教会大学。1952年，经过院系调整，其他私立大学也全部改为公办或合并于公立院校。至此，中国私立高等教育体系不复存在。由于这两项措施接踵而至，人们往往混为一谈，以为私立院校改为公办，都是出于政治原因，从而认为社会主义国家不应有私立高等教育体制。30多年来，我国不复存在私立高等教育体制，是由经济体制所决定的。长期以来，我国的所有制经济结构基本上只有全民所有制与集体所有制，而集体所有制一般处于生产力水平很低的农村经济，没有办高等学校的财力，也没有自办高等教育的要求，私立高等教育体制不可能重新出现。这就是说，并不是社会主义社会的性质不容许办民办学校，而是作为民办高等教育的经济基础，即全民所有制以外的其他经济成分，缺乏举办高等教育的需要与可能。集体所有制经济，一般也只能资助小学或初中，主要用于修建校舍、添置设备、支付民办教师的工分和补贴，可以说是"公办民助"。因而高等学校只能由中央、地方和各业务主管部门拨款举办，形成三级办学体制（中央、省市、地市）和四级管理体制（教育部直属、各业务部门所属、省市所属、地市所属）。而这些高等院校，无论就其管理体制或经费来源说，都是公办的。

经济体制结构，或快或慢，总要反映到教育体制结构来。党的十三大报告指出，社会主义初级阶段的所有制结构，"要在以公有制为主体的前提下发展多种经济成分，在以按劳分配为主体的前提下实行多种分配方式，在共同富裕的目标下鼓励一部分人通过诚实劳动和合法经营先富起来"，由于城乡合作经济、个体经济和私营经济的发展，更由于这些经济成分在生产力水平上的提高，民办高等学校的出现与发展就有其必然性。事实上，这种民办高等学校已经大量出现，不过一般多属于国家不承认其学历的补习性或辅导性的成人高等学校。而在教育体制上，至今尚无民办高等学校的明确地位。

二、民办高等教育的意义

民办高等教育，作为一种教育体制，对于发展高等教育事业、培养社会主义现代化建设人才，具有现实意义。

（一）有利于鼓励社会各方面力量集资办学，广开财路，增办高校

这是发展民办高等教育最基本的意义，也是世界各国私立高等学校存在与发展的基本意义。去年在日本举行的亚洲第三届国际高等教育研讨会，议题是"亚洲高等教育系统中的公立和私立体制——问题与展望"。在研讨会上，尽管有许多不同的观点，但对于私立高等教育利用私人资金补充国家财力不足，解决高等教育机会均等问题，大家的意见是比较一致的。我国高等教育经费，多年来只靠国家或地方的财政拨款，这种单一的教育投资结构，国家财政负担很重，而且高等教育的发展也受到很大限制。党的十三大报告指出："随着经济的发展，国家要逐年增加教育经费，同时继续鼓励社会各方面力量集资办学。"这一决策是正确的，问题在于如何更好地鼓励社会力量筹集教育资金。近年来，我们采取了多种方式，如学校与有关部门或单位联合办学。高等教育承担委托代培大学生，鼓励社会团体、企事业单位以及公民个人捐资助学，尤其是鼓励热心教育事业的海外华侨、港澳同胞回乡捐资办

学，收到了一定的效果，如汕头大学、宁波大学，就是这样办起来的。但是，由于我国尚不存在民办高等教育体制，这些集资，只能用于公办院校，作为"公办民助"，因而所集资金终属有限，捐资助学与投资自办，对于出资办学者的心理来说，在责任上、权益上有所不同，因而其责任心、积极性也有所不同。美国1981—1982年度一项公私立高等学校收入情况的统计材料表明：公立院校从私人和基金会所得到的资助仅占当年总收入的3.2%，而私立院校则达14.6%。因此，发展中国家为了较快发展高等教育以满足社会需要，多采取发展私立高等教育的途径。例如印度尼西亚在1950年以前，全国没有一所私立大学，20世纪50年代虽增办了一些地方公立大学，仍然远不能满足中学毕业生升学的要求。1962年公布《高等学校法》，采取鼓励私人办学的方针，高等学校数量激增。1985年公立院校仅有44所，而私立院校竟达570所。这些院校虽然规模较小，但也容纳了全国2/3以上的大学生，达65万人。1983—1988年的五年计划，要求大学生达到160万人，计划公立院校承担1/3，私立院校承担2/3。据学者预测，私立院校完成任务不成问题，公立院校则承担不了。我国经济体制结构，不同于印度尼西亚，也不同于其他资本主义国家，公有制在所有制结构中是主体，但在社会主义初级阶段，非全民所有制的其他经济成分无疑将会迅速发展，从而民办高等教育的较快发展，也就有了经济基础。

（二）有利于调整高等教育结构，适应社会主义现代化建设的需要

我国高等教育的层次结构、专业结构比例失调，课程、教材脱离实际，是当前高等教育改革的实质性问题。近年来，经过多方面努力，结构失调、脱离实际的问题，有所调整和改善。但是，由于公立高等学校由国家拨款，而拨款的依据主要是按学生人头计算，加以统一招生，统包分配，这就很难引进市场机制来主动调整、改善，使之及时反应人才市场需要。而民办高等学校的经费，主要依靠学生收费，愿者前来，不包分配，人才市场的信息反馈比较及时；又由于民办高等学校拥有较多的自主权，条条框框限制较少，新办学校本身的包袱很轻，办学者对于适应市场机制的主动性、积极性高，从而可以灵活机动地及时调整专业、课程以及学习年限，主动适应社会需要。例如，当前人才市场需要技术人才、职业人才，民办高等学校就以培养技术

性、职业性人才为主；农业、企业需要大量专科水平人才，民办高等学校当前就以培养专科水平人才以及各种短期培训班为主。这种灵活机动的特点，公立院校尤其是传统大学是难以做到的。

（三）有利于开发智力资源，征聘所需师资

当前公立高等学校，受人事劳动制度条条框框的限制和终身制的影响较多较深。虽然正在大力推行聘任制，但积重难返，实效不大。一个突出的问题就是需要的人才进不来，不需要的人员出不去。人才很难流动，师资结构很不合理。民办高等学校，人事劳动制度的条条框框限制较少，传统习惯较轻，征聘教师，凭合同、聘约办事；不存在终身制以及照顾家属等问题，人才易于流动。据关于北京市民办高等教育的报道，民办中华社会大学，公开征聘教师，几年来应征者1 600人，受聘者300人，其中高级职称的达40%，比重点大学的比例还高。① 当然，其他地方不一定像北京那样人才荟萃，但在充分发掘社会的智力、潜力，开发智力资源等方面还是有有利条件的。

除了上述三点意义之外，有些资本主义国家的学者还认为私立大学的发展，有利于开展民间的竞争，提高办学效率；有利于实现"教育自由原则"，提高教育质量；等等。这些，尚待结合中国国情，进一步探讨。

三、民办高等教育的若干问题

建立民办高等教育体制，需要探讨下列问题：

（一）民办高等教育的性质问题

民办教育的性质问题，是建立民办高等教育体制的首要问题。公有制以外的其他经济成分，是社会主义初级阶段所有制经济结构的组成部分，是否可以由此推论建立在非公有制经济成分基础上的民办教育就是非社会主义的性质？教育是人的培养而不是物的生产，是对人的思想意识施加影响的活动而不是经济活动。因而民办教育是否为社会主义性质，似乎不能就此简单地

---

① 杨智翰. 不用国家经费依靠社会力量培养人才：民办高等教育显示生命力［N］. 光明日报，1988－01－08（01）.

直接推论出来。

上文说过，民办学校，实质上相当于私立学校，但范围宽窄有所不同。1929年中国公布的《私立学校规程》规定："凡私人或私法人及外国人和宗教团体设立的学校为私立学校。"民办学校，则仅指公民私人或私法人所办的学校，也即相对于公办学校而言。它不同于公办学校的基本点有二：①它是由公民私人或私法人所设立的，由设立者根据法律规定组织董事会，由董事会聘请校长负责学校行政工作，而不是由政府所委派的校长管理学校；②由设立者筹集学校资金，而不是依靠政府和拨款。上述两点，前者并非绝对的，因为董事会所聘请的校长，一般要得到政府教育主管部门的同意，必要时也可由政府委派校长；后者才是私立学校的本质特点。但一所学校的性质，并不完全以经费的来源划定，而是决定于办学方针、教育宗旨，以及体现方针、宗旨的教育内容、教育方法、管理制度。在资本主义社会中，私立学校不可避免地要受教育投资者的意愿影响。但各国关于私立学校的法规都有规定，必须遵守国家的教育宗旨和教育法令。也就是说，公私立学校同样纳入国家的教育体系之中，同样受国家的方针政策所制约，并不因其为私立而可以各自为政，自行其是。中华人民共和国成立前的私立学校不因其为私立而可以开设宗教课程（但容许在课外进行自愿参加的宗教活动），资本主义国家的私立学校不因其为私立而可以公开宣传共产主义。社会主义社会的民办学校，完全可以也应该纳入社会主义教育体系之中，从而决定其性质是社会主义的。

《中华人民共和国宪法》第十九条规定："国家鼓励集体经济组织、国家企业事业组织和其他社会力量依照法律规定举办各种教育事业。"各种教育事业，理所当然地包括高等教育事业。《中共中央关于教育体制改革的决定》也有相应的规定。实际上已经存在的民办小学、民办成人教育，并不因"民办"而改变其社会性质。《北京市社会力量办学试行办法》指出："社会力量办学是社会主义教育事业的组成部分，是国家、集体组织和企业事业单位办学的必要补充。"这是正确的。

（二）民办高等学校的质量问题

这是一个大家最关心的问题，也是一个有意见分歧的问题。在亚洲第三届国际高等教育研讨会上，与会各国代表，从本国的情况出发，有的认为私立大学经费困难，设备不全，政府管理不严，质量普遍比公立大学低。日本历史上对私立大学迟迟不予正式认可，也正是出于这种传统的偏见；有的则认为正是由于政府干预较少，私立大学能够实现"教育自由""自由竞争"的原则，不但有利于提高自身的学术水平，而且有利于刺激公立大学提高质量。他们列举了许多世界知名的私立大学作为例证。更多的代表认为私立大学的质量，有低有高，不可一概而论。我的看法：①如何衡量高等学校的质量标准，如果按照传统的质量标准，以学术水平来衡量，除一些名牌的、历史悠长的私立大学外，多数国家的大多数私立高等学校的质量是偏低的；但如果从适应市场机制出发，私立高等学校尤其是规模较小、历史较短的私立高等学校，由于比较灵活、包袱较轻，能够及时根据市场信息反馈，调整专业结构与课程结构，并且着重于技术性、职业性教育，能够培养出更好地适应社会需要的人才。②私立高校间的质量有差距。从事实看，不论世界大多数国家，或中华人民共和国成立前的中国，私立高等学校质量都是有高有低。一般说，它们之间的差距远较公立高等学校之间的差距为大。③要有严格的管理制度。如果没有严格的管理，则有些私立高等学校的质量，可能达不到最低规格。资本主义国家以及中华人民共和国成立前，都有一些以营利为目的的"学店"，其质量的确是无法保证的。因此，国家必须有相应的质量管理措施。至于在严格管理下出现多种质量规格（多规格不等于无规格），则未必不是好事，可以适应社会的不同需要。总之，质量偏低不是民办高等学校的必然现象。

（三）民办高等学校的经费问题

民办高等学校的经费来源，主要是办学者的捐资、学生的学费以及学校自身的其他收入。各国对私立高等学校的认可（注册、立案），都有关于办学资金的具体规定。有的规定申请设立私立大学，必须是财团法人。1929年颁布的《私立学校规程》规定：专科以上的私立学校申请立案，必须有大学规程所规定的开办费和常年经费，开办费和第一年经费必须以现款照数存储银行。这些，都是保证私立高等学校经费的必要规定。私立学校之所以称为"私立"，实质性的特点也就是由办学者自筹资金。因此，《北京市社会力量办学试行办法》提出"办学经费自筹"，原则上说是对的，但在办学过程，尤其是在发展过程中，似乎不应理解为政府不给予必要的资助。各国私立学校的规程、条例，一般都有政府资助的规定。如上述日本1972年所颁布的《高等教育促进法》、美国1965年制定的《高等教育法》，都规定政府对私立院校提供一定的资助。政府对私立院校的财政拨款，也都列入教育经费预算之中，并占有一定的比例，如日本文省1984年补助私立学校经费3 000多亿日元，占该财政年度的教育经费预算的6.5%，① 该项经费81%用于补助私立大学；1981—1982年美国全国私立大学的总经费约16.9%是由联邦政府资助的，而当年公立大学（主要为州立大学）从联邦政府所得到的资助仅占总经费的11.4%。② 中华人民共和国成立前，从1934年起，就有政府补助私立大学经费的明文规定，当年接受补助的私立大学15所；抗战期间，有的私立大学经费来源断绝，师生员工的生活费补助，与公立大学同等。解放区的民办教育，则进一步提出了"民办公助"的原则，指的是"群众自己办，政府则在物质上予以补助，在方针上加以指导"，并认为"民办不能和公助分离"。③ 所以，关于民办学校的经费来源，确切说，是以自筹为主，政府给予必要的资助。当前如发展民办高等教育，公有制以外的社会财力，远不如资本主义国家财团资财雄厚，个人的财力更为有限；学生收费，则必须考虑一般工资收入者的承受力。所以，政府一定的资助是必要的。至于资助的方式，可以是直接拨款，指定用途，也可以间接资助，即减免税或无偿拨给土地，对贷款、基建、设备给予优惠条件。

（四）民办高等学校的管理问题

各国对私立高等院校的管理，宽严不很一致。如泰国11所大学部管辖的私立院校，就比非大学部所属的公立院校的管理还更严格；菲律宾800多所私立院校，政府则很少过问也难以过问；美国的私立院校，由各州政府管理，宽严也很不一致。原则上，私立高等院校，都要置于政府教育部门的管理之下，政府也只能通过拨款来控制私立院校，拨款多则控制严，拨款少则控制

---

①② 国家教委教育发展与政策研究中心. 七十国教育发展概况（1981—1984）[M]. 天津：天津教育出版社，1986.

③ 教育科学研究所筹备处. 老解放区教育资料选编[M]. 北京：人民教育出版社，1959.

宽。因此，有的私立院校，宁愿少接受政府的资助以保持较大的自主权。控制与反控制，是资本主义国家私立高等学校经常议论的问题。我国如果建立民办高等教育体制，那么不言而喻在教育方针、教育目的、培养规格、课程教材、教育基本设施和管理基本制度等方面，应当按照国家有关教育法规办理并受教育管理部门的监督。但由于是自筹经费，学校关于经费的支配、教师的聘退，可以有较大的自主权。这一点，也正是当前改革开放中，民办高等院校的优势所在。总之，对于民办高等院校，既要在目标、质量上严格管理，又要在人事、财务上不要干涉过多，以利于民办高等院校的搞活与发展。因此，对民办高等教育，应当适时立法。立法的意义不在于限制，而在于扶持、引导。在政治上要与公立院校一视同仁，在政策上要明确界限，以便将民办高等教育纳入国家教育体系中，确定其社会性质，确认其社会地位，引导其向正确的方向健康发展。

发挥社会力量，举办各种教育事业，是我国宪法和《中共中央关于教育体制改革的决定》所明确制定的办学方针。对于高等教育，既可以继续通过捐资助学的方式来实现，也可以通过民办院校的方式来实现。多种方式，有利于更好地发展我国的高等教育事业。

民办高等教育体制的建立，是社会主义初级阶段教育体制改革中的新问题，有许多认识问题和实际问题需要解决。首先要改变人们几十年来形成的社会主义学校只能公办的观念，使我们的认识能与改革开放的新形势相适应；其次要论证它的必然性与可行性，以指导民办高等教育的实践；还必须持慎重态度，通过试验，使之逐步完善。

立法：私立高等教育发展的保障[①]

私立高等教育立法，指的是一个国家或地区制定出明确的法律条文，用以规范人们在私立高等教育办学活动中的行为。它体现了国家发展私立高等教育的意志。它既是现实中存在着的私立高等教育内外部各种关系的反映，又是对这些关系的调节。

半个世纪来，由于经济与科技的发展，社会对高等教育的需求剧增，而各国政府对高等教育的投资，往往不能满足这种迅速增长的需求。解决这个矛盾的有效途径之一就是发展私立高等教育。尤其是发展中国家，这条途径显得更加重要。因此，"二战"以来，亚太地区的大多数国家与地区，私立高等教育有了迅速的发展，在发展过程中总结了许多经验，以立法的形式确定了下来。

中国的私立高等教育（习惯上称为民办高等教育），是20世纪80年代以来随着经济体制的改革与国民经济的发展才重新出现的。一经出现，发展就很快，但相应的法规尚不完备。1990年国家教委委托我们（厦门大学高等教育科学研究所）进行"民办高等教育立法的前期研究"。我们根据中国国情，调查私立高等教育的历史与现状，比较世界一些国家的有关法规，深感立法在保证私立高等教育质量、促进私立高等教育健康发展上的重要性，但也发现面临着一大堆复杂的问题。下面就私立高等学历教育方面谈有关立法问题。

---

① 原载《高等教育研究》，1996年第1期。作者：潘懋元，魏贻通。

一、私立高等教育立法所面临的若干问题

私立高等教育立法所面临的复杂问题，有的是中国特殊的问题，有的可能在其他国家也存在着。

1. 办学宗旨

公立高等教育机构是国家（包括地方）政府所举办的，国家有其比较明确的统一的办学宗旨。私立高等教育机构的举办者是社会不同的阶层或集团。虽然同公立学校一样应当遵守国家的教育方针和法规，但允许有相对特殊的办学宗旨、办学思想、运行机制、经营方式，不可能也不应当完全套用公立高等教育机构的办学模式和管理方法来规范私立高等教育办学活动中的行为。

2. 独立性与自主性

私立高等教育机构有相对的独立性与较大的自主性，它的好处是能够灵活机动地适应社会的实际需求，但也容易导致过分迎合劳动力市场的暂时性需求或投学生之所好，产生短期行为，冲击国家的人才培养规划，造成专门人才的学科专业结构比例失调。

3. 发展速度

私立高等教育的发展，在资金投入方面，虽主要依靠自筹，不致过分增加国家财政负担；但如发展过快，人才产出过多，超过劳动力市场在一定时期对于高级专门人才的需求，导致人才失业率提高，势必影响社会的安定。

4. 教育质量

对于私立高等教育，国家的干预较少，但来自资助办学的企业界和其他方面的干预势必增加，使得学术核心不容易抑制外界的某些消极的压力，不能按教育规律办事，降低教育质量。

5. 教育经费的不稳定性

私立高等教育机构必须有足够的开办费，方能获得批准。但维持办学的经费，其稳定性不如公立高等教育机构。如果发生难于维持的情况，国家是否应当提供大量的资金资助，是一个有争论的问题。

以上只是我们在立法研究中所遇到的一部分复杂问题而已，当然还有许多问题，就不一一列举了。

二、私立高等教育立法要点

各个国家与地区,虽然社会制度与教育制度不同,但在高等教育立法上,都有一些应当强调的要点。以下从中国私立高等教育立法研究中,提出若干应当注意的要点。

1. 必须明确私立高等教育的社会性质,确保其与国家的社会制度相一致

中国是社会主义社会,公、私立高等教育,都必须坚持社会主义办学方向。不管是谁办的,有什么特殊的宗旨,都必须贯彻社会主义教育方针,遵守国家的宪法和法律。事实上,不论哪个国家或地区,也都有这一要求,都不允许学校违反各自国家的制度和法律,都要求所有学校遵守国家的基本教育方针政策。法国大革命后,资产阶级政权关闭了 22 所中世纪建立的大学,其后拿破仑又将大革命后建立的新型高等学校进行改造,纳入了拿破仑政权所控制的"帝国大学"体系之中;美国独立后立即收回私立院校特许状的签批权,这些都是为了保持与社会的经济政治制度相一致。

2. 必须尊重私立高等学校的相对独立性、自主性和灵活适应性

公立高等学校是由政府举办并以财政拨款作为学校经费的;私立高等学校是由私人或私人团体集资举办的。私立高等学校在遵守教育方针与国家的法律前提下,应当具有较大的独立性与自主性,才能使办学者有更强的积极性与责任感,充分发挥它的灵活性,以追踪人才市场的需求,及时调整自己的行为,办出自己的特色。独立性、自主性与灵活的适应性,是私立高等教育的优势所在,也是发展私立高等教育的动力和活力所在。

3. 公平对待,鼓励竞争

私立高等学校,除了主要投资渠道不同之外,国家应当同公立学校一样,公平对待:学校及其师生,享有平等的法律与社会地位;经批准建校的私立高等学校,其学历证书具有与公立高等学校同级同类学历证书的同等效力。在提高教育质量、从事科研工作、参与社会活动上,鼓励公、私立高等学校平等竞争;私立高等学校做出成绩,给予同样的表扬。这样有利于整个高等教育事业的发展与提高。

4. 必须明确责任

在立法中，要明确规定私立高等学校举办者、办学者的责任和国家对私立高等学校应负的责任。国家不但应负审批、管理、监督的责任，而且应负引导与支持的责任，例如用拨款方式或设置奖学金、助学金来引导私立高等学校的专业调整和科研方向，通过拨给土地、仪器设备以及直接的拨款方式来支持私立高等学校办学，使之能够更好地发展。

5. 建立评估制度

国家对私立高等学校，既有管理、监督的责任，但不能像对待公立高等学校那样，过多干涉。有效的监督与引导的方式是建立评估制度。由教育主管部门制定评估准则和实施细则，组织评估小组，定期进行评估。有条件的还可以从主管部门的评估过渡到社会组织的评估。评估制度的建立，不仅有利于引导与监督，更重要的是可以起激励的作用。

立法的要点很多，以上只是从中国的情况出发，提出需要特别强调的若干要点。

三、私立高等教育立法中有待探讨的问题

在立法研究中，就一些令人困惑的问题，提出自己的见解，以待进一步研究。

1. 同等水平与不同条件的问题

同级同类的公、私立高等教育，它们的教育质量、教师资格、学生入学条件、学历证书等，应当达到同等水平。但在办学条件上，公、私立往往差异较大。一般情况（不是所有情况），私立高等学校的学校经费、校舍设备、教师待遇往往低于国家投资的公立高等学校，而学生收费又大大高于公立高等学校，从而生源质量也较低。尤其是办学之初，不能按照公立高等学校的设置标准来要求，只能从满足教学基本需要出发，实事求是地予以确定。当然，在办学过程中，应当逐步改善条件，使之达到或接近公立高等学校的一般水平。

2. 保障与限制的关系

立法应当立足于保障，但法规条文又往往提出许多限制条款。有必要树

立这样的观点：合理的限制就是保障。如果没有必要的限制，放任自流，就会出现"学店""文凭工厂"之类的私立学校，教育质量得不到保证，私立高等教育事业也就很难发展。因此，一方面，立法者在制订限制条款时，应当持积极的保障、支持的态度而不应当持消极的压制态度；另一方面，守法者在理解限制条款时，应当持遵法、合作的积极态度而不应持消极的抵触、回避态度。

3. 如何理解非营利性的问题

教育是公益事业，大多数国家的立法都明确规定私立高等学校不得以营利为目的。也有的国家认为公益性与营利性可以并存，以营利目的来刺激办学的积极性，从而更好地实现它的公益性，只是营利性的私立高等学校应当纳税。但这样势必大幅度增加学生的学费负担，且容易滋生不良行为，也将影响教育质量的提高。中国的教育法明确规定"不得以营利为办学宗旨"，这是符合教育事业的社会性质的。但不得以营利为目的，不等于学校不得从事营利性活动。公立高等学校，尚且可以通过营利活动筹集经费，何况私立学校。应当像对待公立高等学校一样允许私立高等学校进行正常的营利活动，并且允许向学生收取较高的学费，但是一切收入，都应充作教育经费，用以支付教职工的工资和学校开支，提高教职工的待遇和改善办学条件，不得作为举办者私人的利润。

对发展民办高等教育若干问题的认识[①]

我国民办高等教育,重现于20世纪80年代中期,1992年以来,发展迅速。如今在校数上,已同全日制普通高校和成人高校,鼎足而立,三分天下有其也。新近发表的《中共中央国务院关于深化教育改革,全面推进素质教育的决定》明确提出"在发展民办教育方面要迈出更大的步伐"。可以预见,进入21世纪,我国的民办高等教育将有大的发展,但在发展的道路上,也会有诸多具体问题需要解决,我们应该以观念的转变为先导,积极探索民办高等教育发展新机制。

一、能否尽快明确民办高等教育是我国高等教育事业的重要组成部分

1993年原国家教委发布的《民办高等学校设置暂行规定》对民办高等教育的定位是"我国高等教育事业的组成部分"。这在当时,从不提倡到正式承认是一大进步,但"组成部分"的提法失之笼统,可能有不同的理解。因此,在实际操作上,是作为次要部分而被"严格控制"的。这在当时可能是顺理成章的理解。因为1993年的《中华人民共和国宪法》规定:"个体经济是社会主义公有制的补充。"但今年的宪法修正案已将这一条改为:"个体经济、私有经济等非公有制经济,是社会主义市场经济的重要组成部分。"这一修正

[①] 原载《中国高等教育》,1999年第13、14期。

案的要点有二：其一是个体经济、私有经济等非公有制经济也具有社会主义的属性；其二是明确其为"重要组成部分"。那么，与个体经济、私营经济密切相关的民办（私立）高等教育，是否也可以定位为社会主义高等教育事业的重要组成部分呢？这样的定位，可能较符合于今天已有1 200多所民办高校，拥有100多万学生的实际；也符合于未来民办高等教育进一步发展与提高的前景。同时，也显示国家所制定的"积极鼓励、大力支持、正确引导、强加管理"政策的正确性。

理论上定位正确、明确，在实践上有重要的意义。如果早日将我国民办高等教育定位于中国社会主义高等教育事业的重要组成部分，那么，某些对民办高等教育的限制性的成文或不成文的规定就应做适当调整。例如，民办高等教育属于成人教育系统；民办高等教育限于专科层次；民办高校招生排在第四、第五批或只能招收落第生；只有157所民办高校的9.4万学生可参加学历证书考试，而经省、市政府批准的1 095所民办高校的119万学生不在全国大学生统计数中；等等。

国外对短期大学、社区学院，在层次上也有所限制，但未听说过对私立大学也有诸多限制。私立大学同公立大学一样，既可办专科，也可办本科，还可以招收硕士生、博士生，可以成为一流大学。当然，当前中国民办高校，由于办学时间短，大多数师资、经费、设备等条件远不如公立高校。着重办专科层次的高等职业技术教育，是符合于当前实际的，但似乎不宜于把民办高校都定位于专科层次，定位于职业技术教育，限制所有民办高校进一步发展、提高，也应允许民办高等教育办普通高等学校。

二、积极发展民办高等教育，是实现高等教育大众化的必由之路

高等教育大众化是世界高等教育发展的趋势。据联合国教科文组织于世纪之交所提出的一份《关于高等教育的变革与发展的政策性文件》的统计，1998年世界适龄青年（18~23岁）的高等教育毛入学率为18.8%，其中发达国家为40.2%，发展中国家为14.1%。而中国截至1997年才只有7.6%（将高等教育自学考试毕业生数加权计入，也只达9.1%），与发展中国家的平均

水平还有很大距离。为了满足人民日益增长的文化教育的需要，为了提高国家的综合国力，为了迎接世纪知识经济时代的来临，我国政府已制定了科教兴国战略，而高等教育大众化是实施科教兴国战略的必由之路，发展民办高等教育，又是高等教育大众化的必由之路。

我国高等教育大众化困难重重，最大困难是国家对高等教育经费投入不足和高等学校毕业生就业困难，还有师资、设备、校舍等教育资源的增长速度一时难以满足大众化的需求。发展民办高等教育，相对于公办高等教育，这些难题较易解决：其一，民办高等教育一般不需国家财政拨款（"民办公助"高校，也只要少量财政资助），只要给予适当的政策，就可以通过投资、收费等渠道，获得社会、家庭的投资。其二，民办高校毕业生政府不包分配，他们也较少"大学毕业当干部"的思想。更由于办学者重视人才市场信息，有较大的自主权适时调整专业或专业方向，较易适应社会需要，也较易开辟大学生通向农村的道路。即使一时解决不了就业问题，对政府的压力、社会安定的影响也较小。其三，民办高校可以积极利用社会上的教育资源办学。例如，聘请部分退休教师、工程师充实师资队伍，利用科研机构的实验室和工厂的实习场所以弥补设备的不足。

正因为有这些有利条件，大多数国家，尤其是发展中国家在大众化过程中，私立高等教育的发展都十分迅速。例如，据1994年统计资源，印度尼西亚的高等学校私立的占86.6%，学生占66.7%；韩国，私立的占82.2%，其中初级学院学生占95.9%，大学学生占74.8%；而印度，早在1988年私立的高等学校就约占73%，学生约占57%。即使是经济发达国家，也大量发展私立高等教育以达到大众化、普及化。例如，日本的大学，1994年私立的占73.6%，学生占73.4%。美国的高等学校，1997年4年制的，私立的占73%；倒是2年制的，私立的仅占37.5%；总的校数，私立的占57.57%，但由于收费高，规模小，私立院校学生总数仅占26.34%。

总之，不论从国内的实际出发，或参考国外的情况与经验，我国要实现高等教育大众化，必须在发展公立高等教育的同时，积极鼓励、大力支持民办高等教育的发展。

三、民办高等教育能否顺利发展，产业化是关键所在

教育是否具有产业性，这是 20 世纪 70 年代末至 80 年代初关于教育社会属性论争所争论的热点之一。时至今日，由于科技和生产力的发展，知识产权的确立，将教育事业作为具有公益性的特殊产业，归属于第三产业（或第四产业），分歧意见已不多。现在的问题是教育，包括高等教育，是否可按照产业运作，按照企业管理？如何运作，如何管理？这个问题，对于公办高等学校，同样存在，但不迫切，而对于自负盈亏的民办高等学校来说，却是生存与发展的关键问题。

高等教育具有产业属性，从理论上说，就可以按照产业运作，按照企业管理，可以营利。但高等教育又具有公益性，公益性的事业不得以营利为目的，营利不营利，是问题的焦点。

许多国家，解决这个问题，是将私立高等学校分为营利与不营利两大类，营利的，要按照企业纳税；不营利的，可以按照公益事业减免税以及享有其他优惠待遇。美国的私立院校，有 614 所是营利性的，占 26.6%，也就是说，1/4 以上为营利性的。菲律宾等国家，营利性的私立院校所占的比例就更多。但我国《中华人民共和国教育法》规定，"任何组织和个人不得以营利为目的举办学校及其他教育机构"；《中华人民共和国高等教育法》（以下简称《高等教育法》）也相应规定："设立高等学校……不得以营利为目的。"许多市场经济调查或预测，都表明教育产业，是当前以及未来新的经济增长点，许多有眼光的企业家也看好这一产业，很想向民办学校尤其是民办高校投资，而投资必然要求回报。因此，如何解释和解决"不得以营利为目的"，就成为民办高等学校亟待解决的问题。如果这个问题得不到合理合法的解决，则投资、集资、融资、承包制、股份制的合法性都成问题。而单靠捐资办学，不但数量有限，而且难以为继。

与产业化直接相关的另一个问题是收费问题。公立学校学生收费低而私立学校收费可以较高，这是世界的通例，我国现状也是如此。但民办高校收费也不应高于一般生均成本，如果没有其他捐助或创收，只能靠减少行政人

员编制和节约行政性开支来保持收支平衡，不少民办高校在这方面有成功的经验。有的民办高校的做法值得参考：一部分学生高收费，大部分学生按一般标准收费，另一部分学生减免学杂费，以至给予一定助学金。取有余以补不足，既有利于吸收一些高水平的学生入学，又使家庭困难而有志向学的学生也能进入民办高校学习，充分发挥民办高校机动灵活办学的优点。

四、对民办高等学校的质量，应有一个公正的辩证的态度

质量是民办高校生存与可持续发展的生命线，也是社会与家长最关心的问题。民办高校应当在提高质量上下功夫。但是对民办高校的质量，应当有一个公正的说法或态度。

从传统的知识质量观来看，由于民办高校生源较低，设备较差，教师兼职多且流动性较大，当前民办高校总体知识水平，显然不如公办高校。因此，也就不能简单地以公办高校的知识水平为标准来评价一般民办高校的质量。如果换一个角度，用另外一个标准来评价质量，民办高校并非都是质量不高的。不同的层次，不同的培养目标，不同的社会适应面，应当有不同的规格，不同质量标准。当前民办高校，绝大多数是应用性的高等职业技术教育，许多办得好的民办高校，能够对准社会的实际需要，培养"适销对路"的专门人才，人才市场是欢迎的。还有的民办高校，在外语和计算机应用上，在职业技术的知识能力上，办出了自己的特色，就应当承认是有较好较高的教育质量的。

当然，不应以评价标准不同作为质量低的借口。民办高校，一方面应从社会需要出发，努力提出其应用性的质量；另一方面，也不排斥若干有条件的民办高校，在学术性的质量上不断提高，成为高学术水平的大学。

五、尽快建立健全发展民办高等教育的法规

民办高等教育，有许多不同于公办高等教育的特殊问题。以公办高等教育为主要规范对象的《高等教育法》，不可能也不必要对这些特殊问题一一订

出规定。因此,许多国家在一般高等教育法之外,另立私立大学法或条例,作为一般高等教育法的补充。我国虽已有一个《社会力量办学条例》,但并不是针对民办高等教育特点的,而是着重于规范教育机构的设置与管理。因为缺乏一个专门规范民办高等教育的法规可以遵循,在民办高等教育事业的实践上,对许多特殊问题苦于无法可依,不利于保障民办高等教育的健康、持续发展。许多民办高校,呼吁尽快出台民办高等教育法。据我所知,立法部门也在积极地进行立法的前期研究工作。我认为,在立法的研究中,应当强调的要点有以下几点。

(1)必须明确民办高等教育的社会性质,确保其与国家的社会制度相一致。我国是社会主义国家,公、私立高等教育,都必须坚持社会主义办学方向,都必须贯彻社会主义教育方针,遵守国家的宪法和法律,都必须保持与社会的经济政治制度相一致。

(2)必须尊重私立高等学校的相对独立性、自主性和灵活适应性。公立高等学校是由政府举办并以财政拨款作为学校经费的,民办高等学校是由社团或公民个人举办的。民办高等学校在遵照教育方针与国家法律的前提下,应当具有较大的独立性与自主性,才能使办学者有更强的积极性与责任感,充分发挥其灵活性,以追踪人才市场的需求,及时调整自己的行为,办出自己的特色。独立性、自主性与灵活的适应性,是民办高等教育的优势所在,也是发展民办高等教育的动力。

(3)公平对待,鼓励竞争。民办高等学校,除了投资渠道不同之外,国家应当同公立学校一样,公平对待。包括学校及其师生,享有平等的社会地位;经批准建校的民办高等学校,其学历证书具有与公立高等学校同级同类学历证书同等的效力。在提高教育质量、从事科研工作、参与社会活动上,鼓励公、私立高等学校平等竞争;做出成绩,给予同样的表扬。这样有利于整个高等教育事业的发展与提高。

(4)必须明确责任。在立法中,要明确规定民办高等学校举办者、办学者的责任和国家对民办高等学校应负的责任。国家不但应负审批、管理、监督的责任,而且应负引导与支持的责任。例如用拨款方式或设置奖学金、助学金来引导私立高等学校的专业调整和科研方向,通过拨给土地、仪器设备以及直接的拨款方式来支持民办高等学校办学，使之能更好地发展。

（5）建立科学的评估与督导制度。国家对民办高等学校既有管理、监督的责任，又不能像对待公立高等学校那样，过多干涉。有效的监督与引导的方式是建立评估制度。由教育主管部门制定评估准则和实施细则，组织评估小组，定期进行评估。有条件的还可以从主管部门的评估过渡到社会组织的评估。评估制度的建立，不仅有利于引导与监督，更重要的是可以起激励的作用。

最后，还必须指出：立法的目的在于保障、引导民办高等教育的健康、持续发展。虽然法规条文往往提出许多限制性条款，但应当有这样的共识：合理的限制就是保障。如果没有必要的限制，放任自流，就会出现"学店""文凭工厂"之类的私立学校，教育质量得不到保障，民办高教事业也就很难发展。因此，一方面，在制订限制条款时，应持积极的保障、支持的态度而不应持消极的压制态度；另一方面，民办高等学校的办学者，在理解合理的限制条款时，也应持积极的遵守、合作的态度而不应持消极的抵制、规避的态度。

关于发展我国民办大学的理性思考[①]

20世纪行将结束,21世纪即将来临。世纪之交,我国民办大学能否发展?怎样发展?我们应如何看待民办大学的发展?本文对此略抒管见。

一

1999年3月15日九届全国人大二次会议通过的《中华人民共和国宪法(修正案)》(以下简称《教育法》)规定,"国家在社会主义初级阶段,坚持公有制为主体、多种所有制经济共同发展的基本经济制度","在法律规定范围内的个体经济、私营经济等非公有制经济,是社会主义市场经济的重要组成部分"。这不仅是发展与完善我国经济制度的指导方针,也是调整与改善我国高校办学体制、促进与个体经济、私营经济紧密联系的我国民办大学发展的法律依据。

我们认为,应该制定相应的优惠政策鼓励和扶持条件成熟的、有志于发展我国高等教育事业的团体、企业和个人举办民办大学。回顾我国新时期民办高校从多年销声匿迹到悄然兴起、从无章可循到有法可依的历史,其发展大体经历了三个阶段:1986年之前为孕育、萌芽、初创阶段;1987年至1991年为调整、规范、缓慢发展阶段;1992年邓小平同志"南方讲话"解决了"姓资姓社"问题后,民办高校进入了发展与繁荣阶段。至1994年底,民办

[①] 原载《中国高教研究》,1999年第4期。作者:潘懋元,韩延明。

高校达到 880 余所；1997 年底达到 174 所，迄今已有 26 所通过了全国高等学校设置评议委员会的设置资格认证，经教育部批准可以颁发学历证书。在此期间，国家也相继公布了一系列法律、法规，赋予了民办教育一定的合法权益。1982 年 12 月 4 日颁布的《中华人民共和国宪法》中规定，"国家鼓励集体经济组织、国家企业事业组织和其他社会力量依照法律规定举办各种教育事业"；1992 年 10 月 12 日，江泽民同志在党的十四大报告中提出，要"鼓励多渠道、多形式社会集资办学和民间办学"；1993 年 2 月 13 日，《中国教育改革和发展纲要》明确提出，"国家对社会团体和公民个人依法办学，采取积极鼓励、大力支持、正确引导、加强管理的方针"；1995 年 3 月 18 日通过的《中华人民共和国教育法》（以下简称《教育法》）规定，"国家鼓励企业事业组织、社会团体、其他社会组织及公民个人依法举办学校及其他教育机构"；1997 年 7 月 31 日，国务院颁布《社会力量办学条例》指出，"国家保障社会力量举办的教育机构的合法权益"；1998 年 8 月 29 日通过的《中华人民共和国高等教育法》（以下简称《高等教育法》）也明确规定，"国家鼓励企业事业组织、社会团体及其他社会组织和公民等社会力量依法举办高等学校，参与和支持高等教育事业的改革和发展"；1999 年 1 月 13 日，国务院批转的教育部《面向 21 世纪教育振兴行动计划》指出，"今后 3~5 年，基本形成以政府办学为主体、社会各界共同参与、公办学校和民办学校共同发展的办学体制"。这些法律、法规和文件，既为民办大学的健康发展提供了有力保障，也对民办大学的发展提出了热切期望。

  办学体制多样化是第二次世界大战之后世界各国高等教育发展的普遍趋势和共同对策。它主要包括两个方面：一是高校类型的多样化，二是办学主体的多元化。而构成多元化的主体之一便是私立（民办）大学。在发展中国家，私立大学一般有四种类型：一是极端形式的私有化。大学由私营部门提供经费并管理，政府不加干预。二是公立大学私有化。这类大学一般均属公立性质，但几乎全部费用均要从用户或者学生本人回收。三是适度的私有化。这类大学一般由国家提供办学经费，但非政府部门也提供适当的资助，学生也承担一部分费用。四是私立公助式私有化。这类大学尽管是私立的，但相当部分甚至几乎全部经费都由政府资助。因此，严格来讲是国家提供经费，私人管理。① 大概由于历史的原因，从整体而言，我国在高等教育改革进程中比较重视高校类型的多样化而忽略了甚至人为地抑制了办学主体的多元化。但回眸改革开放以来我国民办（私立）大学的发展，令人欣慰的是，社会各界已经逐步认识到，民办大学理应成为我国高等教育不可或缺的重要组成部分。

我们认为，民办大学、私立大学的举办和发展，在中国高等教育现代化的进程中具有特殊的意义：一是民办大学的发展有助于满足我国广大人民群众日益增长的高等教育需求，有益于我国高等教育结构的调整和优化，有利于提高管理效率和效益，是高等教育改革的新机制；二是民办大学的发展可以在某种程度上缓解我国高等教育经费的严重不足，使我国高等教育有了一个多渠道、多主体投入的经济基础；三是民办大学的发展能够较大幅度地提高我国高等教育毛入学率，有力地推动我国高等教育大众化的进程；四是民办大学的发展促进了人们办学观念和消费观念的转变。因此，我们应当努力为民办大学的发展创设一个公平竞争、健康发展的环境和条件。

二

综观有关民办教育的文件、讲话和论著，关于我国民办大学的发展，大体上有六种提法：①控制发展民办大学；②稳步发展民办大学；③适度发展民办大学；④积极发展民办大学；⑤大力发展民办大学；⑥加快发展民办大学。每种"提法"当然各有"说法"，但总体说来分为两类：一是认为我国高教发展速度过快、规模过大、结构失衡、效益偏低，因此应该从严控制高等教育特别是民办高等教育的扩展，而重在提高质量、优化结构；二是认为无论是从我国经济建设、科技发展和社会进步方面，还是从挖掘高校潜力、增加高教效益方面，还是从家长和学生迫切希望接受高等教育的广泛生源方面，还是从适应知识经济挑战、推进我国高等教育大众化方面，都应该更新

---

① 黄志成，等. 发展中国家高等教育的发展特点、问题与经验（续）[J]. 外国高等教育资料，1997（1）.

观念，迈开大步，加快发展我国的民办大学。

对此，我们的意见是：发展我国的民办大学、私立大学，既不应徘徊不前，也不应操之过急，应当解放思想，实事求是，适度超前发展。适度，是因为观念的转变、政策的制定与落实、教育资源的增加、师资力量的配备、迈向农村道路的开辟，都需要有一个过程；超前，是由于教育的过程较长，不能落后于经济的发展（如今是落后于经济的发展）。我们之所以倡导"适度超前发展"我国的民办大学，是从其必要性与可行性两方面予以考虑的。

首先，就其必要性而言，主要体现在：①主动适应"两个根本性转变"的需要。我国目前正在实施由计划经济体制向社会主义市场经济体制的转变，以及由粗放型经济增长方式向集约型经济增长方式的转变。这必然会导致我国经济结构、产业结构、技术结构、城乡结构、生产方式、生活方式等各方面的深刻变化，并将进一步对民办高等教育的功能和结构等提出更高更新的要求。因此，民办大学应采取相应措施积极适应这两个根本性转变。②积极适应"双重历史性跨越"的需要。我国要努力实施由农业经济向工业经济和知识经济的双重历史性跨越。在这一跨越进程中，急需大批高级岗位的专门人才。而在我国，目前这类人才仍是严重匮乏。这也需要民办大学通过人才培养给予有力的支撑。③与同类国家相比，我国高等教育发展起点低、基数小、经费少、速度慢，毛入学率太低。这与我国社会经济发展水平很不适应，与我国在国际上的地位也极不相称。④缓和普通高等教育供求失衡的尖锐矛盾、扩大高等教育机会均等、调和教育市场和人才市场需求、优化高等教育内部结构、促进民办高等教育健康发展并向产业化逐步迈进的实际需要。

其次，就其可行性而言，主要体现在：①我国国民经济的发展，社会生活水平的提高，非公有制经济的兴起，使适龄青年及其家长接受高等教育的需求在日益增长。特别是随着市场经济体制的确立，我国经济已实现了从卖方市场向买方市场的转化，经济发展已开始从资源约束型为主转变为以市场约束型为主。与此相适应，经济新的增长点将主要集中在占市场消费重大份额的居民个人的消费领域方面。目前我国居民储蓄存款余额已超过5万亿元。21世纪，教育特别是高等教育消费将成为国民消费强有力的增长点，投资者也看好这一教育产业。而消费热点就是投资热点，这就为民办大学的适度超前发展提供了机遇和条件。②科教兴国战略的实施,高等教育大众化的推进,为民办大学的适度超前发展创设了良好的外部环境。国务院批转的《面向21世纪教育振兴行动计划》明确提出,到 2000 年我国高等教育的入学率达到 11% 左右。可见,中国高等教育大众化问题已经纳入政府议事日程。而民办(私立)大学是推进高等教育大众化的一支重要力量。③各种有关民办教育法律、法规的颁行以及我国个体经济、私营经济等非公有制经济的迅速发展,也为我国民办大学的适度超前发展提供了有力的保障。

在此应该指出,我们不能把规模、质量和效益人为地割裂开来甚至对立起来,认为只要发展了规模就必然降低了质量和效益,而一旦控制了规模就自然提高了质量和效益,所以只强调"挖潜"、走"内涵式"发展道路而人为地抑制甚至压制一定数量的"外延式"发展,这也是不全面的高等教育发展观。再说,我们评价民办大学的教育质量,也应当有一个客观的"定位"和标准,不能机械地以公办大学的学术水平、师资力量、办学规模、专业设置等"标尺"来进行衡量,甚至"削足适履",从而抹杀了"民办"的特色。从理论上讲,"质量"是相对的、动态发展的和多层面的。多种形式办学应该有多种规格,有不同的社会适应面和特色,从而有不同的衡量质量的标准。按照同一种模式、同一个标准培养的人才,已经难以适应现代社会多样化的需求。正如美国著名教育家阿什比所言:"美国的教育质量千差万别,学士学位的标准多种多样。初看起来,这似乎是体制上的弱点,但从长远来看,这恰恰表明它对美国的环境具有很有价值的适应力。"① 在我国,由于受过去计划经济管理模式的影响,往往习惯于用统一的质量标准实际上是公办大学本科的学术标准来衡量民办高等学校的教育质量,而当前民办高校绝大多数还只是应用性、职业性、专科层次的高等教育。因此,这种质量标准是不客观的,也是不公平的。因为民办大学毕竟历史短、生源差,有时在某些方面还受歧视。目前仍处于蓄势筑基阶段,而且其毕业生就业途径和岗位也与公办大学有所不同。对此,我们应树立教育发展的整体功能和综合效益观念,克

---

① 阿什比. 科技发达时代的大学教育 [M]. 滕大春,等译. 北京:人民教育出版社,1983:12.

服质量偏见，不能以偏概全。当然，多质量规格不等于没规格，多质量层次不等于无质量。民办大学也应根据自己的培养目标努力提高教育质量，赢得社会信誉。

在此还应指出，鉴于我国是一个疆域辽阔、人口众多、各地经济发展水平极不平衡、对人力资源有不同需求，且处于社会主义初级阶段的国家，在"适度超前发展"我国民办大学过程中，我们赞同"非均衡发展论"。不能追求全国"一盘棋""齐步走"的均衡发展，"一刀切"地按一个速度、一种模式发展我国民办大学，而应打破平衡，实行不同地区、不同发展阶段的非均衡性、不同步发展，允许条件好的地区先行发展，步伐迈得更快一些，改革的力度更大一些，办学的路子更宽一些。这样，使民办大学都能够在自己的基础与条件上，发展速度快一些。

也有的同志担心，民办大学的发展，是否会与公办大学"撞车"而导致低水平重复办学、降低办学效益甚至"冲击"公办大学的正常发展？我们认为，在市场经济体制下，民办大学与公办大学不仅可以并行不悖、争相竞长，而且可以彼此促进、相得益彰。从近年来的办学实践看，民办大学的生源大多是"升学无望""就业无门"的青年，开办的是公立大学所缺少或供不应求而又社会急需的应用性、职业性教育，这反倒有助于那些研究型或教学科研型大学卸下"包袱"而专注于高层次人才的培养和高、精、尖科学技术的研究。即使进入大众化教育阶段，公办大学以至重点大学，仍将作为高学术水平的教育机构而发挥其不可替代的作用。但从目前来看，实际情况并非如此，而是公立大学与民办大学争办职业教育、成人教育。这不是"扬长避短"，而是"弃长趋短"。公办大学应主要在培养复合型、创新型甚至国际型的高层次人才，并在发展科学、创新知识方面下功夫，这样才能真正发挥自己的独特优势。如果说民办大学对公办大学有"冲击"，那最根本的冲击，就是冲击了公办高校长期以来积淀而成的各种弊端，如机构重叠、人浮于事、效率低下、铺张浪费、与社会脱节等，推动和鞭策着公办大学去进行大幅度改革，提高教育效益。我们认为，这是一种积极的"冲击"而不是负面的影响，因为冲击能够促进竞争，竞争能够推动改革，正如私营企业的开办有力推动了国有企业产品质量和服务质量的提高一样。我们也应理直气壮地确立民办大学在市场经济条件下应有的地位和形象。

我们认为,既然民办高等教育也是一种产业,一种特殊的智力产业;既然教育投资也是一种生产性投资,那它就要树立"经营"观点,以形成自我积累、自我成长的良性循环发展机制并引入竞争和市场机制。一般说来,民办大学都有精打细算、讲求实用、注重效益的特点。民办大学作为一种特殊运营形式的高等教育机构,可以通过精心经营、科学管理而使收入大于支出,使经费有所盈余,并将盈余的一部分作为再发展基金和公积金以自我滚动。除此之外,再将盈余的一部分以利息形式回报投资者,增强民办大学的对外亲和力、吸引力、推动力和压力,也是合乎情理的。对此,著名经济学家厉以宁认为:"社会集资办学的目的是发展教育,经营是为了精打细算,提高效率。盈余作公积金,再分一点,作为回报,这是经营的结果,相当于购买教育债券。"① 虽然2009年的《教育法》规定"不得以营利为目的举办学校",《高等教育法(草案)》也规定,设立高等学校"不得以营利为目的",但投资者同举办者、办学者,是不同的人或不同的身份,投资者一定的回报正如同银行贷款的利息一样,应当作为经营费用,扣除成本与经营费用之后才是纯利润。因此,投资者获得一定的回报与教育法并不相悖。当然,这种"分配",要按照国家发布的财务通则和会计准则,建立健全财务制度,实行严格的财务管理,要在清产核资、界定产权的基础上,逐步建立法人财产权,真正使学校成为有民事权利和责任、依法自主经营、自负盈亏的独立法人实体和市场竞争主体,并对资产者承担资产保值增值责任;要全面实行成本核算,真正反映经营效益,防止弄虚作假,中饱私囊。

三

同公办大学一样,我国民办大学也面临着双重挑战:一是我国由计划经济体制向市场经济体制的转型,二是世界性技术革命所导引的知识经济的悄然迫近。面对第一种挑战,我国一些民办大学的"表现"可概括为两种:一

---

① 厉以宁. 解放思想,办好教育产业 [J]. 教育研究, 1999 (1): 18.

是无所适从，依旧沉浸在传统教育运作的惯性之中，面对新的经济体制和多元化经济发展模式一筹莫展；二是机械"适应"，一味地强调适应市场经济，而对适应缺乏理性把握，结果以市场规律取代了教育规律，把大学"市场化"了。前一情况实为滞后，使得大学难以发挥其应有的职能；后一情况则更为糟糕，因为它背离了大学教育的基本规律和办学宗旨。我们认为，面对市场经济和知识经济，在办学思路上，民办大学应把握好如下两点。

其一，为市场经济和知识经济发展服务，最重要的是使民办大学更充分地发挥其人才培养的职能。经验表明，无论社会如何变化，它对大学教育的基本要求总是恒定的，即培养高层次专门人才。既然整个社会分成各个相对独立的领域，就说明各领域必然有其主导性的、其他领域无法替代的功能。民办大学的主导性功能依然是培养人，这是其基本点。论及民办大学为市场经济服务，为知识经济服务，首要的途径就是培养这种经济发展所需要的多类型的高级专门人才。随着经济体制的转型，随着产业结构的变化，社会的用人体制会有重大变化，同时，社会所用之人的规格和类型也会随之有所变化。民办大学只有主动适应这些变化并积极采取相应的对策，才能立于不败之地。

其二，要处理好教育规律与经济规律的关系。首先，高等教育适应市场经济，这是以肯定教育与经济两大社会领域各自的相对独立性为基本前提的。市场经济是一种经济体制，而不是教育体制，其内在规律为经济规律，它不能代替教育规律，也不能取消教育的相对独立性，这是我们必须坚持的第一点。其次，为了适应经济的发展，民办大学除遵循教育规律外，还必须尊重经济规律。如果无视经济发展的规律，就难以准确把握经济的变化，尤其是社会劳动力的变化及产业结构的变化，从而使培养的人才难以适应社会需要。因此，我们务必要清醒地认识到这样一点：民办大学应当"服务"于经济，而不应是"服从"于经济。这是因为"服从"意味着民办大学要附属于经济，进而变为经济运作的"工具"。我们说，大学自有大学的"品性"，不能动辄成为其他社会领域的"工具"（如在"文化大革命"前成为阶级斗争的工具），沦为市场经济的"工具"。换言之，大学就是大学，不能"见钱眼开"而有悖于大学教育的理念和本质。

我们认为，为了使民办大学真正"适度超前发展"，必须注意如下几点：一是特色化办学。民办大学同其他事物一样，没有特色也就没有优势，也就难以创新。市场经济条件下，经济成分多元、所有制多元、经济利益主体多元以及对经济实行分散管理的社会经济环境，为特色化办学创造了条件和可能。民办大学之间的竞争一靠实力，二靠特色，而特色在一定意义上也就是实力。现时办学中那种大、多、高、全的追求并非理想的追求，起码不是唯一的理想追求。二是开放性办学。在市场经济条件下，市场对资源的配置起基础作用，民办大学对市场、社会及市场和社会对民办大学的相互需求与依赖日益直接且愈来愈强，民办大学受市场调节的影响也愈来愈大。在此情况下，封闭性办学已无法为学校赢得生存空间，必须走开放性办学之路。三是自主性办学。这里实质上涉及办学自主权问题。因为只有这样，大学才能既遵循教育规律又适应市场规律，才能真正增强大学的生命力和生产力。可喜的是，高校办学自主权问题已在2018年12月修改的《高等教育法》中以法律形式确立下来。其中提到八个"自主"：依法自主办学，实行民主管理（第十一条）；自主调节系科招生比例（第三十二条）；自主设置和调整学科、专业（第三十三条）；自主制订教学计划、选编教材、组织实施教学活动（第三十四条）；自主开展科学研究、技术开发和社会服务（第三十五条）；自主开展与境外高校之间的科学技术文化交流与合作（第三十六条）；自主确定教学、科学研究、行政职能部门等内部组织机构的设置和人员配备；……评聘教师和其他专业技术人员的职务，调整津贴及工资分配（第三十七条）；举办者提供的财产、国家财政性资助、受损赠财产依法自主管理和使用（第三十八条）。毫无疑问，这些法律条文，当然也适用于民办大学。而民办大学的自主权，应当更多些，更大些，必须单独制定民办高等教育法对此做出明确的规定。

无须讳言，由于诸多因素的影响，目前我国部分民办大学、私立大学也确实存在一些令人忧虑的问题，如生源基础差，办学条件差，教学质量低，师资队伍不稳，社会信誉不高，家族式、家长式或企业式管理，个别的甚至成了唯利是图的"学店"。但这些发展过程中的问题我们可以通过加强政府调控、制定法规、建立评估机制甚至采取"淘汰制"而逐步解决，不能因此而对整个民办高等教育心存偏见,进而限制甚至压制民办大学的发展。因为民办大学质量的提高和机制的完善,也需要一个不断优化的过程。西方发达国家的私立高等教育也是经过了 100 多年的不断改革与完善才发展到今天有许多高质量和高水平的私立大学。我们认为,为确保我国民办(私立)大学的健康发展,当务之急是尽快制定"民办高等教育法",促使其依法健全管理体制,严格财务审计,完善规章制度,加强校容管理,明晰学校产权,注重质量效益,以便在我国高等教育体系中为推进高等教育大众化而发挥重要作用。

关于民办教育立法的三个问题[①]

这次会议是以民办教育立法为主题的学术研讨会。我将围绕民办高等教育立法谈三个问题。

第一，民办高等教育的定位。这里有两个问题：一是形式上解决了实际上没解决；二是形式上还没解决。民办高等教育在中国高等教育事业中占有什么样的地位，在以前的一些文件中，民办教育是公办教育的"补充"。我在1999年4月召开的一次民办高教会议上提出，《中华人民共和国宪法》修正案的第十一条把个体经济与私有经济从原来的提法"是社会主义公有制经济的补充"改为"是社会主义经济的重要组成部分"，那么建立在个体经济、私有经济以及其他非公有制经济基础上的民办高等教育也必须重新定位为社会主义教育事业的重要组成部分。现在的文件已经这样定位了，但文件上的定位并不等于实际上的定位。实际上，我们很多措施、办法等并没有把民办高等教育作为一个重要组成部分，还是作为一个可有可无的补充。所以我认为这次《中华人民共和国民办教育法》定下来后应大力宣传，而且应按这样的定位来对待民办高等教育。

另外，现在规定民办高校只能举办专科层次的职业教育，只有仰恩大学和黄河科技学院特准办本科，从理论上说这样的定位是不当的。民办与公办主要是办学主体不同的两种体制，而不是层次和科类不同的两种形式，因此，

[①] 原载《浙江树人大学学报》，2001年第2期。本文根据潘懋元教授在全国民办高等教育研讨会上的报告整理，经其本人审阅修改。

不能把民办高等教育限制在只能办大专层次、只能办高职的教育。世界上私立大学既有低层次也有高层次，既有专门性的也有综合性的，所以法律应从理论上定位。但当前大多数民办高校从客观的实际出发，可以而且有必要培养经济与社会发展大量需要的生产、服务、管理一线的高等职业技术人才。

　　第二，产权。产权包括财产的所有权，财产所有权派生出财产支配权和财产增值的收益权，等等。作为法人，它应该有财产的所有权，否则它不能构成法人。不管是公立大学还是私立大学，按规定都是法人，公立学校校长是法人代表，这一规定对公立高校来说，至少在名义上比日本跑到前面一点。日本现在国立大学正进行大的体制改革，把国立大学改为独立行政法人，叫独立行政法人化。也就是说，要把国立大学依附于政府的现况改变为独立行政法人，要赋予她作为独立法人的权利。这个改革讨论了很久，最后基本上定下来，但现在还未执行，准备今年年底开始过渡。但是，公立学校，尤其像我们中国这样的公立学校，产权明确不明确无所谓，反正财产所有权是国家的，或者说是政府的，财产的使用权基本上也是政府按照一定的计划来调控。公立学校不存在财产增值的收益权。有增值，有收入，但收入要归公。如果校长把收入纳入自己的腰包，那不是一般的产权不明的问题，而是贪污的问题。但是，民办高等教育出现了，这个财产权问题就凸显出来了。现在我们的民办高校有没有产权呢？有没有财产的所有权呢？举办者把钱拿出来之后，基本上就失去财产所有权了。校产不能回收，也不能抵押、租赁和转让，按照《社会力量办学条例》规定，只有等到学校不办了，停办清算之后，剩下的钱你才能回收，剩下的钱交给地方政府的有关部门。学校财产不能回收、抵押，是有道理的，公立学校的财产不能抵押，这个是对的。但是如果她是民办的，也不能抵押、不能租赁、不能转让，不能这个那个的话，投资者就要考虑投下去的钱是捐资呢还是投资？如果没有财产权的话，那投资不就是捐资了？至于使用权比公立学校可能还更大一些，但是，增值收益权按照我们的规定，"不得以营利为目的"，那么增值收益权就没有了。现在事实上是有的，不过法律上规定是没有的，是不允许的。实际上，现在不管是承包也好，股份也好，如果认真干起来，都要冒一定的风险，因为这是违背"不得以营利为目的"的法律的。但是，人家既然投资、参股，不用说投资、参股,就是买股票都有个目的,要赚钱吧。没有人去参股、投股,是不赚钱而只可能赔本的。那么,这个事情怎么办呢?最好的办法是修改或补充现有的《中华人民共和国教育法》(以下简称《教育法》),把民办高校分成两类——营利性的和非营利性的。营利性的按企业收税,非营利性的按公益事业减免税及给予优惠政策。如果不能修改《教育法》,我有个设想,能不能把投资者和举办者两种人,或者一个人的两种身份分开,举办者或者办学者,《教育法》定下来了"不得以营利为目的",但是,投资者要不要给回报,没有这个规定。而且投资者肯定要拿回报,不要说别的,我向银行贷款办学也要付利息,利息从哪儿来?利息计入成本,行不行?那么我们给投资者或者举办人而同时又是投资者的这种身份的人,按照一定的回报计入成本,不能够得暴利,算你盈利。这样,投资者要以营利为目的,但办学者不以营利为目的,把两种身份分开,是不是可操作?这是不成熟的意见,提供给懂经济法的同志思考。但是这些办法都不是最好的策略。

我和宁波大学的胡赤弟副教授在这次研讨会上提供了一篇《我国高校产权制度改革的若干问题——兼论公、民办高校产权的问题》的论文,谈三个关系:一个是主权跟产权的关系,一个是法权跟产权的关系,一个是行政权跟产权的关系。进入世界贸易组织(WTO),就要产生主权跟产权的问题。如果不能把主权和产权分清楚,像过去那样,把主权和产权混在一起的话,进入WTO以后就无法实行《服务贸易总协定》所规定的游戏规则。如果国外按照游戏规则到中国来办学只能够说属于产权问题,不能够把它称为主权问题。主权是不可侵犯的,产权关系要根据产权的具体规则来操作。这种情况,公立学校、私立学校都可能存在,尤其是公立学校马上要解决这个问题。我们现在还一天到晚在讨论:教育是不是产业,教育是不是可以产业化,教育能不能按照服务性产业来运作。人家已经在那里运作了,而且打进来了,你还在那边讨论老半天,所以一定要把产权明确。另外一个行政权与产权问题,这是许多公立学校存在的问题,民办学校也同样存在。行政事务可以运用行政权来管理,但产权问题,必须按照法律规定来处理。现在的关键是法权跟产权问题。法律对于产权的界定具有法律的权威性,我们处理产权关系必须依照有关产权关系的法律规定。应该尊重法权,但是从先后来说,应该先有现实产权关系，然后才有反映产权关系的法律规定，而不应当先设定脱离实际的法律规定，然后让现实合理的产权关系去适应法律规定。

　　第三，用什么样的态度，以什么为出发点来立法。我接触到一些民办大学校长，他们既希望立法能够保障民办教育，能够公平地对待民办高校，能够使得民办高校的师生跟公立学校的师生享有同等的权利。但是，又怕在许多问题没有研究透彻，传统观念没有改变，在原来的思维定式还难以改变的情况之下，立下的法可能不利于民办高等教育的发展。我觉得这是可以理解的，因此在立法上，需要解决以什么为出发点来立法的问题。是用限制、管理的观点作为出发点呢，还是从保障、扶持的观点作为出发点？限制、管理不仅需要，而且应该增强，但我所说的是出发点的重点应该摆在什么地方。去年高等教育继续扩招，但是民办高校的在校生减少了202 700人，不但没有扩招，反而减少了17.1%，我听到这个数字，心里很难受。不过仔细分析一下，是什么原因在全国扩招的情况下，民办高等学校的学生却减员这么厉害？2000年底全国有43所国家承认学历的民办高校，这43所是否有减员？没有。这43所增加了2万多名学生，平均每所还增加了500多人，其他一些发展很快的学校就不必说了。前年我们开了一次全国部分民办高校会议，我把这些校长请到仰恩大学，那时的仰恩大学的在校生有3 000多人。以前仰恩没有实行转制时只有500~600人。但是转制为民办学校之后，几年工夫，前年我去时在校生有3 000多人，去年有4 000多人，今年预计招生之后有5 000多人，也就是差不多每年增加数以千计。因此分析起来并不是所有民办高校都下降。民办高校有以下类型：第一种类型是具有颁发学历证书资格的43所；第二种类型是可以参加国家学历文凭考试，通过考试拿到专科文凭，这样的学校有300所左右。那么这些学校是不是也减员呢？没有。这将近300所学校去年增加了39 000多名学生，增加了15%。因此，下降或减员的学校主要是高等教育自学考试的助学单位。民办高校竞争不过公办高等学校有诸多原因。但从长远来考虑，假如把民办高等学校都搞垮了以后，中国还要不要高等教育大众化？不光是大众化，大众化才只有15%，这是大众化的起点，那么每年增加1个百分点，每年就要多招学生100万人以上，哪怕15%也要1 600多万人。如果16%、17%、18%呢？都靠公办行吗？所以从长远考虑，包括我们公办学校的校长、老师、学生们都应该对民办高等学校抱同情的态度，抱着希望它们发展的态度，抱着希望它们越办越好的态度。因此，立法的出发点我认为首先应该是体现保障与扶持。当然，作为法律也要限制，也要管理。因为民办高等学校的确也有许多不好的，有许多应该是要限制的，不过限制与管理不能够按照公办学校的模式来管、来限制，动不动给黄牌。民办高校刚办起来，就说一个人要多少土地、多少校舍、多少图书、多少仪器设备，"始生之物，其形必丑"，你要它一生出来，就要十分完善，不合现实，因此不能按照那样的标准来要求。我们的个体经济、私有经济刚开始时，杂乱无章的现象很多。故而我们要限制、要管理，这是应该的，立法也要这样。同时更希望我们的守法者，民办高等学校，要理解有关限制、管理的条文。在一定意义上说，限制就是保障，没有限制就没有保障；管理就是服务，没有管理就没人为你服务。因此就应既从立法的角度又从守法的角度来达成共识，这样我们的法律就比较全面、正确。

抓住有利时机，实现民办高教可持续发展[①]

一、人才质量观

人力市场的竞争，是社会对于人才质量的检验。因此，有人认为只要"适销对路"，就是高质量人才。这种见解虽有点过于强调第二层次的质量规格而忽视第一层次的质量标准（狭隘的功利主义），但有一定道理。现在我们不是用第一次就业率高低作为对学校教学工作评价的标准之一吗？至少可以作为一种参考的标准。如果以第二层次的人才具体质量规格作为标准，民办高校同公办高校除了生源和"招牌"之外，可能站在差距不大的起跑线上。就我所知，许多办得较好，并与人才市场对口培养的民办高校，毕业生的第一次就业率并不比一般公立高校差（当然，还难于与名牌大学竞争）。

总之，多样化的高等学校，应该有多样化的质量标准。民办高等学校应当有这样的信心：只要我们树立素质质量观，掌握人才市场的信息，按照自己的培养目标培养人才，办好学校，搞好教育和教学工作，就能够保证所培养的人才合乎质量规格，在人才市场的竞争中取胜。

[①] 原载《中国高等教育》，2001 年第 5 期。

二、民办高校培养人才多样化的理论与实际

多样化是世界高等教育发展的趋势,也是中国近年来结构改革的重要成就之一。多样化的高等教育,应当不限于公办高校,也适用于民办高校,不应把民办高校限定于培养专科层次的职业技术类型的人才。

从理论上说,民办高校,是办学主体不同于公办高校的办学体制,而不是层次、类型结构的不同,不应限定于哪一等级哪种类型(特殊类型如军事教育除外)。世界上的私立大学,有国际一流的研究型大学,也有专科水平的社区学院或短期大学。中华人民共和国成立前的私立大学,既有低层次、职业性的,也有高层次、学术型的。即使不算教会大学,改国立前的南开大学、复旦大学、厦门大学、云南大学,以及一直是私立的中法大学、大厦大学、光华大学、大同大学、中国大学、朝阳大学、武昌中华大学等,都有一定的知名度和社会地位。因此,把民办高校限制在专科层次、职业类型,并且在招生录取的先后、教师职称的评定以及师生的社会待遇上,加以种种不公平的限制,我认为是不合理的。

但是,从当前的实际情况看,大多数民办高校应以培养专科层次、高等职业技术类型为宜。这是因为:

(一)适应高等教育大众化的需要

大众化过程中扩招的大学生,主要的应当是职业技术类型的学生。这是因为在经济起飞阶段,人才市场需求量大的是职业型人才,这种人才,以前是由中专、职业中学提供的。随着生产从粗放型向集约型转变,经济和社会发展水平不断提高,相当多的职业岗位,尤其是高科技生产部门和第三产业,越来越需要受过高等职业技术教育的专门人才才能胜任。这是社会发展的必然趋势,也是高等教育大众化的基本动因。民办高校,可以也应当适应这一需要,在大众化进程中发挥作用。

(二)面向地方经济和社会主义现代化建设的需要

社会主义现代化建设是全方位的,国家要现代化,地方也要现代化;高科技园要现代化,基层、农村也要现代化。公办高校的毕业生,受传统思想

的影响，大多只愿留在大城市机关企事业单位工作，较难走向基层，走向农村。而基层需要大量在生产、管理、服务第一线工作的应用性、技术性人才；农村的现代化也需要大量的具有高等教育水平的技术人才、管理人才、中小学教师和文化卫生工作者。相对来说，民办高校的毕业生，传统的留在城市、包当干部的思想包袱较轻、走向基层第一线和农村的阻力较小。民办高校，可以也应该为基层和农村的现代化建设培养人才。

（三）能够较好地根据高等职业技术教育的培养目标，调整专业方向，设置综合化、应用性课程，组织实践性教学活动，达到所要求的质量规格

高等职业技术教育所强调的是职业的针对性，它是按职业群或行业设置专业、课程，围绕职业岗位需要学习必要的理论知识，通过现场实习与社会实践，培训操作技能。在教学上知识传授与技能培训并重，在办学上要建设"双师型"教育队伍，还要与用人部门密切结合。这些要求，对于传统教育模式包袱较轻、管理体制较为灵活的民办高校，相对于公办高校来说，可能较易做到。

因此，从当前中国实际出发，大多数的民办高校，应该以培养专科层次、职业技术类型的人才为主要任务。只要符合高等职业技术教育的培养目标，达到培养目标所要求的质量规格，适合人才市场的需求，就是高质量的人才。也就是说要办成真正的新高职，而不要像过去一些公办的老大专那样，片面追求所谓的高学术水平，一心想把大专升格为本科。同样，我们也希望社会以新高职的培养目标和质量规格的标准来评价公办和民办的高等职业技术学校的教育质量，鼓励新高职不断提高自己的质量，办出自己的特色。

当然，有些民办高校，教师主要来自普通大学的高水平教授，设备条件适合于办本科，地方上又有此需要，也不能一概非办职业专修学院不可。现在已有两所民办大学办本科。据我所知，还有为数不多的几所民办高校也适合于办本科，也应实事求是地允许它们办本科，甚至办更高层次的高校。公办高等教育要多样化，民办高等教育也应多样化。要找准自己的位置，不要脱离实际，互相攀比，才能办出高质量的学校，培养高质量的人才。办好本科、学术性大学是高质量的，办好专科、职业性高校也是高质量的。

三、当前发展民办高校的有利时机

当前民办高校面临着许多困难,如社会传统观念的歧视、政策上限制过多而支持的力度不够、生源少质量低、教师队伍不稳定,以及资金问题、教育产业运作问题,还有一些学校管理不善,影响民办高校的声誉,等等。民办高校的校董、校长,一谈起来,辛酸苦辣,一言难尽。但我们今天已经进入21世纪,必须朝前看,看到有利时机,抓住有利的时机。

(一)高等教育大众化已经摆上日程

在大众化的进程中,民办高校是一支强大的力量。近两年来,各地政府对民办高校的重视程度已非1998年以前所可比,不少地方纷纷出台了鼓励、支持民办高校的政策措施,只是有些政策和具体的措施尚未到位。但只要高等教育向大众化发展,就必须发展民办高校,就必须扶持民办高校,政策措施的到位只是时间问题。也许有的同志会说,不提大众化,不搞大扩招还好;一提大众化,公办高校大扩招,民办高校的生存空间反而缩小,产生了"生源危机",出现了"生源大战"。这是一种暂时性的现象。大众化总不能只靠政府增加投资,无限地"走内涵式发展"的道路,更不可能大量增办新的公办高校。据说,明年政府将对公办高校,首先是对部属高校招收高职学生有所限制,而对民办高校参加普通高考统一招生也开了一个小口子。只要民办高校办得好,质量有保证,口子必然会扩大。事实上,办得较好并有一定社会知名度的民办高校,生源的数量与质量,已不犯愁。

(二)民办高校为地方经济与社会发展,为农村现代化,为西部地区大开发培养人才,可以大有作为

民办高校从专业、课程的设置到管理机制与方法都比较灵活,条条框框的限制较少,艰苦创业的精神较佳,活动空间也就较大。因此,民办高校要利用自己的优势,加强自己的优势,教育学生愿意和敢于到艰苦的地方去创业。国外的私立大学,在招生和就业的竞争上,有的也不如公立大学,它们都专设"拓展部"之类的组织,专门搜集各种用人部门的信息,调查人才市场的变化,结合自己的优势,及时调整,提高自己的适应能力。国内一些办

得好的民办大学，人才市场的信息很灵通，并善于与用人部门建立良好的关系，为毕业生创造更多就业机会。就业机会好，生源就充足；生源质量高，就业机会就更多。要形成两者的良性循环。

（三）中国即将进入 WTO，高等教育作为服务产业也要开放市场

教育服务开放之后，将对大学思想、培养目标、人才模式、课程教学、质量效益产生一系列的冲击。那时中国的高等教育不但要面向国内市场自主办学，而且要面向国际市场展开竞争。民办高校具有自主性较高的优势，能够较好地适应新的冲击。冲击就是机遇，民办高校可在培养国际竞争与国际合作的人才上，发挥自己的优势。例如，与国外联合办学，引进国外资金与人才；在国内甚至到国外开展竞争（抢滩）等。

民办高校产权制度改革的若干问题[①]

学校产权是学校财产权利的总称,即学校各类财产所有权及其派生出来的一系列权利的总称。学校产权首先表现为物的产权,如土地、建筑物和仪器设备等物质性财产的产权;其次表现为大量无形资产的产权,如社会声誉、办学传统、校园文化及科学研究成果等;再次表现为教师的教育教学劳动产权。从广义上讲,财产包括实物财产、无形资产和劳务。教师所从事的教育教学劳动也有产权,但是这种劳务产权常常被人忽视。此外,从学校财产的来源看,由于投资主体的多元化,学校产权的主体也是多元的,有国家、集体、学校法人和私人等。

在计划经济体制下,国家或政府是高校唯一的投资主体。单一投资体制造成了单一产权结构。这种单一的投资体制和产权结构,在市场经济条件下显得越来越不适应了。所以,民办高校一出现就表现出很强的生命力。随着民办高等学校的重建和发展,非国有资产进入高等教育领域,产生了新的产权问题。比如,非国有资金是民办高校投入的主要来源,但其形成的财产归谁所有?办学主体有没有收益权?又比如,有些民办学校向学生收取学费外还加收赞助费或集资,这种赞助或集资是否算投资?如果是,那么学生或家长是否对此拥有所有权?如果不是,那么由集资所形成的财产应归学校还是归办学者所有?对这些问题,现行的教育法律和法规还不能做出合理的回答。

民办高校产权问题是随民办教育事业的发展而产生的,有些产权关系还

---

① 原载《教育研究》,2002年第1期。作者:潘懋元,胡赤弟。

与现行的管理制度和法律规范存在不一致的地方，因此产生了产权不明、归属不清等现象。这是发展民办高等教育所必须面对的问题。针对民办高校发展中出现的有关产权问题，本文将从以下四个方面进行探讨。

一、坚持教育主权独立，改革高校产权制度，以适应国际竞争新格局

改革开放以来，我们发现国有企业改革与高等教育改革之间存在某些相似性，如改革的初期都是围绕扩大自主权而展开的。但是国有企业改革已经进入到产权制度改革阶段，而公立高等学校改革还只是在"落实大学自主权"阶段。当然原因是多方面的，其中也有教育自身的问题。我国已加入世界贸易组织（WTO），高等教育正面临国际竞争新格局，教育主权与WTO的关系问题已引起大家的关注。

教育是培养人的活动，按照什么教育方针、教育目的来培养人是教育的基本问题，而方针、目的必须体现国家意志，这就决定了教育是国家的一项重要责权。教育机构是实施教育的载体，学校就是教育机构的主要形式。虽然教育是国家的一项重要责权，但教育的具体实施就不一定要国家亲自来担任，就好像城市的市政工程是社会公益事业，虽然需要政府来领导与规划，但具体实施通常由企业来承担一样。社会上的很多情况都是这样，领导某个事业与具体执行这项任务可以分别由不同的机构来承担。因此，教育的性质与教育机构的性质是两个不同的概念。

作为国家主权一个部分的教育主权，是国家意志在教育事务中的体现，它主要集中表现在教育方针、目的、政策和人才培养的政治方向上。国家教育主权是不可分割、不可让渡、不可侵犯的。它是一个国家层次的政治概念。与教育机构相对应的是学校产权，它基本上属于一个经济学概念。因为实施教育活动需要一定物质条件，学校具有整合各种教育资源的功能，并能使教育资源得到充分有效的利用。国家教育主权与学校产权虽然有一定联系，但它们属于不同层次、不同范畴。学校产权是在一定国家教育权指导下，学校为履行教育职能而形成的一种财产权利。

国家主权是教育主权的有力保障，教育主权是国家主权的具体体现。中华民族曾有过丧失教育主权的痛苦历史，更加懂得教育主权对于一个民族的重要意义。但是我们不要忘记教育主权必须以独立的国家主权为前提，试想一个连主权都难以保障的国家，怎么有能力去维护国家的教育主权？发生在我国20世纪20年代的"收回教育主权运动"就是民族救亡运动的一个组成部分。20世纪20年代中国能够依靠民众的力量收回部分教育主权，那么，80年后的今天的中国，作为一个正在世界舞台上发挥重要作用的主权国家，完全有能力保障教育主权不受任何侵犯。有人担心随着教育服务的开放，国家的教育主权将要受到挑战。其实国外教育机构来我国办学必须要遵守我国的法律、法规，接受我国政府的管理，它不可能对我国教育主权构成威胁。受到挑战的倒是我们传统的学校产权、产权结构、产权制度以及相关的管理制度。

我国加入WTO以后，根据"最惠国待遇规则""国民待遇规则"的要求，我国将逐步放宽教育领域的准入条件，加大教育服务的开放程度，教育领域内的竞争也将进一步加剧，教育资源将在新的态势下得到重新组合。国外教育机构进入我国教育领域，带来的是各色各样的学校管理制度，包括学校产权制度。这些产权制度在教育资源重新配置中对我国学校产权构成竞争态势，因为资源总是流向更有效率的教育机构。为了在教育资源重组中处在有利地位，我们固然可以援用WTO的"例外规则"等保护性措施做暂时的、有限度的自我保护，但从根本上说，我们应积极推进高校管理体制改革，加快建立高效的学校产权制度，从产权角度讲，民办学校就是较有活力的产权制度安排。另外，我们还要积极探索利用外资发展我国的高等教育，如引进外资办高校或建立中外合资的高等教育机构，以及到国外投资办学等。

二、加强产权保护，大力推进民办教育立法工作

在实际工作中，人们往往根据法律上对产权的界定来规范现实中的产权关系，当然，我们希望现行法律是很完善的，并能准确地反映现实中的产权关系。但事实并非总是如此，有时法律对产权的界定和规范不能适应客观存

在的产权关系，甚至限制了合理的产权关系。如何界定民办高校的产权，是关系到民办高等教育能否快速发展的大问题。

正确认识民办教育领域中的产权及其法律保护，对于加强民办高等教育法律建设，促进教育事业发展具有十分重要的意义。马克思曾从发生论角度论述过产权与法律的相互依存关系，他认为："在社会发展某个很早的阶段，产生了这样一种需要：把每天重复着的生产、分配和交换产品的行为用一个规则概括起来，设法使个人服从生产和交换的一般条件。这个规则首先表现为习惯，后来便成法律。"[1] 因此从产权的生成和发展看，产权首先表现为经济关系，之后人们逐渐达成共同遵守的规则，当国家出现后就把这些规则上升为法律。因此从逻辑上讲，应该是经济上的产权关系在先，确立法律上的产权关系在后。有人指出，"产权不因法律而产生和存在，却由于获得法权形式更为明确，更能确认和保护，并使产权纠纷、矛盾的解决更有依据，更有成效"[2]。这就是说，产权不因法律的产生而存在，但产权需要法律保护，只有得到法律保护的产权才能发挥其应有的作用。

教育实践是推动学校产权及产权制度变革的根本原因。民办高等教育发展已经出现了新的产权关系，比如在民办高校的投资多元化中，投资主体和学校法人要求合法享受其财产权已经是一个十分现实的问题。也就是说，教育发展迫切需要调整原有的产权关系。如上所说，根据现有法律，民办高校的投资者和法人基本不享有财产所有权，这种立法思路基本延续了公立高校的管理模式。对于公立高校来说，学校法人只享有校产的使用权和部分收益权，而没有所有权。如果以此来规范民办高校的产权，必然会制约举办者积极性，也不能促进民办高校快速发展。产权是一个十分活跃的因素，它决定产权结构的变迁和产权制度的演变。因此，抓住了高等教育领域的产权这个因素，也就能把握住高等教育和民办高校管理体制改革关键。

教育的发展引起了教育领域中的产权关系变化，产权关系的调整主要依

---

[1] 中共中央马克思、恩格斯、列宁、斯大林著作编译局. 马克思恩格斯选集：第2卷［M］. 北京：人民出版社，1972：538－539.

[2] 吴宣恭，等. 产权理论比较：马克思主义与西方现代产权学派［M］. 北京：经济科学出版社，2000：52.

靠法律。正如我们从法权与产权的相互关系研究得出：法律必须要反映社会现实，法律必然能调整社会现实。当前的社会现实是：民办高等教育由于社会的需要而蓬勃发展，但我国民间资本尚不雄厚，缺乏各种公益性的社会基金，政府又无力给民办高校很大的资金支持，单纯依靠民间捐资来发展民办教育显然是不现实的，吸引社会力量投资办学是我国高等教育发展的必然趋势，而投资办学将改变传统大学的产权结构，一种新型的产权关系正在出现，并可能对现有的法律、法规及有关管理制度构成挑战。对于这种来源于现实层面的产权对现存法权的挑战，我们不可简单否定，而需要认真思考和研究，从而及时地调整有关政策和法规以适应客观实际需要，最终使产权在经济关系与法律关系上协调一致。

为了教育事业的发展，我们必须加快民办教育立法工作，特别是民办高等教育机构的立法。在市场经济条件下，高校的产权结构已发生了很大的变化，特别是实际上已出现了各种类型的民办高校。除了制定"民办高等学校法"以外，还需要根据高校的不同产权结构分别制定相关的教育法规或条例，对高校产权进行法律规定、提供法律保护。

三、明晰产权是落实民办高校办学自主权的重要条件

在计划经济体制下，政府集投资、管理、办学于一身，形成了三位一体的、单一的权力与权利结构。这种权力与权利结构必定导致政府集权、学校无权的现实。实行高等教育体制改革以来，我国政府实施了以落实高校办学自主权为核心的管理体制改革，新颁布的《中华人民共和国高等教育法》逐项规定了高校的办学自主权。然而，法律上的规定与实际操作不一致。原因是，落实高校自主权不能单纯理解为政府"下放"行政权，高校自主权还与学校产权有关。因此要落实高校自主权就要进一步改革高校产权制度。

行政权与产权是两个不同的概念。从来源看，行政权依附于行政组织，实质上就是"职权"。行政权具有等级差异性，它是通过自上而下的"设置"和"分配"确定下来的，谁占有了组织中的某个职位，谁就拥有相应的权力；而产权则是与财产相联系的一组权利，它是独立存在的权利实体，在此基础

上按各种方式组合起来，因此具有"天然"平等性。行政权和产权在不同的经济体制中的地位和作用是不同的。在计划经济体制下，行政权超越于产权，可以操纵产权，而在市场经济体制下，产权应受到尊重和保护。当然，在现实生活中既没有纯计划经济，也没有纯市场经济，在任何一种类型的经济体制中计划与市场都要发挥各自的作用。因此，在社会主义市场经济体制下，建立行政权与产权协调一致的自主权运作模式对于我国高校管理体制改革具有重要的理论和实践意义。

高校办学自主权必须以产权为重要基础。在改革高校管理体制过程中，一方面，政府担心权力下放后会导致权力滥用和失控；另一方面，高校也不敢大胆使用应该属于自己的自主权，形成一方不敢放，另一方又不敢要的局面。导致不敢放和不敢要的原因，是高校管理体制改革没有提到产权制度这一高度。我们认为"放权"或"收权"都属于行政权范畴，"放权"改革必然削弱上级部门的权力，从而导致控制力下降，过分放权可能使原有的权力结构遭到破坏，从而出现"一放就乱、一乱就收"的循环怪圈。看来问题似乎是出在上级控制权的削弱上，实质上是出在被授权者缺乏自我约束能力上。那么有没有可能建立起具有自我控制、自我约束能力的权利结构呢？我们认为建立合理的产权制度是有效的途径之一。因为产权是以财产为基础的权利，彼此尊重对方权利是产权的一个基本特点，产权在其运作过程中遵循平等和等价的原则。通过产权之间形成的制衡关系，从而使产权具有自我控制、自我约束力。从产权角度看，高校自主权只有以产权为基础，才能使它具有自我约束能力。高校的自主权不是靠政府的"下放"得来的，自主性是产权的基本属性。因此我国高校管理体制改革的关键是建立起合理的产权结构和产权制度，才能使政府在"下放"行政权力过程中不至于因控制权的失落而造成管理系统的混乱。

考察我国民办高等学校的发展，我们不难发现支撑其发展的两项重要的资金投入，就是学费和贷款。大多数民办高校靠学费和贷款使办学规模得到迅速的扩张。有的民办高校还在进一步扩张，还组成跨地区、省的"横向"教育集团，有的则成立了包括幼教、中小学和大学在内的"纵向"教育集团。生源充足、信誉较高的民办高校呈迅速扩张的态势。那么民办高校规模多大才合理？这种规模由谁来定？是政府还是高校自身？这个问题涉及民办高校的自主权，以及自主权的自我约束问题。从理论上说，民办高校的办学规模、投资额度应该有权自己决定，但前提是这种办学自主权必须建立在产权基础之上。如果产权不明晰，或者产权主体没有能力承担责任，那么也就不可能有真正的自主权。因为没有产权约束的自主权必然会导致民办高校的盲目扩张，甚至不能保证曾经在经济建设中出现过的盲目投资、重复建设现象不会在教育领域，特别是民办高校发展中重演。因此，必须通过规范民办高校产权，建立合理的产权制度，来培育具有自我控制、自我约束能力的高校自主权，为民办高校的健康发展创造条件。当然，规范产权和建立产权制度必须发挥政府的作用，从这个意义上说，加强民办高校的管理、加快民办高校的立法工作是政府应当加紧进行的工作。

四、合理安排产权制度，不断提高民办高校的制度效率

产权经济学理论认为，产权对于资源配置具有激励和约束等功能。这对于加快发展我国高等教育具有十分重要的意义。在世纪之交，我国已决定加快高等教育大众化的步伐，"十五"计划已明确提出到2005年高等教育入学率达到15%，为我国现代化建设提供充足的人才支持和知识贡献。而我们的现状是：穷国办大教育，教育规模大，教育经费少，生均教育支出水平很低；投入不足严重制约了高等教育发展。解决我国高等教育发展所需经费的短缺问题，从根本上说，还是要从高校产权制度入手。

虽然教育不同于经济，学校不是企业，但教育的发展需要资源，也存在资源的合理配置问题和提高资源的利用效率问题。有效的经济组织是经济增长的关键，同样，一个有效的教育资源配置制度也是当前我国教育发展的关键。如果把学校看作是教育资源的一种组合形式，那么，对高等教育来说，就有两种基本的配置方式：一是公立高等学校，二是民办高等学校。我们认为公立或是民办并非教育性质的不同，而是教育机构的两种不同的产权制度安排。民办高等学校又有两种类型即营利性民办高等学校与非营利性民办高等学校。把高等教育机构划分为上述各种类型的依据是产权制度，之所以出

现不同类型不是人为因素造成的，而是适应市场经济条件下教育资源配置方式而形成的。

产权制度是民办高校制度的核心内容。选择什么样的产权制度主要取决于其是否有利于教育资源配置和提高资源利用效率。营利或是非营利的高等学校作为两种不同类型的产权制度，在我国高等教育发展中都可发挥各自的作用。当然对营利性学校与非营利性学校应给予分别规范、分类管理。

教育发展的现实需要我们创造出新的、有效率的产权制度和有创造性的大学制度来。以高校财政为例，毫无疑问，教育经费短缺是个很现实的问题，其中有政府投入不足的原因，也有学校制度本身的原因。高校产权结构不合理（指产权结构过于单一），产权制度不够完善（指责、权、利关系不明确），教育法制建设落后等，是造成大学制度缺乏活力，高校筹资能力低下的重要因素。近年来，民办高校对此已做了很好的探索，吸引了相当多社会资源投向高等教育。在实践过程中也创造了一些全新的学校产权制度。如浙江等地探索的公立大学设置民办二级学院、教育集团的教育产权经营模式、以教育股份公司为载体的教育股权模式等。但这些很有效的措施还未能得到国家的法规认可，有些民办高校还处在制度的高风险运行状态。

我们认为大学的创新包括知识创新和制度创新两方面。知识创新是大学创新的根本立足点，而制度创新则是实现知识创新的重要保障。知识创新是提高大学的"教育生产力"，而制度创新是提供与"教育生产力"发展相适应的"教育生产关系"。大学的知识创新与制度创新两者是相辅相成、互相促进的过程。21世纪的大学需要提高知识创新能力，也需要创造新的大学制度。高等教育的立法，应当立足于鼓励、支持大学制度的创新。

浙江万里学院[①]
—— 一种第三部门高等学校的范例

无论在理论上还是在实践中，我们都将高等学校分为公办高校和民办高校两类。这种两分法是否符合实际？是否有利于我国高等教育的发展？实际上，我国已经出现了一批属性复杂的高等院校，很难简单地将其归为公办高校或者民办高校。浙江万里学院就是其中的一个典型。在考察该校办学模式的过程中，我们深感两分法过于简单，不利于有针对性地制定政策法规，不利于高等教育机构的多样化发展和我国高等教育系统的整体优化。

一、浙江万里学院的办学模式

浙江万里学院是万里教育集团举办的高等教育机构。其前身浙江农业技术师范专科学校（以下简称农技师专）是一所省属普通高校，学校规模小、经费短缺、设备陈旧、人才外流，是省内困难的院校之一。经教育部同意，1999年2月浙江省政府正式发文，将农技师专转由万里教育集团举办，改制为浙江万里学院。改制后，学校的国有性质不变，办学所形成的资产增值仍然是国有。上级主管部门仍为浙江省教育厅。但举办者由省政府转为万里教育集团。

万里教育集团是教育财团法人，举办万里学院和其他7所不同层次、类

[①] 原载《高等教育研究》，2002年第4期。作者：潘懋元，邬大光，高新发。

型的学校。学院改制以来，集团前期投入3亿元，进行了大规模的基础设施建设。校园面积由18.5万平方米增至85万平方米，专科专业由8个增加到37个，教育部批准学院有颁发本科学历文凭资格，并办了12个本科专业。更重要的是集团管理下的万里学院进行了一系列的制度创新，彻底改变了学校的面貌。

浙江万里学院的办学模式，既不同于一般公办学校，又不同于民办学校，是一种新型的办学模式，是万里教育集团的办学理念与办学体制、管理机制有机结合的统一体。

1. 办学理念

万里教育集团的办学宗旨是以生为本，全力满足学生接受优质教育的需要，促进学生健康成长、成才，学生是根本，教师和干部都是为学生服务的。凭借一心为公的精神境界和灵活高效的制度优势，万里教育集团将这一思想全面、彻底地落实到教育实践中，这一宗旨的确立与实践决定了其经营活动的公益性。

我们发现，浙江万里学院的公益性实践具有不同于公办学校的特点。公办学校的公益性实践是以政府为中心。理论上政府是代表公众利益的，为政府服务也就是为公众服务。问题在于政府并不总能及时、准确地体现公众利益。在市场体制中，这一问题将更加突出。但办学体制决定了公办学校要以政府为中心提供公益性服务。公办学校的生存基础在国家财政，主要负责人由上级主管部门任命，管理体制按行政体制组织。因此，它实际上是政府的一个部门并对政府负责，而不是对学生负责，通常不会以学生为中心配置资源。这一体制决定了学生不是学校的生存之本，不可能成为学校管理的中心目标。即使有的学校负责人有以生为本的思想，也往往由于缺乏足够的自主权，而难于按这一原则组织学校的各项工作。比如，许多经费都是专款专用，没有主管部门的许可，学校不能自主调动资金以满足学生的实际需要；教师的聘用与辞退、干部的任免都必须严格执行政府劳动人事部门的规章和指令。庸者不能退，贤者也难进，人浮于事，效率低下。这些都是有悖于学生之根本利益的。

万里学院以生为本的公益性教育实践，更不同于以营利为目的的私立学校。在北美、南美、非洲、东南亚等都出现了以营利为目的的私立学校。当然，就培养人才、带动相关产业的发展、提供就业岗位、提高受教育者的就业能力而言，这类私立学校也发挥着公益性的作用。私立学校的生存基础在教育市场，这使学生可能成为学校的生存之本。但营利是许多（不是所有）私立学校的宗旨。追求利润是营利性学校首要的价值取向。在逐利动机和生存压力的驱使下，学校首先考虑的是短期效益。其经营活动往往更多的是以利润为本，而不是以生为本。它们也标榜以学生为本，但往往只是一种经营策略或者营利的手段。

浙江万里学院的公益性实践是以学生为中心。学院坚持国有学校的公益性价值取向，同时承受着民办学校一样的生存压力，享有民办学校一样的自主权，使主观的价值追求与客观的生存与发展需要能够统一到以生为本上。作为国有学校，万里学院积极主动地接受政府部门的财务监督和质量监控。学院的建设、运作以及学科建设都执行国家标准；而立足市场机制的社会力量办学体制又决定了万里学院的教育质量、服务质量必须得到社会、家长和学生的认可。否则，学校将面临生存危机。因此，以诚信办学、以质量取胜，坚持一切工作以学生为中心，以促进学生全面健康地成长、成才，是万里学院的办学宗旨。学院设立了董事长热线、院长热线，学生的要求在 24 小时内就能得到反馈。全体教职员工都树立了为学生服务的思想，像对待自己的孩子一样关心学生的学习与生活。学院的生存与发展能力完全取决于在为学生服务，促进学生发展方面体现的价值大小，学院的成功是奠定在学生成功的基础之上的。

2. 产权结构与治理结构

万里教育集团的全部资产是在集团创始人自有资金的基础上，通过教育经营滚动发展，积累而来。但个人不持有集团的股份，集团在办学中积累的固定资产全部登记为国有资产，学生的学杂费收入上交财政，纳入国家财政专项账户，根据教育用途下拨。集团按学院和其他各校的生均经费标准和在校学生数下拨至各校，由学校按财务制度规范使用。集团财务总监对学校教育经费的使用实行全过程监控，由对国家财政部门负责的审计部门严格审计集团的经费使用情况。作为集团一把手的董事长没有财务签字权，有权的不管钱、有签字权的总裁受制约。集团创建了一套与不以营利为目的的公益性办学宗旨相适应的理财制度，保证经费使用合理高效，并全部用于办教育，杜绝腐败现象的滋生。经营所得的积累也100%用于教育的再投入，而不是作为赢利分红。办学者的公益动机和集团内外的多级审计监控制度，防止了以营利为目的的行为以及由此带来的种种弊端。

浙江万里学院的产权结构比较复杂。农技师专的校产，按国家有关规定清产核资，全部划归万里教育集团管理。政府仍按农技师专原有的在校生规模拨给经费，占万里学院年度经费的10%左右。这一部分来源于国家财政的资产交给万里教育集团管理和使用，所有权属于国家，使用权属于万里学院。学院现在的规模已是农技师专的10多倍，绝大部分资产和经费都是万里教育集团投入的。虽然所有资产都定性为国有，但主要不是来自国家投入，而是按教育成本收费，通过市场运作积累起来的。

万里学院的资产纳入了国家财政，但政府只有监控权而没有使用权；万里学院是国有高等院校，但不是政府的一个部门，院长不像其他公办学校的校长那样对政府主管部门负责，而是对教育集团董事会负责。政府对学院没有直接的支配权。董事会和学院拥有很大的办学自主权。相对公办高校而言，高度自治是浙江万里学院治理结构的重要特点。

从主要资金来源和内部治理结构上讲，浙江万里学院的性质都是社会力量办学。无论现有的财产还是进一步积累的财产，其使用权实际上掌握在集团手中。这一点在万里学院的管理体制和运行机制上也充分体现出来了。国有不等于政府所有。万里学院是财团法人所有，而不是政府所有，没有国家财政作后盾，其生存与发展的基础在于教育服务市场，要靠赢得市场竞争来获取学校运行与发展的各种资源。因此，与隶属于行政部门并受其直接控制的公办学校不同，学院已经真正实现了面向社会自主办学，其运行机制也是市场化的。

总之，万里学院的产权既不同于公办学校的政府所有制，也不同于私立学校的私法人所有制。其产权主体主要是作为公法人的万里教育集团。尤为重要的是，作为公法人的万里教育集团是独立于政府体制之外的。

3. 运行机制

理念的落实必须有配套的机制。万里教育集团在内部运行机制上进行了不懈的探索和大胆的创新，建立了市场导向、成本核算、奖优汰劣、分工协作的运行机制。

（1）市场导向。提高教育市场中的竞争力是万里学院生存与发展的根本。为了吸引和留住更多更好的学生，万里学院注重准确把握市场并抓住机遇开拓市场。学院当初筹建就是市场导向在起作用。万里教育集团准确预测了社会对高等教育需求量的增加、人才市场上不同专业人才需求的变化趋势、家长对交费的心理承受力等。在此基础上，迅速投入人力、物力和财力进行学校建设和专业建设，使一所陷入困境的公办高校在规模和水平上都实现了跨越式发展，适应了社会发展对高等教育的需要。在办学过程中，集团和学院始终关注市场变化，积极主动抢占市场先机，而不是等供不应求时才扩大规模，等市场饱和时才调整专业。

（2）成本核算。万里学院的教育经费完全依靠教育经营的收入，从而将学校的生存与发展奠基于教育市场中。学院在管理中引入市场经济成本概念，按教育成本收费，按固定资产使用年限提取折旧费，按效益提取教职员工工资。

收费结构是万里学院模式的又一重要特点。公办学校收取的学费只占学生全部培养费用的20%～30%，政府承担教育成本的50%左右。以营利为目的的民办学校的收费是完全成本加利润。而万里学院收取的学费实际上是完全成本加积累。积累不同于利润之处在于不能作为红利分配给个人，即财产增值的收益权是社团法人而不是个人。即使学校停办，集团积累的所有资产也不能转给个人，而是按其章程，作为国有财产继续用于教育。举办者的亲属、子女对集团的财产也没有继承权。

（3）全员聘任，奖优汰劣。万里学院实行全员"聘任制"和奖优罚劣的"淘汰制"，将国有事业单位编制与民办学校的灵活用人机制有机结合。对干部实行聘任制，对教师实行招聘制，对工人实行劳动合同制。院长由董事会聘任，对董事会负责；学院内各级领导、教师和其他职员由院长聘任，对院长负责。

学院自主确定工资、福利、津贴标准和分配办法，在严格考核的基础上，实行结构工资制。教职员工收入主要包括国家档案工资、岗位津贴和奖金三部分。岗位津贴和奖金以业绩考核为主要依据,根据"过程与终端考核并重,数量与质量并重,工作的投入与成绩并重"的分配方针,按劳取酬,优质优酬。收入分配与办学效益同步,风险共担、效益共享。合理拉开收入档次,向教师倾斜、向学术人员倾斜。不称职者不再聘任,自行淘汰。这种人事分配制度为学校引进优秀人才提供了较大的空间。万里学院的教师队伍中有不少是来自全国各地的优秀人才。

(4)学术管理与行政管理分工协作。万里学院实行董事会领导下的院长负责制。董事会负责选聘院长,处理所擅长的投资与融资、基础设施建设、提供引进人才的条件以及对外协调事务等,而将不擅长处理的学术事务全权委托给院长处理。院长在学院行政上拥有独立决断权,学院人、财、物的管理均由院长说了算。免除了筹集资金、基建、后勤、对外协调等非学术性的事务后,院长能够集中全力领导学校的教学和科研工作。董事会与院长的优势都能得到充分发挥,并相互补充、相互支持。万里学院正在推行的二级财务核算制度,又强化了系主任负责制,赋予了系主任管理教学和研究活动的权力和责任。同时,各级管理中的分工协作都能充分发挥各级的特长,实现优势互补,提高管理水平与效率。

二、浙江万里学院是一种第三部门高等学校

第三部门作为一个研究概念已经在学术界得到广泛使用。这是对公私二元体系的重要突破和发展。它使我们清楚地看到,如果以作为第一部门的政府部门为一极,以作为第二部门的营利性企业为另一极,那么,大量的社会组织存在于两极之间广阔的模糊地带,具有独特的制度特征,如公益性、民间性、非营利性、自治性等,应归于另一个独立的部门,即第三部门。把许多组织归为公共部门或营利性企业部门是过于简单化了。高等学校就是如此。实际上,不同的高等学校分别分布在三大部门之中。

军校、警校、行政学校等对口培养军政人才的高等学校,一般都是第一部门的高等学校。我国计划经济时代的公办高等学校也是典型的第一部门高等学校。所有高等院校完全按照国家计划培养专业技术干部。政府既管招生、

就业，又管培养过程。政府提供学校运行所需的一切资源，包括师资、干部、资金、设备等，同时学校的财权、人事权、专业设置权，有时甚至包括制订教学计划与编写教材的权力都集中在中央政府手中。培养的人才归政府所有，由政府分配。高等院校实际上是一个执行上级主管部门政策与计划的公共部门。现在政府下放了部分权力，但并没有从根本上改变我国公办高校的部门属性。

20世纪后半叶国外出现的营利性高校是典型的第二部门高等学校，如美国的凤凰大学、全国技术大学（The National Technological University），英国的白金汉大学等。据《高等教育记事周报》引自美国联邦教育部1997—1998年度的统计，美国有私立的营利性本科院校169所，占私立本科院校的9.9%，占所有本科院校的7.5%。有营利性的两年制私立院校500所，占两年制私立院校的73.1%，占所有两年制院校的39.2%。① 我国的民办高校中也存在以营利为目的的院校。只是由于《中华人民共和国教育法》明确规定任何组织和个人不得以营利为目的举办学校，迫使这类学校的营利动机和营利行为隐性化了。

第三部门的高等学校作为一种制度形式，实际上早已有之，只是由于第三部门理论的滞后，人们没有借此对高等教育进行阐释。按照第三部门理论，第三部门的高校应该具有公益性、民间性、非营利性和自治性等特征。美国早期的私立高等院校都是独立于政府体制之外的民间组织，高度自治，从事公益性的高等教育活动，不以营利为目的，是第三部门私立高校的典型。英国大学的经费主要来自国家财政，但享有高度的自治权，是第三部门公立高校的典型。尽管财产所有权属于国家，但浙江万里学院独立于政府体制之外，享有高度的自治权。与其他国有学校相比，具有民间组织的特征，显然不能归于第一部门。万里学院不以营利为目的，不仅体现在办学宗旨上，而且体现在制度安排上，显然也不能将其划入第二部门。

浙江万里学院是第三部门高等院校，具有第三部门组织的典型特征：①公益性与非营利性。万里学院不仅在办学理念上强调以生为本，以促进学

---

① 乔玉全. 21世纪美国高等教育［M］. 北京：高等教育出版社，2000：57.

生的健康成长、成才为宗旨，不以营利为目的，而且在制度上不允许收支的盈余分配给所有者和管理者个人，不允许盈余部分转入非教育用途。②民间性。万里学院面向社会办学，而不是面向政府办学，对董事会负责而不是对政府主管部门负责。在体制上独立于政府，不是政府的一个部门。在经费上也不依赖公共财政。③自治性。万里学院实行董事会领导下的院长负责制，按照国家法律规范办学，但不受政府的直接控制和干预，享有民办学校的办学自主权。

第三部门高等学校有多种类型，浙江万里学院是一种民间投入、民间经营、国家所有、官民结合的第三部门高等学校：学院办学所需资源几乎完全是通过市场运作自筹；资产的所有权属于国家，使用权属于财团法人——万里教育集团；学院可以享受公办学校的优惠待遇；学院接受财政、教育等政府职能部门的监督和管理，但保持高度自治。

三、浙江万里学院的制度优势

原属第一部门的浙江农业技术师范专科学校转型为属于第三部门的浙江万里学院之后，规模、结构、质量、效益全面提升，实现了超常规发展。转型后形成的制度优势主要体现在以下几个方面。

1. 自主创新，面向社会办学

在由计划经济体制向市场经济体制转型的过程中，政府职能的社会化和市场化是必然趋势。因此，政府明确要求公办高等院校面向社会自主办学。这需要公办高校改变生存与发展策略，由依靠公共财政转向依靠社会资源，由受控执行机构转变为自主创新机构。但只要政府还对公办高等院校保持着强控制，公办高等院校仍然是政府的一个部门，仍然具有第一部门的主要特性，就不可能由面向政府转向面向社会。因为第一部门高等院校的办学体制不鼓励学校自主创新。在第一部门的高等教育系统中，政府主管部门是制度创新的主体，并奖励忠实执行政府决策的高等院校。但政府远离高校的经营管理实际，科层控制妨碍信息的充分交流，无法克服系统内不同层次的信息不对称现象。因而，政府为发展高等教育所做的制度安排，尤其是涉及微观的教育活动与学术活动的制度安排，常常既不科学，也不可行。没有自主性，缺乏制度创新能力，高校无法面向社会谋求生存与发展，也难以适应世界贸易组织（WTO）框架内的国际高等教育竞争。

浙江万里学院在建校之初也主要借鉴公办高校的办学模式，但很快就发现这样无法提高学校的市场竞争力。市场的压力转化成了制度创新的动力。而高度自治和善于把握市场信息，又提高了制度创新的能力。万里学院的理财制度、董事会与院长的分工协作制度、院系两级教育与学术管理制度、人事聘用与分配制度等都是自主创新的产物。重要的不在于这些制度本身是否最优，而在于学院既有动力又有能力进行制度创新，从根本上保障学院能够适应社会需要及其变化而发展。这正是面向社会办学的实质。

2. 善用资本运作，动员社会资源办学

由于公共教育经费缩减和高等学校运营成本增长的共同作用，办学经费短缺成为困扰高等学校发展的世界性难题，我国高校更是如此。多渠道筹措经费是解决这一难题的必由之路。

浙江万里学院主要依托万里集团，通过贷款和收取学费解决办学经费问题。一般的第一部门高校倚仗政府庇护，还贷信誉不佳，在金融体制市场化之后，很难获得银行贷款。纯粹私人办学的民办高校又有很高的市场风险，也不易获得银行贷款。浙江万里学院的国有、公益性质大大降低了市场风险，民营机制又提高了还贷能力。万里学院按成本加积累收取学费。凭借国有高校公益办学的良好信誉，招生规模迅速扩大，可观的学费收入奠定了其还贷信誉的坚实基础。这使万里学院能够利用银行贷款，先期进行基础设施、设备建设。良好的校园环境和教学条件又支撑了招生规模的迅速扩张。从贷款、基本建设、招生、还贷到再贷款，万里学院的资本运作已形成良性循环。有效地利用金融机构和家庭掌握的资源支撑了学院的高速发展。官民结合的第三部门组织制度在其资本运作中发挥了良好的作用。不仅如此，在师资引进、获取办学用地、招生政策优惠等方面，浙江万里学院既得到了政府的积极扶持，又发挥了民营机制的优势。

也许有人认为浙江万里学院得到了太多的优惠，是一种不公平竞争。其实这正是官民结合的第三部门高校所具有的制度优势。一方面，官民结合有利于高校取得合法性。我国政府倾向于严格管制民间组织，完全独立的民办高校在取得合法性方面都需要长期艰巨的努力。经过20余年的发展，到2001年，全国只有89所民办高校完全取得了合法性，有权颁发学历文凭。从理论上讲，政府应该基于高等教育的公益性和产业性，而降低新建高校取得合法性的难度。但由于种种原因，这一理想难以较快实现。当前，官民结合最容易得到政府的认可，是新建高校取得合法性的捷径。另一方面，官民结合使高等院校深受政府信任，可以方便地利用政府体制内外的各种资源发展学校。这在万里学院的办学实践中已有充分体现。万里学院模式实际上是特别吻合当前中国现实的第三部门高校办学模式。

3. 优化资源配置，提高办学效率

第一部门内的高等院校都有一个庞大的行政机构。机构臃肿一方面导致行政效率低下，另一方面导致行政人员编制过大，教师比重偏低。以1993年全国普通高校的统计数字为例。专任教师占37.97%，教辅人员占12.04%，两项合计50.01%。行政人员占16.88%，工勤人员占14.67%，其他人员占18.47%，三项合计50.02%。扣除其中的专职科研人员，职工的比重也达到45.24%。而专任教师中也包含基本上不执教的专任行政人员和政工人员，专任教师中还有22%左右为助教，而国外一般不作为教师统计，也不纳入师生比计算。考虑这些因素，专任教师的比重实际上约为40%。与日本的大学教师占66.59%，中国台湾的大学教师占74.24%，浙江万里学院的教师占90%左右相比，存在巨大的反差。① 教师是大学教育的主体，保持庞大的行政和职工编制显然不是高效率的资源配置。

第三部门高等学校在取得自治权的同时也离开了政府的保护伞，要由面向政府、依靠财政，转为面向社会、立足市场，自己对自己的生存与发展负责，靠较低的价格、较高的质量赢得市场份额和生存空间。因此，效率对第三部门高校具有生死攸关的意义。浙江万里学院一方面降低成本，一方面提高质量。为了降低成本，行政编制严格控制在10%以内。为了提高质量，学院以"自强不息"为校训。无论是集团的领导、学院的领导，还是教师和学

---

① 潘懋元. 潘懋元论高等教育［M］. 福州：福建教育出版社，2000：319-321.

生，都以自强不息的精神投身本职工作和学习，精益求精，追求卓越，不断超越自我，超越已经取得的成绩。

第三部门高校不仅有追求效率的动力，也有提高效率的制度安排，如引入市场机制与成本概念，建立相应的财务管理制度，按高效、精简、勤俭的原则使教育资源得到最佳配置，从制度上确保学校能够高效运营。成本概念的引入也可以大大提高学生的学习动力和效率。学生家长支付了教育的全部成本，淡化了受教育的福利心态，强化了受教育的投资理念。把受教育当作实现个性发展、人力发展的投资，就会强化投资回报的观念。因此，学生会自觉地提高学习效率，也会自觉地维护自己在学校的权益，要求学校的管理工作和教育工作提高质量和效率，以求在教育的质和量上最大限度地增加效益。学生和家长也成了学校提高效率的重要制度因素。这在万里学院的实践中也得到了充分的体现。

浙江万里学院是由办学困难的第一部门高校向第三部门转型而取得成功的范例。在政府调整职能，缩小资助高等学校范围的过程中，各级各类非重点公办高校将面临很大的困难。浙江万里学院探索出了一种很好的模式，不依赖政府投入，而是通过引入民营机制，实行自主办学，在第三部门领域拓展生存与发展空间。许多难以从政府部门得到足够支持的公办高校都可以借鉴万里学院的经验探索自己的发展道路。

浙江万里学院也是社会力量举办公益性高等教育的成功范例。许多私人所有或私法人所有的民办高等学校，不以营利为目的，完全是为了使更多的青年能接受高等教育而办学，是典型的第三部门私立高等学校。考虑到资本进入教育领域所要求的合理回报，正如向银行贷款必须付给贷款利息并计入经营成本一样，应视为办学的必要成本，而不是经营教育的利润。那么，许多坚持微利办学的民办高校实际上也是以公益性教育服务为宗旨的第三部门高校。如果政府能够像万里教育集团那样，积极发挥扶持和引导作用，如果学校能够像万里学院那样自主创新，规范办学行为，提高办学效益，那么，将会有一大批民办高校在第三部门内得到迅速而良性的发展。

政府投入的自治大学，民间投入国家所有的高校，私人投入私人所有的非营利性高校都是可以在我国高等教育体系中发挥重要作用的第三部门高校。

囿于公私二元体系，我们忽视了第三部门高等学校的存在和价值。有关的政策法规缺乏针对性，难于解决高等教育发展中的许多矛盾。譬如，笼统地规定不得以营利为目的举办学校，导致营利性高校隐性化。如果基于公益性而给予所有民办高校优惠政策，则营利性高校就会搭便车，逃避应负的税收义务；如果像对待营利性企业一样对待所有民办高校，就会打击公益性民办高校的积极性，不仅不利于公益性民办高校的发展，而且不利于弘扬社会公益精神，不利于社会整合和稳定。因此，为属于第三部门的公办和民办高校制定有别于第一、第二部门高校的政策法规，是我国高等教育发展中亟待解决的重要课题。

人文万里　以生为本[①]
——试析浙江万里学院的办学理念

办学理念，是一所学校生存之本、办学的灵魂。浙江万里学院在追求成功的道路上，始终坚持"以生为本"，竭力打造一个全新的"人文万里"，这一理念如奇葩绽放在风景美丽的东钱湖畔。

一、浓缩育人精华——"以生为本"的"人文万里"办学理念的确立

《21世纪的高等教育：展望与行动世界宣言》提出："在当今这个日新月异的世界上，高等教育要有以学生为中心的新的视角和新的模式。"改制之后的万里学院，由万里教育集团投资，这就意味着把市场机制引入到办学中来，让学校面向社会自主办学，靠自己的实力生存发展。学院领导从办学伊始就非常清醒地意识到，学生到学校来，就是要得到高质量的教育服务。市场机制已经把学校推到了风口浪尖上，办学如同逆水行舟，不进则退。因此，如何在引入市场机制的同时，遵循高等教育规律，使规模、质量、效益协同提高；如何保证学校的可持续发展，避免急功近利的短期行为，使学校进入良性循环的轨道，是学院面临的首要问题。作为全额收费的学院，必须从经济的角度来思考教育改革，既要考虑培养的人才符合社会需要，又要考虑提供

[①] 原载《教育研究》，2003年第11期。作者：高晓杰，潘懋元。

的教育服务能够满足学生的需求，而最关键的问题是如何保证能把大批学生招进来，高质量地送出去。唯一的出路就在于以学生为中心，以市场为导向，以育人为根本，以质量求生存。面对机遇和挑战，学院清醒地认识到理念的重要，领导班子的文化底蕴、思维方式决定着一个学校的文化氛围，决定着一个学校的主流文化的价值取向。为此，万里学院勇敢地冲破传统教育观念的束缚，树立了尊重个性发展的教育价值观念，把学生个性的和谐、自由、全面发展作为教育的直接目的，确定了以诚信办学、以质量取胜的办学宗旨，一切工作以学生为中心，全力满足学生接受优质教育的需要，促进学生健康成长、成才。四年来的办学实践表明，"以生为本"的办学理念和办学行为，使万里学院找到了高等教育与市场的结合点，使主观价值追求与客观生存发展的需要实现了统一，给学院的发展带来了勃勃生机。

二、校园无处不芬芳——"以生为本"的"人文万里"理念的全方位体现

随着教育理论创新成果的不断丰富以及教育实践经验的不断积累，"以生为本"的"人文万里"的办学理念已逐渐浸透到万里人的心中。"以学生的需求信息作为学校工作的第一信号，以学生的发展作为学校工作的第一目标"，"全员育人、全程育人、全方位育人、全天候育人"，"一切为了学生、为了学生的一切、为了一切学生"，确立了"以生为本"的工作体制与机制。

（一）以生为本，以师立校，用美好的愿景鼓舞人

"大学者，非大楼之谓也，有大师之谓也。"万里人深深领会梅贻琦先生的这句名言，认为没有一流的教师就没有一流的学校，以生为本，必须以师立校。只有充分调动教师的积极性，发挥教师的师表作用，使教师安居乐业，才能实现"以生为本"的理念，谋求学校的发展。为此，学院创办之初，各级领导就十分关心教师的生活，积极创造条件为教师解除后顾之忧，让他们在心理上有一种安全感与向心力，从而在很短的时间内聚集了大批优秀教师加盟万里学院，为实施"以生为本"的"人文万里"办学理念，奠定了雄厚的师资基础。

万里人在学院中营造"绿色万里"，倡导教职工心态"绿色"，要求教职

工多研究"物"(客观事物及其发展规律),少研究"人"(人际关系),使学校提高涵养性和包容性。万里学院是一个巨大的磁场,其和谐的人际关系、宽松的自我发挥的空间、灵活的教学机制、超前的管理理念凝聚了万里学院一支过硬的教师队伍。学校洋溢着创业激情,实干精神,和谐、健康、向上的气氛。他们遵循着"以生为本"的理念,追求着万里学院发展的美好愿景。

(二)以生为本,因材施教,用创新精神引导人

在市场经济概念里,质量是企业的生命线,只有过硬的质量才是立足市场的保证,教育同样如此。万里学院在体制改革中清醒地认识到办学体制改革的根本目的就是更好地培养学生,因此,把制度创新、管理创新转化为现实的教学创新,并以此为万里学院办学体制改革的重要内容之一。针对传统教育模式的弊端,为了实现"以生为本"的办学理念,万里学院根据市场情况制定了独特的教学模式,对专业设置、课程体系、教学过程等进行了大胆的改革和创新,把满足社会需要、发展学生个性、发掘学生潜力、培养学生走向市场就业和走进社会做人的品格等作为学校的主要职能,为每个学生提供发展的机会和空间。学院突出以学生为中心,积极推进课程改革。按照现代化、小型化、模块化的原则,整合、优化课程体系,加强关系到学生培养规格和质量的主干课程建设,注重个性化培养,实行因材施教,提出了各专业多规格、多方向、模块化、个性化的培养要求;实行分层次教育,对某些必修的基础课程开出不同程度、不同学分的菜单式序列课程,供学生自由选择;对于相同课程,推行学生根据自己特点选择授课教师的选教制。此外,学院积极创新教育教学方法,实行学生导师制,加强了对学生自主学习的指导,帮助学生获得技能、才干和交往能力。

学院设立课外学分制,以提高和培养学生的创新、创造能力。为激发学生崇尚科学、勤奋学习、追求真知和创新、创业的积极性,学院连续3年每年安排10万元大学生创新、创业基金,还设立专门机构,为学生申请专利提供便利。目前,学院已有7家学生创业公司。学院每年举行以"弘扬科学务实精神,培育科技创新能力"为主题的大型系列活动,为学生提供展现自我的舞台。各项改革措施的连续出台,赋予了教育教学以崭新的内涵,增强了学生的创新意识。

（三）以生为本，陶冶情操，用高尚的精神塑造人

"以生为本"，就是一切为了学生的健康成长。在人文精神熏陶涵养下，通过全面实施素质教育，将终端目标过程化，树立智力和非智力因素协调发展的教育观念，把做事教育与做人教育有机结合起来，不断提升学生的品格。为此，万里学院启动了"人文育人、万里人文"计划，对在高校实施素质教育进行一种全新的探索，特别是对于如何整合资源，做到第一课堂与第二课堂的衔接、专业素质的拓展和创新创业能力的培养进行了大胆的尝试。从春季的"绿色万里"、夏季的"科技万里"、秋季的"国际万里"到冬季的"人文万里"，无不折射出办学者对人文教育的独到见解。四季分明而彼此衔接，恰到好处地将传统与创新融为一体，始终贯穿着人文主线。以四季歌为载体的人文教育不仅使学生掌握了扎实的专业知识，而且提高了学生学习的能力、合作的能力和组织管理的能力。

万里学院在学生培养上，清醒地认识到学生"养成教育"的重要性，不断思考应以怎样的人才观去把握培养对象的质量标准和培养学生可持续发展的能力。万里人根据自己的实际对"养成教育"做了这样的诠释：第一，以遵纪守法为目标的日常行为规范的养成；第二，以中华民族传统美德和人类进步文化为基本内容的道德品质的养成；第三，以强烈的社会责任感为核心的理想的养成。正因为有了这样的感悟，万里学院在实施"以生为本"的理念中，积极与中华民族的"树人重德"的优良传统有机地结合起来，把提高学生的伦理道德水平，培养学生健全人格作为教育的取向。学院创设了全新的思想道德教育模式，对学生进行显性和隐性的"为人"教育。学校要求新入学的学生必须自己动手办理入学手续、整理房间，不要父母代劳。在日常的学习和生活中，学校对学生实施了吃苦耐劳、承受逆境和困境的训练，磨炼学生的意志，培养学生丰富的道德情感。2002年3月，万里学院的青年志愿者自发地与孤儿举行结对仪式，为结对对象提供助学金，此举使失去亲人的孤儿感受到关心和温暖，也使万里学生感受了助人为乐的内心体验。

万里学院还非常注重以环境育人，积极营造人文景观，发挥育人功效，建设科学精神与人文素质相统一的特色校园文化。对于可塑性大、正处于世界观和人生观形成时期的青少年来说，优美的校园文化环境是他们健康成长、

成才的沃土和摇篮。走进万里校园，一幢幢红色的教学楼华丽夺目，整个校园林木葱郁、绿草如茵，更难得的是走到哪儿都看不到一片纸屑。置身其中，的确令人心旷神怡，信心倍增。学院还设立了"万里精神""万里格言"一条街、名人名言廊等，随处给学生以潜移默化的熏陶，使学生逐步形成一种拼搏向上、争先创优、求真求善求美的品格，为学生成为具有较高的综合素质的人才打下了良好基础。

（四）以生为本，精心服务，用真诚奉献感动人

教育就是服务，办学质量就是服务质量。万里学院把学生、家长视为学院的用户，最大限度地满足学生、家长追求优质教育的需求。

为了吸引和留住更多、更好的学生，万里学院注重准确把握市场、开拓市场，每一次重大决策，都从学生和家长的利益出发，将学院的生存发展与学生、家长、社会联系在一起。创建之初，万里学院做的第一件事就是进行周密的市场预测。不只是预测有多少生源，而且还预测学生对高等教育的需要和期望，预测家长对学费的承受能力，并与有关部门一起核定收费标准，使专业设置和收费标准既满足家长和学生需求，又符合社会发展对人才的需求，切合家长的承受力。为了保证不让一个学生因贫困而辍学，学院为困难学生提供了勤工俭学岗，还专门成立了"爱心基金"，捐资助学。在办学过程中，坚持一切以学校和学生的发展为出发点，不是等市场饱和再去调整专业设置，而是对三四年后的人才框架做出比较准确的预测，基本把握了人才供求规律，对学生的发展负责。

"以生为本"的学校管理要求学校全员都要具备服务意识。万里学院牢牢抓住培养学生这条主线，不断注重强化学生工作的服务功能和效率。学校除开设书记热线、院长信箱、主任信箱、辅导员信箱外，还开通了家长热线与学生热线，对他们提出的问题24小时内给予反馈，并尽可能地做到及时解决。此外，学院还建立了党委成员联系学生制，要求每个党委委员至少联系2~4名学生，每个党员至少联系1~2名学生，每个学期至少谈话两次，使党员领导干部掌握第一手材料，及时为学生提供教育和服务。学院出台了"规章制度听证制"，每一项制度的出台都充分听取学生的意见，还出台了"机关服务承诺制""首问责任制""事项限时办结制""预警制""定期谈话制"

"意见投诉制"等,强化了服务意识,提高了服务水平。为了能方便快捷地为学生服务,学院将处、室管理模式转为服务模式,成立了三个中心:教师事务发展中心、行政事务发展中心、学生事务发展中心。学院建造了阳光办公大厅,除学生管理机构外,设有学生活动室、心理咨询室等,学生在大厅内就可以解决几乎所有的实际问题,提高了办事效率,为学生提供了极大便利。

三、浓情万里,万里征程;"以生为本",硕果累累——大幕展开的万里学院

4年来,坚持"以生为本"的办学理念,万里学院取得了可喜的办学成绩。2002年首届毕业生一次性就业率达到87%;2000年、2001年全国大学生数模竞赛,万里获奖的等级和数量在同级参赛的学校中连续两年名列第一;在2002年3月举行的宁波市大学生创业园授牌仪式上,有万里学院学生参与开发的两个项目当场签署了入园协议;2002年浙江省高校计算机等级考试,万里学院学生的成绩在68所参赛学校中位居前六名;2002—2003年连续两年获中宣部、教育部、团中央颁发的"社会实践先进集体"荣誉称号;首届毕业生中有100余名通过雅思考试,收到国外院校的入学通知书,到国外留学。

回眸万里学院的发展历程,不难看出,万里学院之所以发生如此巨大的变化,就是因为遵循了高等教育发展的内外部关系规律。一方面,靠政府的支持,万里学院主动适应社会政治、经济的发展,抓住机遇,锐意改革,大胆进行体制创新,展示出万里模式的独特魅力,使学院的办学充满了活力;另一方面,万里模式为实施"以生为本"的"人文万里"创造了前所未有的良好条件,使教育的内部规律能更好地发挥作用,在较短的时间内,将学校打造成了培养高素质人才的人文沃土,显示了竞争强势。"以生为本"在许多人的看法中,可能并不能视为一所学校的特色之所在,许多学校也提倡"以生为本",并不同程度地实践着这一理念。然而,在办学的过程中,一些民办学校把"以生为本"只作为经营策略或营利的手段,即使在许多公立学校也将"以生为本"置于学校管理的中心目标之外。在新的办学体制下,万里学院没有简单地以市场机制来取代教育运行机制,也没有以经济效益代替教育

的综合效益，而是在充分发挥体制所带来的优势的同时，又遵循教育发展的规律，脚踏实地地实践着"以生为本"的办学理念。在办学的实践中，学院站在学生的角度换位思考，对学生的管理不只是从"管"的角度出发，更多的是从"理"的角度来考虑，将学生因家庭条件优越而形成的"以我为本"的思想引导到正确的价值观、人生观的道路来，并且是超前地满足了学生的主体意识。学院积极建造"以生为本"的"人文万里"办学理念，把教育作为学生自身发展和文化再生产的一种手段，作为一种育人的活动，保持了教育的人文内涵和非功利性，切实发挥了教育规律的作用，使学院和学生都具有可持续发展的能力。万里学院在办学实践中做到了政府搭台，学校唱戏，两者融会贯通，在政府、市场、社会的三维坐标上找到了不断跨越的平台。

参考文献

[1] 潘懋元，邬大光，高新发. 浙江万里学院：一种第三部门高等学校的范例 [J]. 高等教育研究，2002（4）：59-64.

[2] 潘懋元. 潘懋元论高等教育 [M]. 福州：福建教育出版社，2000.

[3] 潘懋元，邬大光. 世纪之交中国高等教育办学模式的变化与走向 [J]. 教育研究，2001，22（3）：3-7.

[4] 邬大光. 万里模式与高等教育体制改革 [J]. 教育发展研究，2001（3）：29-37.

关于《民办教育促进法》及其实施[1]

《中华人民共和国民办教育促进法》(以下简称《民办教育促进法》)正式公布之后,我同许多人交换过意见:有教育主管部门的干部,有民办高校的举办者与办学者,也有关心民办教育的教育界人士。反映不一:有欢欣鼓舞的,认为今后民办教育有法可依(从行政法规上升为国家法律),可以顺利、健康地发展了;有的表示不满,认为许多本该在法律上明确规定的,却模棱两可,易生歧义,留下许多不确定的东西。最有趣的是一位关心民办教育的朋友,给我打来电话,对《民办教育促进法》第四十四条、四十五条,关于各级人民政府设立专项资金和采取经费资助两件事,条文写的是"可以"而不是"必须"或"应该",表示不理解,认为该法对民办教育的支持、促进态度犹豫不坚决。而更多教育界的朋友表示谨慎的乐观,在总体上给予充分的肯定,但认为还有许多不完善、不理想之处。我自问也属于这一类型。现在《民办教育促进法》已经公布即将实施,有关实施细则与配套法规尚未公布。趁此机会,从民办高等教育的实际出发,谈谈个人一些不成熟的看法,以供制订配套法规参考。

一

首先,我认为对《民办教育促进法》的评价,应当摆在民办教育发展的

---

[1] 原载《高教探索》,2003年第3期。

一定阶段来对待。如果在 10 年前，不可能出台一部《民办教育促进法》，如果在 20 年后，《民办教育促进法》将不是这样写的。

民办高等学校在国内成规模地重现，是 20 世纪 80 年代后期的事，到 90 年代中期之后才有了较快的发展。但在定位（是不是社会主义教育事业的组成部分）、发展（控制发展还是积极发展）以及产权与投资回报等基本问题上，意见分歧很大，成为政府、社会关注的热点。世纪之交，民办高等教育已在全国各地蓬勃发展，高等教育大众化提到科教兴国战略的日程上来之后，在短暂的时间，一部包括民办高教在内的以"促进"为主旨的《民办教育促进法》就出台了，应该说是比较快的。由于许多基本问题尚未取得共识，出台之前，有过比较激烈的争论，是完全可以理解的；有些内容尚不完善，也是可以理解的。

这里，我们不妨把日本的私立高等教育立法的历史作一比照：日本在 19 世纪中期就出现了私立高等学校（著名的庆应大学创立于 1858 年，早稻田大学创立于 1882 年），但长期得不到法律的认可。历经近半个世纪，直到 1899 年颁布《私立学校令》，才具有合法地位，但仍得不到政府的扶持。"二战"之后，1949 年颁布的《私立学校法》才规定："从振兴教育的角度认为有必要时，可根据其他法律规定，给学校法人提供关于私立学校教育的必要补助"（第五十九条）①；1952 年，进一步公布《私立学校振兴法》，组织私立学校振兴会，才规定了政府对私立学校的振兴应负的责任和财政补助，也就是说，从私立高等学校的出现到《私立学校振兴法》的出台近百年，而中国从民办高校的重现到《民办教育促进法》的出台，不过 20 年左右，就要求立法硬性规定"必须""应当"而不是留有余地的"可以"，恐怕难于为所有地方政府普遍接受。其实只要"可以"，已经跨出一大步，有了争取资助的空间。

我之所以举这个例子，只是说明对《民办教育促进法》的规定，要从一定的时代背景与环境、民办教育的形势（日本私立高等教育已达 70% 以上）以及人们的认识过程出发，实事求是地进行评价，因为立法需要考虑合理性与可行性。

---

① 陈永明. 当代日本私立学校 [M]. 太原：山西教育出版社，1996：338.

据此，我认为《民办教育促进法》是一部当前所能达到的较好的政策法规，因为它具有相对的合理性与可行性。例如：

——从法律上明确民办教育的性质："民办教育事业属于公益性事业，是社会主义教育事业的组成部分。"（第三条）虽然同宪法修正案规定的"非公有制经济，是我国社会主义市场经济的重要组成部分"[①] 略有不同，但基本性质是一致的。

——从法律上明确民办教育的法律地位："民办学校与公办学校具有同等的法律地位"（第五条），民办学校师生与公办学校师生具有同等的法律地位与权利（第二十七条、三十一条、三十三条）。

——从法律上规定民办学校能够从政府获得专项资金、经费、税收、贷款、用地等等的资助、优惠、支持（第四十四条、四十五条、四十八条、五十条）。

——从法律上明确"出资人可以从办学结余中取得合理回报"（第五十一条）。

——从法律上比较具体地规定教育行政部门的管理、监督、指导的责任和权限以及法律责任，也规定了民办学校的法律责任（第六章、第九章）。

如此等等。正如人们所说的"从此有法可依了"。

但是，有法可依不一定就是有法必依。法，正确运用，可以促进民办教育顺利地健康地发展；法不运用，则形同空文；法不正确运用，还可能带来负面影响。因此，人们盼望尽快出台有利于《民办教育促进法》正确运用的实施细则，也希望各地出台结合地方实际的条例、措施。

二

如何正确运用《民办教育促进法》，首先要统一认识。包括执法者与守法者（执法者也应当是守法者），都要解决对《民办教育促进法》的一些认识问题。例如：

[①] 1999年《中华人民共和国宪法修正案》第十六条："在法律规定范围内的个体经济、私营经济等非公有制经济，是社会主义市场经济的重要组成部分。"

——立足于促进还是限制。民办教育法律未制定公布之前,民办教育界存在这样一种矛盾心理:既希望及早有法可依,以促进民办教育事业的顺利、健康发展;又担心时机尚不成熟,照搬《社会力量办学条例》,限制民办教育,尤其是民办高等教育的发展。《民办教育促进法》的命名,标明立法的主旨是"促进",符合人们的期望。但作为法律条文,必然有许多限制性的条款,这就需要正确理解促进与限制的辩证关系:合理的限制就是保障,而保障就是促进。如果没有必要的限制,放任自流,办学条件、教育质量得不到保障,民办教育事业就难于发展。因此,管理部门,应从立法的主旨出发,对限制条款的执行,要立足于积极的保障、引导而不是持消极限制、防患的态度。这一点,在制定实施细则时尤其重要。如果立足于消极防患,势必一味在限制条款上强化、细化,使民办学校难于发挥其自主性与创造性。同时民办学校对有关限制性的条款,也应积极地遵守、合作而不应持消极抵制、规避的态度。

——立意于服务还是管理。高等学校是属于第三部门的公益事业单位而非属于第一部门的政府机构(除特殊的军队、干部学校外)。但在计划经济与集权政治下,公立高等学校的体制,一向被视为政府的附属单位,由政府直接管理。校长、处长、院长、系主任,按政府级别任命;专业设置、招生计划、编制指标,以行政命令下达。《中华人民共和国高等教育法》所规定的高校自主权,只是作为政府的授权(即所谓"下放自主权")而非高校自身本来就应有的权力与权利。这种管理体制,对公办高校来说,已是有悖于大学理念,不利于高教事业的发展。民办高校,是"国家机构以外的社会组织或者个人,利用非国家财政性经费,面向社会举办"的学校,应当有充分的自主权,才能体现它的特点,发挥它的优势。实施《民办教育促进法》,政府应当将以行政命令为手段的直接管理职能转变为提供有利于促进的服务职能。当然,教育管理部门对民办高校具有管理的职责,但这种管理应当是"管理就是服务"的"管理"而不是传统意义上的管理。从传统的管理职能到现代的服务职能的转变,是一个艰难的过程,它又是能否真正落实《民办教育促进法》主旨的关键。

——着眼于主流还是支流。民办高校,重现的时间虽不长,但已经形成一支庞大的队伍,成为社会主义教育事业的重要组成部分。已有许多办得很好的院校，有的规模宏大，有的质量提高很快，有的毕业生就业率高于一般公办高校，有的管理效率很高。虽然这些崭露头角的民办高校为数还不多，但它们证实了一个有说服力的论点："民办高等学校是能够办得好的。"当然，大多数民办高校，在总体水平上，目前还不如公办高校，但都是信心十足，欣欣向荣的。不可否认，确实存在一些资源不足，管理不善，难以维持，亟须整顿的民办高校，这些都是属于未经评审认可的学校。如果着眼于主流，看到的是民办高教的快速发展，更多的青年能够上大学，有利于培养人才，提高经济实力，促进社会进步，全面建设小康社会；如果着眼于支流、逆流，则必被许多不良现象所困惑，忧心忡忡。对于不良现象，不能听之任之。但更重要的是看主流、看发展。发展是硬道理。在硬道理的前提下，根据《民办教育促进法》，对不良现象进行限制、整顿以至淘汰不合格的学校。

三

现在，《民办教育促进法》即将正式实施，配套法规尚未出台，立法的任务还未完成。大家希望尽快制定《民办教育促进法》的实施细则，也希望各省市区针对各自的实际情况，制定相关的法规。对此，有些问题还有必要进一步探讨，使实施细则更加完善。这里只提出几点可供参考的意见：

——学校产权，力求明晰。《民办教育促进法》未公布之前，讨论的焦点在"合理回报"。对"合理回报"存疑的原因，主要是把"合理回报"与"营利目的"混淆起来，又将营利性与公益性对立起来。实则公益性与营利性并不是非此即彼的对立概念。公共交通事业、文化艺术事业、医疗卫生事业，都是第三部门的公益性事业，也都可以而且必须营利。一定的营利有利于公益事业的发展，何况"合理回报"与"营利目的"并不是同一层面的概念。现在，"合理回报"既写进法律，虽然在认识上还有不同，可以留待以后再讨论。亟须弄清楚的是尚未明晰的学校产权问题，具体说，是举办者投入资产的产权问题尚不明晰。对于《民办教育促进法》的有关规定，有的认为"明确了回报，模糊了产权"[①]。这句话有一定道理。公布前的《民办教育促进

---

① 柴纯青. 民办教育促进法：悬念依存［J］. 民办教育通讯，2003（4）：39.

法》讨论稿，曾按资产来源（国有资产、举办者投入资产、受赠财产及办学积累所形成的校产）划分财产所有权，由学校管理和使用，将财产所有权与管理、使用权分开，分别作出规定。正式公布的《民办教育促进法》修改了按财产来源划分所有权的规定，只规定"民办学校享有法人财产权"和保留了"所有资产由民办学校依法管理和使用，任何组织和个人不得侵占"（第三十六、三十七条）。因此，有人认为又"回到了《社会力量办学条例》第三十六条的框架中"[1]。应该说，这一规定虽不如讨论稿直截了当，但比《社会力量办学条例》还是有所进步的。所留下的不明晰的"悬念"，主要是关于"学校法人财产权"的理解上。例如，学校法人财产权虽没有否定举办者所投入的资产具有最终的财产所有权，但在民办学校存续期间，举办者所投入的资产有无财产所有权，能否转让或用于担保，如无明确的界定与明晰的规定，势必影响投资者的积极性。民办高校重现初期，大多是由离退休干部、教授个人或社会团体创办的，投资不多，因陋就简，采取滚动方式发展。时至今日，举办者大多是财力相当雄厚的企业、公司、教育集团，投入资金动辄以千万、亿万元计，并且遵循市场法则营运。虽有"合理回报"规定，而无明确的产权保证，在学校存续期间，投资几乎等于资产冻结，势难吸收大量资金。希望在"实施细则"中，对此有明确的补充规定。

——收费价格，试行开放。民办学校的经费，主要依靠学生交费，这是中国当前普遍的现象。《民办教育促进法》规定收取费用的项目和标准由学校制定，报有关部门批准（学历教育）或备案（其他教育）并公示。一般是由当地物价管理部门批准或备案的。据我所知，有的省市采取开放政策，一律由学校自定，只要备案、公示就行，并未发生人们所担心的高收费、乱收费问题。因为民办高校，一般来说，不是垄断性行业。只要一个城市，有两所以上民办高校，学费高低与办学质量挂钩，就可通过市场竞争求得收费的合理、平衡。这种做法，有利于民办学校在质量上、服务上、管理上提高水平而减少行政干预所产生的诸多问题。从理论上或从市场价格开放的经验上看，备案公示的做法是可行的。但是否会产生其他流弊，市场价格开放需要什么

---

[1] 柴纯青. 民办教育促进法：悬念依存［J］. 民办教育通讯，2003（4）：39.

条件，还不清楚。最好是在有条件的地方试点，行之有效，再全面放开。

——对公有民办二级学院①应有补充规定。公办高等学校举办民办二级学院，是5年前才出现的新的办学形式。一经出现，正如当年公办大学附属成人教育学院一样，在利益驱动下，纷纷仿办，全国开花，良莠不齐，评价不一。有的认为是"顺应了世界高等教育民营化和市场化的趋势，弥补了公办高校和纯民办高校的某些缺陷，对提高办学效益和办学效率都起到了积极作用"②。有的认为由于存在体制上许多根本性、实质性的困难与问题，"这类学院是当前我国特定条件下的产物，不具有普遍意义，生命力也不可能持久"③。应当如何看待这类学院？我认为首先还应看主流。尽管举办这类学院动机复杂，但由于它利用公办高校无形资产与有形资产的优势，尤其是不经评审便可获得所属公办母体学历教育招生资格，而又享有民办高校收费较高和办学自主权较多的有利条件，发展势头很强劲。短短数年间，数量增长比独立的民办高校快得多，生源质量也比独立民办高校更高，有利于高等教育大众化发展。这是主流。但也不应忽视它所存在的困难、问题，以及已经出现的许多不良现象。《民办教育促进法》并无针对这类学院的特殊规定，实施细则应当有所补充。第一，公有民办二级学院的设立，学历教育招生资格的认可，应当依照《民办教育促进法》第二章的有关规定，与独立的民办高校同样经过严格审批以保证这类院校的教育质量。第二，要明确二级学院与其母体的产权关系。利用母体无形资产的，应当有所标示，以免两者混淆；占有母体有形资产的，应当采取转让或其他方式补偿，以免国有资产流失。第三，办学层次、培养目标、课程设置、管理体制，不必强求与母体一致，以利于二级学院面向市场，自主办学，自我发展，走出这种新的办学形式的新

---

① 教育部印发的《关于规范并加强普通高校以新的机制和模式试办独立学院管理的若干意见》，将此类学院称为"独立学院"，虽概念内涵略有不同，但因为与社会力量办学的独立民办高校容易混淆，本文仍沿用"二级学院"这一名称。

② 王建明，陈红喜. 高校公有民办二级学院发展问题与对策 [J]. 江苏高教，2003 (3): 43-45.

③ 赵蒙成，周川. 论公有民办二级学院的发展前景 [J]. 高等教育研究，2000 (4): 63-66.

路子。教育部已经印发了《关于规范并加强普通高校以新的机制和模式试办独立学院管理的若干意见》，以"积极支持，规范管理"，促进这类学院的健康发展。如果二级学院办出成绩，已具独立经营的条件，从发展地方民办高校的角度看，可以而且应当让其从母体分离出来，成为独立的民办高等学校。这是符合市场经济下的教育发展规律的。

对接资本市场[①]

——在民办高等教育与资本市场高级论坛上的发言

请允许我先对会议日程表提出一点修改意见:我的发言不能称作"总结"。原因有两点:①工作会议必须有总结,与会者会后才能照此执行;但学术会议一般不好做总结,各自理解,各自认可。②如果要做总结,也不是我所能做,因为资本市场的许多理论我还不懂。因此,这里只谈点个人感受。

一、我为什么对民办高等教育情有独钟

这些年来,我对民办高教比较关心,主要有两方面的原因:①理性的原因。从教育外部关系规律来看,民办高等教育的发展具有客观必然性,在发展过程中还有许多理论的、实践的问题需要高等教育理论工作者加以研究和解决。②感情的原因。对民办高教举办者艰苦创业精神的崇敬与同情。初期,许多民办高校举办者凭着发展高等教育的信念,忍受着社会上的各种冷嘲热讽,在艰苦的创业条件下,殚精竭虑,鞠躬尽瘁,虽有怨而无悔。至今在我的脑海中,还深深地印着一位享受厅级待遇的退休干部,在倾盆大雨中卷起裤管,踩着泥泞,在工地上为我们描绘校园蓝图的情景。怀着崇敬与同情,我和许多创业者交上朋友,直接了解到民办高等教育发展中的困难与问题,现在社会条件虽然好多了,但在发展中仍面临着新困难、新问题,需要创造

[①] 原载《教育发展研究》,2004年第3期。

性地去解决。前后时期遇到的困难与问题虽然不同，但一样需要同情、帮助和支持。这次会议的召开，就是探讨如何解决新困难、新问题。

二、从举办者的角度、资金投入来源分析，中国民办高等教育的发展可以分为三个时期，每个时期遇到的理论问题都不同

第一个时期，举办者多为老干部、老教师。投入方式：①人力资本。这些老干部、老教师把自己作为劳动力投入到办学中。②收取学费。当时所收的学费低，资金少，部分学校采用的是滚动发展方式，艰难地前进。初期粗放型的民办高等教育发展所遇到的理论困惑是"姓社姓资"的问题。

第二个时期，20世纪90年代以来到现在。邓小平视察南方的讲话，使人们的思想认识得到解放。举办者多为私人或私法人的投资（独资或合资）。学校初具规模，有的已具相当规模，也得到社会和政府的初步认可。学校的日子虽好过了一些，但也遇到许多新的困难。理论上的困惑是所谓"公益性"与"营利性"的矛盾。

第三个时期，是即将到来的、已微露端倪的可能是以进入资本市场为筹资主要渠道的时期。美国已有，中国实际上也有，但只做不说。举办者已不是某一个或几个私人或私法人，而是教育集团、投资公司、股份制（其中条件好的已上市）。也可以是多形式、多渠道的，如国有民营，公办转民，民办转公，公、民合办。遇到的困惑可能是因产权不明晰，导致海内外投资者的犹豫、徘徊。虽然《中华人民共和国民办教育促进法》明确规定可以获取合理回报，但产权仍然模糊，也就是大红鹰集团孙总所说的发展与风险的矛盾。因为只是微露端倪，所以许多情况与问题现在还说不准。

我们这个会议的意义就在于催生第三个时期，弄清楚第三个时期到来的可能性、可行性与理论上、实践上存在的困难。当然，单靠我们研究高教理论的工作者来研究还不够，还要多吸收些研究经济学的，具体地是要靠研究金融学的、投资学的来参与研究。会上，两位从事投资行业的老总给我们上了一堂很好的ABC课程，但他们解决的是如何进入资本市场的问题，其他问题的研究还是高等教育理论工作者的责任。

三、要进入资本市场,既有认识上(理论上)的问题未解决,也有当前的实际困难未解决

认识上的困难:①所谓公益性与营利性的矛盾。反对教育营利性的,主要是认为教育是公益性事业,不能作为营利性产业(企业)来对待。对于这种反对声音不要紧张。进入WTO后,你不营利,人家已在营利了。我担心的是那些主张教育可以营利、应该进入资本市场的,也自觉不自觉地把公益性与营利性作为矛盾的对立双方,说进入资本市场就是否定公益性,至少要弱化公益性。公益性是不能否定的,它是教育的本质属性,把它和营利性对立起来,非此则彼,就是给维护公益性反对营利性者以借口。公益性与营利性,是教育在一定时代背景下相辅相成的、相得益彰的两种属性。具备营利性才能生存,才能发展,才能更好地彰显教育的公益性。医药、文化业不都是具有这两重性吗?当然,教育不能搞"暴利",任何企业搞"暴利"都是违法的。②对于不得以营利为目的的误解或不恰当的解读。不得以营利为目的,不是说不能营利,营利是进入市场经济阶段后必然存在的。公益是目的,营利是手段,法律没有规定不得以营利为手段,而是说可以获得合理回报。民办学校在营利,公办学校也在营利,不过名称改了一下,叫作创收。但不管谁在营利,办教育只能以满足社会的需要、个人成长的需要为目的。营利是手段,公益是目的,不能以营利为目的而有害于公益性事业。进入资本市场,不能以营利为目的而不顾教育的公益性,而应该是为了办好公益性教育事业。

进入资本市场,对于当前民办高等教育的三大实际困难应从实际出发加以解决。这三大困难是:

1. 生源的困难

这里关系到独立的民办高校与公办高校民办二级学院争夺生源的问题。民办学校有两大类型:一类是民办院校,一类是民办二级学院。两者都是民办,都应肯定。但应当以保证与提高质量为前提而进行公平竞争。现在的不公平竞争不利于民办高校的可持续发展。如果把独立的民办高校挤垮了,只依靠二级学院是不利于高等教育大众化持续发展的。

2. 质量问题

在此不详谈，我有一篇"质量战略"的报告稿经中央教育行政学院整理后将在《中国大学教学》2004年第1期上发表，大家可从那了解我对此问题的看法。

3. 就业问题

两句话：第一句，就业问题确实存在。第二句，没有像媒体上所炒作的那样严重。先说第二句，再说第一句。2003年，全国的就业率在70%左右，其中高职、高专为55.7%。2003年，全国大学毕业生208万人，根据上面的统计将增加60多万的失业大军，那是很严重的。其实，这里存在统计上的问题，每年9月1日教育部公布的数字是8月份的统计数字，这是以计划经济下的分配就业的思维方式来看市场经济下的双向选择。国外统计失业率的方法更为合理，如英国失业率要到年底才统计计算。另外，还存在"主动性失业"的问题——有些失业的学生并不是找不到工作，而是因为家庭条件好，若没有找到合适的工作便不急于参加工作；还有准备考研和出国的一部分人；有些用人单位要等到试用期满才肯签合同。如此等等，实际失业率并没有像媒体所炒作的那样严重。但是，另一方面，就业问题确实存在。2003年，全国毕业生208万人，2004年……因此，对高职（民办高校大多为高职），教育部提出"以就业为导向"，"以就业率为评估主要指标"。有人问这是否合理？应该说这既合理又不合理。从教育角度说是不合理的，因为学校的主要任务是教学，就业应是劳动人事部门所考虑的问题。说合理，是因为学校要对能否培养出适销对路的人才负有责任。

最后概括起来说，对于高等教育与资本市场的研究，这个课题的实质是如何根据经济的发展要求，促进民办高等教育的发展。发展是硬道理，要冲破重重障碍，使教育得到更好的发展，对此我是乐观的。当然，用什么方法、通过什么渠道，以达到民办高教实质性的发展还需要进一步探索。我认为首先应当放宽政策，让其公平竞争。

这个会议很小，但在中国是"敢为天下先"，会起连锁反应，将会吸引更多的人来关注这个问题。下一次江汉大学将举办民办高校与资本市场的会议，希望大家都去参与，我也会去学习的。

独立学院的兴起及前景探析[①]

从1999年出现国有民办二级学院这种办学形式以来，相关的争论一直没有停止过。对于二级学院到底是个集公办民办优势于一体的两全其美的办学模式，还是一个有可能导致公办院校国有资产流失，同时又挤压一般民办院校成长的两败俱伤的畸形产物，争论不断，难有统一的意见。应该说作为一种自发产生的办学模式，从民办二级学院的出现，到现在独立学院的逐步规范和健康成长是有着合理性和必然性的。

一、独立学院的兴起

从时间上来看，众所周知，1999年是我国高等教育大众化启动，高校开始大规模扩招的一年。由于我国的大众化和扩招政策的出发点在很大程度上受到经济因素的主导，如拉动内需、推迟就业等，所以大众化的准备不是十分充分。为了在数量扩大的同时能够尽可能保证质量，高等教育规模的急剧扩充基本是在原有普通高等教育系统内进行，来不及增设公办新校，而新兴的民办院校没有被委以扩招的任务，相反，由于公办高等教育系统的扩招，民办院校在发展空间上受到一定的影响。在此背景下，为了适应我国高等教育快速发展的需求，一些省市开始尝试利用普通高校的教育教学资源吸引社会资金办学，进行了举办国有民办二级学院的大胆探索。这种借助公办院校

[①] 原载《中国高等教育》，2004年第13、14期。作者：潘懋元，吴玫。

母体教育资源的办学模式，既能更大程度地吸引民间资金，又能采用民营机制发展，无疑解决了大众化发展中最为棘手的两大难题：质量和资金。所以虽为自发行为，但很快就得到教育行政部门的肯定，允许试办。

从地域来看，二级学院最先出现的江苏和浙江两省，分处于全国市场化进程较快的城市。在浙江，民间资金相当充裕，且有着灵活的民营企业机制；在江苏，经济结构中的公有制形式多样化，市场分配经济资源的比重较大，政府对企业的干预程度低，苏南地区的乡镇企业改革不断生出新的模式和机制，为社会其他机构的发展提供思路和样板。所有的这些都为这两个地区最先自发产生国有民办二级学院奠定了经济上和思想上的准备。

在这样的发展背景之下，国有民办二级学院这一新生事物的出现可以说是偶然中的必然，它的存在是以一定的资金市场和生源市场为基础的。但不可回避的是，在体制转轨的缝隙之中生存的二级学院，利用了较多的制度空缺或漏洞，在与独立设置的一般民办高校的竞争中，甚至在与公办高校的竞争中都享有着不太公平的竞争优势。

2003年4月，教育部印发了《关于规范并加强普通高校以新的机制和模式试办独立学院管理的若干意见》（以下简称《意见》），对原有的国有民办二级学院提出了若干规范意见和设置要求，提出了"独立学院"的新概念，即为公办普通本科高校利用自身人才资源与无形资产，采取民办机制，吸收学校之外的企业、事业单位、社会团体或个人的有形投资所举办的独立于母体高校之外的新型高等教育机构。独立学院要具有独立的法人资格，独立颁发学历证书，有独立的校园，实行独立的财务核算；要依靠社会力量增加高等教育资源，通过民办机制促成高等教育办学模式创新。

二、独立学院发展中出现的问题

《意见》出台后，一些不符合条件的二级学院被停办或停招，同时也出现了一些新的独立学院。经过规范后的独立学院，较之以前的民办二级学院在投资主体、产权关系上都有了较为清晰的界定。如，原国有民办二级学院的投资产权性质和归属很复杂，有单一国有型、完全民办型和混合型三种情况。

规范后的独立学院,在投资产权上属于混合型:普通高校以其无形资产融资,社会企业则投入资金办学。再如,原二级学院责、权、利关系不明确,导致母体学校承担着很大的连带责任和办学风险,独立学院则具有独立法人地位,独立承担民事责任。至于独立校园、独立文凭等规定更是直接针对原国有民办二级学院的一些症结问题而提出的。虽然《意见》的出台避免了原国有民办二级学院的一些问题,然而,独立学院并非因此就兴利除弊,达至完善。问题依然不少,主要表现在:

政策的规定不等于现实的操作。《意见》中特别指出独立学院的合作者应是学校之外的企事业单位、社会团体或个人,但实际上,一些独立学院根本没有社会力量注入资金,而是以一个空壳套取学生学杂费办学,将学生学杂费收起来注册一家公司以冒充合作者。再如,独立的师资队伍也被一些高校用来安置下岗分流人员,教育质量无从保证。各种"上有政策下有对策"的怪现象屡有发生,教育品牌与民间资本"不结合"或"假结合"的所谓独立学院大量存在。

有些公办本科高校申请试办独立学院,合作者愿意出资合作办学是出于寻利动机。在保证公益性方向以及保证教育质量上动力不足,可能导致独立学院办学的短期行为。

《意见》虽从政策上对原来的二级学院采取若干规范措施,表明了一定的竞争公平性;但同一般民办高校政策相比,仍存在若干不公平的政策倾斜,这无疑会挤压包括民办高职在内的民办高校生存空间。一些民办高校为了生存和发展,正在想方设法挤进独立学院行列。《意见》中虽明确规定"不允许以各种变相形式,把高职(大专)学校改办为独立学院",但在政策待遇悬殊的情况下,这一禁令恐怕难以完全生效。

在市场上,一个企业的竞争优势表现在:成本优势,即生产同样产品的成本比别人更低;产品优势,即产品的差异化优势,产品的与众不同;品牌优势,在技术性能完全相同的情况下,消费者愿意为品牌多付钱。教育是一个品牌价值很高的行业,品牌优势可以说是学校发展中至关重要的因素。独立学院虽然不被允许颁发母体的文凭,但仍可以授予本科的文凭与学位,利用母体的品牌优势;民办的运营机制又可以发挥独立学院培养人才的成本优势。因此独立学院占据着计划字眼和市场机制的两重利惠,享有着品牌与成本的双重优势,这必定会对其他提供同类服务的办学机构带来很大的冲击,独立学院所辐射出的这一负面作用甚至有可能抵消它的正面效能。

三、独立学院的前景预测

目前,在世界范围内,普遍存在着对高等教育经费投入不足的现象,但同时高等教育规模扩张的脚步不能停止。高等教育要发展,钱从哪里来?"市场"是一个很好的答案。很多原先依靠政府财政办教育的国家,自20世纪80年代后半期开始,都先后突破了完全依靠国家拨款的局面,提出了面向市场或引入市场机制问题。

市场的介入同时意味着政府的退出,这也是20世纪70年代以来西方盛行的新公共行政理论的基本主张,它强调政府在公共行政上对市场机制和私营部门经验的借鉴,以及政府功能的最小化。但在我国社会主义市场经济体制下,情形与西方国家有所不同,当市场机制进入高等教育领域的时候,并不一定伴随着政府的退出。在我国高等教育领域,市场策略或运作只是一种可资利用的工具性资源。政府引入市场机制,允许、甚至鼓励私人和社会力量参与办学,其目的就在于提高教育管理的效率,同时减轻自身的财政压力,政府行为基本价值并未改变。因此,一方面是急需潜在的社会资源进入高等教育领域;另一方面是政府难以放弃质量的监管,对一般民办教育诸多限制,始终不能放手发展。那么,独立学院由公立院校负责教学和管理,以公立院校的无形资产投入,并通过公立院校品牌资源的号召吸引社会投资来办学,使得无形变成有形,无疑是一个既利用市场资源又不失计划管理的两全其美的办法。

独立学院如何举办、如何发展才能使得这一高等教育体制改革的试办成功,才能更好达成扩充本科优质教育资源的良好初衷呢?

首先,政府和普通高校应严格遵守《意见》规定,在独立学院的审批上坚持宁缺毋滥。既然提出是将优质高等教育资源扩大,那么就应坚持优质这一条,不让一些质不优的独立学院利用政策优惠冲垮一般民办高校,又连带母体遭受牵连。因此,在确认独立学院的过程中,一方面应看独立学院所背靠的普通高校，即母体是否有足够的实力和资源来开办独立学院，确保优质；另一方面也要看独立学院所在区域的经济发展水平和市场化程度是否可以保证独立学院的投资来源和民营机制的推行。

其次，政府应该放开对独立学院的专业设置和招生的限制。在专业设置上，独立学院应与所在城市发展保持密切的联系，办学特色应体现地方化。独立学院应依据所在城市发展需要和地域特色开设专业，为所在城市发展做出自己独特的贡献。在招生上，以办学质量高、办学条件好的普通本科高校作为母体的独立学院应该向母体的高质量看齐。既然已经获得了若干政策优惠和公办母体学校的支持，独立学院的起点应该是高而不是低。其发展不应只是招收三本考生，以高学费来补偿分数，这样的发展一来难于让母体学校进行质量监管，二来将挤垮独立设置的民办院校。

随着高等教育入学人数的不断增多，以及高等教育机构数量的扩大，高等教育生源市场将被细分。一方面，类型不同、能力各异的学生需要找到适合各自发展的不同的高等教育机构；另一方面，各类型各层次的高校也应合理分工，寻找自己的生源市场。我们认为享有政策优惠的独立学院不应与生存艰难的一般民办院校争夺同一生源市场，而是应该在一个高起点上发展。国外的私立高校中有很多是世界级的名校，而我国的民办高校长期以来在一个较低的水平上挣扎，质量上同公办高校的差距相当大。如果独立学院的发展从开始就能站在一个较高的平台上，其发展目标应当是，充分利用已获得的种种优势并借助母体品牌来逐渐孵化、创建出自己的品牌，最终发展成为高质量的一流私立大学。

最后，从相对独立到完全独立。1999年施行的《中华人民共和国高等教育法》规定，要采取多种形式积极发展高等教育事业（第六条）。积极发展高等教育事业是以采取多种形式为前提的。凡是有利于发展高等教育事业，促进高等教育大众化健康发展的办学形式，都应鼓励与支持。当独立学院在政策鼓励和母体庇护与哺育下成长壮大的时候，就应该允许它在不造成国有资产流失的条件下，从母体彻底分离出去，成为完全的独立学院。翅膀硬了，羽翼丰了，独立飞翔是进化的规律。作为母体的普通本科高校，应当为此感到高兴而不是惋惜与不满。

关于民办高等教育发展的问题：资本市场、质量评估与就业现状[①]

我们厦门大学高教所 2003 级博士生们这次专程到西安来调研学习民办高等教育，首先到我们所敬仰的西安外事学院来。外事学院应该说是全国民办高校里办得最好的学校——有经验、有理论。黄院长的高论是我和我的研究生们经常学习的，像这样的理论著作我们写不出来。所以，这次我们专程到西安外事学院是进行调研学习的，要做报告不敢当。如果说对民办高等教育关注的时间比较早，应该说我在 20 世纪 80 年代民办高等教育还没形成气候时就开始关心，但关心不等于研究。到外事学院来谈民办高等教育，不管是办学实践还是理论都是有点班门弄斧的，因为你们的民办高等教育是有理论、有声望的。但我可以表达自己的意见，就是我为什么对民办高等教育那么重视。

一、我为什么对民办高等教育情有独钟

有人说你本来是传统公办大学出来的，至今还是吃公办大学的饭，为什么老替民办大学说话？在一次会议上，我说我对民办大学情有独钟，其原因有两点：第一个原因是理性的。从高等教育的外部关系规律来考察中国高等教育发展的方向，民办教育是历史发展的必然。早在 20 世纪 80 年代我就认

[①] 原载《民办教育研究》，2004 年第 4 期。

识到中国的高等教育如果要继续发展，非借助民办的力量不可。这是根据规律来看待事物的发展，也是理性层面的认识。第二个原因是感情的。我接触过许多民办高校创办者、理事长、董事长、校长等，对他们的艰苦创业、执着追求，以及委曲求全，从内心钦敬。一般的公办校长总有一点官架子，我本身也当过大学的副校长，也可能或多或少沾染过一点官架子。但是民办高等学校的校长却是不一样。首先，民办高等学校校长经历过千辛万苦，他们没有架子，对此我感触很深。在民办高等教育刚刚起步的时候，创办民办高等学校受到人们的冷落、怀疑、歧视，认为是走资本主义道路，使得民办高等教育在创办初期困难重重，不像今天。尽管很多人包括用人单位、学生、家长尤其是某些主管部门，对民办高等教育的认同度还是很低，但是不管如何，民办高等院校最终已经在中国落下了根，而且《中华人民共和国民办教育促进法》（以下简称《民办教育促进法》）的出台表明国家对民办高等教育有促进的责任，而不是置之不理。至少在口头上也得承认"公平对待""一视同仁"。因此，相对于20世纪80年代和90年代初，举办者的日子好过得多。正因为民办高等教育的校长们艰苦创业的奋斗精神非常感人，所以我在感情上跟民办高校的校长们要拉得近一些。现在条件虽然好多了，但是民办高等教育的发展还是面临着许多可预见、不可预见的新问题、新困难。我现在正给我的研究生开设"高等教育学专题研究""中国高等教育问题研究"两门课程，在"中国高等教育问题研究"这门课程中我列举了30个左右当前的高等教育重大问题，包括方方面面。而这次我的博士生们来西安考察、调研的却是社会认同程度还是较低的民办高等教育，因为它是中国未来高等教育发展的重要支柱、途径，中国高等教育发展寄很大希望于民办高等教育，因此，他们现在必须熟悉了解民办高等教育的发展情况，对民办高校有理性认识和浓厚感情。

二、民办高等教育经历的三个发展阶段及其相应的发展理论和问题

民办高等教育大体上经历三个阶段：第一个阶段是初创阶段，第二阶段是现在的阶段，第三个阶段可能是未来的阶段。

第一个阶段，民办高等教育的举办者一般是以一些退休的老干部、老教授为主。在资本的投入方式上，其一，主要是投入人力资本。他们有热情和社会关系，想继续为社会做一点贡献，但是没有资金。开始时很多是组织一些培训班，然后再聘请一些退休的大学老师慢慢办起来。其二，通过收取学费逐渐发展，这就是我们所说的滚动式发展。第一个阶段所碰到的理论问题是中国能不能发展民办高等教育，民办高等学校是姓"社"还是姓"资"的问题。这个问题一直到1992年邓小平南方谈话以后才基本解决，他指出不要再争论姓"资"姓"社"的问题，提出了"发展是硬道理"的论断，因此，"走资本主义道路"不再成为反对民办高等教育发展的借口。我们民办高等教育研究者的压力也解除了。

第二个阶段，也就是现在的阶段，这是自20世纪90年代以来中国民办高等教育一个新的发展阶段，民办高等教育开始得到认可，得到越来越多的人承认，越来越多的学校也办起来。第二个阶段的举办者跟第一个阶段的举办者也不同，第一个阶段是一些退休的老干部、老教授空手滚动式发展起来，到了第二阶段要举办民办高等教育就不可能两手空空发展起来，它必须要有很好的校舍，必须符合办学的要求，包括土地面积多少、建筑面积多少、生均仪器设备多少、生师比多少等。因此，第二个阶段主要是依靠个人或公司投入的资金来办学，没有资金是办不起来的。

第二个阶段所遇到的问题，也是目前谈论最多的投资者投入的资金是否有回报，合理回报是否以营利为目的等。

（1）关于合理回报所带来的营利性与公益性矛盾的问题。《中华人民共和国教育法》（以下简称《教育法》）规定办学不得以营利为目的，教育是福利性、公益性的事业。福利性的事业能不能营利？这是当前的主要问题。许多人把营利性和公益性对立起来，认为教育是公益性事业不得营利，如果营利就不是公益性事业。因此，反对营利，反对合理回报。大家都知道，《民办教育促进法》是通过三次表决才最后通过的。当时许多人反对把"合理回报"写进《民办教育促进法》，因为与《教育法》规定"举办者不得以营利为目的"不符。但是，从现实出发，没有合理回报就不能够集资或者不能大量集资，能够像黄藤院长那样不求合理回报，还把大笔资金投入办学的人并不多。

办学需要大量集资，投资者必须求得合理回报，如果合理回报与公益性相抵触，违背《教育法》规定，不能写进《民办教育促进法》中，那么，民办教育就很难发展。

（2）法律规定不得以营利为目的，但是法律并没有规定不得以营利为手段。事实上办学早就在营利，民办学校在营利，公办学校也在营利，而且营利很多。不过不叫营利而叫创收。之所以要创收，就因为创收可以更好地办公办学校。现在国家对公办高等学校经费的投入不过63%，还有37%的经费是通过各种方式、各个渠道筹集起来的，为了更好地办学，公办学校必须创收，创收可以更好地办公办学校。同样的道理，要办好民办学校就更要营利。公益是目的，营利是手段，以营利这个手段使得民办学校的经费比较充足，把公益性的高等教育事业办得更好。合理回报这一问题最后基本上通过了，但是通过并不等于完全认同。第二个阶段（现在阶段），要继续发展民办高等教育该怎么办呢？虽然合理回报已写进《民办教育促进法》中，但是非常空洞非常抽象，至今已实行一年多，但并没有太多的收效，少量的投资敢投，大量的投资还不敢投，国外资金还不敢来中国投资民办高等教育，原因就在于还需要解决包括产权在内的许多现实问题。

第三个发展阶段，就是高等教育如何进入资本市场。在当前中国的情况下，如果不能进入资本市场，发展民办高等教育所需的大量资金将会困难得多，不光是民办学校如此，公办学校也想尽办法进入资本市场。最典型的例子是大连的一所公办外国语学院，在公办体制下困难重重，后来转制为民办，给学校的发展注入了活力。目前学校面临继续扩大所需要的大批资金的问题。学校研究实行股份制介入资本市场的集资方案，这将是大连外国语学院走上迅速发展的必由之路。但是有许多现实的困难：第一，教育的产权不明确。进入资本市场吸引资金，如果产权不明确投资者亦不愿冒着大风险来投资，尽管地方上已经有许多民办高等院校搞股份制，但是没有中央的正式文件。相反《〈民办教育促进法〉实施条例》规定民办学校不得向社会公开募集资金（第八条）。第二，还有一些具体的规定，比如贷款。像黄藤院长所提到的，他在银行贷款，要负2亿元贷款的责任，如果还不起是黄院长的责任，也就是说，银行贷款是交给学校的财产，而还贷则是个人的责任。今年1月4

日在厦门大学召开的一次"高等教育与资本市场"会议上,讨论和了解美国高等教育如何进入资本市场,还有其他发展中国家高等教育如何进入资本市场。中国也有学校进入资本市场,但不是直接进入资本市场,而是要绕一个弯进去,就是要另外组织一个公司,以公司的名义进。如果民办教育要继续发展下去,必将需要大量的资金,贷款是必然的,比如黄院长所贷的2亿元,如果不允许营利的情况下,该如何偿还呢?另外扩大再生产的资金从何而来呢?因此,营利是学校发展的必然。在今年1月4日的会议上还专门请了金融专家谈进入资本市场的可能性、具体困难等问题以及可能采取的办法。

三、当前中国高等教育大众化发展中的重大问题——教育质量和就业问题

民办高等教育不等同于高等职业教育。但是大量的民办高等教育已经是或者应该是以办民办高等职业教育为主。从理论上来讲不能限定于办民办高等职业教育,而从实际来说应该鼓励其办好高等职业教育,因为高等职业教育是实现高等教育大众化最有发展前景的一条途径,但现在面临着质量问题和就业问题。

(一)高等教育大众化的重大问题之一——教育质量问题

教育质量问题历来都是办学的中心问题,在高等教育发展的不同阶段、不同类型、不同层次,其质量的标准是不同的。

1. 精英教育阶段和大众化阶段的教育质量标准

教育质量是教育发展的生命线,能否保障质量、提高质量都是办学的中心问题,过去如此,现在如此,将来也是如此,但是不同时期不同情况之下,质量问题所指的问题是不同的,所理解的标准也是不同的。在精英教育阶段的质量标准是所培养的人才是否理论基础宽厚、专业知识丰富、学术水平高深,也就是说其质量标准是以知识作为标准或以高深学问作为标准,以理论知识的多少、理论知识的深浅、学术水平的高低作为教育质量的标准。在这样的标准之下,对生源的要求是选拔高考高分的高中生,所以过去的高考亦称为选拔性考试。选拔高分的学生进入大学研究高深学问,才能够培养出理

论水平高的学生、专业知识深厚的专门人才。同时对大学教师的要求也是看他们知识是否丰厚，基础是否雄厚，专业知识是否高深，只有学术造诣高的才能当教授、当专家，这是精英阶段教育质量的标准。大众化教育阶段，精英教育依然存在，精英教育的质量标准仍然是第一阶段的标准，清华、北大、西安交大等就是这样的标准。但是大量的非重点大学尤其是高职高专就不能以精英教育的标准来衡量，而应该使用另外的标准衡量。对高职高专而言，所培养的人才要有适度的理论知识，理论知识以够用为主，能够解决实际问题，能够承担岗位工作的职业型、应用性的人才。其质量的标准是：第一，它的衡量标准不是通过一次考试检验知识的多少或者以某篇论文证明知识的高深，而是以能否承担职业岗位工作为标准。第二，在专长方面要适销对路，也就是在人才市场的竞争当中能够以专业知识、技能取胜，因此所要求的生源不可能也不必要都是高分的。对高考的改革，我们也提出高考今后不能笼统称为选拔性考试，应该是适应性考试，也可能某些重点大学仍是选拔高分考生，但是一般的高等学校特别是高职高专应该是双向选择，学生选择学校，学校的专业跟学生的兴趣、知识、能力相符合；学校选择学生，招进来的学生是不是心理性向、知识能力和学校的要求相符合相适应。在高职高专从事教学的教师不一定都是知识水平很高，但要求有实践经验和动手能力强，就是我们所说的"双师型"教师。

2. 大众化阶段高等教育质量辩证观

大众化阶段高等教育尤其是高职高专的教育质量是否要降低或者应该降低，对这个问题要从不同的角度来进行分析。

第一个角度，是数量与质量的矛盾问题。数量急速增加，教育资源跟不上，必然导致质量下降，客观事实也是如此。从总体来看，1998年到2003年，高职一直是扩招的重点，1998年全国普通专科院校在校生73万人，到了2003年全国的高职高专总共是479万人，5年之间全国的高职高专学生增长了5.6倍，但是教师资源却未能随之增长。1998年专科院校的教师是7.8万人，2003年是19.7万人，仅仅增长了1.5倍，因此1998年以前专科院校师生比是1∶9，而2003年是1∶24左右，不少院校是1∶30、1∶40。教师资源缺乏必然导致质量下降，不光是高职高专如此，精英教育机构、重点大学的质量受到的影响更大。最近我一直提出要保护精英教育。精英教育仍然要存在，而且要继续发展，精英教育的发展不是增加数量而是提高质量的问题。当然精英教育的数量也要适当增加，但是目前我国的精英教育受到很大的冲击。就我自己的体验而言，在1998年以前我每年招的博士生是2个，最多是3个，3个年级总共指导7~8人，这已经相当多了。现在我要指导的博士生就有20多个，不得不以"偷工减料"来"提高效率"。也就是说，在条件不变的情况之下，或在变化不多的情况之下，数量增长条件跟不上去质量必然要下降。

第二个角度，如果根据高等职业教育培养目标以就业为导向，培养的标准是符合社会需要的适销对路的职业型、技能型的人才，那么现在的高职高专教育比20世纪90年代的专科教育，其质量不一定下降，甚至在某些方面还有所提高。现在有相当一部分的示范性高职，还有一部分民办高职其质量并没有下降，而且还更适销对路，很受人才市场的欢迎。相当一部分的示范性高职，还有一部分订单式高职按照用人单位的订单培养人才，培养出来的人才就业率基本上是百分之百，从这个角度来讲质量不一定是下降。再从"产、学、研"结合角度看，其质量也不一定下降，而且比起过去的老大专更加符合人才市场的需求。当然我所指的只是高职高专的一部分。另外的一部分并没有提高甚至有的降低且下降得厉害，那些走老大专的路子，特别是相当多的二级（独立）学院，有许多是按照母体的模式，按照理论性本科的培养目标来培养，把理论性本科的模式照搬过来，由于生源较差，质量必然较低。从这个角度来说，不能按照老大专的老路而要按照高职应具有的培养目标与规格来培养人才，其质量不一定下降，而且还会提高。

衡量质量提高还是降低的标准是什么呢？①是否确立合理的人才培养目标和正确的人才使用观。什么是质量高？就是摆的位置合适。因此，从这个角度来考虑问题，大众化教育阶段应该改变过去传统的教育质量观，应该改变用单一的精英教育的标准来衡量各种各样的高等教育。大众化时期的教育质量是多种多样的，我在1999年高等教育大众化刚刚开始的时候就写了一篇文章叫《高等教育大众化的教育质量观》，这篇文章提出的观点，简单说，就是高等教育大众化发展的前提是办学形式的多样化。多种形式的高等教育肯定有多种培养目标、多种模式，而多种培养目标、多种模式应该是多种质量衡量标准。②质量下降的真、假命题。在2003年我另一篇关于质量战略的文章，提出现在很多人说质量下降，假如把质量下降了作为一个命题来说，其中就包含了一个真命题和一个假命题。真命题就是因为这几年教育发展得太快而教育条件、教育资源跟不上导致质量下降，"教育质量下降"这个判断是真命题；但质量下降这个命题包含一个假命题，就是用单一精英教育的质量标准来衡量一切高等教育质量而得出来质量下降。实则有下降也有不下降，因为用错位的标准所以得出教育质量下降的结论，是一个假的命题。命题尽管是假的，但是要改变这种教育质量观还不是很容易的事，现在整个社会也好，学校也好，学生家长也好，甚至我们的高职教育也好，恐怕很多思想上没有转变过来，更不用说我们重点大学的同事们。这个观念在社会上已是根深蒂固，一时不容易转变过来，因此，如何转变人们的观念是当前最艰难的问题。当然并不是转变观念就万事大吉，还要按照高职高专的培养要求来设置专业，来制订教学计划，来订立教学改革计划，等等。但是，现在许多高职高专还在走老大专的老路，这真正是很令人担忧的。如果大家都走老大专的路子的话，那么将来困难就大了，就业困难也就大了。但是我认为现在大家已经开始转变，比如说现在的高职高专过去都用一样的评价指标，现在已经认识到这个问题，所以另外制定高职高专的评价指标。

（二）大众化高等教育的重大问题之二——就业问题

高等教育改革以前，实行统招统配，掩盖了就业问题。而从统招统配转为自主选择就业，也叫"双向选择"就业，这个问题就成为政府和社会最为关注的问题。特别是扩招以来，这问题好像是严重了很多。1998年，就是扩招的前一年，当年的毕业生87万人。而5年之后的2003年，毕业生就达248万人。2003年全国的就业率据公布70%左右。其中高职高专为55.7%。如果真是如此，形势的确是很严峻。其实，这里存在统计上的问题，每年9月1日教育部公布的数字是8月份以前的统计数字，这是以计划经济下分配就业的思维方式来看市场经济下的双向选择。国外统计失业率不是在毕业之前，而是在毕业之后相当一个时间段之后，如英国统计失业率要到年底还没有找到3个月以上的固定工作才计算。另外，还存在"主动性失业"的问题——

有些失业的学生并不是找不到工作，而是因为家庭条件好，如果没有找到好的工作便不急于找工作；还有准备考研和出国的一部分人；有些用人单位要等到试用期满才肯签订合同；有些毕业生也要求实际工作一段时间，看看是否合适才签合同；甚至还有不愿签合同的；有搞自由职业的。如此等等，实际失业率并没有像媒体所炒作的那样严重。另一方面，就业问题确实存在。主要是连续多年扩招过快，超过经济发展速度，超过人才市场的承受力；其次是高职高专还不能很好地培养适销对路的应用性人才。因此，对高职（民办高校大多为高职）教育部提出"以就业为导向"，这一提法，对于高职高专来说，我认为是合理的；对于研究高深学问的精英教育来说，也要考虑就业问题，但不能只以就业为导向，应该从更宽阔、长效的视野上提出培养人才的导向。这是精英教育同大众化教育两种高等教育系统不同之处。至于有人问"以就业率为评估主要指标"是否合理？应该说这既合理又不合理。从教育角度说是不合理，因为学校的主要任务是教学，就业应是劳动保障部门所应解决的问题；说合理，是因为学校要对能否培养出适销对路的人才负有责任。因为时间限制，就不展开详谈了。

中国民办高等教育基本情况与发展中的若干问题[①]

台湾按照世界的通例,将非政府主办的高等学校称为私立高等学校,包括私立大学、学院和专科学校;大陆则称为民办高等学校。"私立"与"民办",在概念的外延上有一些宽窄的差别,但在谁举办、谁投资的内涵本质属性上是一致的。《中华人民共和国民办教育促进法》(以下简称《民办教育促进法》)(第二条):"国家机构以外的社会组织或者个人,利用非国家财政性经费,面向社会举办学校及其他教育机构的活动,适用本法。"界定了民办教育是:①非国家机构所举办;②利用非国家财政性经费办学。这也就是"私立"这个概念的原意。因此,从举办者及其所利用的资金投入来划分民办高等教育发展阶段,具有实质性的意义。

一、中国民办高等教育发展阶段

从举办者及其资金投入的角度看,可以粗分为过去、现在、未来三个发展阶段。每个阶段的举办者主体及其资金来源有所不同。因为不是从形式或根据定量来划分,而是就其实质性内涵进行粗分,各个阶段必然有所交叉、重叠。

[①] 原载《民办教育研究》,2005 年第 2 期。

(一) 过去——恢复阶段 (20世纪70年代末至90年代中期)

中国近代高等教育，私立高等学校的出现早于公立高等学校。中华人民共和国成立初期，私立高等学校仍然存在，新政府也曾颁布私立学校法规。其后，由于经济体制的变革，私立高校缺少必要的经济基础，1952年院校调整之际，就分别改变为或合并于公立高等学校，从而中断了近30年。恢复阶段，举办者多为热心教育事业的老干部、老教授等社会人士，响应社会力量举办教育的号召，个人或合作，以个人或团体名义创办。投入方式，主要是：①人力资本。将自己或志同道合的朋友以及家族成员作为劳动力投入办学。②收取学费。有的也获得少量社会捐资作为开办费，因陋就简，滚动发展，有的已具相当规模。

恢复阶段所要解决的认识问题是民办高等学校的社会性质和在教育事业中的地位问题。例如，民办高等教育是教育事业的重要组成部分还是补充部分？应当鼓励发展还是应当加以"严格控制"？民办高等学校是否只能办理专科层次的职业技术教育？如此等等。

这些问题到20世纪90年代中期，逐渐取得一定程度的共识，但认识远未一致。例如，在法规上承认民办高等教育是社会主义教育事业的组成部分，但政策上要求严格控制其发展；90年代后期，河南省的民办黄河科技学院突破了专科层次的限制，获准升格为本科高校，但至今一般民办高校也只有8所获准专升本。

(二) 现在——发展阶段 (20世纪90年代末至今)

中国高等教育大众化启动，急需发展民办高等教育。《民办教育促进法》的公布，对民办高等教育起了积极的规范和促进作用，对办学的要求也较高，举办者多为有一定财力的企业家或企业单位，独资或合资举办。非企业家的举办者也得依靠企业家或公司、集团的投资。大多民办高校有相当规模，有的规模很大，学生达万人以至2万~3万人，并有相当的资产积累。校舍堂皇，办学条件优良。社会和政府普遍认识到支持民办高等教育发展的重要性与必要性，但在招生上、质量上存在许多新困难、新问题。

主要的认识问题是民办教育的"公益性"与"营利性"是否矛盾的问题。教育是公益性事业，《中华人民共和国教育法》规定举办者"不得以营利为目的"。但依靠企业、公司投资举办的民办高等学校，投资者必然要求获得一定的回报。因此，民办教育能否发展，很大程度取决于是否允许投资教育事业获得回报。在理论认识上，就存在公益性事业经营得好能否给予回报，回报是否违背"不得以营利为目的"的问题。几经争论，权衡利与弊、理论与事实，最后《民办教育促进法》写上"出资人可以从办学结余中取得合理回报"。承认公益性事业可以容许营利行为。但其后公布的《中华人民共和国民办教育促进法实施条例》加上种种限制，以致有的出资人宁愿申明不要回报。可见公益性与营利性的矛盾问题在认识上尚未取得共识。

（三）未来——预测阶段（即将到来的时期）

由于生产力的提高，经济的发展，社会的进步，人民群众日益增长的文化需要，根据教育外部关系规律进行预测，我国高等教育大众化继续较快推进是必然的。

但国家的财力有限，发展中国家高等教育大众化的推进，必须依靠民间资金发展私立（民办）高等教育。中国也是如此。从 1997—2002 年间政府财政性教育经费同民间非财政性教育经费不同的增长率中可见一斑。

表1　1997—2002 年中国教育经费增长表

教育投入	1997 年		2002 年		增长率/%
	金额/亿元	占比/%	金额/亿元	占比/%	
教育总经费/亿元	2 532	100	5 480	100	116.4
财政性经费/亿元	1 863	73.6	3 491	63.7	87.4
非财政性经费/亿元	669	26.4	1 989	36.3	197.3

*根据《中国教育报》2004 年 10 月 1 日的《中国教育走向辉煌》所公布数字整理。

从表1可见，1997—2002 年 5 年间，不论财政性经费或非财政性经费都有相当快的增长（这 5 年的人民币币值稳定），但非财政性经费的增长率远远高于财政性经费的增长率。因而财政性经费在教育总经费中所占的比例从 73.6% 下降了将近 10 个百分点（63.7%），而非财政性经费则从 26.4% 上升了将近 10 个百分点（36.3%），说明非财政性经费投入的民办教育有较大发展可能。

私立（民办）高等学校进一步发展，包括规模的扩大和质量的提高，都需要大量的资金投入。而中国民办高校的历史都较短，不像发达国家老大学那样，拥有雄厚充足的基金支持。要想有大量资金注入，必然要进入资本市场向社会融资，投资者不是个别的企业家或单个的企业单位，而是教育投资集团，或从国外"招商引资"，引进外资合作办学。高等教育进入资本市场，在国外已有先例，在国内也微露端倪。但存在认识的、理论的、政策的、实际的种种问题，有待研究解决。国内已有经济学家、教育经济学家和教育学家，对这一前沿问题，开展探索性的研究，并召开了几次有关高等教育与资本市场关系的学术研讨会。

正如淡江大学教育学院的学者所说：中国民办高等教育，"在鼓励与限制并行的夹缝中，依循大众化与私营化的市场机制而努力成长"。今后，我国的民办高等教育，仍将是在尚不成熟的市场机制中，曲折迂回地前进，这就更需要教育理论工作者的探讨与指导。

二、中国民办高等教育当前的基本情况与问题

中国民办高等教育的发展，虽然曲折迂回，困难重重，但在政府的支持、办学者的努力之下，20多年来的成长还是较快的。基本情况如下：

（1）一般民办高校。分为三类：教育主管部门批准可发学历证书的；批准筹办，筹办期间可参加国家学历证书考试的；作为自学考试助学单位或非学历的职业培训机构。

表2　2003年一般民办高等学校统计表

分类	校发学历证书	校不能发学历证书		总计	占高校总数
		国家证书考试	自学考试		
校数	*173所	384所	720所	1 277所	48%
生数	81万人	39.4万人	61万人	181.4万人	约10%

*2004年上半年，已增至214所。

（2）公立高校所属民办二级学院（独立学院）300多所（本、专科不限），已批准可发本、专科毕业证书的233所。按其举办者可分为两类：公立高校所主办的民办二级学院；一般民办高校申请作为公立高校的民办二级学院，并向公立高校交纳一定的"管理费"。

（3）公、私混合型的高校，种类繁多。一般为国有民办或公私合资。名义上仍称公立高校。

（4）由各地劳动行政部门审批设立的非学历教育的民办或中外合作办学的职业培训机构。其中一部分达到高等教育水平。

上述各类民办高等教育机构中，其一，一般民办高等学校是民办高等教育的主体，办学时间较长，办学经验也较丰富，而所遭遇的困难也最多。这类高校的在校生数虽只占大学生总数大约10%，但从长远观点看，应视为中国民办高等教育的主流。其二，公立高校所属民办二级学院（独立学院），利用公立大学的无形（尤其是重点大学）与有形教育资源（师资、设备等），以及政策上允许可发本科或专科学历证书等等优势，虽然办学时间较短（1998年才出现），但发展势头很猛，虽无确切统计，在校生数不少于一般民办高校。其三，混合型民办高校，既有公立高校的名义，又有较大的办学自主权，有如国外正在兴起的"特许学校"，可能也是一条发展民办高校的捷径。其四，非学历教育的各种职业培训机构，有如国外的继续教育进修学院或开放大学，依靠市场经营，起落无定，难于准确统计。

除第三类一般计入公办教育，第四类难于统计外，第一、第二类合计，大学生数约占学生总数的1/4以上。也就是说，民办高校的兴起，使每年有数以百万计的青年（今后还将有更多青年），能够接受高等教育，被培养为各级各类专门人才。在民办高等教育快速发展中，必然会出现大大小小的困难与问题。这些问题，将在课题组的其他成员的演讲中阐述。我这里只简略地提出几个重要的问题。这些问题，有的是人所共知的现象，有的则是深层次的尚未为人普遍认识的问题；有的是人们的共识，有的则是尚有争论的问题。

（一）生源问题

中国高中毕业生虽然逐年增加，近年的增加又较快。但由于公立高校扩招，公立高校不但占有总体质量较高，社会认可度较高，学费较低的优势，而且在统一招生考试中，按成绩高低划线录取，公立高校优先录取考试成绩高的考生，民办高校只能招到成绩较低的考生，甚至降格录取大量所谓"落第生"。相对来说，公立高校所属民办二级学院（独立学院），如上所述，因其具有种种优势，在生源空间上暂时问题不大。而一般民办高校，在不公平竞争的条件下，出现生源空间缩小与生源质量下降的严重问题，以致有的一般民办院校，为了扩充生源，不得不与公立高校挂钩，申请作为公立学校的民办二级学院；或投入大量资金于招生广告与招生活动。有的地方政府，为保护一般民办高校，出台了一些政策，保护历史较长、水平较高、特色鲜明的一般民办高校，但很难扭转这一生源不佳的局面。

（二）师资问题

民办高校创办之初，大多依靠聘请公立高校教师兼职。聘请兼职教师，虽占有"物美价廉"的优点，但一所独立的学校，不能不建立自己的专职教师队伍，专职教师应占全体教师一定比例（按规定，一般应不低于25%或30%），而专职教师的工资、福利、业务培训、职务评聘、教龄计算等，《民办教育促进法》虽明确规定享有与公办学校同等权利，但实际上很难保障落实，因而影响专职教师的稳定与凝聚力。从而，导致一般民办高校专职教师水平偏低，流动性较大。

（三）质量问题

由于生源较低、师资不足以及设备较差，除少数办学有特色、资源较充裕、毕业生就业率高的学校之外，一般民办高校在总体上，教学质量不如公办高校。但第一、第二类型民办高校的教学质量问题，也有所不同。一般民办高校基本上是高等职业技术专科学校，其质量问题主要表现为实践技能培训不足，毕业生不能"适销对路"；而民办二级学院的教学质量则主要表现为知识水平不如其母体公立高校。

至于思想品德、行为习惯、创新精神、实践能力等教育质量，根据我们的观察，由于管理水平与管理方式不同，教育质量，有高有低。不少民办"强校"，其教育质量不差于公办高校。

（四）产权问题

这是一个深层次的问题。公立、民办，都有教育产权不明的问题。公办高校，由于是政府举办、财政投资、政府管理，财产所有权、支配权、收益权都属于政府，只在使用权上存在一些自主权多大的问题，所以产权问题相对较不明显；而民办高校作为独立法人，在存续期间，产权属于学校，基本上也是明晰的。但投资者所拥有的产权则不明晰。投资基本上相当于捐资，因而影响企业、公司投资的积极性。如上所述，难于吸收更多民间资金办学，成为民办高校进一步发展的瓶颈，也容易滋生非法行为。

中国大陆民办高校恢复重现的时间较短，经验较少；中国台湾私立大学的历史很长，法规也较完备，有许多经验、措施可供大陆借鉴。

虽然由于制度不同，大陆民办高等教育的某些问题，台湾可能并不存在；台湾私立大学的某些经验，大陆也未必能采用，但作为文化学术交流，海峡两岸共同探讨，可以增进学者间的相互理解。

我国高校产权制度改革的若干问题[①]
——兼论公、民办高校产权问题

为进一步深化教育体制改革,加快我国高等教育事业的发展,进一步满足人民群众日益增长的接受高等教育的需求,提高综合国力,实现科教兴国战略,高等教育界人士开始把目光投向大学制度的创新,构建一个能动员社会各界来关心支持教育事业和充分调动广大教职工参与办学的现代化大学制度体系。而产权制度就是其中一个有待探讨与完善的关键环节。

产权,即财产的权利。首先,产权是以财产为基础,没有财产无所谓产权。这是产权不同于其他权利如选举权、政治民主权和人权的特点。其次,产权是一个完整的权利体系,是财产所有权实现过程中派生出来的一系列权利的总和。常见的有占有权、使用权和收益权等。再次,产权实质是产权主体实施一定行为的权力。但这种行为从来就不是无限的,所以产权是人们围绕一定财产发生和形成的责、权、利关系。它规定着产权主体对财产有所为和有所不为。权能和权益是产权的两个基本内容。产权结构,是指特定产权的配置方式。产权制度则是通过规则、条例和法律等规范化、法律化、制度化了的产权结构。由于产权是财产所有权实现过程中所表现出来的一系列权利,我们认为产权制度就是所有制的一系列实现形式。因此"所谓所有制的实现形式,指的是一种所有制在其内部具体配置、组合产权主体的各项责、权、利以组织、管理、经营其资产的方式或格局。实际上它就是指具体的产

[①] 原载《教育发展研究》,2005年第14期。

权制度"①。党的十五大报告中正式提出"所有制的实现形式"这个概念，即"要努力寻找能够极大促进生产力发展的公有制实现形式"。可见，产权制度改革已经引起我们党和国家的高度重视。

所谓大学产权就是大学的财产所有权，是大学各类财产所有权及其派生出来的一系列权利总和。大学产权首先表现为物的产权，如大学的土地、建筑物和仪器设备等物质性财产的产权；其次表现为大量无形资产的产权，如大学的社会声誉、办学传统、校园文化及科学研究成果，大学的无形资产大多数是在长期办学过程中积累下来的；再次还表现为教师的教学劳动产权。从广义上讲，财产包括实物财产、无形资产和劳务。教师所从事的教学劳动也有产权，但由于教学劳动所取得的成果具有间接性，是通过提高学生的综合素质，从而增强学生的工作能力与生活能力而最终实现的，因此这种劳务产权常常被人忽视。此外，从大学财产所形成的资金来源看，大学产权的主体是多元的，有国家、集体、学校法人和私人等。

大学产权远比企业产权复杂得多。正是在其复杂性背后，隐藏着许多不合理的产权现象。首先，产权结构不合理。传统计划经济体制下，国家或政府是公立大学唯一的投资主体。单一投资体制造成单一产权结构。这种单一的投资体制和产权结构，在市场经济条件下显得越来越不适应了。同时，随着民办高等学校的重建和发展，非国有资产进入高等教育领域，冲击着传统的高校产权体制和结构，迫切要求彻底改变单一的产权结构，建立多元化的高校产权结构以适应高等教育事业的发展。其次，产权不够明晰。产权明晰指的是产权界定清楚，有一系列完备的法律、法规和制度保障产权不受侵犯。目前高等教育领域中存在的产权不明主要是指：其一是产权主体或实际主体不明确，例如，国有企业中的所有者"虚设"，在公立大学中同样存在。又如有些科研成果不能简单地归属单个主体，不同主体对于同一成果的产权如何界定？教师的教学劳动有没有产权？教学劳动产权与知识产权有什么不一样？如何保障教师教学劳动产权？教学劳动产权不明晰，直接影响教师的教学工

---

① 吴宣恭，等. 产权理论比较：马克思主义与西方现代产权学派 [M]. 北京：经济科学出版社，2000：28.

作态度，这是高校中普遍存在重科研轻教学现象的主要原因之一。其二是产权归属不合理。比如对民办高校来说，非国有资金是民办高校投入的主要来源，但财产归谁所有？产权主体有没有收益权？目前这部分产权还得不到保护。按照我国现行法规，民办学校的举办者和投资者基本不享有民办学校财产所有权，也不享有民办学校财产收益权。又比如，有些民办学校向学生收取学费外还加收赞助费或集资，这种赞助或集资是否算投资？其主体（如学生或学生家长）是否拥有产权？现行的教育法律和法规还不能做出合理的回答。

前文所述，无论公办大学还是民办大学都存在产权不明晰、产权结构不合理的现象。这是进一步深化高校体制改革、创建现代大学制度和发展民办高等教育所必须面对的问题。针对高等教育发展中出现的产权问题，本文将从以下四个方面进行探讨。

一、坚持教育主权独立，改革学校产权制度，以适应国际竞争新格局

改革开放以来，我们发现国有企业改革与高等教育改革之间存在某些相似性，如改革的初期都是围绕扩大自主权而展开的。但是国有企业改革已经进入到产权制度改革阶段，而高等教育改革还在"落实大学自主权"阶段原地踏步。当然原因是多方面的，其中也有教育自身的问题。我国加入世界贸易组织（WTO）后，高等教育正面临国际竞争新格局，一些负责任的教育界人士担心我国的教育主权会在对外开放中受到损害。教育主权与 WTO 的关系问题已引起大家的关注。

教育是培养人的活动，按照什么教育方针、教育目的培养人是教育的基本问题，而方针、目的必须体现国家意志，这就决定了教育是国家的一项重要责权。教育机构是实施教育的载体，学校就是教育机构的主要组成部分。虽然教育是国家的一项重要责权，但其具体实施不一定要国家亲自担任。就好像城市的市政工程是社会公益事业，虽然需要政府领导与规划，但具体实施通常由企业来承担一样。社会上的很多情况都是这样，领导某项事业与具

体执行这项任务可以分别由不同的机构来承担。因此，教育的性质与教育机构的性质是两个不同的概念。

我们认为决定教育性质和教育基本问题的只能是国家意志。作为国家主权一部分的教育主权，是国家意志在教育事务中的体现，主要集中表现在教育方针、目的、政策和人才培养的政治方向上。国家教育主权是不可分割、不可让渡、不可侵犯的，它是一个国家层次的政治概念。与教育机构相对应的是学校产权，它基本上属于一个经济学概念。因为实施教育活动需要一定物质条件，学校具有整合各种教育资源的功能，并能使教育资源得到充分有效的利用。国家教育主权与学校产权虽然有一定联系，但属不同层次、不同范畴。学校产权是在一定国家教育权指导下，学校为履行教育职能而形成的一种财产权利。

国家主权是教育主权的有力保障，教育主权是国家主权的具体体现。中华民族曾有过丧失教育主权的痛苦历史，所以更加珍惜教育主权对于一个民族的重要意义。但是我们不要忘记教育主权必须以独立的国家主权为前提，试想一个连主权都难以保障的国家，怎么有能力去维护国家的教育主权。发生在我国20世纪20年代的"收回教育主权运动"就是民族救亡运动的一个组成部分。如果20年代中国能够依靠民众的力量收回部分教育主权，那么，80年后的今天，中国作为一个正在世界舞台上发挥重要作用的主权国家，完全有能力保障教育主权不受任何侵犯。有人担心随着教育服务的开放，国家的教育主权将受到挑战。其实国外教育机构来中国办学必须遵守中国的法律、法规，接受我国政府的管理，绝不会对国家教育主权构成威胁。受到挑战的倒是我们传统的学校产权、产权结构、产权制度以及相关的管理制度。

我国加入WTO以后，根据"最惠国待遇规则"和"国民待遇规则"，我国将逐步放宽教育领域的准入条件，加大教育服务的开放程度。教育领域内的竞争也将进一步加剧，教育资源将在新的态势下得到重新组合。国外教育机构进入我国教育领域，带来的是各色各样的学校管理制度，包括学校产权制度。这些产权制度将在教育资源重新配置中对我国学校产权构成竞争态势，因为资源总是流向更有效率的教育机构。为了在教育资源重组中处于有利地位，我们固然可以援用WTO的"例外规则"等保护性措施作暂时的、有限度的自我保护,但从根本上说,我们应积极推进高校管理体制改革,加快建立高校的学校产权制度。从产权角度讲,民办学校就是较有活力的产权制度安排。另外,现在很少有人考虑我们怎么利用外资办学。我们可以利用外资办企业,为什么不能利用外资办学校?因此,我们还要积极探索利用外资发展我国的高等教育,如引进外资办高校或建立中外合资的高等教育机构。

二、协调产权与法权关系,大力推进教育机构立法工作

实际工作中,人们往往根据法律上对产权的界定,规范现实中的产权关系。当然,我们希望现行法律是很完善的,并能准确反映现实中的产权关系。但事实并非总是如此,有时法律对产权的界定和规范不能适应客观存在的产权关系,甚至限制了合理的产权关系,从而阻碍了经济和社会事业的发展。当前民办高等教育发展中发生的产权问题就是如此。《中华人民共和国教育法》规定办学"不得以营利为目的";《社会力量办学条例》限定教育机构的财产"不得转让或者用于担保",教育机构的积累"不得用于校外投资"等。上述政策、法规没有明确规定高等学校的产权,甚至从根本上否定了教育投资主体和学校法人的财产所有权,不利于吸引教育投资,不能调动社会办学的积极性。因此,深化教育体制改革不可避免地要认真解决教育领域的产权问题,特别是高等学校的产权制度。

正确认识教育领域中的产权与法权关系,对于加快教育法制建设、促进教育事业发展具有十分重要的意义。马克思认为:"在社会发展某个很早的阶段,产生了这样的一种需要:把每天重复着的生产、分配和交换产品的行为用一个共同规则概括起来,设法使个人服从生产和交换的一般条件。这个规则首先表现为习惯,后来便成了法律。"[1] 从产权的生成和发展看,产权首先表现为经济关系,之后人们逐渐达成共同遵守的规则,当国家出现后就把这些规则上升为法律。因此从逻辑上讲,应该是产权在先,法权在后;产权反

---

[1] 中共中央马克思、恩格斯、列宁、斯大林著作编译局. 马克思恩格斯选集:第2卷[M]. 北京:人民出版社,1972:538-539.

映的是客观经济关系,法权是产权关系在国家意志层次的反映。所以"产权不因法律而产生和存在,却由于获得法权形式更为明确,更能确认和保护,并使产权纠纷、矛盾的解决更有依据,更有成效"①。

教育实践是学校产权及产权制度变革的根本原因。教育发展已经出现了新的产权关系。如民办学校的教育投资日益多元化,投资主体和学校法人要求合法享受其财产权已经是一个十分现实的问题。也就是说,教育发展需要调整原有产权关系。国家虽然拥有公立大学的财产所有权,但学校法人是实际上的校产占有者、使用者,它们之间关系正在发生某些变化。产权是一个十分活跃的因素,它决定产权结构的变迁和产权制度的演变。因此,抓住了高等教育领域中产权这一因素,就能把握高等教育和高校管理体制改革的关键。

教育的发展引起了教育领域中的产权关系变化,产权关系的调整主要依靠法律。正如我们从法权与产权的相互关系研究得出:法律必须要反映社会现实,法律必然能调整社会现实。当前的社会现实是,民办高等教育由于社会的需要而蓬勃发展,但我国民间资本尚不雄厚,缺乏各种公益性的社会基金,政府又无力给民办学校很大的资金支持,单纯依靠民间捐资来发展民办教育显然是不现实的,吸引社会力量投资办学是我国高等教育发展的必然趋势。投资办学将改变传统大学的产权结构,一种新型的产权关系正在出现,并可能对现有的法律、法规及有关管理制度构成挑战。对于这种来源于现实层面的产权对现存法权的挑战,我们不可简单否定,而需要认真思考和研究,从而及时地调整有关政策和法规,以适应客观实际需要,最终达到产权与法权的协调一致。

为了教育事业的发展,我们必须加快民办教育立法工作,特别是民办高等教育机构的立法。因为法律是界定产权、保护产权的重要手段。在市场经济条件下,高校的产权结构已发生了很大的变化,特别是实际上已出现了各种类型的民办高校:有营利的与非营利的;有本国投资举办的和与境外合资

---

① 吴宣恭,等. 产权理论比较:马克思主义与西方现代产权学派 [M]. 北京:经济科学出版社,2000:52.

举办的，等等。除了制定"民办高等学校法"以外，还需要根据高校的不同产权结构，分别制定相关的教育法规或条例，如"营利性高等学校条例""外资高等学校条例"等。民办高等教育立法的重点应该是教育机构立法，目的是对高校产权进行法律界定，提供法律保护。

三、明晰产权是落实大学办学自主权的重要条件

传统计划经济体制下，政府集投资、管理和办学于一身，形成"三位一体"的、单一的权利结构。这种权利结构必定导致"政府集权、学校无权"的现实。实行高等教育体制改革以来，我国实施了以落实高校办学自主权为核心的管理体制改革，《中华人民共和国高等教育法》逐项规定了大学的办学自主权。然而，法律上的规定与实际操作是两回事，因为政府"下放"的是行政权，而大学自主权应以产权为基础。因此要落实大学自主权就必须以大学的产权制度改革为切入点。

行政权与产权是两个不同的概念。从来源看，行政权依附于行政组织，实质上就是"职权"。行政权具有等级差异性，通过自上而下的"设置"和"分配"确定下来，谁占有了组织中的某个职位，谁就拥有相应的权利（权力）；而产权则是与财产相联系的一组权利，是独立存在的权利实体，在此基础上按各种方式组合起来，因此具有"天然"平等性。行政权和产权在不同经济体制中的地位和作用是不同的。在计划经济体制下，行政权超越于产权，可以操纵产权；而在市场经济体制里，产权受到尊重和保护。当然，现实生活中既没有纯计划经济，也没有纯市场经济，任何类型的经济体制中，计划与市场都要发挥各自的作用。因此，社会主义市场经济体制下，建立行政权与产权协调一致的产权结构和产权制度，对于我国高校管理体制改革具有重要的理论和实践意义。

高校办学自主权必须以产权为基础。在改革高校管理体制过程中，一方面政府担心权力下放后会导致权力的滥用和失控，另一方面高校也不敢大胆使用应该属于自己的自主权，形成一方不敢放、另一方又不敢要的局面。导致不敢放和不敢要的原因，是高校管理体制改革没有提高到产权制度这一高

度。我们认为"放权"或"收权"都属于行政权范畴,"放权"改革必然削弱上级部门的权力,从而导致控制力下降,最终使原有的权利结构遭到破坏,从而出现"一放则乱、一乱就收"的循环怪圈。问题看似出在上级控制权的削弱上,实质出在被授权者缺乏自我约束能力上。那么有没有可能建立起具有自我控制、自我约束能力的权利结构呢?我们认为建立合理的产权制度是一条有效途径。因为产权是以财产为基础的权利,彼此尊重对方的权利是产权的基本特点,产权在其运作过程中遵循平等和等价的原则。通过产权之间形成的制衡关系,使产权具有自我控制、自我约束力。所以产权越分散,力量越均匀,侵权行为就越少。从产权角度看,大学自主权只有以产权为基础,才能具有自我约束能力,因为激励和约束是产权的两项重要功能。大学的自主权不是靠政府"下放"得来的,而是产权的基本属性。因此我国高校管理体制改革的关键,是建立起合理的产权结构和产权制度,使政府在"下放"行政权力的过程中,不至于因控制权的失落而造成管理系统的混乱。

考察我国民办高等学校的发展,不难发现支撑其发展的两项重要资金投入,就是学费和贷款。大多数民办高校靠学费和贷款使办学规模得到迅速扩张。有的民办高校还在进一步扩张,组成跨地区、跨省的"横向"教育集团;有的则成立了包括幼教、中小学和大学在内的"纵向"教育集团。生源充足、信誉较高的民办高校呈迅速扩张的态势,那么民办高校规模多大才合理?这种规模由谁来定?是政府还是高校自身?这个问题涉及民办高校的自主权,以及自主权的自我约束问题。从理论上说,民办高校应该有权决定自己的办学规模和投资额度,但前提是这种办学自主权必须建立在产权基础之上。如果产权不明晰,或者产权主体没有能力承担责任,那么也就不可能有真正的自主权。因为没有产权约束的自主权必然会导致民办高校的盲目扩张,甚至不能保证曾经在经济建设中出现过的盲目投资、重复建设现象不会在教育领域,特别是民办高校中重演。因此,必须通过界定民办高校产权,建立合理的产权制度,来培育具有自我控制、自我约束能力的学校自主权,为民办高校的健康发展创造条件。当然,界定产权和建立产权制度必须发挥政府的作用,从这个意义上说,加强民办高校的管理和加快民办高校的立法工作是十分必要的。

四、合理安排产权制度，不断提高现代大学的创新能力

产权经济学理论认为，产权对于资源配置具有激励和约束等功能。这对于加快发展我国高等教育具有十分重要的意义。教育部《面向21世纪教育振兴行动计划》提出，到2000年高等教育入学率要由1997年的9.1%提高到11%左右，为我国现代化建设提供充足的人才支持和知识贡献。而我们的现状是：穷国办大教育使我国教育处境艰难。具体表现为教育规模大、教育经费少、生均教育支出水平很低；投入不足严重制约了高等教育发展。要解决高等教育经费短缺问题，根本上说，还是要从产权制度入手。

虽然教育不同于经济，学校不是企业，但教育的发展需要资源，也存在资源的合理配置和提高资源的利用效率问题。诺思指出："有效率的经济组织是经济增长的关键，一个有效率的经济组织在西欧的发展正是西方兴起的原因所在。"① 我们同样有理由认为，一个有效的教育资源配置制度是当前我国教育发展的关键。在一定意义上，学校可以看作是教育资源的一种组合形式。就高等教育而言，存在两种基本的配置方式：一是公立高等学校，二是民办高等学校。我们认为公立或是民办并非教育性质的不同，而是教育机构的两种不同的产权制度安排。民办高等学校又有两种类型，即营利性民办高等学校与非营利性民办高等学校。把高等教育机构划分为上述各种类型的依据是产权制度。之所以出现不同类型不是人为因素造成的，而是由于市场经济条件下教育资源配置方式的不同。

当前人们在如何发展民办教育这一问题上还存在一些分歧。一种观点认为，民办学校不能营利。他们认为教育是一项公益事业；教育具有上层建筑的属性；学校不是企业；发展教育以政府投入为主，辅之以社会捐赠等。另一种观点认为，民办学校作为服务性产业可按产业化运作，也可以营利。他们认为教育具有生产性；教育产品具有准公共性，甚至有一部分是排他性的

---

① 诺思，托马斯. 西方世界的兴起 [M]. 厉以平，蔡磊，译. 北京：华夏出版社，1999：5.

私人产品；穷国办大教育需要有教育产业的新思路。我们认为公益性与营利性并不是非此即彼的对立物，正如医疗机构与药品生产，既具有公益性，也存在营利性，问题在于要把两者关系处理得宜。产权制度是学校制度的核心内容，选择什么样的产权制度主要取决于其是否有利于教育资源配置和提高资源利用效率。营利或是非营利的高等学校作为两种不同类型的产权制度，在我国高等教育发展中都可发挥各自的作用。当然对营利性学校与非营利性学校应给予分别指导、分类管理。

关于教育是否能够产业化，民办高校能否营利等问题，教育界应该尽快摆脱从概念出发的逻辑推演。教育发展的现实需要我们创造出新的制度、有效率的产权制度和有创造性的大学制度来。以高校财政为例，毫无疑问，教育经费短缺是个很现实的问题，其中有政府投入不足的原因，也有学校制度本身的原因。高校产权结构不合理（指产权结构过于单一），产权制度不够完善（指责、权、利关系不明确），教育法制建设落后等原因，造成大学制度缺乏活力，高校筹资能力低下。近年来，民办高校对此已做了很好的探索，吸引了相当多的社会资源投向高等教育，实践过程中也创造了一些全新的学校产权制度，如浙江等地探索的公立大学设置民办二级学院、教育集团的教育产权经营模式、以教育股份公司为载体的教育股权模式。但这些很好的制度、很有效的措施还未能得到国家的法规承认，有些民办高校还处在制度的高风险运行状态。

我们认为大学的创新包括知识创新和制度创新两方面。知识创新是大学创新的根本立足点，而制度创新则是实现知识创新的重要保障。知识创新可以提高大学的"教育生产力"，而制度创新可以提供与"教育生产力"发展相适应的"生产关系"。大学的知识创新与制度创新是相辅相成、互相促进的。21世纪的大学需要提高知识创新的能力，也需要创造新的大学制度。高等教育立法应当立足于鼓励、支持大学制度的创新。

民办高等教育发展面临新台阶[1]

一般民办高等院校，在 2003—2004 年招生中，生源减少，困难重重；尚未获得学历证书授予权的几所新民办高校又面临取消国家学历证书考试的尴尬局面。因此，社会上流传这样的说法，民办高等教育的发展，"走进低谷"。有些为创办和发展民办高等学校而身心交瘁的民办教育工作者感到"前途渺茫"，个别退出民办教育行列。"关注民办教育"，成为社会有识之士的呼声。

民办高等教育事业，是否已"走进低谷"？不可一概而论。

第一，从民办高等教育总体说，已有 20 多年发展历程的一般民办高校的确遇到上述困难，而得到特别关注的公办本科高校的二级民办学院（独立学院），已有 249 所被正式批准为本科院校，壮大了民办教育事业的声势。

第二，许多办得好的，也就是社会诚信度高、教育质量高的一般民办高校，2004 年招生数基本持平，有的还有增量；今年又有多所被批准专升本。

第三，各地正在积极探索民办高校办学的新模式，改善管理的新方式。

更为重要的是，中国要全面推进小康社会，就必须持续推进高等教育大众化；而高等教育大众化，必须依靠社会力量，发展民办高等教育。国家对社会力量办学的基本战略方针是鼓励、支持、促进的，只是某些政策尚未到位。因此，从长远观点看，困难是暂时性的，并非"低谷"，而是发展过程中的"高原现象"。

如何越过"高原"，持续发展，登上新台阶，要认真解决下面几个关键问题：

---

[1] 原载《人民政协报》，2005 年 2 月 16 日 C4 版。

（一）提高教育质量

民办高等学校，一般说，生源质量较低，教育资源较差，特别是教师队伍中，大多借用公办高校的教师兼任，专职而水平较高的教师不多；设备和校舍也大多不如公办高校。但在举办之初，为了扩大规模，增加经费，不得不尽量多招学生。在数量与质量的矛盾中，采取先数量以求生存，后质量以求提高，揆之实情，未可厚非。但如果一味追求数量，置质量于不顾，则不足取。一所民办高校，如果管理不善，质量太差，社会声誉不好，招生必然很困难，招到的学生也会跑掉，数量质量，进入恶性循环；如果学生在2 000~3 000人以上，即使没有其他收入，单靠学费，一般收支就可平衡，如能及时改善管理，提高质量，就可进入良性循环。因此，办学应把提高质量摆在第一位，也就是我们常说的"练好内功"。

（二）吸引民间资金

民办高等教育重视初期，举办者多为热心教育事业的老干部、老教授等社会人士，响应社会力量举办教育的号召，个人或合作，以个人或团体名义创办，将自己或志同道合的朋友以及家族成员作为人力资本投入，收取学费，因陋就简，滚动发展，有的已有相当规模。但现在已不可能借这种原始积累方式创办民办学校，必须参照公办学校设置标准，投入相当数额的开办费，并且不允许向学生、家长和社会筹集、募集资金。因此，举办者只能是有相当财力的企业家或企业单位；非企业家的举办者也得依靠企业家或公司、集团的投资，才能设立与发展。《中华人民共和国民办教育促进法》虽然允许投资者可以取得"合理回报"，但民间资金仍裹足不前，已经开办的民办学校，也纷纷申明"不要求取得合理回报"。这不仅是因为《中华人民共和国民办教育促进法实施条例》对"合理回报"限制太多，更由于对投资者的产权缺乏保障。产权不明晰，投资等于捐资，不利于吸引民间资金。这是民办教育进一步发展的瓶颈所在。

（三）正确处理不同类型的民办高等教育的关系

民办高校，虽历史不长，却呈现出多样化的办学模式。大致有纯粹民办的高校（即一般民办高校，历史较长，数量最多），公办本科院校的民办二级学院（即独立学院，20世纪末出现，近年数量猛增），以及各式各样的国有民办高校（模式繁多，有公私合办的、国家举办民间承办的）。多样化，正是面向市场经济，发挥群众积极性，兴旺发达的现象。但是要处理好各种类型民办高校的关系，使之各自办出特色，互补互助，互相促进，共同提高。只要有利于高等教育事业的发展，就应当给予鼓励支持，而不应厚此薄彼。当前的问题是一般民办高校同独立学院，由于政策倾斜，处于不公平竞争中，后者占据政策优势，使得前者生源空间备受挤压。长此以往，不但不利于一般民办高校的发展，挫伤了办学的积极性，对于独立学院的健康发展也不一定有利。公办民办之间，应当一视同仁；各种民办类型之间，也应公平对待。

中国的民办高等教育历经了艰苦曲折的20多年，获得了可喜的成绩，为数百万青年学生上学，为科教兴国、培养人才做出了重要贡献。现在虽然还很困难，社会认可度还不很高，但比起20世纪80—90年代要好得多了。要坚定信心，发愤图强，克服困难，不断完善，持续发展，登上新台阶。

2020：中国民办高等教育的前瞻[①]

我们根据科学发展观进行预测：到 2020 年，多种模式的民办高等学校及其学生，可能达到高等教育总数的 2/3 左右；并将有若干所民办高校，成为各自定位的一流院校——前提条件是：抓住机遇，自强不息，社会支持，政策到位。

一、从宏观环境看中国民办高等教育机遇

近年来，随着高等教育大众化进程的启动及广大青年接受高等教育需求的持续高涨，我国的高等教育快速增长。"十一五"期间，在校生规模将扩大到 2 800 万，高等教育毛入学率将达到 25%。即使如此，中国的高等教育毛入学率在世界范围内仍处于较低水平，还应朝着高水平的大众化方向发展，继续扩大高等教育规模。因此，扩充高等教育资源总量是必然的趋势。

高等教育资源总量的增加可以有两条途径，一是依靠国家财政支持，二是来源于社会资金。从一般发展中国家的财政状况看，以国家财政支持高等教育发展的能力十分有限，对中国财政来说，困难更大。

从 1999 年高等教育扩招以来，全国高等教育财政经费在绝对数上虽然有所增加，但生均预算内事业费支出与生均预算内公用经费支出却连年下降，个别省份如江西、辽宁、陕西等，生均预算内事业费支出仅为 2 000 多元，极

[①] 原载《浙江树人大学学报》，2005 年第 3 期。作者：潘懋元，林莉。

大地影响了高等教育的教学质量。除此之外，捉襟见肘的高等教育财政还使得许多公办高校向银行大量贷款，这在世界其他国家是绝无仅有的，也给国家、银行和高校自身带来了很大的风险。因此，依靠国家财政来扩充高等教育资源总量的道路行不通，只能依靠社会资金来支持高等教育的进一步发展。

吸收社会资金发展高等教育有两条途径，一是通过增收学费，二是通过民间投资。1994年以来，我国高校学费不断上涨，尤其近几年来，高校学费水平已经达到了"天花板"，给普通老百姓带来了沉重的经济负担。对此，教育部已明确表态，今后我国高校教育的收费不能再提高了。因此，通过增收学费来发展高等教育的空间非常有限，而通过民间投资发展民办高等教育就成为我国高等教育发展的必然选择。民间资本进入高等教育是我国高等教育发展的必由之路，但这条路至今并不通畅，各级政府对民营资本进入高等教育领域还有较严格的控制，民办高校的产权归属和回报问题也一直没有得到明确的解决，这在很大程度上阻碍了新的民营资本进入民办高等教育。2005年2月24日，国务院出台的《关于鼓励支持和引导个体私营等非公有制经济发展的若干意见》，提出贯彻平等准入、公平待遇原则，放宽非公有制经济市场准入。这无疑给那些正在寻找各种机会进入民办高等教育的大量民营资本打通了道路。相信随着有关部门与地方政府清理和修订限制非公有制经济市场准入的法规、规章和政策性规定的工作的展开，民营资本加速进入高等教育领域，促进民办高等教育的发展是一个必然的趋势。

二、从中外比较看中国民办高等教育的未来发展

国际上，尽管私立高等教育已有很长的发展史，但在许多国家始终保持着惊人的发展速度。近年来，国际范围内私立高等教育的迅速发展主要集中在亚洲、原东欧社会主义国家和拉丁美洲。

亚洲是目前世界上私立高等教育发展最具活力的地区，日本、韩国、菲律宾、马来西亚和印度尼西亚的私立高等教育机构数占全国高等教育机构总数的比例都在80%以上；泰国以及我国台湾地区的比例稍低些，但也达到了65%左右。从20世纪80年代以来，这些国家或地区均放手发展私立高等教育，

形成上面所述的公私立高等教育结构比例，私立高等教育在今天都处于本国或地区高等教育体系的主体地位，反映了亚洲私立高等教育发展的共同趋势。

相比较而言，在亚洲，中国尚属于私立高等教育较不发达的国家。民办高校及其在校生数占全国高校及在校生数的比例分别为40%和20%左右，远远低于亚洲其他国家。但我们也应看到，我国民办高等教育近几年的发展是非常迅速的，尤其是民办普通高校，在2000年至2004年的5年间，经批准有学历授予权的高校数由42所增长到228所，增长了约4.4倍，在校生数由6.83万人增长到139.75万人，增长了约19.5倍。全国民办高等教育学校数由1 282所增加到1 415所，增长了10.37%，虽增幅不大，但在校生数却从105.03万人增长到245.08万人，增长了133.34%。以这样的发展速度并根据国际上尤其是亚洲国家私立高等教育发展的经验，我们有理由相信，再过15年也就是2020年，当高等教育大众化毛入学率达到30%~40%，全国高校在校生数达到4 000万人左右时，民办高等教育规模占全国高等教育规模的比例很有可能达到2/3。

民办高等教育的发展不仅仅是数量的增加，还应体现在质量的提高上。中国民办高等教育经过20多年的艰苦历程，发展到今天取得了巨大的成绩。全国民办高校在总体质量逐渐提高的同时，已有一批办学理念先进、办学条件较佳、资金雄厚、质量良好、发展前景广阔的优秀民办高校开始冒尖。目前，全国已有25所民办本科院校，它们已基本上完成了以规模扩张和校园建设为主的第一阶段的发展任务，开始向提高质量和注重内涵发展的第二个发展阶段转变。由于它们具有较多的办学自主权和灵活的办学机制，在办学模式的创新上，在内部管理体制的改革上，在对外合作办学的道路上，可能走在高等教育改革开放的前头。一方面，它们将以民办高校特有的体制和机制优势，给公办高校带来实实在在的冲击，促使公办高校打破僵化体制，加快改革步伐；另一方面，它们也完全有可能超越部分公办高校，跻身于中国名牌大学的行列。

今后，随着人们思想观念的转变、民办高校自身质量的提高、内外部环境及政策的成熟，中国的民办高等教育必将以活力与稳健兼具的姿态，拥有一个美好的发展前景。

民办高等教育发展的困境与前瞻[①]

中国民办高等教育起步于20世纪80年代,在"限制""鼓励"和"大力支持"过程中逐步发展起来。目前在规模、办学层次以及办学条件等方面都获得了巨大的成绩。据统计,截至2005年底,经正式批准的民办学历普通高校250所,加上独立学院295所,共545所,在校生209.85万人,比上年增长50%,占普通本专科在校生总数的13.44%;还有未经正式批准的民办非学历高等教育机构1 077所,注册学生128.66万人,比上年增长22%。加上2所民办成人高校和最后一批学历文凭考试生,全国民办高校在校生共达341.29万人,占全国各级各类高等教育学生总数的15%左右。民办高等教育发展迅速,规模庞大,社会影响广泛,日渐成为高等教育事业的重要组成部分。然而,民办高等教育发展到今天仍然步履维艰,困难重重。

一、民办高等教育发展的困境

民办高等教育根据社会的需要,为各方面培养了不少急需的人才,为地方政府创造了效益,得到了社会和国家的肯定。但在快速发展过程中,存在一些不容忽视的问题。

(一)从外部环境看民办高等教育发展面临的困难

阻碍民办高校发展的外部因素在于政府政策不到位、社会环境不利以及

---

① 原载《中国高等教育》,2006年第8期。作者:潘懋元,姚加惠。

其他方面的因素。事实上，自民办高校这一社会力量办学形式诞生之后，政府就陆续出台了一系列政策来引导民办高等教育的发展。但这些政策要么不够开放，要么落实不力，致使在实际运作中，民办高校与公办高校待遇不公的现象处处可见。此外，社会对民办高校也存有传统的偏见，常产生有意无意的歧视和排挤的倾向，所有这些都制约着民办高校的发展，突出表现在以下几个方面。

1. 招生问题

我国的教育行政法规明文规定，所有教育机构均享有招生自主权。然而，具体政策措施往往不能落实，在实际运作中，民办高校的招生自主权受到不同程度的限制。就全国而言，在统一招生考试中，按成绩高低划线录取，公立高校优先录取，把民办高校单列出来，放在录取的最后批次，使得民办高校只能招到成绩较低的考生，甚至降格录取大量所谓的"落第生"。有时普通高校已经开学，民办高校的录取通知单却迟迟未能发到学生手中。由于高等教育巨大的产业带动作用，对于地方来说，生源流失就意味着地方收入的流失。为了防止本地生源外流，有些地方出台种种限制措施，对外省招生计划进行排挤。

2. 师生待遇问题

由于政策不到位和社会认可程度还不高，使得民办高校的学生在享受待遇上仍然无法与公办高校的学生相提并论，这从毕业证书的实效性、学籍管理、学生申请助学贷款、国家拨款对贫困生的资助、户口的隶属关系等方面可见一斑。不少用人单位，尤其是机关团体与国有企业认为，民办高校还不规范，不能提供公认的、正规的学校教育，因而往往限制录用民办高校的毕业生。在各种不同类型的用人单位中，国有单位带头对公办、民办高校的毕业生不予公平对待，机关团体完全不接纳民办高校毕业生。此外，学生在参加以大学生为主的社会活动、获得国家助学贷款等方面也享受不到与公办高校学生同等的待遇。尤其是政府拨款资助贫困生，规定只有公办学校有资格申请。教师的待遇也是如此。虽然法律赋予民办高校与公办高校教师享有同等权利，但由于对民办高校教师在任职、休职、辞职、免职、一般权利、处罚条件等方面没有细化的规定，使得民办高校教师的医疗保险、住房、职称评定、养老保险等方面的问题往往不能得到有效解决。

3. 评估问题

如何评价民办高校的办学质量与办学条件是当前规范民办高等教育发展的重要工作。民办高校起步晚，发展历史短，在发展过程中面临着许多问题和困难。特别是社会上确实存在一些民办高校办学不规范的现象，使得人们对其存有偏见，在他们的心目中，民办高校几乎是"高收费"与"低质量"的代名词。因此，适时开展民办高等教育评估，有利于国家掌握民办高校的情况，制定合理的民办高校发展政策，以及鼓励社会力量对民办高等教育的支持。但是，我国高等教育现行评估标准主要面向公办高校，评估目标、体制、标准和模式等，不完全符合民办高等教育发展的实际。

4. 管理问题

除了前面所提的政策法规不完善之外，政府还缺乏管理民办高校的实践经验，习惯于用公办高校的思路来管理民办高校，尽管早在1997年《社会力量办学条例》就对民办高校的权责问题做了某些规定，但迄今为止，对民办高校的管理往往混同于公办高校，忽视了民办高校的特殊性。而在具体管理中，部门众多，标准不一，给学校的运作造成了很大的负担。有些管理部门的"卡、压、要"，控制着民办高等教育的发展，与鼓励、支持发展民办教育的方针背道而驰。

（二）从高校内部看民办高等教育成长中出现的问题

不仅外部环境不佳阻碍着民办高等教育的发展，民办高校自身在成长过程中，也存在着各种困难与弊端，主要表现为：

1. 生源问题

民办高校的生源一直较为紧张，公立高校因其具有总体质量较高、社会认可程度较好、学费较低等优势，在大规模扩招中，优先录取了成绩高的考生，而民办高校所招的生源一般，质量较差。另外，随着我国加入世界贸易组织（WTO），教育市场日益开放，率先完成高等教育大众化的西方国家，为充分利用本国相对过剩的高等教育资源，纷纷瞄准中国的高等教育市场，它们主要招收未能考进公办高校的学生，这样也就成了民办高校的直接竞争对手。

2. 师资问题

长期以来，民办高校的专职教师缺乏或不足、师资结构不合理等，影响了师资队伍的建设。从年龄上看，两头大，中间小，未能形成梯队结构；从职称上看，正高级职称的比例远高于全国普通高校，但基本上都是兼职的老教师；从学历上看，整体偏低，本科、专科学历占据很大比例；专职教师占教师总数的比重很小，绝大多数是兼职教师。而且，由于专职教师与公办教师享有不平等待遇，使得他们普遍存在"打工"心态，缺乏"归属感"，流动性很大，不利于提高教学质量与管理水平。

3. 资金问题

当前，民办高校的经费主要来自学费收入，办学者的投资、社会捐资和政府补贴等都很少。来源渠道单一，经费严重不足。一方面，学费收入已很难增收。2000年的相关调查显示，从全国平均水平来看，全国民办高校的经费来源中，84.9%是学费收入。由于较高的学费已超出了普通家庭的承受能力，国家也对此加以严格规范。通常民办高校的收费达到公办高校的1~2倍，而这只能维持学校的日常运转。另一方面，政府对民办高校的资助有限。从资助的范围来看，只有少数民办高校能获得政府的直接资助。就资助的金额而言，数量不多。尽管《中华人民共和国民办教育促进法》规定"县级以上各级人民政府可以设立专项资金，用于资助民办学校的发展"，但响应的不多，实际收效甚微。

4. 质量问题

质量是民办高等教育迎接挑战，适应竞争，经受考验的根本保证。当前不少民办高校由于生源质量较低、师资不足以及设备较差，除少数办学有特色、资源较充裕、毕业生就业率高的学校外，一般民办高校从总体上看，教学质量不如公办高校。特别是大多数民办高校作为高等职业技术院校，对实训教学设施的要求很高，但大多数设备陈旧或缺乏，因而其质量问题主要表现为实践技能培训不足，毕业生不能"适销对路"；而民办二级独立学院的教学质量则主要表现为知识水平不如其母体公立本科高校。

5. 办学思想与内部管理问题

由于民办高校在经济上实行自主经营、自负盈亏的方式，有些举办者将学校视为营利机构，办学动机功利性较强，办学不是为了培养人才，而是以获取某种利益为目的，导致教学投入不足、教学管理不够严谨、教学计划和大纲不齐全、缺少有效的教学质量监控体系等，这种不负责任的做法给民办高校带来了极为不良的影响，甚至造成不可弥补的损害。另外，目前，民办高校普遍存在家族式管理、企业式管理等，缺乏民主和监督。例如，有些学校董事会形同虚设，有些董事会则常常不恰当地干预校务，举办者与办学者之间矛盾尖锐；人事安排上出现了"近亲化"的倾向，甚至有些办学者把学校视为己有，经费随意领支，手续不全，造成财务管理混乱，等等。民办二级独立学院尽管具有很多优势，发展很快，但也存在政策与管理的问题。在政策方面，既要利用公办本科高校的优质资源，又要防止国有资源（包括人力、物力、财力）的流失；在管理方面，许多独立院校并不独立，与母体的产权关系不明确，导致经营权和管理权含糊不清；独立学院要以其学费收入的相当部分作为管理费或以其他名目上交母体，从而不得不扩大招生与提高学费；不少学院至今尚未建立董事会，基本上沿用老大学的做法，有些学院尽管建立了董事会，要么成员组成不合理，要么职能越位等，严重制约着独立学院的健康发展。

总之，民办高等教育发展中所面临的困境涉及民办高校的外部环境和学校自身两个层面。由于政策不到位，社会环境不利，以及民办高校教育资源与办学经验不足，在发展过程中出现种种问题，导致相当一部分的民办高校被迫关门。虽然在市场竞争情况下，准入与退出纯属正常，但如果不加以重视，民办高等教育的进一步发展可能面临瓶颈。

二、民办高等教育发展前瞻

在"全面建设惠及十几亿人口的更高水平的小康社会"的未来15年中，中国民办高等教育发展的前景如何，不仅是民办高等教育界所关心的自身前途问题，也是整个高等教育界以及全社会所关注的高等教育发展问题。我们可以对民办高等教育的发展前景做粗线条的预测。

（一）从中外比较看中国民办高等教育的未来发展

国际上，尽管私立高等教育已有很长的发展历史，但许多国家至今仍保持着惊人的发展速度。近年来，国际范围内私立高等教育的迅速发展主要集中在亚洲、原东欧社会主义国家和拉丁美洲。

亚洲是目前世界上私立高等教育发展最具活力的地区，日本、韩国、菲律宾、马来西亚和印度尼西亚的私立高等教育机构数占全国高等教育机构总数的比例都在80％以上；泰国以及我国台湾地区的比例稍低些，但也达到了65％左右。从在校生数来看，亚洲大部分国家私立高校在校生数占全国高校在校生数的比例都在60％以上，韩国和菲律宾的这一比例接近80％。在亚洲的这些国家中，日本、韩国和菲律宾是人们所熟知的三个私学历史较长的国家；泰国和印度尼西亚历史上是以公立大学为主私立大学为辅；马来西亚传统上高等教育就一直是公立事业，20世纪80年代以前几乎不存在私立高等教育。但是，从80年代以来，这些国家均放手发展私立高等教育，形成上面所述的公私立高等教育结构比例，私立高等教育在今天都处于本国高等教育体系的主体地位，反映了亚洲国家私立高等教育发展的共同趋势。

相比较而言，在亚洲，中国尚属于私立高等教育较不发达的国家。民办高校及其在校生数占全国高校及在校生数的比例分别为40％和15％左右，远远低于亚洲其他国家，在校生数比例甚至低于俄罗斯。但我们也应看到，我国民办高等教育近几年的增长率高于公办高等教育，在2000—2005年的6年间，经批准有学历授予权的民办普通高校数由42所增长到250所，增长了约6倍，在校生数由6.83万人增长到209.85万人，增长了约31倍。今后，国家为鼓励民办高等教育发展，在基本办学条件许可的情况下，高等教育扩招后增量部分仍尽可能向民办高校、独立学院倾斜。以这样的发展速度并根据国际上尤其是亚洲国家私立高等教育发展的经验，我们有理由相信，再过15年也就是2020年，当高等教育毛入学率达到30％~40％，全国高校在校生数达到4 000万人左右时，民办高等教育占全国高等教育规模的比例有可能达到1/2以上。

当然，民办高等教育的发展不仅仅是数量的增加，还应体现在质量的提高上。综观国际，许多国家私立高校的教育质量已经接近甚至超过了公立高校，有的私立高校成为世界一流大学。美国的哈佛大学和耶鲁大学，是世界上最为著名的大学；日本的庆应大学和早稻田大学，无论在其本国还是在国际上，都处于前列。

（二）从宏观环境看中国民办高等教育的机遇

近年来，随着高等教育大众化进程的启动及广大青年接受高等教育需求的持续高涨，我国的高等教育快速增长。尽管公办高校连年大幅扩招，绝大多数已达到办学的饱和状态甚至超负荷运转，但仍不能满足经济发展的需要和社会进步的需求。"十一五"期间，全国在校生规模将扩大到3 000万人以上，高等教育毛入学率将达到25%。即使如此，中国的高等教育毛入学率在世界范围内仍处于较低水平，还应朝着高水平的大众化方向发展，继续扩大高等教育规模。因此，扩充高等教育资源，首先是增加教育资金总量。

高等教育资金总量的增加可以有两条途径，一是依靠国家的财政支持，二是来源于社会资金。从一般发展中国家的财政状况看，以国家财政支持高等教育发展的能力十分有限，对中国财政来说，困难更大。国家财政性教育经费占国民生产总值的比例一直在2.5%~33%之间低位徘徊，这不是由于财政部门不重视教育而失信于民，乃是由于中国财政体制不同于国外，国有企业和基本建设的投资占据财政支出的一大块。即使随着财政收入的增加，今后每年国家财政性教育拨款在绝对数上有所增加，但增长量的70%将用于义务教育，高等教育拨款难以大量增加。因此，自高等教育1999年扩招以来，全国高等教育财政经费在绝对数上虽增加不少，但生均预算内事业费支出与生均预算内公用经费支出却连年下降。个别省份因生均预算内事业费过低，严重影响教学质量。除此之外，捉襟见肘的高等教育财政还使得许多公办高校向银行大量贷款，这在世界其他国家是绝无仅有的，也给国家、银行和高校自身带来了很大的风险。因此，不能只依靠国家财政来扩充高等教育资金总量，必须依靠社会资金来支持高等教育的进一步发展。

吸收社会资金发展高等教育也有两条途径，一是通过增收学费，二是通过民间投资。通过增收学费来发展高等教育的空间非常有限，而通过民间投资发展民办高等教育就成为我国高等教育大众化发展的必然选择。民间资本进入高等教育是我国高等教育大众化发展的必由之路，但这条路至今并不通畅。在一些过去非公有制经济难以进入的公共福利领域，民营资本也已经大量进入，而各级政府对民营资本进入高等教育领域还有较严格的控制，民办高校的产权归属和回报问题也一直没有得到明确的解决，这在很大程度上阻碍了新的民营资本进入民办高等教育。值得高兴的是，2005年国务院出台了《关于鼓励支持和引导个体私营等非公有制经济发展的若干意见》，使这一些长期以来非公有制企业难以进入的领域，如垄断行业、公用事业和基础设施、社会事业、金融服务业、国防科技工业等等，如今都获得了国家的准入。针对长期以来非公有制经济市场准入受到过多限制的现象，该文件提出，贯彻平等准入、公平待遇原则，放宽非公有制经济市场准入，允许非公有制资本进入社会事业领域，支持引导和规范非公有制资本投入教育、科研、卫生、文化、体育等社会事业的非营利和营利性领域。这无疑为那些正在寻找各种机会进入民办高等教育的大量民营资本开放绿灯。相信随着有关部门与地方政府清理和修订限制非公有制经济市场准入的法规、规章等工作的展开，有可能使得民营资本较易进入高等教育领域，以促进民办高等教育的发展。

（三）从民办高校自身看中国民办高等教育的未来前景

中国民办高等教育经过20多年的艰苦历程，不仅数量上快速发展，总体质量也逐渐提高，表现为办学思想逐渐端正、内部管理逐步规范、教学质量不断提高，等等。

端正办学思想是提高人才培养质量的首要前提。由于民办高校历史较短，除少数有一定基金外，大多是个人或企业投资或银行贷款创办的。投资要求回报，只要在合理范围内无可厚非。问题是把营利摆在首位，急于赢利；还是把公益摆在首位，甘于奉献。在保证质量的前提下，勤俭节约，从而取得合理回报。越来越多民办高校的举办者已意识到，教育不同于其他产业，不能按企业的方式来运作，唯有把社会效益置于首位，以学生为本，提高质量才是办学的长远之计。

管理决定民办高校的成败。目前，从民办高等教育发展的整体来看，内部管理正日趋科学化、规范化和制度化。民办高校不仅积极借鉴古今中外的私立（民办）高校的管理经验，包括领导体制、机构设置、权力配置、协调方式等管理模式，以及教职工的聘任、资金管理等各项具体内容，而且不断吸取办学管理实践中所积累的各种经验教训，逐步强化内部管理，提高办学效率。例如，在管理体制上，许多民办高校采取董事会决策下的校长负责制，实行决策权与经营权的分离；在具体管理上，重视各项规章制度的制定、管理队伍的建设，等等。

切实提高教学质量是可持续发展的关键所在。民办高校只有坚持以质量求生存，以特色求发展，才能在激烈的竞争中站稳脚跟。教学质量的好坏，主要取决于学校师资力量的强弱。近年来，不少民办高校除了聘兼职教师外，十分重视专职教师队伍建设，有来自全国各地的大学和科研单位的专家教授，也有大学毕业生和研究生前来任教，提高了教师的福利待遇，增强了师资队伍稳定性。办学条件的改善也是提高教学质量必不可少的条件。不管是自建校舍，还是长期稳定的租用校舍，为改善教学环境，各校都千方百计建设和美化校园，增加设备投入，例如几乎所有的民办高校都有自己的微机房和语音室，等等。

事实上，一批办学理念先进、办学条件较佳、资金雄厚、质量良好、发展前景广阔的优秀民办高校相继涌现出来就是明证。经过严格的评审，全国已有25所民办本科院校，它们已基本上完成了以规模扩张和校园建设为主的第一阶段的发展任务，向提高质量和注重内涵发展的第二发展阶段转变。由于它们具有较多的办学自主权和灵活的办学机制，在办学模式的创新上，在内部管理体制的改革上，在对外合作办学的道路上，可能走在高等教育改革开放的前头。一方面，它们将以民办高校特有的体制和机制优势，给公办高校带来实实在在的冲击，促使公办高校打破僵化体制，加快改革步伐；另一方面，它们之中的某些高校也完全有可能超越部分公办高校，跻身于中国名牌大学的行列。

民办高等教育持续发展问题[①]

一、民办高等教育的基本情况

中国民办高等教育,由普通高等学校、独立学院、非学历高等教育机构(教育部称之为其他高等教育机构)三种类型组成。普通高等学校是指有学历授予权的高校;独立学院是一种特殊的学校,这种学校在政策倾斜下发展很快(现在教育部把独立学院也算作民办学校);非学历高等教育机构是指大量还没拿到学历授予权的学校。

现在民办的普通高等学校是 252 所,独立学院 295 所,非学历高等教育机构 1 077 所,总计 1 624 所,占全国高等学校数(包括所有学历和非学历的高校)48%,几乎占了半壁江山。但是,学生数却没有与之相对应,普通高校在校生人数约 105 万人,独立学院在校生人数约 107 万人,非学历高等教育机构的非学历生约 109 万人。由此看来,三种类型的学校差不多三分民办高等教育的天下。加上普通高校与独立学院中的非学历生约 20 万人,共 341 万人,约占全国大学生数的 15%。

以上数据说明中国社会有数以百万计的青年本来不能上大学,现在能够上大学了,能够有机会进入到高等学校读书。也就是说,其意义在于为国家培养数以百万计的专门人才,让更多青年成才。如果没有民办高等学校,这

[①] 原载《浙江树人大学学报》,2006 年第 4 期。

些现在接受高等教育的青年们又会在哪里呢？

回顾民办高等教育的发展历史，民办高校的创办和发展都是历经艰难取得成就，使民办高等教育成为高等教育发展的重要组成部分。在20世纪90年代，我们召开了一次会议讨论民办高校的地位。当时有关文件把民办高等教育定位于高等教育的补充。我们那个会专门论证了民办高等教育不是高等教育的补充，而是重要组成部分。后来国家的法令条例采纳了这个意见，但是去掉了"重要"两个字。如果民办高等教育再强大点，就得承认是重要组成部分。

从民办高等教育的发展前景来看，如果方针正确，政策落实，民办高等教育将会有相当广阔的发展空间。当高等教育毛入学率达到30%~40%，全国高校在校生达到4 000万人时，民办高校在校生可能达到1/2以上。

然而，从现实来看，民办高等教育还是困难重重，存在着诸多问题。三种类型的民办高校都有各自的困难和问题。独立学院因为得到政府的特殊支持，发展比较快。而其他两种类型，尤其是非学历高等教育机构，发展的困难很大。这并不是说独立学院没有问题，相反，在独立学院迅速发展的背后隐藏着很大的危机。它的发展问题有待另文讨论，本文只对普通民办高校和非学历教育机构进行分析。

二、当前民办高等教育面临的困境

（一）外部环境问题

1. 招生问题

我国的教育行政法明文规定，所有教育机构均享有招生自主权。然而，具体政策措施往往不能落实。在实际运作中，民办高校的招生自主权受到不同程度的限制。就高校而言，在统一招生中，按成绩高低划线录取，公立高校优先录取，把民办高校单列出来，放在录取的最后批次，使得民办高校只能招到成绩较低的考生，甚至只能录取大量所谓的"落第生"。

现在还出现了这样一个问题，民办高校在招生上往往要付出更多的精力和金钱。民办高校招一个学生要花2 000元的成本费，这是饮鸩止渴。这对资金不足的民办高校来说无疑是雪上加霜。

2. 师生待遇问题

《中华人民共和国民办教育促进法》（以下简称《民办教育促进法》）第三十四条明文规定："民办学校的受教育者在升学、就业、社会优待以及参加先进评选等方面享有与同级同类公办学校的受教育者同等权利。"然而，由于民办高校高等教育的发展尚不成熟，社会认可程度还不高，使得民办高校的学生在享受待遇上仍然无法与公办高校的学生相提并论，这从毕业证书的实效性、学籍管理、学生申请助学贷款、国家拨款对贫困生的资助、户口的隶属关系上可见一斑。

比如，在就业上，不少用人单位，尤其是政府机关团体、国有企业往往限制录用民办高等学校的毕业生。再比如，国家拿出数以亿计的经费来补助特困学生，指明补助公办高校的特困学生。看起来似乎很自然，公办学校是政府办的，政府拿出来的钱当然要补助公办高校的学生。但如果进一步思考：民办高校的学生就不是学生了？就不是国家的纳税人了？同样是纳税人，为什么国家财政就不对民办高校的学生进行补助？诸如此类的现象还是很多的。

教师的待遇也是如此。《民办教育促进法》虽然从法律上规定民办高校与公办高校教师享有同等权利，但由于对民办高校教师在任职、休职、辞职、免职、一般权力、处罚条件等方面没有细化的规定，使得民办高校教师的医疗保险、住房、职称评定、养老保险等方面的问题往往不能得到有效解决。

3. 评估问题

如何评价民办高校的办学质量与办学条件是当前规范民办高等教育发展的重要任务。民办高校起步晚，发展历史短，筹集经费、聘用教师、教学设施设备、图书资料等不如公办高校，在发展过程中面临着许多问题和困难。特别是社会上确实存在一些民办高校办学不规范的现象，使得人们对民办高校往往存有偏见，在他们的心目中，民办高校几乎是"高学费"与"低质量"的代名词。因此，开展民办高等教育评估，有利于国家制定合理的民办高校发展政策，以及鼓励社会力量对民办高等教育的支持。

但是，我国高等教育现行评估标准主要面向有政府财政支持的公办高校，评估目标、体制、标准和模式等比较单一，不完全符合只靠自己集资办学的民办高等教育的实际。当前民办高等教育大多处于艰难创业阶段，很多条件，只能逐步充实，逐渐完善。而有关部门在教育评估中，往往只用一个标准来进行评价，使得民办高校在生师比、生均用地面积、生均图书设备等方面都无法达标，没有考虑民办高校办学时间短、增长快、资金完全靠自筹等特殊性，用一刀切的办法来进行衡量，不利于鼓励社会力量发展民办高校。

4. 行政管理问题

政府缺乏管理民办高校的实践经验，习惯于用公办高校的思路来管理民办高校。尽管早在1997年《社会力量办学条例》就对民办高校的权责问题做了某些规定，但迄今为止，尚未出现管理民办高校的专门机构，对民办高校的管理往往混同于公办高校，忽视了民办高校的特殊性。在具体管理中，民办高校的"婆婆"又太多，如教育厅法规处、高教处、财务审计处以及工商管理、税务部门等都有权对民办高校的依法办学、教学质量、财务管理等方面进行监督管理，部门众多，标准不一，给学校的运作造成了很大的负担。

5. 优惠政策不到位问题

对教育，国家是有很多优惠的。比如，在税收的优惠上，民办高等教育应该享受与公办高等教育一样的优惠。但现在国家对民办高校的税收和民办学校是否要求合理回报挂钩，如果要求合理回报，国家对民办高校的税收就按企业的标准收取33%的所得税。最近有个民办高中和国税局打官司的案例。该民办高中在2003年收到国税局的通知，要交33%即47万元的税。在一审判决中，法庭以其股份制的事实认定其是营利性单位，按企业的标准收税，故判定国税局的做法是正确的。但在二审中，法庭裁决民办高中胜诉。因为该民办高中在2003年6月才获准成为独立法人，在此之前不应该按企业税的标准收取所得税，况且该校在此之前已经以自然人的身份缴纳了所得税，国税局的做法是双重收费，属于程序上的错误。虽然最终结果是民办高中打赢了这场官司，但是留下的却是发人深省的隐患。民办学校是否应该按33%的比例缴纳所得税呢？教育是公共事业，不是企业，即使要求得到合理回报，也不应该按企业的标准收取所得税。像这样的优惠政策不到位的现象也很多。

(二) 成长中的问题

1. 生源问题

高中毕业生虽然逐年增加，近年来增加更快，但由于公办高校扩招和教育服务市场开放的冲击，民办高校的生源依然紧张。公办高校因总体质量较高、社会认可程度较高、学费较低等优势，在大规模扩招中，优先录取了成绩高的考生，而民办高校只能吃公办高校的"剩饭"，招收质量较差的学生。

如果说公办高校的扩招主要是对民办高校生源的质量产生影响，那么，教育服务市场的开放则对民办高校生源的数量造成直接的冲击。因为伴随高等教育国际化思潮在世界范围内广为流行，教育市场日益开放，率先完成高等教育大众化的西方国家，为充分利用本国相对过剩的高等教育资源，纷纷瞄准中国的高等教育市场，它们主要招收高考的落榜生，成了民办高校的直接竞争对手。

2. 师资问题

师资问题是最重要的问题。民办高校创立之初，大多依靠聘请公办高校教师兼职，具有"物美价廉"的优势。如果说，民办高校还可以用比公办高校更加丰厚的待遇来吸引兼职教师，以兼职的形式增强民办高校师资队伍的水平，那么，这种可能性随着公办高校生师比的增加和待遇的提高就越来越难了。同时，从一所独立学校的长远发展来看，不能不建立自己的专职教师队伍。因此，合格评估条例相应地规定了专职教师的比例不能太低，这一规定是正确的、必要的，但应给予一个逐步增加专职教师比例的时限。

3. 资金问题

当前，民办高校的资金筹集主要来自学费收入、办学者的集资、各种社会捐资和少量的政府补贴等。这其中，学费收入是主体。由于学费水平已达极限，政府补助难以获得，办学者投入和社会捐资甚少，资金严重短缺。

首先，政府对民办高校的资助有限。从资助的范围来看，只有少数民办高校能获得政府的直接资助。试图通过发展民办高等教育来完成高等教育大众化的我国，《民办教育促进法》虽规定"县级以上地方各级人民政府可以设立教育专项资金，用于资助民办学校的发展"，可以采取经费资助，对民办学校予以扶持，但实际收效甚微。

其次，举办者的投入和社会捐助很少。民办高校走的是一条以学养学的道路，办学者的投入，寥寥可数。2000年全国范围内举办者的投入只占民办高校总经费的4.6%。至于社会捐助，那就更少了，只占全国民办高校总经费的1%～2%，且捐助的形式通常以实物捐赠为主。

最后，学费收入已"无潜可挖"。从全国水平来看，2000年全国民办高校的经费来源中，84.9%是学费收入。由于过高的学费已超出了普通家庭的承受能力，国家对此加以限制。通常民办高校的收费仅为公办高校的一倍左右（独立学院可达两倍以上），而这只能维持学校的日常运转。因此，民办高校若想扩大规模，增添设备设施，只有开通渠道，引入社会投资。

但是现在，社会对民办高校投资热情并不高，关键原因在于产权始终不明确。产权不明确，导致想投资民办高等教育的个人、企业和单位都不敢投资，害怕产权丧失，缺乏法律上的保障。

4. 质量问题

质量是民办高等教育迎接挑战、适应竞争、经受考验的根本保证。当前不少民办学校由于生源质量较低、师资不足以及设备较差，除少数办学有特色、资源较充裕、毕业生就业率高的学校外，一般民办高校在总体上，教学质量不如公办高校。

课程开设不好，办学条件不足，势必影响到教学质量。特别是一般民办高校基本上是高等职业技术专科学校，对教学设施的要求更高。但大多数民办高校的设备陈旧或缺乏，因而其质量问题主要表现为实践技能培训不足，毕业生不能"适销对路"。

5. 办学思想与学校管理问题

由于民办高校在经济上实行自主经营、自负盈亏的方式，有些举办者将学校视为营利机构，办学动机不端正，功利性较强，办学不是为了培养人才，而是以获取某种利益为目的，导致教学投入不足、教学管理不够严谨、教学计划和大纲不齐全、缺少有效的教学质量监控体系，等等，这种不负责任的做法给民办高校带来了极为不良的影响，甚至造成不可弥补的损害。因此，民办高校要健康发展，首先必须端正办学思想。民办高校自身的内部管理也亟待规范。目前，民办高校普遍存在的问题是实行家族式管理、企业化管理等，缺乏民主和监督。例如，有些学校董事会形同虚设，有些董事会则常常不恰当地干预校务，举办者与办学者之间矛盾尖锐；人事安排上出现了"近亲化"的倾向，甚至有些办学者把学校视为己有，经费随意领取支出，手续不全，造成财务管理混乱，等等。

总之，由于许多问题未能及时解决，近年来民办高等教育的发展相对较为缓慢。尤其是尚未取得学历授予权的普通民办高校，面临萎缩危机。2004年全国民办高校有1 187所，到了2005年全国民办高校是1 077所，减少110所。除少数取得学历授予权外，实际减少80多所。20世纪90年代末，民办学校总数是1 200~1 300所，现在民办高校和独立学院两种类型的民办学校加起来也不过1 400所。近年来，应该说高等教育得到了前所未有的大发展，但民办高校的发展却仍处于困境之中。

三、普通民办高校如何走出困境

除了有针对性地解决上述面临的困难问题外，还应该对以下方面加以关注。

（一）对于已有学历授予权的普通民办高校

1. 地方立法，有针对性地解决地方民办高校的难题

地方立法较国家立法有针对性、及时性的优势。国家立法需要慎重考虑，顾及方方面面。因此，短时间内，国家立法要改变和增加一些东西比较困难。地方立法则不同，影响面小，见效快。如果地方立法成功了，则可以推广并促进国家立法；如果不成功，纠正起来也比较容易。所以，应该寄希望于地方立法。

例如，落实《民办教育促进法》第七章"扶持与奖励"规定：地方立法可以设立专项基金、采取经费资助、为资金信贷提供担保等；可以进行民办高校有限度的自主招生的试点；享受与公办学校相同的优惠政策，落实与公办学校一视同仁的师生待遇；等等。这里应该特别提到，已经拥有学历授予权的民办高校可以争取到一些和公办高校师生相同的待遇，但1 077所未得到学历授予权的民办教育机构就没有这些待遇，包括学生享受寒暑假的火车票优惠等待遇。原因在于这些学校没有学历文凭授予的权利。但是，这些学校既然是政府批准的学校，政府允许其招生办学，就应该给予同样的待遇。

2. 千方百计提高教师与职工待遇，稳定教师队伍，加强师资队伍建设

针对目前大部分民办高校兼职教师多、专职教师少而造成的师资队伍不稳定现象，应该扩大专职教师的队伍，加强师资队伍建设。这就要求在教职工的待遇上，要千方百计地加以提高，这样才能吸引和留住人才，并让留住的人才获得较好的发展，树立起对学校的归属感，形成一批骨干教师，充实民办高校师资队伍。

3. 针对人才市场需求，设置和调整专业，提高教育质量，培养"适销对路"专门人才

现在有些教育管理部门在本科专业目录之外另外搞一个高等职业教育的专业目录，用来规范现在大量的民办高等职业技术学校。这种做法有人赞成，包括一些理论家也赞成。我个人对此持反对态度。不能对高职教育，尤其是民办高职教育搞一个专业目录来规范它。民办学校就是应该机动灵活地设置适应人才市场需要的专业，用专业目录进行规范和框定会失去活力，应该充分发挥民办的自由度。

（二）对于尚未取得学历授予权的其他民办高等教育机构

除上述对策可以援引（有的无法援引）外，另辟培养人才的途径。从学历教育到学历教育与非学历教育并举，通过高等教育自学考试取得相应学历，通过行业考试取得合格证书或岗位证书。后者的发展空间是很大的。民办高校相对于公办高校是一个弱势群体，对暂时处于弱势的群体来说，扬长避短，"避开竞争就是最好的竞争"！北京有个民办音乐学院发展不错，生源就是中央音乐学院不设的专业。该校培养"街头艺人"，市场需求广泛，取得了良好的效果。这就好比阵地战和游击战，公办高校打阵地战，民办高校就可以打游击战。

走出困境的前提是转变思想观念。转变人才观，转变质量观，适应社会需求的才是高质量的人才。其中，走出困境的决定性因素是人才市场的检验，这体现在就业率和在岗位上的表现两个方面。当然，学校的就业率存在弄虚作假的情况。因此，只有当民办高校的毕业生在岗位上表现突出、能够被用人单位认同时，民办高等教育才会从受社会的排斥、轻视转变到受社会的重视。

《2005年：中国教育发展报告》中有一句话说得特别好："立足国情和自身现实，切实面向市场，面向未来，以质量求生存，求发展。"据此，我对民办高等学校的希望：办学者要高瞻远瞩！教职工要具有奉献精神！学生要通过励志教育，充满成才的自信心！

民办学校要树立良好社会信誉。当前，在对民办高等教育进行专家评估过程中，最为关注的是六个问题：有无独立财务；有无虚假宣传；证书发放是否违规；是否进行承包办学；办学条件是否很差；迎评是否作假。当然，对民办学校而言，最大的危险是盲目扩大规模，或者因资金链断裂而出现的办学危机。

总之，要在法制的保障下，政府的主导下，政府、社会和民办教育界共同深化教育改革，促进教育的和谐发展。其中，关键是政府职能的转变，没有这一转变，其他转变是难以实现的。

民力民智推进高等教育事业大发展①

今年是改革开放30周年。《中国教育报》邀我谈三件在过去30年中发生的、影响深远的高等教育改革、发展的大事。我想，我不重复人们耳熟能详的事情，如恢复高考30周年、高等教育大众化、新一轮院系调整的功过是非等。我所选谈的三件事，是容易被人忽略，或不太被重视，但又影响深远的，希望借此起到"发微知著"的作用。

高等教育投资体制改革

第一件要说的，是高等教育投资体制改革。这是高等教育改革30年中成效最显著的一项。从单一的政府投入，到以政府投入为主、其他多种渠道筹措教育经费为辅的多渠道筹资格局初步形成，通过借力于民，投资体制改革较成功地支撑了高等教育的增长，有效地缓解了高等教育供求之间的尖锐矛盾。

1977年恢复高考后，社会对高等教育的需求被激活，在"穷国办大教育"的事实面前，政府意识到单靠财政力量，无法满足社会需求，于是开始寻求变革。1982年《中华人民共和国宪法》（以下简称《宪法》）第十九条提出："国家鼓励集体经济组织、国家企业事业组织和其他社会力量依照法律规定举办各种教育事业。"这开启了借力于民的改革先声。

---

① 原载《中国教育报》，2008年6月2日D06版。

投资体制改革的方向，主要是拓宽经费来源，增辟政府财政之外的其他经费渠道。改革的成效，从 2005 年的统计数据就可以看出：2005 年，高等教育经费支出 2 117 亿元中，政府财政拨款 885 亿元，占当年高等教育经费的 42%，而非财政经费高达当年高等教育经费的 58%。非财政经费包括了学杂费、校办产业、社会捐集资、银行贷款、设立教育基金等收入。由此可见，多种渠道的高等教育筹资体系已经初步形成。据此，我们也可以设想，如果投资体制改革没有取得突破，仍然是只依靠政府投入来办教育，今天我国的高等教育规模，大约只能有当前的一半左右，不但高等教育的快速发展不可能实现，而且设备更新、校舍扩建、待遇提高等，都难以实现。

在政策层面上，政府已经充分意识到，借助民间力量参与举办高等教育，是发展高等教育的必要举措。"国家建立以财政拨款为主、其他多种渠道筹措教育经费为辅的体制"，也已经成为投资体制改革的明确方向，被写进了《中华人民共和国教育法》。从经费渠道来看，近年来政府财政性拨款的绝对数，虽然每年都有所增长，但从相对比例来看，却在逐年下降。这表明，在政府财政拨款不断增加的情况下，非政府经费的增长速度更快，我国高等教育发展对政府财政的依赖程度在逐渐降低。这是好事。

但是，取得了成绩，并不代表没有问题。以 2004 年为例，从普通高等学校经费收入的比例情况，就可以看出问题的所在。这一年公办高校的财政性经费，无论全国或地方，都在总经费的 50% 以下，非财政性经费，都在 50% 以上，如果把当年民办高校的经费 112 亿元（约合 6%）加进去，则非财政性的高等教育经费达到 60% 左右，而财政性经费只占 40% 左右。可以说，多渠道筹措高等教育经费的投资体制改革是成功的。

但是，投资体制改革的成功，主要是借助了家庭的力量，全国普通高校学杂费收入达总经费的 1/3，地方高校达 2/5，民办高校达 70% 以上，有的竟达 100%。而本当作为社会力量办学主要来源的捐资、集资、投资办学则微乎其微。

根据高等教育成本分担理论，家庭在力所能及的限度内，分担一定的学杂费是合理的，也是世界除少数福利国家之外的通例。但是，由此导致的学杂费比例过高，已超出了相当大一部分家庭的承受能力，高等教育公平问题十分突出。

在政府财政投入增长有限、学费收入难以继续提高的情况下，如何增辟其他渠道，真正建立起多种渠道的教育经费筹措体制，同时提高经费的使用效率，仍然是一个艰巨的任务。后勤社会化改革其实已经提出了另一条思路：即吸引民间资本进入高校校园，参与提供服务。

但这仅仅是一个开始，民间资本以什么方式参与高等教育事业，吸引社会捐集资和投资的关键障碍何在，应该如何破解等问题，都还有待下一阶段的努力来解决。

民办高等教育的复兴

其实，以民间资金兴办高等教育，中国有着优良的传统。远的不说，清末民初，民间力量就自发地举办众多高等学校，为教育救国做出了巨大的贡献。中华人民共和国成立后，民间兴学的传统曾一度中断。改革开放以来，民办高等教育开始逐渐恢复发展。从长远来看，民办高等教育的复兴，对于中国高等教育将有着非同寻常的意义。它意味着高等教育领域的改革，真正开始打破完全公有，一种不同于公立高等教育的新体制，一股来自民间的巨大力量，正在逐渐成长中。

民办高等教育的复兴，也是缘于高等教育供求之间的巨大矛盾。

前已述及，改革开放打开了社会追求知识的闸门，但是，高等教育供给的短缺，又形成了一道拥挤的"独木桥"。当时政府的高等教育供给，无论在数量上，还是种类、形式上，都相当有限。就在有限的供给与无限的需求之间，民间办学的力量自发而及时地复苏了。

1977年，北京自修大学成立，这是改革开放之后第一所以"大学"命名的民办学校。1980年，湖南九嶷山学院、长沙韭菜园大学、长沙东风业余大学等相继成立。1981年，《高等教育自学考试制度的试行办法》出台后，社会力量提供自考助学得到认可，各地民办高校迅速发展，1991年已达450所。1993年，民办高校举办高等教育学历文凭考试开始试点；1999年，民办高校获准"可以举办普通高等教育"。

之后，2002年，《中华人民共和国民办教育促进法》（以下简称《民办教育促进法》）出台，民办教育被定位为"社会主义教育事业的组成部分"。就这样，伴随着改革开放，我国的民办高等学校，走过了一条从仅提供短期培训、自考助学，到可以举办学历文凭考试，继而举办专科普通高等教育，并有数十所成为普通本科院校；从不被国家承认，到被认可为"国家办学的补充"，再到"社会主义教育事业的组成部分"的艰难复兴之路。到2006年，民办普通高等教育机构达到1 272所，在校生约250万人；另有318所独立学院，146万在校学生，目前也被列入民办高等教育的行列。

在这30年中，为破解"独木桥"困局，有效地增加高等教育供给，民办高等教育做出了重要的贡献。粗略地估算一下，从1985年开始，民办高校在校生超过百万人，累计至今，民办高等学校培养的人才，至少在2 000万人以上。

一般认为，发展民办高等教育的作用，就是在政府财政经费不足的情况下，起补充、缓解的作用。殊不知，民办高等教育的发展，利用其不同于公立的制度空间，能更灵活地满足社会多样化的人才需求，并起到为改革探路的作用。相对于公办，民办的体制较为灵活，对社会需求的反应也更为敏捷，能根据情况及时调整人才培养规格和种类，更好地满足社会需求。在制度建设上，无论用人制度、薪酬激励，还是专业建设等，不同办学者根据各自的思路和理解，往往能有效地进行试验和创新，为高等教育改革提供宝贵的经验。宁波的"国有民办"；江浙两省早期"民办二级学院"形式的出现；仰恩大学、西安翻译学院等自创的校内英语四、六级考试制度等，都是民办高校制度创新的成果。

尽管已经取得了上述成就，但是，与其他国家相比，我国民办高等教育的发展仍然步履维艰。尤其是在普通高等教育领域，到2006年，我国普通高校中，民办高校仅占14.8%，在校生比例，即使加上独立学院的学生，也仅为总规模的15.92%。较之东亚、南亚、南美许多国家，相差甚远；即使俄罗斯和东欧国家，在转型之后才开始发展民办高等教育，其速度都远远快过我们。2004年，非公立高等教育机构数占高等教育机构总数比例，俄罗斯为37%，匈牙利和罗马尼亚都在55%左右，波兰则高达68.5%。在学生数中，波兰有近30%，俄罗斯近40%的学生在非公立高等教育机构就读。

"始生之物，其形必丑。"毋庸讳言，民办高等学校复办之初，存在种种问题，师资、校舍、仪器等等条件，无法与公办高校比较，教育质量在总体上也偏低。必须规范，也应扶植。但事物总是在不断地克服困难、改革完善中才能不断前进的。《民办教育促进法》的出台，立足于促进，期望于前瞻。但在落实促进法中，存在种种不公平的对待，使民办高等教育无法与公办高等教育站在同样的平台上竞争。比如，对民办高校办学层次、招生批次等的限制，民办高等教育学生无法享受公办高等学校学生的各种优惠政策，包括助学贷款等。

此外，法律上对民办高校投资者的产权界定不明确，致使大量社会资金望而却步，成为影响民办高等教育进一步发展的一个重要因素。

其实，完全可以采取多种民办高等教育形式，比如国有民营（相当于国外的"特许学校"）、民营公助，等等，更好地借助民间力量，提供高等教育服务。这些既有待于民办高校办学者端正思想，勤练内功，也有待于决策者进一步解放思想，更多地理解民办高等教育的积极意义，为之创造良好的发展环境。

高等教育研究的发展

如果说投资体制改革主要是借助民力，民办高等教育则是在借助民力之外，又加上了民智。高等教育研究，则主要是对于民智的借助。

我国系统的、专门的高等教育研究，始于1978年。其标志是厦门大学高等教育科学研究室的成立。同年，中国人民大学报刊复印资料《大学教育》复刊（1986年改为《高等教育》）。一年后，全国高等教育研究机构就迅速发展到20多个，4年后，达到了200多个。1983年，中国高等教育学会成立，与地方性高教学会和高校高教研究机构一起，形成了全国性的高等教育研究网。

专业研究人员的培养，也在这个过程中逐渐发展。1981年，厦门大学高等教育科学研究所开始招收高等教育学硕士生，成为国内第一家专门的高等教育研究人员培养机构。5年后，有了第一个高等教育学博士生。

今天，全国有超过700所高等教育研究机构，专业研究人员队伍超过

3 500人，非专业研究队伍过万人。从"六五"到"十五"期间，仅全国教育科学五年规划的重点课题，高等教育研究类就立项884项。

专门的、系统的高等教育研究，借助专家与群众智慧，增强了人们对高等教育发展规律的认识，对于推进高等教育领域的思想解放，提高管理水平，以及决策的科学化，起到了重要的作用。每当人们由于思想认识不足，迈不开改革步伐的时候，理论工作者们的努力，常常成为改革的重要指引。下面仅举两例。

第一，推动学费制度的改革。

中华人民共和国成立之后，免费教育的实施，是与社会主义政治制度相联系的。因此，尽管政府财政困难重重，人们一开始并没想，也不敢改革学费制度。直到1985年，北京师范大学的王善迈教授，率先提出了上大学应缴学费的观点，两年后，在其著作《教育经济学概论》中，基于教育公平的角度和成本分担理论，他详细论述了作为非义务教育的高等教育收费的理由。

这些思想，逐渐影响决策者。1989年高校的收费制度改革，就是建立在非义务教育可以适当收取学费的理论基础之上。但是，由于社会各界并没有真正意识到高等教育成本分担的合理性，改革采用了以"计划内外"为理由、主要收取自费生学费的渐进方式。在改变人们的思想观念、推动双轨收费向并轨收费发展的过程中，学者们又做出了重要贡献。1993年，学者顾清扬撰文提出建立我国高等教育学费和贷学金制度，重提了非义务教育收取学费的理由。

1994年，在河南郑州的全国高校招生工作会议上，原国家教委也以此为理由重申了高等教育收费的合理性。此后，以王善迈、丁小浩、闵维方等学者为代表，理论界就高等教育是否应该收取学费问题展开了深入的探讨，从非义务教育成本分担、教育公平、准公共产品等角度进行分析，并通过多种形式影响公众认识，最终改变了社会观念，使并轨收费改革得以顺利推行。

第二，推动民办高等教育体制的建立。

民办高等教育恢复发展之初，由于人们受"姓社""姓资"的意识形态影响，对民办高等教育的性质认识不清，因此，到1987年，民办高教机构已经发展到了300多所，在校生超过了100万人时，它仍被定位为"拾遗补阙"

的地位，并只允许提供短期培训、文化补习、自考助学等非学历教育。

我比较早关注民办高等教育的发展，通过对我国近代私立高等教育的了解，以及对国外民办高等教育发展情况的认真研究，我认为，一所高校的社会属性，不决定于由谁办理，而决定于根据什么教育方针和教育目的办学。民办高等教育与公办高等教育一样，不过是一种不同的办学体制，它们都可以为社会主义现代化建设培养人才。民办高等教育不应该被局限在非学历教育领域，也不应该只停留在"国家办学的补充"的地位。这些研究和思考，后来写成《关于民办高等教育体制的探讨》一文，于1988年在北京召开的"高等教育政策国际研讨会"上提出讨论并在《光明日报》发表，引起了各界对民办高等教育性质、定位问题的关注和探讨。次年，在武汉召开的"首届民办高等教育研讨会"上，原国家教委的领导同志提到："从长远一点看，它（民办高校）将成为我国整个高等教育体系的一个重要组成部分。"到1992年8月，上海举办的社会力量办学研讨会上，18个省市的与会代表，对于社会力量办学"是我国教育事业不可缺少的组成部分"，开始达成共识。这些民间的声音，最终促成了国家政策对于民办高等教育定位的修改，在1993年原国家教委发布的《民办高等学校设置暂行规定》中，将民办高等教育的定位改为"我国高等教育事业的组成部分"。

但是，"组成部分"的提法仍过于笼统，到1999年，《宪法》已经将非公有制经济确定为社会主义市场经济的重要组成部分。而此时，日益壮大的民办高等教育，仍因性质、定位不够明确而受到种种限制。

1999年，在厦门大学召开的民办大学校长研讨会上，与会代表再次提出，应该将民办高等教育定位为"中国社会主义高等教育事业的重要组成部分"，以正确认识其社会主义性质和重要地位。此后，在众多学者的呼吁下，2002年出台的《民办教育促进法》中，这一建议得到了考虑，尽管最后仅以"社会主义教育事业的组成部分"出台，但至少在承认其社会主义教育事业性质方面，迈进了一步。

教育研究对于教育实践的作用，不像教育法规、政策那样，立竿见影，而是潜在地、缓慢地起着"润物细无声"的影响，因此，往往被靠经验和拍脑袋的管理者、决策者所忽视甚至轻视。但是，正确的理论研究成果，是决策科学化、管理民主化的重要依据，是教育事业发展的推动力。研究要产生更大的作用，必须更多地接近高等教育实践的第一线，发现、研究实践中的真问题，用理论的说服力，推动人们对高等教育规律的认识，为决策提供依据，为教育实践提供理论和方法上的指导。只有深深扎根在实践的土壤中，高等教育研究才能集聚民间智慧，促进高等教育的发展。

30年回首，改革与发展的成功经验，可以归结为四个字："借力于民"。今天，高等教育数量已经有了快速的发展，但是，要满足社会对高等教育质量的需求，尚需加倍努力。前30年改革的有益经验与良好开局，更有利于下一个30年的继续推进。

关于民办高校评估的思考及建议①

近来，不少专家和民办高校工作者提出希望教育主管部门在对民办高校进行评估时，要坚持分类指导原则，依类型、层次不同提出不同的要求。分类评估的前提是分类。如何分类？我认为主要应根据学校的定位和条件来分类。在评估时，还要充分考虑到民办高校的特色。对此我来谈几点个人的想法。

第一，我国高等学校的分类，应当参照联合国教科文组织的标准来进行。高等教育主要分为两大类，一类是理论型的，一类是职业型的，理论型的还可以分为学术型的、应用型的。这样一共就是三类：学术型、专业应用型和职业型。从目前看，可列入职业型的院校是1 000多所高职高专，可列入专业应用型的院校是600多所普通本科院校，可列入学术型的院校是100多所"211工程"大学。评估就应当根据三种类型高校的不同性质、发展方向、培养目标、课程教学、教育资源等，分别制订不同的评估标准及内容。此外，高校还有"公""民"之分。公办高校与民办高校的评估内容有些应当是一致的，如培养目标与规格；有的则不能强求一致，如教育资源，尤其是办学经费的评估，公办学校有国家拨款，还可以收学费，而民办高校没有国家拨款，主要靠学费收入和一些社会资助，两者的评估标准当然不应该一样。那么民办高校评估究竟应该按照什么标准呢？按照上海市教委副主任张民选的分法，民办高校至少有三种类型：一类是助学型，即民办高校由企业或者个

---

① 原载《教育发展研究》，2008年第12期。

人出资兴办。第二类型是滚动型，即民办高校自筹资金，通过学费积累滚动发展。中国民办高校从开始创办到现在发展得比较好的，差不多都是滚动型的，如果说第一所民办本科高校——仰恩大学是助学型的，那么第二所民办本科高校——黄河科技学院就是滚动发展起来的。第三类是公私合作型，这种类型中最多的是国有民办型，浙江宁波就有多种形式的公私合作型，办得很好。如万里学院是民间教育集团出资，公办品牌、民办运作；宁波高职是政府建校、民办运作；还有大红鹰学院，是教育集团投资、政府津贴、民办运作。这种类型类似于国外的委托或特许学校，发展形势较好，因为它们既有国家提供的基础，又有自己的特色。如果对于上述三种类型的学校采用同一个标准、同一个模式来评估的话，那么滚动发展的学校就"滚"不起来了。所以需要根据不同类型、不同条件对民办高校进行分类评估，这是我的第一点思考。

第二，对民办高校的评估必须考虑其特色问题。我认为，当前民办本科高校的定位应该是应用型的。这里并不排斥将来会出现一些学术型的民办大学，但不是现在。我认为应用型的民办本科高校有这样一些特色需要考虑：第一是应用，即培养的人才是应用型的人才；第二是面向地方，即为地方经济服务；第三是自主办学；第四是灵活机制。对于民办本科高校的评估必须考虑到这些特色，而且应该将它们引导到这些方向上去。就好比高考是应届毕业生的指挥棒一样，评估是高校发展的指挥棒，对民办本科高校的评估就应该指向应用型、地方性、自主办学、灵活机制。现在我们的高校评估还没有充分考虑到应用型本科的特点，更多的是沿袭传统的也就是学术型本科的要求，这样的指挥棒只能把大家，无论老大学、新建校，还是公办高校、民办高校都引导到学术型的方向上去。再比如自主办学，现在的评估模式，实际上起到的作用只是规范管理，而不是鼓励自主办学。

另外，对民办高校评估我还有几点建议。建议之一是要把评估从管理工具转向服务。现在的评估实际上就是政府管理的工具，出发点是如何更好地对高校进行管理、规范。党的十七大提出要加快转变政府职能，政府工作要从管理转变为服务。在此背景下，我们的评估是否也能从管理转为服务。打个比方说，现在如果评估不合格，政府会亮红牌、黄牌，责令限期改正，这就是管理。如果是服务呢？不合格，不是责令整改，首先考虑的是政府应该承担什么样的责任，政府有没有给予更多支持，民办高校评估不合格就要自己解决，解决不了，就面临"倒闭"或被合并的命运。民办高校也是公益性的学校，也为地方和国家培养人才，对其进行扶持也是政府应尽的责任。所以要从为了管理方便统一转变到为了服务设立多种标准。这个转变是不容易的，但应该有这个要求。建议之二是要从政府主导的评估转向社会中介的评估。如有些学者提出，是否可以将学校部分材料交给评估中介机构，这样可以使评估结果更客观一些。建议之三是从统一评估转向个性化评估。建议之四是从横向评估转向纵向评估。横向评估是大家在同一个层面上进行比较，很难做到公平，易导致弄虚作假，而纵向评估是和自己比，今天的"我"和昨天的"我"进行比较，看进步，主张自我发展、自我提高。比如，两个学生考试成绩的比较，第一个学生第一次考试不及格，第二次考试60分，第三次65分，第四次70分；第二个学生第一次考试95分，第二次90分，第三次85分，第四次80分，假设四次考试难易程度相似，那么哪个学生更应给予肯定、给予鼓励呢？无疑，要鼓励第一位学生，因为他跟自己比是在不断向上的。学校评估也应该是纵向上跟自己比，这样可以使学校依据自身条件，尊重历史，稳步发展，而不是仅仅为了应付横向评估而搞一些弄虚作假的事情。

以上是我对民办高校评估的一些想法及建议，提供给大家思考。评估是一项具体的、实际的工作，但也应该有些理论上的依据，用一句话来概括，就是符合实际才能做到公平，要起激励作用才能推动高等教育的改革和发展。

在中国民办教育发展大会闭幕式上的讲话

各位代表：

今天参加了一天的会，我充满了感激之心，也坚定了对民办高等教育发展的信心。我关注民办高等教育是从1987年开始，到现在22年，有人说我对民办教育情有独钟。我为什么对民办教育特别是民办高等教育情有独钟呢？第一方面是理性的，从教育发展规律来看，像我们中国这样的发展中国家，高等教育要发展必然要发展民办高等教育，一个是资金问题，一个是民办高等教育的自主权问题，民办高等教育可以打破现在很难改革的高等教育体制。第二方面是感性的，我交往过许许多多民办教育的创办者、董事长、校长，我为他们的艰苦创业、为他们的努力工作、为他们的信心所感动。

参加了今天的大会，我对民办教育包括民办高等教育更有信心了。现在中国的民办教育，在政府的政策指导之下，鼓励民办学前教育，学前教育得到了大力发展。而义务教育原来是政府的，由于几年来农民工进城，不得不开放一些义务教育，所以现在义务教育民办小学不过5%而已。对于民办职业教育国家是鼓励的。民办高等教育在20世纪90年代初的政策是可以办，但是严格控制。发展过程中也有许多波折，起起伏伏的。值得一提的是，近来在金融危机的冲击之下，我国的民办高等教育在逆流而上，以下我拿几个数字来说明。

高等学校数。2006年民办高等院校是596所，2007年是615所，增加了19所，到2008年又增加28所，现在民办高等学校是640余所。从民办高等院校发展的相对数字来说，民办高等学校占普通高等学校的比例从2006年的27.28%上升到2008年的28.28%，说明民办高等学校的数量在增加。

学生数。民办高等学校的在校学生数占全国普通本专科学校在校生数的比例，2006年是16.13%，2007年增长到18.55%，2008年增长到19.86%，2007年、2008年受金融危机冲击，但也年年都在增长。2009年最后统计数字还没有出来，我相信也会再增长。

招生数。2006年全国民办高等院校的招生数的比例是18.79%，2007年是21.39%，2008年是22.14%，去年民办高等院校的招生数占全部普通本专科院校招生数的22.14%。

从总体来看，民办教育发展不平衡，各地方有差别。有些地方民办高等教育增长快，质量高；有些地方是增长较慢，质量也不高。其原因是和这个地方的经济、人口情况有关吗？从全国民办教育协会的调查报告可以看出，民办教育排名在前列的几个省市，经济情况不一定都是最好的。如陕西，陕西经济情况属中等水平，但是陕西民办教育发展得很快。是人口最多的地方民办学校数量就最多吗？也不一定，也有人口少的地方民办学校数量很多的。因此民办教育发展得好与不好，不能完全看人均GDP或者人口数量。有的地方民办教育发展，一个时期好，一个时期比较一般。同一个地方不同时期为什么会有起伏呢？还要进一步分析几个现象。

比如说西安现象，西安在21世纪初发展得很好、很快。现在，西安有7所本科学校，而且这些学校都是发展得最快的，而近几年发展得比较平稳一些。我最感兴趣的还是北京现象。20世纪80年代最早出现民办高校的除了湖南有几所是专修学校外，真正的民办高等学校首先是从北京出来的。1982年北京就出了第一所民办大学——中华社会大学，1983年黄埔大学，接着1984年、1985年又发展了好多学校，有些学校开始办得一般，到了前几年才开始上去，所以北京是一个特殊情况。江西经济情况也是中等，人口也是中等，但是江西前几年发展得很快，不光有蓝天、航天，还有萍乡附近的一所技术学校，学生都是上海、深圳、香港来的学生，办得很好，但是这两年来比较平稳一些。

根据这些及很多学校的情况分析看，民办教育的发展既不是决定于经济发展状况，也不是决定于人口的多少，而是决定于当时当地政府所采取的政策。如果地方政府采取对学校自主权比较尊重、宽松的政策，对学校给予大力扶持，这地方的民办教育就会发展得更好。如果这个地方的政府不是很关心民办学校，或者给予学校的自主权比较少，那么这个地方的民办教育发展就会有困难。由此得出一个结论：现在民办教育尤其是民办高等教育要办好，在中国，很现实的情况、很重要的因素就是要看地方政府。尤其是现在中国民办高等教育体制还不完善，法制还不完整的情况下，更希望各地方政府利用你们的立法权、行政权来更好地支持民办高等教育的发展。许多方面地方是能够立法规的，当然要在国家的法律框架下。当前，在国家法律框架之下，还要明确地方政府如何认真落实已有的法规。比如说，国家有规定的民办教育的自主权问题我们如何落实，国家法规没有明确规定的，我们如何逐一做出有利于民办教育发展的规定。比如投资回报问题，本来希望在《中华人民共和国民办教育促进法实施条例》中解决，可实施条例并没有解决这个问题。很高兴，刚才听到宁波等一些地方已经做了规定。国家没有规定的，如何在国家法律的框架之下在地方的立法权、行政权限度之内进行积极探索，有针对性地解决当地民办高等教育面临的难题，见效快，影响面小，成功了还可以促进国家的立法。现在各地方已经有许多扶持、促进地方民办高校发展的成功经验，比如，落实《中华人民共和国民办教育促进法》（以下简称《民办教育促进法》）的扶持与奖励的规定；设立奖项资金；规定财政支出的比例；为资金提供信贷、提供担保，等等。尤其是放宽投资、集资、捐资办学的种种限制，保护学校的产权，确定投资者的产权等。现在由于投资者的产权没有明确规定，使得我们《民办教育促进法》出台后，至今很难集中更多的资金，而且国外的融资也不敢进来，进来以后没保证。还有我们的民办学校享受跟公办学校相同的优惠政策问题，税收优惠政策应该是可以解决的。落实民办学校跟公办学校的师生一视同仁的一些规定，这些是可以做的。更重要的是，要取得地方政府的大力支持，还要看我们民办高等学校自身做得如何。

今天听到许多民办高校介绍如何办好的经验，还听到一些地方政府支持办好民办教育的好经验，我相信这些好的经验，一定能够得到更好地推广，使我们的民办教育，尤其是民办高等教育在这次会议之后，或者说在《国家中长期教育改革和发展规划纲要（2010—2020年）》政策出来之后，能够更上一个台阶。我有这个信心，我也有这个希望。

谢谢大家！

《规划纲要》：民办教育发展的新机遇[①]

今天我讲的题目是：《国家中长期教育改革和发展规划纲要（2010—2020年）》（以下简称《规划纲要》）如果顺利运作，将是民办教育发展的新机遇。为什么这么说？因为经过几百万人提出意见集中起来、定下来的《规划纲要》，据我所知，基本框架是定下来了，而且于4月15日在温家宝总理的组织下由国务院科技教育领导小组原则上通过了。我想这个《规划纲要》可能会与利益相关者有所冲突而有所修改，但是我相信几百万人所定下来的东西若是要修改幅度也不会太大。所以我对这个《规划纲要》想讲的是十个字："向策百万人，一字值千金。"向策百万人，就是说向往这个政策的以百万人计；一字值千金，是因为这个《规划纲要》当时启动时投入就是2 500万元，写出来是2.5万字，所以说是"一字值千金"。

根据温家宝总理的指示，《规划纲要》中要写一章民办教育的内容。虽然后来写出来的不是一整章，但是在第十四章"办学体制改革"三条内容中有两条是关于民办教育的。且在此之前经中国民办教育协会专门开会研究讨论而提出的方案的条文、意见等基本上都被《规划纲要》接受了。所以这个《规划纲要》在民办教育这部分中有许多非常好的亮点。

《规划纲要》第十四章第四十三条开头的一句话，就给民办教育下了个定义，提出"民办教育是教育事业发展的重要增长点和促进教育改革的重要力量"。作为重要力量，我们有深切的体会。正如邬大光教授所说，现在公办学

---

① 原载《浙江树人大学学报》，2010年第10卷第3期。

校改革的包袱太重了，寸步难行，所以要寄希望于自由度比较大的民办教育，希望民办教育能起到改革的推动作用。《规划纲要》中关于民办教育的亮点我不多说了，只说两个，一个叫作"清理并纠正对民办学校的歧视政策"。这是政府第一次承认在政策上有歧视民办教育的行为，而且要求给予清理并纠正。这是很不容易的事情。因此现在中国民办教育协会专门成立了一个小组对民办教育的许多歧视政策进行清理，比如税务方面的歧视、待遇方面的歧视等，以便提出来让政府加以纠正。另一个是提出"对具备学士、硕士和博士学位授予单位条件的民办学校，按规定程序予以审批"。也就是说民办学校如果水平够了，就可以申报学士点、硕士点和博士点。现在全国已经有30多所民办高校有学士点了，但还没有硕士点。那些水平已经相当可观的民办高校完全可以有机会再上一个台阶，比如说黄河科技学院、江西蓝天学院、黑龙江东方学院和浙江树人大学，当然，还包括西安翻译学院、西安外事学院、西安欧亚学院、西京学院、西安思源学院以及西安培华学院等大学群，都可以往更高的一个层次提上去，以此来证明中国的私立大学也可以像日本那样有早稻田大学、庆应大学，也能够像中国台湾地区那样有淡江大学、中国文化大学等。

合理分类　　正确定位　　科学发展　　办出特色[①]

21世纪初，中国高等教育数量剧增，规模扩大，迅速进入大众化阶段。大众化高等教育所面临的问题，有许多是不同于传统的精英教育的。由于思想准备不足、理论研究滞后、政策引导不到位，全国高等学校出现分类不清、定位不明、发展方向趋同的现象。如何引导高等学校正确定位，以便分类指导，使其各就其位，科学发展，办出特色，是摆在落实《国家教育中长期改革和发展规划纲要（2010—2020年）》面前一个亟待解决的问题。

一、正确定位的前提是合理分类

从分类的逻辑上说，根据不同的需要，可以用不同的标准分类。例如，从高等学校的设置与管理上说，可以分为国立、省（市）立、市立、私立（民办）；从办学的形式上说，可以分为全日制普通高校、广播电视大学、函授大学、网络大学、夜大学等。但高等学校的基本职能是培养专门人才，对于全日制高等学校来说，合理的分类，应当以经济与社会现代化建设和发展的人才结构为依据。

现在存在的问题是，经济与社会发展对人才的需求是多层次、多类型的，而高等学校对人才的培养是单一化甚至是盲目无序的。也就是出现了所谓的类型定位重学轻术、层次定位层层攀高、学科定位综合求全、目标定位北大

---

① 原载《西安欧亚学院学报》，2012年第10卷第3期。

清华的局面。这种单一化的发展方向与多样化的人才需求的矛盾导致了精英教育的发展方向与大众化教育的发展方向混乱不清的状况。这一问题如果得不到科学、合理的解决，将会直接影响到我国未来高等教育健康、良性的发展，直接制约我国由人口大国向人力资源强国迈进。

党的十六大指出，为全面建设小康社会，开创中国特色社会主义事业新局面，要"造就数以亿计的高素质劳动者、数以千万计的专门人才和一大批拔尖创新人才"。因此，高等学校既要培养一大批学术型的科学人才，更要培养数以千万计的应用型技术人才和更多的生产、管理、服务第一线的实用型的职业技能人才。传统的以理论教育为主的本科院校，难以满足多样化的需求，有必要建立以职业技能教育为主的教育体系。2005年《国务院关于大力推进职业教育改革与发展的决定》指出，落实科学发展观，把发展职业教育作为经济社会发展的重要基础和教育工作的战略重点。"十一五"期间，高等职业教育招生规模要占高等教育招生规模的一半以上，要为社会输送1 100多万名高等职业院校毕业生。职业教育要为我国走新型工业化道路，要为调整经济结构和转变经济增长方式服务。实施国家技能型人才培养培训工程，就是要加快生产、管理、服务一线急需的技能型人才的培养，特别是针对现代制造业、现代服务业紧缺的高素质、高技能的劳动者。

二、多样化成为世界高教发展趋势

早在20世纪70年代，欧洲教育部长会议就组织了一个"第三级教育多样化专题调查组"，在英国、法国、德国、荷兰、挪威、瑞士、瑞典7国经过6年的调查与试验，提出"第三级教育多样化"的报告，指出："传统的高等教育制度，既不能满足各方面差别不断增加的学生们的需要，也不能适应这些国家技术上较发达以及民主的欧洲社会中技术和资格极大多样化对教育的需求。要使这些问题得以解决，只有把传统的高等教育改变成范围较广的、具有各种目的和各种水平的多样化第三级教育体系。"还提出，不同于传统大学教育另外形式的教学计划，要"更着重于就业需要""专业和职业走向必须以关乎劳动力市场发展情况的既有数量又有质量的系统情报为基础"。

其后，高等教育多样化成为国际共识，如何建立多元化的高等教育体制成为各国所关注的问题。1998年联合国教科文组织第一届世界高等教育大会提出的《关于高等教育的变革与发展的政策性文件》中说，"几乎世界各地的高等教育都趋向多样化，虽然有些学校，尤其是具有理论传统的大学对变革有一定程度的抵触，但从总体上说，高等教育已经在较短时期内进行了意义深远的改革""许多国家的高等教育制度，出现了两元的但未必是两极的分化现象——大学类型及非大学类型的高等院校……多样化是当今高等教育中值得欢迎的趋势，定当全力支持"。德国、英国、法国、美国、日本以及中国台湾地区，在"二战"后为了适应社会经济的发展，都建立了传统大学系统以外的高等职业教育系统。

联合国教科文组织统计局为了统一世界各国教育的统计口径，制定了《国际教育标准分类法》，这份教育分类法在一定程度上反映了绝大多数国家，包括发达国家与发展中国家的教育结构。1997年修订的方案，对第三级教育（相当于除博士生教育以外的高等教育）有较大的修改。大致分为A、B两类。A类为理论型的，相当于我国的普通高校本科；B类为实用型的，相当于我国的高职。在理论型的A类中，又标明有两种不同的培养目标。一个是按学科分设专业，为研究做准备；另一个是按行业分设专业，培养从事科学技术工作的人才。据此，我们认为，我国的高等学校可以分为以下三种基本类型。

第一种类型，学术型大学，也就是传统的综合性大学或所谓的"研究型"大学，以学习基础学科和应用学科的基本理论为主，研究高深学问，培养学术人才。这类高校数量不宜过多，规模不必太大。在我国主要是以"985工程"大学和部分"211工程"大学为主体。

第二种类型，应用型本科高校，可以是多科性或单科性的，以学习各行各业的专门知识为主，将高新科技转化为生产力（包括管理能力、服务能力），培养不同层次的应用型专门人才，如工程师、医师、律师、教师和管理干部等。这是一个相当庞大而且复杂的院校群，包括一部分"211工程"大学、一般部委属院校、地方高校、民办本科院校以及独立学院。

第三种类型，职业技术高校，也可以是多科性或单科性的，以学习各行各业职业技能为主，培养不同层次的生产、管理、服务第一线的技能型人才。以工程技术为例，包括高级技工、技术员以及施工、管理工程师。当前以专科层次为主，随着生产集约化程度的提高，将逐渐延伸为本科层次以至培养研究生，也可转入应用型本科继续学习，有如中国台湾的技术职业一样，成为有别于普通高校的独立系统。

在上述三种类型中，学术型大学有传统的综合性大学模式可依，有所谓世界"一流大学"的成例可借鉴；职业技术高校虽然是21世纪初才开始发展，由于一开始国家政策上就有了明确的规范，经过近10年来的理论探讨并在实践中已积累了一定的办学经验。如果政策引导到位，以上两种类型的定位比较容易。应用型本科高校情况复杂，有历史较长的省属老校，一向按传统的精英大学模式办学；也有不久前才"专升本"的新建本科院校，受单一化的评估体系所制约，也沿着传统的路子办学。如何引导这一类型的高校正确定位，培养应用型专门人才，是当前分类指导的重点。

三、各类型都应该有重点高校

应当强调指出，每一类型都应该有重点高校，都可以培养不同层面的拔尖人才、一流人才，都可以成为国内（省内）知名、国际（国内）有一定影响的"一流大学"。现在，有的民办高校虽然只是高职高专或新建本科，但由于特色鲜明、质量较高，已开始崭露头角，成为国内知名甚至国际有影响的高等学校了。因此，每所高校在制定发展战略时，都必须实事求是地根据学校所处的客观环境、社会需求和自己的特点与优势，在各自层次和类型中办出特色，争创一流，切忌随大流与急功近利。

温家宝总理对制定"十二五"规划纲要指示："高等学校改革和发展归根到底是多出拔尖人才、一流人才、创新人才。高校办得好坏，不在规模大小，关键是要办出特色，形成自己的办学理念和风格。"为了办出特色，形成自己的办学理念和风格，每所高校应当研究客观环境（经济、文化、生源等）、社会需求（类型、层次、专业等）、自身特点和优势（文化积淀、社会声誉、师资力量与特长以及校风等），在各自层次和类型中办出特色。特别要指出的是：特色不是喊出来的，也不是少数人拍脑袋想出来的，更不是上级指定或专家设计的，它是自身的文化积淀与客观社会环境和谐结合的产物。著名大学之所以著名，是在历史中形成，为社会所公认，扎根于人们心中的。

四、特色发展的内涵解读

从对比的视角分析，特色就是立足于同种事物的独特差异性及其美誉度，就是人无我有、人有我优、人优我特、人特我高。高校特色发展，是指一所高校在长期的办学实践中逐步形成的持久、稳定的发展方式和被师生与社会普遍认同的、具有独特品格和较高美誉度的发展特征。高校特色发展，体现了一所高校的优质发展特征，是其人才培养质量和学校管理水平的综合反映，是其获取持续竞争优势的重要源泉，是通往创建国内外知名大学的必由之路。"大学只有各具特色，各发其音，高等教育事业才能奏出动人的乐章。"

（一）独特性和美誉度

高校特色发展，是一所高校明显有别于其他高校的独特办学风格、鲜明的个性展示和较高的美誉度与公信力，独特性是高校特色发展的核心要素，其实质是创新，即"人无我有"。不同高校总有区别，但区别本身并不等于特色，只有这种区别具有较高的美誉度，且这种美誉度达到其他高校短期内难以企及的程度时，才构成一所高校的特色，即"人有我优"。

（二）层次性和稳定性

高校特色发展的层次性，是和一所高校的办学定位、教育理念和文化传统，尤其是和高校的基本功能密切关联的。唯此方可凝练特色，社会方能予以认可。高校特色发展是一项系统工程，内涵丰富，其内容呈现多元化，各个层面的特色建设彼此联系、相得益彰，存在着一种内在的、必需的逻辑关系，共同构成高校特色发展建设的综合性目标体系。高校特色发展不是一种暂时、局部、突如其来的发展现象，而是在长期的健康的办学过程中，依据其办学传统和文化传承，在一以贯之的办学理念引领下，经过几代人的不懈努力逐步形成的，而且一旦形成即具有相对稳定性。

（三）现实性和认同性

高校特色发展，反映了高校在办学过程中的价值取向，并对办学主体和学生行为有着潜移默化的影响，它像"隐形的翅膀"，支配着高校内部各种资源的优化配置，并吸引优质教育资源流向最能体现和突出高校特色发展的领域和项目。高校特色发展是高校的"名片"，影响广泛，也是高校被社会认同或赞誉的焦点和亮点。

（四）发展性和创新性

高校特色发展，不仅是对过去办学经验的理性延伸，更是对高校未来发展的远景前瞻。它是一个与内外环境相适应、与特色时空相联系的动态系统。随着时代的发展和内外部办学环境的改变，高校特色发展也被不断赋予新的内涵。同时，高校特色发展需要办学主体面向未来的发展远景不断加以改进和创新，与时代同步，与文明共进，凸显人类进步和大学精神。

最后，还必须指出，在分类指导、正确定位、科学发展、办出特色上，教育部门的政策导向与制度保证很重要。

我国民办高等教育发展的第三条道路[①]

2012年1月9日，我们在《中国教育报》上发表了《民办高等教育发展需要有更多的路径》的文章，提出了民办高校分类在非营利和营利性之外，应该发展第三种模式的看法，我们把此种主张称为民办高等教育发展的"第三条道路"。我们认为，把民办高校划分为非营利和营利性两类的二分法，不符合现阶段我国民办高等教育的实际，既难于为广大办学者所接受，也无法涵盖我国民办高校的类型，更不利于民办高校的可持续发展。因此，正确认识第三条道路的实质及其实施要求，积极支持通过第三条道路发展民办高等教育，不是任何人的主观设计，而是现阶段我国民办高等教育发展的必然要求，是实现《国家中长期教育改革和发展规划纲要（2010—2020年）》（以下简称《规划纲要》）有关高等教育发展目标的不二选择，是我国民办高等教育持续健康发展不可或缺的思想观念和政策保障。

一、二分法的困境与第三条道路

20世纪末期，有学者借鉴西方私立高等教育的分类方法，建议把我国民办高校划分为非营利和营利性两类。这一建议虽然在2002年颁布的《中华人民共和国民办教育促进法》（以下简称《民办教育促进法》）中得到认可，但

[①] 原载《高等教育研究》，2012年第33卷第4期。作者：潘懋元，邬大光，别敦荣。

由于《中华人民共和国民办教育促进法实施条例》并没有对如何实施作出明确的规定，因此，两分法在实践层面并没有得到任何推进，我国民办高校的分类依旧停留在原来的状态。2010年颁布的《规划纲要》提出："积极探索营利性和非营利性民办学校分类管理。"为此，国家有关部门开始在部分省市启动分类管理试点工作。但令人遗憾的是，从试点启动至今，只有个别省市发布文件，在政策上将民办高校划分为非营利和营利性两类，其他大多数省市在政策和实践两个方面都没有获得较大突破。为什么在国家政策一再确认的情况下，二分法在实践中却难以推进？症结究竟何在？

　　从表面上看，好像是实践中出了问题，但从根本上看，还是由于理论的缺失，才导致了实践中难以推进。在理论上，把民办高校划分为非营利和营利性两类是西方的产物，而且这种划分是西方私立高等教育发展轨迹的反映。一般来说，私立非营利性高等教育是建立在捐资办学基础上的，而营利性高等教育则是建立在投资办学基础上的。从历史发展的进程看，在西方，捐资办学有着悠久的传统，并构成了其私立高等教育发展的主流。而投资办学则出现于20世纪90年代前后，随着"公司大学"在西方的出现，私立营利性大学才在高等教育系统中确立了自己的合法地位，从而在私立大学的分类上，出现了非营利和营利性之分。很显然，西方私立营利性大学的出现，既是其私立高等教育成熟的产物，也是教育服务市场化的结果。

　　改革开放之后，我国民办高等教育开始起步，由于当时的经济背景和条件，属于捐资办学的极少，甚至可以说是空白。民办高等教育的最初举办者，大多是利用市场机制，以较少的资金投入，从举办培训班或开展自学考试助学做起，逐步过渡到学历教育。这种发展模式被称为"滚动发展"。在滚动发展的类型中，根据举办民办高校的时间和投资的多少，又大致可分为两类：在20世纪90年代中期以前，大多是以较少的资金投入滚动发展；从20世纪90年代中后期开始，一些大的民营企业乃至上市公司，看到了我国高等教育发展的巨大市场空间，大多以一次性投资的方式介入民办高等教育。据不完全统计，在世纪之交，我国共有10多家上市公司开始介入民办高等教育。与此同时，原来依靠较少资金投入的民办高校，也开始利用各种融资手段，包括贷款和集资等方式，加大了投资力度。值得一提的是，这批民营企业和上市公司以一次性的投资方式介入民办高等教育之时，正值我国酝酿出台《民办教育促进法》之际。

从总体来看，无论是以较少资金投入还是一次性资金投入举办的民办高校，都属于投资办学。所以，有学者认为，投资办学是改革开放之后我国民办教育的基本特征。① 这种投资办学模式，既区别于中外历史上捐资举办的私立高等教育，也区别于20世纪90年代前后西方出现的私立营利性大学。因为后者一经产生，在西方就有了明确的法律规定。我国民办高等教育的发展路径表明，以投资的方式通过滚动发展举办民办高等教育，是我国民办高等教育的一种新探索，既具有时代的特征，也是一种无奈的选择。因为对这批民办高校而言，政府既没有资金上的投入，也没有进行更多的政策支持，在相当长的一段时期，它们是以"摸着石头过河"的方式发展的。尽管这批民办高校脱离了捐资办学的轨道，但由于巨大的市场空间，经过十几年的发展，现已基本上完成了"原始资本积累"，并从拾遗补阙的角色成为我国高等教育的重要组成部分。

今天我国民办高等教育在分类上遇到的困境，显然与这种投资办学的发展模式紧密相关。因为从性质乃至具体运作方式而言，这些民办高校与国外的私立营利性大学比较相近。这些举办者投资民办高等教育，其办学目的既包括了公益，也包括了获取回报；从办学效果来看，既达到了公益的目的，也达到了获取回报的目的。这批民办高校能够走到今天，显然都不是在单纯地从事营利性办学。

对民办高校进行分类管理，是当今国际上的通行做法。尤其是当私立营利性大学在西方出现之后，如何把握非营利与营利性的界限，如何对营利性私立大学进行管理，就显得十分重要，并成为一个严肃的话题。我国提出的二分法，不能不说是受了西方的影响。但问题的关键在于，二分法的实施，实际上是对民办高校提出了"选边站队"的要求。从实践层面来看，面对政府对民办高校的二分法，选择营利性的几乎没有；选择非营利的表面上不少，实际情况并非如此；大多数民办高校则处于一种观望状态。很显然，之所以

---

① 邬大光. 我国民办教育的特殊性与基本特征[J]. 教育研究，2007 (1): 3-8.

民办高校几乎都不选择营利性，就在于在人们的思想观念中，对民办高等教育的营利行为始终难以认同。同时，在民办高等教育生存的大环境中，民办高校始终处于弱势地位，如果选择了营利性，唯恐有更多的"有色眼镜"来审视自己。此外，直到今天，国家并没有出台有关适应营利性高校的相关政策。即便选择了非营利性，政府对民办高校也是缺少政策保障的。

面对政府推行的分类管理，民办高校举办者显得无所适从，大致存在两种心态。第一种，可以申请非营利性民办高校，可以不要求取得回报，但政府应当保留举办者的产权，并给予民办高校必要的财政支持，乃至一种与公办高校"平等的身份"；第二种，要求取得合理回报，但又不想成为营利性民办高校。显然，这两种心态直接导致了目前实施二分法的困境。

正是基于这种困境，我们提出了民办高校发展的第三条道路，即将捐资举办的民办高校称作第一条道路，将营利性民办高校称作第二条道路，将投资举办但不要求取得回报的民办高校和要求取得合理回报但又不是营利性的民办高校称为第三条道路。之所以提出第三条道路这一命题，是基于我国民办高等教育产生的特殊背景和现阶段遇到的特殊问题，也是兼顾国外私立大学发展的经验得出的。对于第一和第二条道路，其性质、内涵、价值及政策等问题，尽管在相关政策法规上还有待进一步完善，但在学术界已基本形成共识。对于第三条道路，则不论是在理论还是在实践上，都还有许多问题值得探讨。虽然目前有些民办高校举办者选择了非营利性，但他们对学校产权的强烈诉求，其实也是一种对回报的诉求。

在理想条件下，第一条道路无疑是发展民办高等教育的最佳路径。从道德的视角看，它将民办高校的举办者立于道德的制高点，将高等教育的社会公益性与举办者奉献公益的道德诉求融为一体。虽然在过去的30多年里我国还没有出现捐资办学的民办高校，但作为未来的发展方向，它应该成为我国有关民办高等教育政策鼓励的主要导向。尽管如此，也应该看到，捐资办学实际上不仅仅是一个道德问题，还是一个经济、文化问题。捐资办学是以必要的国家经济发展水平和民众的经济实力为基础的。据统计，2010年我国农村居民人均纯收入为 5 919 元，城镇居民全年人均可支配收入为 19 109 元。①总体上，我国还处于中等收入国家行列和工业化中期阶段，也就是从以农业为主导的社会向以工业为主导的社会转型的阶段。根据我国现代化进程，社会主义初级阶段还将持续一个较长时期，到 21 世纪中叶我国才能进入中等发达国家行列。由于收入水平有限，消费水平不断提高，我国一般民众捐资办学的能力严重不足。尽管社会上不乏高收入者和亿万富豪，但我国社会现阶段尚未形成富裕阶层捐资办学的风气。根据一项统计，2007 年我国高等教育社会捐资仅为 19.48 亿元，而团体或个人投资办学达 234.33 亿元，捐资办学仅占投资办学的 8.3%，占当年高等教育总经费的 0.6%。② 在我国现阶段，捐资办学不但缺乏应有的社会经济基础，而且整个社会也不具备一些发达国家将捐资公益事业视为第三次分配方式的氛围。提倡和鼓励固然可能激发一部分人捐资办学的热情，但要真正形成浓厚的社会文化氛围，使捐资办学成为我国民办高校的主要组成部分，却不是短时期内能够实现的。因此，捐资办学不可能成为现阶段我国民办高等教育发展的主渠道。这一点可以从我国现有民办高校的举办属性得到证实。调查表明，在我国现有民办高校中，只有 10% 的投资办教育的机构或个人是出于公益目的的，有 90% 的是要有回报的。③ 在上海的 21 所民办高校中，只有杉达学院是靠捐资滚动发展起来的，其他全是投资办学。④

第二条道路是民办高等教育发展的补充渠道。在我国高等教育基本制度框架下，第二条道路主要在非学历文凭教育方面发挥作用，以满足广大民众继续教育或补习教育的需求，现阶段在为企业职工提供转岗培训和技术提高培训方面发挥了重要影响。由于我国对开展高等学历文凭教育的机构制定了严格的准入标准，不论是设置普通高校还是开办本专科专业，都要具备比较充分的条件，要经过严格的审核评议，因此，第二条道路暂时还难以进入我

---

① 2010 年中国城镇居民全年人均可支配收入 19 109 元[EB/OL].（2011 - 02 - 04）[2012 - 02 - 10]. http://www.tianjinwe.com/hotnews/txjj/201102/t20110204_3354975.html.
② 陈伟光. 中国教育经费统计年鉴 2007 [M]. 北京：中国统计出版社，2008：32.
③ 李维民. 民办高校分类管理初探 [J]. 西安思源学院学报，2011（4）：9 - 17.
④ 钱亚平. 民办学校分类争议 [J]. 瞭望东方周刊，2011，（40/41）：42 - 47.

国高等教育的主阵地，也不可能成为我国民办高校发展的主渠道。

在现实国情下，第三条道路是我国发展民办高等教育的主渠道。在现有600多所具有颁发学历文凭教育资格的民办高校中，要求取得回报的民办高校占了绝大多数。据了解，很多不要求取得回报的民办高校也并非真的是不求回报的，只是因为受到政府有关民办高校登记政策和法规的约束，其举办者在形式上选择了放弃要求回报，但往往以其他方式从所积累的资金中获取回报。

应当承认，从长远看，把民办高校划分为非营利和营利性两类具有合理性，尤其是对鼓励投资办学的民办高校向捐资办学转变更具有积极的意义。但现实地看，第一条道路尽管具有"道德正确"的优势，却无法成为我国民办高等教育的主体，在未来的发展中，如果没有明确的政策支持，也很难成为主流。从现实的基础和条件来看，未来我国民办高等教育的发展依然需要依托现在的民办高校，即依托投资办学的民办高校。正是这些民办高校为我国高等教育的发展注入了活力，引领了民办高等教育发展的方向。在现阶段，要求这些基于投资办学发展起来的民办高校完成"选边站队"，实现向捐资办学的转变是十分困难的。近年来，正是由于受到"选边站队"的困扰，已经有部分民办高校的举办者进行了资产转移，或者以股份的形式调整了民办高校的资产构成，变相地收回了自己的投资，甚至从中谋取了不菲的回报。这种状况已经影响到了民办高等教育的健康发展，如果不能解决两分法所造成的困境，我国民办高等教育的发展必将出现一个非常艰难的局面。

因此，未来一个时期，我国民办高校发展仍然只能走第三条道路，其他道路都只能作为民办高校发展的辅助路径。我们必须清醒地认识到，对于我国的民办高等教育，还需继续实施"放水养鱼"的支持政策。我国人口众多，人民群众接受高等教育的需要强烈而巨大，政府财政所支持的公办高校并不能完全满足其需要。根据有关学者的测算，如果我国民办高校的现有规模全部由公办高校来承担，政府需要增加财政拨款在4 000亿元以上。[①] 在公办高校普遍面临经费紧张的情况下，政府的财力尚且不能保证公办高校的经费需

---

① 李维民. 民办高校分类管理初探 [J]. 西安思源学院学报，2011 (4): 9-17.

求，更不用说承担现有民办高校办学的开支和扩大高等教育规模所需要的投资了。

二、如何认识第三条道路的合理性

第三条道路是一种特殊的民办高等教育发展模式，是我国国情下民办高等教育发展的必由之路。其本质在于：它是一种将教育的公益性与投资的营利性有机地统一起来的民办高等教育发展模式，既为公益性的教育事业争取到了必要的经费投入，又为资本投资营利找到了合适的事业领域。但这条道路并不平坦，因为它突破了教育不得以营利为目的的传统认识。它将不得营利的要求搁置起来，从促进我国高等教育事业发展的目的出发，支持了我国民办高等教育30余年的发展，建构了我国民办高等教育的主体部分，体现了"发展是硬道理"的改革逻辑。显然，如果死守举办教育事业不得以营利为目的的传统认识，我国民办高等教育就不可能有今天的局面。

但在如何对待第三条道路的问题上，有关政策一直犹疑不定，"犹抱琵琶半遮面"，对第三条道路不是采取支持完善的态度，而是意图瓦解或分化，这就使得第三条道路走到了一个重要的十字路口。毫无疑问，是关闭还是完善第三条道路，将直接影响到我国民办高等教育的持续健康发展。

推进民办高校分类管理不是目的，其真正的目的是为民办高等教育发展培育更好的土壤和生存空间，壮大民办高等教育的实力。我国民办高等教育今天的发展局面来之不易。改革开放以来，我国民办高等教育能够得到恢复发展，从其原始动力看，并不是政府的需要，而是民间的要求，也可以说是"市场"的要求。正是这种"市场"要求，使政府对民办高等教育的政策不得不逐步放开。尽管以投资办学为特征的发展模式与教育的公益性具有明显的相悖之处，但其产生的结果是积极的。据统计，到2010年，我国民办高校总数已达676所（含独立学院323所），招生人数为146.74万，在校生总人数为476.68万，其中，本科生为280.99万，专科生为195.70万。民办高校数占到全国普通高校总数的28.66%，在校生人数占全国普通高校本专科生总数的21.35%。此外，我国还有民办的非学历高等教育机构836所，各类注册学生 92.18 万人。① 试想，如果没有民办高等教育，我国高等教育不可能有今天的发展局面。但是，我们不得不指出，时至今日，在民办高校发展的问题上，依旧存在一些认识问题，尤其是关于第三条道路的认识问题，一直没有得到妥善的解决，从而使得我国民办高校的发展始终处于不确定之中。

（一）如何看待投资办学

举办民办高校，从最初的资金来源看，不外两个途径：一是捐资办学，一是投资办学。在我国民办高等教育的发展中，由于捐资办学的作用还非常有限，所以，投资办学有着特别重要的意义。对于要不要投资办学，理论界和政策上均不存在异议，各类民办高校之所以能够建立起来，就在于人们已形成了需要投资办学的共识。但对于如何看待投资办学，也就是如何对投资办学进行定性并在政策上予以规范，则不论在理论界还是在实践中都还存在很大的分歧。投资办学通常被简单地归入逐利行为，即投资的动机就是为了营利。由于在实际办学中，民办高校的投资者确有营利的意愿，甚至有的还希望从中获得暴利，这就更强化了人们观念中的营利动机论。尽管营利确与投资办学有着不可割裂的联系，但投资举办民办高校却还有其特别的意义。

众所周知，不论公办高校还是民办高校，都是国家高等教育事业。尽管举办者不同，出发点也不尽相同，但其归宿却是相同的，即为国民提供接受高等教育的机会，都属于公益性事业。20世纪以来，国际上出现了公立和私立高校之间的界限越来越模糊的趋势，将私立高校限定在"私人"领域的认识已为很多国家所抛弃。英国政府从20世纪初就开始为私立大学提供财政拨款，支持私立大学的发展。美国联邦政府和各州政府虽然不直接向私立大学提供财政拨款，但是，州政府和联邦政府对私立大学和公立大学学生同等对待，公、私立大学学生享有平等的接受政府经济资助的权利；并为私立大学教师提供职业保障，私立大学教师享有与公立大学教师同等的经济待遇和职业安全保护；联邦政府还向私立大学提供巨额科研资助，甚至将一些关系国家安全和重大战略的国家实验室建在私立大学。日本中央和地方政府自20世

---

① 教育部. 2010年全国教育事业发展统计公报 [N]. 中国教育报，2011-07-06 (2).

纪中期以来一直奉行向私立高校提供经费补助的政策,日本私立高校得到持续快速发展,现在无论学校数还是在校生人数都已达到其整个高等教育规模的 70% 以上。这表明私立大学已经与公立大学一样,成为实现国家公益目的的学术组织。

有人可能认为,我国的情况与上述国家不同,我国公共财政之所以不能按照《民办教育促进法》的要求进入民办高校,支持民办高校的办学,就是因为我国民办高校主要是投资办学。其实,这只是问题的一个方面,问题的另一方面是我国高等教育财政拨款长期严重不足,至今不仅仍然不能完全解决公办高校办学条件不足的问题,而且连公办高校因扩招带来的建校债务都还不能完全偿还,致使很多公办高校负债办学。客观地说,投资办学破解了国家高等教育事业发展的资金难题,投资办学和滚动发展所聚集的数以千亿元计的资产如果都由政府来负担的话,我国高等教育发展可能要倒退若干年,数以百万计的学子可能因此丧失就学机会。可以说,投资办学为发展社会公益事业发挥了不可替代的作用。厉以宁认为,从性质上说,民办学校投资者的行为与购买教育发展债券是一样的。[①] 非政府机构和公民个人为本来应该由政府来承担的发展高等教育事业的支出埋单,弥补了政府投资能力的不足,增强了国家高等教育供给能力。因此,民办高校举办者的投资是公益性投资,不能将其等同于私利性投资。只有这样,才能正确认识我国民办高等教育中的投资办学行为。

(二) 如何看待举办者的营利

对投资办学的负面认识主要源于对举办者的营利意愿和行为的看法。因为教育是公益事业,国家法律规定举办教育事业不得以营利为目的,所以,对于举办民办高校,有些理论工作者更倾向于捐资办学,政府政策也致力于鼓励捐资办学。而对于投资办学,由于其具有营利倾向,政府在政策法规上采取了与捐资办学截然不同的做法,不鼓励不支持,任其自生自灭。也就是说,政府在法规上虽然允许举办者通过投资办学取得合理回报,但如果举办

---

① 厉以宁. 关于教育产品的性质和对教育的经营 [J]. 教育发展研究, 1999 (10): 9-14.

者选择了取得合理回报，则不但不能享受办学的各种优惠政策，还必须受《规划纲要》所称的"各类歧视政策"的限制。

那么，究竟应当如何看待民办高校举办者的营利呢？人们往往认为，公益性与营利性是相互对立的、互不相容的，举办公益性的教育事业不可以营利为目的，营利行为只能存在于非公益性事业中。这种观念的形成与政府的相关管理政策法规相关：非营利性的捐资办学适用于政府的各种优惠政策法规，而具有营利性的投资办学则比照投资办企业来对待。显然，这种观念和做法对发展教育事业是不利的，在这种刻板的认识背后，还隐含了这样一种观念，即宁可教育事业发展得慢一点、少一点，也不能通过投资办学来营利。其实，在我国社会主义市场经济得到发展以后，即便投资办企业也并非只有一种政策，政府常常会根据经济发展需要和财政状况，对某些行业或部门制定相关的优惠政策和法规，以吸引更多的投资，鼓励或促进特定经济部门的发展。在公用事业发展中，比如，对城市公共交通事业，为了鼓励和吸引投资，政府通常采取各种税费优惠政策或其他补偿性的优惠办法，为举办公益事业的投资者留有一定的营利余地，以使投资者能从公益性投资中获得回报。由此可见，优惠政策和鼓励营利是政府在新的经济条件下促进经济产业和公益事业发展的一种手段。因此，将举办者投资办学并从中营利简单地归入投资办企业之列，与社会主义市场经济条件下发展社会公益事业的要求是相悖的，它也忽视了我国民办高等教育发展事实上存在的以投资办学为主的特殊性。为了发展高等教育事业，政府采取某些优惠政策措施，鼓励投资办学，使举办者在增强国家高等教育供给能力的同时，取得相应的回报，不仅是必要的，而且是合情合理的。即使在经济高度发达的英国、美国等国家，为了满足民众更广泛多样的高等教育需求，政府同样采取了很多优惠政策，以鼓励投资办学。

将营利性投资办学全部归入企业行为，还混淆了第二条道路和第三条道路的差别。第二条道路是按照投资最少、利润最大的市场规律办学的，将其归入企业之列无可厚非。第三条道路的办学虽然不能不考虑投资效益，但首先要考虑的是社会公益，包括社会需要和教育规律。第三条道路办学不但要在培养目标、专业设置、课程内容以及校园环境、设施条件和人员配置等方面满足有关标准和条件的要求，为社会服务，还要按照政府严格的规章条例办学，并在运行中接受经常性的考核检查。这些院校的投资需求是巨大的，投资获利的周期也是漫长的。一般而言，一所在各方面达到设置标准和要求的开展学历文凭教育的民办高校，需要经过10年左右的建设期并具有一定规模以后，举办者方可从办学结余中取得少量回报。而在取得回报之前，持续的投资需求是举办者所必须负担的。即使开始取得回报之后，民办高校的举办者还必须在办学结余中为维持办学和扩大发展留出足够的发展基金。否则，学校办学不但可能缺少竞争力，还可能因投入不足而陷入运行困难的境地。所以，我们认为，对这些民办高校举办者的营利，不能采取对待一般企业营利的政策，应持更宽容的态度。政府应当通过更多的优惠政策措施，为其留下必要的营利空间。简单地说，就是以优惠换投资，鼓励发展民办高等教育。只有保障举办者的营利动机，政府才能真正达到鼓励投资办学的目的，才能扩大民办高等教育投资渠道，民办高校也才有可能得到更好的发展。

（三）如何认识民办高校的地位

长期以来，民办高校在我国高等教育系统中的地位不高，这是一个不争的事实。1994年，当时的国家教委批准了第一批实施高等专科教育的民办高校，而在此之前，所有民办高校都只是培训学院性质的非学历教育机构。2000年前后，开始有民办高校获得开展普通本科教育的资格。也就是说，我国民办高校在恢复发展的头20年左右的时间里，教育层次较低，只是作为公办高校的补充，发挥十分有限的作用。

10余年来，我国民办高校取得了较快的发展。不少原先独立开办的民办高校逐步取得了开展普通高等教育的资格，300多所独立学院由于事实上获得了一定的回报而在很短的时间内快速发展起来，600多所民办高校组成了庞大的民办高等教育体系。尽管很多人对独立学院的民办高校身份还存有疑问，但政府已将其纳入民办高校的范畴进行统计和管理。实际上，独立学院尽管有公办高校作为合作伙伴，但在办学和有关政策上也面临着其他民办高校同样的问题。为此，我们仍将其看作民办高校之一类。民办高校发展到今天，已经摆脱了过去的补充者的角色，而成为国家高等教育事业的重要构成力量。它不再是可有可无的非正规高等教育机构，而是覆盖了所有学历教育层次，在广泛的学科专业领域发挥教育功能的正规普通高校。还应当看到，这些民办高校主要是循着第三条道路发展起来的。很显然，再沿用那些对待非正规高等教育机构的政策来对待这些民办高校是不合适的。

民办高校在增强国家高等教育供给能力的同时，还承担了十分难能可贵的社会责任。在全国高考招生录取办法中，民办高校几乎无一例外地被列入同批次录取高校的最后位次，其生源主要是学习基础和能力相对比较弱的考生。这又在无形中加重了民办高校的教育负担，其实更是一种艰巨的社会责任。将这些学生教育成人，使他们走向社会之后能够在相当的工作岗位上对社会做出贡献，成为对社会有用的人才，是民办高校所担负的极具社会公益价值的教育目的。所以，我们应当准确地认识民办高校的地位，既要看到它在国家高等教育体系中的分量，又要看到它在履行教育目的中所尽到的社会责任。

（四）制定民办高校政策的根本目的是什么

民办高校政策的目的，是一个看似简单，其实并没有得到很好地解决的重要问题。就政府政策而言，一般认为它主要发挥约束、限制、规范、调整的作用，即达到一种规制的目的。长期以来，我国民办高校政策的导向就是实现规制的目的，也就是达到约束民办高校规范办学的目的，即使是在《民办教育促进法》颁布以后，法律所作出的各种优惠规定在政府政策层面上并没有得到完全的体现，各级政府的政策仍表现出明显的歧视性。出现这种情况的原因是多方面的，但是，有两点是显而易见的：其一，对民办高校的认识没有随民办高校地位的变化而变化。在一些政策制定者看来，发展高等教育还是要靠政府，只有公办高校才是正途。至于民办高校，只能捐资办学，如果投资办学，就应当放弃要求取得回报，对投资办学应严格限制。其二，民办高校政策就是要确保高等教育的纯洁性，实施普通高等教育的机构应当保持纯公益目的，任何具有营利动机的投资办学都应受到限制，不能给其留下政策空间。所以，政府政策鼓励的是捐资办学和不要求取得回报的投资办学，而对谋求合理回报的投资办学则通过严格的政策予以规制。这种将公益性与合理的投资回报对立起来的错误认识和做法，是不可能达到促进民办高等教育发展目的的。

这一政策导向不但不符合我国国情下发展民办高等教育的要求，也不符合国际私立高等教育发展的趋势。民办高校政策是影响现实的高等教育发展的,其目的应当是现实的,应当反映现实的国情要求和高等教育发展的必然要求。政策的根本目的在于促进民办高校发展,更好地满足民众接受高等教育的需求。从我国民办高等教育发展过程可知,只要政策有所放松,民办高校就会有新的发展;而一旦政策趋紧,民办高校发展就陷入低迷,出现萎缩。这说明民办高等教育政策应当具有更大的包容性,应当善待投资办学,尤其是善待要求取得合理回报的营利性投资办学。也就是说,第三条道路的本质在于善待投资举办的民办高校。唯其如此,才能真正达到促进民办高校发展的目的,才能巩固民办高等教育发展的基业。

三、积极开拓民办高校发展的第三条道路

第三条道路是我国现实国情下民办高等教育繁荣发展的必由之路。它过去是,未来一个时期仍将是我国民办高校发展的主渠道。但认识上的偏差和政策上的歧视对第三条道路限制很多,这既不利于激发民办高校举办者持续办学的热情,也不利于民办高等教育吸引更多民间资本的投入。为此,《规划纲要》提出:"清理并纠正对民办学校的各类歧视政策","制定完善促进民办教育发展的优惠政策"。要达到消除歧视,促进民办高校发展的目的,政府应当在以下几个关键问题上解放思想,大胆创新,将"包容"和"善待"注入政策精神之中,积极开拓民办高校发展的第三条道路。

(一)为民办高校举办者取得合理回报预留政策空间

投资办学的适度营利问题,也就是取得合理回报的问题如果得不到妥善的解决,民办高校则不可能持续健康发展。解决适度营利问题,其核心在于不以营利为标准来决定民办高校的属性,不否认民办高校举办者营利动机的正当性,对有志于走第三条道路发展民办高等教育的投资者,不采取歧视甚至堵塞的政策;应当采取疏导的办法,制定各种优惠政策,使民办高校在满足院校设置基本条件要求,确保教育教学质量的同时,有一定的办学结余。公益事业并非不能营利,也并非不许赢利,"一定的营利有利于公益事业的发

展"①。在民办高校政策中，应当将举办者从办学结余中取得合理回报与民办高校的属性明确区分开来，民办高校的属性应当根据其办学的根本目的、办学方式及其所发挥的社会功能来确定，而不是根据举办者是否取得合理回报来确定。这样才可能使民办高校的举办者既能全心全意投资办学，遵循各种标准规范，保证高等教育质量，又能免除后顾之忧，达到从办学结余中取得合理回报的投资目的。

（二）实行多元主体共治的民办高校产权制度

产权归属是一个影响民办高校政策的重要因素，在法律上和实践上都没有得到解决。第一条和第二条道路民办高校的产权归属比较明确，第三条道路民办高校的产权归属是政策上争议的焦点。传统的观点是只能有一个所有者，也就是只能在民办高校和举办者之间择其一，不能二者同时全部拥有或分别拥有。按照这一观点，第三条道路是走不通的。在现实国情下，要促进民办高校发展，必须打通第三条道路，从根本上解决民办高校产权只能归一方所有并据此确定其属性和身份的问题。第三条道路包括了不要求回报和要求取得合理回报的民办高校。不要求回报意味着举办者可能放弃收益权，但并不放弃所有权、经营权或处置权；要求取得合理回报意味着举办者不仅保留所有权、经营权或处置权，而且还部分地保留收益权。总之，第三条道路的民办高校产权及其相关问题具有高度的复杂性，需要在理论上进行更深入的研究。限于主题和篇幅，我们拟再专门撰文阐述。关于民办高校产权问题的解决，我们的基本主张是，应当根据民办高等教育发展的实际情况，对民办高校的产权实行多元主体共治的制度，举办者投资资产的所有权可以由举办者拥有，举办者也可以选择放弃拥有；政府资助形成资产的所有权可由政府国有资产管理部门代管，也可委托学校法人管理；举办者提取合理回报后剩余的办学结余累积形成的资产由学校法人拥有，并由此形成举办者、学校法人和政府共同参与治理民办高校产权的机制，保障民办高校的正常运行和持续健康发展。

（三）赋予民办高校以民办事业单位的身份

在身份认定上，第三条道路的民办高校的身份认定是一个难点。在高校

---

① 潘懋元. 关于《民办教育促进法》及其实施 [J]. 高教探索, 2003 (3): 1-3.

的身份认定上，公办高校被确定为事业单位，第二条道路的民办高校被确定为企业单位，第一条和第三条道路的民办高校往往被认定为民办非企业单位。个别省份在改革中，为了实施分类管理，将第一条道路的民办高校认定为自收自支的民办事业单位，而对第三条道路的民办高校则认定为民办非企业单位。这一做法表面上看似有道理，实则是将要求合理回报的民办高校基本上类同于营利性民办高校。这仍然没有解决我国民办高校主渠道存续的根本问题。鉴于我国民办高校发展的现实情况，政策应当重点解决如何对第三条道路的民办高校进行优惠的问题。解决了这个问题才可能从根本上促进民办高校发展。从有利于民办高等教育事业发展出发，应当赋予第一条和第三条道路的民办高校以民办事业单位的身份，使其享有事业单位所拥有的各种权利。

（四）区分举办者与学校，使其适用不同的优惠政策

在民办高校管理中，人们常常将举办者与民办高校纠结在一起，导致难以厘清关系，制定和实施更适切的政策。举办者和民办高校之间的关系是紧密的，但不能因为紧密就不加区分地统一对待。对民办高校属性和身份的认定，是针对学校法人而言的；对营利的判定是针对举办者而言的。现行的政策以举办者的营利动机作为确定民办高校属性和身份的唯一标准，是混淆了举办者和学校法人的差别。《规划纲要》要求"清理并纠正对民办学校的各类歧视政策"，是有道理的。在政策调整中，应当将民办高校与其举办者区分开来，对二者分别采取不同的政策，按照民办事业单位的政策，对民办高校给予优惠对待，支持民办高校的办学与发展；对举办者的办学行为给予褒奖，尊重其投资办学的意愿，在办学结余中允许其取得合理回报。与此同时，对民办高校实行严格的会计制度，确保财务运行安全，并根据产权共治制度，保障各产权主体的权益；对举办者个人所取得的合理回报，根据国家相关税收政策进行调控。当然，在政策把握上，也可以根据举办者对社会公益的贡献，给予税收优惠。这样有助于清晰地区分民办高校的权益和举办者的权利；有利于根据民办高校的功能、属性，对其进行科学合理的定位，保证其办学的正常秩序，并构建持续健康发展的体制机制；有利于举办者明确自身角色，主动调整与民办高校的关系，在民办高校的办学中维护自身的权利，同时履行公民义务。

论民办高校的公益性与营利性[①]

民办高校是利用非公共财政性经费举办的高等教育组织,投资办学是当前我国民办高校的基本特征。在界定民办高校的属性时,由于对投资办学持有偏见,很多人将眼睛紧紧盯在其营利与举办者所取得的回报等方面,而对民办高校教育服务的非商业交易性以及教育效益的社会外溢性等公益性特征关注较少,以至于对民办高校的属性认识不清。实际上,公办和民办高校法人,作为办学者,都可营利,且事实上也存在营利。如果公办和民办高校将营利用于"扩大再生产",提高办学能力和水平,则其营利显然服务于公益性办学目的。但因为投资具有营利性,这样就出现了民办高校将营利所得用于投资者再分配或奖励的情况,而如何看待和对待民办高校的公益性与营利性,是理论研究和实践改革中都有争议的问题。笔者认为,营利有利于促进民办高校实现其公益性办学目的,这正是全国人大通过的《中华人民共和国民办教育促进法》(以下简称《民办教育促进法》)规定"出资人可以从办学结余中取得合理回报"的初衷。应给予民办高校必要的营利空间,使营利性与公益性达到有机的统一,以促进民办高等教育事业持续健康、快速发展。

一、民办高校教育服务的非商业交易性

目前,我国民办高校已经发展成为一个规模庞大、层次类型多样的高等

[①] 原载《教育研究》,2013年第3期。作者:潘懋元,别敦荣,石猛。

教育体系，从教育类型看，主要可分为两类：一类是学历文凭教育机构，一类是培训助学机构。本文只讨论具有学历文凭教育资格的民办高校。与公办高校一样，民办高校主要向社会提供教育服务。从经济学的角度看，教育服务是学校提供给受教育者的劳动产品，民办高校提供教育服务是市场机制介入教育领域的结果。教育领域引入市场机制，不但营造了一个准教育市场环境，形成了多样化的教育供给，而且引起人们对教育服务供给的商品性的喋喋论争。但从教育服务供给与消费的关系看，民办高校教育服务具有与商业交易不同的属性。

（一）民办高校教育服务的非商品交易性

作为学校提供给受教育者的劳动产品，教育服务是有价值的。从人力资本角度看，教育服务是凝结在受教育者身上的知识、技能及其他素质的总和，俗称人力资本存量。学生将教育服务转化为自己的知识、技能和其他素质，实现对教育服务使用价值的占有，从而提高自身劳动力价值。价值和使用价值是商品的两个基本属性，使用价值是商品能够满足人们某种需要的有用性。高校毕业生把转化了的教育服务提供给社会并获得收益时，体现了人力资本存量的使用价值。使用价值和价值同时兼备使人力资本存量具有了商品的属性。

商品是用来交换的劳动产品，商品交换要以价值量为基础实行等价交换。但商品交换的价值量有两个来源：一个是其稀少性，一个是获取时所必需的劳动量。有些商品的价值只由它的稀少性决定，劳动不能增加其价值量。[①] 高等教育消耗的是稀缺性教育资源，高等教育服务因其稀缺性而具有竞争性特征。同时，从产品性质看，包括民办高校在内的高等教育服务具有准公共产品性质，具有个人受益和公众受益的特征。作为准公共性的竞争品，高等教育服务的价格不能完全由市场决定。

为了维护民办高校投资的个人受益性和公众受益性，控制民办高等教育事业的风险，政府承担着一定的主导和管制职能。前者表现在，通过直接的

---

① 罗宾逊，伊特韦尔. 现代经济学导论［M］. 陈彪如，译. 北京：商务印书馆，1982：27.

财政扶持、税收和用地优惠政策等，激发和提高民办高校教育服务的供给能力；后者表现在，通过维护竞争秩序、控制收费、监督教育质量等，保障民办高校教育服务供给的效率和水平。在政府的主导与管制下，民办高校一般只能以低于培养成本的收费标准来提供教育服务。由此，民办高校收费遵循的是政府指导价，并没有遵循"价值规律由市场决定"的规律，不能进行等价交换。所以，民办高校与受教育者之间不构成完全的商品交换关系，民办高校提供的教育服务具有非商品交易性。

（二）民办高校学费的非市场价格性

教育服务是有成本的，高等教育成本是高等学校为学生提供教育服务而耗费的所有教育资源和劳动的价值。《高等学校收费管理暂行办法》规定，教育成本包括公务费、业务费、设备购置费、修缮费、教职工人员经费等正常办学费用支出。《高等学校教育培养成本监审办法（试行）》规定，高校教育培养成本的核算要素由人员支出、公用支出、对个人和家庭的补助支出以及固定资产折旧等四部分构成。毫无疑问，高校教育成本所反映的是单位产出的消耗量。

成本属于价值范畴，在生产经营中，其经济本质为，在生产产品、提供劳动服务或商品流转时，所耗费的物化劳动、生产者必要劳动的补偿价值。[①] 根据马克思关于商品价值"$W = C + V + M$"的论述，除去剩余价值 M，$C + V$ 就是对生产资料和必要劳动补偿的价值。但在现代生产经营中，商品的价格一般包含生产商品的社会平均成本、正常的流通费用、税金以及利润。用公式表示，即价格 = 生产成本 + 流通费用 + 税金/利润，亦即价值 $W = (C1 + V1) + (C2 + V2) + (M1 + M2)$。按照市场经济的观点，民办高校学费的标准不仅要反映全部生产成本，还要反映成本与平均收益。后者反映经济学领域就是成本和利润的关系。成本由生产产品的社会必要劳动时间决定，利润是再生产产品的追加成本与回报。在市场交换中，学费应当是教育服务成本的货币价格，按上述公式计算得出的学费会高于教育成本，所反映的是市场价格。

---

① 郭化林. 高等教育标准成本计量与核算体系研究 [M]. 北京：中国农业科学技术出版社，2010：47.

然而现实却是，高校所收取的学费不仅不反映市场规律，甚至与教育成本也存在较大差距。高校学费标准的确定办法是：地方教育行政及物价等部门在国家教育行政及财政等部门根据高校生均教育成本所确定的高校年度经费开支标准和筹措原则的指导下，根据各地生均教育成本和社会及学生家长的承受能力确定。实际上，生均教育成本要素的作用非常有限，而且民办高校的收费标准还要按政府制定的学费最高标准下浮。在现实中，物质产品的生产成本可能随着科技的进步和管理水平的提高而减少，高校的教育成本却因改善办学条件和提高人力资本水平而增加。尽管民办高校办学条件不断改善，教育成本不断提高，但学费长期保持稳定，按可比价格计算，甚至呈下降趋势。由此可见，民办高校的学费标准无法反映教育成本与收益的要求，不是市场交换的结果，不具有市场价格性。

（三）民办高校与学生及其家长的非商贾关系

民办高校聘用教师，开办专业，提供教育服务；学生接受教育，向学校支付学费。表面上看，学校与学生及其家长之间与商贾关系无异。但民办高校不同于商品生产组织，所提供的教育服务并不具有等价交换的特性，学生及其家长所支付的学费不是教育服务的市场价格，只具有教育成本补偿的属性。从这个意义上讲，民办高校与学生及其家长之间的关系不是商贾关系。

从商品交换的目的看，商贾关系更注重现时的收益。在商贸活动中，商品交换一般追逐及时的、看得见的收益。在等价交换后，商品就实现了所有权的转让和取得，具有价值及时兑现的特点。这就是商业交易的实质，即交易完成后，卖主就要丧失其以后（几分钟以后、几小时以后或几年以后）可以随意使用的购买力。① 然而，教育服务的消费却不同，它包括两部分："一部分为当前的消费，另一部分为将来的消费"②。当前的消费具有服务提供与消费的同时性和共发性特点；将来的消费形成的是人力资本存量，具有潜在的经济价值，可能在学生就业之后才发挥出来，且在工作过程中不断表现出来。不仅如此，高校并不因学生及其家长支付了学费、接受了教育服务而丧

---

① 沈晓梅. 现代经济学导论［M］. 北京：国防工业出版社，2010：189.
② 舒尔茨. 教育的经济价值［M］. 曹延亭，译. 长春：吉林人民出版社，1982：21.

失其所具有的教育能力。商品交易中的卖方与买方的关系在民办高校与学生及其家长之间并不成立。

从商品交换过程看，商贾关系是货币交易关系。商品通过交换实现其所有权的转让，卖方追求的价值与买方追求的使用价值，在交换过程中得以实现或直接补偿。交换是"某种产品或服务从一种技术边界向另一种技术边界的转移"，"一个行为阶段结束，另一个行为阶段开始"。[1] 在商品交换过程中，买卖双方所追求的更多的是物质利益，买卖之间所形成的是货币交易关系。但在民办高校与学生及其家长的关系上，民办高校提供教育服务，并不是简单地以通过货币交易实现"商品"的价值为主要目的；学生及其家长接受教育服务，也不是简单地以实现"商品"的使用价值为主要目的。实质上，教育服务的提供与接受过程是学校教职工与学生共同参与的教育服务建构过程，学生只有主动参与，且在教育过程中发挥主体作用，才能实现教育服务的根本目的。民办高校的教育服务不但要向学生传授具有一定经济价值的生产和劳动技术，而且还要陶冶学生的情操，塑造其品格，使其成为全面而自由发展的人。从此意义上看，民办高校与学生及其家长之间的关系远非商品市场中的商贾关系可比。

二、民办高校投资办学的公益性

资本具有逐利性，民办高校投资办学的公益性因此受到很多人的质疑。但就教育的公益性而言，它主要不是由教育投资者所拿出的资本决定的，而是由教育服务自身的性质和功能所决定的。[2] 与一般的商业投资相比，民办高校办学具有非商业投机性和公共投资替代性，并且整个社会都在一定程度上分享着民办高校教育服务的溢出效应。

（一）民办高校投资办学的非投机性

改革开放后，民办高等教育开始恢复发展。限于当时的政治背景和经济

---

[1] 卢现祥，朱巧玲. 新制度经济学 [M]. 2版. 北京：北京大学出版社，2012：80.
[2] 别敦荣. 论民办教育发展的第三条道路 [J]. 华中师范大学学报（人文社会科学版），2012（3）：137-142.

条件，民办高校的投资者大多缺少资金，只能通过租赁校舍，从培训班和助学考试做起。从当时的情况看，举办者大多只有极有限的货币资本或基本无货币资本可投，只能通过办学结余不断滚动发展，获取经济收益比较困难。后来一些企业和个人利用自有资本或借贷投资举办民办高校。从投资者的角度看，不少人确实抱有营利的目的，但对大多数投资者而言，这种营利非但不具有投机性，且还以公益性的实现为前提。

在理性经济人假设看来，利益最大化是一切经济活动的出发点，这正是投机性投资所追求的。民办高校投资办学尽管具有投资的属性，但却少有商业投资的投机性。所谓投机性，主要指商业投资中利用较少投资获取巨额利润的特性，它将获取巨额利润建立在投资风险之上；还有一类投机虽然风险较小，但获利较为稳定及时，短期收益效果较好。不论从哪个角度看，民办高校投资办学都不具有投机性。民办高校办学首先是办事业，只有将事业办起来、办好了，才可能实现营利。民办高校必须规范化办学，建立起应有的社会声誉。也就是说，民办高校不但要在培养目标、专业设置、课程内容以及校园环境、设施条件和人员配置等方面满足有关标准和条件的要求，还要按照政府严格的规章条例办学，而且在运行中还要接受经常性的考核检查。正规化办学的民办高校其投资需求巨大，投资获利周期漫长。一般而言，一所在各方面达到设置标准和要求的、开展学历文凭教育的民办高校，需要投入大量资产，经过10年左右的建设期并具有一定规模以后，方能从办学结余中提取少量回报。而在取得回报之前，持续的投资需求是举办者所必须负担的。即使开始取得回报之后，民办高校举办者还必须在办学结余中为维持办学、改善办学条件、扩大发展、提高办学水平和质量而预留出足够的发展基金。① 因此，民办高校投资与商贸投资等经济行为在性质上截然不同，具有非投机性。这一属性并不是由投资者的主观意愿所决定的，而是由民办高校办学的特殊性所决定的。

（二）民办高校投资办学效益的外溢性

民办高校投资办学，为学生及其家长提供教育服务，满足他们接受高等

---

① 潘懋元，邬大光，别敦荣. 我国民办高等教育发展的第三条道路［J］. 高等教育研究，2012（4）：1-8.

教育的需求，不仅能够为学生及其家长带来直接收益，而且通过学生所发挥的社会作用，实现其社会价值。学生及其家长从民办高校提供的教育服务中所获得的直接收益，既是他们付出教育成本的收益，同时也是民办高校投资办学的主要社会贡献。学生在民办高校接受教育，掌握了知识，提高了能力和素养，增强了自身的人力资本，在社会劳动力市场具有了更大的竞争力。尽管这种直接收益具有显著的私人性质，但与一般商品交易不同，学生通过接受教育所获得的人力资本并不只是为其个人所享有享用，它在为学生带来必要的收益的同时，还对社会经济、政治、文化与文明进步发挥积极的作用。加之当前很大一部分民办高校所招收的学生都是公办高校不予录取或录取后剩余的生源，换句话说，他们是高考体制中的弱势群体，如果没有民办高校，很可能就丧失了接受高等教育的机会，只能以高中毕业生的身份进入社会劳动力市场。从这个意义上讲，民办高校扶持了社会弱势群体，促进了社会公平。民办高校的学生毕业后在自食其力的同时，还为社会做出贡献。这些社会贡献不只属于他们个人，还属于民办高校。

民办高校投资办学还为社会开发了文化、绿色、环保、文明事业，促进了区域协调发展。任何物质性生产投资在为社会产出商品的同时，都可能造成空气、水、土地、植被等的污染或破坏，但民办高校投资办学非但不会造成污染、破坏，还造福一方，成为地方聚集人才、美化环境、繁荣商业、传播文明的文化教育中心。在公办大学林立的大城市或大学城，很多人对民办高校的存在不怎么在意。但在一些边远地区、中小城市或大城市的城郊结合地带，如果有一所民办高校存在，那么，其影响力则是很多其他企事业单位所不能比拟的。而恰恰就是这些地方，公办高校往往是不愿意选为校址所在地的，这些地方的自然环境、文化教育、人才资源、经济活力常常处于欠发达水平。大批民办高校选择在边远地区、中小城市或大城市城郊结合地带办学，一方面节约了投资成本，另一方面促进了当地经济社会发展。

因此，民办高校投资办学的效益不仅表现在为学生及其家长提供了教育服务，还表现在促进了社会公平，促进了地区经济社会发展。正是后者所体现的社会效益的外溢性，将民办高校投资办学与一般的商贸投资行为区别开来，使其具有了更广泛的公益性。

(三) 民办高校办学的公共投资替代性

改革开放以来，我国逐步形成了以政府财政拨款为主、其他多种渠道为辅的高等教育经费筹措体制，财政拨款按照高校隶属关系由各级政府分别负担。与欧美发达国家相比，我国高等教育财政拨款长期处于较低水平，严重影响了高等教育供给。据联合国教科文组织统计数据，2009 年，世界高等教育平均毛入学率达到近 30%[①]；而我国到 2011 年才达到 26.9%，低于世界平均水平。据教育部统计公报，2011 年全国普通高等学校 2 409 所（含独立学院 309 所），普通高等教育本专科共招生 681.50 万人，在校生 2 308.51 万人；民办高校 698 所（含独立学院 309 所），招生 153.73 万人，在校生 505.07 万人（其中，本科在校生 311.82 万人，专科在校生 193.25 万人）。[②] 由此可知，不论从学校数、招生数还是在校学生数看，若缺少了民办高校，单凭国家财政投资办学，我国高等教育发展不可能达到现在的水平。

教育，包括高等教育，是社会公共事业，这是现代国家的共识。不论在欧美国家，还是在亚非国家，各国政府都将教育包括高等教育作为公共财政投资的主要部门，在公共财力不足时，往往制定有关优惠政策和法律，鼓励社会公民和组织举办高等教育事业。对于非公共财政举办的高校，政府不仅给予投资者很高的荣誉，对其从精神上进行表彰，而且在税收、学校经营管理等多方面对学校给予优惠和方便。美国、日本、韩国等私立高等教育发达国家莫不如此，这种政策和法律所带来的结果可谓一箭三雕：私立高校投资者获得了精神上和物质上的满足；社会公众拥有了更多的接受高等教育的机会；政府减轻了发展高等教育的财政压力，用较少的公共资源支持了更多样化、大规模的高等教育事业。由此可见，这些国家的政府是深谙私立高校投资办学的公共投资替代属性的。

我国人口众多，高等教育发展需求大，但现代高等教育发展较晚，积累

[①] 高燕. 不同类型高等教育机构对毛入学率的贡献研究 [D]. 厦门：厦门大学，2013.

[②] 教育部. 2011 年全国教育事业发展统计公报 [EB/OL]. (2012 - 08 - 30). http://www.moe.edu.cn/publicfiles/business/htmlfiles/moe/moe_633/201208/141305.html. 2012 - 12 - 30.

少、底子薄，大众高等教育发展任务繁重，公办高校办学长期因陋就简。在前一轮高等教育大扩招中，因政府财政投资短缺，众多高校不得不采取融资手段，依靠借贷来兴建新校区、改造老校区、充实和更新教学实验设施，以满足正常教学活动的需要。时至今日，很多公办高校仍负债累累，办学举步维艰。正是在这样的背景下，民办高校投资办学缓解了政府财政不足的困窘，为政府分忧，支撑了现在500余万人的高等教育供给。如果民办高校的高等教育供给改由政府财政举办的话，按生均教育经费1万元计算，政府每年需另外增加500多亿元的财政拨款；如果将民办高校的基本建设等固定资产投资都改由公共财政投资的话，政府恐怕难以轻松应对。社会公共事业由公共财政投资举办，在公共财政不足时，政府通常动员公民个人和其他组织等民间力量参与举办，由民间力量分担公共财政压力，保障人民群众对公共事业的需求。为此，我国将鼓励社会力量举办各种教育事业写进了宪法。所以，不能将民办高校投资简单地归入投资者个人的逐利行为，而应当将其看作一种公共投资替代行为，充分尊重其公益性，从政策、法律和管理等多方面确保其能够办起来、办得好、可持续。

进一步看，民办高校的办学效益，不仅体现在经济上，也存在于教育事业自身中。由于民办高校拥有较多的自主权与经营需求，在教育管理体制与机制的改革上，能够预为探路，发挥重要的推动作用。这是另一个需要研究的课题，不在此论述。

三、民办高校的剩余分配权与营利性

既然民办高校办学是公共投资替代行为，那么，民办高校是否具有营利性呢？回答是肯定的。这是投资办学的民办高校的必然属性，它并不因民办高校具有公共投资替代属性而消亡。营利是民办高校投资办学的主要动力之一，是民办高校存在与发展的必要条件。

（一）民办高校的办学剩余及其分配

公办高校有政府年度财政拨款保证办学成本、维持学校运行，而民办高校的办学成本不可能由举办者持续不断的投资来保证，只能由民办高校的办学剩余来支持。众所周知,与美欧国家私立高校不同,我国民办高校的投资者并非社会财团或拥有丰厚资产的其他社会组织和公民,投资者也不能像美欧国家私立高校投资者那样能够获得相应的减免税待遇。① 换句话说,我国民办高校投资者一般不具有持续投资的能力,民办高校只能依靠办学剩余来保障办学的可持续性。

在经济活动中,投资既要取得投入本金即成本,又要获取剩余价值,唯其如此,投资者才能实现其营利目的。在现代生产经营活动中,商品的价值包括了生产成本和剩余价值,剩余价值由税金和利润所得构成。在生产投资中,投资者不仅要收回成本,更要追求剩余价值。同理,为了实现可持续办学和健康发展,民办高校的办学收益不能只满足于维持运行,必须有所剩余。公办高校因为是财政全额拨款单位,尽管在办学中也有创收行为,有的还能取得高额收入,但并不完全依靠办学剩余或结余办学。这正是民办高校与公办高校具有本质意义的差别所在。民办高校如果没有办学剩余,将寸步难行。为了达到滚动发展、改善条件、维持运行的目的,民办高校必须追求办学剩余。

很多人尽管对民办高校追求办学剩余没有什么异议,但对办学剩余的分配却存在较大分歧。生产投资的剩余分配主体主要是政府和投资者,政府从剩余价值中取得税金,投资者从剩余价值中取得利润,政府和投资者各得其所。在办学剩余的分配上,因为民办高校所提供教育服务的公益性,政府给予其减免税待遇,所以,对于投资者是否能够参与办学剩余的分配,人们持有不同意见。有学者认为,只要投资者参与了办学剩余的分配就是营利行为②,民办高校的公益性因此便不复存在,应将其划归营利性高校类别,对其采用类似于企业管理的一套制度。所谓的分类管理政策就是以此为依据的。但这一依据明显与法律精神不符。《民办教育促进法》在"第七章 扶持与奖励"中规定:"民办学校在扣除办学成本、预留发展基金以及按照国家有关规定提取其他的必需的费用后,出资人可以从办学结余中取得合理回报。"这一

---

① 张铁明,何志均. 信心回归:破解难题给举办者一个良好的成长环境:举办者信心丧失是民办教育发展的最深层危机 [J]. 当代教育论坛,2012 (5):10-19.
② 王善迈. 我国民办学校如何进行分类管理 [N]. 中国教育报,2011-08-02.

法律规定说明，民办高校投资者依法享有参与办学剩余分配的权利。

（二）民办高校投资者所获合理回报与营利

上述法律规定与民办高校投资办学的基本属性是相吻合的，是民办高校持续健康发展的可靠保证。但办学剩余分配与投资者的营利又是什么关系，参与办学剩余分配是投资者的营利行为吗？要回答这些问题，还得弄清楚办学剩余分配的性质。

《民办教育促进法》是在"扶持与奖励"部分规定民办学校出资人可以从办学结余中取得合理回报的，这就是说，参与办学剩余分配是国家给予民办高校投资者的一种对公益事业的奖励或鼓励，而非一般的商业投资获利权利。法律对民办高校投资者参与办学剩余分配有着十分严格的要求，只有在民办高校办学收益扣除办学成本、预留发展基金以及按照国家有关规定提取其他的必需的费用后还有结余的情况下，投资者才能取得一定比例的合理回报。这一规定，一方面，有助于确保民办高校正常的办学秩序；另一方面，将投资者所获回报严格限定在各种扣除和预留费用后的剩余部分，使投资者参与办学剩余的分配不至于影响民办高校的办学，同时还有助于激励投资者办好学，因为只有学校办好了，取得了充分的办学剩余，民办高校投资者才可能参与分配获益。所以，从法律意义上讲，投资者从办学结余中取得合理回报并不是营利行为。但只要参与办学剩余分配，投资者就会有收益。那又该如何看待投资者的收益呢？

首先，投资者所取得的合理回报与其对民办高校的投资是直接相关的，不仅如此，还与其对民办高校办学所付出的辛勤劳动有直接关系。其次，投资者所获回报并不是其投资效益的直接反映。在一般的生产投资中，投资效益是由所获成本补偿和剩余价值构成的，投资者所获利润是剩余价值扣除税金后的部分。这就是说，参与一般生产投资剩余价值分配的主体只有政府和投资者。但参与民办高校办学剩余分配的主体包括了民办高校、政府和投资者，从剩余价值分配的办法看，在一般的生产投资剩余价值的分配中，政府直接向企业征收各种税费，投资者拥有其余所剩部分的所有权。但投资者参与民办高校办学剩余的分配，是在预留发展基金、提取国家规定的必需费用之后，再对所剩结余按一定比例进行分配。可以想见，这与一般所说的投资利润已经相去甚远。

当然，如果民办高校投资者对办学收入进行提成或对办学剩余进行分红，那就是营利行为了。提成或分红都是以资本投入为前提的，不论提成比例或分红额度有多大，其性质都是资本营利。也就是说，其办学包含了营利的目的。这里需要明确的是，当投资者以民办高校作为营利的手段之后，民办高校是否还具有公益性？投资者的行为是否也还具有公益性？毫无疑问，两个问题的答案都是肯定的。尽管投资者在办学中营利了，但民办高校办起来了，减轻了公共财政负担，受教育者获得了接受高等教育的机会，促进地区社会文明进步的作用发挥出来了，其公益性得到了实现；投资者没有将资本投到其他产业部门，而是选择了投资高等教育事业，且保障了民办高校的正常运转，其行为也具有公益性。不能因为投资者的营利而否定民办高校办学以及投资行为的公益性，正如医疗卫生事业和城市公共交通发展中引入民间资本投资，投资者从中营利而并不改变医疗卫生事业和城市公共交通的公益性以及投资行为的公益性一样。

（三）民办高校的营利性与非营利性

毋庸讳言，我国民办高校与公办高校不同，也与一些国家私立高校不同，民办高校具有营利性。除极少数由国家有关事业单位举办之外，大多数民办高校都是依靠举办者自己并不丰厚的个人资产或私营企业投资发展起来的，既没有庞大的校产，又没有可观的捐赠基金，有的还主要是银行贷款兴办起来。部分民办高校初创之时尽管背后有产业支撑，但却不能指望产业无止境地支持下去。应当说，我国各级政府对民办高校的支持是很大的，一般在土地征用、税费减免等方面给予了相当优惠的待遇，但在日常运行事业费支持方面，却显得心有余而力不逮，少有直接的财政补助。为此，民办高校办学必须营利，依靠自身的办学剩余滚动积累、支持发展。所以，民办高校的营利性是在特定的社会背景下出现的，有其必然性，并不完全由举办者的主观意愿所决定，也不是任何文件规定所能否定的，更不可能因为一些理论工作者脱离实际的善良愿望而有所改变。

既然营利与民办高校相生相伴，那么，民办高校的营利属性与法律规定的"不得以营利为目的"是否相悖呢？表面上看，确有不相符合之处，但仔细理解却又并不矛盾。《中华人民共和国教育法》（以下简称《教育法》）规定"任何组织和个人都不得以营利为目的举办学校及其他教育机构"，是针对举办学校的组织和个人的，即是对举办者的规定，而不是对学校的规定。《教育法》要求"设立高等学校，应当符合国家高等教育发展规划，符合国家利益和社会公共利益，不得以营利为目的"，也不是针对高校本身的，与《教育法》相一致，是针对设立高校的组织和个人的。既然没有法律规定高校办学不得营利，所以，对高校而言，营利并非洪水猛兽，无须大惊小怪。这也是为什么即便在公办高校营利也随处可见，比如，动辄数十万元学费的高级管理人员工商管理硕士（EMBA）学位教育计划以及创收性的在职教育、继续教育和成人教育等，都为公立高校带来了不菲的收入，但因公办高校并不将这些收入和营利划归私人所有，而是用作公益发展基金，所以，人们并不因此而否定其公益性。由此，不论民办或公办高校，营利性与法律规定并不抵触，原因在于其营利被用于公益目的，而不是成为个人牟利的手段。也就是说，营利的最终目的是非营利性的。民办高校如果被剥夺或丧失了营利能力，就不可能实现公益目的。

可以说，营利性与非营利性之间的矛盾看似不可调和，但在民办高校也包括公办高校却有机地结合在一起。在考察民办高校办学的时候，要区分民办高校营利与投资者营利的差别，区分投资者对办学收入、办学剩余进行提成和分红与在办学结余中取得合理回报的差别，唯其如此，才能真正理解民办高校的本质。

四、要给予投资举办的民办高校一定的营利空间

高校办学可以营利，这不仅在法律上是可行的，而且在现实中是存在的。高校办学之所以能够营利，主要取决于两大因素：一是主观努力，办学者善于经营，节约成本，减少开支；二是政策允许，政府为高校办学营利预留空间。对于民办高校而言，由于办学经费来源的特殊性，投资者和办学者更注重节约办学，更注重投入产出效益。所以，现实地看，政策因素有着更为重要的意义。关闭投资举办民办高校的营利空间，无异于窒息其生命力。笔者

主张，从我国国情出发，走第三条道路，实行包容和善待民办高校的政策，方是促进民办高等教育事业健康发展的明智之举。①

（一）民办高校公益性的延时性

投资举办高等教育事业往往需要一个较长的时期才能发挥其应有的效益，这主要是因为高校从奠基到为社会所认同和尊重，往往需要一个较长时期的持续发展和建设。多数民办高校总体上还处于初创阶段，这表现在，很多民办高校都是白手起家，从一砖一瓦开始基本建设；很多至今仍在忙于扩建校舍，以达到教育部有关规定要求；专任教师老的老、小的小，老的来自公办高校退休教师，小的来自高校新近毕业的研究生，而且由于政府实行与公办高校教师区别对待的政策，致使民办高校教师队伍非常不稳定，尤其是水平较高的教师往往竞相去公立高校任教；学科专业建设基础薄弱，大都处于勉强应付上课的状况；招生录取工作被放在同层次的最后批次，生源及其质量都缺乏保障。尽管民办高校院校数和在校生规模已经达到比较可观的水平，但其内外办学条件和环境建设都还有很长的路要走。可以说，民办高校的公益性还远没有完全发挥出来，公益性的质量也还有待提高。根据国内外后发成功高校的经验，民办高校完成其初创任务、步入良性运行轨道，可能还需要10年以上的时间。也就是说，未来10年是关键时期，是民办高校完善内外建制，增强办学实力，提高办学水平的攻坚时期。与之相适应，政府政策还远没有到可以收紧的时候，不宜采用已经进入成熟阶段的美欧私立高等教育发展的政策。政府应当制定更宽松、更包容的政策，尽量避免摇摆和折腾，使民办高校的初创之路走得更扎实、更牢固、更平稳。

（二）高等教育大众化中后期需要进一步开拓民间投资渠道

民办高校是在高等教育供给严重不足的背景下发展起来的。时至今日，我国高等教育供给不足的问题仍然没有得到根本解决。众所周知，我国高等教育发展已经进入大众化阶段，但大众化本身是一个过程，高等教育毛入学率达到15%~50%之间都属于大众化阶段。单纯地从统计数字看，精英化只

---

① 潘懋元，邬大光，别敦荣．我国民办高等教育发展的第三条道路［J］．高等教育研究，2012（4）：1-8．

有 15 个百分点，而大众化有 35 个百分点，其发展程度可以细分为初期、中期和后期三个阶段，毛入学率在 15%～30% 为初期阶段，31%～40% 为中期阶段，41%～50% 为后期阶段。① 据统计，2011 年我国高等教育毛入学率达到 26.9%，还未进入中期阶段。也就是说，高等教育大众化初期的任务还没有完成，中后期的任务还没有展开。而且进入中后期阶段后，人民群众对高等教育的需要既包括了有没有机会上大学的问题，又包括了有没有更好的大学可上的问题。也就是说，高等教育发展不仅要保证数量的供给，而且还要保证品质和种类的供给。因此，高等教育发展需要更庞大的经费投入。

高等教育发展面临的任务对公共财政无疑是一个严峻的挑战。据有关部门测算，2012 年，我国的教育经费总需求为 27 123 亿元②，高出《关于 2011 年中央和地方预算执行情况与 2012 年中央和地方预算草案的报告》的 5 100 亿元。从教育部公布的 2011 年全国教育经费统计执行情况看，27 个省份没有达到中央政府期望的公共财政预算教育经费占财政支出 20% 左右的目标，有的相差甚远，其中 14 个省份还出现了负增长。6 个省份在公共财政预算教育拨款增长与财政经常性收入增长比较中出现了负增长。在高等教育生均公共财政预算教育事业费增长情况统计中，部分省份增长率极低，甚至不足 5%；在高等教育生均公共财政预算公用经费增长情况统计中，也有很多省份几乎没有增长，有的甚至是负增长。③ 显然，公共财政难以满足高等教育发展的需求，巨大的经费缺口将长期伴随高等教育发展过程。要缓解高等教育经费严重不足的问题，必须两条腿走路，在继续挖掘公共财政潜力的同时，进一步开拓民间资本投资的渠道，切实落实"合理回报"的法律规定，采取引导而非堵塞的政策，扩大民间投资者参与高等教育发展的深度和广度，夯实民办高等教育事业发展的牢固基础。

---

① 别敦荣. 谋划世纪中叶发展愿景的战略举措：《高教 30 条》精神解读 [J]. 湛江师范学院学报，2012（5）：5-7.
② 全国人大教科文卫委员会调研组. 加大教育经费投入保障教育事业发展 [J]. 求是，2011（4）：47-49.
③ 教育部. 教育部 国家统计局 财政部关于 2011 年全国教育经费执行情况统计公告 [EB/OL]. (2012-12-30). http://www.moe.gov.cn/publicfiles/business/htmlfiles/moe/s3040/201212/146315.html.

（三）给予投资举办的民办高校一定的营利空间

尽管民办高校发展的态势是积极的，但在制定有关政策时却不能盲目乐观，不能超越民办高等教育发展的阶段性，在公共财政供给严重不足的情况下，更不能实行不切实际的调控政策，应当从民办高等教育发展的现实状况和未来前景出发，根据高等教育大众化中后期发展要求，给予民办高校一定的营利空间，进一步激发民间资本投资的积极性，促进民办高等教育持续健康发展。

在现实国情下，一定的营利有利于促进公益性事业发展。破除公益性与营利性在民办高校只可能非此即彼、不可能兼容一体的传统思维，从政策上保障民办高校一定的营利空间，制定有利于民办高校发展的激励政策，是促进民办高等教育事业发展的当务之急。这就要承认民办高校办学营利的合理性，承认投资者营利和取得合理回报对民办高校实现其公益性目的的意义。切忌为了防范和禁绝投资者的营利而阻止民间资本投资高等教育事业，因噎废食，要允许民办高校投资者从办学剩余获取合理回报。切实落实法律所规定的各项"扶持与奖励"条款，明确投资者从办学结余中取得合理回报是法律给予其善行的奖励。这一点至关重要，在政策管理上要保护投资者的积极性，激励更多的投资者走上领取合理回报的办学之路。只有这样，才能达到鼓励和扩大民间资本投资举办民办高校的目的，使民间资本为繁荣高等教育事业做出更大的贡献。

民办高校机制优势研究[①]

民办高等教育是高等教育的重要组成部分,这已逐渐为社会所认同。自20世纪80年代初起步到现在,中国的民办高校在数量上增长很快。根据教育部2013年的统计数据显示,民办高校(含独立学院)总数有718所,占全国普通本专科高校总数2 491所的28.82%,本专科在校生数为557万余人,占普通本专科在校生总人数2 468万余人的22.57%;如果加上民办其他高等教育机构的在校生114万人,约占总生数的27.2%。[②] 然而,民办高校在推动高等教育发展上所能起的作用,尚未被人们所普遍认识,也未得到充分的发挥。

民办高校在高等教育发展上所能起的作用(或功能)主要有以下两个方面:一是社会力量办学,增加了国家教育经费,减轻了政府财政投入,还在一定程度上刺激了地方经济的发展;二是以办学机制优势推动高等教育改革创新,提高了教育管理经营的效率和效益。对于第一个方面的作用,有很多论者、论证也很充分,既有宪法依据,又有统计证明,已成为社会共识,也是民办教育被重视的主要原因。对于第二个方面的作用,并未充分展开讨论,不但未受重视,而且也不太被认可。在推动高等教育改革创新方面,有相当多的人认为只有"985工程""211工程"高校和示范性高职院校才有能力带头改革,民办高校的体制、机制尚不成熟,只有向公办高校学习的份,遑论推动高等教育的改革创新。

[①] 原载《浙江树人大学学报》,2014年第14卷第5期。作者:潘懋元,罗先锋。
[②] 中华人民共和国教育部. 2013年全国教育事业发展统计公报[EB/OL]. (2014 - 07 - 04). http://www.moe.gov.cn/srcsite/A03/s180/moe_633/201407/t20140704_171144.

试想如果民办高校的机制优势不被认可,当政府对高等教育的财政投入能力逐步增加之后,民办高等教育可能将被认为是可有可无的,那么中国的高等教育改革,就只能依靠行政力量自上而下地推动。因此,本文着重研究民办高校机制上的优势及其对高等教育改革创新发展所能起的作用。

一、民办高校机制优势的主要方面

民办高校的机制优势作为民办高校的突出优势,包含诸多方面,但主要的方面集中体现在以下两点:拥有较多体现大学自治和学术自由精神的办学自主权和一支更具凝聚力和事业认同感的核心办学团队。这是民办高校得以在激烈的高等教育市场上办出特色、获得旺盛生命力的关键所在。本文以下就这两个主要的方面展开论述。

(一)较大的办学自主权

民办高校因自身具有相对的独立性、自主性和灵活性,因而较少受行政化的制约,有较大的自主权。比起公办高校,民办高校在起步之初不受政府重视,甚至不被政府认可,也就无政府的资助和相应的办学条条框框的限制,从办学开始就必须面向社会需要才能生存、发展。同时,办学者有较多的办学自由,能自主地选择办学宗旨、办学目标、设置机构及使用经费,从而有较多独立决断和改革创新的余地,在办学实践中较易形成自己的特色和传统,以利于在激烈的竞争中得以生存和发展。在国外,私立大学的自主权更大。纵观世界一些历史悠久的私立大学,相互之间少有共同之处,都有自己的特色和传统。可以说,这些特色和传统的形成与私立大学自身的独立性、自主性和灵活性密不可分。

首先,在办学宗旨和目标上能独树一帜。以日本的"私学双雄"早稻田大学和庆应义塾为例,其培养目标就与当时的以培养政治精英和科学精英的帝国大学背道而驰,而是以培养中下层普通人员为己任。[1] 在办学模式上也不

---

[1] 杜作润,等. 高等教育的民办和私立:比较研究[M]. 上海:上海科学技术文献出版社,1993:107.

囿旧制。再以美国的宾夕法尼亚大学为例，学校首设科学课程，同时还是第一所开设历史、数学、农学、英语和现代语言等课程的美国大学，被誉为是开创了现代美国教育新的高等教育学府模式。①

其次，在经费来源和运用上更为灵活。在经费来源上，国外私立高校主要是接受捐赠、收取学费以及学校自身的其他收入；中国民办高校主要依靠学费，还有企业或私人投资。布鲁贝克曾说，"完全的自治必然要求完全的经费独立"，尽管"这种程度的独立是根本不可能的"，但"私立学院和大学由于拥有自己的经费，仍然保持了广泛的自治"。② 首创对外国学生全额收学费的英国白金汉大学校长特伦斯·凯利也认为，"高等院校中的独立大学之所以运作良好，就是因为对学生的学费依赖提供了制度式的激励，积极满足学生的需要，而这种激励机制不必被来自政府的压力所阻碍"③。另外，民办高校在经费运用上不同于政府举办、管理的公办高校，作为独立法人，其财产的所有权、支配权和使用权都属于学校，因而有着更为灵活和高效率的机制优势。

再次，人事制度上的用人权和分配权也比公办高校自主和高效。在用人方面，民办高校能较好地不拘一格选用人才，竭尽全力挖掘人才，并建立了竞争性和促进流动的制度。美国麻省理工学院的第九任校长康普顿为进一步提高理科系地位，上任后从哈佛请来了 29 岁的理论物理学家斯莱特任物理系主任④；芝加哥大学校长威廉·哈珀则运用超过一般教师两倍的薪酬从美国克拉克大学挖掘优秀师资。⑤ 2011—2012 学年来自美国国家教育统计中心的数据则更清楚地表明：在有博士学位授予权的大学中，非营利性私立大学教师的薪酬均高于公立大学（见表1）。⑥

---

① 杜作润. 世界著名大学概览 [M]. 成都：四川人民出版社，1994：446.
② 布鲁贝克. 高等教育哲学 [M]. 王承绪，等译. 杭州：浙江教育出版社，1987：35.
③ 凯利. 独立性在大学发展中的作用 [M] // 龙小农. 生态环境及发展战略：私立大学研究. 北京：中国传媒大学出版社，2011：52.
④ 张成林，曾晓萱. MIT 工程教育思想初探 [J]. 高等工程教育研究，1988（1）：19.
⑤ 杜作润，等. 高等教育的民办和私立：比较研究 [M]. 上海：上海科学技术文献出版社，1993：103.
⑥ 资料来源于美国国家教育统计中心。

表1 2011—2012学年美国四年制博士学位授予大学教师9个月薪酬统计表

项目	公立博士授予大学			非营利私立博士授予大学		
职称	教授	副教授	助理教授	教授	副教授	助理教授
薪酬水平/美元	114 415	79 642	68 417	137 016	87 425	72 542

至于竞争性的制度，最典型的就是聘任制的普遍应用。在美国麻省理工学院，干部实行任期聘任制，在竞争中施展才华①；在土耳其的比尔坎特大学，教职工也一律实行两年一签的合同制，双向选择，没有"铁饭碗"②；在我国，很多民办高校实行的也是全员聘任制度。在促进流动方面，国内外民办（私立）高校显著的共同点是大量聘用兼职教师。此举既能降低成本，又能增强与外界的联系。如美国国家教育统计中心2003年的统计数据表明：在各类型院校中，私立院校的兼职教师比例均明显高于公立院校。③其中，私立综合性院校兼职教师竟多于专任教师（见表2）。

表2 2003年美国国家教育统计中心兼职教师占比情况

项目	研究型院校		博士授予院校		综合性院校	
	公立	私立	公立	私立	公立	私立
全职教师/万人	16.21	6.35	5.13	2.17	10.73	4.14
兼职教师/万人	3.97	2.32	2.08	1.54	6.03	5.35
兼职教师占比/%	19.67	26.76	28.85	41.51	35.98	56.38

---

① 张成林，曾晓萱. MIT工程教育思想初探［J］. 高等工程教育研究，1988（1）：33.

② 杜作润，等. 高等教育的民办和私立：比较研究［M］. 上海：上海科学技术文献出版社，1993：96.

③ 资料来源于美国国家教育统计中心。

在我国，笔者并未查到官方公布的民办高校兼职教师的统计数据，但通过对院校的个案调查可知，许多民办本科院校或专科院校兼职教师的比例大多在30%，远高于公办、民办高校21.23%的平均数。① 民办高校的兼职教师主要来自其他高校或研究机构，近年来更多的来自于企事业单位。前者学术水平较高，后者有利于产、学、研沟通与合作，都能发挥优势作用。

（二）办学者利益相关度高，核心成员认同感、危机感强

民办高校办学者对其所创办或主持的教育事业的利益相关度和核心成员的认同感、危机感之所以高于公办高校的领导管理层，是出于以下三个方面的原因。

首先，民办高校的办学者一般就是学校产权的主体。公办高校的产权所有权属于国家，其所拥有的分配权、使用权有限，一般不存在收益权，也就是所谓的产权不明晰；而民办高校的产、权、利相对较为明晰，因而对于办学者及其主要核心成员的激励与约束作用更为明显。

以近年来升格的民办普通本科院校为例，有相当数量的高校已按照国家教育部的要求落实了法人财产权，明确了举办者对学校资产的投入数额。根据国家教育部公示的升本院校章程，笔者从中抽取了6所高校，对其资产来源情况做了统计。从表3可知，这些民办高校经过较长时间的发展，在升格之际资产总额都已达数亿元之多。无论是个人举办者还是企业集团的举办者，对学校均有数以亿计的投入。② 由此可见，在巨大的经费投入纽带链接下，民办高校的发展命运与办学者和核心成员的利益确实休戚相关。

---

① 中华人民共和国教育部. 2013年全国教育事业发展统计公报 [EB/OL]. (2014 - 07 - 04). http://www.moe.gov.cn/srcsite/A03/s180/moe_633/201407/t20140704_171144.html.

② 详见中华人民共和国教育部发展规划司网页。

表3 部分民办本科高校资产来源情况

院校名称(数据年份)	资产总额/万元	净资产来源及金额/万元	
潍坊 K 学院（2007）	79 500	举办企业	23 700
		学费收入	33 700
		政府资助	13 100
		院办企业	5 900
		社会捐助及其他	1 900
山东 Y 学院（2007）	43 859	举办人	2 000
		办学积累	41 859
武汉 D 学院（2010）	77 742	举办企业	19 020
		办学积累	32 318
大连 K 学院（2010）	62 584	举办企业	37 511
泉州 X 学院（2013）	65 390	举办人及企业	53 234
河北 G 学院（2013）	53 181	举办人	30 168

其次，就办学动机和意愿而言，办学者和核心成员大多出于理想和抱负主动献身教育事业。即使是有营利动机的投资办学者，其主动性、积极性都很高，核心成员的参与意识也更强，成就感也就更高。30多年来，在我国坚持办学、卓有成就的民办高校，都有其感人的艰辛历程；许多拔地而起的校舍和温馨校园，其背后都凝聚着创办者及其团队的心血。办学者往往是怀着强烈的动机和美好的理想来创办高校，这种动机和理想既来自于对社会发展趋势和现实需要的积极回应，也来自于对大学理想的价值追求。许多民办（私立）大学校长，无不将办好大学作为毕生事业，将个人生命同学校的成长融为一体。学校的声誉也是办学者及其团队的荣誉，满足了办学者和主要核心群体的成就感。比如西安培华学院创始人姜维之，晚年双目失明，仍坚持来校办公，以耳代眼，指点工作。再如西安翻译学院的创办者丁祖诒，坚持工作，最终倒在讲台上。

再次，就办学面临的危机感而言，民办高校办学者所承受的压力更大、更直接。民办高校是一个自筹经费、自负盈亏、自主办学的独立法人，没有强大的国有资产和行政权力作后盾，相比公办高校面临更多的风险、更大的压力和更激烈的竞争。压力就是动力，竞争促使民办高校要适应社会需要，满足家长和学生需求，提高质量，办出特色。国外私立大学也是如此。有学者认为，美国麻省理工学院最值得借鉴的宝贵经验是其成员在世界急剧变化、竞争激烈的环境下，仍怀有强烈的责任心、第一流的意识以及紧迫感和危机感，敏锐洞察了工业社会和工程教育时代的特征和需求，并以顽强的奋斗精神使工程教育满足社会发展的需要，推动了社会的进步。① 这种奋斗精神又由学院的领导和教师传播给了历届学生和工作人员，使麻省理工学院确立了这样的信心：他们是开创未来的主人，美国的工业和技术将在他们的影响下改变面貌。②

二、民办高校机制优势在推动高等教育改革、发展、创新上的表现

作为民办高校特有的机制优势，已给公办高校带来了实实在在的冲击，促使公办高校打破僵化体制，加快改革步伐，切实发挥了推动高等教育改革、发展和创新的作用。本文以下将通过列举中外民办（私立）高校的办学实例和相关数据，来阐述民办高校机制优势在这一方面的具体表现。

（一）精简机构，减少人员，提高效率

精兵简政是行政管理的重要原则，也是国家大力提倡的。同公办高校相比，民办高校的管理机构力求精简高效。这表现在：职工人员占比小，尤其是中高层领导管理人员较少，一职多能，部门分工不严格，层层请示与相互推诿的现象也较少，因而管理成本较低、效率较高。

据统计，2013 年全国民办高校有 718 所，公办高校有 1 770 所（不包含成人高校和民办其他高等教育机构），但民办高校职工占比远低于公办高校（见表 4）。③

---

①② 张成林，曾晓萱. MIT 工程教育思想初探［J］. 高等工程教育研究，1988（1）：32.
③ 教育部. 2013 年全国教育事业发展统计公报［EB/OL］.（2014 - 07 - 04）. http://www.moe.gov.cn/srcsite/A03/s180/moe_633/201467/t20140704_171144.html.

表4 2013年民办、公办高校职工占比情况

院校类型	在校生数/人	教职工数/人			教职工数占学生数比例/%	专任教师数占学生数比例/%	职工数占学生数比例/%
		合计	专任教师数	职工数			
民办高校	5 575 218	398 400	281 415	116 985	7.15	5.05	2.10
公办高校	208 994 161	1 897 862	1 215 450	682 412	9.08	5.82	3.26

从表4可知，民办高校教职工占学生数比例仅为7.15%，而公办高校达9.08%；尤其是民办高校职工占学生数的比例仅为2.10%，公办高校则达3.26%。当然，民办高校至今层次还较低，仅个别高校培养研究生；而公办高校中相当一部分层次较高，任务复杂，导致机构人员较多，存在一定的不可比性。为此，笔者在F省选择层次、规模相当的民办、公办本科与高职院校各3所，共计12所高校进行比较，结果见表5和表6。[①]

由表5和表6可见，民办高校行政人员无论占在校生数比例或占教职工数比例，都远低于公办高校。3所民办本科高校行政人员占在校生数的比例为0.77%，约为3所公办本科高校的一半。3所民办高职院校行政人员占在校生数的比例为0.88%，约为3所公办高职院校的3/5。至于行政人员占教职工总数的比例，也均显示民办高校的占比远低于公办高校。尤其是在学校的高层领导上，公办高校由于行政化人事安排的需要，领导班子庞大；民办高校的领导并无行政级别，可以按需设岗，适者就位。例如，一所在校生达23 000多人，在21世纪初升本并具有颁发硕士研究生学位的民办高校，校级领导仅5人[②]；而另一所同期升本，在校生为18 000多人的公办高校，校级领导达13人之多。[③] 可见，在精兵简政、提高管理工作效率上，民办高校具有机制上的优势。

---

① 福建省教育厅.福建省教育事业统计简明资料2012［M］.福州：福州民和印刷厂，2013：28－33.

② 资料来源于北京城市学院学校简介。

③《湘南学院概况——学院领导》，2014－01－01，http://www.xnu.edu.cn/Content.aspx?lanmuid＝2677.

表5 2012年度F省民办、公办本科高校行政人员数量及占比

民办本科简称M（升格时间）	M1（1994）	M2（2008）	M3（2011）	合计	平均	公办本科简称G（升格时间）	G1（2010）	G2（2002）	G3（2010）	合计	平均
在校生数/人	9 590	12 767	8 596	30 953	—	在校生数/人	7 417	13 746	12 736	33 899	—
校本部教工数/人	757	918	615	2 290	—	校本部教工数/人	538	720	813	2 071	—
行政人员数/人	70	104	65	239	—	行政人员数/人	109	188	180	477	—
行政人员占在校生数比例/%	0.73	0.81	0.76	—	0.77	行政人员占在校生数比例/%	1.47	1.37	1.41	—	1.41
行政人员占校本教工数比例/%	9.25	11.33	10.57	—	10.38	行政人员占教职工数比例/%	20.26	26.11	22.14	—	22.83

表6 2012年度F省民办、公办高职院校行政人员数量及占比

民办本科简称MZ	MZ1	MZ2	MZ3	合计	平均	公办高职简称GZ	GZ1	GZ2	GZ3	合计	平均
在校生数/人	5 924	5 300	4 053	15 277	—	在校生数/人	5 423	5 256	3 783	14 462	—
校本部教工数/人	330	369	279	978	—	校本部教工数/人	389	346	293	1 028	—
行政人员数/人	40	58	37	135	—	行政人员数/人	76	66	47	189	—
行政人员占在校生数比例/%	0.68	1.09	0.91	—	0.89	行政人员占在校生数比例/%	1.40	1.26	1.24	—	1.30
行政人员占校本教工数比例/%	12.12	15.72	13.26	—	13.70	行政人员占教职工数比例/%	19.54	19.08	1.30	—	18.22

(二)贴近社会,重视学生,促进就业

对民办高校来说,社会和学生的需要是其生存和发展的源泉,因此很多民办(私立)高校都注重贴近社会办学,满足学生多样化的需求。如日本私立高等教育办学层次多样,从综合性大学到两年制的短期大学;办学内容全面,学科专业很多是直接面向人民生活服务的,如商业、保育、营养、看护、家政、庭院、陶瓷以及观光旅游等;办学形式丰富,有的直接附设在大学或者工厂企业中;学习方式灵活,实行学分制等。① 中国民办高校是在市场经济中发展壮大起来的,他们面向社会办学、服务社会的意识更浓。如湖北函授大学(现湖北开放职业学院),早在20世纪80年代初期就定位于为县城以下的老、少、边、穷地区提供高等教育服务,可谓最早将高等教育延伸至农村的办学典范。② 又如浙江的宁波大红鹰学院,将其有关的专业定位于为当地中小型企业培养多面手的人才;福建泉州的仰恩大学,在20世纪90年代初顺应外向型企业亟须外语与计算机人才的趋势,所有专业都加强外语与计算机培训,使毕业生受到社会的欢迎。在围绕市场需求设置专业方面,有诸多民办高校因敏锐地捕捉到了人才市场需求而成为特色优质办学的先行者。例如首批获得研究生培养资格的吉林华桥外国语学院,在全国率先开设英德、英日、英法与英西(班牙)等双语专业,以及"外语+专业""专业+外语"等应用型、复合型人才培养模式,引起了教育部的重视和支持,现已是国家级特色专业③;又如被中国校友网评价为中国一流民办大学的湖南涉外经济学院,1999年在全国率先开设了高尔夫专业方向,并在此基础上成立了湖南高尔夫旅游职业学院④;再如被称为中医美容黄埔军校的西安海棠学院,2005年首创国内第一个医疗美容技术(中医美容)专业,开国内中医美容应用型

---

① 杜作润,等. 高等教育的民办和私立:比较研究[M]. 上海:上海科学技术文献出版社,1993:5.

② 子文. 走民办公助之路 开城乡智力之源泉:访湖北函授大学[J]. 中国成人教育,1997(9):45.

③ 聂淑彬. 吉林华桥外国语学院:双语模式培养复合型人才[EB/OL]. (2010-07-08). http://gaokao.eol.cn/zbft_5639/20100708/t20100708_494271.shtml.

④ 胡力丰. 湖南高尔夫旅游职业学院今挂牌[EB/OL]. (2010-06-22). http://hn.rednet.cn/c/2010/06/22/1987758.htm.

人才培养的先河，其培养的毕业生供不应求，并有相当数量的毕业生成功创业。①

民办高校必须招收足够的学生才能生存与发展。为了吸引学生就读，学校必须为学生提供全方位、高质量的服务，尽可能满足学生及家长多样化的需要，尤其在生活与就业两方面。许多声誉良好的民办高校，对学生的生活与管理都有严格的要求，使学生逐渐养成了良好的习惯。如吉林华桥外国语学院，其办学理念之一就是"一切为了学生成人、成长和成功"，并坚持"全员、全过程、全方位、全住宿"的教育管理模式，引导学生全面发展。② 在以就业为导向上，也有很多民办高校做得较好。如黑龙江东方学院，被教育部评为全国高校毕业生就业典型的民办本科高校，建立了"全程把关、全员参与、全方位服务"的毕业生就业工作机制；与全国20个省市人才市场和百余家企事业单位建立了稳定的供求合作关系，在北京、深圳等8个地区、17个城市建立了就业指导工作站；每年邀请各地用人单位召开校园或网上招聘会，为毕业生提供大量的就业岗位。③ 又如北京吉利学院，不仅成功实践了独特的"311就业导向教育模式"④，大力实施"订单教育"和"双证书教育"，还率先在全国高校中设立了额度为3 000万元的高校大学生创业基金，是一所能充分发挥高校和企业集团结合优势，按需培养、按需就业，多方联动、多方共赢的特色高校。⑤

（三）节省费用，增值资产，提高效率与收益

在办学经费的使用上，民办（私立）高校节约意识和风险意识更强。如张伯苓创办的南开大学，为减少不必要的开支，许多楼舍都是自己设计，校长张伯苓的薪水仅相当于当时中学校长的薪水。⑥ 同时，在经费管理方面也有

---

① 西安海棠学院特色专业：医疗美容技术专业［EB/OL］．(2012 - 06 - 13)．http://xian.qq.com/a/20120613/000357.htm.

② 秦和．一切为了学生"成人、成才、成功"：吉林华桥外国语学院办学理念及其实践［J］．吉林华桥外国语学院学报，2008（2）：1 - 5.

③ 资料来源于黑龙江东方学院简介。

④ 指实用语文、实用英语、实用计算机三门必修基础课和以职业道德为一个核心于一体的教育体系。

⑤ 实施311就业导向人才培养模式　汇名师专家　培养高素质毕业生［N］．中国青年报，2012 - 06 - 29（5）.

⑥ 宋秋蓉．近代中国私立大学研究［M］．天津：天津人民出版社，2003：174 - 178.

严格的规定，如在经费保管、发放及稽核方面，南开大学规定：校款出入由校董事会稽核，并由助款机关按时来校稽核所助款项用途。① 20 世纪 80 年代初期，大多数民办高校都是在无经费、无校舍、无教师的"三无"基础上创办发展起来的。这些高校利用租借校舍、聘请兼职和退休教师、创办人及核心群体以低薪甚至是无薪等多种办法降低教育成本，依靠资金滚动发展起来。不仅如此，为应对外部环境变化带来的风险，早期成立的一些民办高校还建立了储备金制度。如 1993 年创立的私立厦门华厦大学（现厦门华厦学院），首任校长常勋在办学之初就设置了 150 万元作为学校的风险金，持续至今已积累到千万元。即使在发达国家，许多资产丰厚的私立大学仍运用多种方法来节约经费。如斯坦福大学的财务人员为应对现金支出短缺，开发出了国内最为成熟的财务预测模型②；布朗大学副校长理查德·雷蒙斯顿则推行了伙食计划系统计算机化、取暖和降温系统计算机化、校友档案计算机化等，降低了支出④；还有通过实行课程教学、后勤服务等合同外包的方式节约开支。

在学校资产的管理上，民办（私立）高校增值意识浓厚，善于运营资产以获取丰厚收益。如日本很多私立大学都通过经营旅馆、饭店、出租设备以及场地等创收，1990 年早稻田大学利用学校资源创收达 88.2 亿日元⑤；美国私立高校也注重运营资产增加收入，2010—2011 学年非营利性私立院校收入的 25.85% 来自于投资回报，7.14% 来自附属企业，8.45% 来自医院，三项合计占总收入的比重高达 41.44%（见表 7）。

表 7　2010—2011 学年美国私立非营利性院校总收入构成情况

收入类型	学费	联邦助学金	州助学金	当地助学金	私人捐赠及合同	投资收益	教育活动	附属企业	医院	其他
占比/%	28.98	11.74	0.82	0.22	10.66	25.85	2.41	7.14	8.45	3.72

---

① 王文俊，梁吉生，等. 南开大学校史资料选（1919—1949）[M]. 天津：南开大学出版社，1989：36.
②④ 凯勒. 大学战略与规划：美国高等教育管理革命[M]. 别敦荣，主译. 青岛：中国海洋大学出版社，2005：78.
⑤ 耿萍. 日本私立大学经营体制研究[D]. 北京：对外经济贸易大学，2007：28.

对中国近 20 所民办本科高校的调研也发现：民办高校资产经营性收益，最高的占到总收益的 31%，最低的也占到 17%①；而对中国近 30 所公办高校的调研则发现：公办高校有形资产实验室的年均闲置率达 67%，一般公共用房和教学用房的年均闲置率也分别达 27% 和 32%。② 二者虽不具有直接对比性，但资产管理与运营的效率和效益高低也可见一斑。

（四）制定长远规划，推行校本研究

公办高校党政领导实行任期制，重视任职期间的业绩与成就，即使设想了也完成不了长期的发展战略。因此，所谓的战略目标和战略步骤往往流于形式，成为空洞的口号。而民办高校的创建者、办学者及其核心群体将学校的发展视为自己的终身事业，在制定规划时考虑学校发展的可持续性。例如在西安、东北、山东、河南、江西以及浙江等地卓有成就的民办高校，其创办者和办学者不但把民办高校视为自己的终身事业，而且已经或正在培养事业接班人。国外的私立高校也是如此。例如澳大利亚的邦德大学，其创办人自创办开始就明确要将学校办成世界著名的大学，因此在发展战略上不急于求大、求全，而是保持小型大学、小班教学、关注学生成长、优质教学、摒弃管理部门的商业化运作模式，力求在教学和科研上保持一流。③ 作为澳大利亚第一所私立院校，经过 20 年的一贯努力，邦德大学终于成为澳大利亚唯一在"教育经验"和"毕业生成果"分类评估中获得五星级评价的大学，在国内排名也位居第二。④ 这样的成就，显然得益于邦德大学领导者的长期战略坚持。

由于民办（私立）高校具有相对的独立自主性与机动灵活性，相对于公

---

① 谷丽应，阮朝辉，陈刚. 中国民办高校企业化运作模式对公立高校管理的借鉴研究［M］. 成都：西南交通大学出版社，2010：55.
② 谷丽应，阮朝辉，陈刚. 中国民办高校企业化运作模式对公立高校管理的借鉴研究［M］. 成都：西南交通大学出版社，2010：53.
③ 斯特伯. 私立大学的发展战略：以邦德大学为例［M］//龙小农. 生态环境及发展战略：私立大学研究. 北京：中国传媒大学出版社，2011：218.
④ 斯特伯. 私立大学的发展战略：以邦德大学为例［M］//龙小农. 生态环境及发展战略：私立大学研究. 北京：中国传媒大学出版社，2011：218.

办高校行政干预较少，因此校本研究所提出的建议、方案等较易得到推行。近代高等教育史上许多西方先进的教育理念、制度（如男女同校、选科制、导师制等），往往首先出现在私立高校。如，广东光华医学院首创男女同校；大同大学早在 1912 年就实行了选科制；大夏大学则在 1929 年率先为本科四年级和高等师范二年级学生配备了 21 名导师，指导学生修业与择业。[1] 在当代高等教育改革发展中，许多教育制度改革和创新的措施，民办高校都走在了公办高校前头。在招生就业制度上，民办高校早在 20 世纪 80 年代初就开始面向市场，自主招生，不包分配，推荐就业；在经费筹措制度上，民办高校有的很早就建立了基金会，推行股份制，进行产业运营；在内部管理体制方面，民办高校则较早实行了精简机构、推行聘任制、推进现代法人治理结构建设等实践。例如黑龙江东亚学院（现齐齐哈尔工程学院）实行了许多适应办学需要的试验，包括家庭宿舍、专业建设法人化、毕业后流动站以及委托管理等。该校成立了院校研究室，专门研究学校的办学体制、管理体系和运行机制，为校领导决策提供论证和可行性分析。该校的这些创新改革，有的只在一定时期起作用，有的至今仍坚持践行，对整个学校的发展起到了重要作用。

综上所述，民办高校在推动高等教育改革创新上的确具有压力较大、动力较强、内外阻力较小的优势，但这些机制优势只是相对的。有的民办高校能较好地利用这些优势发展壮大，有的则利用不当或看不到这些优势，从而遭受损失。同时也要认清，民办高校在总体上仍处于劣势：一方面是政治与经济基础远不如公办高校，办学历史短，经验不足，还须向公办高校学习；另一方面是"清理并纠正对民办学校的各类歧视政策"阻力重重，"制定完善促进民办教育发展的优惠政策"尚待落实。尤其是有的民办高校的办学者对自身的机制优势认识不足，缺乏信心。因此，有必要提高民办高校对自身机制优势的认识，加强勇于推动高等教育改革的信心。就各国高等教育的发展历程来看，公办（公立）、民办（私立）高校各有优势，只有优势互补、互相促进，才有利于高等教育的繁荣发展。

---

[1] 宋秋蓉. 近代中国私立大学研究［M］. 天津：天津人民出版社，2003：219.

独立学院的转型定位和发展[①]

独立学院出现于20世纪末21世纪初,当时有些公办大学设有民办二级学院,主要集中在浙江和江苏两省。教育部考察后,认为这些学院可以利用公办大学丰富教育资源,扩大招生,但应当同公办二级学院有所区别。因此,2003年出台了一项政策——把这些学校改名为独立学院,成为公办大学中的民办独立学院,并给予政策上的优惠。正是得益于该项优惠政策,许多公办大学纷纷接办或增办民办独立学院。最近,国务院非常重视职业教育的发展,重视职业教育体系的建设,鼓励独立学院转型为应用技术大学,民办独立学院也因此享受到了第二次政策优惠。但是在享受政策优惠的同时也出现了许多问题,这些问题主要是定位和发展中的难题。所以今天我把这些政策上的优惠(机遇)和定位发展中的难题(挑战)提出来,同大家一起探讨。主题就是:21世纪初出现的民办独立学院,历经两次转型,获得两次政策优惠的机遇,也面临两次定位和发展难题的挑战。

一、民办独立学院的两次转型及其发展机遇

先讲第一次转型。2003年,国家出台了一项政策,要把公办大学中的民办二级学院转变成独立学院,当时的独立学院既有转型的又有新办的,这些独立学院的来源大体上有三类。

[①] 原载《西南交通大学学报(社会科学版)》,2014年第15卷第5期。

第一类是从公办大学已设的民办二级学院转型为独立学院。例如宁波大学在20世纪90年代就办了一所民办科学技术学院，招生情况很好，办出了自己的特色。这类民办二级学院浙江、江苏大约有20所改为民办独立学院。

第二类是从民办高职高专转型为依附于公办大学的独立学院。当时民办高职招生竞争很激烈，升本也非常难，于是就和公立大学协商作为独立学院，前提是每年必须交付相当于学费收入一定比例的管理费。比如，当时西安有许多民办高职，西安的民办高职是发展得最快的，包括翻译、外事、欧亚、西京、思源等。他们都不愿依附于公立大学作为独立学院，只能招专科生，但是也有个别在发展上较困难的专科学校，交管理费及其他条件，依附于某公立大学成为独立学院于第二年就可以开始招收本科生。

第三类是公办大学新建自办的"国有民办"独立学院。"国有民办"是我加上去的，虽然名字是民办独立学院，实际上是国有。比如厦门大学的嘉庚学院，集美大学的诚毅学院。但是独立学院必须是民办的，才可以合作，于是出资若干注册了一个公司，由大学和公司合作组建公立大学中新的独立学院。这样就可以享受优惠政策，当时的优惠政策是你不必申请升格就可以定位为本科层次，而许多民办学校都只能办专科层次的高职。民办高职升本到2000年才开始，黄河科技学院是全国第一所民办专升本学院，我当时就给黄河科技学院的胡大白校长发去贺电。我的贺电并不只是祝贺黄河科技学院，也是为中国民办高等教育祝贺的。之后西安好几所高职也都升本了，但大多花了很大的力气。今年，福建有三所民办高职升本，其中一所已经顺利通过，还有两所仍处于只允许筹办阶段。深圳高职到现在还没能升本，他们开辟了另一条门径，和深圳大学合作，由深圳大学出面招本科生，然后由深圳高职负责培养，但是非常困难。正因如此，独立学院建制一开始就引起争议。争议什么呢？争议的焦点在于许多民办高职认为，我们（民办高职）办得很好，但是不能成为本科，而你们（独立学院）刚创办或一转制就升为本科。比如说，深圳高职是全国办得最好的高职，到现在始终还是专科层次的高职，而许多不如这所高职的民办独立学院一经转制就是本科。

民办学院作为独立学院依附于公办大学的主要理由是可以获得优质的教育资源，办好民办高等教育。比如江城学院作为中国地质大学的二级学院，由于中国地质大学是全国的名牌大学，民办江城学院可以分享地质大学教育资源。不光享受资源，而且还获得一个"名标"。江城学院是中国地质大学的江城学院，嘉庚学院是厦门大学的嘉庚学院，武昌学院是华中科技大学的武昌学院，如此等等。事实上还有一个很重要的好处就是高收费。它可以比一般民办高校加倍收费，许多独立学院的学费是1.5万~2万元甚至更多，而公办大学本科生学费在5 000~6 000元。为什么许多公办大学注册一个公司来合办一个独立学院呢？正是为了得到这一政策优惠，进而促进其快速发展，2003年刚公布的有关民办独立学院决定，2004年就办起249所，2010年达到323所，占当年民办高校676所近一半，而在校生260万，占民办高校477万的一半以上。应该说，政策优惠对扩大民办高校事业的贡献是很大的。目前已有部分民办二级独立学院脱离公办大学，转为真正的独立院校了。

民办独立学院在得到政策优惠的同时，也面临不少难题，包括定位和发展的难题。一方面，民办独立学院要享有公办大学的优质教育资源；另一方面，政策上又规定不得与作为"母体"的公办大学同质化。例如，厦门大学是公办的"985工程"大学，是面向全国的研究型大学，而嘉庚学院必须面向地方、面向经济社会的生产和生活需要，专业设置应该是地方性、应用性的，不可完全像母体大学那样办成研究型大学，要确定不同类型的定位，开设不同层次的课程。既要依附于母体，又不允许颁发母体的学历证书。许多独立学院，开始时都发母体大学的证书，后来发的是自己的学历证书，但还是把母体大学的名牌冠在前面。

实际上，大多数民办二级独立学院与所依附的母体基本"同质化"，厦门大学开设什么专业，嘉庚学院基本上就开设什么专业。不过厦门大学是一本生源，理论知识水平更高一些，嘉庚学院是二本，水平低一点，但课程教材基本上差不多。中国地质大学的特色是地质，江城学院，也就是现在的武汉工程科技学院主要的特色也是地质，那么江城学院的地质和中国地质大学的地质是否一致？据我所知，许多民办二级独立学院同质化都很明显，都是按研究型大学模式培养研究型人才。同时，不让发母体大学的学历证书，还可以发母体大学的学位证书。为什么？因为学位不限在本校，可以到另一所大学去申请学位。比如，法国的大学校（专门学校）水平很高，但是只发证书，不颁学位。学生如果要拿博士学位可以到巴黎大学去申请；英国有许多大学学院是不能颁发学位的，如果要学位可以到伦敦大学申请。中国的学位条例实施办法也规定"非授予学士学位的高等学校，对达到学士学术水平的本科毕业生"可以"向本系统、本地区的授予学士学位的高等学校有关的系"申请学位。也就是说，学位可以不受在读学校限制。在中国人心中，似乎学位比学历更重要，你有学历不一定有学位，学历到学位还有一定的距离。这在学位条例实施办法中都已有明确的说明，不是所有有学历的人都有学位。总之，许多独立学院转型后走的还是原来母体的发展道路。这就为当前独立学院带来转型定位的难题。

当前面临的第二次转型是从非独立的民办二级独立学院转型为真正独立设置的民办本科。2008年，教育部要求所有民办独立学院逐步脱离母体，但到现在脱离母体独立设置的不多。最早是武汉武昌学院独立出来，到2013年独立了31所，仍有292所未独立。目前还有多少所暂不清楚。第二次转型鼓励独立设置的民办本科要办成应用技术本科。习近平主席和李克强总理讲话中都申明了这点，并公布了一个《国务院关于加快发展现代职业教育的决定》（以下简称《决定》）。这个《决定》很长，其中第五条指出，"……原则上……专科高等职业院校不升格或并入本科高等学校……"。今后高职要升格恐怕就难上加难了。为什么有这条呢？可能是吸取了台湾地区的教训。台湾地区允许技职专科升格成本科的技职学院，在短短的数年间，除了与高中层次的职业学校联系的五年制职业教育（称为五职专）外，都已升为本科技职学院、培养研究生的科技大学。职业教育体系的建设，不仅要有中职、本科，还需要大量的专科。因此，要限制专科层次的高职升本。但对于已经是本科的高校，《决定》的第六条却提出"……引导一批普通本科高等学校向应用技术型高等学校转型，重点举办本科职业教育。独立学院转设为独立设置高等学校时，鼓励其定位为应用技术类型高等学校。"对于高职专科不予以升格，而对于独立学院却鼓励其转型定位为应用型技术本科。第二次转型发展又得到不同于专科高职的政策优惠。

二、民办独立学院转型定位和发展面临的挑战

独立学院在第二次转型过程中,也会面临不少挑战:要从传统普通本科教育转型为应用技术本科教育,而应用技术本科教育在《决定》中属于职业教育体系的组成部分。中央六部委印发的《现代职业教育体系建设规划》规定:"……职业教育体系内部。系统构建从中职、专科、本科到专业学位研究生的培养体系。"明确了现代职业教育体系是这样一个体系:中等职业教育(中职)—专科职业教育(高职)—本科职业教育(应用技术本科)—专业学位研究生(专业硕士、专业博士)。现在大学招收的博士生已分为两种类型,一类是学术型博士,一类是专业型博士。过去职业教育到专科层次就断了,高职成为"断头路",现在不单可以延升到本科,还可以延升到研究生,"断头路"变成升学通道。

理顺了职业教育体系,有利于培养技术、技能型人才,但对独立学院是新的挑战,要解决系列难题。独立学院第二次转型定位和发展主要面临两个方面的阻力,一个是思想认识上的阻力,另一个是改革实务上的阻力。首先是思想认识上的阻力,既有来自社会、学校内部以及办学者自身传统思想的阻力,又有来自教育部门传统思想认识体现于管理政策条例上的阻力。

(一)思想认识上的阻力

中国素有"重学轻术""重学术轻职业"的思想传统,而美国就不同,美国是一个实用主义的国家。中国和英国都属于传统思想很浓厚的国家,都存在这些问题,尤其是中国,历来认为学术是尊贵的,技术是次等的。为什么?"士为四民之首",士、农、工、商,士是老大,可以"学而优则仕"。因此,转型后要进入职业教育系统,思想阻力很大。20世纪80年代,根据收费、走读、不包分配的要求,许多地方办起了有别于传统的专科教育、面向地方需要的两年或三年的高等教育,并称为职业大学。最早的职业大学有金陵职业大学、江汉职业大学、成都职业大学、鹭江职业大学等。因为办学成本低,又能解决一些贫困学生就地上学问题,所以发展很快,1988年最多时达到122所。但是,受传统思想的影响,这些职业大学,除正式文件外,都

自行把职业两个字删掉，校名简化成江汉大学、鹭江大学等，课程设置也雷同于传统专科学校，也就是压缩型的传统本科。现在国务院的《决定》把应用技术本科归于职业教育系统，正是符合培养高级职业人才的要求，也符合经济社会转型发展对人才培养目标的要求。可是，在传统思想影响下，好像把学校归类于职业教育体系就降低学校层次了。这种无形的阻力扎根于部分社会人士和办学者的思想深处。

但是更大的阻力还是政策上的歧视，政策的歧视实际上是政策制定者思想阻力的体现。那么，有哪些政策上的歧视呢？

1. 招生政策上的歧视

招生按分数的高低进行排列，本一、本二、本三，然后才是高职，这在政策上是歧视的，这种政策上的歧视也是来源于中国的传统思想。可喜的是，这一政策上的歧视正在改善中。现在有许多地方高职可以不参加统一招生，有的高职可以单独招生了。但是，现在这种被歧视的思想还是存在，有许多学生家长特别是中层阶段以上的家长，还是要让子女进本科，不愿意进高职。

2. 收费政策上的歧视

现在本科是低收费，中职是免费，高职却是高收费。本科收费在 5 000～6 000 元，高职收费要达到 8 000～9 000 元，民办还要高一些，独立学院更高。中职各个地方最近出台了政策，和义务教育一样免费，但是高职却是高收费。这个政策依据是什么？有历史的原因。1999 年的扩招，首先是扩招高职。当时高职院校还很少，大多是设在大学里面的高职班，要求大学增加招收高职生，但是增招高职生要增加经费。当年增加经费不可能，只能给政策。给什么政策呢？高收费政策。理由是这些增招的高职生本来是进不了大学的，现在扩招了，允许进入大学的高职班，应该多交一些学费。这种政策措施在当时作为权宜之计情有可原，但是到现在，仍然延续就不合理。为什么不合理的事情还在继续呢？因为教育管理部门对教育投资分配不均，全国的职业教育，包括中职、高职的教育经费仅占全部教育经费的8%左右，而普通高校本科的生均经费是高职的一倍。我们知道，拉一条现代生产线不一定比建一个实验室少花钱，可能花钱还更多，为什么培养一个高职生的拨款只是本科生的一半呢？前两年教育部规定培养一个普通本科生的教育经费不得少于 1.2

万,但对于高职生的教育经费没有做硬性规定。可喜的是今年《决定》出台之后,有些地方高职教育经费已有较多的增长。

3. 就业政策歧视

从公办事业到国有企业,在招聘过程中大多标明只招收本科及以上学历的毕业生。考公务员,也不要高职毕业生。希望这些政策措施也要改变。

解决思想认识上的问题更重要的是提高对职业教育——应用技术教育的社会功能与个体功能的认识。办教育是为了培养人,那么培养人的价值如何,对社会的贡献如何,这个认识是更重要的,更基本的,也就是提高对国家经济社会转型发展和对个人成长发展具有重要意义的认识。

职业教育的社会功能是较为明显的,世界发达国家或发展较快的发展中国家无不得益于职业教育所培养的技术、技能型人才。一个国家要转型发展,依靠的不只是科学家,还需要大量的工程师、科技人才和技术工人等。比如说,"二战"前美国就有社区学院,那时社区学院主要是大学的一、二年级学生,学生先在离家较近的社区学院就读两年,然后再到普通院校就读三、四年级。但是"二战"后,这些社区学院纷纷转变为培养职业人才的机构,80%的社区学院变成职业技术学院,只有20%还保留着大学一、二年级的课程。"二战"后英国发展了大量多科技术学院,多科技术学院培养的也是技术人才,因为英国也需要大量的技术人才。办得最好的还是德国的技术教育,德国除了有柏林大学等研究型大学外,另一个系统就是科技大学,德国的科技大学是我们学习的对象,因为德国的经济发展迅速,制造精密,产品质量较高,无不得益于科技大学培养的人才。

有些发展中国家和地区也是如此,比如我国的台湾地区,20 世纪七八十年代是亚洲四小龙之一,产业转型发展很快,也是技职教育(我们叫作职业技术教育,他们叫作技术职业教育)发展最快的时期,有高职(高中程度的技职教育,相当于大陆的中职);有技职专科(相当于大陆的高职)。大量技职专科的发展,推动了台湾地区经济的快速发展。至于技职专科升格为技职本科学院,大多是 90 年代以后的事,起初是经济转型发展的需要,后来则成为一股"专升本"的冲动。

事实上每一种类型、层次的高校都需要,不能说本科重要,专科就不重要,不能说研究生教育重要,大家都去培养研究生。总而言之,职业技术教育培养应用技术、技能型人才,世界上的发达国家或者发展中国家都是得益于这些人才。中国正面临经济社会转型发展时期,党的十七大提出,中国要从粗放型经济向集约型经济转变,从劳动密集型生产向技术密集型生产转变,不仅需要一批学术研究型人才,更需要数以亿计的高素质劳动者,也就是不同专业、不同层次的高素质工程、技术、技能型人才,因此要从社会功能看转型的必要。

教育关注两个功能,一个是社会功能,一个是个体功能,教育通过培养个体为社会服务,而职业技术教育对个体功能也起到非常重要的作用。第一,有利于促进个体知识、能力、素质的全面发展。我们刚开始对职业教育有个误解,认为职业教育就是使个体掌握一技之长,后来慢慢认识到这个想法是不全面的。个体不光要有知识、技能,不光是学一点技能就行,还应全面发展,需要进行全面的素质教育。据我所知,最早是广东顺德职业技术学院,大力提倡要对学生开展素质教育,目前许多高职都提出要加强素质教育。因此,对个体来说,职业教育也是全面发展教育。第二,从就业来看,用人部门欢迎有实践能力的技术、技能型人才,需要的是能干的人才。根据人力资源社会保障部的调查数据显示,各种技能等级岗位空缺与求职人员比率均大于1,其中,高级技师2.72 > 1、技师2.31 > 1、高级工程师2.13 > 1。[①] 新世纪研究院最近有个调查显示,高职院校毕业生在全国的就业率已经高于一般本科。因此,从社会就业导向来看,高职毕业生的需求更高,而且未来可能会持续提升。如果一般普通本科脱离实际,将来就业会愈加困难。第三,就升学来说,过去职业教育系统到了专科层次就"断头"了,除非是丢掉职业技术,补习理论知识,考进普通本科,不然的话就不能升学。现在的"断头路"已畅通,可以从专科高职升上应用技术本科。第四,从升迁来看,高职毕业生凭借自身实力与贡献,在职位升迁与工资增长上具有优势。根据麦可思的统计,创业最高的是职业院校的毕业生,而最低的是研究型大学的毕业生,约6%以上的高职生毕业后自己创业,而研究型大学只有2%左右。现在

---

① 引自《中国教育报》2014 – 06 – 19 (05)。

高职毕业生的工资一般是 2 000 多元/月，本科将近 3 000 元/月，麦可思的抽样统计，高职毕业生三年后的平均工资比三年前初任工资增加了一倍多①，而本科就很难说，所以从工资增长来看高职毕业生也有显著优势。

（二）改革实务上的阻力

转型定位明确后，在改革发展上的落实还需要解决一连串实务上的问题。

1. 专业设置与课程教学的改革

专业设置要有所改变，课程设置也要有所改变，专业设置要面向地方的需要，不能再按照原来母体学校设置专业，如果完全按照母体专业设置专业肯定是很难发展的。举个例子，北京联合大学有个应用文理学院，我曾经带学生去这个学院调研了一个星期。这个文理学院原来是由北京大学（以下简称北大）、中国人民大学（以下简称人大）等好几所大学的分校在 20 世纪 80 年代初合作办理的文理学院，开始按北大、人大的模式办学，行不通。一是学生水平没有那么高，二是学生毕业后要像北大、人大毕业生那样去应聘有困难。因此应用文理学院就考虑面向北京市，为首都服务。如何为北京市服务呢？比如历史系改为历史文博系，为北京市的名胜古迹、文物场所如纪念馆、博物馆、陈列馆培养服务人才，毕业后全部在这些单位工作，现在很多历史性的文物场馆领导、管理、服务人员是该校的毕业生；又如地理系改为城市科学系，培养北京市城市建设需要的应用型人才，为解决北京市城乡的实际问题就有做不完的科研课题。我们只知道文理是基础学科，而这所学院的文理却是实际应用的。这所学校培养出来的人才就业非常好，待遇也高。

专业改革还要落实到课程改革上，因为所有的教学都是围绕课程来进行。我曾带着学生去安徽专门研究这个问题。安徽有许多新办的高校，这些院校大多面向地方，面向应用，但是找不到适合应用的课程教材。在安徽省教育厅的牵头下，合肥学院等多所院校联合组织关于应用型课程教材的编写，专门研究课程怎么设置，教材怎么编写。后来我到一所设在六安的皖西学院调研。为什么要到这所学校去呢？因为该校负责编写应用型数学教材，而数学是系统性、逻辑性非常强的学科，很难编成应用型教材。如果应用数学教材

---

① 引自《中国教育报》2014 – 07 – 21（03）。

编得好，其他学科教材也就较易解决。起初这所学校要办应用型工科和应用型财经管理专业，苦于找不到适用教材，只好找同济大学的数学教材，但也不完全符合。所以就只能自己编写，但是一所学校能力有限，于是就把全省各应用型高校优秀的数学教师聚集在一起，大家共同调查、研究、编写教材，在安徽省教育厅的领导下，以合肥学院为主编写了许多应用性教材。也就是说，进入实务性的转型改革，专业设置、课程教材就要进行改革。如果不改革课程教材，还是用传统的学术性很强的教材是不行的。现在很多大学使用的教材都是研究型大学的教授们编制出来的，他们的学术水平也许很高，但是不一定符合应用技术院校的要求。

大学专业的设置，要根据地方经济社会转型和发展的需求，有计划地把脱胎于母体的专业，通过"停办、增设、改造、合并"，逐步改变成与地方产业链相互对接的专业链。比如，广西有一所高职院校，原来是农业高职，后来变成一所普通高职，这所学校的领导清楚地意识到农业是学校发展的根基，如果学校按照普通大学的发展思路广泛地设置各个专业是很难有特色的。但当时学校已经增设了一些跟传统农业关系不是很密切的专业，怎么办？经过研究，学校决定应当坚持农业特色，但不是传统农业，而是现代农业。传统农业最重要的是种植业，而现代农业不光是种植，还有加工。因此，要发展食品工业专业、加工工业专业，还要培养农业经营管理人才、农业信息技术人才。这样，就将专业培养目标与课程教学发展成与现代农业产业链对接的专业链。

进一步，还需注意以下几方面的改革：一是根据现代化社会生产和生活需要，调整专业课程，建立适应社会需求的动态课程调整机制。现在有的学校正在研究如何进行动态调整，使之既能与时俱进，又不至于频繁变动。二是适当减少课堂教学时数，增加现场教学活动时间。高职原本有个要求，就是课堂时间占一半，基地实训占一半。大部分学校现在课堂教学与基地实训的时间比是6∶4左右，应用技术本科也需要减少课堂教学时间，增加基地实训时间。三是需采取多样化的教学方法以加强技术技能培养，即使是现场教学时间也需要让学生集体活动与个别活动相结合，不能都是集体活动，少数人动手，其他人只看不做。四是要选择或补充应用知识与技术教材。不可能所有教材都靠自己编写，可以利用其他的教材，但需要不断补充一些应用知识。五是注重知识考查与技能考核并重，如果期末考试仍旧注重书面考查，技能培养就会被忽视。知识的考查是必需的，但同时要考核技能，包括现在培养的专业型研究生，尤其是博士生，不只是单纯考查论文的数量，还需要考核其实践能力。

2. 提高产学结合度，进一步促进产学融合、校企合作

产学结合，须遵循以下两条原则：

第一，根据教育性原则选择实训基地。选择基地需要考虑两方面因素，一是必须考虑生产设备与技术现代化；二是需要注重选择那些文化环境、职业道德良好的基地，也就是我们培养的学生不光要有技术、技能，还要有职业道德，尤其是诚信的品质。

第二，根据双赢原则，重视合作培养可持续发展。合作培养必须符合双赢原则，不能只考虑自己的利益或便利，还需考虑对方也有利益和可行性，只有互相换位思考才能实现可持续发展。现在许多企业不喜欢高校学生去实习实训，怕的就是把生产设备搞坏，或生产一些不合格次品。当学生开学以后去企业实训时，企业正是生产淡季；当学生返回学校参加考试时，企业可能正接到一批生产任务。也就是说，企业不需要的时候学生去了，企业需要的时候学生走了。当教育规律与生产规律发生矛盾的时候怎么办？应当换位思考，协商解决。不能只把方便留给自己，把困难推给对方。此次国务院的《决定》，强调如何争取行业、企业与高校共同办学，共同培养适用人才，强调企业必须拿出职工工资的1.5%～2.5%作为培训费用。"文化大革命"前有这个规定，现在重申这个规定，而且这部分费用是给予税前优惠的。但是如果拿出来没有用是不能拿回去的，必须上交地方政府，由地方政府统一办职业教育。当然，《决定》的要求还要有具体的条例才能落实。

3. 应用技术、技能师资队伍建设

学校的一切工作最后均需落实到教师，转型定位发展的成功与否取决于师资（包括管理干部）队伍的建设。首先，作为转型的学校，不能再沿用传统途径建设师资队伍——从研究型大学选聘或委培学术型研究生，以发表论文篇数和刊物作为晋升依据等，专业教师队伍应当着重"双师型"的师资队

伍建设。原来只在中职、高职提"双师型",现在应用技术本科也提"双师型",有人可能很反感。此次《决定》明确指出,转型的学校都应该培养"双师型"人才,尤其是专业教师队伍建设要着重培养"双师型"教师。所谓"双师型"并不否定拥有硕士学位、博士学位,但不能只有这张学历和学位证书,应该还有一张专业的职业资格证书,正如德国科技大学的教师不能只有毕业证书,还必须在与所从事的专业相关的单位有5年以上的实际工作,或者是管理干部,或者是工程师。今后我们的专业教师也应当具有两张证书——学历(学位)证书和专业(职业)证书。其次,专业教师和管理干部应与学生一起到实训基地参加实训,或在有关单位挂职。同时,在不影响本职工作的条件下,鼓励他们到有关单位兼职。再次,专业教师的考核不能只凭论文数量,可以以创新改革成果或新产品开发,代替论文作为晋升的主要依据。还可以从对口单位聘请兼职教师,"兼职教师任教情况应作为其业绩考核评价的重要内容"(《决定》第十七条)。

三、结语

在普通本科高校向应用技术本科高校转型中,民办独立学院具有机制上灵活适应的优势。现在对民办教育很多人并不认为很重要,以为民办教育只是为了减少政府的负担,增加教育经费。如果民办高等教育只是这一个作用的话,不少人可能会觉得现在我们国家有钱了,教育经费宽裕了,用不着省这点钱了。"你来办不如我来办",因为他们没有看到民办教育在高等教育改革发展中具有的优势。民办教育有两大优势:一个是增加社会收入,减少国家负担;另一个,也是更重要的,是推动高等教育的改革发展。与公立学校相比,民办学校有它相对的自主性,可以进行一些自主改革,以民办学校的改革影响公办学校,推动高校的转型、创新、发展,应注重发挥民办高教在中国高等教育机制改革上的引领与推动作用。

中国民办高教的优势、困境与新思路[①]

　　我在《大力推进民办高校内部管理体制创新》中提出："中国民办高等教育的重现与发展，有两个重要的意义：其一是人们耳熟能详、基本上已达成共识的，就是民办高等教育以社会力量办学，减轻国家的教育财政负担，满足更多青年接受高等教育的愿望，为高等教育大众化和社会文化水平与劳动生产力的提高做出重大贡献。这一重要的意义，已有许多文章进行论证，并为30多年来民办高等教育发展的事实所证实，从而成为政府在政策上从限制转变到支持的主要理由。……另一个重要意义，只在一些理论文章有所论及，个别教育部门领导人曾经点到而大多数人并未认识或认同的，这就是：民办高等教育的办学者，拥有较多的办学自主权，具有较强的相关利益与经营意识，受传统治理体制的影响较少，因而具有较强的高等教育改革的动力，能够成为《国家中长期教育改革和发展规划纲要（2010—2020年）》所说的'促进教育改革的重要力量'。"[②] 在同罗先锋博士合写的一篇文章《民办高校机制优势研究》中进一步分析民办高校所具有的机制优势，由于其具有较大的办学自主权，办学者的利益相关度较高，核心成员的认同感与危机感较强，因而民办高校在推动高等教育改革创新上具有若干机制优势：①精简机构，减少人员，提高效率；②贴近社会，重视学生，促进就业；③节省费用，增值资产，提高效率与收益；④制定长远规划，推行校本研究。[③]

　　[①] 原载《华南师范大学学报（社会科学版）》，2018年第6期。
　　[②][③] 潘懋元. 大学的沉思 [M]. 北京：商务印书馆，2017：11.

当时所论述民办高校成为"促进教育改革的力量",只是从办学机制的优势方面展开,还未触及教育法规的基本理念。无论是《中华人民共和国教育法》(以下简称《教育法》),还是《中华人民共和国高等教育法(草案)》,都明确地规定"不得以营利为目的"。新的《中华人民共和国民办教育促进法》(以下简称《民办教育促进法》)将民办教育分为营利与非营利两大类,这就从法律层面动摇了这一教育法规的基本理念,使得《教育法》与《中华人民共和国高等教育法(草案)》都需删去这一规定。当然,在此之前,事实上已经存在营利性的教育,但那只是非学历教育的培训班之类,由工商管理部门登记,不属于教育部的管理范围,在教育统计上也不出现这类教育机构的名称与数字。

许多发达国家的高等教育都有营利性大学,其中有的还进入了股票市场。中国民办高等教育允许以营利性为目的办大学,既有国际先例,更符合中国民办高校的实际。中国的民办高校,捐资办学的很少,大多数是滚动发展或投资办学,其实,滚动发展也是一种投资形式。毫无疑问,投资就是为了获得利润。事实上,在"不得以营利为目的"的法规下,大多数民办学校都以多种方式取得投资回报。因此,承认营利性的合法性,符合中国民办教育主要是投资办学的实际,应当有利于教育的发展。

但是,在不少人的认识方面,又存在新的问题。营利性的教育,是不是公益性事业?如果把营利性与公益性对立起来,势必导致营利性民办学校的办学结余只能按企业的有关法规处理,而不能按公益性事业处理。

这就需要明确营利性与公益性是非此即彼的矛盾还是可以相得益彰的"和而不同"。

事实上,一定规制中的营利,有利于激发经营者的努力,从而可以提高公益性事业的效率。也就是说,合理的回报,有利于发展民办教育事业。当年制定第一份《民办教育促进法》时,就在这个问题上进行了反复商讨,才取得共识,将"合理回报"作为"扶持与奖励"写进这一法规中。但是,由于当时"不得以营利为目的"这一规定尚未删去,人们总是把"合理回报"视同营利,都不愿声称要获得"合理回报",致使这一好不容易争取来的权利,未能落实到"实施条例"中。

现在，教育营利合法化了，是不是问题就能解决了？没有！除少数捐资办学的学校之外，大多数民办高校，既不敢登记为营利性高校，又不愿登记为非营利性高校。因为对于营利性高校如何管理，至今未见配套政策措施，特别是税收与地产问题，缺乏相应的实施政策。如果按照营利性企业的《中华人民共和国公司法》及其相关法律、行政法规的规定处理，而不考虑其公益性的特点，营利性高校恐怕无法经营，更谈不上营利了；如果登记为非营利性高校，产权必须改变，投资变为捐资，产权交出之后，连"合理回报"也被取消了。因而形成当前大多数民办高校处于观望之中的尴尬局面，反正登记年限有五年之久，可以不急于登记。

当前尴尬的问题，不是教育部门所能解决的，它关系到税务、财政、国土、资源、审计等部门。希望有关部门共同商定对策，解决问题。

在问题尚未解决之前，悄然出现了另一条道路，就是"混合所有制"办学。这条道路不能完全化解当前的尴尬局面，但可缓和甚至消解某些矛盾。

"混合所有制"原本是一个经济领域的概念，近年来，主要集中于研究企业的股份制改革，但也从经济领域渗透至教育领域。主要是两条渠道：一条是职业教育，另一条是独立学院。关于职业教育，2014年《国务院关于加快发展现代职业教育的决定》中提出："创新民办职业教育办学模式，积极支持各类办学主体通过独资、合资、合作等多种形式举办民办职业教育；探索发展股份制、混合所有制职业院校，允许以资本、知识、技术、管理等要素参与办学并享有相应权利。"[①] 各地职业院校也纷纷试点"混合所有制"办学改革，如苏州工业园区职业技术学院在学校层面实施混合，有些院校则只是在二级学院或某些专业上进行混合。而独立学院的存在就是公办与民办的混合产物，独立学院的"混合所有制"着重于产权与治理的研究。

教育领域的"混合所有制"研究，既有重要的学术价值——突破公私二元对立的理论传统，创新现代大学制度的理论研究，破解教育产权改革的理论难题等；更有重要的应用价值——促进现代大学办学主体多元化发展，优

---

① 中华人民共和国中央人民政府. 国务院关于加快发展现代职业教育的决定 [EB/OL]. (2014 – 06 – 22). http://www.gov.cn/zhengce/content/2014 – 06/22/content_8901.htm.

化大学的产权结构与治理模式，完善现代大学的收益分配与回报机制。因此，我和西安外事学院黄藤院长已组织了以陈涛博士为首的一个研究团队，探讨现代大学混合所有制问题。我们的基本观点是：首先，公私混合所有制办学是中国高等教育办学体制、投资体制和管理体制改革的政策创新，是教育体制深化改革的重要体现；其次，公私混合所有制办学有助于拓宽经费来源渠道，提升人才培养效益，深化产教融合和校企合作；最后，公私混合所有制办学是通过完善产权制度和法人治理体系来推动现代大学制度建设的。截至目前，这个团队已经在国内外进行了近两年的研究工作。

"公私混合所有制"办学的现代大学制度建设与完善，预期将为民办高等教育开辟一条新道路。当然，这条通道开辟之后，还有许多难题需要研究解决。我同意董圣足研究员所说："混合所有制难在混后的治理。"①

---

① 董圣足. 混合所有制难在"混"后的治理 [N]. 中国教育报，2016 - 10 - 18 (9).

高等职业教育

潘 懋 元 文 集
PANMAOYUAN WENJI

在北京天安门前（1960年3月）

当前高等职业教育发展的几个主要问题[①]

李会长,各位老师,各位代表:

非常感谢高等职业教育研究会和上海电机高专让我有机会再次和大家见面。高等职业教育研究会经常送给我有关高等职业教育动态以及其他资料。高等教育大众化,大家都知道,成绩很好。但是我们中国高等教育大众化才刚刚开始,发展需要依靠两根支柱,一根是高职,一根是民办。没有高职、民办,只能停留在精英教育阶段,而不能够在大众化阶段继续发展。正如李会长的报告上对当前中国高等教育大好形势的描述,出现了一批真正办得好的示范性院校,还有一些精品教材,这些是高职的成绩,体现了高等职业教育的勃勃生机。这种勃勃生机在发展中国家以及发达国家的发展历史中也是如此。发达国家在"二战"之后,高等教育大众化主要是高职的发展。一些发展中国家和地区,包括韩国、中国香港和台湾地区,在经济起飞的时期都是得益于高等职业教育。发展中国家20世纪60—70年代,发达国家50—60年代都经过了这个阶段。中国高等职业教育发展迟了一些,我们在20世纪末才开始,80年代有120多所职业大学。但是后来搞得不好,真正发展起来是90年代以来,发展得很快,正如报纸上说的高职是一个朝阳事业。朝阳事业体现了高等职业教育形势大好。外国如此,中国也如此。发展高等职业教育不是中国偶然如此,世界也是如此。经济发展的规律也符合教育发展的规律。

中国提出高等职业教育作为大众化的重点。这个战略步骤是正确的。全

[①] 原载《高等职业教育(天津职业大学学报)》,2003年第6期。

国2 003所高等院校，其中1 374所高职，占69%。总之，形势大好。但是大好形势之下，有55.7%的就业率给我们高职教育的发展投下了一道阴影，动摇了一些办学者的信心。究竟高职发展有没有前途，还能不能发展？毕业生在社会上找不到工作，给社会造成负担，还能办得下去吗？我们教育部门为此而愁，究竟是发展普通本科好，还是高职好？高职应该紧急刹车，首先发展本科？这些问题也给我们这些鼓吹发展高职理论的工作者出了一个难题。是不是我们所认为的走高等教育必然要发展高职的理论是错误的？如果不是错误的，为什么产生这种情况？你说大好，从全国总体来说就业低于本科。难怪从传统观点来说应该发展本科？解决这个问题，在国外找不到答案。因为国外在发展高等职业教育的时候，除了印度之外，其他都没有像中国就业率这么低的情况。我今天带着这个问题来参加这次会议。请教我们在座的实际工作者。究竟中国高等职业教育还要不要发展？我要谈三个观点：第一，正确战略决策和不配套的政策措施的矛盾。第二，高职的定位与发展方向。第三，高职的教育质量与创新制度。

一、正确战略决策和不配套的政策措施的矛盾

中国在1999年向大众化进军，决定以高职为当时的重点。这个战略决策是正确的，社会发展需要的是大量的专门人才，需要一批国家创新人才，一批科学家、理论家、各个行业的专门人才数以千万计，所以高职发展作为重点是对的。发展高职符合规律，符合世界的经验，中国台湾地区的情况也是如此。中国台湾地区在那段时间的大学发展的数量比20世纪50年代到60年代增加一倍，高职增加了11倍，其他国家也是如此。但是问题在我们不是主动适应经济发展，而是被动扩大内需进而采取发展措施的。因此，许多政策措施不配套。所以，形成今天的高职就业率比较低。今天有人提出高职教育要紧急刹车而发展普通本科，不招或少招高职。我认为应该改变配套的措施。举例说，第一，改变巩固发展与快速发展两种规模发展的指导思想，改为适度超常发展。在1997年，我们是控制发展，稳步发展。在1999年后，突然之间大量发展，包括高等学校处于被迫接受状态。1999年发展了47%，2000

年发展了37%，2001年发展了20%，2002年发展了19.5%，2003年发展了将近20%，到2003年已有5年的大扩招，远远超过了经济发展的允许，违反了教育发展必须与经济、社会的发展相适应这条规律。现在提出，教育要适度超前发展，但这个超前不能太过超前，经济的承受力会承受不了。教育资源缺乏，经济承受不了。所以，超前只能适度。这几年来我们的国民生产总值大体上是7%~8%。假定我们的高等教育发展为8%或9%，我这只是说明举例，我不能断定。我们在1994、1995、1996、1997年基本上没什么发展，每年增长1%、2%，甚至不增长；到1999年那么迅猛的发展，违反了规律。这政策是否要考虑改变。再举一个政策的例子，是否要改变低投入、高收费，改为高投入与适度收费。现在的高等职业教育是国家低投入，甚至不投入，但高收费。当扩招时分配给各个大学，你招500，我招1 000，要钱没有，但是政策有，给你高收费。后来许多高等学校说不行啊，高收费也不够啊，要不再补贴一点？各个地方大学就补贴了一点。但是基本是低投入、高收费。但为什么要高收费呢？前提是本来你是考不取大学的，现在我扩招了，你进大学了，你就多交一点钱吧。为什么你招他进来，因为他水平低，你就要多收费。这个不能成为理由的，不公平。所以，这就是低投入、高收费使大家感觉不公平。能够不进高职还是不进。如果我能进普通高校，本科什么的，待遇又高，交费又低。今年考不进算了，高职我不去，我明年再考本科。所以，我们要把高职搞好，但资金投入不足已成为我们的重大问题。

再一个，是不是要改变评估标准和评估体系。改变原来的评估标准和评估体系为多样化的大众化高等教育的评估指标和评估体系。精英教育有精英教育的标准。高职的标准是什么？高职的标准就是我们现在采取的以就业为导向，事实上就是以市场、适销对路为标准。原来几年都是按照精英教育的角度来看高职，不管有形的、无形的，一般的都是按照这个来的。那就使高职往那边靠。这几个应该要改变，现在是开始改变了，也就是说到今年才开始把高职的评估标准从一般大学的评估标准另外分开来，先试验3所学校，然后明年再试验更多所学校。那么是不是能够针对、合适，那是另外一件事，但总算好事情。

还有个政策必须要改变。改变单一的高考制度为多样化的高考制度。我们的高考制度是不断地改，改来也好，改去也好，但是考试对象针对的还是传统的研究性大学。那么好了，高考一份考卷从清华、北大考到地方大学，考到高职高专等，你说合理吗？这样考的结果就人为地贬低了高职。社会本来就轻视高职。现在来说，高职排在最后甚至是落榜生进高职，现在还没改变。我只知道广西分了两种在考，但是安排上还是不得当，一是传统高考，然后第二次再来考高职，就是说传统高考考不上的再来考高职，那也还是贬低高职。我们的高考条例还是1987年的，第一条是说高考是为什么，高等学校考试是为了选拔优秀人才进入大学。高考这个指导思想改来改去就是没变。现在高中生60%还是70%进大学？高考不是选拔性考试而应是适应性考试，是双向选择。现在我们的指导思想还是在选拔。高职高专培养的人才，在知识的深厚度、学术水平的高度上不如重点大学培养出来的，但重点大学培养出来的学生到工厂去能不能像高职高专毕业生那样出来就上岗？这个很自然就会不同。所以要改变单一的评估体系、单一的高考制度为多样化的高考制度。现在我们的评估体系已经在改了，但高考还没改变。

这是第一个问题，正确的战略决策和不配套的政策措施的矛盾。我们高职还是沿着原来的老路在走，新高职办成了老大专，但不是所有的。老大专就业是很差的，因为它不适应社会需要。现在我们新高职还是在走老大专的老路，因此也很难适应人才市场的需要，你走老大专的老路，理论水平不如本科，动手能力不如中专、职业学校，要你干什么？但我们也发现了许多现在已经至少百所以上的高职培养出来的学生人家抢着要。在座的有许多校长，自己所在的学校就业率在90%以上。但是相当多的本科大学办的高职二级学院，按照本科大学的培养形式培养，变成压缩型的本科。对于高职院校本身，应该怎么解决呢？高职院校本身有一个定位发展的问题，所以我谈的第二个问题是定位与发展的问题。

二、高职的定位与发展方向

现在中国的高等教育可以说是地位不明，发展混乱。传统精英型的教育机构也就是那几个传统老大学，包括重点大学，现在拼命办成人学院，搞自学考试助学，1999年以后差不多都办了高职学院，这几年抢着办网络学院，还有办二级学院、办分校。而高职高专呢？差不多都期望专升本。专升本，升本之后就争取通过以精英教育为指导思想的评估体系的评估。现在都是这样的，都按照那个评估，评估以后我就准备争取硕士授位权；争取了硕士授位权之后又争取博士授位权，然后我就要办成综合性、研究型的一流大学等，至少是省内知名，国内有影响；再国外有影响。教育部发现了这个问题，就提出分类指导，但收效甚微。如果高职不是立足于办好高职，而是一天到晚想着往综合性、研究型本科去靠拢，往那边道路走，它必然放弃了如何实实在在办好高职。现在普通大学办高职，很少注意到高职的特点。大家想想看，如果我们高职高专发展战略，千军万马都朝着这个综合性、研究型的道路去跑，千军万马过独木桥，行吗？不行！我们知道，美国应该是科技水平比我们现在至少到现在为止高一些吧，产业水平比我们高一些吧。但是美国的研究型的大学也就是培养博士的大学，占的比例只是全国4 200所大学的6.6%。中国如果现在就有6.6%那太多了，现在全国都往这个方向去赶，将来这个地方要占多少？我们现在的科技水平还没有到那个程度，美国才只不过占6.6%，培养本科以上的学士、硕士部分占29.4%，还有社区学院部分占43.8%，还有一些是其他各种单科的学校，人家美国还是这样子。而我们，大家都往一条道赶，要定位才会走出不同的发展方向。联合国教科文的分类比美国的定得更好，美国卡内基的定位分类、联合国的分类就在我们高等职业研究会出的那个资料集的附录里面最末尾的地方，大家可以看看。高等教育中的过渡阶段是4字头，高等教育的主体部分是5字头，博士部分是6字头。这个5字头里面还分为5A、5B。5A是一般的本科学校，其中还分5A1和5A2两种。5B就是职业技术教育，5B所提的是面向实际的适应具体职业的，主要目的是让学生获得从事某种职业或行业的实际技能和实际知识，以便学生进入劳务市场。这5B说的就是职业技术教育，也就是美国的那块最大的社区教育。中国的高职是不是大的定位首先要定位在5B。

  现在中国的高职大量的是专科，能不能专升本？我个人认为能。但是有两条，第一，专升本之后还是高职，而不是专升本之后就变成普通本科。普通本科太多，社会不需要。水平更高一点的高职，社会还需要。第二，不能一哄而上，大量升本。现在我们所需要的高职人才水平还是中等职业教育人才水平，还是中职、高等专科这个层次。在第二次世界大战以前，全世界所谓职业教育所指的都是中等职业教育水平，也就是我们说的中专这个水平。

到了第二次世界大战之后，发达国家职业教育有适当的高移；到 20 世纪 80—90 年代以后，我们中国也感觉到要高移了，新的行业，新的岗位，需要高水平的从业人员。美国在 70 年代就提出新增加的职业岗位必须有 70% 要受过高等教育。我们当然没有那么快，现在我们也需要相当多受过高等职业教育的人，在中专基础上再加上 2 年或者 3 年这个水平，但现在是不是都需要大量受过普通教育之后还再受 4 年教育水平的人？可以有，但需要不是太多。那么，高职升本之后是不是再能升硕士、博士呢？也可以，但量很少。实际上发展到上面的时候，慢慢地靠拢，两条线会靠拢，问题不太大。但是不能限制高职只是专科层次。当前适应我国现实经济发展情况的还应该是大量的高职水平，这是定位的问题。

三、高职的教育质量与创新制度

因下面还有很好的重要的报告，我不再说下去了，我只是提些问题向大家请教。我总感觉到现在高职困难很多，也不是一下子能解决的。譬如说就业率较低。不过我不相信就业率只有 55.7%。首先，我们也没有全面统计，但也估摸了一下，有 55.7% 是今年 9 月 1 日上报的材料；9 月 1 日到现在有几个月了。学生一毕业就被单位录取的很少，学生从毕业到就业总有一段"空窗期"，所以实际就业率就不止 55.7%，不必太紧张。其次，还有许多打短工、打临时工的，统计并不完善，不能完全统计。英国算就业率是 3 个月以上没有找到工作的才叫失业。而我们找到 3 个月、5 个月但不是铁饭碗的工作就说还没工作，实际上没有那么多，但不管怎么样，总归是就业率比较低的，这个问题要解决。要怎样解决，最简单的方法就是国家拿钱出来，这些人按照计划经济分配下去，你要也好不要也罢，这样分配下去行吗？不行！所以不能急功近利，但是我确信高等职业教育是一种朝阳事业，是中国高等教育大众化的两个必须依靠的支柱之一。这几年来因为高教的需要，本人搞了高职计划的试点、理论研究，带了一些研究生来这里听听、学学，现在只是提问题，向在座的有经验的领导和老师请教。中国台湾地区办高职，办得比较早，也碰到了困难，我想请张教授为我们介绍经验。

谢谢大家！

建立高等职业教育独立体系刍议[①]

一、问题的提出

发展高等职业教育是推进中国高等教育大众化的必然选择。从 1999 年高等学校扩招开始，国家就在本科扩招的同时，以"三改一补"的方式，增办一批高等职业技术专科学校，并要求普通大学开办高等职业技术学院，虽曾一度在招生计划上有不同争论，但基本上执行了这项政策。高等职业教育在短短的 5 年间，增长迅猛，到 2004 年，高职（专科）院校达 1 047 所，占普通高校总数（1 731 所）的 60%；高职（专科）在校生数达 595.65 万人，占普通高校学生总数（1 333.5 万人）的 45%。在国家政策的引导下，中国的高等职业教育已经成为推进中国高等教育大众化发展的主要力量。

但是，由于中国社会存在重理论、轻实用和重视学历、以学历高低定社会地位的传统观念，有些用人部门，不从实际需要出发，招聘高学历毕业生以抬高单位的身份；许多高职院校在创办之初，教育资源不足，教育管理不善，发展方向不明，教育质量不高，以致在人才市场上，就业率暂不如本科毕业生，这些现象引发了专升本的热潮。

为满足高职学生及其家长专升本的意愿，教育主管部门出台了架设"立交桥"的政策，鼓励本科院校以及电大、自考机构开办专科起点本科班，助

[①] 原载《教育研究》，2005 年第 5 期。

长了专升本的热潮。一时专升本成为中国高等教育一道"亮丽"而令有识之士迷惘的风景线。

作为"立交桥"的专升本，并非高等教育大众化的最佳选择。首先，"立交桥"的换轨困难。高职高专为了让学生能够顺利进入本科，不得不削弱职业技术课程，让学生做"升学"准备，以致发展方向本来就不明确的高职院校更加彷徨。其次，中国当前只有单一的理论性普通本科，专升本意味着从职业技术教育转变为理论性普通高等教育，从多样化趋向单一化。这可以满足部分学生及其家长的愿望，但不能满足人才市场多样化的需求。从长远看，很多学生都挤在一条通道上，更不利于毕业生的就业。

许多学生希望专升本，不少学校也以专升本为"奋斗目标"。因为在传统观念中，本科院校的社会地位高于专科学校；本科院校为正厅级单位而专科学校规模再大，声誉再高，也只是副厅级单位。政策还规定以就业率作为高等院校的主要评估指标，升本的毕业生可以算做就业，这促使许多高职高专院校大力鼓励毕业生升本。总之，学校、学生，上下同心，都指望升本，形成一股专升本洪流。

在这股洪流面前该怎么办？笔者认为，只可导，不可堵。人往高处走，学校、学生渴望自我发展，其志可嘉。堵是堵不住的，强行堵，一律不许专升本，必将挫伤学校、学生的主动性与积极性；导致将这股洪流引向另一条通道。综上所述，需要构建高等职业教育的独立体系。

二、建立高等职业教育独立体系的依据

建立高等职业教育独立体系，其依据主要有以下几方面：
（一）现代化建设的人才结构

中国社会主义现代化建设所需要的专门人才是多层次、多样化的。党的十六大指出，为全面建设小康社会，开创中国特色社会主义事业新局面，要"造就数以亿计的高素质劳动者、数以千万计的专门人才和一大批拔尖创新人才"。因此，高等学校既要培养研究型的科学人才，更要培养应用型的工程人才，还要培养更多的生产、管理、服务第一线的实用型的技术人才。传统的

以理论教育为主的本科院校，难以满足多样化的需求，有必要建立以职业技能教育为主的高等职业技术教育体系。

（二）高等职业教育是一种教育类型，不是一个教育层次

教育类型和教育层次是两个不同的概念。高等职业教育是一种有别于理论性普通高等教育的类型，但并不是一个区别于本科的专科层次。众所周知，职业教育既有中等教育的职业学校、技工学院，也有高等职业技术学校；而高等职业技术学校既可以是专科层次的，也可以是本科以上层次的，形成一个独立于理论性本科院校之外的独立的高等教育体系。所以，不应把高等职业教育限定于专科层次。

（三）世界高等教育发展趋势

早在 20 世纪 70 年代，欧洲教育部部长会议就组织了一个"第三级教育多样化专题调查组"，经过 6 年在英国、法国、德国、荷兰、挪威、瑞士、瑞典 7 国的调查与试验，提出《第三级教育多样化》的报告，指出："传统的高等教育制度，既不能满足各方面差别不断增加的学生们的需要，也不能适应这些国家技术上较发达以及民主的欧洲社会中技术和资格极大多样化对教育的需求。要使这些问题得以解决，只有把传统的高等教育改变成范围较广的，具有各种目的的和各种水平的多样化第三级教育体系。"还提出，不同于传统大学教育另外形式的教学计划，要"更着重于就业需要"，"专业和职业走向必须以关于劳动力市场发展情况的既有数量又有质量的系统情报为基础"。

其后，高等教育多样化成为国际共识，如何建立多元化的高等教育体制成为各国所关注的问题。1998 年联合国教科文组织第一届世界高等教育大会提出的《关于高等教育的变革与发展的政策性文件》中说："几乎世界各地的高等教育都趋向多样化，虽然有些学校，尤其是具有理论传统的大学对变革有一定程度的抵触，但从总体上说，高等教育已经在较短时期内进行了意义深远的改革"，"许多国家的高等教育制度，出现了两元的但未必是两极的分化现象——大学类型及非大学类型的高等院校……多样化是当今高等教育中值得欢迎的趋势，定当全力支持"。

（四）可资借鉴的正反面实例

德国是一个十分重视科学技术转化为生产力的国家，以工艺精密、产品

优良闻名。在培养技术工人方面，实行双元制教育体制；在高等教育阶段，于普通大学之外，高等专科学校—科学技术大学另成系统。

英国传统上重视理论教育，注意培养研究型科学家。因发展生产需要，许多地方建立新的大学学院，开始时颇重视应用性研究与培养生产技术人才，但不久纷纷向传统大学靠拢，在科学技术转化为生产力上，远不如德国做得好。20世纪80年代以来新建的多科性技术学院，据说也有综合大学化的趋势。

美国早期的初级学院，主要是作为大学的初级阶段（相当于一、二年级）。其后因强调为地方经济和社会发展服务，改称社区学院。80%以上的社区学院为地方培养职业技术的实用人才。至于本科院校，虽然没有分出职业技术类型，但具有实用主义思想传统的大学教育，大多数课程着重于实用知识与技术培训，以满足各行业对高层次实用技术人才的需求。

有必要特别提及中国的台湾地区，在20世纪50—60年代，因经济起飞的需要，大办技术职业教育，形成普通高等教育与技术职业教育两个系统。高等技职教育系统由高等专科学校、技术学院、科技大学组成。高等专科学校以培养专科层次的技职人才为主，个别科系招收本科生；技术学院以培养本科生为主，既有本科生，也有个别科系开办硕士生班；科技大学则本科、硕士班并重，个别科系开办博士生班。中国台湾地区的高等专科学校，也曾出现过升格热潮。但升格之后，仍在高等技术职业教育系统之中。近来也有学者主张在本科以上阶段，按照美国模式，打破普通高教与技职高教的界限，但决策部门认为中国台湾地区的情况与美国不同，技职融入普高，是否能培养社会需要的实用性技职人才，尚需研讨。

（五）世界高等教育的一般结构

联合国教科文组织统计局为了统一世界各国教育的统计口径，制定了《国际教育标准分类法》（以下简称《教育分类法》），这份《教育分类法》在一定程度上反映了绝大多数国家，包括发达国家与发展中国家的教育结构。1997年修订的方案，对第三级教育（中学后教育）有较大的修改。参照中国情况，绘制示意图如下：

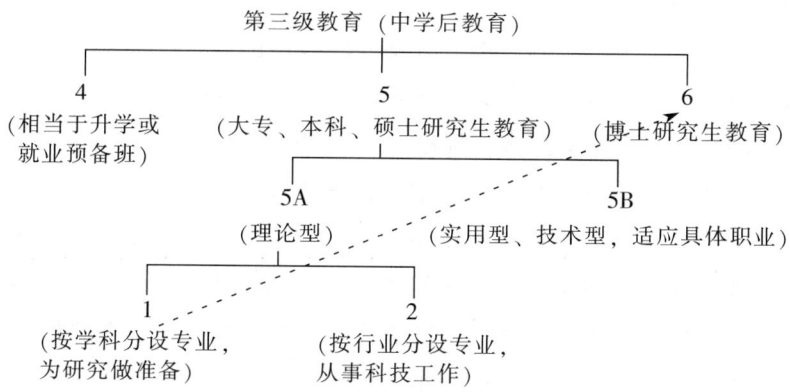

联合国教科文组织第三级教育分类示意图

示意图上所列的5B，相当于职业技术教育。按《教育分类法》第八十九条说明："5B的教学计划内容，是面向实际的，适应具体职业的，主要目的是让学生获得从事某个职业或行业，或某类职业或行业所需的实际技能和知识，完成5B学业的学生一般具备进入劳务市场所需的能力知识。"5B的教学计划年限一般比5A短。通常是2年或3年，但最长可达5年至6年，也就是相当于本科以至硕士生阶段。

由此可见，构建高等职业教育独立体系，既有客观实际需要，也有先例可以借鉴，还有国际框架可以遵循。

三、高等职业教育独立体系的构想

根据《教育分类法》关于第三级教育的分类框架，结合中国高等教育的实际，笔者提出高等教育三种基本类型及其体系的构想。

第一，综合性研究型大学：本科（学士学位）→硕士（学位）→博士（学位）。

第二，多科性或单科性专业型大学或学院：本科（学士学位或文凭）→专业硕士（学位或文凭）→专业博士（学位或文凭）或进入研究型博士。

第三，多科性或单科性职业技术型或技能型专科学校或学院：专科（副学士学位或文凭）→职业技术本科（学士学位或文凭）→职业技术硕士（学位或文凭）或进入专业硕士。

综合性研究型大学，相当于《教育分类法》的5A1，着重基本理论研究，培养自然科学、社会科学、人文学科的研究人才，一般可进入博士研究阶段。这种类型高校的数量不宜过多，规模也不宜太大。

多科性或单科性专业型大学或学院，相当于《教育分类法》的5A2，着重应用理论研究，培养不同层次的专门人才，如工程师、医师、律师、教师和管理干部，授予专业学位或专业证书。获得硕士学位后，可继续修专业博士或进入研究型博士。多科性（不同于综合性）称为大学，单科性称为学院。这是一个相当庞大而且复杂的院校群，包括一般部委属大学（学院）和地方大学（学院），其下尚可细分。

多科性或单科性技术型或技能型专科学校或学院，相当于《教育分类法》的5B，着重职业技术能力的实训，培养不同层次的生产、管理、服务第一线的技术人才。以工程技术人才为例，包括高级技工、技术员以及设计、施工、管理工程师，专科层次可以授予职业性副学士（或其他名称）学位，但更重要的是职业资格证书。获得职业学士学位之后，可以继续修职业硕士或进入专业硕士。如果获得专业硕士，同样可以继续修专业博士或进入研究型博士。但从当前经济发展与社会需求来说，这一类型的院校，应当培养专科层次的人才。

多科性或单科性技术型或技能型专科学校或学院如果与中等教育水平的职业学校、技工学校衔接，就构成完整的从低到高的独立体系，这一体系在培养目标、教学计划、课程内容和教学方式方法上，都不同于传统的普通高校体系，更贴近社会实际，培养经济与社会发展所需要的人才。

高等职业教育作为独立的高等教育体系，与中等职业教育衔接，既可满足部分学生追求高学历的愿望，又能较好地适应现代化建设对职业技术型人才的需求。同时，职业教育保持前后连贯，既可避免"立交桥"的困难与问题，又可避免专科层次的高职为照顾学生专升本而削弱职业技术实训的问题，更可以避免高职高专院校因为专升本而定位不明。

建议教育主管部门允许在高等职业教育系统中专升本，但应根据经济发展与社会需求，对学校的教育资源与办学水平，实事求是地加以控制，这是因为：

第一,经济与社会对所需人才的知识能力的需求是逐步提高的,如果需求的是专科层次的人才,过多的高层次人才会形成"过度教育"的教育浪费。

第二,各种职业所需技术人才水平高低不同,因此,各科类、各专业的职业技术学习年限可以长短不同,当前需要大量专科层次人才,少数可允许进入本科以上层次。一校之中,应允许有不同层次的专业存在。

第三,对高职学校专升本,学校应有充分准备,达到一定条件与水平,才能胜任高一级的人才培养任务,要避免"拔苗助长",一哄而上的局面。

船政学堂办学模式的现实意义[①]
——在船政教育模式研讨会上的发言

福建船政学堂作为中国近代第一所高等职业学校，它的办学理念和教育模式，为洋务运动时期及其后各省兴办水师学堂以及实业学堂所仿效。如继后创办的天津水师学堂（1880）、广东水陆师学堂（1886）、江南水师学堂（1890），都是聘请船政学堂的毕业生（萨镇冰、魏瀚、蒋超英等）任总办或总教习，按照船政学堂的理念、模式和经验办学，无论专业设置、招生条件、课程教材、学籍管理、考校办法，基本上沿用船政学堂所立章程。又如广东创办实学馆（西学馆），申明依据闽省船政学堂旧章，参酌粤省情形，制定章程。其理由是："京师、粤东设立同文馆，上海设立广方会馆，学习外国语言文字而未有专门。此次学馆为储备水师将材计，应专习驾驶制造，仿闽省船政学堂章程而变通之"[②]。其他高等学堂，尤其是高等实业学堂、武备学堂，也大多是仿效船政学堂的制度规章而有所变通。即使后来高等学堂改制为高等专门学校、高等专科学校，也多能见到船政学堂影响的痕迹。

在中国高等教育史上，高等职业学校的创立、发展、繁荣，早于公立大学。第一所公立大学天津中西学堂（天津大学的前身）创办于1895年，此时武备学堂（包括水师学堂）、高等实业学堂、农业学堂、医药学堂以及优级师范学堂、法政学堂等已遍地开花。作为高等学校嚆矢的船政学堂，它的历史

[①] 原载《船政》，2009年第1期。
[②] 江海关道禀南洋大臣刘坤一［M］//朱有瓛.中国近代学制史料：第一辑上册.上海：华东师范大学出版社，1983：479.

地位及其在中国高等教育史上的意义，已为学者所共识。古为今用，所要研究的船政学堂的办学理念与模式，对今天高等教育改革与发展，尤其是对高等职业技术院校以及应用型本科高等院校的办学，还有哪些现实意义？简析如下：

一、船政学堂办学理念明确：培养人才，自立、自强

船政学堂是由洋务派大臣所倡议创办的。洋务运动的指导思想是"师夷之长技以制夷"。洋务派最先认识到的西方的长技是"坚船利炮"，以及采矿、冶炼、邮电、铁道、电器等等"西艺"。当时各省纷纷开设机器局、造船厂，都是进口外国机器，雇请洋人制造。而福建船政局创办之初，就明确提出必须通过制造轮船以培养中国自己的造船与驾驶人才，才能自立、自强。所以船政局是同时开办铁厂、船厂与学堂。当时主管其事的闽浙总督左宗棠就说，"兹局之设，所重在学西洋机器以成轮船，俾中国得转相授受，为永远之计，非如雇买轮船之徒济于一时可比"①。"夫习造轮船，非为造船也，欲尽其制造、驾驶之术耳；非徒求一二人能制造、驾驶也，欲广其传使中国才艺日进，制造、驾驶展转授受，传习无穷耳。故必须开艺局，选少年颖悟子弟习其语言文字，诵其书，通其算学，而后西法可衍于中国"②。因此，船政局在引进国外技术，雇用洋人造船时，订立合同，除规定完成造船任务外，还议定必须在雇用的5年期间，教会中国学生造船与驾驶。洋务派这一主张，当初阻力甚大，内有顽固派的满汉大臣，外有总税务司赫德、福州税务司美理登之流的非议、阻挠。他们所持的理由，不外乎"造船不如买船之省费"，"试造之船，势必不及洋来惯造之坚"；招收不识洋文的学生，"期于五年中能造机器，能驾驶轮船，徒糜巨款，终无成功"，不如聘请洋人当船主而雇用中国人

---

① 详议创设船政工程折 [M] //陈元晖. 中国近代教育史资料汇编·洋务运动时期教育卷. 上海：上海教育出版社，2007：285 – 286.
② 详议创设船政工程折 [M] //朱有瓛. 中国近代学制史料：第一辑上册. 上海：华东师范大学出版社，1983：479.

当水手①，等等。左宗棠顶住了压力，坚持育人比造船更重要。他推荐继任船政大臣的沈葆桢、遴选的正监督日意格，也都能秉承"不重在造而重在学"的"创始之意"。这一"创始之意"的远见卓识，比当时及后来那些见物不见人、重视生产投资而吝于教育投入的急功近利者，高出一筹。

洋务派这种引进西方科学技术，培养中国人才，"师夷之长技以制夷"的理念，成为船政学堂的办学者和学生的共识：一方面，船政学堂的种种规划、章程、课程、方法、管理、奖励，可以说都是以这一理念为指导思想而制订的；另一方面，这一理念成为学生的学习目的与动力。学生们都能认识到自己责任的重大，要"师夷之长技"就必须刻苦学习西方先进的科学技术，而"制夷"则必须发愤图强，有所创新，有所超越，才能自立、自强。这种认识，对于今天的高等教育改革和发展，仍有一定的意义：当前，在高等教育领域，有意或无意地流传着一种依附发展的理论或思想。认为发达国家是世界科学技术的核心所在，发展中国家处于学术的边缘。边缘只能依附于核心，才能有所发展。而船政学堂的办学理念，则是学习西方科学技术，是为了达到自立、创新与超越。

二、引进西方近代高等教育模式，结合中国实际而有所变通，体现自主办学的灵活机制

船政学堂的专业设置、教学计划、管理制度，基本上从法国与英国引进，在当时具有先进性与应用性。

在专业设置上，3 个高等教育层次的造船学堂、驾驶学堂、轮机学堂设置 4 个应用性专业（其中造船学堂有造船、造机 2 个专业），培养当时急需的高等专门人才。其下还设置电报学堂、绘图学堂（绘事院）、艺徒学堂（艺圃）等中、初级专业，上下沟通，粗成体系。

在教学计划上，各高等教育层次的专业均开始中文、外文、体系、军训

---

① 福州税务司美理登折略 [M]//陈元晖. 中国近代教育史资料汇编·洋务运动时期教育卷. 上海：上海教育出版社，2007：292-293.

等公共课和专业基础课、专业课以及实验、实习课程，具备近代高等教育的课程体系。

但由于生源出身不同（无论举贡生员、官绅士庶出身均可报考），年龄差异（12～20岁均可报考），知识与能力高低不一（入学考试一般只考一篇作文），很难以今天的班级教学来设想当时的授课。不过一般都不懂外语，缺乏自然科学知识，虽然这类课程，都可以从头教起，但毕竟水平差距很大，教学要求、教学进度，很难统一。船政学堂采取的办法是：无法继续学习者随时淘汰（甚多）；水平低而尚可培养者退至绘图学堂以至艺徒学堂学习，而从后者挑选资质高的升入高等学堂，或另补招新生；即使如此，学生水平仍参差不齐，则又采取分班教学办法，有的班级，竟分成了三四个小班教学。后来从广东、香港招来新生，以及录取幼童留学回国学生，他们外文水平高，有一定自然科学知识，有的还有机器使用与制造的技能，都得采取灵活措施，变通处理。

洋人的文化传统、生活方式同中国不同，引进西方的管理模式，也必须结合中国实际有所变通。如当时中国只有节假日没有星期天，而洋人必须于"礼拜日"放假做礼拜；西方的教学计划不设政治课，而中国当时就有必修的政治课程（《圣谕广训》《孝经》、策论等），船政学堂就利用洋人休假的"礼拜日"上政治课。

以上所举例子，说明在统一制度下，自主办学的灵活机制的重要性。船政学堂当年所面临的西方办学模式与中国传统的复杂矛盾，今天虽然已不存在，但船政学堂所具有的高度自主权与机动灵活的应对机制，对于今天办学来说，仍有现实意义。

三、厂校一体化的体制，保证了教学与实践密切结合

如上所述，福建船政局一开始就创办了3个单位：铁厂、造船厂和学堂。3个单位统一规划、统一筹款、统一管理。既不是厂办学校，也不是校办工厂，更不是厂校联合体，而是厂校一家。总监督既是工厂监督，也是学堂监督；工厂的工程师就是学堂的教师；工厂的技术员、技工，有许多就是学堂的学生。

由于以应用型人才为培养目标，更由于船舶建造和驾驶技术需要，各个专业都根据各自的特点，安排大量的实习活动，实际上是顶岗劳动。如造船学堂，有蒸汽机制造实习课，船体建造实习课。每门实习课，学生每天都要参加数小时的劳动，以便熟悉车间情况，并逐渐培养指挥工人的能力；管轮专业，在招生时就注意到实践经验的重要性，从香港、广州、上海的工厂招收有几年工龄的青年，这些学生在当地都已有生产经验。学习期间，先在岸上练习装配80匹马力和150匹马力的发动机，再到新建轮船上安装各种机器；最为特殊的是驾驶学堂的学生，所需培养的是能驾驶船舶的海军军官。学生先以3年左右时间，在学堂中学习基础课程和航海知识并参加船厂的劳动，然后上"练船"（也称"练船学堂"）学习实用知识与技术约2年多，计有航海术、射击术、海战、指挥，以及"一个船长所必须具备的理论与实际知识"。他们进行大量的巡航训练，曾远航南洋各国，扬威日本。

由于重视实际训练，教学与实践密切结合，船政学堂办了5年之后，造船学堂的学生，就有独立制作的能力，毕业之后，就能自己设计、自己造船。1875年开工建造的十七号"艺新轮船"，就是由第一届毕业生吴德章设计船体、汪乔年设计轮机与汽缸，"为船政学堂学生放手自制之始"。① 至于驾驶学堂学生，原定于5年之内，达到能在望见陆地的沿海驾驶，实则在"练船"实习期间，早已远航公海了。

船政学堂之所以能够教学与实践密切结合，培养应用性技术人才，在于拥有零距离的实习基地，船政局得以对生产与教学做统一的安排。学生在实习基地参加生产劳动，承担一定的生产任务和研发任务，可以说是产、学、研的高度结合。当前中国高等学校，特别是高等职业技术院校，虽然十分重视产、学、研结合，但由于实习实训基地不足或不能很好配合，往往流于形式。如何借鉴船政学堂的成功经验，创办学校同时创建实习实训基地，统一规划、统一管理，在教学过程中实现教学和实践的密切结合，也有重要的现实意义。

---

① 裴萨森. 为学生出身汪乔年核定月薪折 [M] //陈元晖. 中国近代教育史资料汇编·洋务运动时期教育卷. 上海：上海教育出版社，2007：344.

四、富有成效的思想道德教育，培养高素质的德才兼备专门人才

福建船政学堂从1867年创办到1907年停止招生，辛亥革命后，1912年12月由海军部接办改组为3所各自独立的学校，前后45年，高等教育层次的毕业生共629名。从今天看，育才数量，微不足道。但从能量说，在特定历史时期，这批学生，都成为国家的栋梁之材，对中国社会的近代化发展，包括军事、实业、文化，都起了领导与推动的作用。他们或担任船政要职，为中国早期海军骨干；或从事经济建设，对中国近代造船、铁路、矿山、冶炼、邮电等实业的振兴，做出重要的贡献；或在教育部门、外交部门供职，在中外关系、文化交流上起着重要作用；更有一批为保家卫国而壮烈牺牲、名垂青史的英雄烈士。中国近代史上赫赫有名的严复、萨镇冰、詹天佑、魏瀚、陈季同、邓世昌、刘步蟾……都是船政学堂早期毕业生。这一德才兼备，足为民族光辉的人才群体的养成，既是得力于船政学堂的科学技术教育，更是得力于船政学堂成功的思想道德教育。它的成功，不在于利用星期天上几堂政治课、背诵《圣谕广训》等教材，而是体现在：

（1）明确的学习目的与动力。也就是上面所说的"师夷之长技以制夷"的理念。应当指出，这一理念有其时代的局限性，学生的认识也不能以今天的标准来衡量。但其所蕴含的自立自强、爱国精神，是有超时代的思想道德教育价值的。

（2）严格的管理制度。养成学生刻苦勤劳、遵纪守法、发愤图强的优良品质。船政学堂实际上是实行半军事化的管理。没有寒暑假与星期天，固然是当时中国书塾的通例，所不同的是年假、节假（端午与中秋）一年只休假16天，其余时间，均在学堂和工厂学习、劳动；每3个月考验一次，考验不只考试学习成绩，也考核业绩与表现，连续3次评甲等者奖银十两，连续3次评丙等者退学，淘汰率很高，能留下来毕业的都是品学兼优的人才。这些管理制度，未必都很合理，但在磨砺意志上，确起作用。

（3）通过校园文化对学生思想品德进行熏陶。在船政学堂校园环境中，充满着浓郁的励志氛围。它没有今天大学校园中随处可见的空洞的校训或口

号式的标语，而是悬挂着发人深思的楹联；在休闲的诗钟唱和中寓着"此中有深意"；领导者的身体力行、以身作则起了榜样作用①，使得身处其中的学生受到熏陶。

这种"行不言之教"的校园文化熏陶，对今天高职院校进行素质教育特别重要。高职教育也是高等教育，也应加强思想道德教育，不断地提高学生的素质。但是高职院校学习年限较短，一般只有2年或3年，其中40%以上时间要用于实习、实训，除按规定开设必修的政治课外，不可能开设许多"素质教育课"或"通识教育课"。应当通过专业课程、实习实训、校园文化来对学生进行思想道德，尤其是职业道德的教育。船政学堂的某些有效的方法和经验，值得重视，可以有选择地参考。

如上所述，中国的职业性高等学堂的创立、发展与繁荣，早于公立大学。但由于受重学轻术、重学术轻实践的传统观念的消极影响，从清末民初的盛极一时到国民政府时期的备受冷落。虽然后来改制为专门学校、专科学校，但一直处于高等教育的边缘、本科院校的附庸，船政学堂以及其他高等学堂的优良传统和办学模式，未能传承下来。直到今天，社会上仍存在轻视职业教育的思想，不论在招生上、就业上，这种歧视仍然影响着高职院校的健康发展。值得高兴的是，由于提高社会生产力和生活水平的需要，国家大力提倡和规划发展职业教育，情况有所改变，体现于学生中自愿上职业学校者增多，毕业生就业率在许多地方和行业高于一般本科。当务之急是如何端正办学理念、提高教育质量，适应社会需要，办好高职院校。研究船政学堂的成功经验和富有中国特色的办学模式，有重要的现实意义。

---

① 沈岩. 船政学堂 [M]. 北京：科学出版社，1997：99-100.

高等教育大众化

潘懋元文集
PANMAOYUAN WENJI

在岳麓书院前（1999年）

中国高等教育大众化之路[①]

社会主义现代化建设，经济是中心，科技是动力，教育是基础。教育是综合国力、社会生活水平的重要组成部分。同经济、科技密切相关的高等教育，在 21 世纪即将到来的知识经济时代，在科教兴国战略中，它的地位与作用尤为重要。

一个国家国力的强弱，整个社会物质与精神文明的进步，很大程度上取决于高等教育所培养的人才的数量和质量。同时，国民经济发展了，社会生活水平提高了，人民接受高等教育的需求也日益增长。因此，高等教育的大众化、普及化，成为 20 世纪 60 年代以来，世界高等教育发展的大趋势。发达国家，在六七十年代就已进入大众化阶段，现在已经进入或正在进入普及化阶段；许多发展中国家，也已进入大众化阶段。而中国高等教育，到达大众化阶段的最低限（高等教育毛入学率 15%）还有相当距离（1997 年为 7.6%，加上高等教育自学考试也仅占 9.1%）。即将进入 21 世纪之际，在面临知识经济的挑战，讨论如何实现科教兴国战略时，高等教育大众化问题，理所当然地成为大家关注的热点。

大众化的概念

在讨论如何走高等教育大众化之路之前，有必要对大众化这一概念做必要的界定。

[①] 原载《有色金属高教研究》，1999 年第 1 期。

"高等教育大众化"有一个世界公认的数量指标,就是高等教育毛入学率达到15%~50%。① 但数量指标远不是大众化这一概念的全部内涵。马丁·特罗(Martin Trow)在总结发达国家大众化进程的规律时,就指出量的增进必然要引起质的变化。所谓质的变化,包含了教育观念的改变,教育功能的扩大,教育模式多样化,学术方向、课程设置、教学方式与方法、入学条件、管理方式以及高等教育与社会关系一系列的变化。也就是说,大众化这一概念的内涵包含了量的增长与质的变化,不能只顾量的增长而不顾质的变化。② 因此,我们在讨论高等教育大众化问题时,就必须从大众化这一概念完整的内涵出发,不能用精英教育的培养目标与规格、学术方向与标准、课程选择与组织、教学方式与方法、办学体制与管理体制等来规范大众化高等教育。当前许多讨论大众化问题的文章,正是由于持精英教育固定不变的准则来讨论数量的增长而感到困惑,陷于两难的困境。其实,即使是还未进入大众化阶段,只要是多种形式办学,就不能用全日制本科教育(假设它是精英教育的主体)的准则来规范成人高等教育、高等职业技术教育、高等教育自学考试;不能用学历教育的准则来规范非学历教育;不能用课堂教学的准则来规范各种远距离教学,如此等等。多种形式具有多种规格,各具自己的特点,各有不同的社会适应面。1999年施行的《中华人民共和国高等教育法》(以下简称《高等教育法》)总则第六条规定:"国家根据经济建设和社会发展需要……采取多种形式积极发展高等教育事业。""积极发展"是以"采取多种形式",也即多种规格、不同特点、不同社会适应面为前提的。如果抽掉了大众化概念中质的变化,只就数量增长谈大众化,许多道理就说不明,许多问题就难以解决。

马丁·特罗在论述精英教育与大众教育的关系时,特别申明要防止某些误解。其中之一就是不要误以为高等教育发展至大众化阶段就不要精英教育了。他认为"大众型高等教育的发展,不必一定要破坏精英教育机构或其组成部分","精英型和大众型高等教育机构同时存在","在大众化阶段,精英

---

① 低于15%为精英教育阶段,高于50%为普及化阶段。
② 马丁·特罗. 从精英向大众高等教育转变中的问题[J]. 外国高等教育资料,1999(1).

高等教育机构不仅存在而且很繁荣"。所谓大众化阶段，是就高等教育的总体而言，并不排斥而应包括精英教育作为它的组成部分。在美国，既有社区学院，又有研究型大学；在中国，即使进入大众化阶段，全日制本科院校，以至重点大学，仍将作为高学术水平的大学发挥它不可代替的作用，同高等专科学校、成人高等学校、高等职业技术学校以及非学历教育的高等教育机构同时存在，同时发展。当然，这些大学本身的功能与结构，也会随经济与社会的发展起某种变化。但只会变得更好，学术水平更高而不是更差。事物的发展，后一个阶段包含前一个阶段合理的、为社会所需要的东西，是符合事物发展规律的。

下面，就从量的增长与质的变化统一的概念出发，来讨论大众化道路上所面临的问题。这条道路，起点、过程、终点都存在许多问题。过程中的问题，如多种形式的培养目标、课程设置、教学方法、管理方式等，要另行探讨。这里只就起点（资金投入）和终点（毕业生就业）这两个关隘探讨如何走通大众化之路。

起点：资金投入

高等教育改革与发展，增加投入是前提。高等教育大众化所需增加的资金投入，远远高于基础教育阶段的普及义务教育。大众化与政府资金投入不足的矛盾，成为世界性的问题。马丁·特罗在考察发达国家高等教育大众化历史时就已指出，大众化如果"仍然是精英教育的消费水平，就会给国家和政府预算增加难以承受的负担"。发达国家尚且难以承受，发展中国家和政府就更无法负担。为了解决这一矛盾，无论发达国家或发展中国家，都要采取节支与增收两种办法。节支，就是采取非精英教育的消费水平以扩大高等教育。一般说，2年制的社区学院生均教育经费低于4年制大学，成人高等学校低于全日制普通高等学校，开放大学、远距离教学更远远低于以课堂教学为主的传统大学。在保证一定比例的精英教育条件下，各国都尽量发展社区学院、成人高等学校、开放大学、远距离高等教育以减轻大众化的资金负担。在中国，还可以发展高等教育自学考试。增收，就是发展私立（民办）高等教育，以吸收私人或私法人投资和学生较高的学费。在精英教育阶段，私立高等学校就已存在，但许多国家政府采取不支持或限制的态度，日本、印度尼西亚、泰国都是如此。但到接近或已经进入大众化阶段，大多数国家又转变态度为鼓励、支持。因此，私立高等教育的发展往往快于公立高等教育，尤其是亚太地区的日本、韩国、印度尼西亚、菲律宾，私立高等学校的学生已达到各该国大学生总数的60%、70%，甚至80%以上；原来没有私立高等学校的越南、蒙古和独联体各国，近年来也出现了私立大学，尤以越南的发展较快。

中国教育主管部门对民办高等学校采取的政策是"严格控制"[①]。但由于非公有制经济的迅速增长，适龄青年及其家长对接受高等教育的热切愿望，民办高等教育机构发展迅速。据不完全统计，全国已达1 400所以上。21世纪，教育消费将成为国民消费强有力的增长点，投资者也看好这一教育产业。因此，在1998年8月29日全国人大常委会上通过的《高等教育法》明确规定："国家鼓励企业事业组织、社会团体及其他社会组织和公民等社会力量依法举办高等学校。"对民办高等教育，不再提"严格控制"而采取鼓励的态度。如果按照教育作为一种产业的性质，对民办高等教育的投入，允许给予适当的回报，并加强立法管理，将为高等教育大众化的资金投入开辟一条重要的增收途径，有利于通过起点的关隘。

终点：毕业生就业

当前高等学校毕业生就业困难，是一个阻碍高等教育大众化的现实问题，也是对大众化持怀疑、反对态度者的重要理由。虽然任何一个青年，到了一定年龄，总不应该没有一份职业。但大学生如果毕业待业，比一个中学生毕业待业其社会影响大得多，从社会的安定出发，也从学生自身着想，都是应予认真考虑的问题，但不是不能解决的矛盾。而要解决这一矛盾，首先要转

---

① 《社会力量办学条例》（1997年7月31日发布）第五条："……国家严格控制社会力量举办高等教育机构。"

变传统思想，改变思维方式。

（1）从政府到社会，从学校到学生，都要将计划经济时代所形成的思维定式：大学毕业生由国家包分配、包当干部，转变为面向人才市场，自主就业。相应地，高等学校要面向人才市场，及时调整专业课程，拓宽专业口径，加强就业的适应性，停止发放所谓的"派遣证"。

（2）大学毕业生的职业岗位，不是一个常数，而是一个变数。一方面，随着经济的发展，社会的进步，需要具有高等教育水平的职业岗位必将增加；另一方面，大学毕业生进入社会，推动经济与社会的发展进步，那就不只是占据一个职业岗位，而可能是创造更多的就业机会。可以设想，一个大学毕业生到农村当乡镇长（在一些经济发达地区如珠江三角洲，已不是设想，而是现实），他就会引进更多的大学生到乡镇以推动当地的现代化建设。马丁·特罗在考察发达国家的大众化进程之后说："数量增长后没有学生整体质量下降的现象"，"几乎没有毕业生过剩的证据"。

（3）大学毕业生多了，可能有的不得不到原来中学毕业生就可担任的职业岗位去。这种"高才低就"，从个人说，可能暂时感到委屈；从短期看，可能是一种浪费。但从经济与社会的发展看，从长远看，未必不是好事。马丁·特罗就认为高等教育大众化必须"打破精英教育与职业结构之间旧有的、刻板的联系"。以前由中学毕业生从事的职业逐渐由受过高等教育的毕业生担任，既能提供他们应用技巧与发挥创造性的机会，又能促使原来的从业人员努力提高自己，从而提高这些职业的业务水平与社会地位。事实证明这一见解是正确的。例如当前中国许多师范专科以至本科毕业生，到城市小学当教师，如果在10年前，一定会感到委屈、浪费。而现在不论社会或本人，这种想法都在改变。更多人认为今后小学的教师，将要逐渐提高到高等教育的水平。

传统思想与思维方式转变了，高等教育大众化的路子也就有了。高等教育通向农村，就是一条大众化的必由之路。

农村是广阔的天地。农村人口占全国人口的70%以上，中国的社会主义现代化建设，不能忘记农村的现代化建设；科教兴国战略，不能不包括科教兴农。中国高等教育大众化，也不能不让70%以上的农村青年接受高等教育，并在农村创造就业机会。大众化不能仅靠城市的生源,毕业生更不能仅在城市就业。农村有大量的高中毕业生,生源甚多;农村的经济与社会发展了,也需要并能容纳更多的大学毕业生就业。问题在于如何使农村青年能够"上得来",城市青年能够"下得去",而且两者都能够"用得上""留得住"。这里有认识问题、政策问题、待遇问题、生活上的实际问题,需要具体研究解决。可喜的是许多地方,已经对高等教育通向农村的问题,进行理论研究与实践试验。例如,浙江省高等教育自学考试向农村延伸的试验,从1993年就开始,6年来已经取得很好的成绩,积累有益的经验;厦门大学高教所的3篇硕士、博士论文,在调查的基础上进行理论探讨,为制定有关政策提供理论依据;江苏省高教学会主持的大学毕业生通向农村的研究课题,组织了几个省市开展大规模的调查研究,已取得阶段性成果。通向农村的道路,虽然困难重重,但最终必能走通。

大众化的速度

高等教育大众化是必然的趋势,已经成为大多数人的共识,争论的焦点已经从"要不要"进到"快一点好还是稳一点好"。根据马丁·特罗的调查,发达国家的大学生数量增长,在接近或超过大众化的最低限时,速度最快。其中,依靠精英教育的扩张,速度相对较慢(如英国),而多种形式办学,速度更快,往往在5~10年间,大学生数量就翻了一番(如法国、瑞典、丹麦)。如上所述,在数量倍增期间,由于当时经济发展也很快,并未发现大学毕业生过剩现象。但其他的调查则显示某些发展中国家,如印度、埃塞俄比亚等国,有一个时期大学毕业生的增长速度远超于经济发展速度,也曾出现不同于马丁·特罗所说的现象,如挤占基础教育经费、高等教育质量下降、大学毕业生供过于求等问题。同时,由于思想观念的转变、政策的落实、资金投入的增长、农村对高级专门人才的需求与实际容纳量的增长,以及多种形式办学所需师资与设备的准备等都需要有一个过程,因此,中国高等教育大众化,既不应徘徊不前,也不应操之过急。应当解放思想,实事求是,适度超前发展,在2000年后的一个较短时期,进入高等教育大众化阶段。

21 世纪：可持续发展的中国高等教育[①]
——兼论中国高等教育大众化问题

20 世纪 90 年代以来，高等教育界就在不断探索 21 世纪高等教育的发展战略，提出了种种设想，绘制了一幅又一幅的蓝图。谈得最多的是高等教育的国际化、大众化、终身化、个性化、人文化、综合化、网络化、产业化，等等。这些设想和蓝图，虽然大多是以西方发达国家高等教育的现实或理论为依据，并且属于不同层面的问题，但对我们探讨 21 世纪中国高等教育的改革和发展，都有拓宽视野、启发思考的借鉴意义。我认为更重要的是从中国改革开放和现代化建设的实际出发，根据教育的内外部关系规律，用新的教育观念和思维方式，对发展中的实际问题进行理论思考。

近来，我对高等教育的宏观发展思考得最多的是引进可持续发展的理念以研究中国高等教育大众化的理论与实际问题。就此谈谈个人的思路与见解。

一、21 世纪中国高等教育持续发展的动力

高等教育是一个开放的系统，改革与发展的动力来自所面临的挑战。从这个意义说，迎接挑战就是动力。正是这种外部动力激活内部的矛盾、变化、发展。

20 世纪 80 年代以来，中国高等教育所面临的挑战，主要来自两个方面：

[①] 原载《教育科学研究》，1999 年第 2 期。

一是世界科技革命的浪潮；一是社会主义市场经济形势。高等教育改革与发展的动力就是迎接科技革命，主动适应市场经济。高等教育所面临的两大挑战，其实质是反映以经济为中心的社会主义现代化建设，围绕两个全局性的根本性转变而展开的：经济体制从计划经济向社会主义市场经济转变，高等教育的体制、模式必须适应市场经济而改革；经济增长方式从粗放型向集约型转变，高等教育必须为集约型的经济增长提供掌握高科技的高素质人才。

我国将长期处于社会主义初级阶段，进入21世纪，在可见的未来，高等教育所面临的挑战，基本上仍是上述两大挑战的延续。或许可以这样设想，当社会主义市场经济已经发育成熟，高等教育的运作已经基本与市场经济体制相适应，不存在大的矛盾，这一方面的挑战可能逐渐淡化而失去其动力作用。但科技的发展则是无限的，高等教育不断迎接新的高科技的挑战可能也是无限的。

不过，随着经济与社会的发展，以及高等教育自身的变化、发展，挑战的形势、迎接挑战的重点、高等教育所要解决的问题，不会是一成不变的。一个矛盾解决了，新的矛盾又会出现，在两大挑战的基础上，会派生许多新的具体的挑战。我于1996年与吴岩博士合写的一篇为国内外一些报刊所转载的文章《走向21世纪的中国高等教育》，就是根据两大挑战发展形势，预测到21世纪将面临的新挑战、新矛盾、新任务。

（1）高科技与低素质的矛盾——必须加强全面发展的素质教育，使科技知识、能力与人文素质整合。

（2）信息高速公路进入高等学校，与传统的教学过程的矛盾——教学模式必须变革。

（3）高等教育大众化与政府投入不足、城乡发展不平衡的矛盾——必须发展私立高等教育，高等教育必须通向农村。[①]

当年所预测的上述三个新的挑战，事实上在20世纪末就提前出现并成为当前高等教育改革与发展的动力了。

---

① 潘懋元. 潘懋元高等教育学文集［M］. 汕头：汕头大学出版社，1997：282 - 287.

二、可持续发展的高等教育发展观

迎接挑战有两种不同的发展观：一是"兵来将挡，水来土掩"，就事论事，被动应战，我们称之为急功近利的发展观。在这种发展观的指导之下所采取的对策，一时也能收到效果，但往往不利于长远的效益。例如，面向市场经济的冲击，捕捉到一个人才市场的信息，未经充分论证，一哄而上，学生尚未毕业，热门专业就变成冷门专业，陷于被动；又如，为了解决教育经费不足而进行的某些（不是所有）"创收"活动，饥不择食，未曾认真地衡量其利弊得失，往往导致领导与师生精力分散，教学科研质量降低，甚至校风败坏。教育是百年大计，具有长期性、长效性的特点，对于一些短期行为，即使为了应急不得已而为之，也应有所节制。为使 21 世纪中国高等教育健康发展，必须转变当前流行的急功近利的发展观为可持续发展的发展观。也就是把可持续发展的理念引进教育发展观中，成为制定高等教育发展战略的指导思想。

可持续发展是一种新的社会发展观，是针对传统的社会发展观而提出的。传统的社会发展观是在工业经济时代形成的只追求物质文明的发展观。在工业经济时代，社会发展被视为就是工业化的程度。以工业化水平的高低划分发达国家与发展中国家；以国民生产总值（GNP）和人均 GNP 为经济与社会发展的主要指标，以 GNP 的增长率标示经济与社会发展的速度。传统的社会发展观在增加社会财富、促进物质文明建设上，起过积极的作用，至今仍然有其现实的意义。但是，这种单纯物质层面的社会发展观，也带来浪费自然资源、破坏生态环境的负面效应，导致今天地球上可利用的资源日渐枯竭，生态环境日益恶化，威胁到人类的生存与持续发展。面对危机，人们提出种种新的发展战略理论与解救方案，最终汇集成一种新的社会发展观：人类社会的发展必须是可持续发展的。这种新的社会发展观，有别于单纯工业化的片面追求产值增长的发展观，为人们构思经济与社会发展战略开辟了一条广阔的道路。

可持续发展战略，原来只是在物质层面上用以处理人与自然的关系，即用以解决资源、人口、生态环境的问题。随着对可持续发展理念认识的扩大、丰富、加深，明确这一理念的内涵，包括了新的自然观、价值观、道德观、思维方式，以及发展的持续性、整体性、公平性、协调性等原则。它的意义就从物质层面扩大到文化层面，进入人文视野。从而表明实施可持续发展战略，不能停留在物质层面上，必须提高到文化层面上来认识问题、解决问题。人是文化的主体，可持续发展是以人为本位。而人是通过教育培养造就的。这就使教育在可持续发展战略中占据极其重要的地位。尤其是以培养科学家、工程师、高级管理人才、国家和地方的领导与决策者为己任的高等教育，更为重要。在一定意义上可以说，教育，尤其是高等教育，是实施可持续发展战略的根本保证。

在社会主义现代化建设中，邓小平不仅提出了以经济建设为中心，而且提出了教育优先发展战略。人们往往把教育优先发展战略看成是教育发展战略，由教育部门去实施，这是不准确的。教育优先发展战略，是社会的可持续发展战略的重要组成部分，而不是教育的战略。所谓"优先"，是同社会其他部门比较而言的，教育部门自身不存在优先发展与否的问题，而对整个社会来说，不把教育摆在优先发展地位，只顾在物质层面上增加投入，提高产值，这种急功近利的发展战略，在工业经济时代，已越来越不利于经济与社会的发展。到了知识经济时代，不提高全民族的文化素质，不培养大批掌握高科技的高素质的专门人才，缺乏知识、科技的支持，经济与社会就不可能持续发展。因此，实施科教兴国战略，首先必须转变急功近利的、单纯追求物质文明的发展观包括物质文明与精神文明的可持续发展的发展观，切实地而不是口头地把教育摆在优先发展的战略地位。

党的十五大报告将实施科教兴国战略和可持续发展战略并列，作为社会主义现代化建设的两个重要战略措施，表明两者存在内在的必然联系：科教兴国战略，众所周知，是以邓小平关于"科学技术是第一生产力"和"教育优先发展"的思想为指导制定的战略措施，是振兴中华、建设社会主义现代化的百年大计，它的内涵，同可持续发展理念是一致的。高等教育的改革与发展，必须符合可持续发展理念，才能实现科教兴国战略。

三、高等教育大众化是实现经济与社会可持续发展的必然选择

一个国家国力的强弱，整个社会物质与精神文明的进步，很大程度上取决于高等教育所培养的人才的数量和质量。同时，国民经济发展了，社会生活水平提高了，人民接受高等教育的需求也日益增长。因此，高等教育的大众化、普及化，成为20世纪60年代以来，世界高等教育发展的大趋势。发达国家，在六七十年代就已进入大众化阶段，现在已经进入或正在进入普及化阶段；许多发展中国家，也已进入大众化阶段。而中国高等教育，到达大众化阶段的最低限（适龄青年毛入学率15%）还有相当距离（1997年为7.6%，加上高等教育自学考试也仅占9.1%）。即将进入21世纪之际，在面临知识经济的挑战，讨论如何实现科教兴国战略时，高等教育大众化问题，理所当然地成为大家关注的热点。

高等教育大众化问题之所以成为大家关注的热点，还在于它是因争论中国高等教育发展的规模速度问题而提出的。1997年全国注册的大学生总数达608万人（其中研究生18万人、全日制普通高校学生317万人、成人高等学校学历生273万人）。就相对数说，中国人口占世界人口总数的22%，而大学生仅占世界大学生总数的7%，也就是说每万人口在校生仅有48.2名，比许多发展中国家还低得多；但就绝对数说，则仅次于美国而不低于印度、俄罗斯。究竟是太少呢还是够多了？应该加速发展呢还是应该控制发展？这就形成了赞同高等教育大众化与反对高等教育大众化两种对立的争论。

认为中国高等教育必须尽快大众化的理由，除了根据世界高等教育发展趋势以立论之外，主要是从经济与社会发展的需要来论证。主要理由是：①经济的增长方式要从粗放型向集约型转化，就需要培养大量的高水平的生产、管理、服务人才，而中国当前从业人口中，具有高等教育文化程度的比例太低（2%~3%），乡镇企业、小型企业，技术人才奇缺，基层单位管理人员学历太低，不利于生产力的提高与社会的进步；② 21世纪进入知识经济时代，掌握高新科技的创新人才只能由大学来培养，中国本科以上的人才储备量太少，在激烈的国际竞争中将处于不利地位；③人口的文化构成是综合国力

的基础,我国城乡居民中受过高等教育的仅占1.4%,不但远低于美国(32.2%)、日本(21.2%)、加拿大(19.3%)等发达国家,也低于泰国(2.9%)、印度(2.5%)、巴基斯坦(1.9%)等发展中国家。① 总之,从需要方面看,必须加快中国高等教育大众化进程。

但是,需要不等于可能。反对大众化的理由,主要是从不可能、不可行方面论证。众多反对理由,可以概括为两个理论上的不可能和两个实际上的不可行。

理论上的不可能:①数量与质量的矛盾。数量增加,势必降低质量,追求数量而牺牲质量是不可取的。②不符合中国国情。大众化是西方发达国家所提出的理论模型,人口多的发展中国家不能生搬硬套。中国人口基数大,每年出生人口在2 000万人以上,假如入学率达到15%,则每年应招大学生300万人以上;达到50%,每年应招1 000万人以上,这一数字大大超过了中国的经济发展水平。

实际上的不可行:①国家财力有限,目前教育经费投入已经严重不足。一个普通高校学生的生均经费,等于16个小学生、9个初中生、4个高中生的生均经费。大众化所需投入的资金太高,势必挤占基础教育经费,国家财政也难以承担。②就业困难,现在每年大学毕业生仅仅80多万人,已经难于安排,大众化势必增加待业大学生,影响社会安定。

需要与可能,是事物发展的两翼,如果只看到需要而不顾可能与可行,需要只能成为良好的愿望。这是应该认真对待的。在讨论中国高等教育大众化是否可能、可行之前,有必要对大众化这个概念做必要的说明,先从理论上取得共识。

高等教育大众化有一个世界公认的数量指标,就是适龄青年毛入学率达到15%~50%。但数量指标远不是大众化这一概念的全部内涵。最早提出大众化概念的马丁·特罗(Martin Trow)在总结发达国家大众化进程的规律时,就指出量的增长必然要引起质的变化。所谓质的变化,包含了教育观念的转

---

① 何祚庥. "适度发展"高等教育,还是大力发展高等教育?[J]. 人大复印资料(高等教育),1998(6).

变,教育功能的扩大,教育模式多样化,学术方向、课程设置、教学方式与方法、入学条件、管理方式以及高等教育与社会关系一系列的变化。也就是说,大众化这一概念的内涵包含了量的增长与质的变化,不能只顾量的增长而不顾质的变化。① 据此,我们在讨论高等教育大众化问题时,就必须从大众化这一概念完整的内涵出发,不能用精英教育的培养目标与规格、学术方向与标准、课程选择与组织、教学方式与方法、办学体制与管理体制等来规范大众高等教育。当前许多讨论大众化问题的文章,正是由于持精英教育固定不变的准则来讨论数量的增长而感到困惑,陷于两难的困境。其实,即使是还未进入大众化阶段,只要是多种形式办学,就不能用全日制本科教育(假设它是精英教育的主体)的准则来规范成人高等教育、高等职业技术教育、高等教育自学考试;不能用学历教育的准则来规范非学历教育;不能用课堂教学的准则来规范各种远距离教学,如此等等。多种形式具有多种规格,各具自己特点,各有不同的社会适应面。《中华人民共和国高等教育法》(以下简称《高等教育法》)总则第六条规定:"国家根据经济建设和社会发展需要……采取多种形式积极发展高等教育事业。""积极发展"是以"采取多种形式",也即多种规格、不同特点、不同社会适应面为前提的。如果抽掉了大众化概念中质的变化,只就数量增长谈大众化,许多道理就说不明,许多问题就难以解决。所谓数量增加,必然导致质量降低,正是以精英教育的学术质量标准来衡量以应用型为主的大众教育的质量而感到困惑的。

当然,进入大众化阶段,也不应当一律摒弃学术的质量标准。马丁·特罗在论述精英教育与大众教育的关系时,特别申明要防止某些误解。其中之一就是不要误以为高等教育发展至大众化阶段就不要精英教育了。他认为大众型高等教育的发展,不必一定要破坏精英教育机构或其组成部分,精英型和大众型高等教育机构同时存在,在大众化阶段,精英高等教育机构不仅存在而且很繁荣。所谓大众化阶段,是就高等教育的总体而言,并不排斥而应包容精英教育作为它的重要组成部分。在美国,既有社区学院,又有研究型

---

① 特罗. 从精英向大众化高等教育转变中的问题 [J]. 王香丽, 译. 外国高等教育资料, 1999 (1): 1-22. 此处及以下引文均出自该文。

大学；在中国，即使进入大众化阶段，全日制本科院校，尤其是重点大学，仍将作为高学术水平的大学发挥它不可代替的作用，同高等专科学校、成人高等学校、高等职业技术学校以及非学历教育的高等教育机构同时存在，同时发展。当然，这些大学本身的功能与结构，也会随经济与社会的发展起某种变化。但只会变得更好，学术水平更高而不是更差。事物的发展中，后一个阶段包容前一个阶段合理的、为社会所需要的东西，是符合规律的。

至于中国人口基数大，大众化的绝对数较大，这只是国情的一方面，更为重要的是另一方面，是中国人均土地少，自然资源相对贫乏，以土地和自然资源为基础的传统的农业经济与工业经济，中国并不占优势。正是这一国情，中国更应当重视人力资源的开发利用，通过发展教育以提高人口素质，培养科技人才，发展知识与技术密集的高新科技产业。借鉴日本的经验，将人口多的沉重包袱转化为人才多的优势而化解人均土地与自然资源相对不足的劣势。也就是说，中国特色社会主义现代化建设，不应重复西方发达国家所走过的老路而应优先发展科技和教育，争取在知识经济时代能够迎头赶上。从长远观点看，这是一条经济与社会可持续发展的道路，而高等教育大众化正是这条高速公路的超车道。

以上只是从理论上探讨大众化的可行性问题，更为重要的是要从实际出发，解决中国高等教育大众化的难题。资金不足与毕业生就业困难的确是大众化无法绕过的两大障碍，但不是不能解决的难题。

四、积极发展私立（民办）高等教育，以社会力量筹集大众化资金

高等教育改革与发展，增加投入是前提。高等教育大众化所需增加的资金投入，远远高于基础教育阶段的普及义务教育。大众化与政府资金投入不足的矛盾，是世界性的问题，更是中国当前的难题。马丁·特罗在考察发达国家高等教育大众化历史时就已指出，大众化如果仍然是精英教育的消费水平，就会给国家和政府预算增加难以承受的负担。发达国家尚且难以承受，发展中国家就更无法负担。为了解决这一矛盾，无论发达国家或发展中国家，都要采取节支与增收两种办法。

节支，就是采取非精英教育的消费水平以扩大高等教育。一般说，2 年制的社区学院生均教育经费低于 4 年制大学，成人高等学校低于全日制普通高等学校，开放大学、远距离教学更远远低于住读和以课堂教学为主的传统大学。在保证一定比例的精英教育的条件下，各国都尽量发展社区学院、成人高等学校、开放大学、远距离高等教育以减轻大众化的资金负担。在中国，还可以发展高等教育自学考试。通过上述方式，培养一个大学生的生均教育经费，可能比中学生甚至小学生还低廉。

增收，就是多渠道筹集教育资金。除了公立高等学校采取多种办法"创收"并酌情收取一定数量的学费外，应当依靠社会力量，积极主动地而不是消极被动地发展私立（民办）高等教育。发达和发展中国家都有经验证明，通过前者扩大高等教育是有限的，而通过后者扩大高等教育则大有可为。在精英教育阶段，私立高等学校就已存在，但许多国家政府采取不支持或限制的态度，日本、印度尼西亚、泰国都如此；但到接近或已经进入大众化阶段，大多数国家转为采取鼓励、支持态度。因此，私立高等教育的发展往往快于公立高等教育，尤其是亚太地区的日本、韩国、印度尼西亚、菲律宾，私立高等学校的学生已达到各该国大学生总数的 60％、70％，甚至 80％以上；原来没有私立高等学校的越南、蒙古和独联体各国，近年来也出现了私立大学，尤以越南的发展较快。

中国教育主管部门对民办高等学校采取的政策是"严格控制"。但由于非公有制经济的迅速增长，适龄青年及其家长对接受高等教育的热切愿望，民办高等教育机构发展迅速。据不完全统计，全国已达 1 400 所以上。21 世纪，教育消费将成为国民消费强有力的增长点，投资者也看好这一教育产业。国外许多高校也纷纷来中国占领招生市场。因此，1998 年 8 月 29 日全国人大常委会通过的《高等教育法》明确规定："国家鼓励企业事业组织、社会团体及其他社会组织和公民等社会力量依法举办高等学校。"对民办高等教育，转而采取鼓励的态度。如果按照教育作为一种产业的性质，对民办高等教育的投资，允许给予合理的回报，并加强立法管理，将为高等教育大众化的资金投入开辟一条重要的增收途径。

全国人大九届二次会议通过的宪法修正案，对个体经济、私营企业等非公有制经济的定位，将"公有制经济的补充"修改为"社会主义市场经济的重要组成部分"。这一修正案，反映了社会主义初级阶段的形势，有利于非公有制经济的发展。建立在非公有制经济基础上的私立（民办）高等教育，发展的势头也很旺，我们也应根据当前的形势和未来的可持续发展，实事求是地定位为高等教育办学体制的重要组成部分，形成公办高校与民办高校优势互补、共同发展的办学体制，在政策上采取积极鼓励、支持引导的态度，加强宏观指导，依法管理，减少消极限制，多留发展空间，使之能为公立高校分担大众化的重任。这是有利于社会主义高等教育事业持续发展的。

五、高等教育通向农村，是大众化的必由之路

当前高等学校毕业生就业困难，是一个阻碍高等教育大众化的现实问题，也是对大众化持怀疑、反对态度者的重要理由。虽然任何一个青年，到了一定年龄，总不应该没有一份职业，但大学生如果毕业待业，比中学生毕业待业的社会影响大得多。从社会的安定考虑，也从学生自身着想，都是应予认真对待的问题，但不是不能解决的矛盾。解决这一矛盾，首先要转变传统思想，改变思维方式。

（1）从政府到社会，从学校到学生，都要将计划经济时代所形成的大学毕业生由国家包分配、包当干部的思维定式，转变为面向人才市场，自主就业。相应地，高等学校要面向人才市场，及时调整专业课程，拓宽专业口径，培养学生"做事"与"做人"的能力，以提高就业的适应性。国家既然不包分配，高校只能向毕业生提供人才市场信息，指导毕业生择业，不应再发放所谓的"派遣证"以限制学生自主择业。

（2）大学毕业生的职业岗位，不是一个常数，而是一个变数。一方面，随着经济的发展，社会的进步，需要具有高等教育水平的职业岗位必将增加；另一方面，大学毕业生进入社会，推动经济与社会的发展进步，那就不只是占据一个职业岗位，而可能是创造更多的就业机会。可以设想，一个大学毕业生到农村当乡镇长（在一些经济发达地区如珠江三角洲，已不是设想，而

是现实），他就会引进更多的大学生到乡镇以推动当地的现代化建设。马丁·特罗在考察发达国家的大众化进程之后说："数量增长后没有学生整体质量下降的现象"，"几乎没有毕业生过剩的证据"。

（3）大学毕业生多了，可能有的不得不到原来的中学毕业生就可担任的职业岗位去。这种"高才低就"，从个人说，可能暂时感到委屈；从短期看，可能是一种浪费。但从经济与社会的发展看，从长远看，未必不是好事。马丁·特罗就认为高等教育大众化必须"打破精英教育与职业结构之间旧有的、刻板的联系。以前由中学毕业生从事的职业逐渐由受过高等教育的毕业生担任，既能提供他们应用技巧与发挥创造性的机会，又能促使原来的从业人员努力提高自己，从而提高这些职业的业务水平与社会地位"。这一见解是正确的。正是由于社会上许多职业岗位，高水平的人才不断替换低水平的人才，或者在岗人员通过继续教育或其他方式不断地提高水平，生产力才能不断提高，社会才能不断进步。事实也是如此。例如，原来小学教师是由中等师范学校培养的，现在发达地区的城市小学教师，要求具有师范专科以至本科学历。如果在10年前，高等学校毕业生到小学当教师，社会会认为是浪费，本人会感到委屈，而现在不论社会或本人，这种想法都在改变。其他许多职业也如此。原来生产大队或人民公社的会计，只要粗识文字，会打算盘会记账就能胜任，现在乡镇或所属企业的主管会计，非有大专学历水平，很难理解财经政策，熟悉金融法规，应付资金运转中的问题。由劳动密集的粗放型企业，转变为技术密集的集约型企业，首先要解决的就是劳动力的知识技术水平问题。经济的发展、社会的进步，要求许多行业的从业人员有更高的学历水平，这是符合经济与社会的发展与进步的规律。

传统思想与思维方式转变了，高等教育大众化的路子也就显现了。高等教育通向农村，就是一条大众化的必由之路。

农村是广阔的天地。我国的农村人口占全国人口的70%以上，中国的社会主义现代化建设，不能忘记农村的现代化建设；科教兴国战略，不能不包括"科教兴农"；中国高等教育大众化，也不能不让70%以上的农村青年接受高等教育，并在农村创造就业机会。大众化不能仅靠城市的生源，更不能仅在城市就业。农村有大量的高中毕业生，生源甚多；农村的经济、政治、文化发展了，也需要并能容纳更多的大学毕业生就业。问题在于如何使农村青年能够"上得来"，城市青年能够"下得去"，而且两者都能够"用得上""留得住"。这里有认识问题、政策问题、待遇问题、生活上的实际问题，需要具体研究解决。可喜的是，许多地方已经对高等教育通向农村作出重视，进行理论研究与实践试验。我也曾就此课题指导过3篇硕士和博士论文，在调查的基础上进行理论探讨。这些调研和基本结论是通向农村的道路，从思想观念到政策措施、生活实际，虽然困难重重，但最终必须走通也必能走通，因为这是中国高等教育大众化以至普及化可持续发展的必由之路。

高等教育大众化是必然的趋势，已经成为大多数人的共识，争论的焦点逐渐从"要不要"进到"快一点好还是稳一点好"。根据马丁·特罗的调查，发达国家的大学生数量增长，在接近或超过大众化的最低限时，速度最快。其中，依靠精英教育的扩张，速度相对较慢（如英国），而多种形式办学，速度更快，往往在5~10年间，大学生数量就翻了一番（如法国、瑞典、丹麦）。我的学生检索有关的统计材料，更发现无论发达国家或发展中国家，在进入大众化阶段前后，平均年增长率都很高。较低的如英国、埃及、墨西哥、土耳其等，平均年增长率为6%~9%，较高的如西班牙、伊朗、泰国，平均年增长率达到18%以上。[①] 但是，另一些资料显示，有些发展中国家，如印度、埃塞俄比亚、斯里兰卡等，都有一个时期，由于大学生数量增长速度远超于经济发展速度，曾出现挤占基础教育经费，大学毕业生供过于求的现象，也应引以为戒。同时，由于思想观念的转变、政策的落实、资金投入的增长、农村高级专门人才的需求与实际容纳量的增长，以及多种形式办学所需师资与设备的准备等，都需要一个过程，因此，中国高等教育大众化，既不应徘徊不前，也不应操之过急。应当解放思想，实事求是，适度超前发展，在2000年后的一个较短期间，进入高等教育大众化阶段。如上所述，在数量倍增期间，由于当时经济发展也很快，并未发现大学毕业生过剩现象。

---

① 张塞. 国际统计年鉴（1996）[M]. 北京：中国统计出版社，1996.

1998年10月，联合国教科文组织在巴黎召开的首次世界高等教育大会，确认高等教育的根本使命是促进社会的可持续发展和进步。为完成这一使命，也为实现中国的社会主义现代化建设，高等教育自身必须树立可持续发展的发展观，制订可持续发展的战略。高等教育的可持续发展战略，关系到高等教育事业的方方面面。本文只就高等教育大众化这一问题，阐述个人的观点，至于全面论述高等教育可持续发展的理念与战略，有待另立课题进行研究。

自学考试应通向农村[①]

中国高等教育大众化的最大困难：一是资金投入，一是毕业生就业。

高等教育大众化所需要的资金投入，如果按照精英教育的消费水平，远远高于基础教育普及义务教育之所需。对策：节支与增收。如何节支？除加大一定的投入力度以保持精英教育所需的经费外，开展低消费水平的多种形式办学，包括成人高等学校、远距离高等教育、高等教育自学考试。如何增收？把高等教育作为一种高收益的特殊产业，发展民办高等学校，以吸收教育消费和社会投资。

高等教育大众化的毕业生就业去向，如果都要在城市就业，职业岗位有限，势必大量待业。对策：高等教育通向农村。农村是广阔的天地。农村的经济与社会发展了，也需要并能容纳更多的大学毕业生就业。问题在于如何使农村青年能够"上得来"，城市青年能够"下得去"，而且两者都能够"用得上""留得住"。这里有认识问题、政策问题、待遇问题、生活上的实际问题，需要具体研究解决。

在各种形式的高等教育中，高等教育自学考试向农村延伸，具有许多有利条件：①投入少，政府和个人都能负担得了；②学习时间可以自主安排，忙时少学，闲时多学。学习期限不受学制限制；③专业与课程设置，灵活多样，容易适应农村需要；④最重要的一条是：能较好地解决"上不来，下不去，留不住"的问题。

---

① 原载《有色金属高教研究》，1999年第3期。

我认为主要问题之一，是专业设置与课程设置的问题。一般上总以为适应农村需要，只能在"农"字上做文章，设置农业专业，开设农技课程。这种思路太窄。农村的现代化，当然要求农业现代化，但不仅是农业现代化。在一次高等教育通向农村座谈会上，人们所讨论的农村需要农、师、医三类高级专门人才，这种思路稍宽些，但还是太窄。据我的一位研究生所做的调查可知，农村现代化建设除了上述农、师、医"老三类"人才之外，还需要一定数量的高学历水平的乡镇企业技术人才、管理和财会人才，更需要具有高等教育水平的领导干部。

21世纪经济和社会的发展，对领导干部的知识、能力、素养，提出了新的挑战。一个乡镇的领导干部，是一方的带头人，也应当有宽阔的视野、创新的精神、较高的知识水平、科学管理能力，能够掌握现代信息，领会党和国家的方针政策的精神，结合本地情况，设计发展规划，组织、领导群众建设社会主义现代化新农村。如果全国乡镇领导干部，逐步要求其具有高等教育水平，那么，全国农村，将需要多少大学毕业生！而这些领导干部为了农村现代化建设，又要吸纳更多的大学毕业生！因此，是不是可以试办一个以乡镇领导干部为培养对象的综合性专业。

高等教育自学考试向农村延伸的另一个主要问题，也是一个难题，是社会助学问题。依托乡镇文化技术学校或小学，建立乡镇自考联络站，聘请文化技校或小学教师兼任自考联络员，为农村考生发放教材、准考证，发布信息。浙江省的试点已有成功的经验。但组织经常性的社会助学，尚有困难。农村考生分散，忙闲时间不一，难于集中面授；能胜任经常性的助学辅导的师资也不易得。而自学如缺乏助学，自学上的困难不能及时解决，自学也难以坚持。是否可以试验用如下方式解决？①组织自学小组，发挥互学、互助、互相激励与监督的作用。②聘请附近城市的职业技术学院、民办高等学校、成人高等学校的教师，定期到考生比较集中的地点，短期助学。③采用远距离助学方式。如发放音像教材、参加函授学习、收视电大有关课程。据我所知，有些省还打算在经济条件较好的乡镇，开展电子网络教学。

总之，高等教育大众化是中国经济与社会发展的必然趋势，高等教育通向农村是中国高等教育大众化的必由之路，高等教育自学考试向农村延伸有利于解决资金投入不足与毕业生就业困难等问题,是高等教育大众化的捷径。这条捷径在 1997 年已经为中国高等教育大众化提高了 1.5 个百分点(1997 年全国适龄青年毛入学率如果加上高等教育自学考试,可从 7.6% 提高到 9.1%)。加大高教自考向农村延伸的力度,2010 年达到大众化的阶段是可能的。

高等教育大众化的教育质量观[①]

一

中国高等学校注册的大学生，在绝对数上，即将突破700万人（包括普通高校与成人高校，不包括高等教育自学考试与非学历培训），已是仅次于美国的世界高等教育大国。但在相对比例上，不但远低于发达国家，也低于发展中国家的平均数。高等教育的发展落后于国民经济发展的规模、速度，势必影响经济、科技以及人民生活质量持续发展与提高的后劲。为了迎接21世纪知识经济时代的来临，实现科教兴国战略，增强国家的综合国力；也为了最大限度地满足人民日益增长的提高文化科学水平的需要；还为了当前提高人民教育消费水平，扩大内需，拉动国民经济持续增长。有识之士和沿海地区，纷纷要求加快高等教育大众化步子。国务院批转的《面向21世纪教育振兴行动计划》和第三次全国教育工作会议公布的《关于深化教育改革，全面推进素质教育的决定》，都重新修订高等教育发展的指标，预定于2000年使高等教育入学率提高到11％左右，于2010年达到15％，也就是进入高等教育大众化的阶段。这是一个令人鼓舞的决策，也是一个摆在各级政府和高等教育界面前的艰巨任务。完成这个任务，要解决一连串的难题，包括办学资金、招生制度、就业出路以及师资、设备、校舍等教育资源问题。如果按照传统

[①] 原载《中国高教研究》，2000年第1期。

的精英教育的办学思想去寻求解决的办法，其中许多问题，是无法解决的。例如，办学资金只靠政府财政拨款，即使富裕国家，也难以承担庞大的财政开支；用单一的文化知识标准来选拔大学生，不符合多样化的高等教育尤其是高等职业技术教育的需求；不解决大学毕业生包当干部，只能在城市就业的思想，政府不可能为越来越多的大学毕业生提供充分的就业机会；按现行的师生比例、生均校园占地和房屋面积标准，也很难解决快速增长中的教育资源问题。如果思想不变，体制不改，措施不当，即使以行政手段推行，一时勉强行得通，但却难以为继。因此，人们担心将重复过去大起大落的覆辙。这种担心不是没有理由的。为此，必须树立有别于传统办学思想的大众化办学思想。

高等教育从精英阶段到大众化阶段，不只是量的增长，而且是质的变化。最早提出高等教育大众化这一新概念并以其有力的论证得到世界认同的马丁·特罗（Martin Trow），在总结发达国家大众化进程规律时，就指出量的增长必然要引起质的变化。所谓质的变化，包括教育观念的改变，教育功能的扩大，培养目标和教育模式的多样化，课程设置、教学方式与方法、入学条件、管理方式以及高等教育与社会的关系一系列的变化。也就是说，大众化这一概念的内涵包含了量的增长与质的变化，不能只顾量的增长而不顾质的变化，否则将由于"无法解决增长所引起的问题"而陷于两难境地。最后的抉择只能是"要么进一步增长，要么停止增长"。进一步增长必然要打破传统的精英教育办学思想和模式，而停止增长则意味着走回头路。马丁·特罗称这种既赞成大众化又企图保守传统思想与模式的人为"传统主义者—扩张主义者"。

因此，我们在讨论高等教育大众化问题，提供决策者参考时，就必须从大众化这一概念的完整的内涵出发，不能用精英教育的培养目标与规格、学术取向与标准、课程选择与组织、教学方式与方法、办学体制与管理体制等等来规范大众化高等教育。当前许多讨论大众化的文章，正是由于持传统精英教育固定不变的准则来面对数量增长而感到困惑，处于两难境地。

其实，即使是还未进入大众化阶段，只要是多种形式办学，就不能用原来全日制普通高校本科教育（它是传统精英教育的主体）的准则来规范成人高等教育、高等职业技术教育、高等教育自学考试；不能用学历教育的准则来规范非学历教育；不能用课堂教学的准则来规范各种远距离教育，如此等等。多种形式应有多种规格，各具自己的特点，各有其不同的社会适应面。《中华人民共和国高等教育法》总则第六条规定："国家根据经济建设和社会发展需要……采取多种形式积极发展高等教育事业。""积极发展"是以"采取多种形式"，也即多种规格、不同特点、不同社会适应面为前提的。如果抽掉了大众化概念中"质"的变化，只就数量增长谈大众化教育，许多道理就说不明，许多问题就难于解决，就会陷于马丁·特罗所说的"传统主义者—扩张主义者"的两难境地。

大众化阶段，是就高等教育发展的总体而言，并不排斥而应包括精英教育作为它不可代替的组成部分。正如马丁·特罗所说："精英型和大众型高等教育机构同时存在。""在大众化阶段，精英高等教育机构不仅存在而且很繁荣。"对于这一部分仍应坚持精英教育的培养目标与规格，高学术水平的教育质量。而且随着经济与科技的发展，要在学术水平上不断提高。但对于快速增长的多种形式的非精英教育高等教育，就应从传统的精英教育思想中解放出来，转变为大众化教育思想，包括教育价值观、人才观、教育质量观的转变。其中核心问题是教育质量观的转变。

二

教育质量是高等教育发展的核心问题，也是高等教育大众化的生命线。精英高等教育要保证质量，大众化高等教育也要保证质量。但两者由于培养目标与规格不同、社会适应面不同，因而其质量的标准也就不同。

根据《教育大辞典》的释文：教育质量是指"教育水平高低和效果优劣的程度"，"最终体现在培养对象的质量上"。"衡量的标准是教育目的和各级各类学校的培养目标。前者规定受培养者的一般质量要求，亦是教育的根本质量要求；后者规定受培养者的具体质量要求，是衡量人才是否合格的质量规格。"按照这一解释，教育质量标准可以分为两个层次，一个是一般的基本质量要求，另一个是具体的人才合格标准。对高等教育来说，前者所指的是一切高等教育，都要依据我国教育目的和高等教育一般培养目标，培养德、智、体、美全面发展，人文素质和科学素质相结合，具有创新精神和实践能力的专门人才；后者所指的是依据各级各类高等教育的具体培养目标所规定的质量要求，是衡量所培养的人才是否合格的质量规格。以往高等教育基本上是单一的本科教育，两个层次不分，因具体的质量要求不明确而被忽视，以致人们往往把高等专科教育视为本科教育的"压缩型"，无非是本科课程学浅一点，学少一点。这样培养出来的专科毕业生，"理论水平不如本科，动手能力不如中专和职业高中"。由于缺乏自己的特点与社会适应面，在人才市场竞争中处于劣势，就业困难。现在，高等教育大众化的发展前提是多样化，多样化的高等教育应有各自的培养目标和规格，从而也应当有多样化的教育质量标准。1998年在巴黎召开的首届世界高等教育会议所通过的《21世纪高等教育展望和行动宣言》就指出："高等教育的质量是一个多层面的概念"，要"考虑多样性和避免用一个统一的尺度来衡量高等教育质量"。所谓"多层面"，包括博士、硕士、本科、专科等纵向层次，也包括研究型、理论型、应用型、技能型等横向层面。对于纵向层次的质量要求不同，人们比较清楚，而对于横向层面的质量标准不同，则往往被人有意无意地忽视。但是，从精英高等教育走向大众高等教育，分辨横向层面的不同质量标准却是高等教育大众化能否顺利发展的要害问题。

许多讨论高等教育培养目标和培养模式的文章，往往把侧重于理论学习与研究的称为学术型教育，而把侧重于实用知识、技能培训的称为职业型教育。前者主要指传统大学按学科分类的本科以上教育，后者主要指适应人才市场需要，按职业或行业分类的职业技术教育。严格说，这种分类只有相对意义：传统大学中的工、农、医有明显的职业倾向性，而应用性、职业性的高等教育也应有一定的理论学习。实际上两者是复杂交错的。不过就培养目标的价值取向来说，学术型以学术价值的追求为主，着重理论水平的提高，适应社会对高科技专门人才的需求；职业型以职业价值的追求为主，着重掌握职业知识与技术，针对各行各业对专门人才的需求。一般说，在精英高等教育阶段，人们所重视的是学术型人才；而在高等教育大众化阶段，人才市场需求量大的是职业型人才。这种人才，以前主要是由中专、职业中学提供的。随着生产从粗放型向集约型转变，经济与社会发展水平不断提高，相当多的职业岗位，尤其是高科技生产部门和第三产业，越来越需要受过高等职业技术教育的专门人才才能胜任。这是社会发展的必然趋势，也是高等教育大众化的基本动因。

为什么人才市场大量需要的是高等职业技术教育呢？这是由于它的培养目标具有明确的职业针对性而不只是一般的职业倾向性。普通高等教育的培养目标，虽然也有一定的职业倾向性，但它一般是按学科设置专业和课程，按理论系统组织教学内容；它要求理论联系实际，但联系实际主要是为了更好地掌握理论；它强调培养学生的能力，但着重的是一般的能力而非专门的技能。至于具体的职业训练，要于毕业后在实践中锻炼或经过专门的培训，这样才有发展的"后劲"。而高等职业技术教育所强调的是职业的针对性，它的培养目标是"为生产第一线和工作现场服务的，承担将设计、规划等转换为现实产品或其他物质形式以及生产具体物质产品的技术人才、管理人才和智能操作人才"。它是按社会的职业或行业设置专业、课程，围绕职业需要学习必要的理论知识，通过现场实习培训操作技能。知识传授与技能训练并重，一般要求达到1∶1的时数，要求毕业后很快就能在对口岗位顶岗工作。"至于后劲及转换工作如何适应的问题，则留待继续教育中去解决。"由于生产第一线工作的技术人员和管理人员，是城乡大小企业以及服务部门所缺乏的，需要量大，所以就业问题较易解决。

发达国家在20世纪五六十年代进入大众化阶段，大量发展的是应用性、职业性的高等教育，适应经济与社会发展的需要，从而又提高了社会的生产能力与文化科学水平，使社会能容纳更多的大学毕业生就业。虽然大学生成倍增加，但并未发生大量毕业生失业现象。但也有些发展中国家，在七八十年代出现过大学毕业生供过于求的现象。其原因：一方面是大学生的增加速度远超于经济发展的速度，另一方面是按照传统精英教育的模式扩展普通高等教育本科，社会上接纳不了过多的学术型人才。正如市场经济要求产品"适销对路"，在人才市场上，也有个是否"适销对路"的问题。因此，在即将进入大众化阶段，必须改变传统的精英教育质量观为大众化的教育质量观，使我们培养出来的专门人才在人才市场上"适销对路"。这是当前大量增招大学生，加快高等教育发展速度时必须充分重视的关键问题。

三

当前以及今后一个相当时期，中国高等教育的发展，应当以增加高等职业技术教育为主。这已体现于20世纪80年代中央有关的文件和教育领导部门的措施上。例如，1980年之后的几年间，大量开办职业大学，最多时达到120多所；1985年《中共中央关于教育体制改革的决定》也提出：要"积极发展高等职业技术院校"。如果说，在90年代中期以前，国家所重视的还停留在中等职业教育上，对于高等职业技术教育只是一笔带过，缺乏具体的要求与措施，以致已经办起来的职业大学逐年减少，幸存的也把"职业"两个字撤掉；那么，在第三次全国教育会议（以下简称全教会）上，不论讨论高等教育的发展或职业教育的发展，都聚焦于高等职业技术教育上。《关于深化教育改革，全面推进素质教育的决定》第九条指出："高等职业教育是高等教育的重要组成部分。要大力发展高等职业教育，培养一大批具有必要的理论知识和较强实践能力，生产、建设、管理、服务第一线和农村急需的专门人才。"第十条指出："职业技术学院（或职业学院）可采取多种方式招收普通高中毕业生和中等职业学校毕业生。职业技术学院（或职业学院）毕业生经过一定选拔可以进入本科高等学校继续学习。"第十一条又提出"把发展高等职业教育和大部分高等专科教育的权力以及责任交给省级人民政府"，等等。同时，还针对当前许多职业大学、成人高校（大部分本来也是职业型的），也像高等专科学校那样办成本科压缩型并追求专升本的问题，提出"现有的职业大学、独立设置的成人高校和部分高等专科学校，要通过改革、改组和改制，逐步调整为职业技术学院（或职业学院）。还允许少数重点中专举办高职班以发展高等职业技术教育（即所谓'三改一补'）"。并且积极鼓励和支持社会力量以各种方式举办高等职业教育。全教会的决定，以"三改一补"和鼓励民办高等职业技术教育来加快高等教育大众化的进程，无疑是正确的决策。全教会后，雷厉风行，1999年计划增招的58万名高校新生，除10万名拨给成人高校、少量招收普通高校本科生外，大部分进入相当于大专层次的高等职业技术教育领域（即所谓"新高职"），这样的安排也是无可非议的。问题在于"新高职"招生指标的分配，绝大部分委托给全日制普通高校培养，只有少量分给经评审认可的数十所"三改一补"高等职业技术院校和民办专修学院。全日制普通高校为了承担这一"临时"任务，匆忙成立附属高等职业技术学院；而办学积极性很高并有一定的办职业教育经验的新高职院校和民办专修学院，则苦于生源不足而展开"生源大战"。如此分配方案，作为准备不足而采取的被动的临时措施，可以理解。但如果在指导思想上，认为全日制普通高校质量信得过，而担心"三改一补"的高等职业技术院校与民办高校质量低，则是源于错误的高等教育大众化的教育质量观。

从传统精英教育的质量观看，普通高校尤其是本科院校培养"新高职"大学生，学术质量有保证；但从高等教育大众化的质量观看，普通高等学校培养"新高职"大学生，则是"扬短避长"，未必比按照职业技术教育模式建立起来并积累了一定经验的独立的高等职业技术院校或民办高校，能更好地培养出符合高等职业技术教育培养目标的职业型人才。一般说，普通高校师资的理论水平高，但动手能力差；学科知识丰富而职业知识贫乏；很难要求他们成为"双师型"的教师与实习指导员。普通高校尽管有较好的仪器设备，但符合职业技术培训的校内实习场所和校外实习基地却往往不足。加之全日制普通高等院校，既办成人教育学院，又办"新高职"学院，领导力量、师资力量都分散，为了不致过分影响原来的学术水平，只能将较弱的师资分流到这些附属机构去。更为重要的是，传统的精英教育质量观，不是一朝一夕所能转变过来的；以培育学术气氛为主的校园文化环境，也不利于学生往实用性的职业技术方面发展。这样，很可能把"新高职"当作"老大专"来办，成为本科教育的"压缩型"。缺乏特点，没有优势，在人才市场竞争上处于劣势。如果3年之后再增加数十万压缩型的"老大专"毕业生，而且逐年还将递增，就业问题确实不容乐观。当然，如果普通高校能认真对待这些问题，把"新高职"办成真正符合高等职业技术教育培养目标与培养模式，借其"品牌"优选生源，以其教育资源支持办学，也有其自身的优势。

相反，不少办学已有成绩的职业技术院校、成人高等学校、民办高等学校，它们办职业技术教育较有经验，有的已有一批专、兼职的"双师型"师资、设备与实习场所（包括校内外），也比较符合职业技术教育的要求。同时，全国 3 000 多所中专、800 多所职业高中，其中不乏师资力量雄厚、设备与实习场所充足、办学成绩卓著、培养职业技术人才经验丰富的重点学校，提升为高级职业技术学院或开办高职班也就是指按"三改一补"的原则设置的高等职业技术院校。从高等教育大众化的质量观看，更能培养适应经济与社会多方面需要的"适销对路"的职业技术人才。

高等教育大众化、高等教育职业化，都是 21 世纪世界高等教育发展的大趋势。这两大趋势具有内在的必然联系，第三次全教会的决定，充分体现了这两大趋势的结合。但是，如何把决定转化为实践，使中国高等教育大众化能够更顺利地发展，有一系列难题要解决，而解决这些难题，首先要转变传统的教育观。这篇短文所涉及的只是教育质量观的转变，还有教育价值观、人才观、教学观、学生观以及教育发展观等的转变，都有待于高等教育理论工作者，结合现实问题，进行探讨。

试论从精英到大众高等教育的"过渡阶段"①

1999年，国务院批转教育部的《面向21世纪教育振兴行动计划》，提出2010年我国高等教育毛入学率达到适龄青年的15%②，也就是说，我国高等教育将于21世纪初迈入世界多数国家教育界所共识的高等教育大众化阶段。西方高等教育大众化理论的重要代表马丁·特罗（Martin Trow）教授曾将高等教育的发展划分为精英教育阶段（毛入学率15%以下）、大众教育阶段（毛入学率15%~50%）和普及教育阶段（毛入学率50%以上）。那么，当前中国高等教育是否尚处于精英教育阶段？是否仍应根据精英教育的性质培养精英人才？这是一个关于高等教育发展过程的理论问题，对于这个过程的认识与把握，关系到21世纪中国高等教育改革与发展的规划与部署。我们认为：根据事物发展的规律，考察中国高等教育的实际，在学生数量达到大众化阶段之前，必然有一个"过渡阶段"，我国当前正处于这一过渡阶段。本文试图从分析美国马丁·特罗教授的高等教育发展阶段论的传播与验证入手，结合考察我国高等教育大众化的实践过程，探讨我国高等教育大众化过渡阶段的特点，进而揭示高等教育从精英向大众过渡的基本特征与规律。

一、马丁·特罗高等教育发展阶段论的传播、验证与修正

美国高等教育以300多年的时间跨越了西欧高等教育千年的发展历程，

---

① 原载《高等教育研究》，2001年第2期。作者：潘懋元，谢作栩。
② 教育部. 面向21世纪教育振兴行动计划 [N]. 光明日报，1999-02-25 (1).

于 20 世纪 40 年代进入了大众化阶段,至 60 年代末,在校大学生数超过 18~21 岁青年人口的一半。在此期间,西欧多数国家高等教育规模也成倍增长。① 规模的扩张引发了高等教育观念、职能、课程、管理、入学与选拔等方面的一系列质变。美国教育社会学家、伯克利大学的马丁·特罗教授就是以美国和战后西欧国家高等教育发展为研究对象,探讨了这些国家高等教育发展过程中量变与质变的问题,接连撰写了《从大众高等教育向普及高等教育转化的思考》(1970)、《高等教育的扩张与转变》(1972)、《从精英向大众高等教育转变中的问题》(1973)等系列长篇论文。他以高等教育毛入学率为指标,探讨数量增长与性质变化的关系,将高等教育发展历史分为"精英、大众和普及"三个阶段。他认为:"一些国家的精英高等教育,在其规模扩大到能为 15% 左右的适龄青年提供学习机会之前,它的性质基本上不会改变。当达到 15% 时,高等教育系统的性质开始改变,转向大众型;如果这个过渡成功,大众高等教育可在不改变其性质下,发展规模直至其容量达到适龄人口的 50%。当超过 50% 时,即高等教育开始快速迈向普及时,它必然再创新的高等教育模式。"②

接着,他从量的积累到质的飞跃这一发展观出发,剖析了精英、大众和普及三个阶段高等教育观念、功能、管理和课程等方面所存在的质的变化。他认为,伴随高等教育的对象从少数精英向大众化过渡,直至普及化的发展进程,在观念上,接受高等教育从"少数出身好或天赋高或两者兼备的人的特权"转变为"具有一定资格者的一种权利"和全体人的"一种义务"。③ 在目的和功能上,从"塑造统治阶层的心智和个性",培养政府和学术精英转向"提高人们的社会适应能力,为发达工业社会大多数人的生活做准备"。④ 在高等教育系统方面,学校类型从单一的全日制普通高校演变为包括全日制、部分时间制、远程教育、开放教育等多种办学模式共存的多样化系统,学校与

---

① MARTIN TROW. The expansion and transformation of higher education [J]. International Review of Education, 1972 (1): 61-63.

②③④ MARTIN TROW. Problems in the transition from elite to mass higher education [C]. Conference on Future Structures of Post-secondary Education, Paris 26th-29th June, 1973: 63-71, 75.

社会间的清晰界限逐渐消失。学生的学习经历，从"住校的不间断学习"趋向延迟入学，"时学时辍"的现象增多。师生间原有的亲密关系逐步淡化。学术标准从共同的高标准趋向多样化。课程从"高度的专门结构化"趋向"灵活的模块化"，并逐渐泛化。在入学与选拔上，从根据"考试成绩、英才成就"到引入"非学术标准"，以及凭借"个人意愿"。[①] 在领导与决策上，社会公众逐步介入原来由"少数学术精英团体"所垄断的决策。在学校行政领导与管理上，也从"由学术人员兼任"转变为由"专业管理者、管理专家"专门管理并吸收校内外人士参与。[②]

  由于马丁·特罗教授是在20世纪60年代末70年代初欧美高等教育快速发展之际提出高等教育大众化发展阶段论的，同时，他的高等教育发展阶段论是将高等教育量的扩张与质的变化两者结合起来研究，这使原先只以数据所表示的高等教育规模扩张具有丰富的质的内涵，也使高等教育的重大变革——质的飞跃有了量的参照系。这种将以往关于学生选拔与录取、课程与教学方式、行政与管理等许多离散的、孤立的问题研究综合在一起，并置于从精英到大众化和普及化的大跨度的历史发展背景下进行分析的研究思想和方法，不仅可为一个国家制定高等教育改革与发展政策提供参考，而且也为人们综合考虑高等教育发展问题提供了新的思路。所以，他的"三段论"一经提出，便为西方国家欣然接受，并在发展中国家得到广泛的流传。目前，他的论著已有希腊文、西班牙文、德文、意大利文、法文、希伯来文、丹麦文、瑞典文、波兰文、俄文、日文和中文等多种文字的译本。

  然而，当人们在应用特罗教授的高等教育发展阶段理论去考察本国高等教育的发展状况、解答实际问题时，也发现特罗教授的"三段论"的不足之处。例如，日本广岛大学大学教育研究中心有本章教授在考察日本高等教育大众化演变历程中发现：20世纪90年代，正处于大众化阶段后期的日本高等教育在社会政治、经济等因素的影响下，其管理体制、经费来源、发展道路等方面产生了巨大变化，已有越来越多的成人多次进入高等院校接受继续教

[①②] MARTIN TROW. Problems in the transition from elite to mass higher education [C]. Conference on Future Structures of Post-secondary Education, Paris 26th-29th June, 1973: 63-71, 75.

育,这并非特罗教授所列举的大众化阶段和普及化阶段特征所能涵盖。① 于是,有本章教授将90年代日本高等教育出现的这些区别于马丁·特罗所言的大众高等教育阶段的特征和普及阶段的质的变化,冠之为"后大众(post-massification)阶段",并将其定位在特罗教授所说的大众化阶段的"后期"与普及化阶段的"初期"。他还提出"大众化高等教育"通过"后大众"这个阶段的过渡之后,有可能转变为"终身学习"(long-life learning)阶段,而非传统大学适龄青年的普及教育阶段。另外,美国宾夕法尼亚大学的罗伯特·吉姆斯基(Robert Zemsky)教授和斯坦福大学的佩特里夏·甘波特(Patricia J. Gumport)等人也以"后大众阶段"为题讨论了美国当代高等教育的特征②。

马丁·特罗教授在发表"三段论"之后,面对20世纪70年代以来世界高等教育发展演变的实际进程,他吸收各国专家的修正性观点,结合社会发展的新形势,对其70年代初的高等教育大众化构想进行了修正与补充。1998年5月31日,特罗教授参加日本广岛召开的"日本高等教育研究学会(Japanese Society for Higher Education Research)学术研讨会"时,在其所提交的论文《从大众高等教育走向普及》中,从新旧世纪之交高等教育所面临的挑战入手探讨高等教育大众化的发展新特征,对自己早先提出的高等教育发展的"三段论"中的"普及教育"阶段的内涵做了新的解说:"高等教育大众化今后10年的主要任务是从大众化阶段迈向普及化阶段。但是大众化高等教育与普及化高等教育的区别不再定义为越来越多的学生进入各种各样的学校学习。这是旧的普及高等教育观念。今后的普及高等教育不在于注册人数,而是在于参与和分享,即是与社会大部分人,几乎包括在家里或在工作单位的全体成年人密切相连的'继续教育'。这种教育不再凭借传统的学院或大学校园,而是通过远程教育。大多数学生的学习并不是为了追求学位和学分,而是为了保持或改善其在就业市场中的地位,或者为了自娱自乐。其结局有

---

①② Hiroshima Vniv, Research Inst, Higher Education. Academic reforms in the world: situation and perspective in the massification stage of higher education [R]. Japan: Hiroshima University, 1997.

点类似于'学习社会'（learning society）。"① 由此而观，在 90 年代末，马丁·特罗教授认为，高等教育发展的最后阶段是走向学习社会，而不局限于传统的青年普及教育。

综上所述，马丁·特罗教授于 20 世纪 70 年代初提出的"高等教育发展阶段论"，主要是根据美国和欧洲发达国家高等教育发展历程而构建的关于高等教育大众化的一个简单的思想框架。他自己后来也承认："构建这个图式或模式只是初步的尝试，存在甚多的局限和不完善……在某些方面，特别是我关于欧洲高等教育体系的发展变化也将沿袭美国的大众高等教育发展模式的假设性预示，现在被 1973 年以来欧洲高等教育的发展历程所证明是个明显的错误。"② 八九十年代，马丁·特罗教授虽然不时地对其"三段论"进行修正、补充，但仍局限于部分发达国家，并未在其他多数国家，尤其是发展中国家推广与验证。因而，其修正的重点是大众化阶段与普及化阶段的关系，并未涉及精英阶段与大众阶段的关系。目前，我国高等教育正处于向大众阶段迈进的过程中，马丁·特罗的"三段论"也引起国人的关注。然而，我们在将马丁·特罗关于高等教育发展阶段论的学术思想和理念用于解释我国高等教育发展的实际情况时，同样感到我国高等教育系统从精英教育向大众化教育的转变并未像马丁·特罗教授的"三论段"所断言的那么简单，即认为伴随着高等教育规模一定程度的扩张，毛入学率达到 15% 时才出现质变。而是在量的扩张尚与大众教育阶段的最低限制有相当距离时，高等教育系统在许多方面就出现了局部性的质变，呈现出显著的大众化教育特性，甚至是普及化教育的特征。本文第二部分将着重探讨这些特征。

---

① MARTIN TROW. From mass higher education to universal access: the American advantage [C]. Paper of the Meeting of the Japanese Society for Higher Education Research, Hiroshima, May 31, 1998: 1.

② MARTIN TROW. Elite and mass higher education: American models and european realities [C]. Contribution to the Conference on Research into Higher Education: Processes and Structures Sweden, 1978.

二、中国高等教育从精英教育向大众教育转化的"过渡阶段"特征

首先,让我们把马丁·特罗所归纳的西方发达国家从精英向大众、普及教育阶段转化的量变指标和10个质变特征列表于后(见表1),用以考察我国高等教育从精英向大众教育转化的"过渡阶段"特征。

表1 高等教育发展三阶段的量的变化和质的10个维度变化

维度	三段论		
	精英阶段	大众阶段	普及阶段
高等教育规模(毛入学率)	15%以下	15%~50%	50%以上
高等教育观	上大学是少数人的特权	一定资格者的权利	人的社会义务
功能	塑造人的心智和个性,培养官吏与学术人才	传授技术与培养能力,培养技术与经济专家	培养人的社会适应能力,造就现代社会公民
课程	侧重学术与专业,课程高度结构化和专门化	灵活的模块化课程	课程之间、学习与生活之间的界限被打破,课程结构泛化
教学形式与师生关系	学年制、必修制;重视个别指导法;师徒关系	学分制;讲授为主,辅以讨论;师生关系	教学形式多样化、应用现代化手段;师生关系淡化
学生的学习经历	住校、学习不间断	走读、多数学生的学习不间断	延迟入学、时学时辍现象增多
学校类型与规模	类型单一,每校数千人,学校与社会间的界限清晰	类型多样化,三四万人的大学城,学校与社会间的界限模糊	类型多样至没有共同的标准,学生数无限制,学校与社会间的界限逐渐消失

续上表

维度	三段论		
	精英阶段	大众阶段	普及阶段
领导与决策	少数精英群体	受政治、"关注者"影响	公众介入
学术标准（质量标准）	共同的高标准	多样化	"价值增值"成了标准
入学与选拔	考试成绩、英才成就	引进非学术标准	个人意愿
学校行政领导、学校内部管理	学术人员兼任，高级教授控制	专业管理者，初级工作人员和学生参与	管理专家，民主参与，校外人士参与

我国高等教育规模自1978年改革开放以来有了长足的发展，20余年来，在校大学生数扩大了7.2倍，2000年我国高等教育毛入学率超过11%。① 但是，以表1大众高等教育阶段的量变指标来衡量，我国高等教育尚未达到大众化教育阶段。但若从"质"的方面来说，中国高等教育已经具有马丁·特罗教授所言的大众化阶段甚至普及化阶段的若干特征。例如，在观念上，我国政府于1998年颁布的《中华人民共和国高等教育法》中的第九条规定，"公民依法享有接受高等教育的权利"②，体现了大众高等教育权利已得到法律的保障。在培养目标上，早在1985年，《中共中央关于教育体制改革的决定》就提出了大众化的高等教育目标："要造就数以千万计的具有现代科学技

---

① 此数据是根据我国教育部规划司制定的新的高等教育毛入学率的计算公式加以计算的。该公式为：在学学生数＝研究生＋普通高校本专科＋成人高校本专科＋军事院校＋学历文凭考试＋电大注册视听生注册人数×0.3(折算系数)＋高等教育自学考试毕业生×5(系数)。参见：纪宝成．关于"高等教育毛入学率"问题［N］．中国教育报，1999－01－16(2)．

② 全国人民代表大会常务委员会．中华人民共和国高等教育法［N］．厦门日报，1998－10－02(11)．

术和经营管理知识，具有开拓能力的厂长、经理、工程师、农艺师、经济师、会计师、统计师和其他经济、技术工作人员。"① 20 世纪 90 年代以来，政府更是不断地强调高等教育发展重心应当下移，要大力发展高等职业教育，培养一大批具有必要的理论和较强实践能力，生产、建设、管理、服务第一线和农村急需的人才。学校类型和办学体系日趋多样化。1979 年我国建立了广播电视大学，开展远程教育，至 1996 年，远程高等教育学生数多达 142 万人，占高校学生总数的 24.4%。1998 年，教育部批准 25 所大学开展现代远程教育工作试点，1999 年启动中国教育互联网（CERNET）工程，并与广播电视网联络，双管齐下，日益成为我国高等教育系统的一个重要组成部分。另外，自从我国苏南地区于 1980 年创立"市办职业大学"后，在 80 年代初的短短几年里，我国就创办了 100 多所高等职业大学。1985 年颁布的《中华人民共和国职业教育法》，使高等职业教育的发展更加生机勃勃，至 1998 年，我国高职高专院校共计 1 394 所，在校生 394.74 万人，占高等院校在校生总数的 63.53%。② 我国于 80 年代初建立的自学考试教育制度，十几年来也得到迅猛发展，1999 年，高等教育自学考试的毕业生多达 42 万人，占高等教育毕业生数的 19%。③ 近两年，深圳、浙江、河北等地还建立了能容纳三四万人的大众高等教育基地——"大学城"。1998 年，教育部颁发的《面向 21 世纪教育振兴行动计划》还提出了"2010 年基本建立起终身学习体系"④。前面已述，"终身学习"教育系统在马丁·特罗教授和有本章教授等学者眼里是大众阶段后的高等教育特征。在招生制度上，高等教育自学考试与相当部分的民办高等院校是实行"宽进严出"的招生与管理制度。在办学质量标准上，中国教育理论界也出现了办学标准多样化的大众高等教育质量观，如潘懋元在 1999 年《高等教育大众化的教育质量观》一文中，就提出"必须树立有别于

---

① 何东昌. 中华人民共和国重要教育文献 [M]. 海口：海南出版社，1998：2285 - 2289.

② 钟秉林. 努力开创高职高专教学工作的新局面 [J]. 高等职业教育，1999 (4)：3.

③ 教育部. 1999 年全国教育事业发展统计报告 [J]. 中国教育报，2000 - 05 - 30 (2).

④ 教育部. 面向 21 世纪教育振兴行动计划 [N]. 光明日报，1999 - 02 - 25 (1).

传统办学思想的大众化办学思想……质量观的转变包括：价值观、人才观、教学观和学生观等"[1]。在课程组织上，80年代之前，我国高校课程体系是以"专业"为单位，由"公共课、基础课、专业基础课和专业课"构成，呈现高度结构化和专门化的特征。80年代后，在培养适应市场和科技发展需要的"一专多能"人才的思想指导下，各高校在不同程度上采用了选课制、主辅修制和"大专业，小口径"的"模块化"课程组，打通了公共课和基础课、专业基础课和专业课的层级界限，呈现出课程结构灵活性的特征。在学校行政领导方面，伴随院校规模的不断扩大，功能的多样化，学校管理日趋专业化，2000年教育部出台了《建议高等院校副校级以下行政领导由专职人员担任》的文件。这也反映了我国的大众型高等院校在数量上已占多数的特点。另外，伴随电大、成人高校、夜大学、社区教育和自学考试的发展，八九十年代我国走读的学生在不断增加，延缓入学和时学时辍现象也在增多。

由上述可见，从数量上衡量，20世纪80年代初，我国高等教育毛入学率仅为2%~3%，与西方发达国家大众高等教育阶段的规模指标有相当大的差距。迄今，我国高等教育也仍未跨入西方学者所言的大众教育阶段。然而，作为发展中国家，我国高等教育在"面向现代化、面向世界、面向未来"思想的指导下，闯出了不断深化高等教育体制改革以促进规模发展的"质变带动量变"的发展道路。我国高等教育从精英向大众化教育阶段转变的这一"质变促进量变"的显著特征，与马丁·特罗所提出的"几乎在所有情况下，学生数量的增长都先于其他方面的变化"[2]的"量变带动质变"的简单断言迥然不同。我们认为，可以将这种高等教育的"量"的积累尚未达到西方学者所说的大众教育的"度"，即毛入学率未达到15%，而"超前"出现的种种大众化高等教育质的变化过程，称之为从精英教育向大众化教育转变的"过渡阶段"。

毋庸置疑，这个"过渡阶段"将延续至高等教育出现全局性的质变，包

---

[1] 潘懋元. 高等教育大众化的教育质量观[J]. 中国高教研究，2000（1）：9-11.

[2] MARTIN TROW. Problems in the transition from elite to Mass higher education [C]. Conference on Future Structures of Post-secondary Education, Paris 26th-29th June, 1973: 63-71, 75.

括量的增长,即高等教育毛入学率也达到15%。而这个"过渡阶段"的起始时间则可假定为1985年前后。因为该年发布的《中共中央关于教育体制改革的决定》,提出"必须使教育事业在经济发展的基础上有一个大的发展……面向现代化、面向世界、面向未来,为90年代以至下世纪初叶我国经济和社会的发展,大规模地准备新的能够坚持社会主义方向的各级各类合格人才。""积极发展高等职业技术院校……逐步建立一个从初级到高级、行业配套、结构合理又能与普通教育相互沟通的职业技术教育体系。""改革高等院校的招生计划和毕业生分配制度,扩大高等学校办学自主权。""改变专业过于狭窄的状况,减少必修课,增加选修课,实行学分制和双学位制。"[①] 这一系列决策不仅为我国高等教育指明了向世界现代化发达国家学习、看齐的发展方向,而且强调从体制改革入手,推动高等教育规模增长的发展道路,并对高等教育办学类型、形式、招生制度、专业课程结构等方面提出改革方策。自学考试也是在这个时期发展起来的。因此,可以说,1985年《中共中央关于教育体制改革的决定》是我国高等教育从中国实际出发,有计划、有组织地迈向大众化高等教育的起点。而1999年的《面向21世纪教育振兴行动计划》则是目标十分明确和清晰地发起向大众高等教育阶段冲刺,并向"学习社会"迈进的行动。

三、从精英到大众化高等教育的"过渡阶段"具有普遍性意义

一般说,现代化"后发外生型"国家可以借鉴"早发内生型"国家的经验。因而在高等教育规模发展上,"量"的增长未达到大众化阶段的"度"之前,就可借鉴发达国家高等教育的经验,进行某些"质"的改变,以促进"量"的快速增长。这是发展中国家高等教育缩小与发达国家差距的必要选择,也是明智的选择。

那么,这种从精英教育过渡到大众化教育阶段的"以质变带动量变"的

---

① 何东昌. 中华人民共和国重要教育文献[M]. 海口:海南出版社,1998:2285-2289.

发展特征是否具有普遍性？从韩国来看，20世纪70年代韩国高等教育尚处于精英教育阶段，为了适应经济的高速发展，客观上要求进一步提高工人的技术水平，并增加对高级技术人才的需求。因此韩国于70年代就大力发展大众型高等教育。如1972年成立广播函授大学，以招收继续进修专门知识和技术的在职人员，着力发展成人教育和继续教育。1977年，鉴于经济部门对所需人才质量要求的提高，韩国修订了《韩国教育法》，将五六十年代成立的2年制初级学院和招收初中毕业生的5年制实业高等专科学校，统一改为招收高中毕业生的2年制"专门大学"，使短期高等教育成为一个法定的高等教育层次，专门为产业界培养高等职业技术人才。大众型高等教育体制的建立使韩国高等教育规模得到高速发展，1970—1980年间，高等教育学生数扩大了3倍多，1980年高等教育毛入学率达14.7%，进入大众教育阶段。

从发达国家高等教育的发展史来看，英国高等教育从精英向大众阶段转变也经历了一个相当长的总的量变与局部质变相互交错的"过渡阶段"，这个阶段中的种种局部性质变在推动英国高等教育大众化进程中发挥了巨大的作用。有的学者认为："从19世纪30年代到第二次世界大战结束，是英国高等教育开始向'大众化'方向迈进的时期。"[①] 19世纪中叶，英国就开始在传统精英大学之外兴办为当地经济部门培养技术人才的大众型"城市学院"，后与传统教育势力经过100多年的反复较量，至1963年，英国发表《罗宾斯报告》，终于大张旗鼓地掀起向大众化高等教育进军的运动。1964年，英国建立了高等教育"双重制"，一部分是传统的精英大学系统，另一部分是以多科技术学院和其他学院为主的"公共高等教育系统"，这个部分属于大众型的高等教育，它有力地推动着英国高等教育的大众化进程。经过一个多世纪的总量变与局部性质变相互作用的推进，1980年英国高等教育终于迈入了大众阶段。其实，即使在美国，高等教育从精英迈向大众教育阶段，也经历了一个相当长的高等教育系统与类型的局部质变带动高等教育规模扩张的"质变推动量变"的过渡阶段。就是马丁·特罗教授在断言"几乎在所有情况下，学生数量的增长都先于其他方面的变化"时，也不得不把美国高等教育大众化进程

---

① 朱镜人. 英国高等教育大众化述评[J]. 高等教育研究，1997 (6): 94 - 95.

的特征划为例外。他说:"美国南北战争之后的赠地大学,在观念上是民主的,学校同时拥有学术成就和公共服务的功能,大大超前于时代的发展。这些学校已经对大众化高等教育起了很大的作用。"① 言下之意,美国高等教育早在 19 世纪下半叶建立"赠地学院"时,就出现了高等教育系统从精英向大众化阶段过渡的质变,并推动着高等教育规模不断扩张,至 20 世纪 40 年代跨入大众阶段。总之,高等教育从精英向大众阶段转变过程中存在局部质变带动量变的"过渡阶段"是具有一定的普遍性的。这是符合事物发展规律的——高等教育的发展是要通过量的积累和总的量变过程中的许多部分质变才能完成。部分的质变需要一定量的积累,反过来部分的质变一旦发生又会促进量变,并为整个高等教育的根本质变准备条件。因此,在高等教育从精英向大众化阶段迈进的过程中,系统的部分质变对整个规模扩张的推动作用是重大的。所以,从精英到大众教育的转变必然存在着局部质变推动总体量变的"过渡阶段"。

基于上述对马丁·特罗教授于 1973 年所提出的高等教育发展阶段论的认识,以及对我国高等教育大众化特征的了解,我们认为,必须用历史的眼光看待当前在我国风行的马丁·特罗的高等教育发展阶段论,切勿削足适履,用其理论来框定我们的发展道路与模式,而是要充分发挥我国高等教育"后发外生型"的优势,借鉴适合我国国情的国外先进经验,闯出一条中国特色的高等教育大众化道路,同时在总结我们的发展经验的基础上,进一步修正和充实舶来的高等教育大众化学说与理论。换言之,引进的马丁·特罗关于高等教育大众化及其发展阶段论的思想,有助于拓宽我们的思路,预见高等教育的未来发展趋势,并在实践中塑造自己的分析和解释框架,但我们还需化"洋"为"土",建立起自己的高等教育发展理论框架,对洋人因袭之论作出富有挑战性的回应。只有这样,我们的研究成就才会使人折服,并作为世界多元学术的一个流派而登上国际高等教育学术殿堂。

---

① MARTIN TROW. Problems in the transition from elite to mass higher education [C]. Conference on Future Structures of Post-secondary Education, Paris 26th-29th June, 1973: 63 – 71, 75.

走向大众化时代的高等教育质量[①]
——在全国高等教育学研究会第六届学术年会开幕式上的发言

本届年会有两项任务：其一，探讨高等教育质量及其保障问题；其二，理事会换届选举，选出第三届新理事会。

第六届学术年会，对比往届年会，有如下特点：

（1）出席人数最多。除高教理论工作者之外，还有许多富有高等教育实践经验的大学领导和行政干部参加，说明本届会议的主题是大家所关心的问题。

（2）中国高教学会周远清会长和秘书处、高教司的领导亲临指导，说明领导对高教理论研究工作的重视。

（3）大批青年理论工作者和研究生参加并提交论文，说明高教理论工作后继有人。

这些都标示着中国高等教育科学事业的大好形势，也反映了21世纪中国高等教育改革与发展的大好形势。

现在，让我对本届学术年会的主题做简要的说明并发表一些个人的见解。在未做说明以前，先回顾一下历届年会研讨的内容。

第一至第三届年会，研讨的主题都是高等教育学的学科建设问题，包括高等教育学的性质、任务、作用、体系以及若干基本概念的界定，特别是讨论了高等教育学的理论体系及其逻辑起点。这些研讨的成果，为高等教育学

---

① 原载《高等教育研究》，2001年第4期。

学科建设打下了基础，但未能和中国高等教育改革与发展的实际紧密结合。因此，第四届年会以高等教育理论工作如何为高等教育事业服务作为研讨主题，并在大会之后，召开了一次小型研讨会，专门探讨高教理论与高教实践的中介环节。第五届年会在理论与实践的结合点上，以知识经济时代的高等教育为主题。本届年会的主题则是世界和中国高教界都十分关心的高等教育质量及其保障问题。

为什么说质量问题是世界高等教育界所共同关心的问题？从1998年10月在巴黎召开的第一届世界高等教育大会的文件中可以清楚地看到：大会所提出的21世纪高等教育改革与发展的三个口号，就是"针对性""质量""国际化"。大会的《宣言》《行动框架》以及联合国教科文组织提供的"政策性文件"，都从各个角度论证了21世纪提高高等教育质量的重要性，并对质量与质量标准提出了重要的理念，对质量保障体制提出了有益的建议。本届学术年会，作为世界高等教育大会在中国的延伸而被纳入联合国教科文组织的活动计划，得到了亚太地区办事处的资助和王一兵教授的亲临指导。

对于中国，研讨高等教育质量问题，尤其有其现实意义。20世纪90年代中期，时任教育部副部长的周远清同志，就提出"质量意识要升温"，并且采取了一些有助于提高质量的措施，召开了全国第一届普通高校教学工作会议，成立了高等学校教学研究中心和教学研究会。

进入21世纪，中国高等教育事业出现了新的发展态势。其中与质量密切相关的是：

（1）知识经济时代，如何培养高科技、高素质的专门人才。作为号召的目标是建立世界的或全国的或地方的"一流大学"。一流大学可以有多项评价指标，形成多种大学排行榜。但是，说到底，一流大学不是排行榜排出来的，最终取决于所培养的人才是高质量的并为社会所公认。否则，很难理解在未有排行榜之前，已经出现了世界公认或一国公认的"一流大学"——著名大学；在有了所谓排名榜之后，仍有许多榜上无名或排在末座的微型大学，由于人才辈出而被社会公认为著名大学。一所大学该属于哪一流，人们心目中自有一个总体而非枝节的、模糊但又是相当准确的评价标准。这个标准就是所培养人才的质量及其毕业后对社会所做的贡献。因此，建立一流大学的根本在于不断提高教育与教学质量。

（2）20世纪末，中国高等教育向大众化加快发展。扩招引起人们的担忧，会不会降低教育质量，如何保证质量，成为人们关注的热点。大多数人认为招生数量增加，势必导致质量下降。我认为，如果在同一条件下，用同一标准来衡量质量，数量增加，质量必然下降。但如果条件不同，标准不同，数量增加，质量未必下降，但也可能下降，也可能争取不下降或少下降。因此，问题在于：第一，用什么标准来衡量教育质量；第二，采取什么措施来建立质量保障体系。

关于第一个问题，《21世纪的高等教育：展望与行动的世界宣言》提出了一个教育质量的新理念："高等教育的质量是一个多层面的概念"，要"考虑多样性和避免用一个统一的尺度来衡量"高等教育质量。所谓"多层面的概念"，"包括高等教育的所有功能和活动"。各级各类高等教育，其功能和活动有所不同，应当有不同的质量标准。

这是不难理解的。不同层次、不同类型的高等教育，除了共同的教育目的——培养德、智、体、美全面发展的专门人才之外，各有其特殊的培养目标，具体的培养规格，因而，也应当各有其具体的质量标准。

然而，我们过去往往用一个统一的尺度来要求、来衡量所有高等学校的教育质量。这把尺度是传统的以本科为主的精英教育标准。由于用这把统一的尺度来要求、衡量，导致专科学校、职业大学纷纷向综合大学本科看齐，办成压缩型的、低质量的"精英教育"，不符合大专层次、职业类型的培养目标，不适应人才市场的需要；也导致至今基本上仍然以一份考卷招考各级各类全日制普通高校的学生，使大专层次的职业技术院校很难获得实际知识丰富、动手能力较强的优质生源。

不同类型的专门人才，有不同的社会适应面。研究型高校培养的人才，适合于从事科学研究、技术开发的工作，未必适合于从事生产、管理、服务第一线的实际工作。如果勉强从事后一方面的工作，一般还得脱产或在职再培训，也就是还得有一个较长的"职业适应期"。而高职的毕业生（指按照高职培养目标和规格培养出来的），则一般在较短时间就能胜任岗位工作。这里不仅有知识、能力的适应性问题，还有非智力素质的适应性问题。有人说，适应人才市场需要的就是高质量，人才市场是教育质量高低的裁判员。这话有点简单化并且过于"功利主义"，但有一定道理。

《中华人民共和国高等教育法》提出："采取多种形式积极发展高等教育事业。""积极发展高等教育事业"是以"采取多种形式"为前提的。也就是说，高等教育大众化，是以多样化为前提的。没有多样化，只采取一种全日制本科的单一形式，不可能实现高等教育大众化。只采取一个传统的本科的精英教育标准来衡量多种形式的教育质量，会对大众化的发展方向产生误导。

大众化阶段，精英教育仍应保持一定的比例并有所发展，但大量的应是培养职业技术型人才，也就是当前高等职业技术教育所定的培养目标与培养方式，以培养千百万"适销对路"的应用性、技术型人才，能够到基层、农村、西部从事现代化建设的实际工作。从这个角度看问题，更要担忧的是用传统的质量标准来要求、衡量高职高专教育，把"新高职"办成"老大专"。

应当特别申明，教育质量多样化，不是降低质量标准，不论哪一级、哪一类教育，用哪一种质量标准，质量都是教育发展的生命线；不论哪一级、哪一类学校，都应按照各自培养目标和规格，各自教育质量标准，将保证、提高质量作为办学的头等大事来抓。

关于第二个问题，如何保证质量、不断提高质量？关键在于建立教育质量保障体系，包括树立正确的质量观，制订符合客观实际的培养目标与规格，优化教师队伍与生源，改革课程和教学方法，充实教育资源，采用现代化教学手段，改善校园文化环境，以及加强科学的教育管理和教育服务，等等。本届学术年会所提交的论文，有许多涉及质量保障问题，对质量保障体系的建立，介绍了许多有价值的经验，提出了许多重要的建议。相信通过这届研讨会，对中国高等教育的质量及其保障能起到积极的促进作用。

中国高等教育大众化的理论与政策[①]

世纪之交，中国高等教育大众化发展加快了步伐，并且提出了数量增长的指标，预期于 2005 年达到大众化的最低限。于是高等教育大众化成为当前高等教育界最为关注的热点。理论工作者进行了大量的研究，有许多结合中国国情的研究成果。这些研究，大多是如何解决大众化进程中的现实问题，也就是政策性的研究。在研究过程中，越来越多的研究者以及政策的制定者，感到政策必须建立在一定的理论基础上，以高等教育大众化的理论为指导，解释大众化进程中的现象和解决政策性的问题，把理论研究与政策研究结合起来。所以，这次由厦门大学高等教育发展研究中心发起召开的学术研讨会，以"中国高等教育大众化的理论与政策"为主题，旨在加深大众化的理论认识，评价大众化的政策，瞻望大众化的前景。下面，在理论与政策的结合点上，提出若干值得思考的问题，向学术研讨会"抛砖引玉"。

一、若干理论方面的问题

（一）高等教育大众化是一个量与质矛盾统一的概念，大众化的进程包含量的增长与质的变化两个方面

量的增长是人们所熟知的适龄青年入学率（准确说是在校率）达到 15% ~ 50%。质的变化具有广泛的内涵。按照最早提出大众化这一新概念并

---

① 原载《高等教育研究》，2001 年第 6 期。

以其有力的论证得到世界认同的马丁·特罗（Martin Trow），在总结发达国家大众化发展规律时所列举的质的变化，包括教育观念的改变、教育功能的扩大、培养目标和教育模式的多样化，课程设置、教学方式与方法、入学条件、管理方式以及高等教育与社会的关系一系列的变化。也就是说，大众化进程，包括量的增长与质的变化。如果只追求量的增长而不顾质的变化，将由于"无法解决增长所引起的问题"而陷于两难境地。最后的抉择只能是"要么进一步增长，要么停止增长"。进一步增长必然要冲破传统的精英教育办学思想和模式，而停止增长则意味着落后于时代。马丁·特罗把这种既赞成大众化又企图保守传统思想与模式的人称为"传统主义者—扩张主义者"[1]。

（二）在大众化进程中，量的增长与质的变化的非均衡性，使发展中国家从精英教育到大众化教育的进程存在一个质的局部变化先于量的总体达标的"过渡阶段"

马丁·特罗是以量的总体增长作为高等教育发展划分阶段的指标，并且断言：只有在数量增长到15%之后，质的变化才开始。这种"量变先于质变"的断言，只是从西方发达国家（实则只是美国）的发展历程所总结的经验，表面上似乎颇为符合于辩证法的量变到质变的转化规律，但不符合发展中国家（甚至也不完全符合发达国家）大众化进程的实际。中国高等教育发展的进程，在距离大众化数量增长最低限还很远的时候，就已经出现了若干马丁·特罗所列举的大众化阶段质的特征，甚至出现了某些普及化阶段的特征。因此，在量的增长未达到大众化阶段之前，有一个质的超前变化的"过渡阶段"。正是由于有这个阶段，发展中国家可以通过质的局部变化促进量的增长。这既是中国高等教育发展进程的事实，也符合辩证"质量互变规律"。这个"过渡阶段"，在中国何时开始？大体可以假定为1985年前后。这一年公布的《中共中央关于教育体制改革的决定》提出："必须使教育事业在经济发展的基础上有一个较大的发展……为90年代以至下世纪初叶我国经济和社会的发展，大规模地准备新的能够坚持社会主义方向的各级各类合格人才。"

---

[1] 特罗．从精英向大众高等教育转变中的问题［J］．王香丽，译．外国高等教育资料，1999（1）：1-22．

在这个文件公布的前后，还出台了若干重要的政策与措施。如改革课程结构、办学体制、招生制度以及发展高等职业技术院校，等等。① 这些政策与措施，实际上就是若干重要的质的变化。而正是这些质的变化，尤其是多种形式办学，为今天加快量的增长提供了条件。当然，"过渡阶段"的界限是模糊的，因为局部的质的变化是渐进的。

为什么在发展中国家出现质的局部的超前变化，并且以质的变化促进量的增长呢？有两个重要的原因。其一是利用"后发外生型"国家的有利条件，在量的增长未达到大众化阶段之前，能够吸收已达到大众化阶段的国家某些经验，结合国情，超前实施；其次是时代不同、条件不同，特别是世界性的科技发展水平不同。马丁·特罗在20世纪70年代初尚未见到的许多新东西出现了。例如，知识经济时代的来临，经济全球化的发展，尤其是现代信息技术进入高等教育领域。在今天，不论发达国家或发展中国家，不论进入普及化阶段或尚未达到大众化阶段，电子信息网络，都或稍快或稍缓地开始进入高等教育领域，从而促使受教育者人数的增长。这就是质的局部变化加快量的增长。对这一"过渡阶段"特征的认识，有助于全面地思考大众化进程中的政策问题。

（三）高等教育大众化的前提是办学模式的多样化，而其核心则是教育质量的多样化

传统的精英教育基本上是单一的本科以上的教育，培养学术型高级专门人才，课程设置着重于传授与研究"高深学问"。这种高级人才，无疑是国家和社会所重视的，但其需要量有限。现代化建设对人才的需求是多样化的，既需要学术型的高级专门人才，也需要应用型、技术型、职业型的各级各类专门人才。而后者的需要量是数以千万计的。因此，大众化的办学类型必须是多样化的。不同类型的高等教育，应当具有不同的培养目标与规格，设置不同的课程，采用不同的培养方式与方法，由不同的教育机构来实施。据此，《中华人民共和国高等教育法》第六条规定："采取多种形式积极发展高等教

---

① 潘懋元，谢作栩. 试论从精英到大众高等教育的"过渡阶段"[J]. 高等教育研究，2001，22（2）：1-6.

育事业",指明积极发展高等教育事业是以采取多种形式办学为前提。

既然高等教育大众化的前提是多样化,包括办学的层次与类型、培养目标与规格、课程与教学内容的多样化,那么,大众化高等教育的质量也必然是多样化的。1998年联合国教科文组织在巴黎召开的世界高等教育会议所通过的《21世纪的高等教育:展望和行动世界宣言》据此提出:"高等教育质量是一个多层面的概念",要"考虑多样性和避免用一个统一的尺度来衡量高等教育质量"。这就是高等教育大众化的质量观。

在大众化进程中,质量是一个最有争议的问题。有人认为数量增加,质量必定下降,大众化是以降低高等教育质量来换取增加数量,实不足取;有人则以为到了大众化阶段,精英教育将不再存在,而缺乏学术型的高层次专门人才,不利于科教兴国。这些担心是对于大众化理论的误解。马丁·特罗在他的论文中对"防止误解的说明"已有所论及。他强调说:"当高等教育作为一个整体逐渐过渡到下一个阶段容纳更多的学生,发挥更加多样化的功能时,前一阶段的模式仍然保存于一些高校或其他高等教育机构中……在大众化阶段,精英高等教育机构不仅存在而且很繁荣。"[①] 人们之所以有意或无意产生这些误解,说到底,还是以一把传统的精英教育学术型的尺度来对待多样化的大众化高等教育。

当然,质量多样化不等于不求质量。不同类型、不同培养目标与规格的高等教育,应有各自的质量标准,努力达到各自的高质量要求,而不要都向学术型高等教育攀比,都要办成研究型大学。

教育质量观是一种抽象的观念。正是这种抽象的观念制约着教育政策的制定。例如,可不可以用一个统一的办学条件来规范各级各类高等教育机构?可不可以用同一份考卷招考各级各类的高等学校学生?可不可以继续用传统精英教育的尺度来评估大众化的高等教育质量?如此等等,似乎都有必要在理论认识的基础上,修订我国的政策规定。

(四)高等教育大众化促使高等教育融入终身教育体系

日本学者有本章教授,考察了日本高等教育大众化的整个历程,发现大

---

① 特罗. 从精英向大众高等教育转变中的问题 [J]. 王香丽,译. 外国高等教育资料,1999(1):1-22.

众化阶段的后期，并不只是适龄青年入学率的继续增加而进入普及化阶段，而是越来越多的成年人为了满足工作和生活的需要，多次进入高等院校接受继续教育。这一现象有别于马丁·特罗所预言的普及化阶段。因此，他将大众化的后期至普及化的前期称之为"后大众化"阶段，并且认为高等教育通过后大众化阶段可能转变为终生学习社会。马丁·特罗本人也于1998年在他所发表的论文《从大众高等教育走向普及》中，修正了他原先的观点。他认为，"大众化高等教育与普及化高等教育的区别不再定义为越来越多的大学生进入各种各样的学校学习。这是旧的普及高等教育的观念。今后的普及高等教育不在于注册人数，而在于参加和分享。即是与社会大部分人，几乎包括在家里或在工作单位的全体成年人密切相连的'继续教育'。这种教育不再凭借传统的学院或大学校园，而是通过远程教育"。也就是说，高等教育发展的最后阶段是走向"学习社会"，而不局限于原先所界定的适龄青年入学率超过50%的普及化阶段。

不论有本章教授所说的"后大众化"阶段通向终身学习社会，或马丁·特罗所说的普及化阶段主要是大部分成人的继续教育，对于尚未进入大众化阶段的中国高等教育来说，似乎还是遥远的未来。我曾以此请教有本章教授，他也认为对于中国来说，至少是20年之后的事。然而，借助现代远程教育——网络课程与网络大学、高等教育自学考试，以及各种培训班等教育形式，是否也可能超前融入或部分融入终身教育体系，或者作为通向终身教育的桥梁？这又是一个建立终身教育体系的新的理论问题。而这一问题的研究，关系到高等教育发展战略的现实政策问题。

以上只是列举一些与大众化政策有关的理论认识方面的问题。这些理论认识，虽不直接解决大众化进程中的现实问题，但却是制定、评价、调整大众化政策所必须考虑的。同时，在政策转化为实践的过程中，还可能提出更多的有待探讨的大众化理论问题。

二、若干政策方面的问题

中国高等教育大众化的进程，不像西方发达国家那样，基本上是一个自发的进程，政府的干预较少，而是在政府的计划、调控、管理之下的进程，因而政策性的研究显得特别重要。有关政策性问题，可以概括为如下几个方面：

（一）大众化进程的规模速度问题

高等教育发展的规模速度，一直是一个有争论的政策问题。在发展速度上，有稳步发展、控制发展（主要对民办高教）、适度发展、积极发展、加快发展等提法。在数量增长上，1995年所制订的"九五"计划和2010年规划的指标是2000年达到8%、2010年达到11%，可以说，大众化还未摆上政策的日程。1999年初公布的《面向21世纪振兴教育行动计划》，将适龄青年毛入学率提前为2000年达到11%左右，2010年达到15%，虽未提到大众化这一概念，但可以说，实际上已朝大众化的目标前进。而当年以及2000年、2001年连续三年的大量扩招，虽同样未提加快发展，实际上已是高速发展了。在这一加快发展的政策指导下，2000年所制订的"十五"计划，又将15%的指标提前为争取2005年达到。但是由于从思想、理论到政策、措施的论证不够，准备不足，问题很多，阻力很大，近日又出现了某些调低增长速度的迹象。

走高等教育大众化道路，是经济发展的必由之路，是时代的必然选择，并且已经成为政府的决策。只是在速度的掌握上，不宜太慢或太快。最近提出的适度超前发展的基调，我认为是比较正确的。如何理解"适度超前"？我的理解是：所谓"度"，主要是经济发展的速度，适度超前就是适应经济发展的速度而稍为超前。为什么必须"适度"？因为教育的发展必须与经济的发展相适应。这是教育外部关系规律所决定的。为什么必须稍为超前？因为教育的周期较长，培养人才为经济发展服务，必须有一个适当的超前量。假如国民经济的年增长率为8%，则高等教育招生的年增长率可以略高于8%。如果以此为"度"来回顾10年来高等教育量的增长速度，可以说，1998年以前落后于经济的发展，而在1999年之后又大大超过了经济的发展。为什么连续三年大幅度扩招之后，全国高等学校虽然问题不少，但教学秩序总体上还是比较平稳，没有出现历史上那种大起大落的振荡？是由于前几年招生"欠债太多"，有一定的教育资源储备；加之采取多种形式办学，以及其他有效政策措施，一定程度缓和了大幅度扩招与教育资源不足的矛盾。但如果继续高速增长，违反教育与经济关系的规律，恐怕是不行的。因此，当务之急是如何合理地调整增长速度，但不应停止大众化的进程。

还有一个发展规模的问题。20 世纪 90 年代以来，中国的政策导向是"走内涵发展的道路"。公立普通高校与成人高校的校数从 80 年代末以来不但没有增加，反而逐年减少（近两年来批准新办若干所高等职业学院，但仍未达到 80 年代末期总数）。这一政策导向在当年是否正确，暂置勿论。但在今天如果仍然坚持只要"内涵式发展"，势必降低公立高校的生均教育资源，从而影响教育质量。是否应当修改为"内涵式发展"与"外延式发展"并重，而以"外延式发展"为主。这是一个有待讨论的政策性问题。

（二）教育资金投入问题

资金投入不足，是发展高等教育的世界性问题，在中国尤为突出。但经过扩招几年来的实践和政策探索，缓解（不是彻底解决）这一难题的可能性是存在的。中国的教育体制改革，可以说，最收实效的是投资体制的改革。从政府包揽投资的单一财政拨款体制转变为"以财政拨款为主，其他多种渠道筹措教育经费为辅"的体制，可以说是比较成功的。根据这一体制，首先，政府仍应增加投资力度，切实履行教育经费应占国民生产总值的4%和"三个增长"的承诺。其次，通过实行教育成本分担制度，要求学生交费上学；发展校办产业和有偿服务，增加学校收入；推行高等学校后勤服务社会化，以减少高校负担；发展民办高校，吸收社会投资等政策；如此等等，收到实效。因而在大幅度扩招中，资金不足问题并没有原先所设想的那样严重。但有些政策，如交费上学，只能保持适当限度；尤其是高职高专收费远高于一般普通高校，显然不合理，已出现生源大量流失的问题。解决资金投入不足难题，最有效的途径是吸收社会投资，发展民办高等教育。但吸收社会投资，必须解决产权问题。由于政策不到位，投资者或者是迟疑不前，或者是冒着违法的风险操作。这些都不利于更多地吸收社会资金。因此，当务之急是制定合理的民办高校产权政策，解决投资者的财产所有权、支配权、使用权和增值的收益权问题。

（三）教育资源的开发与合理配置问题

这里所指的是除教育经费之外的资源，主要是师资、图书仪器等设备以及校舍的利用等。由于三年扩招仍以"走内涵发展道路"为主，导致公立高校教育资源全面紧张，特别是师资力量严重不足。按照2000年的统计，全国公立高校师生比为1：16.3。① 表面上看似不过多，但这是总体的平均数。由于教师资源配置不均衡，并且有一部分教师事实上主要从事行政、科研、办班、创收等活动，以致有些高校，师生比达到1：30以上；有些课程（主要是基础课程与热门课程）百人以上大班并不少见。至于仪器设备套数不够，教室、实验室间数不够，更是全国高校的普遍问题。近年来各地各校采取了一些措施，如提高教师待遇，增加课时津贴，以发挥在校教师的积极性和吸收教师回流；建设"大学城"以加强校际合作，使资源互通；合并高校以提高规模效益，使资源共享；如此等等，都只是一种可能性而非现实性，还有待于努力才能使可能性转化为现实性。切实有效的政策支持是：其一，发展民办高校。民办高校具有管理体制比较机动灵活的优点，能够较好地利用社会教育资源和合理地使用学校教育资源。全国1 300多所民办高校，其中有一些资金充足、校园宽敞、规模设施不亚于一般地方大学，可以进一步鼓励它们扩招而不是从各个方面限制它们的发展。但在扩招中，不少民办高校却因生源不足而萎缩，这对于高等教育进一步增长是不利的。其二，要发展资源消费较省的办学形式。除继续办好高等教育自学考试外，必须有步骤地发展现代远程教育。但要避免以营利为唯一目的，一哄而起，形成不良的社会影响。

教育资源的开发与合理配置，不仅是保障教育质量和提高教育效益之所需，而且是高等教育大众化能否顺利发展的必要条件。但因所涉及的问题复杂而具体，大多属于工作研究的范围，因此本次研讨会不作为重点研讨的问题。

（四）毕业生就业问题

大众化道路能否畅通，真正的考验还在于毕业生能否充分就业。这一考验将在2002年开始，接踵而来。在面向人力市场，双向选择的新的就业制度下，少量毕业生短期间待业是正常的现象。但如果就业率过低，待业人数太多，势必影响社会安定。这使人们对此忧心忡忡。

---

① 国家教育发展研究中心. 2001年中国教育绿皮书 [M]. 北京：教育科学出版社，2001：12.

高校毕业生就业形势,最终取决于经济发展形势。这里所说的经济发展包括国民生产总值的增长和由于科技水平的提高,越来越多职业岗位需要受过高等教育的人员来承担。西方发达国家在 20 世纪 50—70 年代,进入大众化阶段前后的快速发展时期,据马丁·特罗的考察,基本上没有出现严重的毕业生失业现象;而有的发展中国家,特别是亚洲和非洲的某些国家,在 60—70 年代大学生猛增时期,的确出现过比较严重的失业现象。原因是 50—70 年代,已是西方发达国家经济高速发展时期;而 60—70 年代,有的发展中国家(不是所有)经济发展缓慢,高校毕业生的增长与经济的发展不成比例。中国的经济,20 年来基本上是持续发展的。现在国民生产总值的增长率仍居于世界前列,并且生产方式正在从粗放型向集约型转变,越来越多的职业岗位需要高校毕业生。从历年人才市场上的供求总量看,各种测算的具体统计数字虽不完全一致,但都表明总供给量并未超过总需求量。其所以仍有待业现象,尤其是第一次就业率的统计上,有的地区、有的高校、有的层次,尚未就业(不等于失业)的比例较高。分析其原因,主要是"结构性待业"与"选择性待业"。

解决结构性待业问题,不仅要根据产业结构的变化,及时调整专业结构。更重要的是转变单一的精英教育培养目标,改革课程体系与教学内容,使大学生的知识、能力、素质能够适应人才市场多样化的需要。本科以上教育,要扩大专业口径,拓宽就业的适应面;高专高职,要加强应用性、技术性、职业性,培养"适销对路"的人才。要把高专高职办成真正的"新高职"而不是本科压缩型的"老大专"。

解决选择性待业问题,一方面要转变传统精英教育所形成的思维定式——国家包分配、包当干部以及"人上人"的优越感;另一方面要在工作条件、生活待遇上制定有利于高校毕业生走向基层、走向农村、走向西部政策。基层、农村、西部是广阔天地,可以大有作为,可以充分实现自我价值。这是一条漫长而难走的道路,也是一条中国全面的现代化建设和中国高等教育大众化发展的必由之路。

上面所谈,只是在理论与政策的框架中,提出若干问题,提供研讨会讨论。祝愿中国高等教育理论与政策学术研讨会取得成功!

精英教育与大众教育[①]

精英教育、大众教育，这是 21 世纪初中国高等教育的两个发展方向。在传统的大学理念中，大学是研究高深学问的地方。但是，中国社会主义现代化的建设不仅仅需要研究高深学问的专门人才，而且需要数以千万计的专业性的、应用性的、职业性的技术人才、管理人才、服务人才。所以从精英教育到大众教育，既是国际高等教育发展的趋势，也是中国高等教育发展的必然趋势。然而在这一大趋势下，产生了许许多多的问题，这里我主要谈几个认识方面的问题。

第一，进入大众化教育阶段是否意味着放弃精英教育？是不是还要保持和提高精英教育？提出高等教育发展阶段论的美国马丁·特罗在一篇题为《从精英向大众高等教育转变中的问题》中就特意提出要"防止误解的若干说明"，其中特别强调"在大众化阶段，精英教育机构不仅存在而且很繁荣。在大众型的高校中培养精英的功能仍然起作用"。也就是说精英教育与大众教育并非是两个矛盾对立、非此即彼的两个概念，不是只能选择其一。大众化阶段仅仅是指数量的增加，当中仍然包含着一定数量的精英教育，不过是两者朝着不同的方向去发展，一个朝提高方向发展，一个朝普及方向提高。无论是朝着哪一个方向发展，都是科教兴国战略所必要的组成部分，哪一个方面也不能缺少。那么为什么在大众化阶段有精英教育会被忽视和降低的这种误解呢？原因在于一所高等学校往往既有精英教育又有大众教育，致使许多高等学校定位不明，分工不清。重点大学办许许多多的大众化教育，把自己有

[①] 原载《中国高教研究》，2001 年第 12 期。

限的教育资源分散了，而普通高等学校，包括新办的高专高职学校，却把建设本科教育、研究生教育，向高科技方向发展定为自己办学的目标。对于一所大学来讲，必须有适当的分工，研究型的大学必须着重发展精英教育，培养学术型人才；而一般的高等学校，尤其是高专高职，应该全心全意承担大众高等教育的任务，培养应用性的各类人才。因此，有必要改变当前各级各类高等学校定位不明、分工不清的局面。

第二，加快大众教育发展之后，是否必定要导致高等教育质量的下降？这是当前大家议论最多的问题。《中华人民共和国高等教育法》第六条明确提出："采取多种形式积极发展高等教育事业。"这里的"积极发展"是以"采取多种形式"为前提的。形式多种化，培养目标和培养规格也就会多样化；目标规格也就会多样化，课程体系和教学内容必然多样化；从而教育质量标准也必然多样化。1998年世界高等教育会议通过了一个《21世纪高等教育展望和行动宣言》，其中第十一条提出："高等教育的质量是一个多层面的概念"，要"考虑多样化和避免用一个统一的尺度来衡量高等教育的质量"。也就是说，各级各类院校都应有各自的标准，并且应当保持自己的质量，发挥自己的优势，办出自己的特色，使得我们培养出来的人才在不同层面上适应社会各行各业的需要。但是，人们往往还是用一个传统精英教育的标准来看待所有各级各类院校，使得高等职业教育受到很大压力，拼命向精英教育方向看齐，因此，有必要改变当前以学术型高等教育质量为唯一标准的观念，并且首先在招生制度、评估标准、用人制度上实施多样化标准。

第三，如何促使精英教育和大众教育向着各自的方向健康发展？这里只谈两个有关支持政策的问题。

（1）在发展策略上是不是应该改变我们从20世纪80年代后期所定下的"以内涵发展为主"的调子（事实上有一个相当的时期是唯有内涵发展）。由于现在不断地扩招，把大部分扩招任务都压到老校身上，导致老校教育资源全面紧张，质量也就难于保证。所以应把原调子改为内涵发展与外延发展并重，以外延发展为主。

（2）在发展速度上，要实施"适度超前"的原则。所谓"度"主要是指经济发展的速度。因为教育周期较长，所以要比经济发展速度稍微超前一点，即要有一个提前量。例如经济发展速度年增长率为 8%，那么高等教育年增长率应该是 9%～10%。在 1998 年以前教育的发展速度落后于经济发展的速度，而 1999 年以后教育发展的速度又大大高于经济发展的速度。所以，我们要更多考虑度的问题，进行必要调整。

大众化阶段的精英教育[①]

21世纪初，中国全面建设小康社会，高等教育也进入大众化阶段。党的十六大的报告提出：要"造就数以亿计的高素质劳动者、数以千万计的专门人才和一大批拔尖创新人才"。如果说，数以亿计的高素质劳动者主要由职业教育与培训机构来造就，那么，数以千万计的专门人才就要由作为高等教育大众化的地方院校和高职高专来培养，一大批拔尖创新人才的培养工作就要由作为精英教育机构的重点大学来培养。正如高等教育发展阶段论的首倡者马丁·特罗（Martin Trow）所说，"从精英向大众转变时，精英型和大众型高等教育机构同时存在"，"在大众化阶段，精英教育机构不仅存在而且很繁荣"。[②] 因此，21世纪初，中国高等教育必然向精英教育与大众化教育两个方向发展。

关于高等教育大众化问题，我已发表过好几篇论文，并且正在承担"中国高等教育大众化的理论与政策"和"中国高等教育大众化的结构和体系"两个课题的研究工作。今天，这个会议[③]讨论的是部属重点大学的规划问题，也就是精英教育机构的发展战略问题，因而我的发言只就当前精英教育发展中的若干问题，谈谈个人的观点，向大家请教。

---

① 原载《高等教育研究》，2003年第6期。
② 特罗．2001．从精英向大众高等教育转变中的问题［C］//高等教育思想高级研讨班参考资料．厦门：厦门大学高等教育科学研究所：112．
③ 本文是作者在部属重点大学规划会议上的发言稿。

一、精英教育机构，是否应当承担高等教育大众化的任务

从理论上，从国外的经验上看，我认为不应当由精英教育机构来承担大众化的任务。

理论上，精英教育机构培养的是理论性、学术型人才，理论基础要比较宽厚，并在宽的基础上有所专，成为创新拔尖人才；大众化高等教育机构培养的是实用性、职业型技术人才，只求理论够用，着重于学好职业知识技能，成为生产、管理、服务第一线的，有一定技术的专门人才。大众化教育的培养目标、教育内容与教育方法，不同于精英教育。精英教育机构承担大众化教育任务，并无优势。用精英教育人才培养的模式来培养职业技术人才，很可能成为"压缩型的精英教育"，除非另起炉灶，另搞一套。

从国外的经验来看，精英型的大学，一般不承担大众化教育任务。有的也办大众化教育，大多另设附属机构，另搞一套模式。大众型人才的培养，是由社区学院、多科性技术学院、短期大学、开放大学等来承担的。

但中国当前的情况不是如此。1999年扩招以来，大量的扩招任务落在原有的全日制普通高校身上，重点大学也承担了沉重的扩招任务。除原已经承担的成人教育学院、高等教育自学考试辅导班等之外，扩招之后，普通高校又增办高职学院、网络学院，还纷纷增办二级学院。有的地方，还鼓励名牌大学以其无形资产办二级学院，实际上连有形资产也搭进去了。

作为大量扩招的应急措施，可以理解；作为长期发展规划，弊大于利。

为什么可以理解？1999年以来，匆忙地也可以说是被动地一再扩招，全日制普通高校本专科从1999—2002年，累计扩招196%（2002年的招生数为1998年的296%），在校学生增加了165%（2002年的学生数是1998年的265%）。① 在短短的4年间，显然不可能增设那么多新高校，也招聘不到那么多新教师。利用原有的高校力量，挖潜应急，要求精英教育机构承担相当一部分扩招任务，增办高职学院、网络学院、二级学院，作为权宜之计，是可

---

① 参考1998年至2002年《中国教育统计年鉴》中的数据。

以理解的。但是，精英教育机构，包括重点大学，继续承担大众化任务，大办高职高专，无论对于精英教育或对大众化教育，都是弊大于利。

首先，精英教育机构不能适应办大众化教育的需要。仪器设备、实习基地不适应高职高专的需求，特别是师资不适应高职高专的教学。正如五星级宾馆的高级厨师到大排档未必能做出适合大众口味、物美价廉的菜肴，学术水平高的理论型教授当不了"双师型"的教师。更重要的是办学思想不适应，他们自觉不自觉地按理论型的模式来培养高职生。因而，普通大学所办的新高职，大多仍走过去老大专的老路，把理论型的本科教育稍加压缩教给高职生，或干脆让高职生到本科班级去附读，能像办得好的独立的高职院校那样培养出人才市场上适销对路的职业技术人才的不多见。

其次，对精英教育机构也不利。普通高等院校，包括部属的重点大学，由于承担繁重的大众化任务，办学力量分散，教育资源分散，承受猛烈的大众化教育的冲击。2001年的统计资料表明，部属71所大学，师生比达1：18.18（其中20以上的20所，25以上的6所，还有30以上的）。大众化教育冲击精英教育，势必导致精英教育质量下降。近年来，重点大学的本科生教育、研究生教育质量下降的事实令人担忧。因此，在高等教育大众化实施过程中，必须保护精英教育，减轻大众化给予精英教育机构的压力。

如何减轻压力，在政策层面上，有两条政策性的原则似应重新考虑：

其一，在高等教育增长的规模速度上，改变"控制发展"或"加快发展"为"适度超前发展"。因为人才的培养与成长有一个周期，必须比经济与社会发展的速度有一个超前量；又因为教育的发展要受经济与社会的发展的制约，超前只能是适度的，问题在于这个"度"如何掌握。这是一个很复杂的问题，因为制约高等教育发展的因素很多，要做多因素的分析与综合。下面只是为说明"度"的掌握而假设的一个例子：社会的发展要决定于经济的发展，经济发展的指标通用的是国民生产总值（GNP）或国内生产总值（GDP），如果GNP或GDP的年增长率为7%左右，那么，高等学校招生的年增长率最好是8%左右。以此为度来看近年来高等教育发展的规模速度，可以说，1997年以前发展过于缓慢而1999年之后发展过于迅速。再申明一句：这只是举例说明而不是多因素分析的结论。

其二，在高等教育增长的方式上，要改变"内涵式发展"为"外延式发展"或"内涵式发展与外延式发展并重，以外延式发展为主"。20世纪80年代后期，提出"走内涵式发展道路"，是针对80年代初期高校数量增加较快而提出的。从1988年开始，全国普通高校数就定在1 075所左右，进入90年代，逐年还有所减少。到1998年，只剩1 022所。4年扩招，到2002年，也只增至1 396所（2003年增至1 472所）。学校数增加37%，而学生数增加165%。① 新办校规模较小，容量有限，增加的学生，绝大部分进入老高校，包括重点大学。美国大学生1 400多万人，高等学校4 200多所，校均3 000多人；日本大学生316万人，大学与短期大学、高专为1 269所，校均2 000多人（2000年）；② 印度大学生384万人，大小院校达4 700多所，校均不足千人（1989年）。③ 中国是世界高等教育大国，拥有在校生1 512多万人，而全日制普通高校加成人高校仅2 003所（2002年）。全国高校，生均达7 557人。其中普通高等本科院校629所，本科生加研究生704万多人，校均更达11 207人。增量过快，存量过大，不堪重负。因此继续扩招，必须走外延发展道路，着重增办国家财政负担较轻的民办高校和人才市场需求量较大的高等职业技术院校。

总之，精英教育机构，不应承担大众化任务。在制定重点大学发展战略时，应当尽可能逐步减少已经承担的大众化任务，使精英教育机构能够集中力量，以保障高等教育质量与科研水平。

二、高等学校的定位与分类发展

现在是重点大学大办成人教育、高职教育、网络教育（指大众化的网络课程）；而高职高专则热心于专升本。升了本就要办成多科性大学，进一步争取评上硕士、博士授予单位，成为综合性研究型的大学。全国1 472所全日制普通高等学校，除少数独立的公办高职和民办高职外，争奔一条道，以办成

---

① 参考1998年至200年《中国教育统计年鉴》中的数据。
② 参考2000年日本文部省的《统计要览》中的数据。
③ 赵中建. 战后印度教育研究［M］. 南昌：江西教育出版社，1992：142.

国内（或省内）一流，国外（或全国）有影响的多科性、综合性、研究型的巨型大学为制定发展战略的目标。显然，这是不符合高等教育发展规律的。经济与社会发展所需要的人才是多层次、多类型的，而高等学校的发展方向却是单一的。知识经济时代的现代化建设，固然需要一大批拔尖创新人才，而需要量更多的是数以千万计的专门人才和数以亿万计的高素质劳动者。单一化的高等教育发展方向与多样化的人才需求方向，势必导致大量的大学生学非所用，毕业生结构性失业的问题日趋严重。

教育领导部门对这个问题是看得清楚的，前几年就提出了"分类指导"的原则，但分类指导似乎很难实现，收效甚微。原因复杂，主要是传统的重学轻术、重学术轻职业的思想未转变，而某些具体的政策性措施不完善也加重了这种思想。例如，一份以研究型大学为基础的高校教学工作评价指标体系用以评估所有的本科院校；一份以本科院校为主要对象的高考试卷考不同层次、不同类型的考生。评估、高考的单一化误导了价值追求的单一化。因此，实施分类指导，应当分类编制评估指标和高考试卷。

分类指导，不言而喻，分类是它的前提。没有科学的、恰当的分类就无从分类指导。尤其是在我们这样一向强调统一、一致的国家，要使高等学校能够培养各级各类人才，明确的分类尤为重要。

中国现时并无高等教育或高等学校的分类标准，高教法只规定"高等教育包括学历教育和非学历教育"，"学历教育分为专科教育、本科教育和研究生教育"。在统计分类上，将高职院校与专科合并在一起统称为"高职高专"以区别于本科院校。因而专升本之后往往也就不称为高职院校，而自认为已是一般普通本科院校。

民间的不成文分类，大体根据美国卡内基教学促进基金会对美国高等学校的分类。卡内基教学促进基金会2000年修订的分类见表1。

表1　2000年美国高等教育机构类别及其分布

机构类别	总数/个	占机构总数/%
总数	3 942	100
博士学位授予机构	261	6.6

续上表

机构类别	总数/个	占机构总数/%
博士级/研究型大学（Ex）	151	3.8
博士级/研究型大学（In）	110	2.8
硕士级学院及大学	610	15.5
硕士级学院及大学Ⅰ	496	12.6
硕士级学院及大学Ⅱ	114	2.9
学士级学院	550	13.9
学士级学院Ⅰ	226	5.7
学士级学院Ⅱ	324	8.2
副学士级学院	1 726	43.8
专门机构	767	19.5
族群学院及大学	28	0.7

注：（1）"专门机构"指层次不太分明，集中于某一领域的高等教育机构，如宗教学院、军事学院等；（2）副学士级学院中，有57所可授予学士学位。

从表1可以看到，博士级研究型大学居于最高层次，而数量只占6.6%。由此可见，即使是高等教育很发达的美国，学术性研究型的大学仍是少数。数量最多的是低层次的副学士级学院（相当于中国的高职高专），达43.8%，加上以培训为主的专门机构（占19.5%），两者合计达63.3%。处于两端之间的硕士级与学士级学院及大学，培养各行各业的高级专门人才，占29.4%，而且多数学校规模较大，对美国高等教育的整体水平有特殊的重要性。全国的学士、硕士学位获得者，主要来自这两个中间层次的高校；同时，它们还为研究型大学提供优秀而稳定的博士生源。其中硕士级学院及大学的水平，虽已接近于研究型大学，但除个别外，并不执着于升格为研究型大学。

美国卡内基教学促进基金会的分类，对中国学者研究高等教育结构有一定的影响。许多论述高等教育层次体系的文章，经常提及研究型、研究教学型、教学研究型以及教学型等分类，大致以美国卡内基教学促进基金会的分类为依据，结合中国国情，有所修改补充。卡内基分类只以学位高低分层次，有一定的参考价值，但不能作为一所高校定位的主要依据。定位的主要依据应当是高等学校培养人才的职能——培养学术性研究人才、专业性高级专门人才，或是实用性职业技术人才。如果只以学位高低来划分高校层次，势必鼓励所有高校以最终成为学术性研究型大学为发展目标。

相对来说，联合国教科文组织批准的《国际教育标准分类法》（1997年修订稿）中关于第三级教育（高等教育）的分类，较为完备。该分类法虽在一定程度上反映学习年限长短与学位高低，但主要是根据培养人才职能——培养目标来分类的。该分类法将高等教育分为两个阶段。第一阶段（序数5）相当于专科、本科和硕士生教育；第二阶段（序数6）相当于博士生阶段。第一阶段分为5A、5B两类，5A类是理论型的，5B类是实用技术型的。5A类又为分5A1与5A2，5A1一般是为研究做准备的，5A2一般是从事高科技要求的专业教育。5A类学习年限较长，一般为4年以上，并可获得第二学位（硕士学位）证书。"目的是使学生进入高级研究计划或从事高技术要求的专业。" 5B类学习年限较短，一般为2~3年，也可以延长至4年或更长。学习内容是面向实际，适应具体职业的。"主要目的让学生获得从事某个职业或行业，或某类职业或行业所需的实际技能和知识"，也就是"劳务市场所需要的能力与资格"。至于第二阶段（序数6），则是"专指可获得高级研究文凭（博士学位）的"，"旨在进行高级研究和有创新意义的研究"。（见图1）。

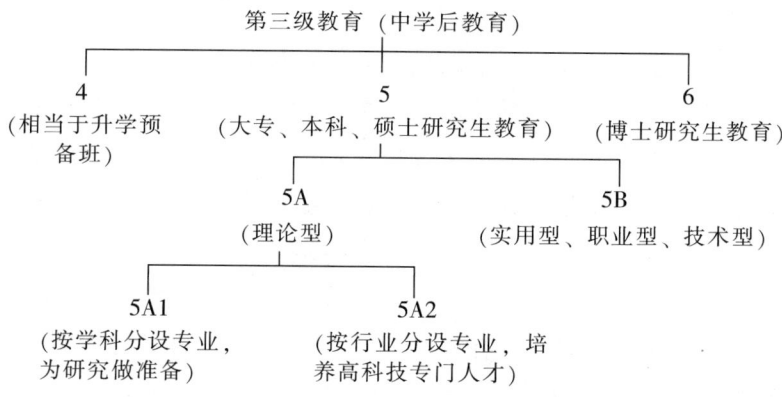

图1 第三级教育（中学后教育）示意图

《国际教育标准分类法》关于高等教育类型的划分，更值得我们重视。因为联合国教科文组织所考虑的不只是某一个国家的高等教育理论，它必须全面概括发达国家与发展中国家的基本情况，因而大体上能适用于不同国家的高等教育分类。联合国教科文组织在20世纪70年代公布第一个分类标准之后，经过20年的使用，根据教育，特别是高等教育的"新情况、变化和预测世界各地区的趋势"，包括"各种各样职业教育与职业培训的出现及其发展"，"教育提供者日益多样化"，以及"对远距离教育资源日益增多和基于新技术教育形式的出现"等，于90年代经过反复征求意见与论证，提出新的标准分类法修订文本，作为各国教育分类的指导与教育统计的依据，因而它具有更为广泛的普适性。也就是说，它可更好地作为我国高等教育类型划分的参照。更为重要的是，它所依据的主要标准是专门人才的类型而不只是层次的高低。例如：5A1与5A2，并无层次高低之分；5A与5B，所着重的是培养人才类型的不同。如果以之对中国高等学校归类，5B类相当于中国的高职高专，学习期限可以延长至4年以上，即所谓专升本。升本之后，一般仍应定位于培养职业技术型人才。5A1相当于中国的学术性研究型大学的本科与硕士生，侧重于基本理论学科，可以为进入第二阶段（博士级）做准备；5A2相当于中国的工、农、医、师等本科以及硕士生，培养各行各业的高级专门人才。每种类型，各有其培养目标、发展方向，都可以办出特色，争创一流。高校可以分类发展，教育领导部门可以分类指导，从而避免"千校一面"，争奔学术性研究型大学这一狭窄的独木桥。

参考卡内基教学促进基金会的美国高等学校分类和联合国教科文组织的国际教育分类，中国的高等学校应当分为三大类：一类是少量的综合性研究型大学，培养创新拔尖的科学家（自然科学的，社会科学和人文科学的）；另一类是大量专业性、应用型的大学或学院，培养有宽厚理论基础的不同层次的工程师、经济师、医师、律师、教师和各级干部；还有一类是更大量的职业性、技能型的高职院校，培养生产、管理、服务第一线的从事实际工作的技术人员。每类高校，都可以有重点高校，都可以办出特色，成为国内知名、国际有影响的高校。例如中华人民共和国成立前的立信会专、上海商专、杭州艺专、东亚体专，都是专科层次的高校，但在国内外都声名卓著。重要的是各类高校，都应各定其位，有各自的社会适应面，有各自的发展方向。

因此，对各类高校的评估，不应是一套而应是多套，不应以研究型大学的评估指标和评估体系来规范所有大学（现在高职院校已试行自己的一套评估体系，是一个可喜的开端）。高考试卷，也应分为不同类型进行不同内容与方法的考试，不应以一份试卷考所有高校考生，分一、二、三、四本录取，人为地贬低地方高校、高职高专、民办高校的社会地位（现在广西正在试行高职高专另定高考方案，虽尚不完善，但值得鼓励）。

这样，每所高校在考虑发展战略，制订发展规划时，可以实事求是地根据自己的主客观条件，自己的优势和特点，在各自层次和类型中争创一流。

三、关于创建一流大学

各个层次、各种类型的高等学校，都可以创建一流大学。非研究型大学的一流大学如何创建，从理论到实践，还有待开展研究，而研究型大学创建一流大学，国外已有先例，国内搞得沸沸扬扬，成为近年来高教界的热门话题。今年3月间，我曾应邀参加清华大学创建世界一流大学的研讨会。与会者发表了许多不同意见，但有两点是比较一致的。其一，清华大学雄心勃勃而又扎扎实实地创建世界一流大学的设想与规划，如27年分三步走的打算、对世界著名大学的分析研究等，深受与会者的赞同；其二，大家都认为一流大学应当是具有优异、鲜明的特色。清华大学办学可以借鉴世界一流大学的经验，但必须保持清华的特色，弘扬清华的特色。

任何大学，都应有自己的特色，而不是照搬别人的模式与经验。现在许多高校所标榜的，差不多都是规模宏大、学科齐全、人才济济、获奖多多，要办成综合性研究型大学，要成为国内一流、国外有影响的大学，如此等等。不乏人云亦云的"豪言壮语"，缺乏的是创新与特色。

特色不是喊出来的，也不是少数人拍脑袋拍出来的，不是上级"钦定"或专家"设计"的，是自身的文化积淀和客观的社会环境和谐结合的产物。办出特色，要很好地分析现实条件与前瞻可持续发展的前景。当然，有特色不一定就是一流大学，特色只是必要条件而非充足条件。一所一流大学，应当是实力雄厚、优势突出、特色鲜明的大学。今天的时尚叫作"一流大学"，传统的观念称为"著名大学"。著名大学之所以著名，是在历史中形成，为社会所公认，扎根于人们心中的。

在未有评估制度与排名榜之前，人们对著名大学的承认，有几项不成文的社会共识：①有卓越的办学理念，而且这种办学理念能转化为具有特色的办学方针与规划，在办学实践中证明是卓越的。②教师整体水平高，并有社会公认的大师级教师——不只是学术水平高，有重大科研成果，而且能为社会做出突出贡献。③社会公认毕业生的整体素质高，并且有若干对社会有突出贡献的著名校友。

社会是根据一所大学的办学实际、在校的教师和离校的校友来认识学校、评判学校的社会地位与社会声望的，而不是靠统一的指标算出来的。

在这三项中，教师这一项最为重要。"大学者，非大楼之谓也，大师之谓也。"所以，北京大学的体制改革抓大事，抓制度改革，人事制度改革首先抓教师评聘制度的改革，可以说，是抓到点子上，是创建世界一流大学的基本功。虽然校内有争论，看来也有不够完善之处，但我认为大方向是正确的，符合大学发展提高的规律，是迈向世界一流大学所应采取的关键性改革。但要防止在评聘过程中出现急功近利的负面作用，使之能更好地保持、发扬北大学术自由的办学理念。

中国高等教育大众化结构与体系变革①

  高等教育大众化，其外在特征是高等教育规模扩张，内在特征则是高等教育结构与体系变革。在大众化进程中，中国高等教育结构与体系正经历着深刻的变革。这种变革又反过来影响中国大众化发展的道路；这种变革既是由不以人的意志为转移的社会及教育发展规律所决定，又不可避免地经常面临着需要做出价值选择的策略调整；这种变革是中国高等教育发展变化的缩影。研究这种变革，有利于进一步认识高等教育大众化的实质，促进中国高等教育结构与体系适切高等教育大众化的发展。②

---

  ① 原载《高等教育研究》，2008年第5期。作者：潘懋元，肖海涛。本文源于全国教育科学"十五"规划国家重点课题："中国高等教育大众化结构与体系研究"，该课题研究成果《中国高等教育大众化的结构与体系》已于2009年由广东高等教育出版社出版。本文综合了参与该项目的谢作栩、张彤、彭志武、胡四能等博士的研究成果，为该书前言，有删节。

  ② 厦门大学教育研究院长期以来一直关注和研究中国高等教育大众化的理论与实践。从1999年至今，已完成了"中国高等教育大众化发展道路研究"（1999—2000），"中国高等教育大众化理论与政策研究"（2001—2006），"中国高等教育大众化结构与体系"（2001—2006）等国家或教育部重点课题，在大众化研究方面不断深入，创造性地发展了大众化理论，有"四大理论贡献"和"三大政策性原则"。四大理论贡献是：Ⅰ.高等教育大众化"过渡阶段"论；Ⅱ.高等教育大众化的"规模波动"理论；Ⅲ.高等教育大众化的多样化质量观；Ⅳ.高等教育大众化有着不同的支持道路。三大政策性原则是：Ⅰ.发展速度应遵循"适度超前"的原则；Ⅱ.坚持内涵发展与外延式发展并重，以外延式发展为主的原则；Ⅲ.在大众化进程中保护精英教育的原则。需要说明的是，一些观点在当时是创见，现已成为人们的共识。这些成果是本研究的基础。

一、中国高等教育大众化结构与体系变革的现实基础和指导思想

1. 中国高等教育大众化结构与体系变革的现实基础

中国高等教育大众化发展的时代背景及现实基础，为中国高等教育结构与体系改革提供了现实必要性和可行性。

（1）社会基础。高等教育从精英走向大众，首先并不是高等教育自身发展的主动选择，而是社会发展推动的结果，是当代高科技发展和知识经济发展的必然结果。这种社会选择充满着矛盾和痛苦：实现大众化需要对精英教育体系进行改造，冲击诸如"高等教育是少数人才的特权""高等教育的出发点是满足人们闲逸的好奇"等传统观念，使高等教育从远离社会的"象牙塔"转变为直接连接社会的"动力站"。当然，在更深层面上，高等教育大众化也是人类自身发展需要的一种必然选择，是人类自身对教育不断追求的体现，并成为社会和国家对教育发展选择的行动。

中国高等教育大众化是建立在中国社会发展基础之上，是中国建设人力资源强国的必然选择。影响中国高等教育大众化发展的主要社会因素有：一方面，社会对于高等教育发展的基本价值观念，中国社会实际发展水平以及国情特点等。作为"后发外生型"国家，中国高等教育大众化所依托的社会基础与西方国家不同，更多体现为一种"人为"过程，总体上表现为一种国家发展战略和政府行为，尽管它也反映了人们对高等教育的强烈需求。而且，政府对高等教育资源控制、教育资源配置方式的主导地位，决定了相当长时期内中国公办高等教育系统仍居于主导地位。另一方面，中国财政性高等教育经费不足，不可避免地要求发展民办高等教育，使得民办高等教育逐渐成为中国高等教育的重要组成部分。

（2）策略基础。中国高等教育大众化政策的形成与发展，是高等教育内外部因素共同作用的结果。在政府主导模式下，1998年前后，政府出台了一系列促进高等教育发展的政策，逐渐形成了中国高等教育大众化发展战略。也可以说，中国高等教育大众化进程是从高校"扩招"政策开始的，发展战略几经调整。实现大众化的数量标志是"高等教育毛入学率"（高校在校生与

适龄人口之比）达到15%，为此制定的战略目标最初是定在2010年实现，后来确定为在"十五"（2001—2005）期间达成。

中国高等教育发展策略表现为两个重要方面：一是构建合理的高等教育结构与体系；二是强调高等教育的规模效益和质量。为此，宏观调控高等教育结构体系与发挥市场机制作用相结合，内涵发展与外延发展相结合，分层分工与合理竞争相结合，就成为重要的策略选择。这其中重要的一环是"主动设计"高等教育结构来实现可接受的规模增长。例如，推动高等职业教育发展的"三改一补"举措，便属于政府主导的调控行为；对于民办高等教育，政府对其培养目标和发展方向也做出了一系列规定。另外，在管理体制和办学体制上，确立了中央与地方分级管理的体制，采用了多样化的办学体制和投资体制。随着中国经济发展水平和高等教育发展水平的不断提高，多层次多样化的高等教育结构体系将成为未来的合理选择。

（3）国际影响。国际高等教育大众化的趋势，影响着中国高等教育大众化的进程和道路选择。当前国际高等教育大众化甚至普及化进程，对中国高等教育大众化产生了重要影响。这也决定了中国高等教育大众化需要正确处理国际上高等教育借鉴、合作、竞争、开放与中国发展民族高等教育之间的矛盾。同时，通过比较研究，发现各国高等教育大众化结构与体系变革存在的一些共性特征，如：以社会需求为导向及时调整高等教育体系结构；建立多样化的高等教育系统；根据国情实际发展"公立"和"私立"高等教育系统；需要调控高等教育大众化发展中的区域、城乡、阶层的差异性问题等。

（4）国情因素。中国高等教育大众化面临一些新形势，如：社会主义市场经济体制的建立和经济全球化发展，将从根本上改变我国劳动力结构和人才培养模式，进而影响高等教育结构体系的构成与发展；我国产业结构和技术结构正在进行战略性调整，人力结构与高等教育结构必须进行相应的调整；科学技术进步将对高等教育学科、专业结构以及大学生就业产生直接影响；在新的历史条件下，我国经济、科技进一步发展，社会经济成分、组织方式、利益分配、就业方式等走向多样化，必然要求高等教育多元化；未来人口压力将得到缓解，人口结构将发生变化，人民生活水平将进一步提高，必将对高等教育结构产生重要影响。所有这些，都必然要求建立满足社会多种需求的多样化高等教育结构体系，从而也要求处理好一些矛盾，如：大众化发展目标与中国高等教育持续、稳定、和谐发展之间的矛盾；宏观调控与中国高等教育体制多元化之间的矛盾，等等。

2. 中国高等教育大众化结构与体系变革的指导思想

高等教育大众化是一种整体、持续、稳定、和谐的发展，而不是单纯规模、数量的增长。因而，必须促成高等教育思想体系等内因的转变，而不是仅仅关注政治、经济、科技等外因的变化。为此，应树立正确的指导思想和切实可行的发展策略，做到"五个坚持"，即坚持人文与功利相统一的高等教育价值观；坚持可持续发展的高等教育发展观；坚持和谐多样的高等教育质量观；坚持国际化与民族化相统一的行动准则；坚持"转变理念、创新制度、持续发展"的高等教育大众化发展现实策略。在此指导思想和行动策略下，中国高等教育体系和结构改革应特别注意两点：第一，公平与效率统一的思想。对于高等教育结构与体系而言，不能在效率与公平之间走极端，必须在两者之间协调统一，找到一个切合实际的平衡点。第二，分层分类发展的思想。高等教育大众化若仅仅依靠传统精英高等教育机构来完成，会使精英高等教育机构因无限度扩张而瓦解，并导致整个高等教育质量下滑。从中国国情出发，在精英高等教育系统之外，建立新的大众高等教育系统，构建类型不同、层次分明的高等教育结构是切实可行的选择。这方面，需要对普通高等教育和职业高等教育进行系统研究。

二、中国高等教育大众化进程中结构与体系的演变

中国高等教育大众化进程中结构与体系的变革，具体涉及普通高等教育、成人高等教育、高等职业教育、民办高等教育、远程高等教育、自学考试等不同形式和类型的高等教育结构与体系的演变情况。

1. 普通高等教育致力于培养高层次人才和提高学术水平

普通高等教育是一国高等教育水平和质量的主要标志，是一国高等教育宏观结构体系的骨干，在一国高等教育发展中具有举足轻重的作用。20世纪90年代末以来，我国高等教育持续扩招，主要依托原有的全日制普通高校

（包括一些重点大学），使得精英教育机构受到大众教育的冲击，导致精英机构泛化、普通高等教育不"高等"、科类结构失衡等，从而影响精英人才的培养质量。为此，有必要加强对高等学校的分类指导，各高校也应根据社会需要及自身实际合理定位，促使高等教育满足社会对多样化人才的需要。

随着现代社会的发展，普通高等教育层次结构逐渐上移。中华人民共和国成立后，我国普通高等教育逐渐形成了专科、本科、研究生三级层次。但是，当前专科教育面临着生存危机。为寻找出路，我国原有普通专科学校朝两个方向发展：一是相当一部分普通专科学校直接升格为普通本科院校或与其他高校合并升格为普通本科院校；二是一些普通专科学校转为高等职业学校。可以预计，在不久的将来，专科将退出我国普通高等教育系统，成为高等职业教育系统的一个层次。将来，我国普通高等教育系统将只有本科、研究生两个层次。与此同时，普通高等教育的科类结构也需要进行调整，如加强应用性学科（包括文科和理工科）的比例，加强新兴学科、边缘学科的建设等。

2. 高等职业教育定位将更为合理，结构体系将更趋完善

中国高等职业教育经过20多年的发展已初具规模，对经济社会发展和教育体制改革所起的作用越来越大，并成为高等教育大众化的重要力量。但是由于种种原因，中国高等职业教育的社会评价和认可率仍然偏低。究其原因：其一，高等职业教育层次结构单一，目前本科以上层次的职业教育仍未得到充分认同和发展；其二，职业培训制度尚不适应终身教育体系，当前高职教育主要是学历教育，职业培训制度很不健全。

完善高等职业教育体系，需要构建高职教育可持续发展的保障机制，实现学历教育与非学历教育共存、全日制和非全日制形式并举、教学模式多样化等，增进不同年龄、不同岗位、不同需求的公民接受高等职业教育的机会。为此，需要从如下方面努力：其一，加强高等职业教育与中等职业教育的衔接，与普通教育相沟通；其二，促进高职教育多样化发展，并根据社会发展需要逐步提升高职教育的层次；其三，从终身教育角度审视高职教育的定位，并将职业培训融入终身教育体系。

3. 成人高等教育将从学历走向学习

由于历史与现实的原因，长期以来，我国成人高等教育以学历"补充教

育"的形式依托普通高等教育而发展,社会、受教育者以及少数办学主体将成人教育视为学历教育的"速成班"。加之1999年以来普通高等教育连续扩招,造成成人高等教育生源萎缩、生源质量下降、资源大量流失,一度陷入困境。但是,我国刚进入高等教育大众化就面临精英教育机构压力过大、质量下降、经费紧张、毕业生就业困难等问题,随着高等教育规模继续扩大,这些问题将更加突出。为此,在大众化和终身教育的背景下,需要对成人高等教育重新定位,将成人高等教育作为推进高等教育大众化的一条重要途径。在培养目标上,以"技术教育"为主,注重特色和质量;在学习形式上,以函授、网络、夜大、半脱产以及短期培训为主;在培养层次上,稳步发展专科教育,逐步发展本科教育及本科后继续教育。总之,我国成人高等职业教育将步入全面提高受教育者素质的轨道,成人高等教育的领域将不断扩展,从单一学历教育向多种形式的教育扩展,由专科教育向多层次教育扩展,由学历教育走向终身学习体系。

4. 民办高等教育逐渐成为高等教育的重要组成部分

推进高等教育大众化,必须利用社会力量多种形式办学,积极发展民办高等教育。经过20多年的发展,我国民办高等教育不仅在数量上达到了相当规模,在质量上也逐步得到社会认可,形成了一定的结构、层次和办学特色,逐步成为我国高等教育的重要组成部分。

在大众化进程中,我国民办高等教育的发展格局将发生重大变化:其一,民办高等教育规模将进一步壮大。由于政府投入增量有限,今后高等教育发展的重点将是民办高等教育,高校扩招的增量部分将主要投放在民办高校。其二,民办高等教育发展方向不断调整。改革开放初期,我国民办高等教育发展方向主要为非学历教育,随着时间的推移,一部分优秀的民办高校正在脱颖而出。估计再过10年、20年甚至再长一段时间的发展,将有部分民办高校具有较高的科研教学实力和竞争力,在国内外高等教育界享有较高的声誉和地位;其余众多的民办高校在学历层次上大多属于专科,其主要任务是发展高等职业教育。

5. 远程高等教育成为促进高等教育发展新的生长点

我国远程教育经历了函授教育、广播电视教育和现代远程教育三个发展阶段。当前，函授教育、广播电视教育仍在发挥作用，但更为重要的是伴随现代信息技术而发展起来的现代远程教育。1999年初国务院发布的《面向21世纪教育振兴行动计划》中，明确提出实施"现代远程教育工程"，形成开放式教育网络，构建终身学习体系。随之，远程高等教育迅速发展，成为促进我国高等教育发展新的生长点。我国现代远程高等教育越来越成熟。其一，远程高等教育从局部试点走向全面推广，最终形成我国高等教育办学形式的一种重要形式；其二，现代远程高等教育产业化、商业化的运作模式不断成熟；其三，数字电视成为现代远程高等教育又一重要传播媒介。总之，随着计算机网络技术和卫星数字压缩技术的发展和普及，现代远程教育将成为一种速度更快、传播空间更大的新型教育方式，并与广播电视教育一起构成多元化的教育手段。

6. 高等教育自学考试在构建终身教育体系和学习型社会中发挥着重要作用

高等教育自学考试是我国改革开放以后教育制度的一项创新，它具有开放灵活、经济实惠、教育容量大等特色，是实施大众教育、终身教育的有效途径，在我国高等教育中占有重要地位。自20世纪90年代末高等教育大规模扩招和多样化高等教育形式出现之后，自学考试面临着一些新形势，出现了一些新问题，如：①自学考试报考人数呈下降趋势，各地区、城乡间发展不平衡；②报考自考本科人数高于专科人数；③考生考前学历上升，更多高校在校生参加自考；④报考自考非学历教育人数快速增长。面对新的形势，自学考试需要结合社会需要做相应调整：其一，积极发展自考本科，提高自考报考层次；其二，大力发展农村自学考试；其三，积极开拓非学历自考教育市场；其四，加强与其他教育形式之间的沟通与合作。总之，自学考试应该不断拓展自身功能，在构建终身教育和学习型社会中发挥重要作用。

三、中国高等教育大众化结构与体系若干问题研究

为了持续、稳定、和谐地推进中国高等教育大众化，高等教育结构与体系改革必须处理好若干重大问题，如公平问题、质量问题、财政策略问题等。

1. 大众化高等教育如何促进教育公平

高等教育大众化从总体上提高了人们接受高等教育的机会，促进了教育公平，但是高等教育机会不均等并未得到完全解决。因为，教育机会受多种因素影响——既包括学生社会出身、家庭经济状况、性别和居住区等因素的影响，也包括高等教育本身的形式结构、层次结构、学科结构、布局结构等因素的影响。这些因素又存在着差异，从而导致教育不均等现象客观存在。再者，大众化高等教育中分化的高等教育结构，又引起新的结构性不平等。因而，在高等教育大众化进程中，公平是相对的，不公平是客观存在的。

因此，我们既要承认不公平的客观存在，也应对教育公平有正确的认识，同时采取积极措施追求和促进教育公平，以下措施不失为有效途径：①调整和优化高等教育结构，合理而有效地解决规模扩张与教育公平问题，扩大高等教育机会与招生制度改革相配套；②合理分布高等教育机构，扶持薄弱学校；③通过增加学生贷款和直接资助等措施，对社会弱势群体进行适当照顾与扶持；④把更多的教育资源投向基础教育，从起点减少不平等；⑤处理好教育发展与教育公平的关系；⑥转变教育观念，走高等教育多样化道路。总之，高等教育公平应该是高等教育发展中一个自觉追求的目标，不同性质、类型的高等教育应该具有不同的教育目标和功能，形成不同的规格和特色，以真正平等的方式区别对待人们对不同类型和层次高等教育的需求。

2. 大众化高等教育如何树立多样化的质量观

高等教育大众化不仅意味着规模的扩大、数量的增加，而且引起一系列"质"的变化。树立多样化的质量观，有助于解决扩张引起的有关"质"的问题。大众化的高等教育质量观是多样化的质量观，它具有以下内涵：①高等教育质量观是一个多层次、多样化的概念，不宜用统一的内涵和标准去规定和限定；②高等教育大众化的质量观，是以多样化和基本的质量要求为前提的，而不是不要质量；③精英与大众、学术与职业、单一性与多样性的高等教育质量观之间存在内在的必然联系；④精英、单一、学术型是相对于传统高等教育质量而言的，而大众化、多样化、职业型则是相对于现代高等教育质量观而言的；⑤传统高等教育质量观力求反映知识与能力的"水平差异"，现代高等教育质量观力求反映知识与能力的"类型差异"，两种质量观之间存在密切联系，适应不同的社会需要。总之，大众化高等教育是一个职能高度分化的复杂系统，不同部分承担着不同的社会职能，社会对其要求和期望也各不相同，从而必然形成多样化的高等教育质量观。

3. 大众化高等教育如何形成不同质量标准的结构体系

我国社会经济发展的高度不平衡，必然造成高等教育的不均衡发展，以及高等教育结构体系的分化。不同层次、不同种类、不同形式的高等教育，应形成不同的高等教育质量标准结构体系。从教育层次来看，高等教育质量标准可分为专科、本科、硕士和博士研究生四个层次的质量；从人才培养规格来看，应建立不同层次和类型的人才培养规格学校体系；从学科性质来看，应根据学科和内容、特点和要求的不同，建立不同学科类型的高等教育质量体系；从办学形式来看，社会办教育是高等教育大众化进程中的一支重要力量，除正规的高等教育系统外，各种营利和非营利的社会高等教育机构也应得到发展。总之，应该坚持多样化的高等教育质量观，规范高等教育机构类型，建立多元高等教育质量保障机制。

4. 大众化高等教育如何采取积极而多元的财政策略

在高等教育规模扩张进程中，我国对高等教育财政投入体制进行了改革，包括鼓励社会资本进入高等教育、采取成本分担的收费政策等，广泛筹集资金，初步形成了多元化的教育财政体制。但是，目前政府投入仍然是高等教育财政的主体，如何进一步拓宽经费来源渠道，改革高等教育财政拨款机制，并以之作为高等教育宏观调控的手段，是我国高等教育大众化发展的一个重要课题。通常，在大众化高等教育严重的财政压力面前，高等教育财政政策有两种选择模式：一是继续提高公立高校的学费水平，扩大公立高校规模，形成以高收费为主的财政模式；二是限制公立高校的规模扩张，维持公立高校现有学费水平，通过发展高收费的民办高校扩大规模，促进高等教育大众化。无论是从公平出发，还是从效率出发，第二种模式都是比较好的选择。因为，第一种模式受老百姓支付能力的限制，第二种模式既能保持适度的教育公平，又能在政府投入较少的情况下扩张高等教育，实现高等教育大众化和普及化。

针对中国的国情，下列财政策略不失为有益方略：其一，稳定公立高等教育系统，限制公立高校数量扩张，对研究型大学缩减规模或稳定规模，维持甚至降低现有学费水平；其二，大力发展民办高等教育，允许营利性资金投资高等教育，允许民间教育投资取得合理回报；其三，实行中央财政与地方财政分权的模式，建立和加强中央财政转移支付制度，平衡地区差异，促进教育公平；其四，改革高等教育财政拨款方式，由单一拨款方式向综合性拨款方式发展。总之，要通过调整高等教育财政结构，引导高等教育结构与体系改革，使之促进高等教育大众化发展。

5. 对中国高等教育大众化结构与体系改革创新的若干建议

应该承认，经过几十年的发展，我国高等教育已经初步形成了多种形式、多种层次、学科门类比较齐全的高等教育结构体系。但是，随着大众化的迅猛推进，中国高等教育结构与体系也出现了一些问题。基于上述讨论，有必要对这些问题进行简单归纳，以便对症下药。

——形式结构上的主要问题有：①全日制高等教育体系与成人高等教育相互独立或分离，开放性不够，缺乏沟通与协调；②成人高等教育特别是高等教育自学考试人数呈萎缩趋势，成人高校机构数和招生数相对下降；③成人高等教育学历层次较低，办学形式单一；④成人高等教育存在重学历教育、轻岗位培训的问题；⑤办学主体单一的局面没有根本改观，民办高等教育机构多，但规模小、层次低。

——层次结构上的主要问题有：①高等教育三大层次结构比例不太合理，尤其是研究生教育比例仍然偏小；②各类高等学校定位模糊，相互交叉，重叠严重；③专科层次独立性不强，特色不明；④高等职业教育层次偏低。

——科类结构的主要问题有：①科类分布不合理，没有反映社会的实际需要；②专业设置划分过细，重复严重，布点过多；③专业设置更新较慢，新兴学科基础薄弱。

——布局结构上的主要问题有：①我国普通高等教育总体规模的地区分布极不平衡，特别是西部地区高等教育发展总体上较为落后，扩招后差距进一步拉大；②在高校布局上，个别地区高等学校设置缺乏统筹规划，重复设置，效益低下。

在上述研究基础上，我们试图对中国高等教育大众化结构与体系改革创新提出几点对策性建议，以供参考。

第一，逐步构建开放性的高等教育体系，建立普通高等教育与高等职业教育相互沟通与衔接的一体化高等教育体系，最大限度地扩大受教育机会，继续推进高等教育大众化。

第二，积极发展远距离教育，重点解决高等教育通向农村问题，为农村建设培养人才。

第三，调整和规范现有各类高等学校，有计划地促进高等院校的层次和职能分化，逐步建立由多层次、多类型高等教育机构组成的多元化高等教育新体系。

第四，加快高等教育体制改革步伐，进一步推进办学体制改革与创新，大力发展民办高等教育。

第五，大力发展高等职业教育，特别是加强以高等职业教育为主要特征的专科教育，同时根据社会发展需要在有条件的地区和学校逐步提升高职教育的层次。

第六，优化三级学位层次结构，适当扩大研究生教育规模，提高研究生教育质量。

第七，根据经济社会发展的要求，调整高等教育科类结构和各科类内部的专业结构。

第八，适应产业结构的调整，积极发展与第三产业相关的科类与专业；对各科类内部专业结构进行适当调整。

第九，深化高等教育管理体制改革，扩大高校自主权，推进高校学科结构、专业结构的调整。

第十，调整高等教育布局结构，促进高等教育与区域经济社会协调发展。

总之，在中国高等教育大众化进程中，如何使高等教育结构更加合理、体系更加完善、质量和效益明显提高，是事关中国高等教育质量整体提高的一个重要问题。而且，随着大众化的进一步发展，高等教育结构与体系变革的要求将更为强烈，程度更为深刻，课题"中国高等教育分类定位和学制系统改革研究"将进一步对这些问题进行深入研究。

高等教育大众化的贡献、困惑及建议[①]

21世纪初,改革成为高等教育活动的主旋律,世界上许多国家都在进行教育改革。过去的15年,是中国高等教育频繁变革的15年,又是中国高等教育迅猛发展的15年。大学生总体人数的大幅上升,表明中国在高等教育方面已是一个大国,大学生平均质量的小幅下滑,表明中国在高等教育方面还不是一个强国。

一、大众化高等教育做出的三大贡献

我国高等教育从1999年开始扩招,2002年跨进大众化的门槛,高等教育在校生数量已居世界第一。教育部发布的规划提出,2015年,中国高等教育的毛入学率要达到36%,比2010年提升近10个百分点。我国高等教育精英大众化的跨越式发展,是我国经济和社会发展的现实选择,对国家社会的贡献十分重大。

(一)提高民族整体素质,推动社会文明进步

15年前,中国与发达国家相比,甚至同许多发展中国家相比,公民受教育年限和从业人口的文化程度都存在较大差距。根据教育部发展研究中心估算,1995年我国从业人口是6.98亿,其中受过大专以上教育的仅占2.9%,小学以下的占49.9%,将近一半;1999年中国平均每人比世界平均少受3.5

[①] 原载《教育财会研究》,2016年第3期。作者:张端,潘懋元。

年的教育；第三个差距是我国高中和大学阶段教育规模偏小，1999年，高中阶段为44%，大学只有10.5%。种种数据表明：我国与世界均等国民文化素质有较大差距。因此，加快高等教育大众化进程，提高国民受教育程度，势在必行。

高等教育按其发展阶段可分为精英型、大众型和普及型高等教育。根据马丁·特罗的理论，高等教育毛入学率在15%以下时为精英教育阶段，15%~50%为高等教育大众化阶段，50%以上为高等教育普及化阶段（注：高等教育毛入学率指当年各类高等教育在校生占18~22周岁人口的比率）。马丁·特罗的理论在中国曾经被奉为圭臬，并一度成为中国教育政策制定的依据。按照此类标准，高等教育进入大众化的标准是毛入学率15%，据有关方面统计，2007年我国高等教育总规模超过2 700万人，毛入学率为23%，显然早已达到大众化阶段。2009年，全国各类高等教育总规模达到2 979万人。复旦大学教授葛剑雄声称，现在我国高校的毛入学率已达到世界先进水平。

从1999年到2014年，高等教育15年进程可分为提速扩张、调整结构和提高质量三个发展阶段，呈现出"精英大众化"等特点。1999年到2004年5年间，各类高等教育发展迅速，总规模超过2 000万人，翻了近1倍。2005年，我国有普通高等院校1 792所，在校本、专科生1 561万人，总量位居世界第一；在学研究生98万人，其中博士生19万人，位居世界第二。[①] 2006年，我国人才总体规模已近6 000万人，科技人力资源总量已达到3 200万人，民族素质整体提高，社会文明不断进步。之后的几年，我国高等教育规模进一步扩大，2014年我国高等教育在校生3 431万人，2013年我国的高校毛入学率是34.5%，高考录取率全国平均达到了73%以上。也就是说，在18~22岁的青年人中，每3个人即有1人已读大学，近3/4的高中毕业生可以读大学。根据国家统计局发布的教育统计，2014年我国在校大学生有2 468.1万人。按照国际口径，我国已经进入高等教育大众化阶段，大学不再是精英教育的象牙塔。

---

① 教育部. 2005年全国教育事业发展统计公报［N］. 中国教育报，2006-07-04.

高等教育大众化的发展策略，初步满足了公众对高等教育的需求，有助于社会进步。2010年全国有高等教育学历的从业人数达到8 200万人，国民受教育程度大大提高，为实现"十二五"发展目标提供了强大的人才保证和智力支持。《国家中长期教育改革和发展规划纲要（2010—2020年）》提出"实现更高水平的普及教育"目标，其中，高等教育大众化水平进一步提高，到2020年，毛入学率将达到40%，即10个适龄青年中有4个能够读大学；具有高等教育文化程度的人数比2009年翻一番。近年来，我国高等教育开始顺应人才市场要求，普通本专科招生结构有所优化，"211工程"和"985工程"建设取得重大成绩。我国高等教育的跨越式发展在很大程度上改善了社会公平与教育机会均等的状况，促进了民办高等教育的发展与繁荣，初步实现了高等教育大国的发展战略。

（二）加快经济发展，参与全球竞争

高等教育大众化直接和间接地推动了经济的发展，使得现阶段我国经济发展充满生机活力。当初我国加快高等教育大众化进程的一个直接目的，是想借此拉动消费、扩大内需。改革开放以来，中国的经济建设取得了举世瞩目的成就，然而经济发展过程中遇到国内需求不足的难题。问题如何解决，中国政府希望借助医疗市场、房地产市场等来打开局面，但收效甚微，后来决定启动教育消费扩大内需，终于取得实效。重视教育是中国家长的普遍心态，为了让孩子接受好的教育，许多家长会倾尽全力，事实也证明高等教育大众化的政策卓有成效，高等教育规模的扩大刺激了经济的快速发展。

知识经济时代，人才的优势就是经济的优势，知识具有推动经济发展的重要价值。在"人力资本"理论的影响下，教育界和社会各界形成一个共识：国民受教育程度与经济发展水平呈正相关。在经济全球化背景下，一个国家要谋求战略优势，科技和人才是关键。教育具有双重性，既有经济基础的属性，又有上层建筑的属性。教育既有经济的功能，又有政治文化的功能。我国有13亿多人口，通过高等教育大众化的发展策略，巨大的人口资源可转变为人才资源。高等教育的发展必然促进经济增长，高等教育大众化培养出更多的高级人才，起到促进经济发展，提高综合国力，参与全球竞争的重要作用。

(三) 控制人口数量,优化人口结构

最近 30 年,我国社会发展的一个根本性制约因素是人口负担太重,人口结构不合理。高等教育大众化发展是在保证基础教育稳步提高的基础上的进一步发展,将沉重的人口负担转化为巨大的人力资源优势,是中国政府的重要战略决策。增加高等学校入学人数实质上延长了国民受教育的平均年限,又改善了后一代的培养状况,对于缓解中国人口压力和优化人口结构具有积极作用。做一个简单的比较,一个普通大学毕业生的年龄一般在 22 岁左右,在城市谋生,结婚生子的年龄多在 25 岁以后,由于孩子培养成本不断上升,一对城市夫妇往往选择培养一个孩子,孩子能得到很好的教育,同时形成典型的三口之家。农村青年平均结婚年龄比城市早 3~4 年,生育 2 个孩子的机会大大高于城市,他们的生活水平和受教育状况一般较差,影响着下一代的文化教育和生活质量的改善。由此可见,高等教育大众化的政策与中国"晚婚晚育、优生优育"的计划生育方针十分合拍,现实的情况也证明我国教育政策和人口政策已经取得了很大的成功。

二、大众化高等教育面对的三大困惑

我国高等教育在经过长达 15 年的高速增长后,已经是超前发展,正面临着严峻挑战。高等教育的快速增长,使得高等教育内外出现许多不适应的地方,矛盾错综复杂,值得我们认真反思。

(一) 高校学生数量的激增与质量不高的矛盾

几百年前,英国哲学家培根说过一句永不过时的话"知识就是力量"。知识经济时代,每个人都希望能从师受益,能走进大学之门,学习精深知识,成为高级人才。

当今社会,在教育民主化思潮推动下,民众的入学要求日益高涨,政府有责任为他们提供更多的求学机会。新一代中国人接受教育的时间年限大大延长,义务教育基本普及,高中教育持续扩大,高等教育进入到大众化阶段。

高等教育大众化是一个量与质相统一的概念,量的增长指的是适龄青年高等教育入学率要达到 15%~50%。质的变化包括教育理念的改变、教育功

能的扩大、培养目标和教育模式的多样化、课程设置、教学方式与方法、入学条件、管理方式等方面的改善和优化。质与量的矛盾是现时期我国高等教育的一个显著特点。连续多年的高考扩招让高等院校人满为患，校园里到处都是学生。短暂而急促的启动使许多高校来不及做好准备，教师数量不够，师资设备缺乏，后勤服务跟不上，特别是学科建设与专业设置，许多高校还来不及进行调整。数量的过快发展导致高教质量的相对下降，经济转轨、社会转型又造成人才过剩和人才不足同时并有的怪现象。大量增加大学入学人数导致"教育膨胀"，大量资质平平的学生进入高校，导致高等教育贬值，产生一项学术上的"格雷欣法则"。①（经济学中"劣币驱逐良币"的现象）我国当下的高等教育大众化发展模式弊端凸显，主要表现为，本应承担精英教育重任的研究型大学因抢食大众教育机构的"奶酪"而导致其精英教育质量的下滑，而本应承担大众教育的教学型高校却因盲目青睐精英教育而损害了大众教育。人们不禁疑惑，庞大的中国高等教育靠什么来支撑？是靠规模求生存，还是靠质量谋发展？

（二）高校的无序竞争与学生就业不充分的矛盾

我国高等教育大众化在取得巨大成就的同时，也存在着"三个跟不上"和"三个盲目性"的问题与挑战，即在经费投入、制度建设和教师队伍建设方面跟不上高等教育大众化的快速进程，在高校发展规模与速度、学校发展定位和贷款搞建设方面存在着很大的盲目性。

教育经费的紧缺直接导致了高校的无序竞争和规模的进一步扩张。由于有些地方盲目扩招，高等教育的增长速度实际已经超过了8%，有的地方更是高得离谱。显然这是不符合高等教育发展规律的。许多高校想通过数量扩张和层次拔高等多种形式来获取更多的利益，竞抢生源，一味求大求全，盲目升格合并，教育结构明显失衡，高等教育变质变味。

与高等教育大众化伴生而来的另一种现象却是，文凭贬值、学历泡沫、大学应届生就业率屡创新低，2013年甚至还迎来了"史上最难就业年"。大学生数量激增的一个更严重后果，就是大学毕业生就业困难。在过去相当长

---

① 布鲁贝克. 高等教育哲学 [M]. 王承绪，等译. 杭州：浙江教育出版社，2002.

一段时间内，大学生被誉为"天之骄子"，前程无忧。可如今，中国到处流行着一句话"毕业即失业"。据有关方面统计，大学毕业后处于失业半失业状态的人数已超过下岗工人数量，成为一支庞大的"失业新军"。一部分大学毕业生处于失业半失业状态，他们在喧嚣而繁华的大城市奔波、流浪，称为"漂族一代"，是现阶段社会的一个新的不安定因素。

一般说来，高等教育的增长速度，应不高于或略低于国民经济增长的速度。随着我国教育规模的扩大，教育层次的提高，教育所需经费在成倍地增加。单纯依靠国家拨款已经无法解决这一难题，收取高额学费又超出许多家庭的承受能力。民办高校近年来发展迅速，然而教育质量实在令人担心。大多数高校所能实现的科研创收和所接受的社会捐款极为有限，可谓"杯水车薪"。日益加深的教育经费问题十分不利于高教事业的长期稳定发展。面对如此困境，我们必须坚决反对教育产业化，坚持教育公益性质，加大财政对教育的投入，明确教育的发展要求。

（三）高等教育中平等与优秀的矛盾

高等教育大众化理论，其实质就是关于高等教育规模扩张的理论，其理论根基和研究范畴属于教育民主化的理论体系之中。① 高等教育大众化战略能促进教育机会均等，推动民主化的实现。然而，平等与优秀似乎多少有点不相容，大学校园中存在着的种种不平等现象、入学机会、教育公平成为全社会关注的焦点。以研究生培养为例，一些学校继续推行"双轨制"，"公费"用以吸引优质生源，"自费"用以扩大生源。这种收费和培养方式最大的缺陷是学生受教育过程的不平等，且不利于成才。分数相差无几的两类研究生享受着完全不同的待遇，三年时间里他们有着完全不同的心理感受和学习经历。入校后公费生动力消失，一劳永逸，不思进取；自费生感受不到学校的关怀，没能形成对学校的归属感，还得四处兼职，影响了学习与科研。

我国社会发展很不平衡，城乡差别、体脑差别和地区差别长期存在，这些差异都不同程度地反映到高等教育领域，因为高校分布在全国不同地区，

---

① 邬大光. 高等教育大众化的理论内涵和概念解析 [J]. 教育研究，2004（9）：20-24.

学生来自全国各地城乡各种各样的家庭，高校成为我国社会发展不平衡的一个缩影。现在，全国各高校都收取数量不等的学费和住宿费，一个普通大学生一年的各项费用总和在万元以上。这笔钱对那些已经步入小康过上富裕生活的家庭来说，自然是微不足道。而对更多的刚解决温饱靠省吃俭用度日的家庭来说，无疑是一个沉重的负担。因此，在今天的校园里，部分学生天天吃喝玩乐，住高档宿舍，他们在享受着生活之甜；却有部分学生每天馒头咸菜，住破旧的宿舍，他们在承受生活之苦。

三、高等教育科学发展的建议

高等教育大众化是中国社会发展的必然选择，也是高等教育自身发展的必然结果。社会主义中国，高等教育处于国家控制的公用事业的地位。我们应该用科学发展观来指导高等教育改革，稳中求进，通过提高质量走以内涵发展为主的道路，让我国高教事业健康有序地向前发展。

（一）坚持教育创新，提升高等教育质量

在全面建成小康社会、基本实现教育现代化的时代背景下，只有规模、质量、结构、效益协调发展，中国高等教育才能走上健康轨道。社会发展中有一个有趣的怪圈：国家的状况取决于教育的状况，教育的状况也取决于国家的状况。高等教育作为社会大系统的一个子系统，不可不受其他子系统的影响。当前我国高等教育所面临的各种问题几乎都与经济发展不平衡、人口负担大的国情分不开，又都与高等教育的过快发展有着千丝万缕的关系。庆幸的是，党中央、国务院把"增强自主创新能力，建设创新型国家"作为新时期我国经济社会发展的重大战略。

我国高等教育大众化现已进入到了后大众化时期，大众化背景下应该探究精英教育与大众教育的关系，解决研究生资助体系建设等问题。近年来，我国高等教育招生数和在校生规模得到一定程度的控制，大学生奖助学金标准提高，创新人才培养日趋活跃。2010 年，国家将助学金标准由年均 2 000 元提高到 3 000 元，资助全国高校学生 499 万人次，国家财政共投入 141 亿元。2012 年我国设立研究生国家奖学金，对优秀研究生予以奖励。有学者基

于适龄人口和经济水平拟合出滚动回归模型分析高等教育纵向发展规模,结果显示,2013—2030 年高等教育规模年均增长率应控制在 1.76% 内,2027 年左右我国高等教育迈入普及化阶段,到 2030 年高等教育毛入学率可达 60%。① 根据当前高校的实际情况,适当控制招生增长速度,相对稳定招生规模,把重点放在提高质量上,是符合高等教育发展规律的。

当前,国际高等教育质量保障运动愈演愈烈,各国都从国情出发构建外部质量保障组织体系,并作为政府展示高水平业绩的一种公共责任。我国《国家中长期教育改革和发展规划纲要(2010—2020 年)》提出"建立健全教育质量保障体系""整合国家教育质量监测评估机构及资源"和"促进管办评分离"等一系列要求。在国际视野下,结合我国现代高等教育体系的特点,把握高等教育改革大方向,顶层设计中国特色高等教育外部质量保障组织体系,是全面落实《国家中长期教育改革和发展规划纲要(2010—2020 年)》的重要举措和紧迫任务。

高等教育大众化大致分为两种类型:主动型的高等教育大众化模式和被动型的追赶型高等教育大众化模式。中国高等教育正在摆脱追赶型大众化模式的某些特征,由外延式扩张开始走向了质量提升的内涵式发展道路,开始由被动型的模式向主动型的模式转变。② 我们可以通过制度创新来成功消减追赶型高等教育大众化的某些困境,警惕只求数量忽视质量的不良倾向,规模力求与社会经济相协调,建立起中国特色现代高等教育。高等学校要做好工作重心的转移,从"扩大规模"迅速转移到"提高工作质量"上来;工作重点要从"改善办学硬条件"转移到"创造办学软环境"上去;学校的兴奋点要从并校、升格转移到立足本层次、创造办学特色上去,校内改革重点要从管理制度改革转移到以教学为中心的教育教学改革上去。

(二)实行职能分化,满足社会的多样化需求

多样化是现代高等教育最突出的特征,也是当今世界高等教育发展的共

---

① 李硕豪,李文平. 2013—2030 年我国高等教育规模发展研究:基于适龄人口和经济水平的分析[J]. 开放教育研究,2013(6):73-80.
② 李立国. 中国高等教育大众化发展模式的转变[J]. 清华大学教育研究,2014(1):17-27.

同趋势。为了适应经济、科技和社会发展的多样化需求,高等教育在目标、内容、结构、手段、管理以及学校规模、学制、学生来源和经费渠道诸方面均发生以多样化为特征的巨大变化。

中国高等教育结构与体系在大众化进程中正经历着深刻的变革,这种变革反过来又影响着中国高等教育大众化的发展道路。多样化是我国高等教育大众化的必由之路。高等教育大众化的前提是办学模式的多样化,其核心则是教育质量的多样化;高等教育大众化促使高等教育融入终生教育体系。[①] 在"十二五"和"十三五"期间,我国高等教育将继续优化高等教育宏观布局结构,积极稳妥地实行诸如多阶层享受的公平教育、高等教育功能的多样化、多样化的人才评价标准和大学课程的多样化等措施,处理好多样性与统一性的关系及统筹不同层次高校的定位及分工,顺利推进我国高等教育大众化的进程。为了适应经济社会发展需求,更好地满足人民群众的渴望,许多地方开始探索分类考试、综合评价、多元录取的高校招生模式改革,大学毕业生就业状况渐渐向好。

实行高校职能分化,分层分类培养人才,方能满足社会的多样化需求。进一步健全教育政策的主导作用、明确各类高校的根本职责、增加高等教育的经费投入,是完善我国高等教育大众化发展模式的必然抉择。基于伯顿·克拉克"教学漂移"的观点,我国现阶段高校的定位主要有集中教学型、教学为主型、教学与科研并重型、研究导向型四种类型。[②] "教学漂移"现象的出现,意味着教学、科研与学习的统一并非存在于所有类型的高校之中,复杂性和多样性成为大众化高等教育背景下高校的重要特征。在高等教育内部,高等学校又可分为精英型的大学和大众型的高校。精英型的大学应该维持其精英性质,严格控制规模,而大众型的高校提供的就是公平,尽可能满足更多人接受高等教育的愿望,可采取宽进严出的方式。总而言之,良好的高等教育分流体制能形成一种高效率的激励机制,有效的激励又能促使公立高校

---

① 潘懋元. 中国高等教育大众化的理论与政策 [J]. 高等教育研究,2001 (6): 1-5.
② 王一军,龚放. 高等教育大众化阶段高校教学定位的再思考:基于伯顿·克拉克"教学漂移"观点的分析 [J]. 高等教育研究,2010 (2): 61-67.

与民办高校、地方院校和部属院校、高职高专和本科院校之间展开竞争，从而形成一种各司其职、多样并存的局面。

（三）政府适度介入，高校有限自治

21世纪初我国高等教育规模迅猛扩张，在不到10年的时间里完成了量的积累，昂首步入了高等教育大众化阶段。简单的外延式发展方式产生一系列新的矛盾，量的大幅增长增加了高等教育的治理难度。目前，我国高等教育办学体制存在的突出问题主要有：一是公立高校缺乏办学自主权，办学效率低下；二是民办高校发展不足，办学层次低，管理不规范，难以形成竞争环境。

事实上，我国高等教育的发展一直处于一种非常规的外部环境，这种外部环境并不在高校决策者和管理者控制范围内，它的存在制约着高校办学自主性、办学资源的获取和办学目标的实现。制约高等教育发展的外部环境因素最主要的是办学体制和管理体制。伴随着中国高等教育进入到大众化阶段，高教管理体制也从中央集权制逐步转变为中央和地方分权管理，高校自主权日益扩大。然而，权力下放以后，许多大学不能自我约束，竞抢生源，不合理收费，盲目升级合并，学科重组流于表面形式，人才培养过多过滥，师生比例失调，后勤服务跟不上，高校管理层自私行为增多，各种功利倾向日益明显。种种问题在不同方面反映了高等教育秩序的混乱，影响着人们对高教改革的评价。

遵循高等教育规律，优化高校办学体制环境，正确处理举办者和管理者关系，可以激发高校自身的动力，培养更多高素质创新人才。我们可以在以下两个方面进行大胆探索，取得新突破：第一，大胆改革办学体制，发展多种形式的联合办学，形成政府主导和社会参与相结合、公办教育和民办教育共同发展的多元办学格局，打破条块分割和封闭状态，使教育资源得到优化配置和合理使用。第二，深化公办高校办学体制改革，积极鼓励行业、企业等社会力量参与公办高校办学，扩大优质教育资源，增强办学活力，提高办学效益。今天，高校的活动范围，面对的社会环境以及与社会联系的深度和广度，达到了前所未有的高度，高校与政府的关系在市场机制介入后变得更加微妙。政府和高校双方必须找到一个支点，形成政府的适度介入和高校有

限自治之间的平衡。高校要注重面向社会,依法自主办学;国家通过法律、拨款、规划、信息服务、政策指导和必要行政手段进行宏观管理,加强宏观调控力度,为高等教育的改革与发展护航。

四、结语

教育改革是永恒的主题,教育创新是时代的主题。西方国家传入的"高等教育大众化理论"在中国影响巨大,高等教育大众化战略一度成为我国教育的政策导向和追求目标。事实上,高等教育大众化理论在西方是存在激烈争议的学说,高等教育大众化的实践也是负面效应与正面效应兼具的实践。当前我国教育界对这一理论及其实际效果的评价分歧巨大,这些褒贬与利弊分析将对今后相当长一段时期高等教育的改革路径产生深远的影响。

高等教育大众化是一个历史的概念,又是一个发展的概念,有其自己的形成和演变过程。在不同的发展阶段,其概念表述的形式和内涵不同,彰显的是不同的教育价值观。高等教育大众化理论,其理论根基寓于教育民主化的理论体系之中。目前我国教育界对于高等教育数量扩张与质量提高、外延发展与内涵发展的争论,依然停留在当下的问题和短期的对策,就教育论教育,较少将大众化问题放到中国社会的宏观历史和教育的长远目标这样的大背景下展开讨论。高等教育大众化的真正内涵当是高等教育成长,在科学发展中形成具有中国自身文化传统的教育生态,并借助于中国的制度环境和现实境遇,实现大众化的外显目标——通过规模增长使更多的人接受有质量保证的高等教育。

教师教育与教师发展

潘懋元文集
PANMAOYUAN WENJI

登上西藏米拉山（2003年）

关于大学教师待遇问题的思考[①]

大学教师的社会地位，最终取决于大学教师个体和群体的学术水平、社会贡献和职业道德，但在一定条件下，则是以政治地位或经济地位为主要标志。造舆论、评先进，可以起到提高教师社会地位的一定作用，但对于教师群体来说，只能在一定的政治地位与经济地位的基础上才能起作用。"臭老九"如不改变其政治地位，说得再香还是"臭"，穷教师如不改变其经济地位，评上先进还是穷。经济地位成为社会地位的主要标志，教师待遇偏低成为高等教育改革与发展的障碍。

高等教育改革主要在两个方面进行：一是体制改革，包括教育制度、教育结构、管理体制；一是教学改革，包括专业、课程、教材、教法、教学管理。"体制改革是关键，教学改革是核心。"教育改革，最终要落实到教学改革上，才能提高人才培养的质量。体制改革，可以通过行政的、经济的、立法的种种手段来推进；教学改革，则只能调动千百万教师的积极性自觉地进行。大学教师待遇偏低，势必影响教师对教学和教改的积极性。离职下海者虽属少数，但忙于搞"创收"、从事第二职业者则非少数，致使一部分教师不专心；不下海、不从事第二职业者则由于心理不平衡而不安心。当然，不受经济地位影响、不计较待遇高低、孜孜不倦于教学、专心致志于教改的教师，也大有人在，这些老师值得我们敬仰。但从教师群体看，不专心、不安心，

---

① 出自建设有中国特色社会主义高等教育理论研究课题组编的《建设有中国特色社会主义高等教育理论研究》（第2集），兰州大学出版社1995年版。

确是个问题。为什么大学教师待遇偏低？它的深层原因：一是教师本职工作的劳动价值，不能直接体现于市场交换过程中；二是"生之者寡，食之者众"。前者是各级学校的共同问题，后者则是高等学校（还有中专、中技）的特殊问题。

下面的思考，就这两个原因展开。

一、在市场经济条件下，教师待遇较低的必然性；在社会全面进步的条件下，教师待遇逐步提高的可能性及其局限性

根据教育外部关系的规律，教育必然要受生产力与科技发展水平、社会制度、文化传统的制约，社会制度主要是经济制度与政治制度。市场经济属于经济制度。由于当前社会主义现代化建设，经济是中心，市场经济的制约作用盖过了其他制约因素，对教育经费和教师待遇起直接的制约作用。

在市场经济运行机制中，也即市场竞争中，教育、教师处于不利的地位，教育有经济效益，教师劳动有经济价值。教育的经济效益，据教育经济学家的计算，高于物的投入的经济效益。可是，教育的经济效益，不是在教育过程或教育过程刚完成后就能在市场交换中立即体现出来，而是在学生毕业之后，在劳动过程中，才能逐渐得到体现。学生毕业了，就离开了学校。也就是说，教育的经济效益，是在教育过程之外才能实现，教师本职工作的劳动价值，也就不可能在市场交换过程中直接实现。这就是市场经济条件下教育经费不足、教师待遇难于提高的症结所在。

那么，不能在市场交换中立即体现其经济效益的教育，经费从哪里来？不能直接实现其劳动价值的教师工资从哪里来？可以归类为四条渠道。

1. 政府拨款

这是主渠道。在市场经济活动中，政府将所收的税利转化为财政拨款，发给学校。也就是说，教育的经济效益，教师劳动的价值，通过政府行为为中介，得以间接实现。

这条间接性的渠道，在市场经济的短期效应中，往往是不太通畅的。财政放宽些，可能好些，财政收紧些，就被挤占；领导重视，可能好些，领导

不重视，就更困难；呼吁声响些，可能好些，不奔走呼吁，可能被移作他用。尽管教育是"百年大计"，但从短期任职制所产生的短期意识的角度看，百年大计搞好搞差是后任者的事，十年大计也可以被放一放。

2. 社会资助

这是在市场经济之外以超经济的行为支持教育事业的。因为教育除经济效益之外还有其他社会效益。这类支持，在教育总经费中所占的比例并不很多。富裕国家一般不超过公、私立教育事业费的10%。中国近年来大体占8%左右。[①] 沿海城市与侨乡可能比较高些，但远不如能收广告效益的体育、文娱活动所得的资助。而且多数资助，指定用于基建，与教育事业费与教师待遇关系不大。

3. 校办产业及其他"创收"

这条渠道是学校在教育过程之外直接参与市场经济活动的所得，是近年来弥补教育经费不足的热门渠道，也是一条布满荆棘的道路。就高等学校来说，前几年主要是得力于科技成果转让或自办产业，近年来更多的是得力于经商、开饭店、搞房地产、办五花八门的公司、集团。有得有失，要冒一定风险，而且账面的收益与实际上交学校作为教学、科研、工资的事业费往往有较大差距。

4. 收取学杂费

从收自费生到全面收取学杂费以及名目繁多的手续费、劳务费。只有这条渠道，可称是把教育活动直接置于市场经济交换过程中。这条渠道，既少风险，来钱又快，但要受学生家庭经济承受力的限制。超过一定限度，要冒更大的风险。所以即使是富裕国家，也不可能按市场法则"等价交换"。日本公私立各级学校总经费中，学杂费收入占16%，印度的占10%，英国的占6.4%，德法等西欧国家微乎其微，北欧有些国家大学也不收学费。我国1991年"学杂费收入"仅占全国教育总经费的4.42%[②]，但1992年以来，大量收取学杂费，这一比例可能有较大变化。

从上面四条渠道看，无论什么社会制度的国家，包括市场经济很发达的

[①] 根据《中国教育综合统计年鉴》（1993年）资料统计。

[②] 根据国家教委财务司《中国教育经费概况》（人民教育出版社，1993年）的统计资料。

国家，政府拨款都是教育经费的主要来源。美国各级学校教育经费来自这条渠道的达 73%，其他三条渠道合计占 27%；我国 1991 年"财政预算内教育经费"与"征收用于教育的税费"两项合计也占 73.13%，来自其他渠道的占 26.87%。① 与美国大体相当。1992 年之后，来自第三、第四条渠道的经费剧增，比例可能也有所变化。

对于教育上"谁受益，谁出钱"这一提法是否正确，据我所知，有不同的看法。我认为，如果这一提法正确的话，只能理解为国家是教育的最大受益者。

为什么国家是教育的最大受益者？因为：

（1）教育的经济效益，虽然不能直接、立即体现在市场经济交换过程中，却存在于社会之中。

（2）教育不仅有经济效益，而且是国家的综合国力的重要组成部分。

因此，各国教育经费，主要由政府承担是合理的。虽然从市场竞争的角度看，教育、教师处于不利的地位，教育经费困难，教师待遇较低，有其客观必然性。但从社会、国家的整体看，既然经济效益存在于社会之中，而且是国家综合国力的组成部分，政府有责任为教育的经济效益付出补偿，为加强综合国力给予教师应得的劳动报酬。所以，同样在市场经济条件下，许多国家的教育财政拨款，占财政预算 20% 左右甚或更高；发达国家和不少发展中国家的教育经费，都占 GNP 的 4% 以上，而且逐年上升到 5%、6%、7% 甚至更高。教师的待遇，一般也与同级公务人员持平或稍高。

在市场经济构建初期，国家的调控作用尚未完善，由于上述原因，教育经费困难，教师待遇不高，是在所难免的。中国如此，苏联和东欧各国更甚。但在经济体制理顺，社会改革全面展开，国家调控作用完善时，教育经费、教师待遇逐步提高，是可能的。为什么说"可能"而不说"必然"，因为还得看其他条件是否具备。《中国教育改革和发展纲要》的公布，对教育经费、教师待遇，有了明确的规定，其实施细则还规定了监督条例；《中华人民共和

---

① 根据国家教委财务司《中国教育经费概况》（人民教育出版社，1993 年）的统计资料。

国教师法》的制定使教育经费、教师待遇得到法律保证；更重要的是，许多地方政府，已把增加教育经费、提高教师待遇摆上日程，并开始有若干落实措施。也就是说，看到了希望。

但是，不能把期望值定得太高。教育经费不可能像直接参与市场活动的经济部门那样资金充裕，教师待遇也很难同在市场交换过程中直接实现其劳动价值并可获得超劳动价值收入的经理、工程技术人员攀比。充裕、提高，有一定的局限性。发达国家的大学教师待遇，从我们的视角看，确实很高；但与他们同级的经理、工程师比，则是较低。原因就是他们的劳动价值不是在市场经济交换过程中直接实现的。中国有句俗话："近水楼台先得月。"远水的平房就只能在月到中天时，才能沐浴皎洁的月光。因此，如果把经济地位作为社会地位的唯一尺度来衡量，恐怕教师很难成为最受人羡慕的职业。教师职业之所以可能受人羡慕，是由于还有超经济的价值补偿。这些补偿有人类灵魂工程师的无上称号，社会上表示对教师崇敬的教师节以及各种优待，而更为可贵的是受学生尊敬爱戴的"感情收益"。当然，这些价值补偿是要付出辛勤的劳动才能获得的。而且由于人们的人生观、价值观不同，这些价值补偿的评价是不会一致的。

二、教职工与学生比例太低，大学教师待遇难以提高；分配不当，挫伤大学教师的积极性

教育经费困难与教师待遇偏低，是各级教育共同的问题。相对来说，高等学校应当比较好些。因为全国教育经费分配，就国家财政预算内教育事业费说，高等教育（包括留学生经费与成人高教经费在内）占20%左右（1993年为19.69%），其中普通高等学校经费为18.91%，[①] 虽比大多数发达国家高等教育经费所占份额较低（加拿大28.6%、美国24.3%、日本22.5%、法国13.8%、德国21.18%、英国22.4%），[②] 但中国普通高校大学生数在全国学生总数中仅占1%左右，所以生均经费远比中小学生高得多（1993年生均事业费

[①][②] 根据《中国教育综合经济年鉴》（1993年）资料。

小学生∶初中生∶高中生∶大学生的比例为 1∶2∶3∶15）。③ 为什么高等学校经费还经常处于赤字运转，大学教师的待遇在有的城市有时比中学教师还低？教职工与学生比例太低和分配不当是两个突出的原因，也是高校经费浪费的重要原因。

教育管理部门的文件、领导干部的讲话，谈到高校的浪费现象时，往往以师生比例太低为例。因此，采取的改革措施，也在提高师生比例上做文章，很少注意到职工与学生比例更不合理的现象。这是不公平的，只在这上面做文章，也解决不了多少问题。

中国普通高校的师生比例的确偏低，我完全赞同适当提高，但是中国普通高校的职工与学生比例更不合理，更应大大提高。

下面以 1993 年全国普通高校的统计数字为凭（表 1）：

表 1　全国普通高校教职工人数分类统计（1993 年）

项目	人数/人	占比/%	与大学生比例
总计	1 021 338	100	1∶2.48
专任教师	387 808	37.97	1∶6.54
教辅人员	123 009	12.04	1∶20.61
行政人员	172 406	16.88	1∶14.71
工勤人员	149 823	14.67	1∶16.92
其他人员	188 292	18.47	1∶13.44

说明：

1. 行政人员与工勤人员，两项合计共 322 229 人，占 31.55%，与大学生比为 1∶7.87。

2. 其他人员包括科研机构人员（48 511 人），校办工厂、农场职工（67 658 人），附设机构人员（72 123 人）。除科研机构大部分为科研人员，小部分为职工外，其余两项基本上是职工，如将此两项职工与校部职工合计，则职工总数达 462 010 人，占 45.24%，高于专任教师；与大学生比为 1∶5.48；低于师生比。

---

③　根据《中国教育一览》（1994 年）资料。

3. "与大学生比例"仅计与本专科大学生（253.55 万人）之比。如增计当年研究生（在高校学习的 9.84 万人），则师生比例应提高为 1：6.79。

4. 本表根据国家教委《中国教育事业发展统计资料》（1994 年）统计。

从表 1 及说明可见，我国高等学校，无论只计校本部职工或包括附设机构职工，比例都太高。参考日本的大学教师（兼职教师作 1/2 计）与职工（包括教辅人员）之比为 66.59%：33.41%，① 我国台湾大学教师与职工之比为 74.24%：25.71%，② 比例都在 2～3：1 左右。可见提高职工与学生比例，比提高师生比例更为当务之急。

如果我们把专任教师和行政职工单独抽出来进行分析，还可以发现两个更为不合理的现象。

（1）近年来，全国高校专任教师，无论绝对数或相对数，都逐年递减；而行政职工，无论绝对数或相对数，都逐年递增。列表如下（表 2）。③

表 2　近年来全国高校教职工人数统计（1989—1992 年）

年度	教职工总数/人	专任教师数/人	占比/%	行政职工数/人	占比/%
1989	1 004 049	397 365	39.58	319 358	31.81
1990	1 004 744	394 567	39.27	319 422	31.79
1991	1 008 898	390 771	38.73	321 347	31.85
1992	1 013 553	387 585	38.24	323 653	31.93

（2）专任教师统计数字有水分，实际人数低于统计数字。①有相当数量的教师兼任甚至是专任行政工作——校长、处长、科长，编制却留在教师系列。②学校搞"创收"活动，主要力量靠教师，办各种各样培训班、各种事务所、科技咨询活动，基本由教师承担，许多教师的实际工作在附设机构，编制也留在教师系列。10 万名研究生，是靠教师培养的。研究生的指导，大多采取个别教学方式，占去了全国 12 万名教授很大的一部分力量，一般却不

---

① 根据日本《文部省统计要览》（1993 年）整理。
② 根据台湾《"中华民国"教育统计》（1991 年）整理。
③ 根据历年《中国教育统计年鉴》（人民教育出版社）资料整理。

计入师生比例中。④专任教师中22%左右为助教。国外计算师生比例时往往不计助教数字（助教工作多由研究生担任）；相反，有的把相当于我国教辅人员，计算在职工编制系列中（如日本）。

因此，师生比例，实际要比1：6.54高得多。师生比例还可以适当提高，但油水不大。只在师生比例上做文章而不在职工与学生比例上想办法，很难解决浪费问题。

庞大的职工队伍，对高等学校确是一个沉重的负担。尤其是规模大的老大学，负担更为沉重。有些新办大学，规模小，而麻雀虽小，五脏俱全，负担也不轻。

为什么高等学校形成如此庞大的职工队伍？有历史的原因、体制的原因，还有办学依靠对象不明的认识上的原因。办学理应主要依靠教师，但办事却要依靠部门。作为学校领导，也有一本难念的经。

以上只是就高等学校的人力资源配置不合理来看大学教师待遇难以提高的问题，如果结合物力资源的配置来考察，问题就更严重。

一所高校，本来有两个大的系统，一是教学、科研系统，一是行政与后勤系统。不言而喻，行政与后勤系统，要为教学、科研服务，也可称之为管理与服务系统。由于行政与后勤系统队伍过于庞大，不但要占用大量人力资源，而且要占用大量物力资源；要占用大量的人力物力自我服务。这个系统，掌握了人权、财权、物权。在市场经济的负面影响下，为教学、科研服务的观念淡漠了，自我服务、自我发展的意识增强了，甚至形成服务机制的逆向运动。不少高等学校，将教学、科研机构划为"创收"单位，行政、后勤部门为"非创收"单位。创收单位必须将"创收"所得的相当一部分，上交学校财政，向师生索取名目繁多的劳务费、手续费等，以致有的高校，一般教师同职工的实际收入，形成倒挂，挫伤了教师的积极性。

近年来，许多高等学校，为了办企业、搞创收，成立了各种公司、集团，又形成了第三个系统，即校办产业经营系统。这些公司、集团刚成立时，学校往往要投入大量资金，或向银行担保贷款，作为固定资产与流动资金。原期望将赢利充实教育经费。有些高校，的确从这条渠道获得一定收益，弥补了教育经费的不足。但也有许多高校，事与愿违。由于经营不善，亏损、负债，使学校拮据的经费，雪上加霜。即使这些公司、集团，能够获利，但由于管理不善，漏洞很多，铺张应酬，浪费惊人，能上交学校的利润，往往还不够投入资金的利息。而且直接参与市场经济活动的企业从业人员，与教师同处一校之中，生活待遇，高低悬殊，更加剧教师心理的不平衡。同时，这些公司、集团，自成独立系统，也要谋求自我发展，扩大再生产，学校还得挤出有限的经费，继续不断投资。高等学校的领导，忙于解决这些既不熟练，又甚棘手的问题，还有多少时间精力抓教学科研！按国外一般成例，产业的经营，由校董会负责，不由行政管理。这是一个有待研究的问题。

从师范教育到教师教育①

一

首先，从强调教师职业的伦理性到强调教师职业的专业性。

从词性来看，"师范"中的"师"有"教师"和"效法"的含义；"范"顾名思义是"模范""榜样"的意思。汉代的扬雄说，"师者，人之模范也"。表明教师是学生做人的模范。古语中还有"学高为师，身正为范"的说法。叶圣陶先生也曾说过这样一句话："教师的全部工作就是为人师表。"可见，师范教育概念中的"师"蕴含着较多伦理学和职业道德的色彩，强调的是师德师风的重要性。这与中西方教育史上"僧师合一"或"官师合一"，以及到后来被赋予传道任务的教师起源和形象是分不开的。

而教师教育的概念，更强调的是教师职业的专业性，将教师视为拥有异于一般知识的专业知识，能够根据特有的专业经验，为特定对象提供专业服务的专业化职业。这种专业化的资格需经过专门培训，而且必须经过严格的考核才能获得，并以其不可替代的专业性赢得其特殊的社会地位。可见，从师范教育到教师教育，并不是简单的用词上的变化，而是包含着对教师职业新的看法和价值取向。纵观世界教育发展的历史，随着社会的进步、知识的丰富以及教育规模的扩大、教育对象的多元化，加之教育理论知识的不断丰

---

① 原载《中国高教研究》，2004年第7期。作者：潘懋元，吴玫。

富和成熟，教育教学不再是古代教师随意的和非制度性的活动，而是逐渐演变为一项科学性、技术性很强的活动。教师越来越成为必须经过一定专门训练的专业化职业。因此，以往仅以强调师德师风为重的师范教育必然要被强调专业性和独特地位的教师教育所取代。与伦理性的教师形象相比，教师教育视野中的教师专业化的要求和标准显得更为务实和理性，并且在社会分工日益专业化的背景下更能获得社会对教师地位的认可和尊重。

其次，从封闭、定向到开放、多元。

在强调教师职业伦理性的影响下，多年来，师范教育采用的是封闭和定向办学的方式。其理由是，教师的思想、行为是学生乃至世人的模范，培养教师，不只是学科知识与教育教学能力，更应重视师德的熏陶。因而，设置封闭式的师范学院或教育学院培养教师，有利于师德的熏陶以及行为习惯的养成。

在封闭性的教育系统中，师范生在入学之初就被定向为教师，并在毕业后由政府主管部门统一分配到中小学校和幼儿园任教。在教育普及程度不高、教师需求量大、教师待遇比较低、教师主要是接受职前培训的情况下，封闭、定向的办学具有一定的意义。但在现实中，我们经常可以看到，学生专业思想虽经过较长时间的封闭式的熏陶，却收效不大，不安于教师职业的大有人在。而且，自20世纪80年代以来，由于我国师范院校大量增设非师范专业，许多师范院校的非师范专业在数量上已超过师范专业，早已缺乏熏陶师德的校园氛围和环境。

20世纪中叶之后，许多国家纷纷取消封闭式师范院校，以开放方式培养教师。在学生修完学科课程之后，或在本科高年级为欲获取教师资格的学生，提供教育科目和教育实训，这样的培养方式对于自愿选择教师职业的学生效果更佳。因为届时学生年龄已较大，自我意识较强，已有一个基本稳定的人生和事业的发展方向和规划。

中华人民共和国成立前中学教师一般通过在大学中设置师范学院来培养，很少有独立设置的师范学院；20世纪50年代按照苏联模式，独立设置师范学院，但综合大学文理各系科仍有培养高中教师的任务，开设教育学、心理学、教育法课程，其后因某种缘故而中断。直到第三次全国教育工作会议之后，综合性大学重新承接教师教育的任务，成立教育学院，为那些愿意当教师的各种学科专业的学生提供教育课程。教师教育的渠道由此被拓宽，教师来源日益多元化。综合性大学办师范的意义，不只是为了解决教师数量与提高教师学科知识水平问题，而是多种形式办教师教育，有利于形成一个开放、激励和竞争的环境。在开放、多元的教师教育体系中，传统的师范院校将被迫面对垄断教师培养时所未遇到的挑战，从而加大改革与创新力度。师范院校既可以在现有的基础上加强教师的专业教育；也可以逐步过渡到综合性大学，在大学中设教育学院培养教师。

再次，从职前教育到终身学习。

传统的师范教育，是一种教师职前预备教育，也是一种终结性的教育，与职后教育没有必然联系。终结性的职前教育建基于这样的假定：职前教育可以使师范生拥有在其整个职业生涯中履行教师职业任务所需的知识能力。显然，这种假定违反了终身教育观。传统的师范教育虽然被界定为"包括职前教师培养、初任教师考核试用和在职培训"[《中国大百科全书（教育卷）》]，但在实际运行中，职前教育、入职教育、在职教育是被分割成前后脱节、互不相关的部分，由不同的教育机构来实施的。一般师范院校，只管职前教育部分。

现代的教师教育的概念不再局限于职前教育，而是从终身教育理念出发，强化职前教育、入职教育、在职教育的联系和沟通，使之成为一体。简单地说，教师教育着眼的是教师在其职业生涯的所有阶段中的专业发展，这也是各国教师教育改革最为显著的共同趋势之一，在一体化终身学习的教师教育体系中，招收高中毕业生的师范院校应实现课程和职能的转变，认识到教师职前培养功效的有限性，从而将原来的终结性教育转变为教师终身教育体系中的一个环节来发挥作用；同时承担教师在职培训任务的教育机构也应有相应的转变，发挥持续提高在职教师的思想、知识、能力的作用，而不再仅仅着眼于学历的补偿。

一体化的教师终身教育体系，具体可以做这样的描述：教师的学科知识，以及以后终身获取与追求知识的意愿和能力，可在大学的学习生活中养成；教育理论、学生成长变化等知识可以通过教师的职前专业培训来达成；但是，真正的专业态度和价值观只有在实际工作中才能逐渐养成；在实际的工作岗位上，教师还需要通过持续进修以达成专业的更新和发展。①

最后，教师教育的外延扩大，培养包括中小学教师、高等学校教师、职业教育教师、成人教育教师和幼儿教育教师等在内的各级各类教育的师资。

如果我们接受了上述教师教育专业化的思想，认同了开放、一体化的教师终身教育体系，那么教师教育的对象必然要从只培养中小学师资扩大到培养各级各类教育的师资。

传统的师范教育基本上是中小学教师的教育，师范院校的培养目标与课程设置只定位于基础教育师资的培养。而在教师专业化的视野中，各级各类的教师都应接受教师教育及培训，都应具有教育专业的知识与能力，只有这样才能塑造教师整体队伍的专业性，才能使教师职业具有像医生、律师一样的专业不可替代性。

诚然，中国当前庞大的师资队伍中，普通中小学教师为数最多，教师教育应当以中小学教育的培养为重点，但数以百万计的高等、职业、成人教育的教师的培养也很重要。而且随着高等教育的大众化，职业教育的普遍化以及学习型社会的到来，这些教师的培养任务将越来越重要。以高等学校教师为例。我国自1999年启动高等教育大众化进程以来，从1999年到2003年的5年之间，全日制普通高校在校生增加了2倍以上，而教师增量不过70%左右。数量不足，质量不高，已成为制约高等教育进一步发展的"瓶颈"。而且高等教育领域近些年来所呈现出的培养模式的多样化、素质教育的全面推进、以生为本的教育观念以及信息与通信技术的应用等变革和现象，都要求高校教师不能仅仅是个学科专家，而且应是教育教学的专家。高校师资培养的重要性和必要性日益凸显，教师教育应承担起这一责任。

二

教育思想转变是教育教学改革的先导。近年来发生在师范教育领域的种

---

① 程介旺. 学习的专业，专业的学习：知识社会对教师发展的新挑战 [EB/OL]. http://www.ecph.com.cn/dbk/ics/teacher/index.htm.

种改革及措施，无论是综合性大学办师范教育的宏观改革，还是教师教育课程体系、教学模式的微观改革，都是基于上述从师范教育到教师教育理念的转变，迄今也取得了若干成绩。但仍存在一些需要继续深入探讨的具体问题，以下试举几例。

首先，关于分阶段培养模式的探讨。

开放式的教师教育的特点是，职前师资培养实行分阶段培养模式，这是近年教师教育中一个较大的改革，分阶段培养有多种具体模式，如"3+1""4+1""4+2"等，即首先进行学科知识的学习与研究，然后集中进行教育理论与能力的专业性培养。学科学习与专业性培养是继时性地进行的，因此也有学者称之为继时性模式，这种做法是目前国际上的一个较为通用做法。如：英国伦敦大学教育学院"3+1"的研究生教育证书课程（PGCE course），学科课程与教育专业课程先后进行，学生毕业后授予研究生教育证书。由于这种模式一方面能使学生集中学习教育课程；另一方面，学历层次较高（英国学制中，本科一般为3年），所以很受欢迎。[①]

美国卡内基教育和经济论坛工作小组关于教师专业的报告《国家为培养21世纪的教师做准备》中提出，本科教育应致力于宽广的文理教育和对所学科目完备的基础训练，师范专业训练应在研究生阶段进行。研究生阶段为期2年的教师硕士学位课程的目的，是使师范生充分利用教学的研究成果和优秀教师积累的知识，发展其教学和管理技能，培养他们对自己的教学实践进行反思的习惯，为专业上的持续发展打下坚实的基础。这种模式相当于我们所说的"4+2"，即以文理学士学位作为教育专业训练的前提，在教育学院中实施新的教育专业课程，颁发教育硕士学位。

分阶段培养模式的优点是很多的，如它可以协调学术性与师范性的冲突，师资培训灵活快捷，针对教师供求变化应变性强。而且，分阶段培养给了学生自主选择是否接受教师培训、从事教师职业的权利，使得学生在学习教育理论时，因思想准备充分而有较高的学习自觉性和主动性。在此前提下，学

---

① 杨明全. 英国师范教育及其教育学科建设：伦敦大学教育学院个案研究［J］. 师资培训研究（内刊），2000（4）：59-62.

生集中学习 1~2 年的教师教育课程，收效会较高。但分阶段模式也存在一些困难，如"3+1"模式在中国当前就存在可行性问题，因为当前高校本科的第四年，学生迫于就业的压力，纷纷外出找工作，很难在校安心学习。据一项对已经成为综合性大学而又承担着原师范院校的师资培养任务的"3+1"培养模式情况调查，其培养的师资质量并未有明显的提高，甚至其适应性更差。① 可能是基于上述原因。从这点上比较，"4+1"或"4+2"的研究生层次的师资培养具有较大优势，但从我国基础教育的现实需求和财力状况来看，教师教育若全面采用"4+1"或"4+2"的模式，也缺乏现实可行性。

因此，不可采用一刀切的方式来规定教师职前教育的培养模式，而应视不同院校的实力和所培养师资的目标来因校制宜地进行选择。

实际上，除了分阶段模式，在职前教师教育中，还有以下几种模式可供选择：第一，共时（态）模式/平行模式。在这种模式中，学术性培养与专业性教育同时或平行地进行（我国传统的师范教育和英国的教育学士课程属于此模式）。第二，整合模式/一体化模式。在此模式中，学术性培养与专业性教育不仅同时进行，而且是以相互配合的方式进行的，着重研究与教师职业相关的问题，并力求使理论学习与教育实践一体化。第三，模块化模式。在这种模式中，课程是以模块的形式提供的，至于选择哪些模块，以什么顺序学习，则完全由未来的教师自己来决定。第四，"一阶段模式"与"两阶段模式"之分。在一阶段模式中，师范生在教师教育机构中圆满完成职前阶段学习之后，就可以申请中小学教师工作。而在两阶段模式中，师范生必须首先在教师教育机构（第一阶段）中完成主要是理论性的学习；理论学习阶段之后是在实习学校的实践训练和学习有关学科教学法等内容的专门课程。第二阶段的教育一般由地方教育行政当局和独立于大学的机构负责（这相当于中华人民共和国成立前 5 年制师范生的学习模式）。② 每种模式都各有优劣，也都各有不同的适用面。选择恰当，运用合理，就可充分发挥出每种模式的长处，来达到最佳的培养效果。

---

① 楼世洲. 试论师范教育的结构调整与制度创新 [J]. 高等师范教育研究，2001 (3)：21-26.

② 张贵新. 欧洲教师教育的现状与改革方向 [J]. 教育研究，2001 (A1)：60-65.

其次，关于教师教育课程设置的思考。

"缺乏师范教育特色，雷同于综合大学学科专业的课程体系"是传统高师教育课程设置的弊病，这一弊病长期以来造成师范院校"学术性不强，师范性不明"的状态。受传统思想的影响，一些高师院校向综合大学看齐，除了教育学、心理学、教学法等几门课程外，课程设置几乎与综合大学相同。除了重学术轻师范的弊病，高师教育的课程设置还存在着重理论轻实践的现象，表现在抽象的、深奥的理论课和缺乏实际价值的知识课过多，而培养实际需要的理论知识和能力的课太少，甚至缺乏一些教师必备知识和能力的课程。

从课程结构看，目前我国高师课程设置主要包括三个板块：公共基础课程、学科专业课程和教育专业课程。这三块课程占总学时的比例大致是：公共基础课约占20%，学科专业课70%多，教育专业课只占7%。与世界其他国家相比，我国教育专业课程比例偏低，英国为25%，德国为30%，法国为20%，美国为20%。① 除此之外，课程设置中还存在着选修课比例少，整个课程体系缺乏灵活性和弹性的弊病。这种课程结构，充分反映了高师院校重学术、轻师范的价值取向，是高师院校向综合性大学看齐所带来的结果。这种结构的课程设置一方面已难以适应当前社会和时代发展对教师能力、素质的要求，另一方面也是导致师范院校缺乏办学特色的主要原因。教育专业课程的比例应占总学时的多少才合适，应选择什么样教育专业课程才能达到教师职前教育的目的和效果，是教师教育要深入研究的重要问题。我们认为，作为现代教师教育，不同年龄阶段的发展心理学与现代信息教育技术学应作为必修课程，而教育管理、比较教育学等，至少应作为选修课程。

关于教师教育课程设置的另外一个问题是，如何构建适应教师职前、入职和在职教育一体化的课程体系？目前的情况是，多数承担在职教师培养任务的教育学院或教师进修学校往往照搬职前教育的办学模式，在课程体系、内容、实施、评价等方面没有形成自身的体系，职前教育与在职教育存在着重复或断档的现象。这样的情形很显然不适应教师教育终身化、一体化的要

---

① 李其龙，陈永明. 教师教育课程的国际比较 [M]. 北京：教育科学出版社，2002.

求。因此，在各方面做好协调的同时，承担教师教育各阶段培养任务的机构应深入地研究和明确地界定各自阶段不同的教育目标、任务和方法，发挥各阶段教育在教师专业化发展中的独特作用。

再次，关于开展高校教师教育的探索。

前面我们提及将高校教师的培养纳入教师教育体系的重要性和必要性的问题，这里接着来探讨如何开展高校教师教育的问题。

目前，在我国开展的高校教师教育，较为普遍的是高校青年教师的岗前培训。培训和考核的任务一般由当地师范大学的"高校师资培训中心"承担。"高校师资培训中心"是教育行政部门依托当地师范大学所设的派出机构，受教育行政部门和所在学校的双重领导，履行教育行政部门赋予的师资培训、组织协调、调研咨询、信息交流等职能。所开展的师资培训形式除高校青年教师岗前培训外，还有硕士研究生课程进修、高校公共英语师资培训、以毕业研究生同等学力申请硕士学位教师进修、职业教育师资培训以及接受国内访问学者进修等。除了依托师范大学的"高校师资培训中心"外，全国现有12个高等教育学博士点和约70个高等教育与教育管理硕士点，这些机构完全能够提供研究生层次的大学教师教育或培训。

在国外高校中，也有类似"高校师资培训中心"的机构，但一般只服务于本校教师和职员。如牛津大学的大学学习促进研究中心（The Institute for the Advancement of University Learning，简称 IAUL），是专为牛津的教师和所有职员提供各种有关教学、研究方面的培训，通过课程、讨论、讲座等多种形式来达成牛津教师专业培训。学习结束时，按所接受的不同种类的培训，发给证书或高等教育教学硕士文凭。这个中心的服务非常到位，所提供的课程与教师的教学和研究息息相关，所以深受教师的欢迎。因此，虽是自愿参加，但参与者甚众，收效颇佳。

大学教师教育可以通过在职教育或培训来进行。其中所包含的问题有：①由谁来提供在职教育课程？是大学自己，还是委托当地师范大学？还是专门的在职教育机构？②由谁来为高校教师在职教育提供资源？是政府还是高校自身？③由谁来控制教师在职教育的内容和组织？④教师参加在职教育的条件是什么？教师应自愿还是被动参加在职教育？在职教育应该在什么时间进行？⑤可以提供何种形式的在职教育？是多样化的短期课程，还是长期课程？① 在厘清这些问题的基础上，高校教师的在职教育和培训一定会发挥重要的作用。

除了在职形式的教育和培训，高校教师教育还可以借鉴美国高校的做法，与研究生尤其是博士生教育计划进行配合。

1993 年以来，针对博士生教育难以适应高等教育对大学新教师的要求，美国学院与大学联合会和研究生院委员会共同发起和运作"未来师资培训计划"，并于 2000 年发表了《大学学院共同培养我们所需的教师》的报告。报告指出，随着社会和高等教育领域内变革的加剧，大学教师职业的培训不再只是学习某一学科的内容、在某一专业领域形成专业知识以及完成学位论文，作为未来教师培训主要基地的博士生教育必须发生改变。"未来师资培训计划"的目标，是将博士研究生培养成为胜任的新教师，使他们具有教学研究和专业服务的职业能力，并通过了解不同大学中教师的生活和职责，为他们成为新教师创造一个良好的开端。在"未来师资培训计划"的推进过程中，安排一些非常有价值的活动，如，博士生参观合作学校，并在特定的学校文化背景中实践作为教师的各种职责；交流访问后举行围绕教师角色的讨论；参观博士生特别感兴趣的系，以及与合作教师进行非正式交流等。在合作教师的指导下，博士生们像学校教师一样地参加合作学校的一些活动，如参加会议，讲授一个单元的课等。通过与不同的学校和教师的直接接触，使博士生对教师职业和不同学校的理解变得更细致更深刻。②

这一教师教育与研究生教育相统一的做法，值得我们借鉴。但在具体的运作中，还需要各教育行政主管部门之间的沟通和协调，也需要提供博士生教育的大学有积极性和活动能力。

从师范教育到教师教育，概念变化的背后，是观念的更新和制度的变革。专业、开放、一体化是教师教育区别于传统师范教育的几个显著特征。围绕着这几个特征，教师教育的各项改革还将继续。同时，随着时代的进步和高

---

① 张贵新. 欧洲教师教育的现状与改革方向 [J]. 教育研究，2001 (A1): 60 - 65.
② 汪贤泽. 美国的"未来师资培训计划"与博士生教育改革 [J]. 比较教育研究，2001 (3): 25 - 29.

等教育的不断发展，教师教育观念的更新和转变也不会停止，对于处在不断变化之中的教师教育，我们最后所要强调的是"多样化"这样一个近来人所共知的话题。对"多样化"，我们虽然已经耳熟能详，但真正落实到思想和办学实践中的还不多见。在教师教育领域强调多样性，就是强调多种形式办学，使得教师来源多元化；就是强调以多种模式培养师资，使得教师的素质结构各有不同；就是强调教师教育培养对象的多样化，使得包括各级各类教育教师在内的教师整体队伍能够实现专业化。总之，只有切实把握并实践"多样化"的思路，才能真正应对处在不断变化中的教师角色、标准及相应的教师教育，才能及时跟进社会和时代的发展步伐，培养出高质量、专业化的师资队伍。

职称回归学衔　提高学术权力[①]

北京大学的人事制度改革，据传校内争论激烈，校外也议论纷纷，媒体更多关切。我在2003年5月至6月间，就接受了中国青年报、光明日报、新浪网以及中央电视台多位记者的电话采访。其实，确切地说，北大的改革，只是教师评聘制度的改革而非整个人事制度的改革，例如，行政人员的任用制度就还未摆上议事日程。

在教师评聘制度改革中，议论最多的不是聘而是评，因为北大聘任教师的改革方案，与国外一般通行的聘任程序大抵相同，并由组织人事部门的行政权力部分地转移给教授会、学术委员会或聘任委员会等学术权力机构。无可非议。至于规定原则上不直接从本单位招聘应届博士生，以免"近亲繁殖"，这也是国外通例。大家虽有不同看法，只要不搞一刀切，某些特殊学科与特殊人才允许例外，也是可行的。

争论最多的是教师职称评审制度的改革，采取有限任期和有限申请晋升次数，达到一定年限、一定申请次数而仍未获通过的要"走人"。晋升教授之后，不再存在晋升问题，自然就进入终身制，除连续多次考核不合格者外，享有长期职位。平心而论，这一改革，除对中青年教师有相当压力之外，在可行性上，相当平稳。上海、广东等地的改革，力度更大。这些地方的许多大学，实行的是只聘不评，聘任期间有职称，聘期结束职称也就不存在。这似乎是顺理成章的事，却忽略了一个传统观念的问题。

---

① 原载《集美大学学报》，2003年第3期。

教授、副教授、讲师、助教等，本来意义并不是职称而是学衔。学衔是一位学者学术水平的标志，正如学位是一个人所受教育（学历）水平的标志一样，是终身所拥有的称号。不能说在任职期间拥有某一学衔，聘期结束或不再任职（退休），学术水平的标志也就被剥夺了。

在"官本位"社会中，轻学术而重官位，为使学术向官位靠拢，世界通行的学衔制度就改为职称制度，职称成为某一级别职位的称谓。不在职，职称当然就不存在。正如当厅长、处长、科长的，不在职，这些"长"的职称也就不存在。或者为表示某人曾经当过哪一级的"官"，可在官位之前加一个"前"字。而学衔所标志的是学术水平，不当大学教师，学术水平不可能就消失。"文化大革命"期间，知识分子被打成"臭老九"，但教授仍是教授，副教授仍是副教授。你不承认，社会承认。

为了正名，职称应回归学衔，还其作为学术水平标志的本义。聘任教授，将学衔与官位剥离。不是"聘任某某人为教授或副教授"，应是"聘请某某教授或副教授担任什么工作或职务"。任职有期而学衔终身，离职之后，也就不必在教授、副教授之前加一个"前"字。

当然，任职与学术水平不是完全无关，正如任职与学历水平有一定关系。一般说，主讲教师应具有教授、副教授或讲师学衔，学术带头人应具有教授、副教授学术水平。这是根据需要所规定的聘任资格而不是职称，不应混为一谈。

职称回归学衔之后，学衔仍是要评的。评的程序虽然仍然存在，但已从"职称"的授予改变为学术水平的评定，有利于将组织人事部门的行政权力转移到学术组织的学术权力，发挥学术民主的作用。这才是评聘制度改革的核心所在。

我在《中国青年报》记者的访谈中谈道："学术权力来源于学术民主。没有学术民主就没有真正的学术权力。学术民主是办好学术性事业的根本。在这个意义上说，改革的方向应该是促进学术民主，加强学术权力，使学术权力与行政权力协调平衡。"在这个基点上，我对北大改革方案（第二稿）所说的大方向正确，指的是第三条"坚持学术标准第一和公开、公平、公正原则"和第四十二条"实行行政审核和学术审核并行体制"，以及体现这两条原则性规定的其他条例。

但方案中的原则性规定是一回事，能否实现还有待于方案的实施。在方案的实施中，期望能做到下列几点：

（1）真正摆正学术权力与行政权力的关系，使两种权力发挥各自作用。既要充分发挥学术权力在学术水平评审中的作用，又要运用行政权力妥善处理分流、下岗、解聘等行政事务。

（2）要制定能真正体现不同学衔学术水平的评审标准，而不是袭用那种以论文多少篇、专著多少字的数量指标来代替学术水平的质量指标。

（3）要防止鼓励竞争的措施使人急功近利，导致北大的学术自由的宽松环境演变成浮躁之风。

总之，我们希望北大教师评聘制度的改革，能够保障与提高学术权力，保持并发扬北大学术自由的优良传统，从而促使职称回归学衔。

大学教师发展与教育质量提升①
——在第四届高等教育质量国际学术研讨会上的发言

尊敬的女士们、先生们,早上好!

我很荣幸地代表中方主办单位向本届学术研讨会提出主题报告。

"高等教育质量国际学术研讨会"(The International Conference on Universities' Quality Development)是由中国的厦门大学、挪威科技大学和立陶宛考那斯大学联合主办的国际学术年会,第一届年会已于 2003 年在挪威科技大学举办,第二届年会 2004 年在立陶宛考那斯大学举办,第三届年会去年在挪威科技大学举办,第四届年会在我们厦门大学举办。这次研讨会的主题是"大学教师发展"(faculty development),是经过我们三家主办单位联合讨论、共同商量决定的。为什么本届年会用"大学教师发展"作为主题呢?这里首先介绍主题提出的原因。

一、主题的提出

——时代背景:知识经济时代来临,大学成为社会中心。社会的发展,决定于高等教育所培养人才的数量与质量;而高等教育的质量,主要决定于大学教师的素质。

——高等教育背景:从 20 世纪 50 年代开始,世界各国高等教育,从精

---

① 原载《深圳大学学报(人文社会科学版)》,2007 年第 1 期。

英教育阶段，陆续进入大众化阶段。大学教师这一学术职业的领域迅速扩大。20 世纪 50 年代以来，随着大学生数量的不断增加，大约每隔 10 年，大学教师的人数就会翻一番。同时也对大学教师的专业知识与技能的要求不断提高。

——教育理论背景：高新科技进入高等教育领域，产生了新的教育教学理论，也改变了大学教师的角色地位与功能，为大学教师发展提供了广阔的空间。

在这些背景下，许多国家提出了大学教师发展的新理念与新模式。如：美国的多种形式大学教师发展方式；日本的 F. D. 制度；中国、挪威、立陶宛等也各有一定的大学教师发展的政策与措施，积累了大学教师发展的丰富经验。希望通过这次国际研讨会，交流大学教师发展的理念和经验，促进高等教育质量的提高。

二、大学教师发展的概念辨析

首先谈谈大学教师发展的概念。

（一）发展与培训

大学教师发展和一般所说的教师培训（faculty training）是两个有着密切联系的不同概念。教师培训着重从外部的社会、组织的要求出发，要求大学教师接受某种规定的要求、规范；而教师发展着重从教师主体性出发，自我要求达到某种目标。当然，教师发展离不开某种形式的教育、培训，但更为重视的是教师的自主性和个性化，促进教师自主学习、自我提高。

（二）广义与狭义

广义的大学教师发展，包括一切在职大学教师，通过各种途径、方式的理论学习与工作实践，使自己的专业化水平持续提高，不断完善，相当于把大学教师摆在终身学习体系中。狭义的大学教师发展，特指初任教师的教育提高，帮助初任教师更快更好地进入角色，适应教师专业化工作，并且敬业乐业。

在中国，当前的大学教师发展应着重初任教师的教育培训。这是因为 1999 年以来，随着大学生数的迅速增长，大学教师人数也得到较快增长。如果以大学工作未满 3 年的教师作为新教师来看，大学初任教师发展的任务是很艰巨的。

我们来看一组数据。2002 年，全国普通高校专任教师为 61.84 万人，到 2005 年，增至 96.58 万人，3 年之间，增加了 34.74 万新教师，增量达 36%。另一方面，2002 年的教师，3 年间退休、调离的约为 18%，即 11.13 万人，也由新教师补充。因此新教师合计 45.87 万人，占 47.5%。也就是说，将近一半的在职大学专任教师是新教师。这 45.87 万任职未满 3 年的新教师，是大学教师发展工作的重点。再者，即使是任职 3 年以上，甚至是多年的老教师也需要在终身教育的理念下持续教师发展。应该说，他们当中的大多数人是称职的，但是由于高等教育理论和大学教师角色地位、功能的变化，也需要不断地更新理念、提高水平，与时俱进。

总之，数以百万计的大学教师发展工作，是当前保障和提高教育教学质量艰巨的任务。

三、大学教师发展的内涵

大学教师发展，应当包含三个方面的内涵：第一，学术水平——基础理论、学科理论、跨学科的知识面；第二，教师职业知识、技能——教育知识和教学能力；第三，师德——学术道德、教师职业道德。下面分别进行简要说明。

（一）学术水平

大学教师是一种学术职业，处于学术的前沿，不仅要充分掌握所从事学科的知识，而且要及时掌握本学科的学术前沿和新动向；不但要传递科学知识，而且应担负创新科学知识的任务。同时，任何学科都不是封闭自足的，它必须植根于基础理论，同时与有关的学科交叉、互动。因此，深厚的基础理论与宽阔的跨学科知识面都是大学教师发展所必需的。

（二）教师职业知识、技能

大学教师不只是学者、专家，而且是教师；不仅要研究高深学问，而且要将其所拥有的知识转化为学生所能掌握的知识，这就需要掌握教育知识和教学技能。有的老教师，虽然没有经过专门的教师职业培训，但在长期的教学实践中，通过不断的"尝试错误"，也能摸索出一些符合教育规律与教学原则的经验，但是所付出的代价是比较大的，所走的路是比较长的。也有未曾接受教师教育的老教师终身不能成为一位成功的教师。因此，参加大学教师发展活动，对于新老教师都是有益的、必要的。

（三）师德

大学教师所从事的是学术职业，首先应当具有学术道德的素养；大学教师又是为人师表的教师，还应具有教师的职业道德，这包括服务精神、自律精神、创新精神等。例如，服务精神包括"诲人不倦""循循善诱"，爱护学生等；自律精神包括"以身作则"，树立榜样等；创新精神包括以自己的创新精神与创造能力引领大学生成为创新型人才，以大学的文化科学创新引领社会的文化科学发展等。"经师易得，名师难求"，我们期望更多的大学教师不只是"经师"，而且是"人师"。

四、大学教师发展的方式

（一）各国大学教师发展的方式

各个国家都有自己的大学教师发展方式。例如：

——美国的多样化方式。美国最早提出教师发展概念，它虽没有采取相当的制度保障大学教师发展，但各高校采用不同的方式促进教师发展，并呈现多样化的教师发展方式，包括：模拟教学、教学讲座和讨论会、教学咨询、教学档案袋、教师发展工作坊（workshop）、教学改革试验小额资助、收集学生对教师的反映意见，等等。

——日本的教师发展制度。在20世纪末，日本制定了教师发展制度，以促进大学教师发展，并着重于教学方法与技术的培训。如教学改革演讲与讨论会、公开教学观摩课、教师对学生的访问调查、教育援助中心，等等。今天在座的日本广岛大学大学教育研究中心中心长有本章教授在2005年写过一本《大学教职与大学教师发展——美国和日本》，系统讨论了大学教师发展问题，介绍了这方面的情况。

——中国在全国建立三级教育培训学院，以培训大、中、小行政人员为主，各省对初任大学教师者大多规定选修若干门高等教育与心理课程，依托各地师范院校办教育硕士课程班或助教进修班，各校主要通过派出教师到设置高等教育学位的高校进修或攻读研究生学位，鼓励教师撰写有关教育教学研究论文等。

（二）大学教师发展的方式选择

——外出进修。它的好处是有利于集中精力学习理论，但在当前教师人员不足的情况下，只能是少量脱产进修；应该十分重视在职的进修提高。

——集中设置进修班，指定参加培训的教师。它的好处是有利于集中优势资源、统一管理，缺点是被指定的教师往往动力不足。

——要求教师撰写课程总结或教学总结，鼓励教师撰写教育改革论文。它的好处是激励教师自己学习、自己研究，缺点是有的教师拼拼凑凑、被动应付。

这里有一个问题，采取什么方式比较好呢？从国外经验看，学校提供条件（经费、学术假），教师自主选择学习内容与学习方式，更能体现大学教师发展的自主性、自觉性。

五、大学教师发展的动力

大学教师发展的动力来自何方？有外部动力和内部动力两个方面。

（一）外部动力

物质的与非物质的奖与惩，包括组织上所制定的检查性评估、职称（学衔）的晋升、工资及其他待遇的提高、优秀教师的评奖、社会声望（在同事、学生中）的提高等，都有一定的促进作用。

（二）内在动力

发展性的评估是大学教师发展的内在动力，来自自我价值的追求，无疑地在自主性、自觉性与持续性上，优于外部动力。因此，发展性的评估优于检查性的评估。应该重视内在的动力，内在的动力比外在的动力主动性强，影响更加深远。

但是，大学教师生活于现实的社会中，外部动力的作用是现实的激励机制。因而，外部动力是不可避免的。大学教师应当有崇高的理想，但大学教师并不是生活在真空中。关键是，应当协调外部动力与内在动力，使大学教师持续、健康地发展。

这届研讨会上大家交上来的论文，我看了一些，对于如何促进教师发展，有不少好主意，希望在研讨会中互动、交流；更希望通过各位中外代表将会议研讨的成果传达到高等教育界，使大家进一步重视与研究大学教师发展问题。

大学校长最好不要脱离学术工作[①]

大学校长，是高等教育管理这一学术性职业的高管。不论外国或中国（"文化大革命"前除外），都是聘请或委派有学术水平、科研能力的教授担任。为了全心全意投入这一职业所要求的"管理、经营、研发"等领导工作，近来有几位大学校长上任伊始，声称在任职期间，不招研究生，不申报科研课题。其志可嘉，值得钦佩！但对于领导一所负有学术传承与创新重任的大学来说，不亲自参加教学与科研，是否良策？似有商讨余地。

我没有当过大学校长，但当过20多年的教务处长，也曾当过数年分管教学、科研以及学生工作的副校长，基本上是双肩挑。现在年老不能担任行政工作，也还在教学、科研一线耕耘。我的体会是，为了做好大学的领导工作，最好不要脱离学术工作，时刻处在教学、科研第一线，仍然是学术群体中的一员，对于教学、科研的实际困难与问题有切身的体验，从而在学术职业的领导工作上，能够更好地体现学术群体的所思所想，反映学术价值的细微变化。历史上治校有方、办学成功的著名大学校长，大多数是没有脱离教学与研究工作的校长。蔡元培在北大亲自讲授美学与美术史课程，梅贻琦、陈望道、竺可桢、侯外庐、李达等这些著名的大学校长，在任期间，都不曾放弃讲授与著述。我求学和工作的厦门大学，抗战时期的校长萨本栋，在东南敌后方坚持办学，为厦门大学奠定"南方之强"的基础的同时，亲自讲授微积分、普通物理、电工原理等课程；中华人民共和国成立后第一任校长王亚南，

[①] 原载《辽宁教育（资讯·管理版）》，2012年第22期。

在百废待兴之际，将厦门大学办成研究型大学的同时，亲自培养一批经济学研究生并为本科生上政治经济学大课。因此，我认为大学校长适当参加教学、科研工作能够更好地领导大学。当然，只能"适当"，因为一个人的精力毕竟有限。

有人认为：大学校长在任职期间虽然不从事教学、科研工作，而在任职前已有长期的教学、科研经验，并非外行领导内行。但是，地位不同，情境变化。

第一，地位不同，考虑问题的倾向性不同。作为行政管理干部，更多的是考虑程序、规章、制度的统一性，而学术人员更多的是要求学术自由、环境宽松的灵活性。如果大学校长一身而二任、双肩挑，就会从两个不同的倾向考虑问题，较好地协调双方的利害，做出比较合理而又合情的决策。举例说，以论文篇数、发表刊物级别，以及争取到科研经费多寡作为教师业绩的考核指标，简单明确，貌似公平，但却不利于科研创新，更不利于基础理论研究；又如，研究生招生，统一考试，按分数高低录取，公开、"公平"，但不利于选拔潜质优秀、学有专长的人才。如果校长处于教学、科研第一线，就会深切感受某些规定不尽合理而采取适当的对策、措施。

第二，情境变化，原来的教学、科研经验虽很宝贵，但有的不符合变化了的情境。例如信息技术进入大学之后，教学方式方法，包括实验、实习、实训，都有许多新的变化，对教师和科研人员也有新的要求。作为大学校长，要与时俱进，提出改革的意见，采取适当的措施，引领全校教学、科研的发展。

中国的大学校长，的确行政事务繁多，尤其是层层的会议，无数的检查，迎来送往。作为行政的第一把手，事必躬亲。如何应对这种局面，我认为，与其放弃教学、科研，疏离学术工作与学术群体，不如带头改变行政作风，在简政放权上下功夫。当然，许多行政事务是上面压下来的，无可摆脱，那就得"学会弹钢琴"。"学会弹钢琴"是一项重要的领导艺术。我所认识的大学校长们，有的忙忙碌碌，十分辛苦，往往顾此失彼，招来怨尤；也有的对领导管理工作，简而有序，放而不乱，不但有一定时间从事教学、科研，而且从容地沉思大学的办学理念、发展战略。去年有一位大学领导，写了一本《大学运筹沉思录》，我为这本书写了一篇序，最后的一句是"希望更多的大学领导者在忙碌的运筹中，能抽出时间、精力不断地'沉思'"。

大学教授要做学术文化传承和创新的引领者[①]

大学承担着文化传承与创新的重要使命,既是现代创新文化的前沿,又是保护传统文化的堡垒。大学教授在文化传承中,既面临着保守传统文化的压力,又面对社会发展和时代进步的文化创新责任,在"两难抉择"中,每位教授都需要认真考虑。

一、大学教授是学术文化传承和创新的引领者

文化创新是时代的强音,大学又处在科学技术创新的前沿,但大学之所以是大学,又是保守传统文化的宝藏。大学是所有社会机构中最保守的机构之一,同时,又是人类有史以来最能促进社会变革的机构。可见,保守和创新就像一枚硬币的两面,是大学本身所固有的两面性。今天,大学既活跃在文化创新的前沿,又是保守传统的顽强堡垒。

(一)提出新见解、发现新理论是大学职责

从文化创新的方面来说,首先,作为引领社会思想的火车头,思想创新一直是大学群体的价值追求。其次,大学是社会中的大学,大学本身必须不断变革以适应社会的新形势。适应的过程本身就是一种"进化"的过程、创新的过程。大学之所以具有创新性,不仅是因为社会要求大学适应时代的发

[①] 原载《西安欧亚学院学报》,2012年第10卷第2期。
本文根据厦门大学高等教育发展研究中心"潘懋元教授从教75周年暨高等教育研究的社会责任学术研讨会"资料摘要整理。

展，还因为大学本身具有创新的诸多内部条件：第一，大学拥有大批学者、科学家、教授等高学术水平的人才，他们处于各学科发展的前沿，不仅拥有丰厚的知识，而且以提出新见解、发现新理论为己任；第二，大学里的大学生和研究生是思维敏捷、富有探索精神、追求真理的知识群体；第三，大学拥有尖端的仪器设备和丰富的图书资料，有利于开展科学研究和传递最新科技信息；第四，大学的学术环境和民主科学的气氛提供了较为自由的创新空间；第五，大学还是国际文化交流的平台和窗口，多种文化在这里碰撞，激发出创新火花。由此，大学不仅必须创新，而且能够走在文化创新的前头，引领社会文化创新。

（二）追求真理永无止境

大学教授作为大学教学、科研和社会服务等职能的具体承担者，是大学学术人员中的最高层次。因而，大学的创新性和保守性、大学文化创新和文化传承的矛盾也就最集中地体现在他们身上，表现在他们对于学术文化的矛盾态度上。大学教授是学术文化的创新者。大学教授作为思想自由的知识分子，其最根本的特征就是应当自由地从事永无止境的高深学问的探究。在探究中，他们的活动只服从于真理的标准。他们应当有权探索一个论点到它可能引向的任何地方，而不应为任何权力所掣肘和局限。同时，作为自由的知识分子，大学教授还是社会的批判者，他们以真理的名义来对世俗的偏见、权威进行抨击，对落后于时代的传统思想与社会习惯进行批判。

（三）保护、传承学术文化珍宝是本真

大学教授是学术文化的保守者。大学教授不管是对自由教育和理想人格的坚持，作为社会的知识分子和清醒的智者，坚守伦理、良知的底线；还是主张大学自治、学术自由，保持大学的自主性和独立性，其根本原因还是来自于他们作为学术文化的保守者。大学教授之所以成为学术文化的保守者，就是因为他们掌握各自学科的前人所积累的科学知识，甚至有些科学知识就是他们自己所取得的科研成果，保护和传承这些知识成为他们自然而然的行动。也就是说，大学传承文化的职能不仅是外部要求他们这样做，而且他们这样做是"发自内心"的行为，因为传统的文化知识已经构成了他们的生存境界和思想框架，他们的思想和行动都很难逾越这一境界和框架。所以，保护、

传承各自学科的传统学术文化珍宝，是大学教授的"天性"，而作为"天性"的行动，既是有意的，也是无意的。

二、大学教授在学术文化传承和创新中应保持平衡

在人类发展的历史长河中，各种社会机构不断产生和消失，但总的来看，社会机构消失的原因不外乎两种：一是它们过于保守、不能创新、不能因应社会而惨遭淘汰；二是它们过于变动、不能保守稳定，盲目追随社会热点而丧失其自身。

（一）大学是文化保守和创新的统一

大学为什么历经如此之久而不消失，其原因就是，一方面它不断创新，伴随社会不断进化，适应社会的需求；而另一方面它又稳定保守，在满足社会需求的同时又坚持自己的本性和核心追求。正是通过这种方式，在坚持自己根本职能的同时又通过增加或减少其他职能，以在一定范围内适应社会。大学在保守和创新的选择中保持平衡。所以，大学是保守和创新的统一体。只有保守，大学才能保持其本真；只有创新，大学才能不断适应社会的需要，在社会中生存和发展。两者都服务于大学的可持续发展，但在现实中，有的大学创新性表现得明显一些（如哈佛大学），有的大学保守性表现得明显一些（如耶鲁大学），但它们都既是保守的，又是创新的，是保守和创新的矛盾统一体。

（二）大学文化传承和创新应与时俱进

大学是社会的文化机构，从本质上看，大学的保守性和创新性主要表现在大学对文化的传承和创新上。一方面，大学要传承、守望传统文化。因为，优秀的传统文化不仅是人类历史的珍贵宝藏，是人类生活经验和生产经验的积累，还是促进年轻一代社会化、凝聚社会精神力量、延续社会生命的重要资源；另一方面，大学要文化创新，只有文化创新，大学才能适应社会进步的要求，也只有创新自身的大学文化，大学本身才能与时俱进。

（三）保护并发扬优秀传统文化就是创新

大学作为社会的思想、文化机构，具有批判社会的责任和功能。大学教

授作为社会的知识分子,当社会整体在沉沦的时候,他们应是清醒的智者,坚守伦理、良知的底线,他们有责任和义务对社会的沉沦进行批判、引导。所以,从某种意义上说,有了大学的保守性,才会使大学在稳定中发展,才会使大学不至于轻率、随意地迎合社会而丧失自己的本真。正确认识大学的保守性,我们才会按照大学的发展规律办大学。而且,有了大学的保守性,优秀的传统文化才能得以保持并发扬,社会文明才能不断进步。

大学在适应社会环境、改变自身的过程中,又不能完全丧失自我。大学必须坚持它的完整性和培养人才的基本职能,否则,大学就无法完成其承担的社会职责,丧失其存在的合理性依据,并面临自身被"淘汰"的危险。从大学的发展史来看,尽管伴随社会的变化,大学增加了不少的职能,但是其最根本的通过教学培养人才的职能却一直没变,并且一直占据着中心位置。可见,大学的保守性同样也是大学自我价值追求和社会的要求的内因和外因共同作用的结果。

三、大学教授要致力于学术文化的创新和发展

大学要引领社会文化的创新与发展?因为,文化功能是大学的基本功能,大学的一切活动就是为了文化的传承与发展,大学的使命就是引领社会文化的创新与发展。

(一)在人才培养中创新和发展文化

大学承担引领社会文化创新发展的重任,其原因除了上述大学具有与生俱来的创新性之外,作为社会的文化重镇,它还具有其他机构所不具有的诸多特点。第一,大学不仅具有传承文化的功能,而且还具有保存、选择、吸收、批判、创造文化的种种功能。第二,大学不仅进行文化工作,而且还将文化工作与培养人才结合起来,并将文化工作的成果通过培养的人才而辐射到社会,而且这种辐射不仅影响当前的社会,还将影响到久远的将来。大学的这种辐射影响不仅局限于它传递给学生的新知识,更重要的是在传递新知识的过程中,把知识创新过程中的科学精神、创新精神也一起传给了学生,并通过他们在社会中形成一种尊重科学、鼓励创新的氛围。第三,大学的文

化工作具有全面性、综合性。为了全面适应社会的需求，大学的学科比较齐全，文化工作面非常广，几乎涉及社会文化的各个方面，因此大学对社会的影响要比其他各种文化机构的影响都大。第四，在知识经济时代，大学从社会的边缘走进了社会的中心，这为它引领社会文化创新提供了有利的地位。

（二）传统文化是文化创新的基础和前提

大学致力于文化的创新和推动社会文化的发展，这并不意味着大学应该完全放弃自身的保守性，放弃对传统文化的坚持。这是因为大学的运行与发展需要大学的保守性。大学对传统文化的坚持是大学保守性的重要方面，因为传统文化往往也是文化创新的基础和前提。因此，大学既要进行文化创新，引领社会文化创新与发展，同时又要坚持优秀的传统文化，保证大学本位运行。正确处理文化创新与传统文化的关系，关键在于要有正确的思想方法。

首先，文化创新是对传统文化的扬弃，而不是对传统文化的全盘否定。扬弃不同于放弃，它是有选择的保留。对传统文化进行扬弃，意味着我们有意识地从传统文化中寻找珍宝，挖掘其中闪光的思想。从人类的思想史看，苏格拉底、柏拉图、亚里士多德等古希腊的先哲们的思想，一直是西方思想发展取之不尽的源泉；在东方，先秦百家，尤其是以孔子为宗的儒家思想，至今仍然在中华文化思想中占有重要的位置。所以，文化创新需要从传统文化中吸取养分和灵感，优秀的传统文化是思想进步的源泉。以赫钦斯为代表的西方永恒主义的哲学思想认为，总有一些崇高的价值可以穿越时空而成为人类任何时间、任何地点都应具有的坚定信仰和精神支柱。文化的扬弃正是要保留这些崇高、恒定的价值。

其次，文化创新对传统文化来说是复兴而不是复古。时代在进步，社会在发展，传统文化中确实有很多的思想与今天的社会不合节拍，必须予以摒弃。对传统文化的扬弃，既不是全部否定，也不意味着全盘接受，而是一种文化复兴。文化复兴就是根据不同时代的现实需要，对传统文化中的优秀文化进行加工，让它在新的时空中焕发出新的光彩。正如文艺复兴所复兴的是民主、自由的精神与文艺繁荣，而不是古希腊时代的奴隶制；中国国学复兴所复兴的是"与时俱进"的自然观、价值观与伦理道德，而不是回到封建社会。作为文化复兴的文化创新，是为了更好地保存和弘扬传统文化的精华，不断地促进民族的和国际的文化的现代化。

统而言之，传统优秀文化是文化创新的基础，文化创新是踩在"巨人"的肩膀向上攀升。这位"巨人"，既是传统文化的积淀，也包含了被认同、容纳、吸收、消化了的外来文化。外来文化与本土文化结合、融合之后，也就成了传统文化的有机组成部分。博大精深、与时俱进的中华文化，不论在古代、近代和现代，都是海纳百川，不断地吸收、消化外来文化而不断创新与发展的。

高等教育质量与大学教师发展[①]

提高高等教育质量是一个世界性的问题。联合国教科文组织在几年前的文件中就提出三个方针性的中心问题，即针对性、质量与国际化。中国高等教育的发展，从20世纪末到21世纪初，也从量的增长转变为质的提高。高等教育质量建设成为当前和今后相当长的一个时期内高等教育发展的中心工作。正因为如此，厦门大学正在和中国高等教育学会、教育部高等教育教学评估中心、教育部学位与研究生教育发展中心、清华大学、华中科技大学、天津大学、上海交通大学等共建高等教育质量建设协同创新中心。2014年海峡两岸暨香港、澳门"大学教学文化与教师发展"学术研讨会实质上就是一次盛大的高等教育质量建设协同创新的启动研讨会。

高等教育质量建设关系到大学办学的方方面面。其中，现代大学质量观是作为思想引领的前提；现代大学教育制度是质量的载体；招生、就业、投资、管理等体制与机制的改革是质量建设的关键；教学的改革、创新、提高则是质量建设的核心。也就是说，高等教育质量建设的核心在教学的改革、创新、提高上。教学文化是指教学改革、创新、提高的生态系统，营造积极向上、和而不同的生态环境，是当前150万大学教师的任务。因此，大学教师的发展是质量建设的基础。也就是说，教学文化是建设的核心，而大学教师发展是质量建设的基础。一个是核心，一个是基础，二者在质量建设上密切地联系在一起：优质的教学文化生态系统为大学教师所营造，而优质的教

---

① 原载《高等教育研究》，2015年第1期。

学文化生态环境激发了大学教师发展。这次教学文化与教师发展研讨会所讨论的正是高等教育质量建设的主要问题。

大学教学文化和大学教师发展都是新的概念，具有新的内涵。但很容易同有关的老概念、老经验混同，如果认识不清，就会导致在实践中"新酒装在旧瓶里"。例如，一看到"文化"两个字，就认为是回到老传统去，用传统文化观念来评价现代大学教育质量。传统文化中有许多精华需要保留、发扬，但我们面对的是与时俱进的现代大学教育质量，必须将传统的文化融合于现代的教育需求之中。又如，很多人认为教师发展就是教师培训，有的大学教师发展中心从成立以来所做的工作仍然只是办新教师培训班。教师发展是指教师自主、自觉地发展，而不只是作为被动的培训对象。针对教师发展，可以采取某些方式如办培训班等，但更重要的是促进教师自主学习，组织教师自我提高。

这次研讨会上，有几篇报告专门探讨了这两个新概念的内涵及其相互联系。更多的报告则围绕着会议的主要议题，交流教学改革经验，有几篇报告研究了高职、民办、地方、民族等不同类型高等学校的教师发展，还有的报告专门介绍台湾地区"奖励大学教学卓越计划"，构思、设计、实现、运作（CDIO）工程教育模式在中国的引进与改进，PCK（Pedagogical Content Knowledge）的运用，以及慕课（MOOCs）、翻转课堂的评介等。研讨内容丰富。

大学教师发展论纲[①]
——理念、内涵、方式、组织、动力

一、引言

提高教育质量的任务,最后要由教师承担,教师队伍建设,是办学的基本工程。

建设教师队伍,通过招聘工作,选拔优秀人才很重要,在职教育提高更重要。

教师教育,以前称为教师培训,现在称为教师发展。

二、理念

大学教师发展(faculty development),同一般所说的教师培训,是两个有密切联系的不同概念。

(一)发展与培训

教师培训着重从社会或组织的要求出发,大学教师被要求接受某种规定的培训。

教师发展着重从教师的主体需要出发,教师自我要求获得某些知识、技

[①] 原载《高等教育研究》,2017年第38卷第1期。

能，达到某种自定目标。

教师发展往往要借助某种形式的培训，但所重视的是教师的自主性、个性化，促进教师自主学习、自我提高，而不是为了应付被检查、被评定。

从教师培训到教师发展，体现了"以人为本"，尊重教师的自主性；体现了教师教育的个性化、现代化。

（二）一般与特殊

一般大学的教师发展，涵盖所有在职大学教师，是指通过各种途径、方式的理论学习与实践活动，使教师在专业化水平上持续提高，不断完善。相当于让大学教师群体置身于终身学习体系之中——大学教师是社会中的优秀群体，应在构建学习型社会中起带头和引领作用。

特殊的大学教师发展，特指初任教师的教育，能帮助初任教师较快、更好地进入角色，适应教师生活与工作，并且敬业、乐业。

当前中国大学教师发展，应当着重初任教师的教育，这是因为大学教师队伍扩大快、初任教师人数多。但也不应忽视一般大学教师的发展、提高。

即使是任职多年、经验丰富、学术造诣甚深的老教师，由于科学理论、信息技术的发展，高等教育理论和大学教师角色、地位、功能的变化，也需要不断地跟踪科学前沿，更新教育理念，提高自我水平，与时俱进。

数以百万计的新老大学教师的发展工作，是当前保障和提高教育质量、教学水平、为国育才的基本工程，也是每所高校的战略任务。尤其是当前正在转型发展的应用型院校、地方新建本科院校和高职高专，建设"双师型"（"双能型"）教师队伍，是这些院校的特殊任务。

三、内涵

大学教师发展内涵包含三个组成部分：学科专业水平——基本理论、专业知识、实践能力；教师职业知识与技能——教育理论、教学能力；师德——一般学者的人文素质、教师的职业道德。

（一）学科专业水平

大学教师是一种学术职业，处于学科的学术前沿，要掌握所从事学科的学术新动向。不但要掌握科学知识,而且应负起创新知识和应用知识解决实际问题的任务。

任何学科专业都不是封闭自足的,它必须植根于基础理论,同时与有关学科专业交叉、互动。因此,除自己所从事的学科专门知识之外,还必须有坚实的基础理论与广阔的跨学科、跨专业知识。这些都是大学教师在学科、专业发展上所需要的。

应用型院校和高职高专,除一定的基础理论外,对实际知识和实践能力有更高的要求。即使是高水平的行业特色型大学,也应当重视实际知识,发展实践能力。

(二)教师职业知识与技能

大学教师不只是一位学者、专家,而且是一位教师;不只是要学习知识、掌握技术、研究学问,而且要把所拥有的知识、技术转化为学生所能掌握的知识、技术。这就需要懂得教育理论、掌握教学技能。

一个可喜的现象是,近20年来,大学教师的学历、学位越来越高。但是,为什么具有高学历学位的新教师,教育、教学效果往往不如有经验的教师?有的(不是所有)老教师,通过职后教育,或在长期的教育、教学实践中,通过不断的自我提高或多次的"尝试错误",也能摸索出一些符合教育规律与教学原则的经验,但很难及时掌握新的教学方法(如案例教学法、翻转课堂教学法等),而且往往正确的与错误的经验并存。

对于非教师系列的领导管理干部来说,也必须掌握教育理论、知识,并有更高的要求。

(三)师德

大学教师是一种学术职业,大学教师是学者,首先应当受过良好的人文素质教育,具有良好的学术道德素养。

大学教师还应具有高尚师德,即教师特殊的职业道德:

(1)服务精神——循循善诱、诲人不倦、敬业、乐业、爱护学生、热爱教师职业……

(2)自律精神——以身作则、"行为世范"……

(3)创新精神——以自己的创新精神和创造能力来引领大学生成为创新

型人才，以大学的文化科学创新引领社会的文化科学发展。

四、方式

中国传统的大学教师教育方式比较简单，主要依靠进修和培训：派出进修有利于集中时间和精力，提高学科专业水平。但在当前教师数量不足的情况下，只有少数青年教师能获得脱产进修的机会。学校应当以组织教师在职进修提高为主。

集中设置的培训班，指定教师参加培训，有利于集中优势培训资源，或借助校外培训资源，加强统一管理。作为初任教师的岗前培训较为合适。也可根据新情况、新问题，进行专题培训。但教师处于被培训地位，效果欠佳，往往是"走过场"。

除上述两种传统方式之外，根据各地及国外经验，下列方式可供参考。

（一）围绕课堂教学基本技能开展的方式

模拟教学（试讲）——在初任教师发展中，模拟课堂教学形式和氛围，让初任教师练习基本教学技能。这是20世纪50年代教学改革时普遍采用的方式，有的高校至今仍在小范围中经常使用。

教学观摩课（授课示范）——可以观摩优秀教师教学，也可以互相观摩，让教师在真实的情境中体会教学技能的运用并交流教学经验。

课堂录像——借用现代音像技术，将课堂师生活动录下来，可以帮助教师易位观察，自我分析，自我提高；也可以传播优秀教师的课程教学。

教学咨询——请有关的专家或有经验的老教师帮助初任教师解决教学中所遇到的问题。

编写课程教材——集体或个人编写教学大纲（课程大纲）、教材、讲义等，有利于大学教师的思维能力、文字水平的提高，以及专业上的全面发展，尤其是编写实践性课程教材，能促使教师深入实际。

（二）有针对性地组织教学研讨活动

主要是各类学术研讨会和教学研讨会。一般针对教学中出现的学术问题或教学问题来组织。例如：如何理解课程中的某些学术观点、如何讲授某门课程的重点与难点、如何评价学生的学习成绩、如何指导学生的实训活动等。

多种多样的研讨活动，有利于在高校中形成关注教学问题的良好气氛，激发教师探索教学问题的热情，在活动中自我提高。新的教育理念和技能也常常在这种场合得到传播。

（三）"双师型"教师的发展方式

带领学生到实训基地，不只是作为带队者，而应该同学生一起在实训基地参加实训活动。

到合作单位接受培训，最好是挂职工作，既获得实践锻炼，又深入了解运营机制。

从企事业单位引进的专、兼职技术人才或管理干部，要帮助他们学习教育知识与教学技能，并通过具体教学工作提高其教学能力。

（四）国外大学教师发展方式

国外大学教师发展方式多样化，各国不同，一校之中也不同。一般来说，针对性与自主性较强。例如：鼓励教师开展改革试验，提供小型场所，给予小额资助；鼓励教师开设工作坊（workshop），经常开展小型研究会、讨论会，或设置创作室、读书室，开展多种小型活动，如讨论创新性教学实验，宣读并讨论教学论文等。

许多高校除了校设教师发展机构之外，还设立各种附属单位，如咨询室、实验室，提供教师发展平台，起交流与指导作用。

五、组织

教师发展虽强调教师的自主性，但学校的组织作用是必要的。

（一）中国大学教师教育，传统上是由行政部门组织的（大多数由人事处主办）

学校行政部门一般办理：招聘及入职考核、新教师集中培训、派出进修（国内或国外）、业绩考核与评优评奖。

经常性举行教育教学提高活动，由各院系自主组织，因为并无明确要求，往往形成自流现象。

（二）成立大学教师发展中心

2012年，教育部指定30所部委所属大学建立大学教师发展示范中心，从事"培训、教学咨询、教改研究、质量评估"工作。非部委所属的高校也纷纷成立大学教师发展中心（名称不完全相同）。

许多（不是所有）大学教师发展中心采取多种方式进行各种活动，在教师队伍建设上起了一定的促进作用。大学教师教育进入了一个新阶段。

从组织结构的角度来看，大学教师发展中心，只在全校层面的平台上开展活动，而教师的活动在院系以下的基层，教师发展中心缺乏基层组织的支持，难于深入，无法扎根。因此，建设基层组织，是大学教师发展取得成效的保障。

（三）重建教研室（组）

在20世纪50年代初，中国大、中、小学均建立集体教学组织——教研室（组）。

中小学的教研组（学科教研组、年段教研组）仍坚持至今，在发挥集体作用、保障和提高教学质量、提高教师教学水平上起了重要的作用。

高等学校的教研室（组）趋于式微：

（1）从学习俄罗斯到效法美国。

（2）从重视人才培养的教学工作到重视科研工作——从教研组（室）到课题组、科研中心、研究所。

（3）有的院校虽名义上仍存在，也是似有若无，或蜕变成基层行政组织。

重建教研室（组），首先要回归"大学的根本"（培养专门人才）；其次可借鉴国外教师工作坊的经验，建设中国特色的工作坊。

从国外的经验来看，学校提供条件（经费、场所、设备等），教师个人或群体自主选择学习内容和方式，更能体现大学教师发展的自主性、自觉性，效果较佳。问题在于要有发展的动力。

五、动力

大学教师发展方式及其活动的有效性，取决于教师发展的动力——外部动力与内部（自我）动力。

（一）外部动力

物质与非物质的奖与罚；行政上所制定的业绩考核与评估，职称（学衔）的晋升，工资及其他待遇的提高，优秀教师的评奖；社会声誉的提高……

外部动力既起推动作用，往往也起导向作用。外部动力的有效性取决于导向的正确性，必须慎重运用，要发挥其积极作用而避免其消极影响。如：

（1）重科研轻教学的业绩考核；

（2）只对少数教师起作用而与一般教师无关的奖励；

（3）引发内部矛盾的排名；

（4）过于烦琐的量化考评，等等。

（二）内部动力

（1）自我价值追求——马斯洛"需求层次理论"的最高层次。

（2）发展性的自我评估——不是与他人作比较的横向评比，而是对自身成长进步的自我反省。

（3）进入"敬业""乐业"的境界。

大学教师发展的内部动力，来自自我价值的追求，在自主性、自觉性与持续性上，无疑优于外部动力。因此，应当避免用简单的外部压力，甚至用行政手段作为主要动力，要通过激发教师的内在自我价值追求来调动教师发展的积极性。

但是，大学教师生活于现实的社会中，外部动力是现实的激励机制。

应当协调外部动力与内部动力，通过恰当的外部激励机制，激发教师追求自我发展的内在热情与需要，逐渐将外部动力转化为内部动力，"不待扬鞭自奋蹄"。

这是大学校长的艺术，也是大学教师发展研究中有待深入研究的问题。

教师发展与教师教育①
——访潘懋元先生

习近平总书记说:"一个人遇到好老师是人生的幸运,一个学校拥有好老师是学校的光荣,一个民族源源不断涌现出一批又一批好老师则是民族的希望。"② 实现中国梦需要优质的教育,而优质的教育有赖于一支高素质的教师队伍,成为一名卓越教师更是众多教师的职业理想和目标。新时代教师应该具备哪些素养?如何才能培养出卓越教师?我们有幸访问到全国模范教师潘懋元老师,老师曾深情地说:"我一生最为欣慰的事,是我的名字排在教师的行列里。"根据多年从教经验,潘老师阐述了教师职业发展的动力、教师素养以及我国教师教育过程中存在的问题,并提出采用开放式模式培养教师。

一、教师职业的动力

访谈者:潘老师,我们都知道您担任过小学老师、中学老师、大学老师,对教育事业充满了热爱之情,是当之无愧的卓越教师。在您多年的从教生活中一定有许多深刻的体会,您认为做教师辛苦吗?促使教师发展的动力有哪些?

潘老师:我认为做教师虽辛苦但幸福。因为教师面对的是天真活泼的儿

---

① 原载《当代教师教育》,2018年第11卷第1期。作者:潘懋元,夏颖,胡金木。
② 霍小光,张晓松. 习近平在北京市八一学校考察时强调全面贯彻落实党的教育方针努力把我国基础教育越办越好[N]. 中国教育报,2016-09-10(1).

童、渴求知识的少年和热情好辩的青年，和他们在一起能够体会到教师职业带来的幸福感。比如每周六的学术沙龙，大家就一个主题共同讨论、集思广益，既帮助学生解决他们在学习中遇到的困惑，我也跟着他们一起交流情感、更新知识。

促进教师职业发展的动力可分为外部动力和内部动力。外部动力包括物质与非物质的奖与罚，行政上所制定的业绩考核与评估，职称的晋升，工资及其他待遇的提高，优秀教师的评奖，社会声誉的提高，等等。外部动力对教师的发展起推动作用，倘若使用不当也会引起消极影响，例如重科研轻教学的业绩考核，引发内部矛盾的排名，过于烦琐的量化考评，以及只对少数高水平教师起作用而对一般教师来说是无关的评优，等等。

内部动力有三个要点。第一，自我价值的追求，即马斯洛"需求层次理论"的最高层次；第二，发展性的自我评估——不是同他人作比较，而是对自身成长进步的自我反省；第三，进入"敬业、乐业"的境界，也就是教师的职业幸福感。

二、教师的职业素养

访谈者：我们都知道您每周六的学术沙龙活动深受师生的喜爱，此活动享誉厦门、中国乃至世界。作为全中国教师的楷模，您认为想要成为一名卓越教师需要具备哪些素养呢？

潘老师：我认为教师的职业素养包括三部分内容，即学科专业水平、教师职业知识与技能和师德修养。第一，学科专业水平。学科专业水平是指教师的教学和研究要处于学术前沿，要掌握所从事学科的学术新动向。大学教师不但要掌握科学知识，而且应负起创新知识和应用知识解决实际问题的任务。这就要求大学教师除掌握自己所从事的学科专门知识之外，还必须有坚实的基础理论与广阔的跨学科、跨专业知识。另外，应用型院校和高职、高专院校还需要"双师型"教师，他们除了应有一定的学术水平外，还要具备更高的实践知识和能力，需要重视实践知识，发展实践能力。第二，教师职业知识与技能。具有了学科专业水平可以是学者，却未必是教师。教师不只是要学习知识、掌握技术、研究学问，还要把所拥有的知识、技能转化为学生所能掌握的知识、技能。教师的专业性体现在其懂得教育理论、掌握教学技能。现代的教育教学已经是科学性、技术性很强的活动，教师教学已经不能通过浪费大量时间不断"尝试错误"去摸索教育规律与教学原则，需要接受科学知识和教学方法，要培养教师的职业知识与技能。第三，师德修养。学科专业水平和教师职业技能固然必不可少，但是更为重要的是要具有良好的职业道德修养。具体来说有三点。一是服务精神——循循善诱、诲人不倦等；二是自律精神——以身作则、行为世范等；三是创新精神——以自己的创新精神和创造能力来引领大学生成为创新型人才，以大学的文化科学创新引领社会的文化科学发展（第三点主要是针对大学教师）。具备以上三种素养才有可能成为一名卓越教师。

三、教师培养方式改革

访谈者：教师教育是关乎民族兴衰的课题，您认为目前在教师教育方面还存在哪些问题亟须我们去关注？

潘老师：上面谈到教师需要具备的三方面素养——学科专业水平、职业知识与技能和师德修养。以师范院校为例，教师教育在三个素养的培养上还存在以下两方面问题。一方面，重学科专业知识轻教师职业技能。师范院校的各院（系）在进行人才培养的过程中，重视专业知识教学，忽视教师职业知识和技能的培训。虽然也开设职业技能方面的相关课程，例如教育学原理、心理学、学科教学法等。但其地位类似于公共课不受重视，学生一般是为了学分才修这些课程。如果职业知识、技能的培养没有得到足够的重视，将会导致中小学教师、职业学校教师、普通高校教师缺乏科学、专业的训练，走上教学岗位后教学能力有限，从而影响教学质量。另一方面，师德修养缺乏考核标准。师德修养的评价标准是尚未解决的难题。之所以难一是因为道德修养的培养需要长期的教师教育环境的熏陶；二是在现有教师招聘过程中，笔试和试讲都无法考评出一个教师是否具有诲人不倦、以身作则等品德。所以制订出可操作的师德修养评价标准是当前教师教育亟待解决的重要问题。

访谈者：您认为师范院校教师教育应当如何改革才能培养出卓越的教师呢？

潘老师：现行教师教育体制确实需要改革。随着评价和考核手段的多元化，优秀教师的评估标准反而越来越模糊，是需要广博的学科知识还是教育教学的能力和谆谆教诲、循序善诱的师德？师范教育的改革要从制度上着手。

师范生刚进入高校学习，将来未必选择教师作为职业。因为 18 岁刚上大学的青年很难理性地对人生进行规划。师范院校可以采取国际通用的开放式教师教育培养模式。此模式的特点是职前师资培养实行分阶段模式，如"3+1""4+1""4+2"等。为什么要分两段，因为学生 18 岁步入大学，对自己未来的职业生涯还缺乏设计能力，很难下决心一生从事教师职业，学习一段时间之后，到了 20 岁以上，眼界开阔了，对未来的职业生涯比较清楚，再选择是否当教师。即首先进行学科知识的学习与研究，确定要以教师为职业，再集中进行教育理论与能力的专业性培养，学科学习与专业性培养是"继时性"进行的。如英国伦敦大学教育学院"3+1"的研究生教育证书课程（PGCE course），学科课程与教育专业课程先后进行，学生毕业后授予研究生教育证书。由于这种模式一方面能使学生集中学习教育课程；另一方面学历层次较高（英国学制中，本科一般为三年），一年时间集中学习教育学、心理学等课程，其效率远高于分散在三四年间作为公共课的学习，所以很受欢迎。

我国的师范教育也可以采用"3+1"模式，所有学生用三年时间学习专业知识，最后一年再确定是否要从事教师职业。选择做教师的学生学习教育学、心理学等课程，不想做教师的学生继续学习本专业的其他课程和撰写毕业论文。当然，这种模式与国外也是有所区别的，国外大学毕业一年后进入教育学院进行类似研究生的学习才具备做教师的资格。如果我们现在还不能采用国外的这种培养模式，也可以先采取师范专科"2+1"，师范本科"3+1"的模式。学生在大学获取了更多有关专业知识，变得更加成熟和理性时再来选择是从事专业领域的工作还是当教师。以前我们不能施行这样的培育模式，是因为 20 年前教师的社会地位、待遇很低，学生认为做老师会屈才，毕业后不愿意从事教师工作。现在情况发生了变化，中小学、职业学校的教师需求量大增，教师的待遇和社会地位有所提高，教师已经不是没有吸引力的职业了，完全可以让学生自主选择是否要从事教师职业。

"师范"是个古老的名称，是培养学生作为模范，在《奏定学堂章程》《钦定学堂章程》中都有师范院校的重要位置。我们师范院校的办学者和教师们要转变思想，要以办师范教育、当师范教师为荣，而不是老想把"师范"两字拿掉，大量办非师范专业。所以师范院校的优秀传统不能丢，并且要在传统的基础上不断创新，紧跟时代需求，培养出适应新世纪发展的教师。师范教育是一种专业、职业教育，师范院校应该有"双师型"教师，他们一方面具有扎实的理论基础，另一方面具有丰富的教学实践能力和经验。学校要采取保障教师职业发展的措施，为教师提供理论和实践两方面的平台以供其学习和锻炼，提高其专业水平和职业技能。最重要的是教师应有荣誉感和幸福感。

访谈者：谢谢潘老师。感谢您在百忙之中接受我们的采访，您对于教师及其培养的深刻见解来自于您多年的从教经验，让我们感受到了卓越教师的标准简单却又不易达到，最重要的是要有诲人不倦、热爱学生的心。作为教育工作者，我们再次感受到了教育的初衷！

其 他 潘懋元文集
PANMAOYUAN WENJI

在家中

一流大学与排行榜[①]

大学,从它诞生的时候起,就以"研究高深学问"作为自己的使命。从中世纪到近现代,大学的模式已经发生了巨大变化。特别是 20 世纪中期以来,由于经济的发展、社会的进步、文化的提高,发达国家以及许多发展中国家的高等教育虽然已进入大众化阶段,培养应用型、职业型人才的院校已占有相当大比重,但以研究高深学问为宗旨的精英教育机构尤其是研究型大学,仍然十分繁荣。不过,时代不同了,高深学问的内涵和大学的培养目标发生了变化:19 世纪以前,高深学问指的是学术知识与思维方式,大学培养的是具有人文素养的"绅士";20 世纪以来,科学主义取代了人文主义,高深学问主要是指自然科学与社会科学的理论知识,研究型大学主要培养掌握科学理论的自然科学家和人文社会科学家,以及能够综合地运用多种学科知识解决现实问题的高级技术人才和经营管理人才。在研究型大学中,还应有若干所达到世界先进水平的大学,也就是现时所称的世界一流大学。是否拥有这样的大学,不但是一个国家高等教育发展水平的标志,而且是一个国家科技与文化发展水平的标志。这样的大学可以带动一批研究型大学的改革与发展,成为国家实施科教兴国战略的尖兵。

除了"研究高深学问"之外,关于什么是一流大学还有各种说法。最普遍的看法是,位居世界或发达国家大学排行榜前 10 名、20 名或 50 名的就是世界一流大学。根据排行榜的顺序定一流大学,虽然简单易行,但并不科学。

---

① 原载《求是》,2002 年第 5 期。

且不说排行榜版本众多，即使较权威的版本也存在许多问题。例如，排行榜将若干项指标量化后进行评比，但校风、凝聚力、社会声望等这些构成一所著名大学的重要因素很难量化。著名大学必须有自己的办学特色，而排行榜实行世界统一或国家统一的指标体系，这不仅可能将那些富有特色的大学排除在外，而且会诱导不同的大学追求统一的办学模式，带来脱离实际、千校一面的后果；多数排行榜的指标是按绝对量计算的，容易诱导大学在扩大规模上做文章，放松教育质量的提高。著名大学是社会对一所大学的整体评价，而排行榜是将一所大学分解为若干指标，逐项评定，取其总分，据以排名。根据系统工程的原理，局部的优化不等于整体的优化。一所大学作为一个系统，可能由于各子系统的和谐运转而使整个系统处于最佳状态，发挥最大功能；也可能由于各子系统的相互矛盾使整个系统处于不良状态。当然，如果不是对一所大学进行整体评价，只是就某一项目，如生均经费、生均仪器设备、生师比例等教育资源进行比较，排行榜可能有一定价值，但作为对一所院校的整体评价则价值不大。

有些排行榜，注意到上述种种不科学的因素，做了某些修改。例如，《美国新闻与世界报道》的大学排行榜，增加"学术声望"一项，给予25％的权重，并且在数以千计同类院校的校长、院长中进行问卷调查，使无法直接量化的因素通过民意测验获得二次量化的数据。又如，《中国青年》杂志社和中央教科所联合主办的"我心目中10所最好的国内大学"评选，由公众直接投票，以得票多少排行，虽然在调查方法上不够完善，但这种重视社会评价的思路是比较符合客观实际的。因为一所大学的社会地位与学术声望，是在历史与现实中形成的，不是排行榜排出来的。

在有排行榜之前，虽无"一流大学"之谓，但有著名大学之称。著名大学之所以著名，有几条不成文的社会共识：

一是，有卓越的办学理念和办学实践，而且能够一以贯之，形成自己的特色，对社会产生积极的影响。从国际来看，柏林大学以尊重学术自由、研究与教学相统一作为办学的原则，大大地提高了大学的学术声望和教育质量，欧美各国竞相仿效。就国内来说，清华大学的"严谨"、南开大学的"笃实"、浙江大学的"求是"，都使这些学校以其各自的办学特色而闻名。

二是，有社会公认的大师级教师。他们不仅是高深学问的标志，在学术界有崇高的地位，而且对社会发展做出了卓越的贡献，为社会所景仰。如果一所大学名师云集，学术气氛必然浓烈，学风校风必然优良，社会也必然承认其为著名大学。美国加州理工学院是一所学生不足2 000名的小型学院，所以扬名世界，就因为它拥有63名美国国家科学院院士、25名美国国家工程科学院院士（1990年数据），从1923年以来，有21名教师和校友获得诺贝尔奖。

三是，毕业生的整体素质高于一般大学，并且有一批有突出贡献的著名校友。大学的基本职能是培养人才，大学教育质量的高低，最终体现于所培养人才的素质上，社会更是通过一所学校的毕业生来评价其教育水平的。巴黎高等师范学校在20世纪70年代以前，只是一所学生不过几百名的袖珍高校（现时也不过千名左右）。这个学校经过严格考试选拔最优秀的学生，学生结束预备班学习之后，可以自行选择专业、拟订计划，自由地跨学科、跨学校以至跨国家学习与研究，从中产生了一批富有创新精神与能力的精英人才。开创生物学新纪元的微生物学家巴斯德、生命哲学的创立者柏格森、存在主义哲学先锋萨特以及许多著名的哲学家、科学家、政治家，都出自这所学校。

21世纪是知识经济时代，引领时代潮流的大学主要是研究型大学。我国高校在建设世界一流大学的实践中应当立足于社会主义现代化建设的实际，始终遵循教育规律，坚持"研究高深学问"、培养精英人才的办学方向，不必刻意追求诸如办学规模、仪器设备等一些排行榜所罗列的指标。

繁荣大学哲学社会科学[①]

辩证唯物主义的核心是生产力决定生产关系，生产关系反作用于生产力；经济基础决定上层建筑，上层建筑反作用于经济基础。随着社会发展，科学技术成为第一生产力，知识成为最重要的生产要素，生产力与包括哲学、社会科学在内的上层建筑之间已经形成紧密的互动关系。理论落后于实践已经成为我国社会经济发展中亟待解决的重要问题。江泽民主席在考察中国人民大学时，强调要大力促进我国哲学社会科学事业发展繁荣，实际上是提出了我国发展大学哲学社会科学的历史使命。

大学哲学社会科学的发展需要树立两个重要的观念：其一是马克思主义必须发展；其二是哲学、社会科学与自然科学、技术同等重要。发展马克思主义需要繁荣哲学社会科学，而繁荣哲学社会科学需要树立不断发展马克思主义的思想观念，两者是相辅相成的。

我们在如何对待马克思主义的问题上，常常犯教条主义的错误，拘泥于马克思主义的具体观点而故步自封。这恰恰违背了辩证唯物主义的精神实质——辩证发展观。一切事物都处在不断的运动之中、变化之中、发展之中。而发展总是要突破一些重要的具体观念。列宁突破了共产主义运动只能首先在发达的资本主义社会取得成功的观念，缔造了苏联；毛泽东突破城市中心论的观念，开创农村包围城市、武装夺取政权的道路，取得了中国新民主主义革命的胜利；邓小平突破了阶级斗争的观念，将社会主义事业导向了经济

[①] 原载《现代大学教育》，2002年第5期。作者：潘懋元，高新发。

建设，突破社会主义只能搞公有制的观念，开创了改革开放的大好局面，突破了生产力的传统观念，提出了科学技术是第一生产力的新观念，实现了中国社会主义事业由革命向建设的转变，提出了经济建设由粗放型向集约型转变的任务。中国的社会主义事业之所以充满活力，正是由于不断地发展了马克思主义。继续推进社会主义事业同样还必须不断发展马克思主义。

社会上一直存在着重科学技术、轻人文社会科学的观念，以为科学技术才是科学，社会科学就不是科学；以为科学才重要，人文（主要是文学艺术、历史、哲学等）就不那么重要。譬如院士在大学中享有最高的学术地位，自然科学和工程技术有院士，人文社会科学没有院士，人文社会科学的学者就低了一等。这是只有中国才有的现象。德与能的平衡发展，人文社会科学与自然科学、技术的平衡发展，精神文明与物质文明的平衡发展，无论对个人、对国家、对整个人类社会都是至关重要的。奥尔特加·加塞特深刻地指出，欧洲的动荡正是欧洲人没有文化修养的恶果。他认为欧洲人比以前更有科学知识，但更没有文化修养，对我们这个时代有关世界和人类的基本思想体系一无所知。[①] 科技发达的欧洲未能实现人文社会科学的平衡发展，导致了严重的信仰危机和道德危机。个人迷失了生活的方向，社会也迷失了发展的方向。他山之石可以攻玉，我国现代社会的健康发展，也需要努力实现人文社会科学与自然科学共同繁荣。江泽民提出哲学社会科学与自然科学同样重要，要高度重视哲学社会科学在治党治国和建设中国特色社会主义事业中的巨大作用。这才是真正科学的思想，是重大的思想突破。

如何才能繁荣大学的哲学社会科学呢？

其一要营造良好的学术环境。尊重和信任学者，鼓励学术争鸣，转变急功近利的学术氛围。

哲学社会科学与自然科学一样肩负着探索、揭示真理的使命，需要超越人类已有的认识，在未知领域进行认知探索。"文化大革命"期间对哲学社会科学研究的禁锢，对哲学社会科学学者的迫害，破坏了学者与社会之间必不

---

① 加塞特. 大学的使命［M］. 徐小洲，陈军，译. 杭州：浙江教育出版社，2001：56 - 57.

可少的信任。这种相互间的不信任，集中体现为学术自由得不到保障。如果学者不敢大胆争鸣，不敢向已有的观念提出挑战，只能对现成理论，做一些论证、注解的工作，那么，要改变哲学社会科学的贫乏状态、改变理论滞后于实践的落后状况是不可能的。

科学主义的管理在学术管理中的推行，强化了对学术活动的外部控制，其中渗透着管理系统对学术人员的敬业精神和诚实品格的不信任。每年一考核，甚至半年一考核、一季度一考核，迫使整个学术界急功近利，学术风气趋于浮躁。浮躁的学术界是无法胜任对全局性、战略性、前瞻性的重大课题做出科学的理论回答这一重任的。

在政治上和管理上尊重和信任学者是繁荣哲学社会科学的重要前提。

其二要加强学风建设，形成实事求是、敢于创新、严谨治学、博采众长的良好学风。

实事求是就要坚持实践是检验真理的唯一标准。只有致力于解决社会现实问题，与社会主义现代化建设的实践保持密切的联系，哲学社会科学研究才能揭示真理，回答社会主义现代化建设提出的重大问题，才能使理论的发展具有深厚的社会基础，保持学术活力。实事求是就要敢于创新。社会在不断发展，认识能力也在不断提高，这都决定了实事求是地探索真理，必然要不断地扬弃和创新，超越已有的理论范式，形成新的理论体系。实事求是就要严谨治学，在实事中求真知。从概念出发、从教条出发、从假象出发，是不可能发现真理的。关注实际、深入实际、准确客观地反映实际，是追求真理唯一可靠的基础。

一切伟大进步，都是在前人成就的基础上取得的。哲学社会科学尤其是如此。马克思主义就是在吸取了费尔巴哈机械唯物主义、黑格尔唯心主义辩证法的精华的基础上取得的。我国哲学社会科学的发展也需要正确对待古代文化遗产和现代西方哲学社会科学流派，以开放的心态，吸收一切先进的思想，博采众长，熔炼成一家之说。

其三要加强重点学科建设，改进哲学社会科学教育。

繁荣哲学社会科学需要一批大师级的学者，也需要一大批具有较高的哲学和社会科学修养的政治家、科学家、工程技术人员和管理人员。许多伟大的哲学社会科学家常常是来自自然科学、工程技术专业。因此，大学既要培养优秀的哲学社会科学方面的专业人才，又要培养所有大学生的哲学社会科学素质。重点学科能很好地将教学与研究结合起来，既出成果，又出人才，还能辐射全校的素质教育。繁荣哲学社会科学需要增加经费、引进人才、加强对外学术交流，建设一批重点学科点，将相关专业的人才聚集在一起，形成攻关能力。如果有良好的学风，人才聚集的重点学科点就能为孕育既是"经师"，又是"人师"的大师级学者奠定组织基础，就能成为不同思想流派交流、争论的基地。世界上许多哲学社会科学的重要流派就是在大学中形成的，如经济学的芝加哥学派等。哲学社会科学领域没有流派之争，就很难有真正深刻的思想和伟大的智慧。要提高全体大学生的哲学社会科学素质，还要完善素质教育体系，发挥重点学科点的教学功能。学术会议、学术讲座、小型专题选修课都可以成为素质教育的有效途径。

一流大学不能跟着"排名榜"转[①]

去年,《求是》杂志开辟建设一流大学的论坛,邀我写一篇文章,我考虑,要建一流大学,首先要知道什么叫一流大学。对一流大学不知道如何界定,就更不知道如何来引导一流大学了。我问人家,什么是一流大学?许多人说:"排名榜排在最前面的就是一流大学嘛。"我仔细分析了排名榜,并以此为题,写了一篇两三千字文章,主题是:一流大学不是排名榜排出来的。

为什么这么说?我要问,没有排名榜之前世界有没有一流大学?(当时不叫一流大学,而称著名大学)不仅世界有著名大学,中国也有著名大学。清华、北大、圣约翰、燕京……谁是第一流,大家心中都有数。

当然我不是说排名榜绝对不能反映出一些高质量的、可称为一流的东西。但是,排名榜的确产生了一些副作用和误导。排名榜一般是按一定标准排名的。既然排名就必须要量化,既然量化就必须找定量化的指标,把一些很难量化的东西勉强找出指标来,能真正反映事物的实质么?

清华、北大拿到世界,甚至只拿到亚洲去排,总排得很后,因为我们有些硬指标没法跟他们比,投入少,钱少,而在排名榜上面"钱"是很重要的。还有,现在许多排名榜主要是计算有多少文章上到 SCI、EI……我不怀疑编选者的严格与公正,但也难免有主观上的偏爱与"近水楼台先得月"的问题,机会并不是均等的。中国人写的文章,尤其是社会科学方面的文章能上得去吗?

[①] 本文是潘懋元在清华大学召开的"一流大学建设理论与实践学术研讨会"上的发言大要,由《中国教育报》记者左春明写成访谈录,在该报 2003 年 4 月 18 日"高等教育版"发表,并经其本人修改。

排名还有一些误导性指标：比谁多谁大。多，就排在前面，你只有50个博士点，再和另外一所也有50个博士点的大学"合"在一起，有了100个博士点，你就排到前面去了。

要排名，许多东西必须要分解：经费情况、科研情况、教学情况、教师情况，分解开来后，逐个给数据，然后合在一起，计算它的总分，按照分数高低排名。根据系统工程的原则，局部优化不等于整体优化，是不是优化还要配搭合适，配搭不合适则很难说它优化。比如一个班子，所有的人都是强人的话，这个班子不一定是优化的班子。世界上所有著名大学也不是方方面面都著名，但是它整体上是著名的。

还有一个问题，著名大学之所以著名，是由于它有为人称道的特色，而排名的指标是共同的、统一的、规范的。这些指标作为一所大学是否合格的标准，有一定的意义。如果一流大学也围绕这些指标团团转，将会导致以丧失特色为代价，导致一流大学与非一流大学只有量的增减而无质的超越。

中国高等教育当前是朝两个方向发展：一是要建设一些高水平的、一流的大学，往高处发展。另外是要大众化，使更多青年有机会接受高等教育。这是两个大的发展方向。研究高等教育就要研究这两个大方向。

一流大学的特征，我个人认为：

第一，一流大学要有自己的理念，这个理念应是在发展过程中证明行之有效的，有利于高等教育的发展提高的。如果学校没有自己的理念，只看统一的、规范的排名榜，然后跟着排名榜的指挥棒转，为建立一流大学而建立一流大学，那你永远建不成一流大学。

第二，一流大学要有名师。一流大学除了师资的总体水平高，还要有大师，有名师。美国加州理工学院是只有2 000多学生的学校。有一次美新社把排名榜的指标稍微改变一下，它就由"无闻"到"冒尖"了。排名榜改变了什么呢？是把100分里拿25%出来，不按以往"死"数字排。这25%是请了3 000位教育界人士——校长、教务长等等来评价，来打"勾勾"，结果是它占了差不多25%的票数。否则它连最后都排不上去。这所学校，2 000多学生，1 000多教师和科研人员，有300位教授，300位教授里面有一半是美国科学院院士、工程院院士和国家文理学院院士。这所学校的确在人们心目中是高水平的学校。

第三，一流大学要培养出优秀的学生，并为社会所承认。学生中要出对社会有很大贡献的知名人士。我们知道，法国有个巴黎高师。这所学校过去不过 1 000 个学生，1986 年和女子高师合并后有 2 000 人左右。规模不大，但它在法国是顶尖学校，因为它出了许多名家：哲学家，生物学家，还有总统。有个总统是大家都知道的著名的文化总统蓬皮杜。我研究这个学校为什么能出这么多著名校友？因为学校有它自己的办学理念，并且求精不求多，对学生既严格训练，又要让其个性自由发挥。法国所有这些专科学校的考试都很难，进去后经过一段时间的严格训练，训练后，到预定阶段它就完全开放了：你要在本校学习也可以，跨校学习也可以，跨地学习也可以，跨国家学习也可以，各自定各自的学习计划，所以会培养出这么多的人才。

我一直在想，建世界一流大学，我们追求什么？与其去考虑这个排名、那个排名，不如对那些世界著名的大学集中进行研究、分析，分析人家著名之所在，研究它们如何从不著名到著名。尤其是对一些新出名的大学，研究它们如何从不著名到著名，或者说如何从不是一流到一流，这样可能比较实在。当然别人的东西也只能够作为参考，不能照搬。

金融危机应引起对人文素质教育的反思[①]

从教育与社会的关系来看，金融危机必然对高等教育产生影响。实际上，世界金融危机对高等教育已经和即将出现的影响是全面性的。

这里包括三个层次：浅层次影响、次层次影响和深层次影响，其中有的在我国还不太明显，有的已经凸显出来。

浅层次影响中，第一项是高校经费。这在西方国家已造成很大影响，尤其是美国，仅一个加州大学总校，今年的公共事业经费就少了几亿元。个别学校在银行的存款也受到很大损失，比方说冰岛银行关门后，牛津大学的存款损失了 3 000 万英镑，剑桥大学损失 1 300 万英镑，等等。另外，外国很多高等学校都是用基金来举办的，基金缩水使高校遭受损失。银行贷款也成了大问题，利息提高、贷款困难，导致有的学校现在一年要多付 100 万美元的利息。再加上捐资办学的人急剧减少，投资办学的企业也有所减少，这些都对世界的高等教育产生了很大冲击。

第二项是高校的毕业生就业问题，这对中国高等教育影响要更大一些。因为近年来大学毕业生数量扩张较快，就业压力增大，现在又遇到金融危机，许多中小企业所受影响较为明显。大学生就业已经成为大家关注的热点，相信在政府和社会多方面的努力下，能够有所缓解。

浅层次影响中，第一项是学校招生。现在对西方国家影响已经比较大，

---

① 原载《中国教育报》，2009 年 4 月 6 日。根据作者在"海峡两岸高校人文素质通识教育"论坛的报告录音整理。

一位在美国大学访学的老师告诉我，他所在大学最近已感觉到有的系招不到学生，需要进行调整。前几天有媒体报道，中国香港有的大学也反映今年商科学院报名的人很少。但这个问题对中国来说暂时影响不大，因为中国的生源很充足，高中毕业生现在只有60%~70%可以上大学。当然，由于经济困难，有可能招生数会减少，市场经济不好的时候，有的学生找不到工作或者下岗了，又会回到大学念书，大学生数量反而增加，这就是大学与市场经济之间的错位发展。另外，金融危机还导致西方高等教育的师资产生了问题，有的学校要裁教师，有的学校要减工资，对中国来说，这却是一个调整和充实师资的机会。

除了上述这些影响外，更深层次的影响将发生在专业结构、课程教学、素质教育等方面。如专业结构中，第三产业的某些专业可能要减少。现在许多学校不管有没有条件，都热衷于搞金融、外贸、外语、法律等热门专业，在金融危机的影响下，热门可能会变冷门，专业结构可能要发生变化。另外，课程内容、教学方面可能也要发生各种变化。最后，我认为更深层次的影响是素质教育，应引起人们对人文素质教育的反思。

金融危机，归根结底是人的错误造成的：错误的经济理论与政策，以及一连串不道德的经济行为。高等教育对待那些错误理论应该怎么办呢？就是要修改课程。比如说，我们认为金融危机的罪魁祸首是新自由主义理论与错误的经济金融政策，那我们的教科书里就不能继续鼓吹这些错误的东西。对于一连串不道德的行为，我们则要检讨所培养的高级专门人才在素质教育方面的缺失。我们培养人才的时候，没有培养人文精神和职业道德，所以我们要加强人文素质教育、职业道德教育。

因此，对整个高等教育来说，金融危机的挑战与机遇并存。我们应借此机会进行深刻的反思，也许对加强人文素质教育、职业道德教育来说，反而是个机遇。有破坏才有创新，坏事也会变成好事。翻开历史，可以看到几次类似的机遇。

20世纪30年代的世界经济大萧条，促使某些西方大学设置了通识教育课程；第二次世界大战之后，哈佛大学发表《自由社会中的通识教育》，杜鲁门总统高等教育委员会发表了《为了民主的高等教育》，促使通识教育在全世界广泛流行；20世纪70年代，针对严重的环境污染、生态破坏，在提出可持续发展理念的同时，西方有识之士呼吁要使科学教育人文化或人文教育与科学教育相结合。由此可见，21世纪对世界金融危机的深刻反思，将是促使高等教育更加重视通识教育、人文素质教育的契机。

现在中国处于经济转型期间，传统的道德体系解体，但是市场经济的道德信念尚未树立，而其负面影响则已泛滥，如唯利是图、自私自利、极端个人主义等。因此应该承认，这些年来，中国高等学校对思想道德教育方面重视不够。金融危机也将促使中国高等教育，尤其是一向对人文素质、职业道德教育重视不够的高等职业技术教育反思如何加强对大学生的人文素质、职业道德教育。

事实上，金融危机对高等教育影响的全面性，同样存在于高等职业技术教育中。但在应对金融危机上，高等职业教育有其特殊性。高职教育所培养的是生产、建设、管理、服务第一线的人才，贴近社会实际，对人才市场的适应性较强。与此同时，国家采取向内地、农村和中小企业增加投资，扩大内需、拉动经济的政策，有利于职业技术人才的流动。由于产业结构为应对金融危机而加快优化、升级，必将促使高等职业技术教育调整专业结构、更新课程内容，重视实用性课程开发，培养适应就业市场的第一线人才。另外，国内外具有丰富实践经验的海归人才陡增，有利于高职院校调整、充实所紧缺的"双师型"教师队伍。尤为重要的是，金融危机也将促使高等职业技术学校，重视并加强人文素质、职业道德教育。

综上所述，必须以对金融危机深层次的反思为契机，将加强人文素质教育、职业道德教育作为中国高等教育的当务之急。对于高等职业技术院校来说，应根据培养目标，以职业人文素质教育为核心，除一般人文素质要求外，着重加强职业精神、职业道德和综合素质的教育，将人文素质教育、职业道德教育渗透于专业课程教学和技能实训中，使学生在环境熏陶中自然形成良好的人文素质，在耳濡目染中形成良好的职业道德。

特色是高校形象的重要标志[①]

现在我们很多大学都想办成一流大学,什么叫一流大学?是不是只有清华、北大这样的大学才叫一流大学?不,什么学校都可以成为一流大学。现在国家已经注意到这个问题,在普通高校中实施了"211工程""985工程",又在高职中推行100所示范性高校。这里的关键是高校是否有自己的特色。

时任国务院总理朱镕基到吉首大学时说了一句话:"吉首大学是湖南的骄傲。"这是为什么?因为吉首大学是一个非常有特色的大学。尽管它在湖南无法和中南大学比,更无法和湖南大学比。但它有两大特色是全国别的高校不可取代的。第一个特色是湘西的少数民族,湘西少数民族的语言、文字、体育、音乐、艺术等,不只在中国有影响,世界上要研究少数民族问题,也要到这里来。第二个特色是湘西的动植物,有许多是别的地方没有的,因此吉首大学的生命科学院是很有特色的,它的特色就是研究这些动植物,为湘西经济发展服务。例如,研制的新品种猕猴桃,产值近1亿元,解决10万果农致富问题。这两个特点,决定吉首大学的定位,立足湘西,为湘西老百姓服务,为湘西脱贫致富做贡献。他们这样做了,因此成了湖南的骄傲,成了有一定名气的大学。

我们为了高等教育事业,必须树立高校形象,也就是说学校一个很重要的事情要学会宣传自己。大学形象的树立要同大学理念、精神,培养人才质量,科学研究水平,校园文化建立,学生的就业,尤其是毕业生的文化品位

[①] 原载《中国信息报》,2007年4月11日。

等结合起来,这是最核心的方面。英国写大学形象一书的作者马布朗说:"只是投入大量金钱,用于提高声誉,塑造品牌,而没有实际的优势,不能名副其实,这样的品牌宣传,从长远来看,是无效的,也会引起怀疑和降低群众的信心。"因此,塑造高校形象,一定要根据自己的实力,自己的特色,要表里一致,要诚信。鲜明特色应该成为大学形象的重要标志。

打好舆论引导主动仗[①]

一份有影响力的刊物,既要有深厚文化积淀,又要与时俱进,重构发展。

《中国高等教育》创办至今,已近半个世纪。作为教育部主管期刊,在宣传党的教育方针政策、解读主管部门的文件条例、总结高校办学经验、评介政策实施中的成效与问题以及建言献策上,做出了重要贡献。不仅如此,它还具有不同于一般机关刊物的特色,介入高等教育专业理论研究领域,以短小精悍的短文,发表对理论前沿有所探讨、学术上有所创新的"微言"。因而在近半个世纪,尤其是21世纪以来的发展历程中,形成了自己独特的办刊风格,在高教领域中发挥思想引领、舆论推动、精神支撑的作用,备受高校管理层和高教研究者欢迎,对高校教师以及关心高等教育的社会人士也有广泛的影响。

但是,《中国高等教育》编辑部不满足于已经取得的成就,正在酝酿改革创新的改版计划。

据了解,改版的主题是"重构舆论场,打好主动仗";改版的计划可概括为两个多样化:其一是栏目设置和内容多样化。拟设置的栏目,既有高端的卷首、话题、对话等栏目;又有群众关心的前沿探索、热点研讨、高校地标等栏目;既有重大事项的独家发布,又有接地气的高教纵横,以及国外高教发展趋势和域外人士对中国高教改革的见解。繁花似锦,可以各取所需。其二是媒体发布多样化。充分利用现代媒体发布新信息、新知识。刊物、网站、

[①] 原载《中国高等教育》,2015年第1期。

微博、微信四大平台，同时并进，各自发挥其优势，在传播信息、知识上，既宽又快，还可以为编者、作者、读者开辟互动沟通的渠道。

面对两个多样化，要打好这场主动仗，并不容易。除了内容庞杂、头绪纷纭、需要周密计划之外，还要正确处理某些可能出现的矛盾。例如，作为机关刊物，宣传政策，解读文件，是其本职工作；但作为一份有影响力的刊物，不应只限于政策文件公布之后的宣传、解读，还应走在政策制定之前，起智库的作用，为政策的制定提供理论的依据、群众的要求、实践的趋势、可能的问题。即使在政策公布之后，也应及时反映专家的评论、群众的反应。既要报喜，也应报忧。同时，作为一份专业性刊物，还应在本专业领域的学术研究上有所作为。因为不是专门性的学术性刊物，不可能也不必要发表用大量数据堆砌起来或旁征博引、长篇累牍的宏文，但应有真知灼见、发人深思的短文，以微言晓喻其义。

期望《中国高等教育》改版之后，在思想性、学术性、政策性、前沿性的"四性"定位上做出新的贡献！

对高等教育若干问题的思考[①]
——潘懋元先生访谈

李辉（以下简称李）：先生，您好。非常感谢您接受此次专访，并给予我们这次珍贵的学习机会。您早在1956年就提出必须建立"高等专业教育学"，但由于一系列政治运动导致这一主张搁浅。20年后您再次倡议，最终高等教育学于1984年被国务院学位委员会正式列为独立的二级学科。请问是什么缘由让您提出创建高等教育学科？又是什么原因让您坚持创立高等教育学科？

潘懋元（以下简称潘）：我觉得一个人做某种事情，成功往往就到此为止，失败则会使人继续奋斗。但要敢于失败，失败才能成为成功之母。20岁以前，我的主要兴趣是文学。我写过小说，写过文艺理论，我的笔名现在还在《中国现代文学作者笔名录》[②]里。20岁之后，我感到从事文学非我所长，因为从事文学需要多些感性，少些理性；文学不是说道理的，不是逻辑思维的。所以20岁之后，我有自知之明，不搞文学了，专门从事运用逻辑思维的学习与研究，因为我学的是教育，就搞教育理论。我35岁之前学的是普通教育理论，研究的是普通中小学的教育。由于我以前有一定的古文阅读能力，所以着重中国教育史的教学和研究。35岁以后，由于既在大学教书，又在大学兼任行政工作，结合我的教育理论基础，就转为研究高等教育问题，以后就一直从事高等教育研究。这个过程中，都有失败的驱动力。

[①] 原载《西北工业大学学报（社会科学版）》，2018年第2期。
[②] 徐迺翔，钦鸿. 中国现代文学作者笔名录[M]. 长沙：湖南文艺出版社，1988：691. 录入潘懋元青年时期所用的6个笔名及其代表作。

我15岁初中毕业后开始当小学教师,但在课堂上我管不了小孩子。那个时候小学生的年纪有大有小,不像现在小学生的年纪都一样,所以我教小学失败了。失败促使我不继续读普通高中而读师范学校,学习如何当小学教师。20世纪30年代末期,我当了两年小学教师。1941年,我考进厦门大学教育系,一方面念教育课程,一方面在中学兼课。学的、教的都是相当于师范学院的普通教育理论和教学方法。中华人民共和国成立后,学习苏联的教学计划。综合大学的本科生,有一部分要培养成为高等学校的助教;南下干部,转入高等学校当领导干部的,也要按毛主席当年提出的要求,"变外行为内行",要我讲讲大学如何管理。我按照普通教育学的理论和教学方法,讲的是如何办中小学,如何教中小学生。大学生不满意,大学干部也不满意,我又失败了。这次失败促使我研究高等教育,并与教育学教研室的几位教师合作开设一门高等学校教育学,既讲普通的教育原理,也着重讲高等教育理论知识。同时编写了一本讲义,请有实践经验的教务处干部提意见。由于当时我已经是厦门大学(以下简称厦大)教务处处长,教育部正要各个大学把有特色的新编讲义拿到全国交流,我就把这本讲义报上去。经教育部同意,这本讲义作为全国交流讲义,主要发到全国的师范院校和综合大学,就这样搞起来的。现在许多当时的综合大学和师范院校的图书馆还有这本藏书,据我所知,陕西师范大学图书馆就有这本讲义。总之,我认为要敢于面对失败,找到失败的原因,找到如何解决这个问题的方法,失败才能成为成功之母。

到了20世纪的70年代末、80年代初,科学的春天到来了。科学的春天也就是高等教育的春天,因为高等教育是研究和发展科学的。"文化大革命"后,在拨乱反正中,大家痛定思痛,反思经济处于崩溃边缘的原因是违反经济规律。经济要发展就要按照经济规律办事,要逐步开放商品经济、市场经济。教育是重灾区,同样是违反了教育规律办事,不管是大学校长还是教育部门都在思考如何按照教育规律办教育。那么教育规律是什么?

这就促使我不得不考虑教育的基本规律到底是什么。当时的中华人民共和国第一机械工业部(以下简称一机部)在湖南大学办了一个培训班,是一机部所属的高校校长和教务处处长的培训班,邀请我去做报告。在这个培训班,我讲的是教育的规律以及教育规律在高等教育上的应用。经过长期的实践经验和教育历史总结，通过理论思考，我提了两条基本规律：第一，外部关系规律。指教育跟社会之间的关系，教育必须跟社会的政治、经济、文化相互适应。因为教育的发展要受社会的政治、经济、文化的制约，同时教育对社会的作用就是推动政治、经济、文化的发展。第二，内部关系规律。指教育内部诸多因素的关系。当时首先提出来的是德、智、体、美诸育应该相互适应，相互协调，不能只强调其一；其后再继续研究，还有一个更重要的维度是：教育的要求必须与学生的身心发展相适应。大学生跟中小学生不同，中小学生是要有监护人的，大学生没有监护人，能独立发展。世界上能够承担法律责任的大都规定为18岁以上的青年，大学生大体上也都是18岁以上的青年，所以教育必须要适应这个年龄段，同时要促进这个年龄段的学生的成长。比如，你对小学生说：应该怎样做、不应该怎样做，这样是好的、那样是不好的，小学生听了就接受了，他们觉得老师说的就是对的。但如果对18岁以上大学生讲述同样的内容，老师说了之后，他会思考一下，他不一定同意老师说的。因为他已经具备独立思考的能力，所以大学老师需要讲明道理，让学生认可。所以我讲了这两条规律。过去没有知识产权，他们把录音整理之后就传播出去了，实际效果很好，因为许多大学校长都觉得这些知识很有用。当时在许多大学校长的推动之下，高等教育学这个学科很快建立起来，而且发展得很快。1981年，我开始招硕士生，1984年我们申请到第一个高等教育学硕士点。1986年，我们申请到第一个高等教育学博士点。

李：创新创业是高校系统化人才培养体系的重要组成部分，也是服务国家发展的重要战略，您认为高校的教育教学改革应如何支持创新创业人才培养？

潘：创新创业作为一种战略，既包括学校，也面向所有的企业。企业也需要创新，如果做得不好，创新创业就变成一个空洞的口号。我认为，创新和创业是有区别的，学校可以进行创新教育，也可以进行创业教育，但是学校没有办法承担完整的创业教育。创业必须是学生在自己的摸爬滚打之中才能完成。创新可以获得知识、理念等，创业也可以获得，但创业教育只能够在实践之中完成。很多时候创新创业变成口号，大家都说创新创业，但真正的创新创业教育离不开实践。例如，泉州理工大学这样一所民办学校，最大的特点就是创新，学校的整个环境都充满着创新的氛围。水龙头下一伸手，自来水就会出来；教室不用空调，就可以冬天暖和、夏天凉快；树种在楼上；汽车开到屋顶上；学生粪便变成了沼气；还有一个大的创新是把污水变成了饮用水。可见，学校到处都是创新，很自然的这里的学生一天到晚都在思考着创新。有些学校把创新创业的口号叫得很响，但是没有创新，没有实践，只是作为口号在喊。如果学校都没有创新，怎么培养出具有创新创业能力的学生？所以创新创业是行动出来的，是在实践中完成的。

李：在建设高等教育强国的过程中，您觉得我们在观点上应有哪些更新？

潘：我认为，建设高等教育强国，既要有水平，又要有我们的特色。在国际高等教育界，应该有我们的发言权，有我们的声音。我们要向西方借鉴学习他们的成功经验，同时，又要有我们自己的特色。

在建设高等教育强国的过程中，我们应有国际的共同认识，才能具有共通的发言权。2017年11月，我们厦门大学教育研究院召开了一次"2030理念和行动"的会议。包括联合国教科文组织的干事，共有八个国家的专家参加。因为"2030"是联合国教科文组织在"仁川宣言"中定下来的。"仁川宣言"为"2030"定下四个理念，也就是达到2030年的愿景。第一个是"全纳"，第二个是"公平"，第三个是"有质量"，第四个是"终身学习"。我们的行动要能够与之匹配。开始的时候，"全纳"的理念针对的是有残疾的儿童，要包容他们，让他们有机会上学。现在"全纳"理念的含义已扩大丰富，包括无论你是什么民族、什么宗教，都应能够平等地接受教育。在建设高等教育强国的过程中，就应当自省我们的行动是否做到了？第二个理念是"公平"，这是我们近些年来十分重视的，因为教育公平是社会公平的基础。但我们现在还有不公平之处，西部的发展不如东部，许多高校还常常去西部挖人才，这就不公平了。第三个理念是"有质量"，高等教育发展一定要注重质量的建设，我们提出了内涵式发展，就是为了提高教育教学质量。还有一个理念是"终身学习"，我去年与李国强副教授合编出版一本小册子专门讲终身学习。目前我们在终身学习这方面的观念还不够强，虽然把终身学习写进了《国家中长期教育改革和发展规划纲要（2010—2020年）》，但只是把它作为成人教育、继续教育，而不是终身学习。终身学习的对象应包括所有人，我们在这方面还没有很好的运用。我认为，建设高等教育强国必须从落实这四个理念做起。

李：教师能力的持续提升是高校事业发展的重要保障。您觉得高校教师和管理干部应如何理解教师发展，您认为应如何建设好教师发展中心？

潘：教师发展必须要有动力。教师发展以前被称为教师培训，教师培训和教师发展是有联系但不同。在教师培训的过程中，教师处于被动的位置。我们现在强调教师的主体性地位，因此20世纪末提出了教师发展的新理念。教师发展是教师主动要求自我发展。促进教师自我发展的动力可分为外部动力和内部动力。外部动力包括物质与非物质的奖与罚、行政上所制定的业绩考核与评估、职称的晋升、工资及其他待遇的提高，以及优秀教师的评奖、社会声誉的提高，等等。外部动力对教师的发展起到推动作用。但倘若使用不当也会引起消极影响，例如重科研轻教学的业绩考核、引发内部矛盾的排名、过于烦琐的量化考评、只对少数高水平教师起作用而对一般教师来说是无关的评优，等等。内部动力有三个要点：第一，自我价值的追求，即马斯洛"需求层次理论"的最高层次；第二，发展性的自我评价，即，不是同他人比较，而是对自身成长进步的自我反省；第三，进入"敬业、乐业"的境界，也就是教师的职业幸福感。

2012年，教育部提出要在厦门大学、西安交通大学、北京理工大学等32所高等学校设立国家级教师教学发展示范中心，此外，很多地方性大学也成立了教师发展中心。现在全国很多学校都有教师发展中心，有做得很好的，也有很多只是走过场，没有做好。教师发展中心没有做好有种种原因，例如，学校不重视，老师不理解，还有一个普遍存在的问题，就是只在校一级层面展开活动。我们知道，教师的活动一般不是在校级开展的，而是在二级学院、学系、专业等层面活动。但目前大部分教师发展中心主要在全校这个层面开展活动，例如：开展全校性的教学研讨，组织一些优秀教师进行公开课展示，等等。这些活动都很好，但没有深入下去。后来我们发现，教师发展中心的活动如果悬在半空中，没有深入下去，就很难真正办好。从组织结构的角度来看，大学教师发展中心，如果只在全校层面的平台上开展活动，而教师的活动又是在院系以下的基层，教师发展中心缺乏基层组织的支持，难以深入，无法扎根。因此，如何建设基层组织，是大学教师发展取得成效的保障。

大学以前有教研室，现在基本没有了。中华人民共和国成立初期，学习苏联，将教授、讲师、助教等，分别组织在不同的教研室或教研组中，对教师发展起到了很大作用。当时中国没有培养博士，只有少量学校招收一点研究生。虽然教师的水平有差别，但一般来说大学老师都是大学生。大学毕业后，当大学老师，当助教。助教由教研室培养，教授亲自带助教。助教不能上课，但可以参加教研室的活动，助教在走上讲台前，需要在教研室试讲，试讲通过后，才可以为学生授课。现在大学重视科研而轻视教学，大多不再设立教研室，或者把教研室改为课题组、研究中心、研究所，或者成为基层行政机构。但在中小学校，还有学科教研组和年段教研组之设，起互帮互学的作用。

李：您之前在文章中提到，教师发展中心要重视微观教学研究。您能否针对如何利用教师发展中心的平台开展微观教学研究提出一些建议？

潘：宏观是政策制度方面的研究，微观是教学方面的研究。宏观研究指明方向，微观研究如果缺乏宏观的指导，方向不明；但宏观通过微观落实，不然只是空话。教育管理部门所关心的主要是宏观的政策制度，这可以通过文件下达而实现，但是真正提高教育质量要落实到微观方面，必须由教师具体落实。微观教学研究主要指课程、教材、教学方法及教师发展方面的研究。现在国家提出的高等教育内涵式发展正是要求我们的研究要深入下去，用"小题大做"的方式研究微观问题。现在各个高校可利用成立教师发展中心的机会，对编写教材、开展网络教学、改进产学研三结合教学等方面开展微观研究。

我以前研究高等教育是从微观入手的，研究的是教学方法、课程设置等，但后来我不由自主地从事宏观研究，丢掉了微观的东西。我觉得，现在需要更加注意微观方面的研究，需要各方面有关的专家共同研究微观问题。但我现在已经是心有余而力不足了，所以寄希望于年轻人回到微观去进行研究。

李：您如何看待我国正在统筹推进实施的"双一流"建设？

潘：现在很多人对"双一流"的理解就是"排名榜"，大学排名榜和一级学科排名榜。一流大学和一级学科的排名都是按照精英大学来排的。如果我们都只能按照研究型大学的要求来办大学和设置学科是不能适应社会发展需求的。因为现在经济社会正在转型发展，转型发展需要科学家，也需要更多的高级工程师、高级管理人才、高水平的有创新性创造力的应用型人才，还需要"大国工匠"。我们的高等教育现在已经进入大众化阶段。为什么发达国家高等教育要从精英化阶段进入大众化阶段？因为经济要发展、生产力要发展、生活水平要提高，不应该只是少数人受高等教育，大众化是适应社会发展的需求的。因此，进入大众化阶段和即将进入普及化阶段的"双一流"建设，就不能仅限于排名榜上的几所精英型大学和这些大学中的一级学科。我前段时间在《人民日报》发表的文章，讲的主要是用"双一流"这个精神和模式来对待所有类别的学校，也要给它们各自建设一流的机会，而不是仅仅让研究型大学参与"双一流"建设。"双一流"不仅仅是研究型大学的几十所和几百个学科，而应该是全国2 000多所高等学校，数以万计的学科，大家都应是各自不同的一流，应当有培养科学家的大学，也有培养高级工程师、高级管理人才、高水平有创新性创造力的应用型人才以及职业技能型人才，像"大国工匠"那样人才的高等学校。

在"双一流"的学科建设方面，我还认为不能只搞一级学科的学科建设。一级学科往往是很广泛的，而学科交叉、学科发展、新学科的出现往往在二级学科及以下。培养高水平的人才，从事高水平的科研，既要有深厚的基础、广阔的知识面，更要有专深的知识能力。也就是说，我们培养的人才要在博的基础上有所专，而且要专得很深。这个"专"不可能都在一级学科里面，很多是在二级学科，甚至交叉学科中进行培养的。一级学科有利于培养综合性的管理人才，二级学科更有利于培养科学创新人才。并且，在学科建设方面，我们尤其要重视每所学校特色学科的建设与发展。

总之，"双一流"要统筹推进而不要畸重畸轻。一方面，"双一流"的学科建设既要有所专，又要有特色；另一方面，要把"双一流"的精神和做法铺展到各级各类学校，各个层次的学校都应有它们的一流，这样才能使大家共同努力，合力建设新时代的高等教育强国。

李：您对上述高等教育问题的阐述，相信一定会对相关理论研究和实践应用起到巨大的推动作用。再次感谢您拨冗接受我们的采访，衷心祝愿您身体健康！

百 岁 感 言

  我即将进入百岁高龄，但仍耳聪目明，思维清晰，可以授课、指导研究生、作报告、写文章。许多人问我有什么长寿秘诀。

  说是遗传：我的祖父母在我出生之前，均已辞世；我的父亲虽高寿达八十一岁，但我的母亲五十岁就去世了；我有兄弟姐妹共十人，除大姐、四弟和我高寿外，余均夭折；对我影响最大的二兄潘载和，也只活到二十一岁就染肺病去世。

  说是健康：我一生身体多病。我的最早记忆（约三岁或四岁），就是在病榻上母亲的擦摩；其后的记忆是少年时经常得感冒和胃病，青年期经常患恶性疟疾（打摆子）。一生还生过几场大病：十七岁时患伤寒；五十二岁时患急性黄疸肝炎；六十四岁时胆结石急性发炎，两次手术，切除了胆囊；如今是肝癌经放疗在养病中。疾病的磨难使我后半生腰弯背驼。

  说是运动：身体运动，有利于健康，的确如此。但我只在青年时喜欢翻双杠，其后坚持做掌上压，现在只是每天做十五分钟的简式太极拳而已。

  我的理解：身体的运动很重要，大脑的运动更重要。大脑是全身的"司令部"，指挥全身活动。"心之官则思，思则得之，不思则不得也。"人应当保持大脑有足够的运动量。例证：选择做官员，在位时忙于开会、作报告、处理种种复杂问题，精神焕发，身体健康。退休之后，"门庭冷落车马稀"，很快显得老态龙钟；选择做生意人，在谈生意时，跑市场、陪客户，酒酣茶热，满面红光，生意做完，"人一走，茶就凉"，也容易催人衰老；而从事教学与科研工作的人，可以退而不休，继续从事脑力活动。如果说有什么长寿秘诀的话，这就是我所体会的秘诀——大脑的运动比身体的运动更有利于长寿！因此，身体从职位上退下，但大脑不要"退休"。人要退而不休，发挥余热。西方有一种更有意义的说法："迎接人生的第二个青春！"

潘懋元

2019 年 10 月 28 日于厦门

编　后　记

　　传承是根，创新是魂。

　　编纂整理《潘懋元文集》具有极其重要的理论意义、历史意义和现实意义。在潘先生百岁华诞暨从教 85 周年来临之际，编纂整理《潘懋元文集》（第二版），其意义更为重要。

　　世纪老人潘懋元先生是中国高等教育学科的奠基者和创始人，是学术上的"老人与海"。潘先生人生经历丰富，内蕴深刻，富于传奇。他的学术成果丰硕，富有创见。早年作品涵盖诗歌、散文、杂文和小说等，很有文学功力，如果在这条路上走下去，说不定会成为文学大家。然而，潘先生志向不在于成为文学家，而是矢志从教和教育研究，他甚至说："如果有来生，我还愿意当教师！"他不是一般的教师，而是具有学术创见和学术生命力的教师。作为我国高等教育学的创始人，他创造了一种存在！他的学术生涯开创和见证了我国高等教育研究的发展历程，他的学术成果反映了我国高等教育学科建设和高等教育研究的理论创新。他的学术事业不仅为我国高等教育事业的发展做出了重大贡献，而且对世界高等教育研究做出了创造性贡献。这些贡献体现了中国学者的文化自信、责任担当、精神风貌和卓越成就。

　　编纂整理《潘懋元文集》（以下简称"文集"）是一项宏大的工程，聚集了不少人的智慧和努力。这里有必要简介文集的构想和编辑过程，同时表达最真诚的谢意。

　　首先，需要说明的是，《潘懋元文集》（第二版）是在 2010 年出版的第一版文集的基础上重新整理而成的，主要是加进 2010 年以后的内容，也有少量 2009 年以前的内容。

最初提出编纂文集设想的，是广东高等教育出版社原社长张耀荣先生。2008年5月，厦门大学教育研究院在院庆30周年之际举办"大学教育质量的理论与实践研究"国际学术研讨会，参加会议的张耀荣先生向潘先生提出，希望出版《潘懋元文集》，以及出版厦门大学教育研究院承担的"国家985工程中国特色高等教育体系研究"系列成果。这一想法得到潘先生的同意和厦门大学教育研究院的支持。潘先生便将整理文集的任务交给了我。我想一个重要原因是，在跟随潘先生做博士后期间，我整理过《潘懋元教育口述史》，以及协助潘先生在广东高等教育出版社出版"高等教育大众化研究丛书"（如《现代高等教育思想的演变——从20世纪到21世纪初期》《中国高等教育大众化的理论与政策》《中国高等教育大众化的结构与体系》等），任务完成得还不错。我深感责任重大，使命光荣，欣然受命。很快，我们组织了一支精干的团队：除我之外，还包括韩延明教授（临沂大学，当时是校长）、李均教授（深圳大学）、向春博士（深圳大学）、刘志文教授（华南师范大学）、李枭鹰教授（广西民族大学，现大连理工大学）等。经过两年多认认真真、踏踏实实的埋头苦干，文集终于在2010年庆祝"潘懋元先生九十华诞暨从教七十五周年"研讨会之际首发，受到高度评价。

光阴似箭，一晃又是十年。青山不老，绿水长流，潘先生的学术生命力依旧生机勃勃。潘先生虽已百岁高龄，仍耳聪目明，思维清晰，继续指导研究生、讲课、做报告、写文章，活跃在教学第一线，而且是老当益壮，益见其高远的智慧。

2018年底，广东高等教育出版社领导提出进一步修订出版《潘懋元文集》。广东高等教育出版社副社长钟凌翎女士与我通电话讲到修订文集事宜，我立即打电话向潘先生汇报此事，潘先生欣然同意。而且，潘先生电话中的反应敏锐让人惊叹不已。听我讲了重新修订文集的事宜后，潘先生接口就说："好啊，辛苦你出力、出版社出钱，辛苦啦，谢谢哈！"我一听也笑了，老爷子青松不老，太厉害了！跟着潘先生干活，再辛苦也是幸福的，何况我能借此机会再次认真而系统地品读潘先生的作品，从中受益。

广东高等教育出版社的领导真是能干事的人，其出版眼光和务实精神让人很生敬佩。通过电话不久，钟凌翊副社长从广州来到深圳，与我面谈修订文集的具体设想和准备工作，虽然在电话中我一再说这事我一定会重新干起来，不用亲自过来，电话沟通就好。总编辑黄红丽女士更是积极，她当时正在福州组稿，又电话约请钟凌翊副社长立即奔赴厦门，她们一起登门拜访潘先生，商谈再版文集事宜。其诚可鉴！

不久之后，黄红丽总编辑、钟凌翊副社长和我一起去厦门拜访潘先生，讨论文集修订方案。印象深刻的是，黄总编、钟副社长一行先从广州到深圳，在深圳高铁站与我会合，一起去厦门。我一到深圳高铁站，大吃一惊，这么多人！我原以为只是我和黄总编、钟副社长三人行，结果发现她们几乎整个编辑团队都出动了。有些是我认识的，她们原来就参与过文集（第一版）或"高等教育大众化研究丛书"的编辑工作；也有新面孔，她们都是认真干事的人。

在修订文集的方案中，我们确立了"框架不变，分类整理，依照时序，加进新鲜"的原则，以及"人员到位，统筹兼顾，分工合作，各负其责"的原则。接下来，我们立即全身心投入，认认真真干起来。具体分工情况及体系如下：

肖海涛：卷一·高等教育学讲座

肖海涛：卷二·理论研究（上、下）

李　均：卷三·问题研究（上、下）

肖海涛：卷四·历史与比较研究

刘志文：卷五·序文

朱乐平：卷六·讲课录

向　春：卷七·昔年作品及其他

韩延明：卷八·潘懋元教授纪事年表

肖海涛：卷九·潘懋元教育口述史

这里特别要对编辑工作做些说明。

卷一，在保持原貌的基础上，少量地方由于时代发展加进了注释。卷二、卷三、卷四，包括潘先生有关高等教育理论研究、问题研究、历史研究、比较研究等内容，分别由我和李均教授负责。这部分内容繁多，工作量大，搜集资料，按主题进行分类和进一步再分类，是一件很细致的工作。好在我和李均教授是同事，同事合作的好处是非常便利和默契。在文章分类上，我们根据材料，逐一整理，共同协商，分工合作。在这个过程中，包括在平时的工作中，李均教授都给了我很多帮助。

卷五，由华南师范大学的刘志文教授负责整理。当初人手不够，我打电话给刘教授，请他负责序文卷，他毫不犹豫，满口答应，工作认真，高效负责。而每当我给他打电话道谢时，他总说是应该的。

卷六，是潘先生最新版的讲课内容，由厦门大学的博士生、潘先生的学术助手朱乐平负责。我们都知道，潘先生虽已百岁高龄，但仍活跃在教学第一线，而且一讲课就是整个上午。这卷讲课录就是潘先生给2019级博士生讲授"高等教育学专题研究"课程内容的讲课实录。

卷七，包括潘先生早年的学士学位论文、文学作品、人物回忆、杂文、散论等，由向春博士负责整理。这卷新加进了一些有趣的篇章。韩延明教授在整理纪事年表及诸位院友在查阅资料的过程中，一旦发现潘先生早期的作品，就在院友微信群中发布，我们如获至宝，赶紧收录在文集中。潘先生15岁开始从教，实际上他在15岁之前的中学时代就开始了创作和发表，文集收录的最早作品是从他16岁时开始的。这里也特别要感谢刘海峰教授，他在浩如烟海的厦门大学图书馆馆藏中查到了潘先生1945年的本科毕业论文；还要特别感谢刘志文教授，10年前他带领学生去广东省图书馆查阅潘先生1949年以前的作品，搜集到不少珍贵史料，其中不少作品是潘先生自己并没有保存的。

编 后 记

卷八，包括潘先生各个时期个人生活、学术活动等内容的照片和教学、科研及学术活动纪事，由韩延明教授负责。这部分涉及日常生活，时间跨度大，内容细致而繁多，韩延明教授作为校长亲力亲为，真是了不起，他以极大的兴致和求真务实的精神，很早就开始做这些耗时耗力的细致工作。在编纂文集过程中，我们多次通电话，相互讨论，相互鼓励。

卷九，由潘先生口述，我和殷小平博士整理，2007年北京师范大学出版社出版。在潘先生温馨的家中，听着潘先生口述其丰富的教育人生经历，是我们珍贵而难忘的回忆。这次将《潘懋元教育口述史》补充进文集之中，稍加修改，并加进一些新的照片，生动地反映潘先生的教育人生，有助于加深对潘先生作品的理解，也使得文集更为完整。遗憾的是，潘先生的另一本侧重谈高等教育改革的口述史《实践—理论—应用：潘懋元口述史》（2019年华中科技大学出版社出版），由于未满合同期，不能收入文集中。

再者，要特别感谢潘先生的家人、厦门大学教育研究院的领导及师生、众多院友对文集的支持。虽然在工作过程中我们一直踏踏实实地埋头苦干，没做刻意宣传，但仍收到不少关心和问候。厦门大学教育研究院院长别敦荣教授、华中科技大学教育科学研究院原院长张应强教授等多次表达关心和问候。还要感谢为文集搜集资料的潘先生的博士生朱乐平、刘明维等，以及为第一版文集搜集资料的葛喜艳博士、冯晓玲博士等。

当然，最需要特别真诚感谢潘先生对我们的信任，将出版文集这一重大事情交予我们，能够参与其中是我们的荣幸。

有时候，对一个人，你越走近他，就越崇敬他。我们对潘先生的感觉就是这样的。在研究潘先生的过程中，我常情不自禁地感叹："我越来越崇拜潘先生了！""高山仰止！"于我而言，能做潘先生的学生是幸福的，能整理潘先生的教育口述史是幸福的，能一再整理潘先生文集更是幸福中的幸福！

潘懋元先生是一个传奇。研究潘先生丰富而传奇的教育人生，可以发现，他的学术人格、生命意蕴和人生哲学有两个鲜明的特征：一曰"诚"，二曰"闯"。

"诚"是中国文化的核心概念，是潘先生立身处世的生命哲学。他赤诚向学，忠诚教育，精诚开拓，如《中庸》所言："诚之者，择善而固执之者也"，"诚则明矣，明则诚矣"，"唯天下至诚为能化"。

"闯"是潘先生的英雄本色，是他大丈夫立德、立功、立言的本体功夫。他性格乐观坚强，敢闯，善闯，能闯，敢于创新，敢为天下先，闯出了一条建设和发展中国特色高等教育学之路。

两者合起来，潘先生是诚中有闯，闯中有诚；因诚而闯，由闯见诚；二者的和谐统一，成就了他的教育事业，也为国家的教育事业做出了贡献。

概言之，潘先生是一名优秀的教师，他忠诚国家和人民的教育事业，真诚地热爱教师职业；潘先生是爱国的人民教育家，他"板凳敢坐十年冷，文章不写半句空"，"精诚所至，金石为开"，开创出高等教育学这门"中国创造"的新兴学科。

今天，我们无限自豪、满怀欣喜地看到，中国高等教育学学科体系日益成熟，研究队伍日益壮大，科研成就硕果累累，对不同层面的教育政策和实践产生了积极而有效的影响……这一切，潘先生功不可没，真可谓：

由诚而成懋业，

敢闯而创新元。

最后还需要说明的是，文集涉及的研究成果内容丰富，时间跨度大，编辑加工难度大，难免有不当、错漏之处，敬请批评指正。

肖海涛
2019 年 10 月 30 日初稿
2020 年 4 月 23 日修改于深圳半塘斋